WEILBURG
VERLAG

Wiener Neustadt

„Die Allzeit Getreue"

ISBN – 3-900-100-07-1

Einbandentwurf und Buchgestaltung: Erwin Lenfeld
Grafische Gestaltung: Friedrich Holoubek

Weilburg Sonderreihe
Druck: Helmut Dresel, 2700 Wiener Neustadt, Pottendorfer Straße 162
Die Titelseite zeigt auf den Grundfarben der Wehrmachtsteile und Verbündeten das Eichenlaub mit Ritterkreuz. Es handelt sich hier um die Originalauszeichnung von Oberfeldwebel a.D. Ferdinand Wegerer, der in liebenswerter Art diese dem Autor für das Werk zur Verfügung stellte. Der Autor entbietet dafür herzlichsten Dank.

Erwin Lenfeld
Franz Thomas

Die Eichenlaubträger 1940—1945

Im Gedenken an Männer
die durch ihre Taten
ein Stück deutsche Geschichte
verkörpern

Pflichterfüllung und Treue
gegenüber dem Vaterland
waren und bleiben zu jeder Zeit
Tugenden
höchsten Soldatentums

VORWORT

Ursprünglich war es nicht meine Absicht, dieses Buch mit einem Vorwort vor den Geleitworten der Ausgezeichneten zu eröffnen, doch drängten sich im Laufe der Jahre derart viele Begebenheiten auf, die einfach gesagt werden müssen und den Sinn dieses Werkes zu Beginn verständlich machen sollen. Daß es nach jahrelanger, mühevoller Arbeit gelang, dieses Buch zu vollenden, ist nicht zuletzt der Bereitwilligkeit und Mithilfe hunderter Frauen und Männer zu danken, die in ihrem Herzen Deutschtum und Vaterlandsliebe vereinen und für die Ausgezeichneten Achtung und Ehre empfinden. Mein besonderer Dank gilt meinem jungen Freund, Herrn Franz Thomas, der in selbstloser, beachtenswerter Art wertvollstes Bild- und Datenmaterial als Grundlage für dieses Buch erarbeitete und somit dieses Ergebnis vorliegt. Ebenso danke ich den dreizehn mit dem Eichenlaub ausgezeichneten Männern, die ihrer einstigen Waffen- bzw. Truppengattung entsprechend in so liebenswerter Weise für ein ansprechendes Geleitwort sorgten. Auch sei an dieser Stelle dem verewigten Herrn Gerhard von Seemen in Eintracht gedacht, dessen statistisches Werk „Die Ritterkreuzträger" zum Fundament dieser Arbeit wurde und dessen Leistungen auf diesem Gebiet zu immerwährendem Dank verpflichten. Möge den neunhundertzehn mit dem Eichenlaub zum Ritterkreuz des Eisernen Kreuzes ausgezeichneten Soldaten mit diesem Buch ein längst verdientes, bleibendes Dankeswerk für ihren hohen Einsatz der Pflichterfüllung im schicksalsschweren Kriege 1939 – 1945 gesetzt sein, in dem fast ein Drittel von ihnen das Höchste gegeben hat. Allein ihr Tod ist uns Verpflichtung, ihnen ein ehrendes Angedenken zu bewahren und dabei auch der Opfer von Millionen unbekannter Soldaten zu gedenken, welche, gebunden an ihren Fahneneid, für ihr jeweiliges Vaterland auf dem Felde der Ehre geblieben sind. Unser aller Wunsch, die diesen letzten Krieg miterlebt haben, ist nur der nach einem bleibenden Frieden, den der Schöpfer uns für alle Zeiten bescheren möge.

Oed/Wiener Neustadt, am 13. August 1982

Erwin Lenfeld

ZUM GELEIT

Der Herausgeber dieses Buches bat mich, das Vorwort zu verfassen. Es wäre mir leichter gefallen, die notwendigen Worte zu finden, wenn ich nicht selbst zu dem Kreis der hier gewürdigten Männer gehörte. Wünschenswerter wäre es, wenn diese Worte von einer Persönlichkeit gesagt worden wären, deren Meriten gleicherweise auf einem anderen Gebiete im Dienste um Volk und Nation gewürdigt wurden. Doch bei der einseitigen Betrachtungsweise der heutigen Zeit gegenüber allem Soldatischen besteht kaum Hoffnung, daß sich ein Prominenter finden ließe, der zur Entkrampfung dieses unnatürlichen Verhältnisses zwischen offizieller Geschichtsbetrachtung und der Leistung des deutschen Soldaten beitrüge. So halte ich es für gut, daß der Herausgeber dieses Buch in unserem kleinen Kreis belassen will, und für ein lobenswertes Unterfangen, der Nachwelt die Namen und Abbilder dieser Männer zu erhalten. Es schließt eine Lücke, und es hilft, sich jener Kameraden zu erinnern, die dereinst die gleiche Verantwortung trugen. Ihre Kinder werden es sicher einmal in die Hände nehmen, die Enkelkinder und so fort, so lange es noch die Freiheit gibt, dies zu tun. Möge für alle Zeiten hier auch der Leistungen der Soldaten der Königin der Waffen – der Infanterie – in Ehre gedacht sein, die in den Jahren 1939 – 1945 den Ruf der deutschen Wehrmacht an allen Fronten in entscheidender Weise mitgeprägt haben und deren Opfer uns Verpflichtung sind, in aller Zukunft für die Erhaltung des Friedens auf der Welt zu wirken.

Hermann Heinrich Behrend,
ehemals Generalmajor und in der
Waffengattung Infanterie.

Fahne der Infanterie: weiß.

ZUM GELEIT

Das Buch über die Eichenlaubträger des Zweiten Weltkrieges dokumentiert den persönlichen Einsatz einzelner Menschen, die ohne jegliches politische Denken die Pflicht erfüllt haben, wie sie von allen anderen Soldaten der Welt ihrem Vaterland gegenüber auch verlangt wird. Es war kein persönlicher Ehrgeiz, wofür wir die Orden erhalten haben, sondern zugleich die Auszeichnung für alle Soldaten, die mit ihrer Kameradschaft, Tapferkeit und bedingungslosem Einsatz das Verdienst daran hatten. Dabei soll auch an die alten Gebirgsjäger erinnert werden, die neben den vielen verschiedenen Truppengattungen, zusammen mit ihrem „Kamerad Muli", an allen Fronten Übermenschliches geleistet haben. In Ehrfurcht und Treue wollen wir besonders derer gedenken, die gefallen oder an den Folgen des Krieges verstorben sind. Hoffen wir, daß trotz weltweitem Wettrüsten unsere heutige Jugend von den Leiden und furchtbaren Folgen eines Krieges verschont bleibe. Friede und Freiheit ist das höchste Gut auf Erden und darf nicht durch Unverstand oder wenige Chaoten zerstört werden.

Michael Pössinger,
Major und ehemals in der
Truppengattung Gebirgsjäger.

Fahne der Jäger: hellgrün.

ZUM GELEIT

Jede Truppengattung ist geprägt von der Eigenart und der Geschichte ihres Einsatzes. So auch die Pioniere. Die taktischen Zeichen dieser Truppe symbolisieren schon ihre Aufgabe. Die Brücke als Symbol der unterstützenden Verbindung von Ufer zu Ufer – Wegbereiter in allen Lagen – Vorkämpfer sein! In dieser verpflichtenden Tradition haben die Pioniere an allen Fronten in jahrelangen harten Einsätzen, stets kameradschaftlich verbunden, getreu ihrem Fahneneid, ihre soldatischen Aufgaben unter selbstlosen Einsätzen treu erfüllt. Die Erfahrungen aus den unerbittlichen, aufopferungsvollen fast sechs Kriegsjahren – den entbehrungsvollen Jahren der Gefangenschaft – und den entsagungsvollen, bitteren Nachkriegsjahren haben aber Männer geprägt, deren innigster Wunsch es ist, daß der Menschheit in aller Zukunft solche Konflikte in grauenvoller, kriegerischer Auseinandersetzung erspart bleiben. Mögen die verantwortlichen Menschen der Gegenwart und Zukunft aus der Vergangenheit lernen, die soldatischen Tugenden zu achten – und in Frieden und Freiheit zu leben. Das ist eine heilige Verpflichtung gegenüber den gefallenen Soldaten von Freund und Feind.

Heinrich Keese

Heinrich Keese,
ehemals Major in der
Waffengattung Pioniere.

Fahne der Pioniere: schwarz.

ZUM GELEIT

Wie das Gesetz es befahl, erfüllten wir als deutsche Soldaten im guten Glauben, getreu unserem Fahneneid, unsere Soldatenpflicht für Volk und Vaterland. In der damaligen Zeit des furchtbaren Erlebens des Krieges und dessen Elends, wo es galt, selbstlos das eigene Leben für das eines Kameraden einzusetzen, frug keiner: „Bist du Preuße, Bayer, Württemberger, Sachse oder Ostmärker", denn wir waren alle gute Kameraden. In der Pflichterfüllung zur geliebten Heimat leistete der sich freiwillig zur Waffe der Sturmartillerie meldende Soldat, sowie Offizierssoldat, oft Übermenschliches. Unsere vorgelebte Kameradschaft möge doch in den Herzen der Jugend weiterleben, und in deren einziehen, die es nötig haben, dann würde der so sehr fehlende Gemeinschaftsgeist wieder erstehen, und wir könnten einer besseren und sicheren Zukunft entgegengehen. Garant eines wahren Friedens kann in erster Linie nur der sein, welcher einen Krieg in seiner unerbärmlichen Härte am eigenen Leibe zu verspüren hatte. Die innigste und größte Liebe zur Heimat ist in deren Herzen verankert, die sie jahrelang zu entbehren hatten. Ein stets würdiges Gedenken an unsere gefallenen Kameraden ist uns Verpflichtung, so mancher von ihnen gab sein Leben für das eines anderen. Möge die Menschheit auf der ganzen Erde vom Kriegsgeschehen und dessen Elend endlich verschont bleiben, doch die edlen Soldatentugenden mögen zum Wohle unserer geliebten Heimat, damit sie in Frieden und Freiheit bestehen kann, nie ersterben.

Sepp Brandner,
ehemals Major in der
Waffengattung Artillerie.

Standarte der Artillerie: hochrot.

ZUM GELEIT

„Selbstbewußt und doch bescheiden, aufrecht und treu, gottesfürchtig und wahrhaftig, pflichtbewußt und opferbereit, erfüllt von tiefer Vaterlandsliebe". An diesen soldatischen Grundwerten wollen wir alten Soldaten in Liebe zu Heimat und Vaterland stets festhalten. Dazu gehört die Pflege der Kameradschaft, auf der in den schweren und ernsten Stunden des Krieges der Zusammenhalt der Truppe weitgehend beruht hat. Die gegenseitige Kameradschaft verpflichtete jeden, „die Würde, die Ehre und die Rechte des Kameraden zu achten und ihm in Not und Gefahr beizustehen". Als Reiteroffizier möchte ich hinzufügen: „Ritterlichkeit kommt von dem Wort Reiten. Sie umfaßt vornehme Gesinnung, Selbstlosigkeit, angemessene Zurückhaltung, Bescheidenheit und selbstverständlichen Respekt – charakterliche Werte, die heute selten geworden sind, ohne die aber derjenige niemals auskommen konnte, der andere Menschen zu führen hatte".

Horst Niemack

Horst Niemack,
Generalmajor und ehemals in der
Waffengattung Kavallerie.

Standarte der Kavallerie: goldgelb.

ZUM GELEIT

Ein Volk, das seine Vergangenheit leugnet, verdient keine Zukunft! Stimmt man dieser Behauptung zu, dann hat der Verfasser des vorliegenden Buches in für Außenstehende unvorstellbarer Kleinarbeit einen Beitrag dazu geleistet, daß die Vergangenheit nicht vergessen wird. Das Buch muß verstanden werden als eine Sammlung der Kurzlebensläufe einiger Soldaten, die stellvertretend für ihre Kameraden besonders ausgezeichnet wurden. Natürlicherweise boten sich Panzerverbänden und deren Führern mehr Gelegenheiten, sich entscheidend zu bewähren als anderen Einheiten, da sie doch größtenteils immer an Schwer- und Brennpunkten der Front im Einsatz standen. Freude am Tragen der Auszeichnung konnte ich persönlich nur an der Front erleben. Das Durchsetzen eigener Vorstellungen, selbst bei hohen Vorgesetzten, gelang viel leichter, zum Wohle der Kompanie, und das Vertrauen von Soldaten, die mich nicht oder nur dem Namen nach kannten, war beim Anblick der Auszeichnung sofort gegeben. Andererseits war für den Träger hoher Auszeichnungen die psychische Belastung im Einsatz höher als bei Aktionen, die zur Begründung der Verleihung angeführt wurden: Man durfte jetzt keine Schwäche mehr zeigen und war einfach gezwungen, das Vertrauen zu rechtfertigen! Der Wunsch aller Soldaten nach dem verlorenen Krieg: Möge die neue Generation in Frieden das Europa bauen, für das wir an der Seite von Kameraden aller europäischen Völker mit soviel Idealismus gekämpft haben! Unser Wunsch ging nicht in Erfüllung. Trotz der beinahe hoffnungslosen und verwirrenden politischen Weltlage wollen besonders wir alten Soldaten hoffen, daß eines Tages die Vernunft doch siegen wird.

Otto Carius,
ehemals Oberleutnant in der
Waffengattung Panzer.

Standarte der Panzer- und Panzerabwehrtruppe: rosa.

ZUM GELEIT

Unser Volk ging in den letzten Jahrhunderten durch ein wahres Wechselbad von Hoffnungen. Aber was sind das für Hoffnungen, wenn auf den zersprungenen Grundlagen von gestern die Fundamente von morgen gebaut werden sollen? So ist die Frage nach der Hoffnung auch für die heranwachsende Generation von heute, für die diese Bildsammlung von Männern bestimmt ist, die sich in der schwersten und verhängnisvollsten Phase unserer Geschichte im grauen Rock des Soldaten durch ihren vorbehaltlosen persönlichen Einsatz ausgezeichnet haben, ebenso beunruhigend, wie sie es für die Generation des letzten großen Krieges gewesen ist. Wenn ich diese Frage nach der Hoffnung zum Inhalt meiner Grußworte mache, die für die Männer, die als Panzerjäger und als Soldaten der Panzertruppe im Kriege ihre Pflicht getan haben, dieses Buch einleiten sollen, geschieht das als Mahnung an die junge Generation, die Hoffnung auf eine bessere und gerechtere Welt nicht aufzugeben und sich unbeirrt für den Sieg des Guten einzusetzen, auch wenn es den höchsten persönlichen Einsatz erforderlich machen sollte.

Dr. Eberhard Zahn,
Oberstleutnant und ehemals in der Truppengattung Panzerabwehr.

Standarte der Panzer- und Panzerabwehrtruppe: rosa.

ZUM GELEIT

Dieses Buch fordert auf, dem nachzuspüren, was diese Männer, die darin erfaßt sind, zu ihrem Tun und ihren Leistungen befähigte. Was finden wir da? Es sind Menschen lauterster Prägung, die die Begriffe Heimat und Vaterland in ihrem Herzen trugen, die nicht von Pflichterfüllung, von bedingungsloser Hingabe an die Sache zu sprechen brauchten, weil sie diese beispielhaft vorgelebt haben. So wie sie sich in ihrem Tun selbst treu blieben in hellen und in dunklen Stunden, so hielten sie auch die Treue unwandelbar und unerschütterlich wie ein Fels ihren Soldaten, ihren Kameraden und allen ihren Mitmenschen. Bescheiden und selbstlos waren sie mitten unter ihren Soldaten. Sie waren überrascht über die Auszeichnung, weil sie diese nicht ohne die ihnen unterstellten Soldaten, sondern für sie alle verliehen bekamen. Allein waren sie nichts, aber Schulter an Schulter mit den braven Kameraden, mit ihnen in vorderster Linie waren sie stark, immer mit bestem Willen und festem Glauben an Heimat und Vaterland. Wohl keiner wollte und will auch heute besonders als Held herausgestellt werden, für sie ist der Orden am Bande die Bestätigung des erfüllten Soldateneides, mit dem sie Pflichterfüllung für Volk und Staat bis zum Einsatz ihres Lebens geschworen hatten. Moral, Mannesehre, Treue, Selbstlosigkeit, Hingabe bis zum Äußersten, Bekenntnisse zu den unwandelbaren soldatischen Tugenden, sind heute verschwommene Begriffe. Hoffen, warten und wünschen wir, daß diese Gedanken wieder deutsches Wesensgut werden. Vielleicht finden unsere Kinder und Enkelkinder dazu zurück. Das Buch wird ihnen eine nützliche Hilfe sein.

Heinz von Brese,
Oberst und ehemals in der
Truppengattung Schützen –
ab 1942 Panzergrenadiere.

Standarte der Schützen und
Kraftschützen: wiesengrün.

ZUM GELEIT

Die Bereitschaft, sich für das eigene Volk voll einzusetzen, dabei mehr als die geforderte Pflicht zu tun und sich selbst, falls notwendig, auch aufzuopfern, war früher in Deutschland sicherlich weit verbreitet. Deshalb begrüße ich jede Veröffentlichung, die wie diese der Nachkriegsgeneration Gelegenheit gibt, zu ermessen, was Selbstlosigkeit, Mut und Tapferkeit vermögen und im Leben eines Volkes bedeuten können.

Otto Kretschmer,
ehemals Fregattenkapitän
in der Kriegsmarine.

Fahne der Marine (zu Lande):
marineblau.

ZUM GELEIT

Wenn ich all die Jahre zurückblicke, frage ich mich immer, wie es die Soldaten des Zweiten Weltkrieges zu den großen Taten gebracht haben? War es der große Glaube an das Vaterland und die Verteidigung unserer Heimat? Gute Ausbildung, feste Kameradschaft und hervorragendes Maschinenmaterial waren ebenso Voraussetzung für den Erfolg. Aber was hilft das alles, wenn nicht das Glück ebenfalls eine wichtige Rolle mitspielt. Nicht zu vergessen ist dabei die Zuverlässigkeit des gesamten technischen Personals, das leider immer wieder zu wenig erwähnt wird. Ich gehe hier vom Standpunkt des Jagdfliegers aus, der ja bekanntlich allein in seiner Maschine sitzt und somit ganz auf sein Flugzeug angewiesen ist. Was hilft all sein Können, wenn die Technik versagt oder die Waffen nicht schießen. Alle diese Funktionen müssen stimmen, dann bleibt auch der Erfolg nicht aus. Nicht minder wichtig ist natürlich das Verständnis zwischen den Piloten, weil jeder für den anderen, ohne Rücksicht auf Dienstgrad und Dienststellung, eintreten muß. Hart war der Kampf in der Luft an allen Fronten, und die Ausgezeichneten waren alles keine Helden, sondern Soldaten, die ihre Aufgabe sehr ernst, oft unter den schwersten Bedingungen wahrgenommen haben. Oberstes Ziel war immer, ihr Vaterland zu verteidigen – aber was ist davon geblieben?

Anton Hackl,
ehemals Major in der
Waffengattung Flieger.

Fahne der Flieger: goldgelb.
(ab Jänner 1939 auch Fahne
der Fallschirmjäger)

ZUM GELEIT

Vom Verfasser dieses Werkes um ein Vorwort für die Soldaten der Flakartillerie gebeten, möchte ich die Leistungen der Männer dieser Waffengattung auf dem Gefechtsfeld, sei es im Kampf gegen Flieger oder Panzer und Befestigungsanlagen im Erdkampf, besonders erwähnen. Unsere Waffen – ursprünglich nicht für den Erdkampf gebaut, wurden hier vor allem in der letzten Phase des Krieges oft zum Rückgrat der Front. So gilt auch heute noch in der Erinnerung der Dank der „Landser" den Kameraden der Flakartillerie. Wir wollen alle keinen Krieg mehr, wir, die ihn erleben mußten, am allerwenigsten. Ich hoffe, daß vor allem das Opfer derer, die in der Erfüllung ihrer Pflicht draußen geblieben sind, auch von der Generation nach uns gewürdigt wird. Möge das Andenken an sie Mahnung für den Frieden sein.

Sepp Prentl,
ehemals Major in der
Waffengattung Flakartillerie.

Fahne der Flakartillerie:
hochrot.

ZUM GELEIT

Vom Herausgeber dieses Buches gebeten, will ich gern im Namen der Angehörigen der Fallschirmtruppe der Wehrmacht diesem Buche einige Worte mit auf den Weg geben. Die zu Kriegsbeginn noch junge und neue Truppengattung verlangte von den Soldaten aller Dienstgrade zur Erfüllung der Kampfaufträge im Rücken oder mitten im Feind die innere Überzeugung, daß dieser Kampf – oft ein Opfergang – zur Erhaltung der Freiheit der Heimat notwendig ist. An Freiwilligen hat es trotzdem dieser Fallschirmtruppe nie gefehlt. Es ist zu hoffen, daß sich doch noch zu gegebener Zeit die Jugend unseres Volkes zu lösen vermag von der oftmals bewußten Verfälschung der Vorgänge vor, in und nach dem Kriege, an der sich leider auch noch immer Menschen von Staaten beteiligen, die sonst großen Wert auf unsere Bündnistreue legen. Mögen sich deshalb alle diejenigen, die Recht und Freiheit für die Güter halten, die unser Leben erst lebenswert machen, auf Wahrhaftigkeit, Standhaftigkeit, Unerschrockenheit, Vaterlandsliebe und Kameradschaft besinnen und diese Tugenden pflegen. Nur dann wird ein Überleben in Recht und Freiheit gewährleistet sein.

Gerhart Schirmer,
ehemals Oberstleutnant in der
Truppengattung Fallschirmjäger.

Fahne der Flieger und Fallschirmjäger: goldgelb, (außer dem 1. und 2. Bataillon des Fallschirmjägerregiments 1, diese führten die Fahne des Regiments „General Göring" bzw. die Standarte der Infanterie (mot.).

ZUM GELEIT

Wir können die Vergangenheit nicht bewältigen, indem wir sie totschweigen oder verteufeln, sondern nur, indem wir uns zu ihr bekennen. Dazu haben wir alten Soldaten der Waffen SS zu sagen, daß wir fünfeinhalb Jahre an der Front waren, von einem Brennpunkt zum anderen gehetzt, und unsere Pflicht erfüllt haben, oft mehr als unsere Pflicht. Wir können mit Stolz diese hohen Auszeichnungen tragen für den heldenhaften Einsatz aller unserer Kameraden. So mögen diese Bilder der Nachwelt Männer zeigen, die nichts für sich – alles für ihr Vaterland gewollt haben.

Otto Kumm,
ehemals SS Brigadeführer und
Generalmajor der Waffen SS.

EINFÜHRUNG

Von den 910 für Tapferkeits- und Führungsleistungen mit dem Eichenlaub zum Ritterkreuz des Eisernen Kreuzes ausgezeichneten Soldaten waren 242 Generäle, 631 Offiziere und 37 Unteroffiziere, davon entfielen auf die Nationen der Verbündeten 7 Generäle, die mit dieser hohen Auszeichnung beliehen wurden. Auf die Wehrmachtsteile aufgeteilt ergibt dies folgende Reihung: Heer 519, Kriegsmarine 53, Luftwaffe 254 und Waffen SS 77 Eichenlaubträger. Von Interesse scheint wohl auch, welche Einheiten die meisten Eichenlaubträger hatten. Diese Aufstellung ergibt folgendes Bild: vom Heer die 4. Panzerdivision mit 9, von der Kriegsmarine die 7. U-Bootflottille mit 7, von der Luftwaffe das Jagdgeschwader 54 mit 15 und von der Waffen SS die Division „Das Reich" mit ebenfalls 15 Ausgezeichneten. Das Buch enthält auch sämtliche Ordensträger, welche das Eichenlaub ohne Nummer verliehen bekamen, weil die Kriegswirren in der damaligen Zeit solche Ausnahmen erforderten. Zum erstenmal in der betreffenden Literatur finden wir auch eine lückenlose Vorstellung über den stets vernachlässigten Wehrmachtsteil Heer, und es wird damit, längst fällig, eine Lücke geschlossen. Den hohen Wert der Auszeichnung mit dem Eichenlaub finden wir eindrucksvoll damit begründet, daß 94 Verleihungen nach dem Tode erfolgten und so die Leistungen dieser Soldaten eine bleibende Würdigung fanden. In einmaliger Tapferkeit gaben 295 dieser Männer bereits im Krieg ihr Leben, 23 starben in den Kriegsgefangenenlagern in Ost und West, und 10 wurden von den Siegermächten zum Tode verurteilt und hingerichtet – das sind Zahlen, die zu denken geben und das Angedenken an diese Soldaten nie verblassen lassen dürfen!
In Anführung die Erklärung für die jeweiligen im Buch verwendeten Kreuzzeichen:

Im Krieg gefallen, vermißt, verunglückt, hingerichtet, an Verwundung, Krankheit und Freitod verstorben und in Kriegsgefangenschaft erschossen.

In Kriegsgefangenschaft verstorben.

Nach dem Krieg von den Siegermächten hingerichtet.

Soweit bekannt, nach dem Krieg verstorben. Abgeschlossen mit dem Jahr 1982.

Die Ziffern der Bezeichnungen für Armeekorps, Bataillone, Gruppen usw., wurden zwecks leichterer Leseart nicht wie üblich in römischer, sondern in arabischer Art ausgeführt. Die Schreibart nach dem Verleihungsdatum ‚für die Leistungen' erfolgte in Fällen, wo der Ausgezeichnete schon verstorben war, sich im Lazarett, in Kriegsgefangenschaft oder schon bei einer anderen Truppe befand. ‚Für die Leistungen' wurde ebenso gesetzt, wenn der Ausgezeichnete zur Zeit der Verleihung bereits einen höheren Dienstrang bzw. Dienstgrad als bei der Eingabe zur Ordensverleihung führte. Diverse Überschneidungen bei manchen Daten einer Kommandostellung entstanden dadurch, weil sich zum Beispiel der betreffende Kommandeur einer Einheit im Urlaub oder Lazarett befand, bereits für eine neue Kommandostellung bestimmt war und dadurch vorzeitig ein anderer seinen früheren Platz eingenommen hatte; Ia, Ib usw., waren Bezeichnungen für Offiziere im Stabe je ihres verschieden ausgeübten Tätigkeitsbereichs.

IHRE EHRE
WAR TREUE
ZUM VATERLAND –
IHR MUT SINNBILD
DES GEHORSAMS

Generaloberst

Eduard Dietl

Geboren am 21.7.1890
in Bad Aibling/Bayern.

Im Ersten Weltkrieg Offizier, war Dietl ab 1.4.1938 Kommandeur der 3. Gebirgsdivision. Nach Teilnahme 1939 am Polenfeldzug wurde er mit seinen Gebirgsjägern im Zuge des Unternehmens „Weserübung", welches sich am 6.4.1940 gegen Dänemark und Norwegen richtete, für diesen Einsatz bestimmt. Einheiten der Kriegsmarine brachten ihn und seine Männer bis nach Narvik, den für Deutschland so wichtigen Erzhafen in Nordnorwegen. Nach schweren Kämpfen schaffte es der General mit seinen Soldaten aus allen drei Wehrmachtsteilen, Stadt und Hafen in Besitz zu nehmen – eine Tat, die niemand für möglich hielt. Dietl wurde dann ab 15.6.1940 Kommandierender General des „Gebirgskorps Norwegen", zog mit diesem im Juni 1941 in den Ostfeldzug, wo er im Hohen Norden in entbehrenden Kämpfen stand und ab 15.1.1942 als Oberbefehlshaber die 20. Gebirgsarmee übernahm. Die Leistungen und die Zähigkeit seiner Gebirgsjäger, ob in Norwegen oder an der Eismeerfront, hatten ihren Ursprung in der beispielgebenden Führerpersönlichkeit Eduard Dietls. Beim Flug zu einer Führerbesprechung verunglückte der beliebte und tapfere General am 23.6.1944 durch Flugzeugabsturz im Gebiet des Hochwechsels in der Steiermark tödlich. Die deutsche Gebirgstruppe verlor ihr großes Vorbild und die deutsche Generalität ihren volkstümlichsten Armeeführer, der als erster Soldat der deutschen Wehrmacht das am 3.6.1940 gestiftete Eichenlaub zum Ritterkreuz des Eisernen Kreuzes verliehen bekam.

1. Eichenlaub am 19.7.1940 als Generalleutnant und Kommandierender General des „Gebirgskorps Norwegen", unter gleichzeitiger Beförderung zum General der Infanterie.

72. Schwerter am 23.6.1944 nach dem Tode, für die Leistungen als Generaloberst und Oberbefehlshaber der 20. Gebirgsarmee.

Oberst

Werner Mölders

Geboren am 18.3.1913
in Gelsenkirchen/Westfalen.

Mölders war wohl der bekannteste Flieger seiner Zeit und nicht nur eine bedeutende Führerpersönlichkeit der Jagdflieger, sondern auch ein zäher Kämpfer und vorbildlicher Mensch. Durch seine Art prägte er den Geist der Jagdflieger und war auch nach seinem Tode stets leuchtendes Vorbild in der Luftwaffe, der er seit 1935 angehörte. 1938 im Spanischen Bürgerkrieg bei der „Legion Condor" lag er mit 14 bestätigten Luftsiegen an erster Stelle der Jagdflieger. Ab 15.3.1939 wurde Mölders Staffelkapitän der 3. Staffel des Jagdgeschwaders 53 und übernahm ab 28.9.1939 als Kommandeur die 3. Gruppe. Nach Einsatz im Westfeldzug erfolgte am 27.7.1940 seine Ernennung zum Kommodore des Jagdgeschwaders 51, welches er zuerst im Westen und anschließend im Osten zu großen Erfolgen führte. Als erster Jagdflieger der Welt errang er am 15.7.1941 an der Ostfront den 100. Luftsieg, was in dieser Zeit eine Einmaligkeit bedeutete. Auf Grund seiner hervorragenden Fähigkeiten in allen Belangen erfolgte am 7.8.1941 seine Ernennung zum General und Inspekteur der Jagdflieger. Unermüdlich tätig für Neuerungen und Verbesserungen in der gesamten Luftwaffe, war es eine besondere Tragik, daß Mölders bei einem Flug von der Ostfront zu den Begräbnisfeierlichkeiten für Generaloberst Ernst Udet am 22.11.1941 bei Breslau mit einem nicht von ihm selbst gesteuerten Flugzeug tödlich abstürzte. Die ganze Nation betrauerte den Tod dieses begnadeten Offiziers, und das Jagdgeschwader 51 führte daraufhin den Namen Jagdgeschwader 51 „Mölders".

2. Eichenlaub	am 21.9.1940	als	Major und Kommodore des Jagdgeschwaders 51.
2. Schwerter	am 22.6.1941	als	Oberstleutnant und Kommodore des Jagdgeschwaders 51.
1. Brillanten	am 15.7.1941	als	Oberstleutnant und Kommodore des Jagdgeschwaders 51.

Generalleutnant

Adolf Galland

Geboren am 19.3.1912
in Westerholdt/Westfalen.

Sein Name, weit über die Luftwaffe hinaus ein Begriff, steht in engster Verbindung zur deutschen Jagdwaffe. 1935 in die Luftwaffe eingetreten, flog Galland 1937/38 bei der „Legion Condor" in Spanien noch als Schlachtflieger und ebenso 1939 im Polenfeldzug. Im Westfeldzug 1940 zuerst Geschwaderadjutant im Jagdgeschwader 27, ab 6.6.1940 Kommandeur der 3. Gruppe des Jagdgeschwaders 26 „Schlageter" und ab 22.8.1940 Kommodore dieses Geschwaders. Kämpfte mit seinen Fliegern immer an der Kanalfront, wo er durch Mut und Können viele Luftsiege errang und zu einem der erfolgreichsten Jagdflieger der Westfront wurde. Außerdem als hervorragende Führerpersönlichkeit in der Luftwaffe sehr geachtet, war es eine Selbstverständlichkeit, daß Galland nach dem Tode von Oberst Mölders zum General und Inspekteur der Jagdflieger ernannt wurde. Beim Durchbruch der deutschen Schlachtschiffe von Brest/Frankreich nach den deutschen Heimathäfen durch den Kanal, dem Unternehmen „Donnerkeil" am 12.2.1942, bewies Galland als Organisator der Luftsicherung Übersicht und exakte Planung. Am 19.11.1942 zum Generalmajor befördert, war er der jüngste General der deutschen Wehrmacht. Im Februar 1945 stellte der General einen Düsenjägerjagdverband (JV 44) auf, mit dem er bis zu seiner Verwundung am 26.4.1945 in der Reichsverteidigung kämpfte, befand sich anschließend im Lazarett und von Mai 1945 – April 1947 in amerikanischer Kriegsgefangenschaft.

3. Eichenlaub	am 24.9.1940	als Major und Kommodore des Jagdgeschwaders 26 „Schlageter".
1. Schwerter	am 21.6.1941	als Oberstleutnant und Kommodore des Jagdgeschwaders 26 „Schlageter".
2. Brillanten	am 28.1.1942	als Oberst, für die Leistungen als Kommodore des Jagdgeschwaders 26 „Schlageter".

Major

Helmut Wick

Geboren am 5.8.1915
in Mannheim/Baden.

Wick war einer der ganz hervorragenden deutschen Jagdflieger, und seine Erfolge an der Westfront verdienen höchste Beachtung. Seit 1936 in der Luftwaffe, kam er im August 1939 als Flugzeugführer in die 1. Staffel des Jagdgeschwaders 53 und anschließend ins Jagdgeschwader 2 „Richthofen", wo er im Juli 1940 bereits Staffelkapitän der 3. Staffel wurde. Ein ausgezeichneter Flieger, heldenhafter Kämpfer und unermüdlicher Draufgänger bei den harten Kämpfen in der Luftschlacht um England und am Kanal. Im September 1940 wurde er Kommandeur der 1. Gruppe und im Oktober Kommodore des Geschwaders – binnen vier Monaten also vom Flugzeugführer zum Kommodore ernannt – eine wohl einmalige Leistung dieses fünfundzwanzigjährigen Offiziers. Durch seine beispielgebende Art prägte er entscheidend den Geist des Geschwaders und begründete damit weiter eindrucksvoll den weltweit verpflichtenden Ruf des Namens Richthofen – des erfolgreichsten Jagdfliegers des Ersten Weltkrieges, dessen Vorbild die Jagdflieger im Zweiten Weltkrieg zu hohen Leistungen ermutigte. Am 28.11.1940, nach Luftkampf über dem Kanal südlich der Insel Wight, wird Major Wick nach Fallschirmabsprung vermißt. Er war der erste Eichenlaubträger, der im Krieg sein Leben ließ, und war bei seinem Tod mit 56 bestätigten Luftsiegen der erfolgreichste deutsche Jagdflieger. Beliebt als Kamerad und vorbildlich als Offizier, traf die Luftwaffe ein schwerer Verlust, der in ganz Deutschland tiefe Trauer bewirkte.

4. Eichenlaub am 6.10.1940 als Hauptmann und
Kommandeur der
1. Gruppe des
Jagdgeschwaders 2 „Richthofen".

Korvettenkapitän

Günther Prien

Geboren am 16.1.1908
in Osterfeld/Thüringen.

Prien kam 1923 zur Marine, 1935 zur U-Bootwaffe und war der bekannteste U-Bootkommandant der deutschen Kriegsmarine im Zweiten Weltkrieg. Er übernahm im Dezember 1938 als Kommandant U-47, welches er bis zu seinem Tode erfolgreich führte. Seine ganz große Tat gelang ihm mit dem Einbruch seines Bootes in den Heimathafen der englischen Flotte "Scapa Flow" im Oktober 1939, wo ihm die Versenkung des britischen Schlachtschiffes "Royal Oak" gelang. Eine aufsehenerregende Tat und Sensation zugleich, die schon im ersten Kriegsjahr den Ruf der deutschen U-Boote weltweit begründete. Bei weiteren 10 Feindfahrten im Ost- und Nordatlantik, von England bis zur Biskaya, gelangen Prien weitere hohe Versenkungserfolge, und er war, bis sein Boot am 8.3.1941 im Nordatlantik südlich Islands von britischen Geleitsicherungseinheiten durch Wasserbomben vernichtet wurde, der erfolgreichste deutsche U-Bootkommandant. Der tapfere und beliebte Seeoffizier starb mit seiner gesamten Besatzung den Seemannstod, und die deutsche Kriegsmarine traf ein Verlust, der in seiner Schwere vom ganzen Volk betrauert wurde.

5. Eichenlaub am 20.10.1940 als Kapitänleutnant und
Kommandant von
U-47, in der
7. U-Bootflottille.

Fregattenkapitän

Otto Kretschmer

Geboren am 1.5.1912
in Heidau/Schlesien.

Seit 1930 in der Marine, ab 1.12.1936 Wachoffizier auf U-35 und Einsatz im Spanischen Bürgerkrieg, ab 1.10.1937 Kommandant von U-23 und ab 18.4.1940 von U-99, war Kretschmer der U-Bootkommandant mit der höchsten Versenkungsziffer an Schiffen wie an Tonnage des Zweiten Weltkrieges. Seinen Torpedos fielen 45 Schiffe des Gegners mit fast 270.000 Bruttoregistertonnen zum Opfer. Als ruhiger und umsichtiger Kommandant erreichte er diese einmaligen Erfolge auf 16 Feindfahrten in der Biskaya, dem Ost- und Nordatlantik und im Nordkanal, in denen er Tag und Nacht im Kampf mit den englischen Geleitzügen und deren Begleitsicherungseinheiten stand. Bezeichnend seine Tapferkeit und die bahnbrechende Angriffstaktik in den Einsätzen, welche seine Leistungen begründeten und ihn in der Kriegsmarine zum herausragenden Seeoffizier stempelten. Sein Boot U-99 ging am 17.3.1941 ebenso wie Priens U-47 im isländischen Raum bei einer Geleitzugsschlacht verloren. Der Kommandant und fast die ganze Besatzung gerieten in Gefangenschaft. Drei Männer konnten nicht mehr gerettet werden und starben im Boot. Am 31.12.1947 erfolgte Kretschmers Entlassung aus der Gefangenschaft.

6. Eichenlaub	am 4.11.1940 als	Kapitänleutnant und Kommandant von U-99, in der 7. U-Bootflottille.
5. Schwerter	am 26.12.1941 als	Korvettenkapitän, für die Leistungen als Kommandant von U-99, in der 7. U-Bootflottille.

Kapitänleutnant

Joachim Schepke

Geboren am 8.3.1912
in Flensburg/Schleswig-Holstein.

Auch seit 1930 in der Marine, gehörte Schepke ebenso wie Prien und Kretschmer zu den bekanntesten und besten deutschen U-Bootkommandanten. Ein tapferer, unerschrockener Seeoffizier und Kommandant der U-Boote 3, 19 und 100. U-100 führte er vom 30.5.1940 – 17.3.1941. Auf 14 Feindfahrten erreichte er in den Weiten des Atlantiks, der Nordsee und des Nordkanals in aufreibenden Einsätzen bedeutende Versenkungserfolge. Als vorbildlicher Seemann und Vorgesetzter sehr geachtet, genoß er in der Kriegsmarine hohes Ansehen und erfreute sich überall großer Beliebtheit. Solche Männer zu achten, gehört wohl zur Pflicht, und die Taten der U-Bootmänner des Zweiten Weltkrieges und deren Opfergang sind unauslöschlich im Ruhmesblatt der deutschen Wehrmacht für ewig verankert. U-100 wurde ebenfalls im Raume Islands am 17.3.1941 durch Wasserbomben und Rammstoß britischer Zerstörer vernichtet. Schepke und seine Besatzung starben den Seemannstod. Nur fünf Matrosen konnten gerettet werden. Somit verlor die deutsche Kriegsmarine in einem Monat ihre drei erfolgreichsten U-Bootkommandanten. Die englische Radar-Ortung zeigte zum erstenmal ihre Bedeutung.

7. Eichenlaub am 1.12.1940 als Kapitänleutnant und Kommandant von U-100, in der 7. U-Bootflottille.

Generalleutnant

Martin Harlinghausen

Geboren am 17.1.1902
in Rheda/Westfalen.

Seit 1923 in der Marine, ab 1.10.1933 in der Luftwaffe, 1937/38 im Einsatz bei der „Legion Condor" in Spanien und ab 5.9.1939 Chef des Generalstabes des 10. Fliegerkorps. Viele Feindflüge und hohe Versenkungserfolge gegen britische Schiffseinheiten zeugen von Taten eines großartigen Kampffliegers, der auch bedeutende Fähigkeiten im Generalstabsdienst bewies und in der Luftwaffe seiner Leistungen wegen sehr geachtet war. Ab Januar 1941 wurde Harlinghausen Verbindungsoffizier und Einsatzführer für die in Nordafrika eingesetzten Teile des 10. Fliegerkorps und Fliegerführer Afrika, ab März 1941 Fliegerführer Atlantik und ab Februar 1942 Bevollmächtigter für die Lufttorpedowaffe. Im November wurde der bewährte Offizier Fliegerführer Tunesien, am 22.1.1943 erfolgte seine Ernennung zum Kommandierenden General des 2. Fliegerkorps und im Juni seine Versetzung in die Führerreserve des Oberkommandos der Luftwaffe. 1944 bekleidete der General hohe Dienststellungen in Italien und im Reich, war von April 1945 bis Kriegsende Oberbefehlshaber des Luftwaffenkommandos West und befand sich von Mai 1945 – September 1947 in amerikanischer Kriegsgefangenschaft.

8. Eichenlaub am 30.1.1941 als Oberstleutnant im Generalstab und
Chef des
Generalstabes des
10. Fliegerkorps.

Oberst

Walter Oesau

Geboren am 28.6.1913
in Farnewinkel/Holstein.

Walter Oesau war einer der beherzten deutschen Jagdflieger, die sich überall großer Beliebtheit erfreuten und durch Können und vorbildliche Kameradschaft den Geist der Jagdwaffe eindrucksvoll geprägt haben. 1936 in die Luftwaffe gekommen, 1938/39 erfolgreich im Einsatz bei der „Legion Condor" in Spanien, 1939 bei Kriegsbeginn Staffelkapitän der 7. Staffel des Jagdgeschwaders 51 und ab August 1940 Kommandeur der 3. Gruppe, zählte er zu den Erfolgreichsten im Geschwader beim Einsatz im Westfeldzug und in der Luftschlacht um England. Ab Dezember 1940 wurde der bewährte Offizier Kommandeur der 3. Gruppe des Jagdgeschwaders 3 und erwarb sich hier zuerst im Westen und anschließend ab Juni 1941 an der Ostfront durch seine Leistungen hohes Ansehen. Ab 20.7.1941 zum Kommodore des Jagdgeschwaders 2 „Richthofen" ernannt, bestachen hier erneut sein Führungskönnen und großer kämpferischer Einsatz an der Front im Westen. Seine vielen erzielten Luftsiege – hauptsächlich im Westen errungen, reihen Walter Oesau zu den besten deutschen Jagdfliegern. Juli 1943 wurde er Jagdfliegerführer Bretagne und ab Oktober 1943 Kommodore des Jagdgeschwaders 1. Hier fiel dieser tapfere Flieger, Kämpfer und Verbandsführer am 11.5.1944 in der Reichsverteidigung beim Kampf gegen die Amerikaner über der Eifel. Die deutsche Luftwaffe verlor nicht nur eine ihrer hervorragenden Führerpersönlichkeiten, sondern auch einen vorbildlichen Menschen und Kameraden, dessen Tod überall tiefe Trauer auslöste. Das Jagdgeschwader 1 führte ab nun den Namen Jagdgeschwader 1 „Oesau".

9. Eichenlaub	am 6.2.1941	als	Hauptmann und Kommandeur der 3. Gruppe des Jagdgeschwaders 3.
3. Schwerter	am 15.7.1941	als	Hauptmann und Kommandeur der 3. Gruppe des Jagdgeschwaders 3.

Generalfeldmarschall

Erwin Rommel

Geboren am 15.11.1891
in Heidenheim/Württemberg.

1914/18 hochbewährter Offizier und ausgezeichnet mit dem Orden „Pour le Merite", wurde Rommel im Zweiten Weltkrieg zu einem der bedeutendsten deutschen Heerführer. Hervorragendes Können, Mut und Kameradschaft entwuchsen einem soldatischen Kämpferherzen und fanden auch beim Gegner Achtung und Anerkennung. Ab 10.10.1938 war Rommel Kommandant der Kriegsschule Wiener Neustadt, ab 23.8.1939 Kommandant des Führerhauptquartiers und ab 6.2.1940 Kommandeur der 7. Panzerdivision. Erfolgreich mit dieser im Westfeldzug, wurde der General ab 6.2.1941 Befehlshaber des Deutschen Afrika Korps, ab 15.8.1941 Befehlshaber der Panzergruppe Afrika und anschließend in der Reihenfolge Oberbefehlshaber der Panzerarmee Afrika ab 22.1.1942, der Deutsch-Italienischen Panzerarmee ab 25.10.1942 und der Heeresgruppe Afrika ab 23.2.1943. Seine Erfolge als vorderster Truppenführer wurden Legende, und die ganze Welt hielt über die Leistungen der deutschen Wehrmacht in Nordafrika unter Rommels Führung den Atem an. Ab 15.7.1943 war der Feldmarschall Oberbefehlshaber der Heeresgruppe B im Westen und wurde dort am 17.7.1944 durch Tieffliegerbeschuß schwer verwundet. Ungerecht in den Kreis der Mitwisser des Attentates gegen den Führer Adolf Hitler am 20.7.1944 mit einbezogen, widerspiegelt sein erzwungener Freitod am 14.10.1944 bei Herrlingen/Württemberg in Tragik ein tapferes Soldatenleben der deutschen Kriegsgeschichte im Zweiten Weltkrieg.

10. Eichenlaub	am 20.3.1941	als	Generalleutnant, für die Leistungen als Generalmajor und Kommandeur der 7. Panzerdivision.
6. Schwerter	am 20.1.1942	als	General der Panzertruppe und Befehlshaber der Panzergruppe Afrika.
6. Brillanten	am 11.3.1943	als	Generalfeldmarschall und Oberbefehlshaber der Heeresgruppe Afrika.

Hauptmann

Hermann Friedrich Joppien

Geboren am 19.7.1912
in Hersfeld/Hessen.

Joppien kam 1936 zur Luftwaffe und war einer der ganz hervorragenden Männer im Jagdgeschwader 51. Bei Kriegsausbruch Flugzeugführer, später Staffelkapitän der 1. Staffel und ab 18.10.1940 Kommandeur der 1. Gruppe, gefiel seine Art als Vorgesetzter und Kamerad gleichermaßen. Die Einsätze im Westfeldzug, an der Kanalfront und über England sahen ihn als einen der Erfolgreichsten, und Kaltblütigkeit, Draufgängertum und fliegerisches Können machten ihn zum herausragenden Offizier im Geschwader. Nach Verlegung des Geschwaders an die Ostfront war er dort ebenso erfolgreich in Führung und Luftkampf und zählte mit seinen vielen an beiden Fronten errungenen Luftsiegen zu den besten Jagdfliegern der deutschen Luftwaffe. Aus ungeklärten Gründen erfüllte sich am 25.8.1941 über Brjansk im Mittelabschnitt der Ostfront sein tapferes Fliegerleben. Die Luftwaffe beklagte den Tod eines ihrer Besten.

11. Eichenlaub am 23.4.1941 als Hauptmann und
Kommandeur der
1. Gruppe des
Jagdgeschwaders 51.

Major

Joachim Müncheberg

Geboren am 31.12.1918
in Friedrichsdorf/Pommern.

1936 in die Luftwaffe gekommen, flog Müncheberg bei Kriegsbeginn als Flugzeugführer in der 10. Staffel des Jagdgeschwaders 26 „Schlageter", war ab 23.9.1939 Adjutant der 3. Gruppe und ab 22.8.1940 Staffelkapitän der 7. Staffel. Hervorragend bewährt beim Einsatz im Westfeldzug und in der Luftschlacht um England und hoch ausgezeichnet mit dem Ritterkreuz, kämpfte er von Februar bis September 1941 mit seiner Staffel im Mittelmeerraum, über Malta und in Nordafrika. Ab 19.9.1941 wurde Müncheberg Kommandeur der 2. Gruppe und stand wieder an der Kanalfront im Einsatz. Im Juli 1942 erfolgte seine Versetzung zum Jagdgeschwader 51 „Mölders" an die Ostfront, wo er ab 5.8.1942 die Führung des Geschwaders übernahm. Auch am Himmel über Rußland eilte dieser intelligente und einsatzfreudige Offizier von Luftsieg zu Luftsieg. Ab 1.10.1942 erfolgte Münchebergs Ernennung zum Kommodore des Jagdgeschwaders 77, welches er im Mittelmeerraum und in Nordafrika beispielgebend geführt hat. Härteste Einsätze gegen vielfache gegnerische Übermacht forderten in dieser Zeit alles. Im Luftkampf über Tunesien fiel dieser tapfere Jagdflieger am 23.3.1943 bei seinem 500. Feindflug als einer der erfolgreichsten Westjäger und großartige Führerpersönlichkeit. In allen Kreisen trauerte man um diesen vorbildlichen Offizier, Kameraden und Menschen.

12. Eichenlaub	am 7.5.1941	als Oberleutnant und Staffelkapitän der 7. Staffel des Jagdgeschwaders 26 „Schlageter".
19. Schwerter	am 9.9.1942	als Hauptmann und Führer des Jagdgeschwaders 51 „Mölders", unter gleichzeitiger Beförderung zum Major.

Fregattenkapitän

Heinrich Liebe

Geboren am 29.1.1908
in Gotha/Thüringen.

Seit 1927 in der Marine, war Liebe ab Juli 1935 Kommandant von U-2 und ab Oktober 1938 Kommandant von U-38. Ein ruhiger und überlegter Seeoffizier, der mit U-38 bei 9 Feindfahrten von Westafrika bis Nordnorwegen hohe Versenkungserfolge erreichte. Er war stets auch bemüht bei der Rettung schiffbrüchiger Seeleute, was auch die menschliche Seite der deutschen U-Bootmänner deutlich macht. Ab Juli 1941 wurde Heinrich Liebe Referent der Seekriegsleitung im Oberkommando der Kriegsmarine und ab August 1944 Admiralstabsoffizier im Oberkommando der Kriegsmarine beim Befehlshaber der U-Boote. Auch in diesen Dienststellungen war er ein vorbildlicher und wertvoller Offizier, der durch seine reiche Erfahrung in schwerster Zeit noch wesentlich zu den Erfolgen so mancher U-Booteinsätze entscheidenden Beitrag leistete.

13. Eichenlaub am 10.6.1941 als Kapitänleutnant und
Kommandant von
U-38, in der
5. U-Bootflottille,
unter gleichzeitiger Beförderung zum
Korvettenkapitän.

Kapitänleutnant

Engelbert Endrass

Geboren am 2.3.1911
in Bamberg/Oberfranken.

Endrass kam 1935 zur Marine und erfreute sich durch seine Art großer Beliebtheit bei Vorgesetzten und Untergebenen. Im September 1938 wurde er 1. Wachoffizier auf U-47 bei Kapitänleutnant Prien und war in entscheidender Weise beim erfolgreichen Unternehmen gegen "Scapa Flow" beteiligt. Ab Mai 1940 übernahm er als Kommandant U-46 und ab Oktober U-567. Bei 10 Feindfahrten mit diesen Booten erreichte der schneidige und tapfere Seeoffizier in der Biskaya, im Nordkanal, Nordatlantik und vor Gibraltar große Erfolge gegen die englische Schiffahrt. Unermüdlich im Kampf auf dem schwersten aller Kriegsschauplätze – dem Meer, gab er mit seiner Besatzung am 21.12.1941, als sein Boot U-567 westlich der Azoren von britischen Seestreitkräften versenkt wurde, in treuester Pflichterfüllung sein Leben, und die deutsche Kriegsmarine traf erneut ein sehr schwerer und schmerzlicher Verlust.

14. Eichenlaub am 10.6.1941 als Oberleutnant zur See und Kommandant von U-46, in der 7. U-Bootflottille.

Korvettenkapitän

Herbert Schultze

Geboren am 24.7.1909
in Kiel.

Schultze, seit 1930 in der Marine, wurde ab April 1939 Kommandant von U-48. Es war jenes U-Boot, mit welchem im Zweiten Weltkrieg die höchsten Versenkungsergebnisse erzielt wurden. 318.111 Bruttoregistertonnen fielen seinen Torpedos und Geschoßen zum Opfer und gingen auf den Meeresgrund. Herbert Schultze, der allseits beliebte und geachtete Seeoffizier, führte U-48 auf 8 Feindfahrten im Nordatlantik, erreichte bei diesen sehr beachtliche Kampfleistungen und legte mit fast 180.000 Bruttoregistertonnen versenktem Schiffsraum einen erheblichen Grundstein zu den Erfolgen dieses Bootes. Ab Juli 1941 wurde der bewährte Kommandant Chef der 3. U-Bootflottille, ab März 1942 Admiralstabsoffizier der Marinegruppe Nord, war ab Dezember 1942 im Stab des Befehlshabers der U-Boote im Oberkommando der Kriegsmarine und ab März 1944 Kommandeur der 2. Abteilung der Marineschule Schleswig. Betont kameradschaftlich, zählte er zu den Offizieren, denen Achtung und Verehrung nie versagt blieben und deren Können und Wissen der deutschen Kriegsmarine manchen Erfolg sicherstellte.

15. Eichenlaub am 12.6.1941 als Kapitänleutnant und
Kommandant von
U-48, in der
7. U-Bootflottille.

Oberst

Herbert Ihlefeld

Geboren am 1.6.1914
in Pinnow/Pommern.

Herbert Ihlefeld, seit 1934 in der Luftwaffe und schon in Spanien bei der „Legion Condor" ein erfolgreicher Jagdflieger, zählte im Laufe des Krieges zu den bedeutenden Führerpersönlichkeiten der deutschen Jagdwaffe. Ab 1.8.1938 als Flugzeugführer in der 1. Gruppe (Jäger) des Lehrgeschwaders 2, dem späteren Jagdgeschwader 77, flog er über Polen, im Westen und über England harte Einsätze, wurde ab 1.7.1940 Staffelkapitän der 1. Staffel und ab 1.9. Kommandeur der 1. Gruppe. Erzielte viele Luftsiege im Westen, am Balkan, im Mittelmeerraum und im Osten und wurde dort ab 26.6.1942 Kommodore des Jagdgeschwaders 52. Nach Verwundung und Genesung übernahm der verdiente Offizier ab 29.10. das Jagdgeschwader 103, ein Schulgeschwader im Reich, und war anschließend Kommodore der Jagdgeschwader 25, 11 und 1 „Oesau", jeweils ab 21.7.1943, 1.5.1944 und 20.5.1944. Diese führte er in den harten Schlachten der Reichsverteidigung in vorbildlicher Weise. Über 1.000 Feindflüge kennzeichnen deutlich Ihlefelds Tatkraft und Mut und unterstreichen seine unermüdliche Einsatzbereitschaft und Tapferkeit während des ganzen Krieges.

16. Eichenlaub	am 27.6.1941	als	Hauptmann und Kommandeur der 1. Gruppe des Jagdgeschwaders 77.
9. Schwerter	am 24.4.1942	als	Hauptmann und Kommandeur der 1. Gruppe des Jagdgeschwaders 77.

Major

Wilhelm Balthasar

Geboren am 2.2.1914
in Fulda/Hessen.

1935 in die Luftwaffe gekommen, war Wilhelm Balthasar ebenfalls 1938/39 erfolgreich als Jagdflieger bei der „Legion Condor" in Spanien im Einsatz, ehe er ab September 1939 Staffelkapitän der 7. Staffel des Jagdgeschwaders 27 wurde. Nach Beendigung des Westfeldzuges lag der tapfere Fliegeroffizier mit 23 bestätigten Luftsiegen an erster Stelle der deutschen Jagdflieger und übernahm ab Juli 1940 als Kommandeur die 3. Gruppe des Jagdgeschwaders 3. An der Kanalfront und in der Luftschlacht um England ebenso erfolgreich, waren seine Beispiele an Können, Mut und auch in der Einweisung junger Piloten ins Kampfgeschehen stets bezeichnend und einmalig. Ab 16.2.1941 erfolgte seine Ernennung zum Kommodore des Jagdgeschwaders 2 „Richthofen", wo sein gehobener Führungsstil und hoher Einsatz in unzähligen Auseinandersetzungen mit den harten britischen Jagdfliegern großen Eindruck erweckte. Am 3.7.1941 fiel Wilhelm Balthasar in einem Luftkampf über Aire in Frankreich, und die Luftwaffe trauerte um einen vorbildlichen Offizier und Kameraden. An der Seite seines im Ersten Weltkrieg gefallenen Vaters wurde er auf dem Heldenfriedhof Illies bei Lille beigesetzt.

17. Eichenlaub am 2.7.1941 als Hauptmann und Kommodore des Jagdgeschwaders 2 „Richthofen".

Major

Siegfried Schnell

Geboren am 23.1.1916
in Zielenzig/Brandenburg.

Siegfried Schnell gehörte zu jenen hervorragenden Jagdfliegern, welche durch ihre einmaligen Leistungen dem bekannten Jagdgeschwader 2 „Richthofen" das Gepräge gaben. Seit 1935 in der Luftwaffe, flog er seit 1939 als Flugzeugführer im Richthofengeschwader, wo er nach Einsätzen im Westfeldzug, an der Kanalfront und über England zu einem der herausragenden Piloten wurde. In der 9. Staffel erkämpfte der mutige Jagdflieger viele Luftsiege und wurde im Juli 1941 deren Staffelkapitän. Seine Tapferkeit und Einsatzbereitschaft, sowie sein hohes fliegerisches Können wurden zu Fundamenten seiner ausgezeichneten Leistungen, die ihn zu einem der erfolgreichsten Westjäger werden ließen. Ab Mai 1943 war der bewährte Offizier Kommandeur der 3. Gruppe des Jagdgeschwaders 54 im Westen, und im Februar 1944 übernahm er als Kommandeur die 4. Gruppe im Osten. Im Luftkampf mit sowjetischen Jägern über Narwa im Nordabschnitt der Ostfront wurde Siegfried Schnell am 25.2.1944 tödlich abgeschossen. Die Luftwaffe traf damit ein schwerer Verlust, und Trauer erfüllte ihre Reihen.

18. Eichenlaub am 9.7.1941	als Oberleutnant, für die Leistungen als Leutnant und Flugzeugführer in der 9. Staffel des Jagdgeschwaders 2 „Richthofen".

Generaloberst

Rudolf Schmidt

Geboren am 12.5.1886
in Berlin.

✝

Bewährter Offizier im Ersten Weltkrieg und ab 1.10.1935 Kommandeur der 1. Panzerdivision. 1939 führte er diese erfolgreich im Polenfeldzug. Ab 1.2.1940 zum Kommandierenden General des 39. Panzerkorps ernannt, bewährte sich der General auch höchst im Westfeldzug. Die hohe Auszeichnung mit dem Ritterkreuz würdigte seine und seiner Soldaten Verdienste. Auch im Ostfeldzug wurde Schmidt zum überragenden Panzerführer, und seine kühnen Operationen bewiesen des Generals moderne Ideen, die er mit unerschütterlicher Ruhe und großem Einfühlungsvermögen zu wichtigen Erfolgen im ganzen Frontbereich machte. Ab 15.11.1941 Oberbefehlshaber der 2. Armee und ab 25.12. der 2. Panzerarmee, waren sein Können und seine vorausschauende Planung auch als Heerführer unumstritten. Am 30.9.1943 erfolgte sein Abschied aus der Wehrmacht. Trotzdem mußte der General neun Jahre, von 1947 – 1956, in sowjetischer Gefangenschaft verbringen und starb am 7.4.1957 in Krefeld/Nordrhein-Westfalen.

19. Eichenlaub am 10.7.1941 als General der Panzertruppe und Kommandierender General des 39. Panzerkorps.

Oberst

Werner Baumbach

Geboren am 27.12.1916
in Cloppenburg/Oldenburg.

Baumbach war der erfolgreichste Kampfflieger des Zweiten Weltkrieges im Kampf gegen Schiffsziele. Seine 300.000 Bruttoregistertonnen an versenktem Schiffsraum wurden von keinem anderen Flieger auch nur annähernd erreicht. Seit 1936 in der Luftwaffe und schon 1939 als Offizier an der Erprobungsstelle Rechlin/Mecklenburg zur Erprobung der Ju 88, wo anschließend das Kampfgeschwader 30 entsteht, wurde er dort im Laufe des Krieges als Flugzeugführer, Staffelkapitän und Gruppenkommandeur zur herausragenden Persönlichkeit in der Luftwaffe. Flog im Norwegenunternehmen, im Westfeldzug, gegen England, im Hohen Norden, in Rußland und im Mittelmeerraum schwerste Einsätze und wurde zum bekanntesten Kampfflieger. Hohes fliegerisches Können, Mut und Einsatzbereitschaft waren mitbestimmend für seine Erfolge und erhoben Werner Baumbach in die Reihe der tüchtigsten Fliegeroffiziere. Im März 1942 war er mit seiner Ju 88 beim Kampf um die russische Seefestung Sewastopol sogar bei der 3. Gruppe des Kampfgeschwaders 51 eingesetzt und bewies auch an der Ostfront seine außerordentlichen Fähigkeiten als Kampfflieger. Ab Januar 1943 war der befähigte Offizier als Chef an verschiedenen Waffenerprobungsstellen der Luftwaffe tätig und wurde ab Oktober 1944 Kommodore des Kampfgeschwaders 200. Von Mai bis Dezember 1945 in britischer Kriegsgefangenschaft, verunglückte dieser tapfere und beliebte Flieger am 20.10.1953 in der La Platamündung in Argentinien bei einem Testflug tödlich.

20. Eichenlaub	am 14.7.1941	als	Oberleutnant und Staffelkapitän der 1. Staffel des Kampfgeschwaders 30.
16. Schwerter	am 17.8.1942	als	Hauptmann und Kommandeur der 1. Gruppe des Kampfgeschwaders 30.

Generalmajor

Oskar Dinort

Geboren am 23.6.1901
in Berlin-Charlottenburg.

†

Seit 1933 in der Luftwaffe, war Dinort ab 1.5.1939 Kommandeur der 1. Gruppe des Stukageschwaders 2 „Immelmann", flog viele Einsätze im Polenfeldzug, ehe er ab 15.10. 1939 Kommodore des Immelmanngeschwaders wurde. Erreichte mit diesem große Erfolge an den Fronten im Westen, am Balkan, über Kreta und im Osten. Stets an der Spitze des Geschwaders fliegend, war er seinen Besatzungen Vorbild in Führung und Kampf und erfreute sich als „Stukavater" allgemein großer Beliebtheit. Im Herbst 1941 erfolgte seine Ernennung zum Chef des Stabes beim Generalluftzeugmeister Generalfeldmarschall Milch, im August 1942 jene zum Kommandeur des Fliegerzielgeschwaders und ab September 1944 jene zum Kommandeur der 3. Fliegerschuldivision bis zum Kriegsende. Auch in diesen Dienststellungen waren sein Wirken bezeichnend und seine Beliebtheit offenkundig. Am 27.5.1965 ist Oskar Dinort in Köln verstorben.

21. Eichenlaub am 14.7.1941 als Oberstleutnant und
Kommodore des
Stukageschwaders 2 „Immelmann".

Generalmajor

Walter Storp

Geboren am 2.2.1910
in Schnecken-Elchniederung/Ostpreußen.

†

Storp kam 1934 von der Marine zur Luftwaffe, wo er ab 1.9.1939 als Flugzeugführer in der Zerstörergruppe des Lehrgeschwaders 1 den Polenfeldzug mitmachte. Ab Dezember 1939 flog er in der 8. Staffel des Kampfgeschwaders 4 „General Wever", wurde ab Juni 1940 Kommandeur der 3. Gruppe und ab 12.9.1940 Kommandeur der 2. Gruppe des Kampfgeschwaders 76. Seine Einsatzleistungen im Norwegenunternehmen, dem Westfeldzug und im Kampf über England bestachen in ihrer Einmaligkeit. Ab April 1941 Kommodore des Schnellen Kampfgeschwaders 210, erreichte er mit diesem an der Ostfront schlachtentscheidende Erfolge. Im September 1941 zum Gruppenleiter im Führungsstab der Luftwaffe ernannt, übernahm Storp im September 1942 als Kommodore das Kampfgeschwader 6, wurde im August 1943 Kampffliegerführer Mittelmeer, ab September 1944 Führer des Kampfgeschwaders 76, ab Oktober General der Kampfflieger und 1945 Kommandeur der 4. Fliegerdivision in Norwegen. Storp war der beispielgebende Offizier der Kampfflieger – an allen Fronten bewährt, waren Tapferkeit, Mut, technisches und taktisches Verständnis, sowie gewinnende Ausstrahlungskraft die grundlegenden Tugenden, die ihn in der Luftwaffe zur geachteten Führerpersönlichkeit stempelten. 1945 – 1948 befand sich der General in britischer Kriegsgefangenschaft und Internierung. Am 9.8.1981 ist Walter Storp in Goslar/Niedersachsen verstorben.

22. Eichenlaub am 14.7.1941 als Major und
Kommodore des
Schnellen Kampfgeschwaders 210.

Kapitän zur See

Viktor Schütze

Geboren am 16.2.1906
in Kiel.

†

Der kraftvolle und beliebte Seeoffizier, seit 1925 in der Marine, war Kommandant der U-Boote 19, 11, 25 und 103. U-103 übernahm er am 5.7.1940, erreichte auf 7 Feindfahrten in der Nordsee, vor Irland und Nordafrika überraschend hohe Versenkungsergebnisse, lag mit seinen Erfolgen im Spitzenfeld der besten U-Bootkommandanten und trug dadurch wesentlich zum weltweiten Ruf der deutschen U-Bootwaffe im Zweiten Weltkrieg bei. Bezeichnend die beharrliche Angriffsart Viktor Schützes, welche auch unter schwierigsten Gegebenheiten auf grimmigster See stets zum Erfolg führte und allgemeine Bewunderung erregte. Ab 13.8.1941 erfolgte seine Ernennung zum Chef der 2. U-Bootflottille und ab 15.3.1943 jene zum Führer der U-Bootausbildung in Gotenhafen/Westpreußen, wo der dynamische Offizier auf Grund seines hohen Könnens und seiner langjährigen Erfahrungen als geachtete Persönlichkeit galt. Ab April 1945 war Viktor Schütze Marinebereichskommandant zu Flensburg-Kappeln und verstarb am 23.9.1950 in Flensburg/Schleswig-Holstein.

23. Eichenlaub am 14.7.1941	als Korvettenkapitän und Kommandant von U-103, in der 2. U-Bootflottille.

Generaloberst

Heinz Guderian

Geboren am 17.6.1888
in Culm/Westpreußen.

†

Der Schöpfer der deutschen Panzerwaffe, schon im Ersten Weltkrieg als Offizier bewährt und ausgezeichnet, wurde ab 15.10.1935 Kommandeur der 2. Panzerdivision in Würzburg und ab 20.11.1938 Chef der „Schnellen Truppen". 1939 im Polenfeldzug Kommandierender General des 19. Armeekorps und zu hohen Ehren gelangt, führte der General dieses auch 1940 im Westfeldzug als nun erweitertes 19. Panzerkorps. Hatte als Panzerführer mit seinen Truppen überraschende und schlachtentscheidende Erfolge zu verzeichnen. Zu Beginn des Ostfeldzuges am 22.6.1941 führte Guderian als Befehlshaber die Panzergruppe 2 im Mittelabschnitt und stieß mit dieser in unermüdlichen Einsätzen bis vor die Tore Moskaus. Immer in vorderster Front, bestachen nicht nur des Generals Führungsleistungen, sondern auch sein Mut und Ausharren in schwierigsten Lagen. Am 26.12.1941 zur Führerreserve des Oberkommandos des Heeres versetzt, erfolgte am 28.2.1943 seine Ernennung zum Generalinspekteur der Panzertruppen und ab 21.7.1944 war Guderian gleichzeitig Chef des Generalstabes des Heeres. Vom 10.5.1945 – 17.6.1948 war der General in amerikanischer Kriegsgefangenschaft und verstarb am 14.5.1954 in Schwangau/Bayern.

24. Eichenlaub am 17.7.1941 als Generaloberst und
Befehlshaber der
Panzergruppe 2.

Generaloberst

Hermann Hoth

Geboren am 12.4.1885
in Neuruppin/Brandenburg.

†

Im Ersten Weltkrieg ausgezeichneter Stabsoffizier, übernahm Hoth am 1.10.1935 als Kommandeur die 18. Infanteriedivision. Zu Beginn des Zweiten Weltkrieges Kommandierender General des 15. Armeekorps und für die hervorragenden Erfolge im Polenfeldzug hoch ausgezeichnet, zeigte der General auch große Leistungen mit dem jetzt als 15. Panzerkorps operierenden Truppenteil im Westfeldzug. Im Ostfeldzug dann Befehlshaber der Panzergruppe 3 und mit dieser besonders erfolgreich im Mittelabschnitt im Einsatz, wurde Hoth ab 5.10.1941 Oberbefehlshaber der 17. Armee und im April 1942 Oberbefehlshaber der 4. Panzerarmee. Kluges Einschätzen der jeweiligen Lage und ruhige Führung kennzeichneten diesen fähigen General, dessen Persönlichkeit überall großen Eindruck erweckte. Ab 1.10.1943 in die Führerreserve des Oberkommandos des Heeres versetzt, erlebte er so das Kriegsende. Von 1946 – 1954 in Haft zu Landsberg am Lech, verstarb dieser großartige Mensch am 25.1.1971 in Goslar/Niedersachsen.

25. Eichenlaub	am 17.7.1941	als Generaloberst und Befehlshaber der Panzergruppe 3.
35. Schwerter	am 15.9.1943	als Generaloberst und Oberbefehlshaber der 4. Panzerarmee.

Generalfeldmarschall

Dipl.-Ing. Dr. Ing. Wolfram Freiherr von Richthofen

Geboren am 10.10.1895
in Gut Parzdorf/Schlesien.

Im Ersten Weltkrieg bewährter Kavallerie- und später Fliegeroffizier im Geschwader seines berühmten Vetters Manfred von Richthofen, ab 6.11.1936 Chef des Stabes der „Legion Condor" in Spanien, ab 1.4.1938 Kommodore des Kampfgeschwaders 257 zu Lüneburg und ab 1.11.1938 Befehlshaber der „Legion Condor" in Spanien. Zu Beginn des Zweiten Weltkrieges führte der General das neuaufgestellte Nahkampffliegerkorps, das spätere 8. Fliegerkorps. Auf allen Kriegsschauplätzen in unermüdlichen Einsätzen bewährt, zeigten diese Flieger, daß sie zu den besten der Luftwaffe zählten. Richthofens Führungsgeschick, seine Entschlußkraft und sein Einsatz in vorderster Linie waren sprichwörtlich und beeindruckten Vorgesetzte und Untergebene. Außerdem prägte ein einmaliger Gerechtigkeitssinn diese geachtete Führerpersönlichkeit der Luftwaffe. Im Juni 1942 wurde der General Oberbefehlshaber der Luftflotte 4 an der Ostfront und im Juni 1943 der Luftflotte 2 in Italien. Am 27.10.1944 wegen schwerer Krankheit gezwungen, den Oberbefehl niederzulegen, verstarb der jüngste Generalfeldmarschall der deutschen Wehrmacht am 12.6.1945 in einem amerikanischen Kriegsgefangenenlazarett in Bad Ischl/ Oberösterreich.

26. Eichenlaub am 17.7.1941 als General der Flieger und
Kommandierender General des
8. Fliegerkorps.

Oberst

Günther Lützow

Geboren am 4.9.1912
in Kiel.

Lützow kam 1934 in die Luftwaffe und war eine der Führerpersönlichkeiten der Jagdwaffe. Ebenfalls bewährter Jagdflieger in der „Legion Condor" in Spanien, ab 3.11.1939 Kommandeur der 1. Gruppe des Jagdgeschwaders 3 und ab August 1940 dessen Kommodore. Ob an der Westfront oder im anschließenden Ostfeldzug – Lützow war immer ein vorbildlicher Offizier und überlegter Kommodore. Können, Tapferkeit und Verständnis paarte er in sich in eindrucksvoller Weise und war ein Vorgesetzter, dem man Achtung und Anerkennung zollte. Seine vielen im Westen und Osten erzielten Luftsiege reihten ihn 1941 in die Liste der erfolgreichsten deutschen Jagdflieger. Am 24.10.1941 erreichte er als zweiter Jagdflieger den 100. Luftsieg. Anschließend bekleidete Günther Lützow folgende hohe Führungsstellungen – jeweils ab: September 1942 Inspizient West beim General der Jagdflieger, Januar 1943 Kommandeur der 1. Jagddivision, August Jagdfliegerführer Italien, Januar 1944 Kommandeur der 4. Fliegerschuldivision und Januar 1945 wieder Fliegerführer Italien. Auch in diesen Kommandos rühmte man sein gekonntes und einmaliges Wirken zur Verbesserung der deutschen Jagdwaffe. Seit 12.4.1945 im Düsenjägerjagdverband 44 als Flugzeugführer, fiel er dort am 24.4.1945 im Luftkampf gegen die Amerikaner im Raum Donauwörth/Bayern.

27. Eichenlaub	am 20. 7.1941	als Major und Kommodore des Jagdgeschwaders 3.
4. Schwerter	am 11.10.1941	als Major und Kommodore des Jagdgeschwaders 3.

Oberst

Josef Priller

Geboren am 27.6.1915
in Ingolstadt/Oberbayern.

✝

Auch Josef Priller verkörperte in jeder Weise den deutschen Jagdflieger, wie ihn der Zweite Weltkrieg prägte, und für ihn wurde die Westfront zur ausschlaggebenden Bedeutung seiner eindrucksvollen Leistungen. Seit 1936 in der Luftwaffe und ab 1.10.1939 Staffelkapitän der 6. Staffel des Jagdgeschwaders 51, erkämpfte er im Westfeldzug und in der Luftschlacht um England viele Luftsiege, ehe er am 20.11.1940 ins Jagdgeschwader 26 „Schlageter" kam und Staffelkapitän der 1. Staffel wurde. Im Geschwader bald zu den Besten zählend, erwarb sich der beliebte Offizier durch Mut und immer bewiesene Tapferkeit hohes Ansehen. Ab 6.12.1941 wurde Priller Kommandeur der 3. Gruppe, und am 11.1.1943 erfolgte seine Ernennung zum Kommodore des Geschwaders. Immer an der Westfront im Einsatz, führte er dieses mit Umsicht und Können gegen vielfache feindliche Übermacht sehr erfolgreich und wurde selbst durch seine vielen errungenen Luftsiege zu einem der besten Jagdflieger im Westen. Ab 31.1.1945 war Priller Inspekteur der Jagdflieger West und bewies hier erneut seine hervorragenden Fähigkeiten als Führerpersönlichkeit der deutschen Jagdflieger. Am 20.5.1961 verstarb dieser herzliche Mensch und Kamerad in Böbing/Oberbayern.

28. Eichenlaub am 20.7.1941	als	Oberleutnant und Staffelkapitän der 1. Staffel des Jagdgeschwaders 26 „Schlageter".
73. Schwerter am 2.7.1944	als	Oberstleutnant und Kommodore des Jagdgeschwaders 26 „Schlageter".

Oberst

Günther Freiherr von Maltzahn

Geboren am 20.10.1910
in Wodarg/Pommern.

†

Maltzahn zählte ebenfalls zu den bedeutenden Führerpersönlichkeiten der Jagdwaffe. Seit 1937 in der Luftwaffe, war er zu Kriegsbeginn Kommandeur der 2. Gruppe des Jagdgeschwaders 53 und wurde ab 10.10.1940 dessen Kommodore. Seine Erfolge im Westen und die bestechende Art der Geschwaderführung waren bezeichnend. Anschließend an der Ostfront erfolgreich eingesetzt, verlegte das Pik-As Geschwader dann ab 19.12.1941 in den Mittelmeerraum, wo der Kommodore in Führung und Luftkampf erneut sein hohes Können unter Beweis stellte. Besonders über Malta, der britischen Inselfestung im Mittelmeer, erfüllten die Pik-As Jäger wichtige Begleitschutzaufträge für die Kampf- und Stukaflieger und zeigten auch am Himmel über Nordafrika einmalige Kampfleistungen. Maltzahn selbst erzielte an allen Fronten viele Luftsiege und wurde auf Grund seiner ausgeprägten Führereigenschaften im November 1943 zum Jagdfliegerführer Italien ernannt, war ab 1945 bis zum Kriegsende an weiteren hohen Führungsstellen der Luftwaffe tätig und verstarb am 24.6.1953 in Düsseldorf.

29. Eichenlaub am 24.7.1941 als Major und
Kommodore des
Jagdgeschwaders 53.

Generalmajor

Horst Niemack

Geboren am 10.3.1909
in Hannover.

Allseits beliebter und bewährter Reiteroffizier, 1927 ins Heer eingetreten, seit 1936 Lehrer an der Kavallerieschule Hannover, ab 1.10.1939 zum Chef der 3. Schwadron der Aufklärungsabteilung 5 ernannt und ab 1.4.1940 deren Kommandeur. Schon im Westfeldzug entschlußkräftiger Führer und schneidiger Angreifer. Für seine Tapferkeit am 13.7.1940 mit dem Ritterkreuz ausgezeichnet, wurde Niemack auch im Ostfeldzug zum herausragenden Frontoffizier, bewies in allen Einsätzen Übersicht und persönlichen Mut und war mit seiner Abteilung eine wertvolle Stütze der Front. Ab 1.10.1941 wirkte der bewährte Offizier als Kommandeur der Kavallerielehrgruppe an der Schule für Schnelle Truppen zu Potsdam, war ab 1.3.1943 Kommandeur des Panzergrenadierregiments 26 und ab 15.10.1943 Kommandeur des Panzerfüsilierregiments „Großdeutschland". In härtesten Einsätzen im Osten prägte Horst Niemack auch hier den Geist seiner Männer und wurde nach schwerer Verwundung am 24.10.1944 und deren Genesung ab 7.2.1945 Führer der Panzer Lehrdivision, die er bis zu seiner neuerlichen Verwundung im März 1945 an der Westfront befehligte. Mehr als zwei Jahre befand sich der General nach Kriegsende in britischer Kriegsgefangenschaft.

30. Eichenlaub am 10.8.1941 als	Rittmeister und Kommandeur der Aufklärungsabteilung 5, in der 5. Infanteriedivision.
69. Schwerter am 4.6.1944 als	Oberst und Kommandeur des Panzerfüsilierregiments „Großdeutschland", in der Panzergrenadierdivision „Großdeutschland".

Oberstleutnant

Heinrich Bär

Geboren am 25.3.1913
in Sommerfeld bei Leipzig/Sachsen.

†

Heinz Bär war „der Jagdflieger" unter den Jagdfliegern. Vom ersten bis zum letzten Tag des Krieges im Einsatz, ob als Flugzeugführer oder Kommodore – er war immer Frontflieger. Über 1.000 Feindflüge, 220 Luftsiege, davon 124 gegen westliche Gegner errungen und somit nach Marseille der erfolgreichste Jagdflieger gegen die Briten und Amerikaner, widerspiegeln das Bild eines an Können und Tapferkeit überzeugenden Fliegeroffiziers. Seit 1935 in der Luftwaffe, kam Bär 1939 als Flugzeugführer in die 1. Gruppe des Jagdgeschwaders 51, kämpfte im Westen und Osten, wo er Luftsieg an Luftsieg reihte und ab 13.7.1941 Staffelkapitän der 12. Staffel des Jagdgeschwaders 51 wurde. Ab Mai 1942 übernahm der bewährte Offizier als Kommandeur die 1. Gruppe des Jagdgeschwaders 77, ebenfalls an der Ostfront, und verlegte mit dieser im Juli in den Mittelmeerraum und Ende Oktober nach Nordafrika, wo er durch einmalige Leistungen und Abschußerfolge von sich reden machte. 1943/44 war er Kommodore der Jagdgeschwader 1 und 3 in der Reichsverteidigung, wurde ab Jänner 1945 Kommandeur der Ergänzungsgruppe für Düsenjäger in Lechfeld/Bayern und war anschließend Flugzeugführer im Düsenjägerjagdverband 44, dessen Führer er ab 26.4.1945 wurde. Er war mit 16 bestätigten Abschüssen auch der erfolgreichste Düsenjägerpilot des Zweiten Weltkrieges und eine beliebte Führerpersönlichkeit in der Luftwaffe. Bei Heinz Bär hatte die oberste Führung wohl auf die Verleihung der Brillanten „vergessen". Durch Flugunfall mit einem Sportflugzeug bei Braunschweig/Niedersachsen, am 28.4.1957, endete das Leben dieses liebenswerten Kameraden und begnadeten Fliegers.

31. Eichenlaub	am 14.8.1941	als	Oberleutnant, für die Leistungen als Leutnant und Flugzeugführer in der 1. Staffel des Jagdgeschwaders 51.
7. Schwerter	am 16.2.1942	als	Hauptmann und Staffelkapitän der 12. Staffel des Jagdgeschwaders 51 „Mölders".

Major

Hans Hahn

Geboren am 14.4.1914
in Gotha/Thüringen.

†

Auch Hans Hahn, seit 1935 in der Luftwaffe, war einer der herausragenden Jagdflieger des Jagdgeschwaders 2 „Richthofen" und sein Name eng verknüpft mit den außergewöhnlichen Leistungen dieses Geschwaders bei den Kämpfen im Westfeldzug, der Luftschlacht um England und am Kanal. Bereits 1939 Staffelkapitän der 4. Staffel, erfolgte ab 1.10.1940 seine Ernennung zum Kommandeur der 3. Gruppe, die er in vielen Einsätzen bezeichnend und einmalig geführt hat, wobei er in vielen Luftkämpfen als Sieger hervorging. Angriffsschwung, gepaart mit hohem fliegerischem Können und vorbildlicher Tapferkeit machten Hahn, der nach härtesten Luftkämpfen im Geschwader zum Begriff wurde, zu einem der erfolgreichsten Jagdflieger an der Westfront. Am 15.10.1942 wurde der bewährte Fliegeroffizier Kommandeur der 2. Gruppe des Jagdgeschwaders 54 an der Ostfront, mußte dort nach erfolgreichen Einsätzen am 21.2.1943 südlich von Demjansk im Nordabschnitt der Ostfront auf russischem Gebiet notlanden und war bis 24.12.1949 in Kriegsgefangenschaft. Am 18.12.1982 ist Hans Hahn in München verstorben.

32. Eichenlaub am 14.8.1941 als Hauptmann und
Kommandeur der
3. Gruppe des
Jagdgeschwaders 2 „Richthofen".

Oberstleutnant

Hans Philipp

Geboren am 17.3.1917
in Meißen/Sachsen.

Sein Name ist eng verbunden mit dem Jagdgeschwader 54. Bei Kriegsbeginn Flugzeugführer in der 1. Gruppe des Jagdgeschwaders 76, später Jagdgeschwader 54, flog Philipp schon über Polen und 1940 im Westen viele Einsätze, wo er im Oktober am Kanal als Staffelkapitän die 4. Staffel übernommen hatte und ein erfolgreicher Jagdflieger wurde. 1941 am Balkan im Einsatz, folgten seine ganz großen Abschußerfolge, dann an der Ostfront, wo er in kurzer Zeit zu den bedeutendsten deutschen Jagdfliegern zählte. Enormer Einsatz, Schneid und Tapferkeit untermauerten seine einmaligen Erfolge. Im Februar 1942 wurde Philipp Kommandeur der 1. Gruppe und erreichte am 17.3.1943 als zweiter Jagdflieger den 200. Luftsieg. Sonniges und intelligentes Wesen zeichneten seine Persönlichkeit und machten ihn zu einem beliebten Offizier und Kameraden in der Luftwaffe. Ab 1.4.1943 zum Kommodore des Jagdgeschwaders 1 im Westen ernannt, bekleidete er im Juli auch das Amt des Inspekteurs der Tagjäger beim General der Jagdflieger an der Westfront. Beim Luftkampf in der Reichsverteidigung mit amerikanischen Jägern über Nordhorn/Weser-Ems ist Hans Philipp am 8.10.1943 gefallen. Einer der Besten der Luftwaffe gab in treuester Pflichterfüllung sein Leben für das Vaterland.

33. Eichenlaub	am 24.8.1941	als	Oberleutnant und Staffelkapitän der 4. Staffel des Jagdgeschwaders 54.
8. Schwerter	am 12.3.1942	als	Hauptmann und Kommandeur der 1. Gruppe des Jagdgeschwaders 54.

General der Panzertruppe

Ludwig Crüwell

Geboren am 20.3.1892
in Dortmund/Westfalen.

†

Bewährter Offizier im Ersten Weltkrieg, wurde Crüwell ab 1.2.1938 Kommandeur des Panzerregiments 6, ab März 1939 Abteilungsleiter im Generalstab des Heeres, ab 1.11.1939 Oberquartiermeister der 16. Armee und ab 1.8.1940 Kommandeur der 11. Panzerdivision. Schon im Balkanfeldzug, im April 1941, zeichnete er sich beim Durchbruch auf Belgrad in besonderer Weise aus. Hoch ausgezeichnet für diese Taten, war der General auch später an der Ostfront mit seiner Division bei kühnen Vorstößen im Südabschnitt stets bewährt. Ab 15.8.1941 erfolgte seine Ernennung zum Kommandierenden General des Deutschen Afrika Korps und ab 9.3.1942 jene zum Führer der Panzerarmee Afrika. Auch auf diesem Kriegsschauplatz bewies Crüwell seine überragenden soldatischen Fähigkeiten als Truppenführer. Am 19.5.1942 wurde der General von den Engländern gefangengenommen, war bis Dezember 1947 in Kriegsgefangenschaft und ist am 25.9.1958 in seiner Geburtsstadt Dortmund verstorben.

34. Eichenlaub am 1.9.1941 als Generalleutnant und Kommandeur der 11. Panzerdivision.

Oberst

Karl Gottfried Nordmann

Geboren am 22.11.1915
in Gießen/Hessen.

✝

Bei Kriegsbeginn war Nordmann Flugzeugführer in der 1. Gruppe des Lehrgeschwaders 2 (Jäger), dem späteren Jagdgeschwader 77, kämpfte in Polen und im Westen und kam anschließend ins Jagdgeschwader 51, wo er im Laufe des Krieges einen beispielhaften Aufstieg verzeichnen konnte. Im August 1940 wurde er Staffelkapitän der 12. Staffel, im Juli 1941 Kommandeur der 4. Gruppe und am 10.4.1942 Kommodore des Geschwaders. Am 26.10.1942 erreichte das Jagdgeschwader 51 „Mölders" im Osten den 4.000. Luftsieg, und der tapfere Kommodore flog Feindflug um Feindflug an der Spitze des Geschwaders. Als eine der hervorragenden Führerpersönlichkeiten der Jagdflieger mit vielen Luftsiegen im Westen und Osten und 800 Feindflügen ging Nordmann in die Geschichte der Luftwaffe ein. Können, Mut und Herzlichkeit machten ihn zu einem verbindlichen Vorgesetzten und vorbildlichen Offizier. Im April 1944 erfolgte seine Ernennung zum Jagdfliegerführer Ostpreußen und im April jene zum Kommandeur der 1. Jagddivision, wo erneut ausgeprägte Führungsgabe seinen bewegten Soldatenweg zeichnete. Am 22.7.1982 ist Karl Gottfried Nordmann in Baltimore in den USA verstorben.

35. Eichenlaub am 16.9.1941 als Hauptmann, für die Leistungen als
Oberleutnant und
Staffelkapitän der
12. Staffel des
Jagdgeschwaders 51.

Oberfeldwebel

Heinrich Hoffmann

Geboren am 8.3.1913
in Worms/Rheinland.

Hoffmann kam am 26.8.1939 als Flugzeugführer ins Jagdgeschwader 51 und erreichte hier großartige Erfolge. Schon im Westfeldzug und in der Luftschlacht um England sehr bewährt, erkämpfte er dann an der Ostfront viele Luftsiege und gehörte bei seinem Tode zu jenen Jagdfliegern der Luftwaffe, welche bis zu dieser Zeit die meisten Abschüsse erringen konnten. Er war einer der unermüdlichen Rottenflieger von schweigender Pflichterfüllung und erfreute sich im Geschwader steter Beliebtheit. Seine Tapferkeit und Ruhe machten ihn zu einem verläßlichen Kampfgefährten in allen schweren Einsätzen. Heinrich Hoffmann war der erste Eichenlaubträger aus dem Unteroffizierskorps und der erste Soldat der deutschen Wehrmacht, dem diese Auszeichnung nach dem Tode verliehen wurde, nachdem er am 3.10.1941 über Shatalowka im Mittelabschnitt der Ostfront gefallen war.

36. Eichenlaub am 19.10.1941 nach dem Tode, für die Leistungen als
Oberfeldwebel und
Flugzeugführer in der
12. Staffel des
Jagdgeschwaders 51.

Generalleutnant

Kurt Jürgen Freiherr von Lützow

Geboren am 7.8.1892
in Marienwerder/Ostpreußen.

✝

Im Ersten Weltkrieg bewährter Offizier, war Lützow zu Kriegsbeginn 1939 Kommandeur des Infanterieregiments 89. Bereits im Polen- und Westfeldzug ein schneidiger und tapferer Regimentsführer, der an der Ostfront das erste Eichenlaub für die Infanterie erkämpfte. Ab 9.3.1942 wurde Lützow Kommandeur der 12. Infanteriedivision und ab 25.6.1944 Führer des 35. Armeekorps. Bei den harten Kämpfen im Osten ein verdienter General mit ausdauernder Energie und immer bewiesenen guten Führungsleistungen. Als die geballte Wucht der sowjetischen Sommeroffensive im Juni 1944 die deutsche Front zertrümmerte und zum Zusammenbruch der Heeresgruppe Mitte führte, geriet der General am 5.7.1944 in Gefangenschaft, kehrte aus dieser am 16.1.1956 nach Deutschland zurück, wo er am 20.7.1961 in Hannover verstorben ist.

37. Eichenlaub am 21.10.1941 als Oberst und
Kommandeur des
Infanterieregiments 89, in der
12. Infanteriedivision.

Oberst

Gordon Mac Gollob

Geboren am 16.6.1912
in Wien.

1939 als Flugzeugführer in der 1. Gruppe des Zerstörergeschwaders 76, bewährte sich Gollob schon bei Einsätzen in Polen und über der Nordsee. Ab April 1940 Staffelkapitän der 3. Staffel und erfolgreich beim Norwegenunternehmen, kam er ab Juni 1940 an die Erprobungsstelle der Luftwaffe nach Rechlin/Mecklenburg, ehe er ab Oktober zur 2. Gruppe des Jagdgeschwaders 3 an die Kanalfront kam. Nach Verlegung des Geschwaders an die Ostfront übernahm der hervorragende Offizier dort ab 1.7.1941 als Kommandeur die Gruppe, kam im Dezember wieder an die Erprobungsstelle Rechlin, wurde ab 20.5.1942 an der Ostfront Führer und ab 2.7.1942 Kommodore des Jagdgeschwaders 77 und führte gleichzeitig auch das Jagdgeschwader 52. Hier schlug seine große Stunde der heldenhaften Bewährung, und er erreichte in harten Luftkämpfen als erster Jagdflieger der Welt am 29.8.1942 den 150. Luftsieg. Sein Können als Führer, Flieger und Soldat verdient höchste Beachtung und gipfelt in ihrer Gesamtheit in seinen geleisteten Tapferkeitstaten. Als verständnisvolle Führerpersönlichkeit der Jagdflieger und mit hervorragenden technischen Fähigkeiten begabt, war der bewährte Offizier ab 1.4.1943 Jagdfliegerführer 5 am Kanal und erfüllte anschließend bis 31.1.1945 in verschiedenen hohen Stäben der Luftwaffe seine Soldatenpflicht. Ab diesem Zeitpunkt wurde Gordon Mac Gollob General der Jagdflieger und Nachfolger Adolf Gallands und befand sich nach Kriegsende bis 1948 in amerikanischer bzw. französischer Kriegsgefangenschaft und Internierung.

38. Eichenlaub	am 26.10.1941 als	Hauptmann und Kommandeur der 2. Gruppe des Jagdgeschwaders 3.
13. Schwerter	am 23. 6.1942 als	Hauptmann und Führer des Jagdgeschwaders 77.
3. Brillanten	am 30. 8.1942 als	Major und Kommodore des Jagdgeschwaders 77.

Hauptmann

Erbo Graf von Kageneck

Geboren am 2.4.1918
in Bonn.

Erbo Graf von Kageneck kam 1936 in die Luftwaffe, war 1939 Flugzeugführer in der 1. Gruppe des Zerstörergeschwaders 1 und nach Einsätzen in Polen und Westen ab 18.9.1940 Staffelkapitän der 9. Staffel des Jagdgeschwaders 27. Tapferer Flieger an der Kanalfront, über England und anschließend am Balkan und erfolgreichster Jagdflieger während des Einsatzes der 3. Gruppe vom 6.7. – 16.10.1941 an der Ostfront, wo dem schneidigen Piloten 48 Abschüsse gelangen. Im Dezember 1941 verlegte die Gruppe nach Nordafrika, und Kageneck bewährte sich auch an dieser Front in unzähligen Luftkämpfen und Tiefangriffen in höchstem Maße. Bei einem Luftkampf über Agedabia wurde er am 24.12.1941 schwer verwundet und erlag diesen Verletzungen am 12.1.1942 in einem Lazarett in Neapel in Italien. Die Luftwaffe verlor einen hervorragenden Offizier und Kameraden, dem Vaterlandsliebe und Pflichterfüllung alles bedeutet haben.

39. Eichenlaub am 26.10.1941 als Oberleutnant und
Staffelkapitän der
9. Staffel des
Jagdgeschwaders 27.

Kapitän zur See

Ernst Felix Krüder

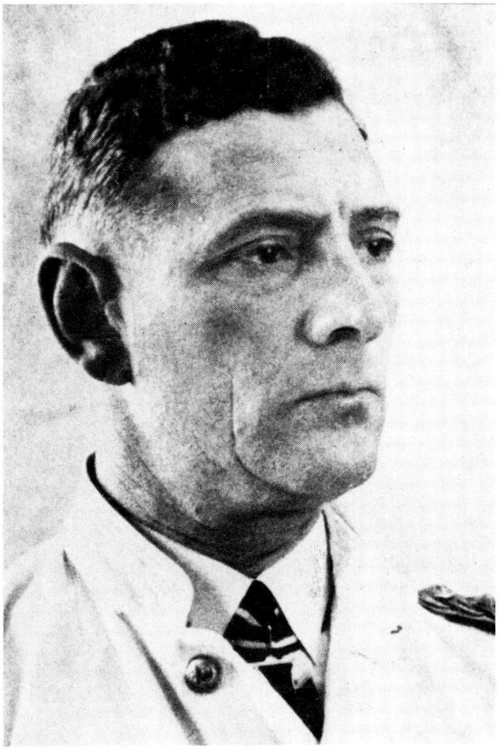

Geboren am 6.12.1897
in Hamburg.

Bewährter Marineoffizier im Ersten Weltkrieg, übernahm Krüder im September 1939 als Kommandant Hilfskreuzer 5 Schiff 33 „Pinguin" und durchkreuzte mit diesem Schiff die Meere. Ein überaus tüchtiger und mutiger Seeoffizier, der auf seinen Unternehmungen die größten Erfolge aller Hilfskreuzerkommandanten erreichte. Es gelang ihm die Versenkung bzw. Aufbringung von 32 gegnerischen Schiffen, eine Leistung, die Achtung und Anerkennung verdient und den äußersten Einsatz auch dieser Matrosen in besonderer Weise deutlich macht. Bei einem Seegefecht mit dem britischen Kreuzer „Cronwall" am 8.5.1941 im Indischen Ozean ging Schiff 33 nach schweren Treffern unter, und Kapitän Krüder und fast die gesamte Besatzung, sowie über zweihundert Gefangene, die sich an Bord befanden, starben den Seemannstod. Die Härte des Kampfes auf See fand in diesem Vorfall seine traurige Bestätigung.

40. Eichenlaub am 15.11.1941 nach dem Tode, für die Leistungen als
Kapitän zur See und
Kommandant des
Hilfskreuzers 5 Schiff 33 „Pinguin".

SS Oberstgruppenführer und Generaloberst der Waffen SS

Joseph Dietrich

Geboren am 28.5.1892
in Hawangen/Schwaben.

†

Schon Kriegsfreiwilliger im Ersten Weltkrieg, wurde Sepp Dietrich im Jahre 1933 mit der Aufstellung der SS Stabswache, der späteren Leibstandarte, beauftragt. Diese wurde dann militärisch aufgebaut und kam bereits 1939 beim Feldzug in Polen zum Einsatz. Ab Mai 1940 führte er die Leibstandarte erfolgreich im Westfeldzug und ebenso 1941 am Balkan. Mit Beginn des Ostfeldzuges folgten für die nun als Division erweiterte Leibstandarte SS „Adolf Hitler" härteste Einsätze, und hier bewies der bewährte Kommandeur gegenüber seinen Männern erneut immer wieder seine großen Werte als Soldat, Mensch und Kamerad. Ab 27.7.1943 wurde er Kommandierender General des 1. SS Panzerkorps „Leibstandarte" und ab 25.10.1944 Oberbefehlshaber der 6. SS Panzerarmee. Bei den Kämpfen im Westen und Osten ein stets umsichtiger Führer und verdienter General, den hohe Tapferkeit und bewegte Menschlichkeit zum großen Vorbild in der Waffen SS werden ließen. Bezeichnend für seine selbstlose und gerechte Art, daß er den ihm bereits am 20.4.1942 zuerkannten Dienstrang eines SS Obersgruppenführers erst ab 1.8.1944 offiziell führte, als auch SS Obergruppenführer Paul Hausser diese Beförderung zuteil wurde. Von 1945 – 1959 in Kriegsgefangenschaft, Internierung und Haft zu Landsberg in Bayern, verstarb Sepp Dietrich, der beliebte Kamerad, am 21.4.1966 in Ludwigsburg/Baden-Württemberg.

41. Eichenlaub	am 31.12.1941 als	SS Obergruppenführer und Kommandeur der SS Division (mot.) Leibstandarte SS „Adolf Hitler".
26. Schwerter	am 16. 3.1943 als	SS Obergruppenführer und Kommandeur der SS Panzerdivision Leibstandarte SS „Adolf Hitler".
16. Brillanten	am 6. 8.1944 als	SS Oberstgruppenführer und Kommandierender General des 1. SS Panzerkorps „Leibstandarte".

General der Panzertruppe

Heinrich Eberbach

Geboren am 24.11.1895
in Stuttgart.

1914 Fahnenjunker, 1915 Offizier und schwer verwundet, war Eberbach ab 1.9.1938 Kommandeur des Panzerregiments 35. Im Polen- und Westfeldzug bestens bewährt und hoch ausgezeichnet ging es dann an die Ostfront, wo der verdiente Offizier ab 2.7.1941 als Kommandeur die 5. Panzerbrigade übernahm. Im Oktober wurde Eberbach Kommandeur einer aus verschiedenen Heeresteilen gegliederten Kampfgruppe, mit der er hervorragende Leistungen bot. Die „Kampfgruppe Eberbach" wurde zum Begriff an der Ostfront. Tapferkeit, Können und menschlicher Führungsstil zeichneten Eberbachs Persönlichkeit. Anfang 1942 befehligte er als Kommandeur die 4. Panzerdivision, und ab Ende November führte er das 48. Panzerkorps. Nach schwerer Verwundung und Genesung wurde der General ab 1.10.1943 Kommandierender General des 48. Panzerkorps und führte ab November die „Armeegruppe Nikopol". Nach Lazarettaufenthalt im Dezember erfolgte im Jänner 1944 seine Ernennung zum Inspekteur der Panzertruppen des Heimatheeres, ab 6.7. jene zum Oberbefehlshaber der Panzergruppe West und ab 16.8. jene zum Oberbefehlshaber der 7. Armee. Nach härtesten Kämpfen gegen die Invasionstruppen in Frankreich geriet der General am 31.8.1944 in britische Gefangenschaft und wurde aus dieser am 6.1.1948 entlassen.

42. Eichenlaub am 31.12.1941 als Oberst, für die Leistungen als Kommandeur der 5. Panzerbrigade.

Generalmajor

Franz Scheidies

Geboren am 22.2.1890
in Groß-Pelken/Memel.

Ausgezeichnet als Feldwebel im Ersten Weltkrieg und seit 1935 im Heer, war Franz Scheidies im Zweiten Weltkrieg ein hervorragender Offizier, der in den Feldzügen gegen Polen, Frankreich und die Sowjetunion mit seinen Soldaten große Waffentaten vollbrachte. Für die Erfolge im Westfeldzug mit dem Ritterkreuz ausgezeichnet, war er mit seinem Regiment im Ostfeldzug im Bereich der Heeresgruppe Nord bei den Kämpfen vor Leningrad und am Wolchow sehr bewährt. Das Infanterieregiment 22 war eine wertvolle Stütze der Front, und der Kommandeur bewies immer wieder persönliche Tapferkeit und bewegte Führungskunst. Ab 27.3.1942 wurde der verdiente Offizier Führer der 61. Infanteriedivision, die auch im Nordabschnitt der Ostfront im Einsatz stand, und fiel dort am 7.4.1942 in vorderster Linie. Das deutsche Heer verlor einen tapferen und vorbildlichen Truppenführer.

43. Eichenlaub am 31.12.1941 als Oberst und Kommandeur des Infanterieregiments 22, in der 1. Infanteriedivision.

Oberstleutnant im Generalstab

Ernst Georg Buchterkirch

Geboren am 10.9.1914
in Stolp/Pommern.

†

1935 ins Heer gekommen, 1938/39 bei der „Legion Condor" in Spanien und 1939 bei Kriegsausbruch Zugführer in der 3. Panzerdivision. Stets an den Brennpunkten der Front eingesetzt, war er ein tapferer Offizier und ruhiger Pol bei allen Kämpfen im Polen- und Westfeldzug. Für seine Tapferkeit hoch ausgezeichnet, zeigte Ernst Georg Buchterkirch auch im Ostfeldzug als Chef der 2. Kompanie des Panzerregiments 6 außergewöhnlichen Mut und vorbildlichen Einsatz. Ab August 1941 auf Grund seiner Erfahrungen im Heimatgebiet als Ausbilder tätig und nach Besuch der Kriegsakademie in den Generalstab des Oberkommandos des Heeres versetzt, war er 1945 Ia beim Befehlshaber der Panzergruppe West und dessen große Stütze bei den schweren Kämpfen im Westen des Reiches. In Berlin ist Ernst Georg Buchterkirch am 17.8.1971 verstorben.

44. Eichenlaub am 31.12.1941 als Hauptmann, für die Leistungen als
Oberleutnant und
Chef der
2. Kompanie des
Panzerregiments 6, in der
3. Panzerdivision.

Vizeadmiral

Bernhard Rogge

Geboren am 4.11.1899
in Schleswig.

†

Ausgezeichneter Seeoffizier im Ersten Weltkrieg, übernahm Rogge im Dezember 1939 den Hilfskreuzer 2 Schiff 16 „Atlantis", fuhr mit diesem die längste Unternehmung der Seekriegsgeschichte im Handelskrieg – 602 Tage – und lag mit fast 157.000 Bruttoregistertonnen an versenkter Tonnage mit der „Atlantis" an der Spitze aller im Zweiten Weltkrieg eingesetzten Hilfskreuzer. Hohes seemännisches Können vereinte der Kapitän mit vorbildlicher Tapferkeit zu Grundlagen dieser einmaligen Erfolge. Schiff 16 mußte am 22.11.1941 bei der Versorgung durch U-126 im Indischen Ozean infolge des überraschend auftauchenden britischen Kreuzers „Devonshire" gesprengt werden. Der Kapitän und die gesamte Besatzung konnten nach einer abenteuerlichen Rettung durch deutsche und italienische U-Boote nach Deutschland gelangen. Kapitän Rogge, seit April 1942 im Bildungswesen der Marine tätig und ab Oktober 1944 Befehlshaber des Ausbildungsverbandes der Flotte, erfreute sich durch seine bereitwillige Art allgemeiner Beliebtheit. Vom 10.3. – 10.4.1945 war er Befehlshaber der „Kampfgruppe Rogge" im Osten zur Unterstützung des Heeres im Baltikum, befand sich nach Kriegsende bis 14.9.1945 in britischer Internierung und verstarb am 29.6.1982 in Reinbek-Hamburg.

45. Eichenlaub am 31.12.1941 als Kapitän zur See, für die Leistungen als Kommandant des Hilfskreuzers 2 Schiff 16 „Atlantis".

Generalmajor

Dietrich Peltz

Geboren am 9.6.1914
in Gera/Thüringen.

Seit 1936 in der Luftwaffe, war Peltz ab 1.5.1939 Staffelkapitän der 1. Staffel des Stukageschwaders 76, dem späteren Stukageschwader 3. Seine außergewöhnlichen Kampfleistungen im Polen- und Westfeldzug waren schon bedeutend, ehe er ab August 1940 im Geschwaderstab des Kampfgeschwaders 77 und ab März 1941 als Kommandeur der 2. Gruppe bezeichnende Erfolge über England und in Rußland erreichte. 1942 wurde der tapfere und mit großem Führungskönnen begabte Offizier Kommandeur der Verbandsführerschule für Kampfflieger in Foggia/Italien, bzw. Tours/Frankreich, aus der im Oktober 1942 die 1. Gruppe des Kampfgeschwaders 66 entstand. Nach Einsätzen gegen die amerikanischen Geleitzüge im Nordmeer und die amerikanische Invasionsflotte im Mittelmeer erfolgte im Januar 1943 Peltzs Ernennung zum General der Kampfflieger, ab März zum „Angriffsführer England" und ab August zum Kommandierenden General des 9. Fliegerkorps. Ab 1.1.1945 wurde er Führer des 2. Jagdfliegerkorps, ab März übernahm er die Führung der gesamten Reichsverteidigung und war bei Kriegsende Kommandierender General des 1. Fliegerkorps. Seine überragenden Leistungen während des ganzen Krieges stempelten Dietrich Peltz, den ab 1.5.1944 jüngsten General der deutschen Wehrmacht, zur großen Führerpersönlichkeit der deutschen Luftwaffe.

46. Eichenlaub	am 31.12.1941	als	Hauptmann und Kommandeur der 2. Gruppe des Kampfgeschwaders 77.
31. Schwerter	am 23. 7.1943	als	Oberst im Generalstab und Angriffsführer England.

Generalmajor

Adalbert Schulz

Geboren am 20.12.1903
in Berlin.

Schulz war wohl der bekannteste Offizier in der 7. Panzerdivision und in seiner einmaligen Art ein Vorgesetzter, auf den man vertrauensvoll blickte. Seit 1935 im Heer, ab Oktober 1937 Chef der 1. Kompanie und ab 6.6.1940 Führer der 1. Abteilung im Panzerregiment 25. Für seine Erfolge im Westfeldzug am 29.9.1940 mit dem Ritterkreuz ausgezeichnet, bewies Schulz auch im Ostfeldzug als Abteilungskommandeur hohe soldatische Tugenden und wurde mit seinen Panzermännern oft zum Retter der Front. Besonders bei Durchbruchsversuchen des Gegners im Raume Kiew, erreichte „Panzer Schulz" gegen starke Feindkräfte entscheidende Siege. Seit 5.3.1943 Regimentskommandeur, trug er durch seine Leistungen wesentlich zu den Gesamterfolgen der 7. Panzerdivision bei. Persönliche Tapferkeit und großartige Führungsleistungen, sowie Kameradschaftlichkeit zu seinen Soldaten, prägten die Person dieses herzlichen Berliners. Am 26.1.1944 zum Kommandeur der 7. Panzerdivision ernannt, fiel er zwei Tage später, am 28.1.1944, in vorderster Front bei Schepetowka im Südabschnitt der Ostfront. In Adalbert Schulz verlor die deutsche Wehrmacht einen unerschrockenen Frontkommandeur, beispielgebenden General und wertvollen Menschen.

47. Eichenlaub	am 31.12.1941 als	Hauptmann und Kommandeur der 1. Abteilung des Panzerregiments 25, in der 7. Panzerdivision.
33. Schwerter	am 6. 8.1943 als	Oberstleutnant und Kommandeur des Panzerregiments 25, in der 7. Panzerdivision.
9. Brillanten	am 14.12.1943 als	Oberst und Kommandeur des Panzerregiments 25, in der 7. Panzerdivision.

Oberstleutnant

Dr. Joseph Franz Eckinger

Geboren am 17.12.1904
in Steyr/Oberösterreich.

Dr. Eckinger war am 1.9.1939 zu Kriegsbeginn Chef der 8. Kompanie im Schützenregiment 1. Nach dem Polenfeldzug führte er ab Mai 1940 das 2. Bataillon dieses Regiments und ab September 1941 als Kommandeur das 1. Bataillon des Schützenregiments 113 (mot.). Ein stets tapferer und schneidiger Draufgänger und immer an der Spitze seiner Männer kämpfender Offizier. Hoch ausgezeichnet für außergewöhnlichen Einsatz im Westfeldzug beim Durchbruch durch die Maginotlinie, zeigte er auch im Ostfeldzug Taten von überzeugender Einmaligkeit. Hohe Einsatzbereitschaft, richtiges Einschätzen der jeweiligen Lage und vortrefflicher Angriffsgeist vereinigten sich hier zu einer Persönlichkeit von hoher soldatischer Prägung. Die Nennung Dr. Eckingers am 20.9.1941 im Ehrenblatt des Deutschen Heeres würdigte eindrucksvoll seine bedeutenden Leistungen als Frontoffizier. Am 17.10.1941 starb der von seiner Truppe vergötterte Major beim Vormarsch in vorderster Linie vor der großen Wolgabrücke bei Kalinin im Mittelabschnitt der Ostfront. Ein tapferes Soldatenleben, geprägt von glühender Vaterlandsliebe, erlosch in treuester Pflichterfüllung.

48. Eichenlaub am 31.12.1941 nach dem Tode, für die Leistungen als
Major und
Kommandeur des
1. Bataillons des
Schützenregiments 113 (mot.), in der
1. Panzerdivision.

Generalmajor

Günther Hoffmann-Schoenborn

Geboren am 1.5.1905
in Posen/Westpreußen.

†

Seit 1924 im Heer, ab 1.10.1936 Chef der 2. Batterie des Artillerieregiments 42 und nach dem Westfeldzug ab 1.10.1940 Kommandeur der in Jüterbog aufgestellten Sturmartillerieabteilung 191, machte sich dieser Offizier sehr verdient beim Aufbau der Sturmgeschützwaffe. Schon beim Feldzug in Griechenland zeigte Schoenborn tapferen persönlichen Einsatz und erreichte durch entschlossene Führung seiner Abteilung entscheidende Erfolge, die durch die Verleihung des Ritterkreuzes an ihn ihre verdiente Würdigung fanden. Im anschließenden Ostfeldzug, wo sich seine Sturmgeschütze in härtesten Kämpfen immer wieder höchst bewährten, wurde Major Schoenborn vor Moskau schwer verwundet. Ab 1.3.1942 im Artillerielehrregiment in Jüterbog, ab 1.4.1943 Kommandeur der Sturmgeschützschule Burg bei Magdeburg, ab September 1944 mit der Aufstellung der 18. Volksgrenadierdivision beauftragt und ab 19.2.1945 Kommandeur der 5. Panzerdivision, mit der der General bis zu seiner abermaligen Verwundung am 10.4.1945 vor Königsberg im Osten kämpfte. 1945/46 befand er sich in Kriegsgefangenschaft im Westen und ist am 4.4.1970 in Bad Kreuznach/Baden-Württemberg verstorben.

49. Eichenlaub am 31.12.1941 als Major, für die Leistungen als Kommandeur der Sturmgeschützabteilung 191.

General der Infanterie

Karl Eibl

Geboren am 23.7.1891
in Steeg/Oberösterreich.

Im Ersten Weltkrieg bewährter Offizier, war Eibl ab 1.4.1938 Kommandeur des 3. Bataillons im Infanterieregiment 131. Nach dem Polenfeldzug kämpfte er mit seinen Soldaten besonders tapfer im Westfeldzug, wo er am 8.6.1940 als Kommandeur das Infanterieregiment 132 übernahm. Am 15.8.1940 für seine Verdienste mit dem Ritterkreuz ausgezeichnet, bewies dieser vorbildliche Offizier immer wieder draufgängerische Tapferkeit und außerordentlich gewandten Einsatz auch im Ostfeldzug. Ab 7.1.1942 wurde Eibl Kommandeur der 385. Infanteriedivision, die er in den schweren Abwehrkämpfen am Don tatkräftig und mit Erfolg zu führen verstand. Immer in vorderster Linie bei seinen Grenadieren zu finden, war er ein Frontgeneral mit hohen soldatischen Eigenschaften und wurde am 20.1.1943 zum Führer des 24. Panzerkorps ernannt. Am gleichen Tag durch Granatsplitter schwer verwundet, vollendete sich dieses tapfere Soldatenleben am 21.1.1943 in einem Lazarett an der Ostfront. Die deutsche Wehrmacht beklagte durch seinen Tod einen besonders schweren Verlust.

50. Eichenlaub	am 31.12.1941 als	Oberst und Kommandeur des Infanterieregiments 132, in der 44. Infanteriedivision.
21. Schwerter	am 19.12.1942 als	Generalleutnant und Kommandeur der 385. Infanteriedivision.

Fregattenkapitän

Heinrich Lehmann-Willenbrock

Geboren am 11.12.1911
in Bremen.

Schon 1931 in die Marine eingetreten und seit 1939 in der U-Bootwaffe, führte er im Kriege als Kommandant die U-Boote 8, 96 und 256. Besonnener und beliebter Seeoffizier, der mit U-96, welches er 1940 übernommen hatte, auf 8 Feindfahrten vor Norwegen, der USA-Küste und im Nordatlantik durch seine Umsicht und Kaltblütigkeit der gegnerischen Schiffahrt schwere Verluste beibrachte. Auf den Fronten der Weltmeere gestählt, erfolgte ab 1.5.1942 seine Ernennung zum Chef der 9. U-Bootflottille in Brest/Frankreich. Beim Ausbruch am 3.9.1944 aus Brest mit U-256 bewies der tapfere Kapitän und großartige Navigator wieder Schneid und Können und brachte Boot und Besatzung wohlbehalten in sichere Gewässer. Vom 18.12.1944 bis Kriegsende war Lehmann-Willenbrock Chef der 11. U-Bootflottille zu Bergen/Norwegen und befand sich bis 18.5.1946 in Kriegsgefangenschaft.

51. Eichenlaub am 31.12.1941 als Kapitänleutnant und
Kommandant von
U-96, in der
7. U-Bootflottille.

Oberst

Otto Weiß

Geboren am 25.9.1907
in Breslau.

†

Kam 1934 von der Polizei zur Luftwaffe, wo er bald zu den bekanntesten Schlachtfliegern zählte. Nicht nur seine Unermüdlichkeit und Tapferkeit im Kampf, sondern auch seine Führungsbegabung waren stets bezeichnend. Ab September 1939 Kommandeur der 2. Gruppe (Schlachtflieger) im Lehrgeschwader 2 und nach erfolgreichen Einsätzen in Polen und im Westen ab Oktober 1940 an der Luftkriegsschule Berlin-Gatow, ab März 1941 Ia einer Jagddivision im Westen und ab 21.6.1941 wieder Kommandeur der 2. Gruppe (Schlachtflieger) des Lehrgeschwaders 2 im Osten, wo Weiß mit seinen Fliegern zum wertvollen Helfer der Infanterie wurde. Die Gruppe wurde dann dem Schlachtgeschwader 1 zugeteilt und Otto Weiß zu dessen Kommodore ernannt. Danach bekleidete er folgende Führungsstellen – jeweils ab: Juni 1942 Inspizient für Schlacht- und Zerstörerflieger, Dezember Kommandeur des Versuchskommandos für Panzerbekämpfung, Februar 1943 Kommandeur des Panzerjagdkommandos Weiß, Juni Inspekteur der Schlachtflieger, Dezember Leiter einer Flugplatzkommission, April 1944 Fliegerführer Eismeer und Jänner 1945 im Stab der Luftflotte 6. Otto Weiß zählte zu den bedeutenden Führerpersönlichkeiten der Luftwaffe und ist am 19.8.1955 in Kiel verstorben.

52. Eichenlaub am 31.12.1941 als Major und
Kommandeur der
2. Gruppe (Schlachtflieger) des
Lehrgeschwaders 2.

Oberst

Georg Freiherr von Boeselager

Geboren am 25.8.1915
in Kassel/Hessen.

Seit 1934 im Heer, ab 26.8.1939 Ordonnanzoffizier und ab Dezember Chef der 1. Schwadron der Aufklärungsabteilung 6. Bei kühnen Einsätzen 1940 im Westfeldzug zeigte Boeselager Mut und Entschlossenheit und wurde für seine Leistungen hoch ausgezeichnet. Im Ostfeldzug ebenso bewährt, übernahm er ab November 1941 die Führung der Abteilung, und ab 18.1.1942 erfolgte seine Versetzung als Taktiklehrer an die Schule für Schnelle Truppen nach Krampnitz. Ab August dann Ausbildungsleiter für Kavallerietruppen in Rumänien und ab 12.2.1943 als Kommandeur des „Reiterverbandes v. Boeselager", der ab 7.4.1943 zum Kavallerieregiment „Mitte" erweitert wurde, wieder an der Ostfront und dort ab 17.7.1944 Kommandeur der 3. Kavalleriebrigade. Unermüdlich im Einsatz und ebenso beim Aufbau der Kavallerieverbände wirkend, zwangen ihn oftmalige Verwundungen immer wieder zu Unterbrechungen im Fronteinsatz. Das tapfere Leben dieses begnadeten Offiziers erlosch am 27.8.1944 bei einem Angriff an der Spitze seiner Brigade gegen feindliche Bereitstellungen südlich Stylagi-Zaluski im Mittelabschnitt der Ostfront. Im harten Kriegsjahr 1944 traf das deutsche Heer durch seinen Tod ein besonders schmerzlicher Verlust.

53. Eichenlaub am 31.12.1941 als Rittmeister, für die Leistungen als Chef der 1. Schwadron der Aufklärungsabteilung 6, in der 6. Infanteriedivision.

114. Schwerter am 28.11.1944 nach dem Tode, für die Leistungen als Oberstleutnant und Kommandeur der 3. Kavalleriebrigade.

General der Artillerie

Walter von Seydlitz-Kurzbach

Geboren am 22.8.1888
in Hamburg-Eppendorf.

†

Im Ersten Weltkrieg bewährter Offizier, wurde er am 30.9.1939 mit der Aufstellung des neuen Artillerieführungsstabes Nr. 102 zu Berlin-Potsdam beauftragt. Ab 21.3.1940 zum Kommandeur der 12. Infanteriedivision ernannt, führte der General diese klug und umsichtig im Westfeldzug und anschließend in Rußland. Ab 3.1.1942 in die Führerreserve des Oberkommandos des Heeres versetzt, wurde er ab 4.3.1942 Befehlshaber der „Gruppe Seydlitz" zur Befreiung und Entsetzung des Kessels von Demjansk. Das Unternehmen gelang, und Seydlitz wurde ab 8.5.1942 Kommandierender General des 51. Armeekorps. Mit diesem bis nach Stalingrad vorgestoßen, ging der General dort am 31.1.1943 in russische Gefangenschaft, kehrte 1955 in die Heimat zurück und ist am 28.4.1976 in Bremen verstorben.

54. Eichenlaub am 31.12.1941 als Generalleutnant, für die Leistungen als
Generalmajor und
Kommandeur der
12. Infanteriedivision.

Generaloberst

Josef Harpe

Geboren am 21.9.1887
in Buer/Westfalen.

†

Im Ersten Weltkrieg Offizier und bereits 1931 in führender Stellung bei der deutsch-sowjetischen Panzerschule in Kasan in der Sowjeunion, hatte Harpe maßgeblichen Anteil beim Aufbau der Panzerwaffe der deutschen Wehrmacht und war Kommandeur der Panzerbrigaden 1 und 3 in Eisenach/Thüringen und Mödling bei Wien, ehe er ab 15.2.1940 Kommandeur der Panzertruppenschule in Wünsdorf wurde. Ab 5.10.1940 übernahm der General als Kommandeur die 12. Panzerdivision, die er an der Ostfront erfolgreich zu führen verstand, und wurde dort ab 15.1.1942 Kommandierender General des 41. Panzerkorps. Auf Grund seiner beständigen Führungsleistungen übertrug man General Harpe an der Ostfront die Ausübung folgender Oberbefehle – jeweils ab: 4.11.1943 9. Armee, 18.5.1944 4. Panzerarmee und 29.9.1944 Heeresgruppe A. Ab 9.3.1945 führte der General als Oberbefehlshaber die 5. Panzerarmee im Westen und bewies auch hier in schwerer Zeit Tatkraft und Einfühlungsvermögen. Er war einer der erfahrensten deutschen Armeeführer, dessen Können der Front wertvollen Rückhalt gab, und verstarb am 14.3.1968 in Nürnberg/Bayern.

55. Eichenlaub	am 31.12.1941 als	Generalmajor und Kommandeur der 12. Panzerdivision.
36. Schwerter	am 15. 9.1943 als	General der Panzertruppe und Kommandierender General des 41. Panzerkorps.

Fregattenkapitän

Reinhard Suhren

Geboren am 16.4.1916
in Langenschwalbach/Hessen.

1935 in die Marine eingetreten, kam Suhren 1938 zur U-Bootwaffe, wurde im April 1939 1. Wachoffizier auf dem erfolgreichsten U-Boot der Kriegsmarine, U-48, und am 3.11.1940 für seine hohen Leistungen mit dem Ritterkreuz ausgezeichnet. Als Kommandant von U-564 ab April 1941 erreichte er auf 7 Feindfahrten vor Gibraltar, im Nordatlantik, der USA-Küste und vor Mittelamerika bedeutende Erfolge. Suhren war ein mutiger und umsichtiger U-Bootkommandant, das beweisen seine Erfolge trotz der Radarabwehr des Gegners in dieser Zeit eindeutig, und der Kampf auf den Meeren wurde in diesen Jahren für die tapferen U-Bootmänner zu einer alles fordernden Angelegenheit von Mut und Opferbereitschaft. Ab Feber 1943 wurde der bewährte Seeoffizier Chef des Stabes der 27. U-Bootflottille, war von Mai 1944 bis Kriegsende Führer der U-Boote in Norwegen und befand sich bis 16.5.1946 in Kriegsgefangenschaft.

56. Eichenlaub	am 31.12.1941	als	Oberleutnant zur See und Kommandant von U-564, in der 1. U-Bootflottille.
18. Schwerter	am 1. 9.1942	als	Kapitänleutnant und Kommandant von U-564, in der 1. U-Bootflottille.

Generalmajor

Hubertus Hitschhold

Geboren am 7.7.1912
in Forsthaus Kurwien/Ostpreußen.

†

Hervorragende Führerpersönlichkeit der Stukawaffe, 1935 zur Luftwaffe gekommen, 1939 im Polenfeldzug Staffelkapitän der 2. Staffel des Stukageschwaders 2 „Immelmann" und ab 1.10.1939 Kommandeur der 1. Gruppe. Die Gruppe erreichte unter seiner mitreißenden Führung beim Kampf im Westen, am Balkan, über Kreta und im Osten große Erfolge gegen Erd- und Seeziele. Ab 16.10.1941 dann Kommandeur der Stukaschule 1 zu Wertheim am Main, fand man den bewährten Offizier ab 18.6.1942 als Kommodore des Schlachtgeschwaders 1 wieder an der Ostfront, wo er erneut seine Tapferkeits- und Führungsleistungen unter Beweis stellte. Ab 11.6.1943 war Hitschhold Fliegerführer Sardinien in Ottana, und ab 12.11.1943 erfolgte seine Ernennung zum General der Schlachtflieger, wo er durch seine reiche Erfahrung und Zielstrebigkeit den Schlachtfliegern in allen Sparten sorgend und hilfreich zur Seite stand. Am 10.3.1966 ist Hubertus Hitschhold in Söcking/Oberbayern verstorben.

57. Eichenlaub am 31.12.1941 als Major, für die Leistungen als
Kommandeur der
1. Gruppe des
Stukageschwaders 2 „Immelmann".

Oberst

Oskar von Boddien

Geboren am 19.4.1900
in Neuruppin/Brandenburg.

Im Ersten Weltkrieg Fähnrich und Offizier, war Boddien, als 1939 der Zweite Weltkrieg ausbrach, Kommandeur der Aufklärungsabteilung 22, mit der er an den Westwall rückte. Nach dem Westfeldzug zog er mit dieser Abteilung auch in den Ostfeldzug, wo er sich im besonderen Maße bei den Kämpfen auf der Halbinsel Krim auszeichnete. Nach schweren Nahkämpfen legte er mit seinen Soldaten den Grundstein für das rasche Vorwärtsdringen der deutschen Truppen am 11. und 12.9.1941 zur Landenge von Perekop. Bei Landungsversuchen der Sowjets, anfangs 1942, stand Oberstleutnant v. Boddien mit seiner Aufklärungsabteilung wieder im Brennpunkt der Kämpfe und vereitelte Erfolge des Feindes. Hierbei fiel dieser tapfere Offizier, Vorbild seiner Männer, am 6.1.1942 bei Jewpatoria in vorderster Linie im Südabschnitt der Ostfront.

58. Eichenlaub am 8.1.1942 nach dem Tode, für die Leistungen als Oberstleutnant und Kommandeur der Aufklärungsabteilung 22, in der 22. Infanteriedivision.

General der Infanterie

Hans Jordan

Geboren am 27.12.1892
in Scheuern bei Rastatt/Baden.

†

Offizier im Ersten Weltkrieg, kam Jordon ab 10.11.1938 als Kommandeur der Lehrgruppe B an die Kriegsschule Wiener Neustadt und wurde ab 1.11.1939 Kommandeur des Infanterieregiments 49, welches er zuerst im West- und anschließend im Ostfeldzug besonders erfolgreich führte, wobei er sich durch bewiesene Tapferkeit und bezeichnende Führungsleistungen für höhere Aufgaben empfohlen hatte. In weiteren schweren Kämpfen an der Ostfront zeigte der General als Kommandeur der 7. Infanteriedivision ab 13.12.1941 ebensolche soldatische Vorzüge, wie ab 1.11.1942 als Führer des 6. Armeekorps und ab 1.1.1943 als dessen Kommandierender General. Geschickte und taktisch kluge Führung kennzeichneten auch hier seine Persönlichkeit und verhalfen dem deutschen Heer zu manchem Erfolg, ehe ab 20.5.1944 seine Ernennung zum Führer der 9. Armee erfolgte. Beim Vernichtungsschlag der Russen gegen die Heeresgruppe Mitte traf dieser besonders stark die 9. Armee, und der General wurde ab 28.6.1944 in die Führerreserve des Oberkommandos des Heeres versetzt. Von März 1945 bis Kriegsende war General Jordan noch Oberbefehlshaber des Armeeoberkommandos Tirol und starb am 20.4.1975 nach einem Verkehrsunfall in München.

59. Eichenlaub	am 16.1.1942	als	Generalmajor, für die Leistungen als Oberst und Kommandeur des Infanterieregiments 49, in der 28. Infanteriedivision.
64. Schwerter	am 20.4.1944	als	General der Infanterie und Kommandierender General des 6. Armeekorps.

General der Infanterie

Karl Wilhelm Specht

Geboren am 22.5.1894
in Herdecke/Westfalen.

Ebenfalls im Ersten Weltkrieg Offizier und ab 6.10.1936 Kommandeur des 1. Bataillons des Infanterieregiments 110. Ab 1.11.1939 Kommandeur des Infanterieregiments 55, wo er infolge hervorragender Tapferkeit und kluger Führung zuerst im West- und dann im Ostfeldzug zu hohen Ehren kam. Bezeichnend waren nicht nur seine Leistungen als Soldat und Truppenführer, sondern auch die menschliche Art gegenüber seinen Soldaten, sowie die innige Liebe zum deutschen Vaterland. Nach schweren Fronteinsätzen im Bereich der Heeresgruppe Mitte wurde Specht ab 10.9.1942 Kommandeur der Infanterieschule Döberitz, ab 1.12.1943 Inspekteur des Erziehungs- und Bildungswesens des Heeres und ab 1.5.1944 Generalinspekteur des Führernachwuchses des Heeres. Ab 1.12. wieder im Einsatz an der Ostfront als Führer des 20. Armeekorps und ab 16.3.1945 Kommandierender General „Korps Hela". Am 8.5.1945 kam der General in sowjetische Gefangenschaft, wo er am 11.7.1953 im Kriegsgefangenenlager Woitkow verstorben ist.

60. Eichenlaub am 16.1.1942 als Oberst und
Kommandeur des
Infanterieregiments 55, in der
17. Infanteriedivision.

Oberst

Hans Freiherr von Wolff

Geboren am 19.3.1903
in Lindenburg/Lettland.

Seit 1920 im Heer, war Wolff einer der ausgezeichneten Offiziere der Kavallerie. Seine Kampfleistungen als Kommandeur des 1. Bataillons des Schützenregiments 8 im Westfeldzug, fanden durch die Verleihung des Ritterkreuzes an ihn am 13.7.1940 ihre verdiente Würdigung. Im Ostfeldzug bestach er 1941 durch unerhörten Einsatz, Mut und Tapferkeit als Kommandeur des 1. Bataillons des Schützenregiments 28 in besonderer Weise bei den schweren Kämpfen an den Verbindungsstellen der Heeresgruppen Nord und Mitte. Ab Juni 1943 erfolgte seine Ernennung zum Kommandeur der Kosakenreiterbrigade 1 in der 1. Kosakendivision, wo er den auf deutscher Seite kämpfenden Kosaken ein jederzeit verständnisvoller und hervorragender Führer war. Ab 25.4.1944 übernahm Wolff als Kommandeur die 3. Kavalleriebrigade und bewies auch hier überdurchschnittliche Fähigkeiten als Kavallerieoffizier. Tragisch sein Tod, als er am 27.6.1944 bei einer Scharfschießübung durch Granatwerferkurzschuß schwer verwundet wurde und diesen Verletzungen am 28.6.1944 in einem Lazarett bei Pinsk im Mittelabschnitt der Ostfront erlegen ist.

61. Eichenlaub am 16.1.1942 als Hauptmann und
Kommandeur des
1. Bataillons des
Schützenregiments 28, in der
8. Panzerdivision,
unter gleichzeitiger Beförderung zum Major.

Generaloberst

Hans Hube

Geboren am 29.10.1890
in Naumburg/Provinz Sachsen.

Hochbewährter Erster Weltkriegsoffizier und schwer verwundet – Verlust des linken Armes, wurde Hube ab 1.1.1935 Kommandeur der Infanterieschule Döberitz, ab 12.5.1940 Führer der 16. Infanteriedivision (mot.) und war mit dieser erfolgreich im Westfeldzug eingesetzt. Umgerüstet zur Panzerdivision, zeitigte der General mit der Division auch im Einsatz an der Ostfront beachtenswerte Waffentaten. Ab 15.9.1942 erfolgte Hubes Ernennung zum Kommandierenden General des 14. Panzerkorps, wo er infolge seiner Tapferkeit und hervorragenden Führungskunst beim schweren Ringen um Stalingrad von sich reden machte. Aus dem Kessel ausgeflogen und mit der Neuaufstellung des 14. Panzerkorps beauftragt, war er mit seinem Korps 1943 eine Säule der Front in Italien. Überragender Führer in jeder Lage, übernahm der General ab 29.10.1943 als Oberbefehlshaber die 1. Panzerarmee an der Ostfront. Im Frühjahr 1944 wurde seine Armee im Raume Kamenez-Podolsk von den Russen eingeschlossen, doch es gelang die Aufbrechung des Kessels und somit die Rettung von 200.000 Soldaten. Der General, dem auf Grund dieser Leistungen am 20.4.1944 die Brillanten verliehen wurden, starb einen Tag später am 21.4.1944 beim Abflug vom Obersalzberg/Bayern nach Flugzeugabsturz. In harter Zeit traf die deutsche Wehrmacht durch eine besondere Tragik ein schwerer Verlust.

62. Eichenlaub	am 16. 1.1942	als	Generalmajor und Kommandeur der 16. Panzerdivision.
22. Schwerter	am 21.12.1942	als	General der Panzertruppe, für die Leistungen
		als	Generalleutnant und Kommandierender General des 14. Panzerkorps.
13. Brillanten	am 20. 4.1944	als	General der Panzertruppe und Oberbefehlshaber der 1. Panzerarmee, unter gleichzeitiger Beförderung zum Generaloberst.

Major

Karl Heinz Noak

Geboren am 30.7.1916
in Berlin.

✝

Seit 1936 im Heer und 1939/40 im Polen- und Westfeldzug bewährter Zugführer in der 2. Kompanie der Panzerabwehrabteilung 46. Für bewiesene Tapferkeit am 5.8.1940 mit dem Ritterkreuz ausgezeichnet, wurde Noak ab 1.1.1941 Chef der 1. Kompanie der Panzerjägerabteilung 137. Auch an der Ostfront war er ein beispielgebender Offizier, der durch Kaltblütigkeit und Mut entscheidende Erfolge erreichte. Auf Grund seiner Erfahrungen von Dezember 1941 bis Mai 1943 Kompaniechef an der Heeres-Unteroffiziersschule für Schnelle Truppen in Tutlos bei Eisenach/Thüringen. Ab Juni 1943 bis Kriegsende als Kommandeur der schweren Heeres-Panzerjägerabteilung 654 wieder im Einsatz an der Ostfront, in der Normandie, im Elsaß und im Ruhrkessel. Von April bis Oktober 1945 befand sich Karl Heinz Noak in amerikanischer Kriegsgefangenschaft und ist am 14.11.1978 in Koblenz/Rheinland-Pfalz verstorben.

63. Eichenlaub am 16.1.1942 als Oberleutnant, für die Leistungen als Chef der
1. Kompanie der
Panzerjägerabteilung 137, in der
137. Infanteriedivision.

Oberst

Joachim Helbig

Geboren am 10.9.1915
in Börln/Sachsen.

Helbig war wohl der überragende Offizier der deutschen Kampfflieger im Zweiten Weltkrieg. Seit 1936 in der Luftwaffe, begann er 1939 im Polenfeldzug als Beobachter im Lehrgeschwader 1 und war 1943 dessen Kommodore. Eine respektvolle Leistung in der Kampffliegergeschichte. Ab Mai 1940 Staffelkapitän der 4. Staffel und ab November 1941 Kommandeur der 1. Gruppe, flog er schwerste Einsätze im Norwegenunternehmen, im Westfeldzug und gegen England. Danach langjähriger Einsatz im Mittelmeerraum, wo er mit seiner Gruppe große Erfolge gegen die britische Flotte verzeichnen konnte. Helbig wurde hier zum bekanntesten Kampfflieger bei Freund und Feind, und seine ausgezeichnete Taktik und Ruhe, gepaart mit hervorragendem fliegerischem Können, begründeten neben vorbildlicher Tapferkeit seine umfangreichen Einsatzerfolge. Ab Jänner 1943 Inspizient beim General der Kampfflieger, ab März mit der Wahrnehmung der Geschäfte des Generals der Kampfflieger betraut und ab August Kommodore des Lehrgeschwaders 1, das zusammen mit dem Kampfgeschwader 76 als „Gefechtsverband Helbig" gegen die gelandeten Invasionstruppen in Italien eingesetzt war. März/April 1945 führte Helbig einen Gefechtsverband, bestehend aus Teilen des Lehrgeschwaders 1 und Kampfgeschwaders 200, an der Oderfront und war von Mai bis Juni 1945 in amerikanischer Kriegsgefangenschaft.

64. Eichenlaub	am 16.1.1942	als	Hauptmann und Kommandeur der 1. Gruppe des Lehrgeschwaders 1.
20. Schwerter	am 28.9.1942	als	Hauptmann und Kommandeur der 1. Gruppe des Lehrgeschwaders 1.

General der Infanterie

Otto Hitzfeld

Geboren am 7.5.1898
in Schluchsee-Blasiewald/Baden.

Offizier im Ersten Weltkrieg und 1937 Taktiklehrer an der Kriegsschule Dresden. Ab Oktober 1938 Adjutant Rommels an der Kriegsschule Wiener Neustadt. Zu Kriegsbeginn Kommandeur des 3. Bataillons des Infanterieregiments 158 und ab 15.11.1939 Kommandeur des Infanterieregiments 593. Nach den Feldzügen gegen Polen und im Westen übernahm Hitzfeld ab 5.7.1941 als Kommandeur das Infanterieregiment 213. Mit diesem stand er in härtesten Einsätzen im Südabschnitt der Ostfront, und als tapferer und umsichtiger Führer meisterte er mit seinen Soldaten schwierigste Lagen. Für diese Taten hoch ausgezeichnet, trug Hitzfeld mit seinem Regiment auch bei weiteren schweren Kämpfen wesentlich zu den Erfolgen der 73. Infanteriedivision bei. Ab 19.1.1943 wurde ihm die Führung der 102. Infanteriedivision übertragen, als deren Kommandeur ab 1.4.1943 er sich weitere soldatische Verdienste erwerben konnte. Ab 1.11. Kommandeur der Infanterieschule Döberitz und ab 1.12.1944 Kommandierender General des 67. Armeekorps an der Westfront, wo der bewährte General ab 15.4.1945 auch noch als Führer die 11. Armee übernahm und sich nach Kriegsende bis 1947 in amerikanischer Kriegsgefangenschaft befand.

65. Eichenlaub	am 16.1.1942	als	Oberstleutnant und Kommandeur des Infanterieregiments 213, in der 73. Infanteriedivision.
158. Schwerter	am 9.5.1945	als	General der Infanterie, für die Leistungen als Kommandierender General des 67. Armeekorps.

General der Infanterie

Wilhelm Wegener

Geboren am 29.4.1895
in Trebatsch-Beeskow/Brandenburg.

Im Ersten Weltkrieg Fähnrich und Offizier, war Wegener zu Beginn des Zweiten Weltkrieges Adjutant des 2. Armeekorps. Nach dem Polen- und Westfeldzug wurde er ab 1.7.1940 Kommandeur des Infanterieregiments 94 und hatte mit diesem harte und schwere Einsätze an der Ostfront im Bereich der Heeresgruppe Nord durchzustehen. Stets in vorderster Linie kämpfend, war er bei Angriff und Abwehr ein geschickter Führer und erbrachte auch als Kommandeur der 32. Infanteriedivision, welche er ab 1.6.1942 befehligte, außergewöhnliche Leistungen. Als erfahrener Ostfrontkämpfer mit großer Führungsbegabung übernahm der General ab 12.9.1943 als Führer das 50. Armeekorps und war ab 1.12. dessen Kommandierender General. Immer in Brennpunkten der Schlachten stehend, erwies sich Wegener auch in schwierigsten Lagen mit seinem Korps als verläßliche Stütze der Front. Am 24.9.1944 fiel dieser tapfere General bei Wolmar an der Düna im Nordabschnitt der Ostfront, und die deutsche Wehrmacht traf wieder ein sehr schwerer Verlust im harten Kriegsjahr 1944.

66. Eichenlaub	am 18.1.1942	als	Oberst und Kommandeur des Infanterieregiments 94, in der 32. Infanteriedivision.
97. Schwerter	am 17.9.1944	als	General der Infanterie und Kommandierender General des 50. Armeekorps.

Generalleutnant

Hans Traut

Geboren am 25.1.1885
in Saargemünd/Saarland.

†

Als Kriegsfreiwilliger und Offizier im Ersten Weltkrieg, wurde Traut ab 1.10.1937 Kommandeur des 1. Bataillons des Infanterieregiments 90 (mot.) und bewährte sich mit seinen Soldaten schon im Polen- und Westfeldzug in vorderster Front. Ab 25.10.1940 übernahm er als Kommandeur das Infanterieregiment 41 (mot.) und zog mit diesem in den Ostfeldzug. Durch schwungvolle Führungsart gelangen Hans Traut einmalige Erfolge im Bereich der Heeresgruppe Mitte, wo sein Regiment eine der wertvollen Stützen beim Vorstoß auf Moskau war und sich im harten Rußlandwinter 1941/42 hervorragend schlug. Ab 25.4.1942 wurde der bewährte Offizier Kommandeur der 263. Infanteriedivision, und ab 1.5.1943 erfolgte seine Ernennung zum Kommandeur der 78. Sturmdivision, die der General in härtesten Schlachten klug und umsichtig zu führen verstand. Beim Vernichtungsschlag der Russen gegen die Heeresgruppe Mitte traf die Wucht des Angriffs auch seine Division, und General Traut ging am 12.7.1944 in sowjetische Gefangenschaft, aus der er im Oktober 1955 nach Deutschland zurückkehrte, wo er am 9.12.1974 in Darmstadt/Hessen verstorben ist.

67. Eichenlaub am 23.1.1942 als Oberst und
Kommandeur des
Infanterieregiments 41 (mot.), in der
10. Infanteriedivision (mot.).

General der Infanterie

Werner Albrecht Freiherr von und zu Gilsa

Geboren am 4.3.1889
in Berlin.

Im Ersten Weltkrieg verdienter Offizier, übernahm er ab 1.10.1936 als Kommandeur das Infanterieregiment 9. Bereits im Polenfeldzug tapferer Führer seiner Soldaten und ebenso bewährt und ausgezeichnet im Westfeldzug beim Übergang über die Maas. Ab 1.4.1941 wurde der General Kommandeur der 216. Infanteriedivision und bestand mit dieser härteste Abwehrkämpfe im Osten. Äußerste Standhaftigkeit und unbeschreiblicher Opfermut der Division retteten damals die Front vor dem Schlimmsten. Gilsas Führerpersönlichkeit wurde ab 11.6.1943 das 89. Armeekorps unterstellt, dessen Kommandierender General er ab 1.7.1943 wurde. Am 15.3.1945 zum Kampfkommandant von Dresden ernannt, zog dieser tapfere General den Freitod am 5.5.1945 bei Leipzig/Sachsen der sowjetischen Gefangenschaft vor.

68. Eichenlaub am 24.1.1942 als Generalmajor und
Kommandeur der
216. Infanteriedivision.

General der Panzertruppe

Hermann Breith

Geboren am 7.5.1892
in Pirmasens/Pfalz.

†

Ebenfalls Offizier im Ersten Weltkrieg, wurde Breith im Zweiten Weltkrieg zu einem bedeutenden Panzerführer. Ab 10.10.1938 Kommandeur des Panzerregiments 36 in Schweinfurt, zog er mit diesem 1939 in den Polenfeldzug. Ab 15.2.1940 wurde Breith Kommandeur der 5. Panzerbrigade und führte diese bei entscheidenden Operationen im Westfeldzug. Am 3.6.1940 für bewiesene Tapferkeit und einmalige Führungsleistungen mit dem Ritterkreuz ausgezeichnet, erfolgte am 7.7.1941 seine Ernennung zum General der Schnellen Truppen im Oberkommando des Heeres. Ab 1.10.1941 als Kommandeur der 3. Panzerdivision in Rußland, bestach der General bei den schweren Schlachten im Mittelabschnitt der Ostfront durch überzeugende Tatkraft und treffende Entscheidungen. Am 1.10.1942 in die Führerreserve des Oberkommandos des Heeres versetzt und ab 13.2.1943 als Kommandierender General des 3. Panzerkorps und gleichzeitig auch Führer des 47. Panzerkorps wieder an der Ostfront, wo der General erneut überlegtes und umsichtiges Führungskönnen bewies und mit seinen Truppen auch in schwerster Zeit noch überragende Leistungen bot. In Pech/Nordrhein-Westfalen ist Hermann Breith am 3.9.1964 verstorben.

69. Eichenlaub	am 31.1.1942	als	Generalmajor und Kommandeur der 3. Panzerdivision.
48. Schwerter	am 21.2.1944	als	General der Panzertruppe und Kommandierender General des 3. Panzerkorps.

Hauptmann

Rolf Kaldrack

Geboren am 25.6.1913
in Stargard/Pommern.

1935 in die Luftwaffe eingetreten, 1938 Ordonnanzoffizier beim Stabe des Generalobersten Milch und ab Mai 1940 Kommandeur der 2. Gruppe des Zerstörergeschwaders 1, im August dann umbenannt in 3. Gruppe Zerstörergeschwader 76. Rolf Kaldrack war einer der erfolgreichsten Zerstörerflieger des Haifischgeschwaders bei den Einsätzen im Westfeldzug und in der Luftschlacht um England und ging 1941 als Kommandeur der 2. Gruppe des Schnellen Kampfgeschwaders 210 zum Einsatz nach Rußland. Harte Frontflüge zur Unterstützung des Heeres und zahlreiche Luftsiege in West und Ost zeichneten das Bild dieses tapferen und einsatzfreudigen Offiziers, der am 3.2.1942 nach einem Luftkampf über Toropez im Mittelabschnitt der Ostfront den Fliegertod starb. Die hohen Opfer der Zerstörerflieger in den Weiten des Ostens bekunden in Deutlichkeit ihren bedingungslosen Einsatz für das schwer kämpfende Heer.

70. Eichenlaub am 9.2.1942 nach dem Tode, für die Leistungen als
Hauptmann und
Kommandeur der
2. Gruppe des
Schnellen Kampfgeschwaders 210.

Oberst im Generalstab

Heinrich Borgmann

Geboren am 15.8.1912
in Angermünde/Brandenburg.

1932 ins Infanterieregiment 5 eingetreten und 1939/40 im Polen- und Westfeldzug Chef der 9. Kompanie im Infanterieregiment 46 und Führer der „Vorausabteilung Borgmann" in der 30. Infanteriedivision. Als schneidiger und tapferer Führer seiner Soldaten nach diesen Feldzügen bereits hoch ausgezeichnet, führte er im Ostfeldzug ebenso tüchtig im Bereich der Heeresgruppe Nord die Radfahrabteilung 30, das 3. Bataillon des Infanterieregiments 46 und schließlich wieder die aus verschiedenen Heeresteilen gegliederte „Kampfgruppe Borgmann". Am 7.2.1942 im Einsatz arg verwundet, erfolgte ab Juli an der Kriegsakademie in Berlin seine Ausbildung zum Generalstabsoffizier, und anschließend wirkte der verdiente Offizier als Ib und Ia bei verschiedenen Divisionen im Osten und Westen. Ab Juli 1943 war Heinrich Borgmann Verbindungsoffizier des Heeres beim Führer und Obersten Befehlshaber Adolf Hitler und zählte zu jenen tüchtigen Generalstabsoffizieren, welche immerzu durch hohes Können und beispielhafte Haltung in all ihrem Wirken großen Eindruck erweckten. Ab 2.4.1945 zum Kommandeur der Division „Scharnhorst" ernannt, fiel er am 6.4.1945 durch Tieffliegerbeschuß im Raum Magdeburg. Das deutsche Heer verlor in schwerster Zeit einen überaus fähigen und begabten Offizier.

71. Eichenlaub am 10.2.1942 als Hauptmann, für die Leistungen als Führer der „Kampfgruppe Borgmann", in der 30. Infanteriedivision.

Generalfeldmarschall

Ewald von Kleist

Geboren am 8.8.1881
in Braunfels/Hessen.

Ausgezeichneter Husaren- und Generalstabsoffizier im Ersten Weltkrieg, war er zu Beginn des Zweiten Weltkrieges Kommandierender General des 22. Armeekorps, mit dem er am Polenfeldzug teilnahm. Ab Mai 1940 wurde der General Befehlshaber der Panzergruppe Kleist und erfocht mit dieser entscheidende Erfolge im West- und Balkanfeldzug. Ab Juni 1941 führte er als Befehlshaber die Panzergruppe 1 und ab Oktober 1941 als Oberbefehlshaber die 1. Panzerarmee im Südabschnitt der Ostfront und war überall ein erfolgreicher Stratege und ausgezeichneter Heerführer. Kluges und einfühlendes Führungsvermögen kennzeichneten diesen sehr menschlichen und uneigennützigen General. Ab 10.9.1942 als Oberbefehlshaber mit der Führung der Heeresgruppe A betraut und ab 9.3.1943 Oberbefehlshaber der Heeresgruppe Südukraine. Trotz seines Könnens und seiner hohen Soldatentugenden wurde der Feldmarschall am 30.3.1944 aus der Wehrmacht entlassen. Im Mai 1945 von den Amerikanern gefangengenommen, 1946 an Jugoslawien und 1948 an die Sowjetunion ausgeliefert, starb Generalfeldmarschall von Kleist am 16.10.1954 im Kriegsgefangenenlager Wladimir.

72. Eichenlaub	am 17.2.1942	als Generaloberst, für die Leistungen als Befehlshaber der Panzergruppe 1.
60. Schwerter	am 30.3.1944	als Generalfeldmarschall, für die Leistungen als Oberbefehlshaber der Heeresgruppe Südukraine.

Generaloberst

Hans Georg Reinhardt

Geboren am 1.3.1887
in Bautzen/Sachsen.

†

Ebenfalls Offizier im Ersten Weltkrieg und ab 10.11.1938 Kommandeur der 4. Panzerdivision, führte er diese mit Erfolg im Polenfeldzug und erhielt in Anbetracht seiner Verdienste am 27.10.1939 das Ritterkreuz verliehen. Ab 15.2.1940 Kommandierender General des 41. Panzerkorps, verdienen seine Leistungen im Westfeldzug gleichermaßen Beachtung und Anerkennung. Mit diesem Korps auch im Ostfeldzug im Nordabschnitt eingesetzt, übernahm der General dann ab 9.10.1941 als Befehlshaber die Panzergruppe 3 im Mittelabschnitt, welche Anfang 1942 in 3. Panzerarmee umbenannt wurde. Hervorragende Truppenführung und verantwortungsbewußtes Auftreten zeichneten seine Persönlichkeit. Nach Verwundung am 17.2.1943 wurde Reinhardt ab 16.8.1944 Oberbefehlshaber der Heeresgruppe Mitte, ab Januar 1945 umbenannt in Heeresgruppe Nord, und in harter, schwerer Zeit zur herausragenden Führerpersönlichkeit an der Ostfront. Ab 26.1.1945 in die Führerreserve des Oberkommandos des Heeres versetzt, geriet der General im Juni 1945 in amerikanische Gefangenschaft, befand sich bis Juli 1952 in Haft zu Landsberg/Bayern und verstarb am 23.11.1963 in Tegernsee/Bayern.

73. Eichenlaub	am 17.2.1942	als	Generaloberst, für die Leistungen als General der Panzertruppe und Befehlshaber der Panzergruppe 3.
68. Schwerter	am 26.5.1944	als	Generaloberst und Oberbefehlshaber der 3. Panzerarmee.

Generalfeldmarschall

Walter Model

Geboren am 24.1.1891
in Genthin/Provinz Sachsen.

Im Ersten Weltkrieg Offizier, war Model ab 10.11.1938 Chef des Generalstabes des 4. Armeekorps. Nach dem Polenfeldzug wurde er ab 22.11.1939 Chef des Generalstabes der 16. Armee und nach dem Westfeldzug ab 13.11.1940 Kommandeur der 3. Panzerdivision, mit der er dann an der Ostfront große Erfolge zeitigen konnte. Ab 26.10.1941 erfolgte seine Ernennung zum Kommandierenden General des 41. Panzerkorps, ab 16.1.1942 jene zum Führer und ab 28.2. zum Oberbefehlshaber der 9. Armee. Seiner überragenden Truppenführung war auch gleichzeitig vom 14.7.1943 – 13.8.1943 die 2. Panzerarmee unterstellt. Model war ein Heerführer, der nicht nur im Angriff, sondern auch in der Abwehr Schlachten entscheiden konnte, und seine Tapferkeit, sein vortreffliches Können und seine immer bewiesene große Ausdauer retteten die Ostfront oftmals vor dem Zusammenbruch. Die Ausübung des Oberbefehls über folgende Heeresgruppen im Jahre 1944 widerspiegeln in Deutlichkeit dieses Führergenie: ab 29.1. Nord, ab 30.3. Nordukraine und ab 28.6. Mitte. Vom 17.8. – 5.9. war der Feldmarschall Oberbefehlshaber West und führte ebenfalls vom 17.8.1944 – 21.4.1945 den Oberbefehl über die Heeresgruppe B an der Westfront. Immer in schweren Krisen gerufen, war er ein General mit zähem Willen und ein steter Diener seines Vaterlandes. Als die Westfront zusammenbrach, wählte Generalfeldmarschall Model im Ruhrkessel bei Duisburg/Westfalen am 21.4.1945 den Freitod, da er nur diesen Schritt eines deutschen Feldmarschalles nach einer Niederlage für würdig empfand.

74. Eichenlaub	am 17.2.1942	als	General der Panzertruppe, für die Leistungen als Kommandierender General des 41. Panzerkorps.
28. Schwerter	am 2.4.1943	als	Generaloberst und Oberbefehlshaber der 9. Armee.
17. Brillanten	am 17.8.1944	als	Generalfeldmarschall und Oberbefehlshaber der Heeresgruppe Mitte.

General der Panzertruppe

Willibald Freiherr von Langermann und Erlenkamp

Geboren am 29.3.1890
in Karlsruhe/Baden.

Verdienter und ausgezeichneter Offizier im Ersten Weltkrieg und 1939 Inspekteur des Reit- und Fahrwesens. Ab Mai 1940 wurde der General Kommandeur der 29. Infanteriedivision (mot.). Mit dieser Division gelang ihm 1940 in Frankreich der Vorstoß bis zur Schweizer Grenze. Dafür hoch ausgezeichnet und ab 8.9.1940 zum Kommandeur der 4. Panzerdivision ernannt, führte er diese beherzt im Ostfeldzug. Ab 8.1.1942 wurde Erlenkamp Kommandierender General des 24. Panzerkorps, und seine Leistungen und persönliche Tapferkeit waren ausschlaggebend für manchen Erfolg dieser bewährten Truppe. Die deutsche Sommeroffensive in Richtung Don sah auch sein Korps in unermüdlichem Einsatz und den General im Mittelpunkt des Kampfgeschehens. In vorderster Linie bei Storoshewoje am mittleren Don, im Mittelabschnitt der Ostfront, erfüllte sich am 3.10.1942 dieses tapfere Soldatenleben.

75. Eichenlaub am 17.2.1942 als Generalmajor, für die Leistungen als Kommandeur der 4. Panzerdivision.

Generalleutnant

Walter Wessel

Geboren am 21.4.1892
in Lautenthal/Harz.

Im Ersten Weltkrieg Offizier, führte Wessel ab 1935 als Kommandeur das 3. Bataillon des Infanterieregiments 15 und zog mit diesem in den Polenfeldzug. Ab 1.10.1939 erfolgte seine Ernennung zum Kommandeur des Infanterieregiments 15 (mot.). Das Regiment bewährte sich hervorragend im Westfeldzug, und Wessel erhielt in Anbetracht dessen und für persönliche Tapferkeit am 15.8.1940 das Ritterkreuz verliehen. Auch im folgenden Einsatz an der Ostfront fiel er durch Schneid und Einsatzwillen besonders auf. Ab 15.1.1942 zum Führer und ab 17.2. zum Kommandeur der 12. Panzerdivision ernannt, führte er diese ebenso erfolgreich an der Front im Osten. Ab 1.3.1943 zum Stab des Inspekteurs der Panzertruppen versetzt, war der General auch hier durch seine reichen Erfahrungen und Kenntnisse eine vorbildliche soldatische Persönlichkeit. Tragisch sein Tod am 20.7.1943, wo er bei einer Inspektionsfahrt in der Nähe der Stadt Morano/Italien tödlich verunglückte.

76. Eichenlaub am 17.2.1942 als Oberst, für die Leistungen als Kommandeur des Infanterieregiments 15 (mot.), in der 29. Infanteriedivision (mot.), unter gleichzeitiger Beförderung zum Generalmajor.

Generalleutnant

Walter Hagen

Geboren am 16.3.1897
in Kiel.

✝

Im Ersten Weltkrieg 1915 als Kriegsfreiwilliger ins Heer eingetreten und seit 1935 in der Luftwaffe, führte Hagen 1939 im Polenfeldzug als Staffelkapitän die 4. Staffel der Stukaträgergruppe 186, aus welcher ab 10.9. die Fliegersturzkampfgruppe 186 entsteht und nach Einsatz im Westen dort ab 9.7.1940 in 3. Gruppe Stukageschwader 1 umbenannt wird. Walter Hagen, ab 18.11.1940 zum Kommodore des Stukageschwaders 1 ernannt, wird hier zur geachteten Führerpersönlichkeit. Kühne und erfolgreiche Einsätze seiner Flieger gegen die Kriegs- und Handelsschiffahrt der Engländer, im Balkanfeldzug, sowie im Mittelmeerraum und in Rußland, zeigten die straffe Führung und Einsatzbereitschaft des Kommodores. Ab Januar 1943 wurde der tapfere Offizier Fliegerführer 1 in Afrika und ab 31.3.1943 Fliegerführer Albanien und Kroatien. 1944/45 war der General Kommandeur der 17. Fliegerdivision ebenfalls auf dem Balkan und ein hochverdienter Vorgesetzter, dessen Persönlichkeit Gewissenhaftigkeit und Verantwortungsbewußtsein zeichneten. In seiner Geburtsstadt Kiel ist Walter Hagen am 24.11.1963 verstorben.

77. Eichenlaub am 17.2.1942 als Oberstleutnant und
Kommodore des
Stukageschwaders 1.

Generalfeldmarschall

Albert Kesselring

Geboren am 30.11.1885
in Marktsteft/Unterfranken.

†

Im Ersten Weltkrieg Generalstabsoffizier, wurde Kesselring 1935 Chef des Verwaltungsamtes im Reichsluftfahrtministerium, 1936 Chef des Generalstabes der Luftwaffe, war bei Kriegsbeginn 1939 Oberbefehlshaber der Luftflotte 1 und führte diese erfolgreich im Polenfeldzug. Ab Januar 1940 zum Oberbefehlshaber der Luftflotte 2 ernannt, vollbrachten seine Flieger bedeutende Waffentaten im Westfeldzug, über England und anschließend in Rußland. Ende 1941 erfolgte Kesselrings Ernennung zum Oberbefehlshaber Süd. Hier führte er besonders erfolgreich die Luftstreitkräfte in Afrika und im Mittelmeerraum und bewies bedeutende Fähigkeiten in der Führung bei der Zusammenarbeit aller Wehrmachtsteile und der italienischen Verbündeten. Ab 13.6.1943 wurde der Feldmarschall Oberbefehlshaber der Heeresgruppe C und ab 15.1.1945 Oberbefehlshaber Italien. Die Schlachten auf dem italienischen Festland trugen den Stempel seiner Führungskunst und unterstrichen deutlichst auch sein hohes Können als Stratege und Truppenführer. Hohes Verständnis, Einfühlungsvermögen und Tapferkeit machten ihn unweigerlich zu einem beliebten und vorbildlichen Vorgesetzten. Ab 9.3.1945 übertrug man dem Feldmarschall noch das schwere Amt des Oberbefehlshabers West, wo er am 2.5.1945 in amerikanische Gefangenschaft geriet. Nach Überstellung an die Engländer und entwürdigenden Prozessen, Internierung und Haft 1952 in die Heimat zurückgekehrt, verstarb er am 15.7.1960 in Bad Wiessee in Bayern.

78. Eichenlaub	am 25.2.1942	als Generalfeldmarschall und Oberbefehlshaber Süd.
15. Schwerter	am 18.7.1942	als Generalfeldmarschall und Oberbefehlshaber Süd.
14. Brillanten	am 19.7.1944	als Generalfeldmarschall und Oberbefehlshaber Süd (Heeresgruppe C).

Leutnant

Gerhard Köppen

Geboren am 17.5.1918
in Holzendorf/Brandenburg.

Köppen war Freiwilliger der Luftwaffe, der er 1936 beitrat, und war vorerst im Kampfgeschwader „Hindenburg". Nach seiner Umschulung zum Jagdflieger im Jahre 1939 kam er 1941 als Flugzeugführer im Jagdgeschwader 52 zu Einsätzen in Griechenland und über Kreta. Die Zeit seiner großen Erfolge kam dann im Osten. In der 7. Staffel des Geschwaders eilte er von Erfolg zu Erfolg und zählte mit seinen Abschußleistungen zu den Männern im Spitzenfeld der deutschen Jagdwaffe. Sogar im Wehrmachtsbericht wurde der Name des bescheidenen Feldwebels und ausgezeichneten Fliegers genannt, und seine hervorragenden Leistungen fanden auch hier ihre verdiente Würdigung. Nach einem Luftkampf über dem Asowschen Meer wird Köppen seit dem 5.5.1942 vermißt. Einer der tüchtigsten Jagdflieger der Luftwaffe starb im harten Einsatz im Südabschnitt der Ostfront in treuester Pflichterfüllung.

79. Eichenlaub am 27.2.1942 als Feldwebel und Flugzeugführer in der 7. Staffel des Jagdgeschwaders 52.

Major

Kurt Ubben

Geboren am 18.11.1911
in Dorstadt bei Goslar/Harz.

Kurt Ubben war ein erfolgreicher Jagdflieger des Jagdgeschwaders 77, dem er schon 1939 angehörte. Zuerst als Flugzeugführer in der 3. Gruppe und ab August 1940 als Staffelkapitän der 8. Staffel zu den Besten zählend, trug er wesentlich zu den Waffentaten des Geschwaders in West, Südost und Ost bei. Ab September 1941 übernahm er als Kommandeur die 3. Gruppe und führte diese erfolgreich im Osten, in Afrika und in Italien. Überall, wo es „brannte", da waren auch Ubben und seine Gruppe. Er selbst erreichte viele Luftsiege an allen Fronten und bewies durch persönliche Tapferkeit und Einsatzfreude die Werte eines ausgezeichneten Führers und Frontfliegers. Auf Grund seiner beständigen Leistungen erfolgte am 3.3.1944 seine Ernennung zum Kommodore des Jagdgeschwaders 2 „Richthofen", welches er in schweren Kämpfen an der Kanalfront überzeugend zu führen verstand. Am 27.4.1944 fiel Ubben in einem Luftkampf mit amerikanischen Jägern über Frankreich, und die Luftwaffe traf mit seinem Tod ein weiterer schwerer Verlust.

80. Eichenlaub am 12.3.1942 als Hauptmann und
Kommandeur der
3. Gruppe des
Jagdgeschwaders 77.

Major

Max Hellmuth Ostermann

Geboren am 11.12.1917
in Hamburg.

Seit 1937 in der Luftwaffe und ab September 1939 Flugzeugführer in der 1. Gruppe des Zerstörergeschwaders 1, flog Ostermann schon im Polenfeldzug seine ersten Einsätze und kam im März 1940 zur 7. Staffel des Jagdgeschwaders 54. Einsatzfreudiger und draufgängerischer Jagdflieger im Westfeldzug, beim Kampf über England, am Kanal und auch 1941 am Balkan. Ab Herbst 1941 Staffelkapitän der 7. Staffel, erzielte er im Osten viele Luftsiege und wurde in dieser Zeit zu einem der erfolgreichsten Jagdflieger in der deutschen Luftwaffe. Unbekümmertheit und jugendlicher Schwung dieses Offiziers waren im Geschwader sprichwörtlich, und er bestach in allen Einsätzen und Luftkämpfen durch einmalige Tapferkeit und außergewöhnlichen Mut. Weit im hintersten Feindesland erkämpfte er oft seine Luftsiege, und die errungenen Erfolge erweckten Staunen und Beachtung. Durch seine Leistungen trug er wesentlich zu den Gesamterfolgen des bewährten Grünherzgeschwaders bei und erfreute sich überall außerordentlicher Beliebtheit. Am 9.8.1942 ereilte Max Hellmuth Ostermann bei einem Luftkampf mit sowjetischen Jägern über Amossowo im Nordabschnitt der Ostfront der Fliegertod. Ein junges Leben erlosch auf dem Höhepunkt einer bezeichnenden Soldatenlaufbahn.

81. Eichenlaub	am 12.3.1942	als Oberleutnant und Staffelkapitän der 7. Staffel des Jagdgeschwaders 54.
10. Schwerter	am 17.5.1942	als Oberleutnant und Staffelkapitän der 7. Staffel des Jagdgeschwaders 54.

Hauptmann

Franz Eckerle

Geboren am 24.4.1912
in Baden-Baden.

Eckerle hatte schon einen klingenden Namen als bekannter Segel- und Kunstflieger, als er 1940 ins Jagdgeschwader 54 nach dem Westen kam, dort eine Menge Jagdbombereinsätze flog und sich an der Kanalfront hervorragend bewährte. Als das Geschwader 1941 an den Balkan und anschließend an die Ostfront verlegte, war Franz Eckerle Staffelkapitän und im November schon Kommandeur der 1. Gruppe. Kommodore Trautloft hatte durch ihn einen fliegerisch ausgezeichneten Kommandeur, der in relativ kurzer Zeit viele Luftsiege erringen konnte und durch seine hohen Leistungen im Geschwader sehr geachtet war. Herzliche Art im Kameradenkreis und Tapferkeit im Fronteinsatz unterstrichen in Deutlichkeit seine einmaligen Werte als Offizier und Mensch. Durch einen Treffer, den seine Maschine im Fronteinsatz über Welikije Luki im Nordabschnitt der Ostfront erhielt, mußte Franz Eckerle am 14.2.1942 auf Feindgebiet notlanden und gilt seither als vermißt. Das Jagdgeschwader 54 trauerte um einen seiner Besten.

82. Eichenlaub am 12.3.1942 nach dem Tode, für die Leistungen als
Hauptmann und Kommandeur
der 1. Gruppe des
Jagdgeschwaders 54.

Hauptmann

Wolf Dietrich Huy

Geboren am 2.8.1917
in Freiburg im Breisgau/Baden.

Wolf Dietrich Huy kam von der Marine 1937 zur Luftwaffe und wurde zum Jagdflieger ausgebildet. Seit 1939 Flugzeugführer in der 3. Gruppe des Jagdgeschwaders 77, übernahm er 1940 als Staffelkapitän die 7. Staffel. Alle Einsatzwege des Geschwaders sahen diesen beliebten Offizier stets erfolgreich. Huy erreichte im Westen, Südosten, Osten, Mittelmeerraum und Nordafrika nicht nur viele Luftsiege, er war auch sehr erfolgreich in der Bekämpfung von Schiffszielen und im Geschwader als ein sehr guter Jagdbomberpilot bekannt. Schneid und einmaliger Angriffsgeist wurden neben seiner Tapferkeit und hohem fliegerischem Können zu bestimmenden Elementen seiner ausgezeichneten Leistungen. Am 29.10.1942 wurde Wolf Dietrich Huy bei einem Luftkampf über Nordafrika abgeschossen und geriet in britische Kriegsgefangenschaft, aus der er 1947 entlassen wurde und in die Heimat zurückkehrte.

83. Eichenlaub am 17.3.1942 als Oberleutnant und
Staffelkapitän der
7. Staffel des
Jagdgeschwaders 77.

Leutnant

Hans Strelow

Geboren am 26.3.1922
in Berlin.

Hans Strelow kam 1941 als Flugzeugführer in die 5. Staffel des Jagdgeschwaders 51. An der Ostfront war dieser junge und schneidige Leutnant der aufgehende Stern des Jagdgeschwaders 51. Brennender Ehrgeiz, Tapferkeit und unermüdlicher Einsatz prägten sein junges Jagdfliegerleben im harten Einsatz an dieser Front. Zum Staffelführer der 5. Staffel ernannt, reihte er in erstaunlich kurzer Zeit Luftsieg an Luftsieg. Seine Beliebtheit und sein Aufstieg zum erfolgreichen Jagdflieger machten den Namen Strelow damals in ganz Deutschland bekannt. Er war bei der Verleihung des Eichenlaubs der jüngste Soldat der deutschen Wehrmacht, dem diese hohe Auszeichnung verliehen wurde. Am 22.5.1942 mußte er bei Nowosil im Mittelabschnitt der Ostfront notlanden und gilt seitdem als vermißt. Das erfolgreiche Möldersgeschwader verlor einen seiner hoffnungsvollsten Jagdflieger.

84. Eichenlaub am 24.3.1942 als Leutnant und
Führer der
5. Staffel des
Jagdgeschwaders 51 „Mölders“.

Hauptmann

Wilhelm Spieß

Geboren am 26.8.1913
in Rimpar/Unterfranken.

1935 in die Luftwaffe gekommen, 1938/39 in der „Legion Condor" in Spanien eingesetzt, kam Spieß vor Kriegsbeginn 1939 als Flugzeugführer in die 1. Gruppe des Zerstörergeschwaders 26 „Horst Wessel" und wurde ab August 1940 Staffelkapitän der 1. Staffel. Nach Einsätzen im Polen- und Westfeldzug bewies Spieß auch in der Luftschlacht um England und am Balkan Schneid und fliegerisches Können und wurde zu einem der bekanntesten Männer im Geschwader. Nach Verlegung des Geschwaders an die Ostfront zum Kommandeur der 1. Gruppe ernannt, zeigte er auch an dieser Front in Kampf und Führung seine Klasse. Neben seinen erzielten Luftsiegen in West und Ost verdienen ebenso seine erfolgreichen Tiefangriffe zur Entlastung der Heeresverbände lobendste Erwähnung. Bei einem dieser Einsätze fiel Wilhelm Spieß, der tapfere Fliegeroffizier, am 27.1.1942 über Suchinitschi im Mittelabschnitt der Ostfront.

85. Eichenlaub am 5.4.1942 nach dem Tode, für die Leistungen als
Hauptmann und
Kommandeur der
1. Gruppe des
Zerstörergeschwaders 26 „Horst Wessel".

General der Infanterie

Friedrich Wilhelm Müller

Geboren am 29.8.1897
in Barmen/Westfalen.

†

Im Ersten Weltkrieg Kriegsfreiwilliger und Offizier, wurde Müller ab 10.11.1938 Kommandeur des 3. Bataillons im Infanterieregiment 105. Schon hervorragend bewährt im Westfeldzug, erfolgte ab 1.10.1940 seine Ernennung zum Regimentskommandeur. Bestand mit diesem Regiment in Griechenland und anschließend an der Ostfront im Bereich der Heeresgruppe Süd schwerste Kämpfe und zeichnete sich durch Mut und Tapferkeit besonders aus. Ab 1.8.1942 Kommandeur der 22. Infanteriedivision in Griechenland und durch sein bewiesenes Führungskönnen ab Frühjahr 1944 Führer des 5. und 59. Armeekorps auf der Krim. Ab 1.7.1944 dann Kommandant der Insel Kreta, ab 8.12. als Kommandierender General des 68. Armeekorps an der Ostfront und ab 29.1.1945 dort Oberbefehlshaber der 4. Armee. Harter und entschlossener General und immer in schwierigen Lagen gerufen, löste er vorbildlich diese Aufgaben. Nach dem Krieg wurde Friedrich Wilhelm Müller in Griechenland zum Tode verurteilt und am 20.5.1947 in Athen hingerichtet.

86. Eichenlaub	am 8.4.1942	als	Oberst und Kommandeur des Infanterieregiments 105, in der 72. Infanteriedivision.
128. Schwerter	am 27.1.1945	als	General der Infanterie und Kommandierender General des 68. Armeekorps.

Fregattenkapitän

Erich Topp

Geboren am 2.7.1914
in Hannover.

1934 in die Marine gekommen und ab September 1938 in der 7. U-Bootflottille, wurde Topp am 2.11.1938 Wachoffizier auf U-46, ab 5.6.1940 Kommandant von U-57 und ab 4.12.1940 Kommandant von U-552. Ein überaus schneidiger und einer der erfolgreichsten U-Bootkommandanten der deutschen Kriegsmarine. Besonders mit U-552 waren seine geleisteten Waffentaten auf den Meeren einmalig und beachtenswert, was auch die Verleihungen seiner hohen Auszeichnungen gebührend beweisen. Auf 13 Feindfahrten im Nordatlantik, Nordkanal, vor Gibraltar, Neufundland und der USA-Küste erzielte Topp außergewöhnlich hohe Versenkungserfolge und zählte mit seinen Leistungen zu den Kommandanten im Spitzenfeld der U-Bootwaffe. Der bewährte Seeoffizier bekleidete anschließend folgende Kommandos – jeweils ab: 14.11.1942 Chef der 27. U-Bootflottille, 7.8.1944 Leiter der Erprobungsstelle der U-Boote, 11.3.1945 Kommandant von U-3010 und 7.4.1945 bis Kriegsende Kommandant von U-2513. Vom 8.5. – 17.8.1945 befand sich Erich Topp in britischer Kriegsgefangenschaft.

87. Eichenlaub	am 11.4.1942	als Kapitänleutnant und Kommandant von U-552, in der 7. U-Bootflottille.
17. Schwerter	am 17.8.1942	als Kapitänleutnant und Kommandant von U-552, in der 7. U-Bootflottille.

SS Obergruppenführer
und General der Waffen SS

Theodor Eicke

Geboren am 17.10.1892
in Hudingen/Lothringen.

Im Ersten Weltkrieg ausgezeichneter Soldat und 1934 Inspekteur der Konzentrationslager und SS Totenkopfverbände. 1939/40 wurde die SS Totenkopfdivision aufgestellt und zum erstenmal unter ihrem Kommandeur Eicke im Westfeldzug eingesetzt. Im Osten dann im Nordabschnitt im Einsatz, geriet sie in den Kessel von Demjansk. In dieser Zeit wurden die SS Männer unter Eickes Führung in den harten Abwehrschlachten zu einem unüberwindlichen Bollwerk. Daß der Ausbruch gelang, war ein Mitverdienst der SS Totenkopfdivision und ihres tapferen Kommandeurs. Die Division, welche später zur SS Panzergrenadier- bzw. SS Panzerdivision umgegliedert wurde, kämpfte anschließend weiter unter Eickes Führung an der Ostfront und genoß den Ruf einer ausgezeichneten Fronttruppe. Am 26.2.1943 starb der Kommandeur bei einem Fronterkundungsflug mit einem „Fiseler Storch", als dieser über den sowjetischen Linien bei Orelka im Mittelabschnitt der Ostfront abgeschossen wurde. Das SS Panzergrenadierregiment 6 führte daraufhin den Namen: SS Panzergrenadierregiment 6 „Theodor Eicke".

88. Eichenlaub am 20.4.1942 als SS Obergruppenführer und
Kommandeur der
SS Totenkopfdivision.

Korvettenkapitän

Reinhard Hardegen

Geboren am 18.3.1913
in Bremen.

Hardegen, seit 1933 in der Marine und im Kriege Kommandant der U-Boote 124, 147 und 123, war ein überaus erfolgreicher U-Bootkommandant. Auf 6 Feindfahrten vor den Shetlands, vor Westafrika, im Nordatlantik und vor der USA-Küste erreichte er bedeutende Versenkungserfolge und diese insbesonders mit U-123, welches er ab 16.5.1941 führte. Hardegens kühne Einsätze vor der USA-Küste im Jahre 1942 erregten weltweites Aufsehen. Der tapfere Seeoffizier erfüllte anschließend in folgenden Kommandos seine Soldatenpflicht – jeweils ab: 1.8.1942 Ausbildungsoffizier in der 27. U-Bootflottille, 1.3.1943 Leiter der U-Bootausbildung in der Torpedoschule Mürwick, 5.10.1944 Referent im Oberkommando der Kriegsmarine beim Torpedowaffenamt und 12.2.1945 bis Kriegsende Kommandeur des 1. Bataillons des 6. Regiments in der 2. Marine-Infanteriedivision. Bis 9.11.1946 war Reinhard Hardegen in britischer Kriegsgefangenschaft.

89. Eichenlaub am 23.4.1942 als Kapitänleutnant und
Kommandant von
U-123, in der
2. U-Bootflottille.

Major

Wolfgang Späte

Geboren am 8.9.1911
in Dresden.

Zu Beginn des Krieges Aufklärungsflieger und nach dem Polen- und Westfeldzug zum Jagdflieger umgeschult, kam Späte ab Dezember 1940 als Flugzeugführer in die 2. Gruppe des Jagdgeschwaders 54 an den Kanal. Dann am Balkan und in Rußland im Einsatz, übernahm er ab September 1941 als Staffelkapitän die 5. Staffel. Erfahrener Flieger und an allen Fronten Sieger in vielen Luftkämpfen, bestach er stets durch Können und vorbildliche Tapferkeit. Ab Ende April 1942 war Wolfgang Späte in leitenden Stellungen an verschiedenen Erprobungsstellen der Luftwaffe tätig und ein verdienter Mann bei der Entwicklung der Raketenjäger. Ab Mai 1944 wieder im Fronteinsatz als Kommandeur der 4. Gruppe des Jagdgeschwaders 54 im Osten und in der Reichsverteidigung, führte er dort ab 4.11.1944 als Kommodore das erste frontreife, mit Raketenflugzeugen ausgestattete Geschwader – das Jagdgeschwader 400, und war ab März 1945 bis Kriegsende Kommandeur der 1. Gruppe des Jagdgeschwaders 7 (Düsenjäger) ebenfalls in der Reichsverteidigung.

90. Eichenlaub am 23.4.1942 als Oberleutnant und
Staffelkapitän der
5. Staffel des
Jagdgeschwaders 54.

SS Obergruppenführer
und General der Polizei

Alfred Wünnenberg

Geboren am 20.7.1891
in Saarburg/Lothringen.

†

Kriegsfreiwilliger und Offizier im Ersten Weltkrieg, übernahm er im Jänner 1940 als Kommandeur das Schützenregiment 3 in der Polizeidivision. Nach Teilnahme am Westfeldzug und Besatzungszeit in Frankreich verlegte die Division im Juni 1941 nach dem Osten und kämpfte im Nordabschnitt der Ostfront. Am 15.12.1941 wurde Wünnenberg Kommandeur der Division, welche nun den Namen SS Polizeidivision führte. Die entbehrenden Kämpfe vor Leningrad, insbesonders die Schlacht am Wolchow und die Einsätze an der Newa, sind untrennbar mit den Leistungen der tapferen Polizeisoldaten und ihres Kommandeurs verbunden. Tatkraft, Weitblick und richtiges Handeln zur gegebenen Zeit zeichneten neben seinen betont menschlichen Werten den General im besonderen aus. Ab 11.6.1943 zum Kommandierenden General des 4. SS Polizeikorps und ab 1.8.1943 zum Chef der Deutschen Ordnungspolizei ernannt, starb Alfred Wünnenberg am 30.12.1963 in Krefeld/Nordrhein-Westfalen.

91. Eichenlaub am 23.4.1942 als SS Brigadeführer und
Kommandeur der
SS Polizeidivision.

Generalleutnant

Theodor Scherer

Geboren am 17.9.1889
in Höchstedt/Franken.

†

Bewährter Offizier im Ersten Weltkrieg, ab 1.4.1938 Kommandeur des Infanterieregiments 56 und noch während des Westfeldzuges ab 13.6.1940 Kommandeur des Infanterieregiments 507. 1941 im Ostfeldzug, erfolgte dort ab 1.10.1941 Scherers Ernennung zum Kommandeur der 281. Sicherungsdivision. Als die Russen im Jänner 1942 die Stadt Cholm im Nordabschnitt der Ostfront eingeschlossen hatten und damit Teile der 281. Sicherungsdivision und der 123. und 218. Infanteriedivision, trotzte der General dreieinhalb Monate lang mit diesen Einheiten einer großen Übermacht und bestand mit seiner „Kampfgruppe Scherer" schwerste Abwehrkämpfe. Eine einmalige Leistung dieses tapferen und unerschrockenen Truppenführers in diesen harten Wintermonaten. Ab 5.9.1942 führte er dann als Kommandeur die 34. und ab 2.11. die 83. Infanteriedivision und war ab 15.4.1944 Generalinspekteur für den Küstenschutz beim Wehrmachtsbefehlshaber Ostland. Am 17.5.1951 verstarb Theodor Scherer infolge eines Unfalls bei Ludwigsstadt/Baden-Württemberg.

92. Eichenlaub am 5.5.1942 als Generalmajor, für die Leistungen als Kommandeur der 281. Sicherungsdivision und „Kampfgruppe Scherer".

Oberst

Hermann Graf

Geboren am 24.10.1912
in Engen/Baden.

Graf, seit 1936 in der Luftwaffe, war in den Jahren 1940/41 noch Fluglehrer und nach Einsatz über Kreta erst ab 3.8.1941 an der Ostfront. In der 9. Staffel des Jagdgeschwaders 52 erreichte er einmalige Abschußerfolge und war bei Freund und Feind gleichermaßen bekannt. Ab 30.5.1942 zum Staffelkapitän der 9. Staffel ernannt, konnte der einsatzfreudige Offizier bereits am 26.9.1942 als erster Jagdflieger der Welt den 200. Luftsieg erringen. Eine tolle Leistung in so kurzer Zeit. Grafs Mut und Zähigkeit im Kampf verdienen größte Achtung, und seine Erfolge sprechen eindeutig für das Können dieses tapferen Jagdfliegers. Ab Jänner 1943 übernahm er die Führung der Ergänzungsgruppe Ost in Südfrankreich, wurde ab März 1943 mit der Aufstellung des Höhenjagdgeschwaders 50 betraut und dann dessen Kommodore, ehe er ab September 1943 Kommodore des Jagdgeschwaders 11 wurde. Im Luftkampf in der Reichsverteidigung am 29.3.1944 schwer verwundet, kam der verwegene Könner und Draufgänger nach Genesung ab 1.10.1944 an die Ostfront, wo er bis zum Kriegsende als Kommodore das Jagdgeschwader 52 führte. Es ist bezeichnend, daß gerade dieses Jagdgeschwader zum erfolgreichsten der Luftwaffe im Zweiten Weltkrieg geworden ist und der bewährte Fliegeroffizier durch seine Leistungen sehr viel zu dessen Ruhm beigetragen hat. Von den Amerikanern am 8.5.1945 gefangengenommen und am 17.5.1945 an die Russen ausgeliefert, war Hermann Graf bis 12.1.1950 in sowjetischer Kriegsgefangenschaft.

93. Eichenlaub	am 17.5.1942	als	Leutnant der Reserve und Führer der 9. Staffel des Jagdgeschwaders 52.
11. Schwerter	am 19.5.1942	als	Leutnant der Reserve und Führer der 9. Staffel des Jagdgeschwaders 52.
5. Brillanten	am 16.9.1942	als	Oberleutnant der Reserve und Staffelkapitän der 9. Staffel des Jagdgeschwaders 52.

Oberst

Adolf Dickfeld

Geboren am 20.2.1910
in Breslau.

Seit 1937 in der Luftwaffe und ab 28.10.1939 als Flugzeugführer im Jagdgeschwader 52, kam Adolf Dickfeld nach Einsatz im Westen 1941 in die 7. Staffel der 3. Gruppe, flog Einsätze über Kreta, ehe das Geschwader dann an die Ostfront verlegte und er durch seine vielen und in kurzer Zeitspanne erzielten Luftsiege bald zu einem bekannten Jagdflieger wurde. 1942 war er kurzzeitig Führer der 2. Gruppe des Jagdgeschwaders 2 „Richthofen" an der Front in Tunesien, kam dann ins Jagdgeschwader 11, welches in der Reichsverteidigung im Einsatz stand, wo Dickfeld 1943 als Kommandeur die 2. Gruppe führte und auch gegen westliche Gegner noch manchen Luftsieg erreichte. Seine Tapferkeit und Einsatzfreude an allen Fronten in über 1.000 Feindflügen waren Gewißheit, ehe der beliebte Offizier Ende 1943 seine Tätigkeit als Reichsinspekteur der Flieger-Hitlerjugend im Reichsluftfahrtministerium aufnahm und dort bis Kriegsende wirkte.

94. Eichenlaub am 19.5.1942 als Leutnant und Flugzeugführer in der 7. Staffel des Jagdgeschwaders 52.

Generaloberst

Eberhard von Mackensen

Geboren am 24.9.1889
in Bromberg/Westpreußen.

✝

Im Ersten Weltkrieg Offizier und verwundet, war Mackensen bei Kriegsbeginn 1939 Chef des Stabes der 14. Armee, nach Teilnahme am Polenfeldzug im Westfeldzug Chef des Stabes der 12. Armee und nach dessen Beendigung ab 15.1.1941 Kommandierender General des 3. Armeekorps, des späteren 3. Panzerkorps. An der Ostfront bewies der General durch umsichtige Führung und entscheidendes Handeln hohe Werte als Truppenführer, und die Erfolge im Südabschnitt lagen oftmals der überzeugenden Führungskunst seiner Persönlichkeit zu Grunde. Ab 22.11.1942 Oberbefehlshaber der 1. Armee, erfolgte ab 5.11.1943 Mackensens Ernennung zum Oberbefehlshaber der 14. Armee in Italien. Auch auf diesem Kriegsschauplatz war er ein großartiger Stratege und verständnisvoller General, dessen überzeugte Vaterlandsliebe in jeder seiner Handlungen zum Ausdruck drängte. Ab 6.7.1944 in die Führerreserve des Oberkommandos des Heeres versetzt, befand sich der General nach Kriegsende 1945 bis 1952 in englischer Internierung und Haft und ist am 19.5.1969 in Altmühlendorf/Schleswig-Holstein verstorben.

95. Eichenlaub am 26.5.1942 als General der Kavallerie und Kommandierender General des 3. Panzerkorps.

Leutnant

Leopold Steinbatz

Geboren am 25.10.1918
in Wien.

1938/39 zum Jagdflieger ausgebildet und 1940 zur 9. Staffel des Jagdgeschwaders 52 versetzt, flog Steinbatz 1941 viele Feindflüge über Kreta, ehe das Geschwader an die Ostfront verlegte und er dort in unermüdlichen Einsätzen zu einem hervorragenden Jagdflieger wurde. Durch seine vielen erzielten Luftsiege lag er bald im Spitzenfeld der besten deutschen Jagdflieger und war im Geschwader ein geachteter Pilot. Als Rottenkamerad und Kampfgefährte von Leutnant Graf, dem späteren Brillantenträger, zeigte Steinbatz fliegerisches Können und hohe Einsatzbereitschaft. Beliebt im Kameradenkreis, war er nicht nur im Geschwader, sondern in der ganzen Luftwaffe ein Flieger, auf den man in Stolz und Anerkennung blickte. Am 15.6.1942 fiel Leopold Steinbatz nach einem Flaktreffer bei Woltschansk im Südabschnitt der Ostfront. Seine Erfolge und Leistungen fanden ihre Würdigung durch die Verleihung der Schwerter zum Eichenlaub an ihn als ersten und einzigen Soldaten der deutschen Wehrmacht aus dem Unteroffizierskorps. Die Luftwaffe trauerte um einen hervorragenden Kämpfer, Flieger und Kameraden, der in treuer Pflichterfüllung für sein Vaterland das Höchste gab.

96. Eichenlaub	am 2.6.1942	als Oberfeldwebel und Flugzeugführer in der 9. Staffel des Jagdgeschwaders 52.
14. Schwerter	am 23.6.1942	nach dem Tode, für die Leistungen als Oberfeldwebel und Flugzeugführer in der 9. Staffel des Jagdgeschwaders 52.

Hauptmann

Hans Joachim Marseille

Geboren am 13.12.1919
in Berlin-Charlottenburg.

Marseille war in der deutschen Luftwaffe jener Jagdflieger, der durch seinen kometenhaften Aufstieg in aller Welt zum Begriff wurde. Seit 1938 in der Luftwaffe, flog er 1940 als Flugzeugführer und junger Fähnrich im Lehrgeschwader 2 (Jäger) und anschließend im Jagdgeschwader 52, kam im Jänner 1941 zur 1. Gruppe des Jagdgeschwaders 27 an den Kanal und mit dieser im April 1941 nach Nordafrika. Als Flugzeugführer in der 3. Staffel erreichte er in kurzer Zeit viele Luftsiege. Ab 8.6.1942 Staffelkapitän der 3. Staffel und in Angriffsschwung und Einsatzfreudigkeit von niemandem erreicht, wurde er zum Stern von Afrika. Am 1.9.1942 schoß er 17 englische Flugzeuge ab – eine Leistung, die an der West- und Afrikafront keinem anderen Jagdflieger auch nur annähernd gelang. Mit seiner Beförderung zum Hauptmann am 16.9.1942 war Marseille in der deutschen Wehrmacht der jüngste Offizier mit diesem Dienstgrad. Draufgängertum, unerhört bestechendes fliegerisches Können und einmalige Schießkunst wurden zum Fundament seiner Erfolge. Mit 158 bestätigten Luftsiegen war Hans Joachim Marseille der erfolgreichste Jagdflieger im Kampf gegen westliche Gegner. Nach einem Frontflug am 30.9.1942 starb er, vom Feinde unbesiegt, über El Alamein den Fliegertod. Die Trauer um diesen begnadeten Jagdflieger war groß, und die Luftwaffe traf ein Verlust, der unersetzlich war.

97. Eichenlaub	am 6.6.1942	als	Oberleutnant und Flugzeugführer in der 3. Staffel des Jagdgeschwaders 27.
12. Schwerter	am 18.6.1942	als	Oberleutnant und Staffelkapitän der 3. Staffel des Jagdgeschwaders 27.
4. Brillanten	am 3.9.1942	als	Oberleutnant und Staffelkapitän der 3. Staffel des Jagdgeschwaders 27.

Oberst

Helmut Lent

Geboren am 13.6.1918
in Pyrehne/Brandenburg.

Lent, seit 1936 in der Luftwaffe, war schon in den ersten Kriegsjahren einer der besten Zerstörerpiloten, ehe er in der Nachtjagd zur herausragenden Führerpersönlichkeit wurde und durch seine Leistungen in kurzer Zeit zu den erfolgreichsten Offizieren der Luftwaffe zählte. Seit 1939 als Flugzeugführer in der 1. Gruppe des Zerstörergeschwaders 76 und im Polenfeldzug, über der Deutschen Bucht und im Norwegenunternehmen sehr erfolgreich. Im Mai 1940 stellte die Gruppe den Stamm für das erste deutsche Nachtjagdgeschwader, und Lent wurde Nachtjäger. Ab Jänner 1941 war er Staffelkapitän der 6. Staffel des Nachtjagdgeschwaders 1, ab November 1941 Kommandeur der 2. Gruppe des Nachtjagdgeschwaders 2 und ab 1.8.1943 Kommodore des Nachtjagdgeschwaders 3. Als bescheidener und intelligenter Führer seiner Flieger stand er Nacht für Nacht im Einsatz gegen die englischen Bomberverbände und erzielte viele Abschüsse. Durch seine Erfolge wurde Helmut Lent zum Begriff in der Nachtjagd und war in dieser Zeit mit 102 bestätigten Nachtluftsiegen der erfolgreichste Nachtjäger. Tragisch der Tod dieses bewährten Offiziers, der am 5.10.1944 bei einem Landeanflug am Tage in Paderborn/Westfalen abstürzte und den dabei erlittenen Verletzungen am 7.10.1944 erlegen ist. Ergriffenheit und Trauer bewegte die Herzen aller Deutschen.

98. Eichenlaub	am	6.6.1942	als	Hauptmann und Kommandeur der 2. Gruppe des Nachtjagdgeschwaders 2.
32. Schwerter	am	2.8.1943	als	Major und Kommodore des Nachtjagdgeschwaders 3.
15. Brillanten	am	31.7.1944	als	Oberstleutnant und Kommodore des Nachtjagdgeschwaders 3.

Hauptmann

Robert Georg Freiherr von Malapert-Neufville

Geboren am 7.8.1912
in Darmstadt/Hessen.

1936 in die Luftwaffe eingetreten und zu Kriegsbeginn bereits Stukaflieger, liegen die Kampfleistungen dieses hervorragenden Fliegers im bekannten Stukageschwader 1 verankert, dem er bis zu seinem Tode angehörte und in dem er auf allen Kriegsschauplätzen sein Bestes gab. Ab Juni 1940 Staffelkapitän der 5. Staffel, sind hier die Erfolge gegen britische Seestreitkräfte im Westen und im Mittelmeerraum besonders hervorzuheben. Bezeichnend weiter die Waffentaten in Nordafrika und an der Ostfront, wo der mutige Offizier immer an der Spitze seiner Staffel für das schwer ringende Heer Einsatz um Einsatz flog. Am 17.10.1941 erhielt Oberleutnant v. Malapert als einer der ersten Männer der Stukawaffe das Deutsche Kreuz in Gold verliehen, wodurch seine geleisteten Tapferkeitstaten in eindrucksvoller Weise ihre gebührende Würdigung fanden. Als stellvertretender Gruppenkommandeur zeigte er auch in vielen Einsätzen mit der 2. Gruppe gekonnte und überzeugende Führereigenschaften. Am 21.5.1942 nach einer Notlandung starb dieser beispielgebende Offizier durch die Kugel eines sowjetischen Scharfschützen im Mittelabschnitt der Ostfront. Ein tapferes Fliegerleben erlosch in umwobener Tragik.

99. Eichenlaub am 8.6.1942 — nach dem Tode, für die Leistungen als
Hauptmann und
stellvertretender Kommandeur der
2. Gruppe des
Stukageschwaders 1.

General der Infanterie

Ludwig Wolff

Geboren am 3.4.1893
in Chemnitz/Sachsen.

†

Im Ersten Weltkrieg bewährter Offizier, war Wolff ab 26.8.1939 Kommandeur des Infanterieregiments 192, welches er im Polen- und Westfeldzug in bezeichnender Weise führte. Hoch ausgezeichnet für diese Erfolge, trübte seit 25.5.1940 eine schwere Verwundung (Gesichts- und Augenverletzung) sein weiteres Soldatenleben und machte 50 Operationen notwendig, ehe der tapfere Offizier wieder eine Dienstverwendung antreten konnte. Von Juli bis Oktober 1941 war er Leiter des Arbeitsstabes der Kriegsschule Breslau, wurde ab 7.10.1941 Führer und ab 1.1.1942 Kommandeur der 22. Infanteriedivision an der Ostfront. Neuerliche Verwundungen dieses einmaligen Truppenführers konnten seinen bedingungslosen Einsatz nicht beeinträchtigen, und man fand den General stets bei seinen Soldaten an der Front, denen er ein umsichtiger und väterlicher Führer war. Besonders im harten Ringen um Sewastopol bewies der General Ausdauer, Mut und Standhaftigkeit, und es war kein Zufall, daß man ihn am 9.9.1942 zum Inspekteur des Erziehungs- und Bildungswesens des Heeres ernannte. Von Dezember 1943 bis August 1944 war er Kommandierender General des 33. Armeekorps und Befehlshaber Mittelnorwegen, von Januar bis April 1945 Inspekteur der ungarischen Verbände im Deutschen Ersatzheer, befand sich von Mai 1945 bis Juni 1947 in amerikanischer Kriegsgefangenschaft und verstarb am 9.11.1968 in Mannheim/Baden-Württemberg.

100. Eichenlaub am 22.6.1942 als Generalmajor und
Kommandeur der
22. Infanteriedivision.

Hauptmann

Friedrich Geißhardt

Geboren am 22.1.1919
in Sonnefeld/Oberfranken.

Seit 1937 in der Luftwaffe, war Geißhardt bei Kriegsbeginn Flugzeugführer in der 1. Gruppe (Jäger) des Lehrgeschwaders 2, dem späteren Jagdgeschwader 77. Nach Einsätzen in Polen, im Westen und am Balkan wurde er im Juni 1941 Adjutant der 1. Gruppe, flog viele Feindflüge im Ostfeldzug und bestach durch Tapferkeit und Mut. Juli 1942 erfolgte die Verlegung der Gruppe in den Kampfraum Mittelmeer und Ende Oktober nach Nordafrika. Auch hier erwies sich der sympathische Fliegeroffizier als hervorragender Jagdflieger. Viele Luftsiege, auf allen Kriegsschauplätzen erzielt, haben das bewiesen. Als die harten Luftkämpfe am Kanal in den Jahren 1942/43 den beiden dort eingesetzten Jagdgeschwadern 2 und 26 immer mehr Substanz kosteten und man um tüchtige Verbandsführer rief, erfolgte ab 11.1.1943 Geißhardts Ernennung zum Kommandeur der 3. Gruppe des Jagdgeschwaders 26 „Schlageter". Hier wurde er am 5.4. im Luftkampf über Frankreich schwer verwundet und erlag diesen Verletzungen am 6.4.1943 in einem Lazarett bei Gent. Die Härte des Kampfes an der Kanalfront forderte von der Luftwaffe wieder einen ihrer besten Jagdflieger.

101. Eichenlaub am 23.6.1942 als Oberleutnant, Flugzeugführer und Adjutant
im Stab der 1. Gruppe des Jagdgeschwaders 77.

Major

Heinrich Setz

Geboren am 12.3.1915
in Gundelsdorf/Oberfranken.

1936 in die Luftwaffe gekommen, war er ebenfalls einer der erfolgreichen Jagdflieger des Jagdgeschwaders 77. Im Juli 1940 kam Setz als Flugzeugführer in die 2. Gruppe und bewährte sich schon sehr im Westen, ehe die Gruppe an die Ostfront kam und der tapfere Offizier dort im Juni 1941 als Staffelkapitän die 4. Staffel übernahm. Durch Kühnheit, Kampfgeist und vorbildlichen Einsatzwillen genoß er im Geschwader hohes Ansehen. Auch Heinrich Setz kam nach seinen beachtenswerten Erfolgen im Osten, wo ihm sehr viele Luftsiege gelangen, auf Grund seiner Erfahrungen im Jahre 1942 an die Kanalfront, wo er ab 12.11. als Kommandeur die 1. Gruppe des Jagdgeschwaders 27 übernahm. Die harten Auseinandersetzungen mit den Briten und Amerikanern wurden auch diesem beherzten und tüchtigen Jagdflieger zum Schicksal. Am 13.3.1943 stürzte er nach einem Luftkampf mit britischen Jägern über Abbeville in Frankreich tödlich ab.

102. Eichenlaub am 23.6.1942 als Oberleutnant und
Staffelkapitän der
4. Staffel des
Jagdgeschwaders 77.

General der Infanterie

Walter Graf von Brockdorff-Ahlefeldt

Geboren am 13.7.1887
in Perleberg/Brandenburg.

Im Ersten Weltkrieg Offizier, übernahm er ab 1.3.1938 als Kommandeur die 23. Infanteriedivision und führte diese im Polen- und Westfeldzug. Ab 1.6.1940 wurde der General Führer des 28. Armeekorps und ab 21.6. Kommandierender General des 2. Armeekorps. Im Ostfeldzug, als sein Korps im Jänner 1942 bei Demjansk im Nordabschnitt eingeschlossen wurde, bewies der tapfere Heerführer Tatkraft und Ruhe und hielt mit seinen Soldaten in aufopfernden Kämpfen gegen übermächtigen Feind die „Festung Demjansk", bis im April 1942 die Aufbrechung und Entsetzung des Kessels gelang. Eine der großen Taten des Ostkrieges, in denen deutsche Soldaten unter Führung eines beherzten Generals unmöglich Scheinendes möglich gemacht haben. An einem schweren Leiden, welches sich im Fronteinsatz sehr verschlechtert hatte, starb der General am 9.5.1943 in Potsdam/Brandenburg.

103. Eichenlaub am 23.6.1942 als General der Infanterie und Kommandierender General des 2. Armeekorps.

Kapitänleutnant

Rolf Mützelburg

Geboren am 23.6.1913
in Kiel.

Mützelburg kam 1932 zur Marine und 1939 zur U-Bootwaffe, führte ab Juni 1940 als Kommandant U-10 und wurde ab 18.2.1941 Kommandant von U-203. Entschlußkraft und bedachte Führung kennzeichneten diesen einsatzfreudigen Seeoffizier und ließen ihn zu einem erfolgreichen U-Bootkommandanten werden. Auf 8 Feindfahrten mit U-203 im Nordatlantik, vor Gibraltar, in der Karibik, vor Neufundland und der USA-Küste erzielte Mützelburg hohe Versenkungserfolge gegen die gegnerische Schiffahrt und bewies immerzu hohes seemännisches Können. Auch rühmte man bei ihm sein betont heiteres Wesen und die Aufgeschlossenheit gegenüber seinen Matrosen, denen er nicht nur ein verständnisvoller Vorgesetzter, sondern auch ein herzlicher Kamerad gewesen ist. Besonders tragisch sein Tod am 11.9.1942, wo Rolf Mützelburg nach einem Sprung vom Turm seines U-Bootes im Atlantik tödlich verunglückt ist. Die Trauer um diesen ausgezeichneten Offizier der Kriegsmarine erfüllte weite Kreise.

104. Eichenlaub am 15.7.1942 als Kapitänleutnant und
Kommandant von
U-203, in der
1. U-Bootflottille.

Korvettenkapitän

Adalbert Schnee

Geboren am 31.12.1913
in Berlin.

†

1934 in die Marine gekommen, wurde Adalbert Schnee am 20.5.1937 Wachoffizier auf U-23 bei Oberleutnant zur See Otto Kretschmer. 1940 führte der begabte Offizier als Kommandant die U-Boote 6 und 60 und übernahm ab 25.1.1941 U-201, mit dem er seine größten Siege auf den Weltmeeren verbuchte. Insgesamt waren es 12 Feindfahrten, die den besonnenen Taktiker und allseits beliebten Kommandanten im Nordkanal, Pentland-Firth, Nordatlantik, vor der USA-Küste und vor Westafrika besonders erfolgreich sahen. In unzähligen Seegefechten durch einmaliges Können und bewiesene Tapferkeit seinen Männern jederzeit ein beispielgebender Vorgesetzter, achtete man ebenso seine hohen Fähigkeiten in technischen Belangen und seine Werte als Mensch und Kamerad. Ab Anfang 1942 als Geleitzugreferent im Oberkommando der Kriegsmarine tätig, bewies Adalbert Schnee dort auch als Stabsoffizier großartiges Können. Wissen und reiche Erfahrung im Kampf auf See bezeugten hier sein verständnisvolles Wirken, ehe er ab 25.7.1944 als Kommandant U-2511 übernahm und dieses Boot bis Kriegsende befehligte. Am 4.11.1982 verstarb er in der Bundesrepublik.

105. Eichenlaub am 15.7.1942 als Kapitänleutnant und
Kommandant von
U-201, in der
1. U-Bootflottille.

Major

Erwin Clausen

Geboren am 5.8.1911
in Berlin-Steglitz.

1935 von der Marine zur Luftwaffe gekommen, flog Clausen bei Kriegsbeginn als Flugzeugführer im Lehrgeschwader 2 (Jäger), dem späteren Jagdgeschwader 77. Schon bewährt in Polen, im Westen und am Balkan, folgten seine durchschlagenden Erfolge anschließend im Osten, wo er ab Juni 1941 als Führer mutig und draufgängerisch die 1. und ab Juli als Staffelkapitän die 6. Staffel führte und in kurzer Zeit einmalige Abschußergebnisse erreichen konnte. Im Geschwader sehr geachtet und in Können und Einsatzfreude Vorbild seiner Staffelkameraden, erfolgte 1943 seine Versetzung zum Jagdgeschwader 11 nach dem Westen, wo er ab Juni als Kommandeur die 1. Gruppe übernahm. Ebenso tüchtig und tapfer im Kampf gegen die Engländer und Amerikaner, gelangen ihm auch hier viele Luftsiege, ehe Erwin Clausen am 4.10.1943 bei einem Einsatz über der Nordsee vor dem Feind blieb. Der Tod griff wieder nach einem Jagdflieger und Offizier, dessen unerschütterlicher Glaube seinem Vaterland gehörte.

106. Eichenlaub am 23.7.1942 als Oberleutnant und
Staffelkapitän der
6. Staffel des
Jagdgeschwaders 77.

Oberst

Viktor Bauer

Geboren am 19.9.1915
in Löcknitz/Pommern.

†

1935 zur Luftwaffe gekommen und seit 1938 im Jagdgeschwader 2 „Richthofen", bestach Bauer durch persönliche Tapferkeit bei den Einsätzen im Westen, kam im Dezember 1940 ins Jagdgeschwader 3 und führte dort am Kanal als Staffelkapitän die 9. Staffel. Nach Verlegung in den Osten wurde er, in vielen Feindflügen bewährt und Sieger in vielen Luftkämpfen, zu einem der erfolgreichsten Piloten des Jagdgeschwaders 3 „Udet". Bezeichnende Führerqualitäten und hohes Einfühlungsvermögen auch als Ausbilder junger Flieger rechtfertigen seine weiteren Kommandos. Ab August 1942 als Kommandeur der Ergänzungsgruppe Ost in Südfrankreich und ab 1944 bis Kriegsende Kommodore des Ergänzungsjagdgeschwaders 1. Viele gut ausgebildete Flugzeugführer gingen durch seine Schule und wurden zu tüchtigen Jagdfliegern. Viktor Bauer befand sich nach Kriegsende bis Juli 1945 in Kriegsgefangenschaft im Westen und ist am 13.12.1969 in Bad Homburg in Hessen verstorben.

107. Eichenlaub am 26.7.1942 als Oberleutnant und
Staffelkapitän der
9. Staffel des
Jagdgeschwaders 3 „Udet".

Leutnant

Franz Josef Beerenbrock

Geboren am 9.4.1920
in Datteln/Westfalen.

1938 war Beerenbrock noch Flakartillerist, kam 1939 zur Jagdfliegerausbildung an die Fliegerschule Stolp in Pommern und 1941 in das von Werner Mölders so einmalig geführte Jagdgeschwader 51 an die Ostfront. Hier zeigte er Schneid und fliegerisches Können und wurde zu einem tüchtigen Jagdflieger. Als Flugzeugführer in der 10. Staffel des Geschwaders fliegend, erreichte er Luftsieg um Luftsieg, und jeder kannte diesen sympathischen Unteroffizier, der in sehr kurzer Zeit zu einem der erfolgreichsten Flieger des Jagdgeschwaders 51 „Mölders" wurde. Sehr beliebt im Kameradenkreis und verläßlich im Fronteinsatz, galt sein Bestreben stets dem Gesamterfolg und erhob Franz Josef Beerenbrock in die Reihe der Männer, welche durch ihr vorgelebtes Beispiel den ausgezeichneten Ruf des Geschwaders eindrucksvoll begründeten. Am 1.9.1942 zum Offizier befördert, mußte er am 9.11.1942 nach einem Treffer in sein Flugzeug bei Welish im Mittelabschnitt der Ostfront auf russischer Seite notlanden und befand sich bis 1950 in Kriegsgefangenschaft.

108. Eichenlaub am 3.8.1942 als Oberfeldwebel und
Flugzeugführer in der
10. Staffel des
Jagdgeschwaders 51 „Mölders".

Major

Anton Hackl

Geboren am 25.3.1915
in Regensburg/Oberpfalz.

Seit 1933 im Heer und dann zur Luftwaffe übergetreten, war Hackl unbestritten einer der erfolgreichsten deutschen Jagdflieger im Zweiten Weltkrieg. Zuerst Flugzeugführer und ab August 1940 Staffelkapitän der 5. Staffel im Jagdgeschwader 77, bestach er in vielen Einsätzen in West, Ost und Süd, sowie in Nordafrika. Hervorragender Luftkämpfer und vorbildlich als Kamerad, gehörte Anton Hackl zu den Jagdfliegern, die während des ganzen Krieges im Fronteinsatz standen. Überall, wo es „brannte", fand man den verwegenen Piloten im Kampf für das Vaterland. Mehrmals verwundet und wieder im Einsatz, wurde er auch zu einer beliebten Führerpersönlichkeit und beeindruckte höchst durch seine ausgezeichneten Leistungen. In Reihenfolge angeführt die Führungsstellungen dieses tapferen Offiziers – jeweils ab: Oktober 1943 Kommandeur der 3. Gruppe des Jagdgeschwaders 11, August 1944 Kommodore des Jagdgeschwaders 76, Oktober 1944 Kommandeur der 2. Gruppe des Jagdgeschwaders 26 „Schlageter", Jänner 1945 Kommodore des Jagdgeschwaders 300 und März 1945 Kommodore des Jagdgeschwaders 11. Besonders erfolgreich in der Reichsverteidigung und jederzeit ein tüchtiger Verbandsführer, wurde Hackl hier zu einem herausragenden Offizier in der Jagdwaffe. 192 bestätigte Luftsiege – 87 im Westen erzielt, davon 32 gegen viermotorige Bomberriesen, und mehr als 1.000 Feindflüge beweisen seine hohe Einsatzbereitschaft, sein Können und seine einmalige Tapferkeit.

109. Eichenlaub	am 9.8.1942	als Hauptmann und Staffelkapitän der 5. Staffel des Jagdgeschwaders 77.
78. Schwerter	am 9.7.1944	als Major und Kommandeur der 3. Gruppe des Jagdgeschwaders 11.

General der Panzertruppe

Traugott Herr

Geboren am 16.9.1890
in Weferlingen/Brandenburg.

†

Bewährter Offizier im Ersten Weltkrieg, wurde Traugott Herr im Zweiten Weltkrieg zu einem der beliebtesten Panzergeneräle. Im Polen- und Westfeldzug Kommandeur des Schützenregiments 66 und ab 17.10.1940 Kommandeur der 13. Schützenbrigade, mit der er in den Ostfeldzug zog. Dort führte Herr ab 19.11.1941 die 13. Panzerdivision und wurde ab 1.4.1942 deren Kommandeur. Schlachtentscheidende Siege im Südabschnitt der Ostfront zeigten des Generals hohen Einsatz und persönliche Tapferkeit, mit der er seine Soldaten zu immer neuen Taten bewegte. Im Oktober 1942 in vorderster Linie schwer verwundet, wurde er nach Genesung in die Führerreserve des Oberkommandos des Heeres versetzt. Ab 25.6.1943 erfolgte seine Ernennung zum Kommandierenden General des 76. Panzerkorps in Italien. Auch auf diesem Kriegsschauplatz zeigte der General gegen übermächtige Feindkräfte umsichtige und kluge Führung und wurde dort ab 15.2.1945 Oberbefehlshaber der 10. Armee. Vornehmer Charakter und Verständnis zu seinen Soldaten prägten seine Persönlichkeit in besonderer Weise. Von 2.5.1945 – 17.5.1948 in britischer Kriegsgefangenschaft, verstarb Traugott Herr am 13.4.1976 in Achterwehr/Schleswig-Holstein.

110. Eichenlaub	am 9. 8.1942 als	Generalmajor und Kommandeur der 13. Panzerdivision.
117. Schwerter	am 18.12.1944 als	General der Panzertruppe und Kommandierender General des 76. Panzerkorps.

General der Panzertruppe

Werner Kempf

Geboren am 9.3.1886
in Königsberg.

Im Ersten Weltkrieg Offizier, war er zu Beginn des Zweiten Weltkrieges Führer der „Division Kempf", einer aus Heeresteilen und der SS Verfügungstruppe gegliederten Truppe. Nach dem Polenfeldzug wurde Kempf ab 1.10.1939 Kommandeur der 6. Panzerdivision und führte diese erfolgreich im Westfeldzug. Hoch ausgezeichnet für seine und der Division Leistungen übernahm er ab 6.1.1941 als Kommandierender General das 48. Panzerkorps. Im Ostfeldzug zeigte der General beispielhaftes Führungskönnen und meisterte mit seinem Korps viele schwierige Situationen. Ab Oktober 1942 in die Führerreserve des Oberkommandos des Heeres versetzt und ab 15.2.1943 als Oberbefehlshaber der „Armee Abteilung Kempf", der späteren 8. Armee, wieder an der Ostfront, beeindruckten erneut seine entschlossene Führung und die verständnisvolle Art seiner Persönlichkeit gegenüber allen Soldaten. Ab 1.5.1944 erfolgte des Generals Ernennung zum Wehrmachtsbefehlshaber Ostland und ab 1.9.1944 die erneute Versetzung zur Führerreserve. Am 6.1.1964 ist Werner Kempf in Bad Harzburg/Niedersachsen verstorben.

111. Eichenlaub am 10.8.1942 als General der Panzertruppe und Kommandierender General des 48. Panzerkorps.

Major

Gerhard Kollewe

Geboren am 3.3.1912
in Deutsch-Kruschin/Westpreußen.

Seit 1935 in der Luftwaffe und als Leutnant in der „Legion Condor" in Spanien, war Kollewe schon im Polenfeldzug als Staffelkapitän der 4. Staffel des Lehrgeschwaders 1 sehr erfolgreich. Ab Mai 1940 bereits Kommandeur der 2. Gruppe, erzielte er in unermüdlichen Einsätzen beachtliche Waffentaten im Westfeldzug und gegen England. Nach Verlegung des Geschwaders in den Mittelmeerraum erreichte er hier mit seinen Fliegern hohe Versenkungserfolge gegen die britische Kriegs- und Handelsschiffahrt und wurde zu einem der bekanntesten Kampfflieger der Luftwaffe, dessen Tapferkeit, Können und außergewöhnliche Einsatzfreude in allen Kreisen höchste Beachtung und Anerkennung fand. Bei einem Einsatz über dem Mittelmeer am 17.10.1942 blieb dieser vorbildliche Offizier mit seiner Besatzung am Feind. Im harten Kampf im Süden traf das Lehrgeschwader 1 ein besonders schwerer Verlust.

112. Eichenlaub am 12.8.1942 als Major und
Kommandeur der
2. Gruppe des
Lehrgeschwaders 1.

Generalmajor

Walter Gorn

Geboren am 24.9.1898
in Bieganin/Westpreußen.

†

Gorn, schon Kriegsfreiwilliger im Ersten Weltkrieg, wurde im Zweiten Weltkrieg zu einem der beliebtesten und tapfersten Heeresoffiziere. In Kampf und Führung stets Vorbild seiner Männer, kennzeichnet der Weg dieses aufrechten Offiziers eine einmalige Soldatenlaufbahn. Seit 1935 im Heer, ab 1.9.1939 Kommandant des Hauptquartiers des 19. Armeekorps, ab 20.2.1940 Kommandeur des Ersatzbataillons des Schützenregiments 10 und ab 15.10.1940 Kommandeur des 1. Bataillons des Schützenregiments 10, war er seinen Soldaten bei den Einsätzen in Polen, im Westen, am Balkan und im Osten ein umsichtiger Führer und zugleich vorbildlicher Kamerad. Ab 20.2.1942 führte er als Kommandeur das Kradschützenbataillon 59, wurde ab 1.10.1942 Führer und ab 1.3.1943 Kommandeur des Panzergrenadierregiments 10. Gorn wurde in dieser Zeit zum Begriff in der 9. Panzerdivision. Nach verschiedenen Dienststellungen 1943/44 im Reich wurde der bewährte Offizier ab Juli 1944 Führer der 561. Volksgrenadierdivision, mit der er in schwersten Kämpfen auf ostpreußischem Boden stand, übernahm ab 15.4.1945 bis zum Kriegsende noch die Führung der 710. Infanteriedivision an der Westfront, befand sich bis 1947 in Kriegsgefangenschaft im Westen und ist am 10.7.1968 in Rosenheim/Bayern verstorben.

113. Eichenlaub	am 17.8.1942	als	Oberstleutnant und Kommandeur des Kradschützenbataillons 59, in der 9. Panzerdivision.
30. Schwerter	am 8.6.1943	als	Oberst, für die Leistungen als Kommandeur des Panzergrenadierregiments 10, in der 9. Panzerdivision.

Major

Kurt Brändle

Geboren am 19.1.1912
in Ludwigsburg/Württemberg.

Brändle war ein Jagdflieger, der viele Luftsiege im Westen und Osten erzielen konnte und zu den Männern im Spitzenfeld der deutschen Jagdwaffe gehörte. 1937 begann seine fliegerische Laufbahn beim Geschwader „Horst Wessel". Von 1939 bis Mitte 1941 flog er als Flugzeugführer im Jagdgeschwader 53 und gehörte, bevor das Geschwader an die Ostfront verlegte, schon zu den Besten an der Kanalfront. Seine große Zeit begann dann im Osten, wo Brändle ab Mai 1942 Kommandeur der 2. Gruppe des Jagdgeschwaders 3 „Udet" wurde und sich durch bezeichnende Führungs- und Abschußleistungen rasch hohes Ansehen erwerben konnte. Auch er war einer der Piloten, welche über Stalingrad dem Heer in seinem Schicksalskampf große Unterstützung leisteten und in diesem Kampfgebiet manchen Luftsieg erfochten. Nach Verlegung des Geschwaders von der Ostfront in die Reichsverteidigung starb dieser in vielen Feindflügen bewährte Offizier am 3.11.1943 bei einem Einsatz über der Nordsee den Fliegertod. Die Luftwaffe verlor einen der Tapfersten des Udetgeschwaders.

114. Eichenlaub am 27.8.1942 als Hauptmann und
Kommandeur der
2. Gruppe des
Jagdgeschwaders 3 „Udet".

Oberst

Johannes Steinhoff

Geboren am 15.9.1913
in Bottendorf/Sachsen.

Steinhoff kam 1936 von der Marine zur Luftwaffe und war zu Kriegsbeginn Staffelkapitän der 10. Staffel (Nachtjäger) des Jagdgeschwaders 26 „Schlageter". Ab Februar 1940 wurde er Staffelkapitän der 4. Staffel des Jagdgeschwaders 52. Seine Erfolge in den ersten Kriegsjahren im Westen und anschließend im Osten waren beeindruckend. Ab Februar 1942 Kommandeur der 2. Gruppe, empfahl er sich als großartige Führerpersönlichkeit der Jagdwaffe und wurde ab Mai 1943 zum Kommodore des Jagdgeschwaders 77 ernannt, welches unter seiner Führung in Nordafrika und in Italien große Leistungen bot. Durch überragendes Können, vorbildliche Tapferkeit und hohen Einsatz war Steinhoff bald einer der bedeutendsten Jagdflieger der Luftwaffe, der sehr viele Luftsiege und Feindflüge an allen Fronten aufwies. Ab Dezember 1944 als Kommodore des ersten Düsenjägerjagdgeschwaders, dem Jagdgeschwader 7, in der Reichsverteidigung, flog Steinhoff dann ab Jänner 1945 in Gallands Jagdverband 44, verunglückte dort am 18.4.1945 beim Start schwer und befand sich nach vielen Operationen bis 1947 im Lazarett.

115. Eichenlaub	am 2.9.1942	als	Hauptmann und Kommandeur der 2. Gruppe des Jagdgeschwaders 52.
82. Schwerter	am 28.7.1944	als	Oberstleutnant und Kommodore des Jagdgeschwaders 77.

Oberst

Walter Sigel

Geboren am 12.1.1906
in Ulm/Württemberg.

Sigel gehörte zu den Führerpersönlichkeiten der Stukawaffe. 1935 in die Luftwaffe gekommen und ab April 1937 schon Kommandeur der 1. Gruppe des Stukageschwaders 167, dem späteren Stukageschwader 3, wurde er ab 1.4.1942 dessen Kommodore. Flog über Polen, im Westen, am Balkan, über Kreta und in Afrika mit seinen Stukamännern härteste Einsätze, in denen er nicht nur persönliche Tapferkeit und Einsatzbereitschaft zeigte, sondern seinen Fliegern auch ein vorbildlicher und kameradschaftlicher Führer war. Ab 1.6.1943 zum Inspekteur der Schlachtflieger ernannt, war Sigel ab Oktober 1943 Führer verschiedener Gefechtsverbände der Luftwaffe in Italien und bewährte sich auch hier hervorragend, ehe ab April 1944 seine Ernennung zum Fliegerführer Norwegen erfolgte. In dieser Dienststellung verunglückte der beliebte Offizier bei einem Inspektionsflug mit einem „Fieseler Storch" am 8.5.1944 im Trondheimer Fjord tödlich.

116. Eichenlaub am 2.9.1942 als Oberstleutnant und
Kommodore des
Stukageschwaders 3.

Hauptmann

Johann Zemsky

Geboren am 11.4.1909
in Wien.

Seit 1938 in der Luftwaffe, kam Zemsky 1940 als Flugzeugführer in die 1. Gruppe des Stukageschwaders 76 und wurde ab 1.4.1941 Staffelkapitän der 6. Staffel des Stukageschwaders 1. Flog härteste Einsätze im Mittelmeerraum, wo er gegen britische Schiffseinheiten und bei den Angriffen auf die Insel Malta besondere Erfolge erzielte. Nach Verlegung des Geschwaders an die Ostfront, übernahm Zemsky dort ab 1.9.1941 als Kommandeur die 2. Gruppe. In unermüdlichen Einsätzen reihte er Feindflug an Feindflug und war mit seiner Gruppe zur Entlastung des Heeres immer am Feind. Erreichte dadurch schlachtentscheidende Erfolge und war durch seine Art stets Vorbild seiner Männer in allen Belangen. Immer bewiesene Tapferkeit und unbeschreiblicher Opfermut krönten einen kameradschaftlichen Offizier zur Persönlichkeit. Bezeichnend seine vielen geflogenen Feindflüge schon im Jahre 1942, denen enorme Einsatzbereitschaft, eiserner Wille und zielbewußte Härte zu Grunde lagen. Bei seinem 601. Feindflug am 28.8.1942 fiel dieser hervorragende Frontoffizier durch Flakvolltreffer nördlich von Mal-Rossoschka im Südabschnitt der Ostfront.

117. Eichenlaub am 3.9.1942 nach dem Tode, für die Leistungen als
Hauptmann und
Kommandeur der
2. Gruppe des
Stukageschwaders 1.

Oberst

Alfred Druschel

Geboren am 4.2.1917
in Bindsachsen/Oberhessen.

Druschel gehörte zu den bekanntesten Schlachtfliegern der Luftwaffe, der er seit 1936 angehörte. Bereits im Polen- und Westfeldzug, sowie gegen die Briten am Kanal im ständigen Einsatz, bewährte er sich auch in einmaliger Weise am Balkan und in Rußland. Seit 1938 als Schlachtflieger im Lehrgeschwader 2, wurde Druschel ab August 1940 Staffelkapitän der 4., ab Oktober 1941 der 2. Staffel des jetzt schon in Schlachtgeschwader 1 umbenannten Geschwaders, ab 13.1.1942 Kommandeur der 1. Gruppe und ab 11.6.1943 Kommodore des Geschwaders. Nach schweren Einsätzen im Osten erfolgte ab 11.10.1943 seine Ernennung zum Inspizienten der Tag- und Nachtschlachtflieger beim General der Schlachtflieger. Ab 28.12.1944 befehligte er als Kommodore das Schlachtgeschwader 4 im Westen, kehrte am 1.1.1945 von einem Feindflug über Belgien nicht zurück und gilt seither als vermißt. Die deutsche Luftwaffe verlor an diesem beliebten, tapferen und einsatzfreudigen Offizier, der in über 1.000 Feindflügen außergewöhnliche Leistungen bot, auch eine ihrer hervorragenden Führerpersönlichkeiten.

118. Eichenlaub	am 3.9.1942	als	Hauptmann und Kommandeur der 1. Gruppe des Schlachtgeschwaders 1.
24. Schwerter	am 19.2.1943	als	Hauptmann und Kommandeur der 1. Gruppe des Schlachtgeschwaders 1.

Generalmajor

Dr. Ing. Ernst Bormann

Geboren am 5.11.1897
in Kirchbrak/Braunschweig.

†

1915 Kriegsfreiwilliger und Fahnenjunker bei der Infanterie und ab 1916 als Offizier in der Fliegertruppe, hier sogar in der Jagdstaffel Boelcke, kam er 1935 in die Luftwaffe und flog ab Kriegsbeginn 1939 als Kampfflieger viele Einsätze über Polen und im Westen. Sein Name war eng mit dem Kampfgeschwader 76 verbunden, an dessen Aufstellung er maßgeblichen Anteil hatte und welches er vom 26.2.1941 – 7.1.1943 als Kommodore befehligte. Zuerst im Einsatz gegen England und dann an der Ostfront, wo das Geschwader durch andere Staffeln verstärkt wurde, war Bormanns Gefechtsverband eine verschworene Fliegereinheit, die zur Stützung der jeweiligen Frontabschnitte wesentlich beitrug. Die technischen Fähigkeiten des Kommodores vereinigten sich mit seinen soldatischen Tugenden zu einer vollkommenen Führerpersönlichkeit, und die hohen Auszeichnungen an ihn würdigten eindrucksvoll seine und seiner Flieger Leistungen. Ab 1944 im Stab der Luftflotte Reich, verstarb Dr. Bormann am 1.8.1960 in München.

119. Eichenlaub am 3.9.1942 als Oberst und Kommodore des „Gefechtsverbandes Bormann", verstärktes Kampfgeschwader 76.

Oberstleutnant der Reserve

Gerhard Hein

Geboren am 9.7.1916
in Klein-Paniow/Oberschlesien.

Hein verkörpert in seiner Art den deutschen Frontkämpfer des Zweiten Weltkrieges in jeder Weise. Seit Kriegsbeginn im Heer und im Westfeldzug 1940 für seine Tapferkeit schon hoch ausgezeichneter Zugführer im Infanterieregiment 209, bewies er auch im Ostfeldzug Mut und Einsatzfreude. Ab November 1941 Führer der 5. Kompanie, empfahl er sich durch besondere Leistungen für höhere Aufgaben. Nach der dritten Verwundung wurde er im Oktober 1942 zum Reichsinspekteur für die Hitlerjugend-Wehrertüchtigungslager ernannt. Im August 1944 übernahm er als Kommandeur das 1. Bataillon des SS Panzergrenadierregiments 26 und kämpfte mit diesem in harten Einsätzen im Westen. Dort wieder verwundet, erfolgte nach Genesung ab Ende 1944 seine Ernennung zum Kommandeur des SS Panzergrenadierregiments 26, welches er in schweren Kämpfen in Ungarn beispielgebend führte. Am 16.3.1945 wurde Hein ins Oberkommando der Wehrmacht nach Berlin versetzt und war bei Kriegsende im Stab der Regierung Dönitz in Flensburg.

120. Eichenlaub am 6.9.1942 als Leutnant der Reserve und
Chef der
5. Kompanie des
Infanterieregiments 209, in der
58. Infanteriedivision.

Oberstleutnant

Werner Ziegler

Geboren am 30.4.1916
in Hausach/Baden.

Ziegler, seit 1936 im Infanterieregiment 20, kämpfte im Polen-, West-, Balkan- und Ostfeldzug. Im Infanterieregiment 186 erwarb er sich höchste Verdienste und zählte zu den schneidigsten und fähigsten Heeresoffizieren der deutschen Wehrmacht im Zweiten Weltkrieg. Ab 3.10.1939 war er Adjutant des 1. Bataillons, ab 1.10.1940 Führer der 2. Kompanie und ab 15.8.1941 in Vertretung Führer des 2. Bataillons. Tapferkeit und Entschlußkraft in kampfentscheidenden Lagen zeichneten das Bild dieses stets in vorderster Linie kämpfenden Offiziers. Die Kämpfe im Südabschnitt der Ostfront, wo sich Ziegler bei der Einnahme von Noworossisk in besonderer Weise auszeichnete, sahen die 73. Infanteriedivision an allen Brennpunkten im Einsatz und in hohem Maße bewährt. Ab 30.6.1943 war der beliebte Offizier im Stabe des 5. Armeekorps und der 19. Panzerdivision, wurde ab 6.3.1944 Führer und ab 1.6.1944 Kommandeur des Grenadierregiments 186 und war seinen Soldaten in schwersten Einsätzen an der Ostfront bis zum Kriegsende jederzeit Vorbild und Kamerad.

121. Eichenlaub	am 6. 9.1942 als	Oberleutnant und Führer der 2. Kompanie des Infanterieregiments 186, in der 73. Infanteriedivision.
102. Schwerter	am 23.10.1944 als	Oberstleutnant und Kommandeur des Grenadierregiments 186, in der 73. Infanteriedivision.

Oberst

Wolf Dietrich Wilcke

Geboren am 11.3.1913
in Schrimm/Westpreußen.

Seit 1935 in der Luftwaffe und schon als Jagdflieger in der „Legion Condor" in Spanien, war Wilcke bereits 1939 Staffelkapitän der 7. Staffel des Jagdgeschwaders 53 und ab August 1940 Kommandeur der 3. Gruppe. Sehr erfolgreich im Westfeldzug und über England, verlegte das Geschwader dann nach dem Osten und Ende 1941 bis Mai 1942 in den Mittelmeerraum. Viele Luftsiege an allen Fronten zeichnen den Weg dieses hervorragenden Jagdfliegers und Menschen. Ab Juni 1942 kam Wilcke wieder zurück an die Ostfront und diesmal zum Geschwaderstab des Jagdgeschwaders 3 „Udet". Er reihte auch in diesem Geschwader Erfolg an Erfolg und wurde ab 12.9.1942 zum Kommodore des Geschwaders ernannt. Harten Einsätzen, besonders in und um Stalingrad, folgte der alles fordernde Kampf in der Reichsverteidigung, wo dieser charaktervolle Flieger am 23.3.1944 im Luftkampf mit amerikanischen Jägern über Schöppenstedt/Braunschweig sein Leben ließ. Die Luftwaffe betrauerte den Tod eines ihrer tüchtigsten und tapfersten Offiziere, die sich in der Aufgabe für den Schutz der Heimat bis zum äußersten einsetzten.

122. Eichenlaub	am 9. 9.1942 als	Hauptmann und Flugzeugführer im Stab des Jagdgeschwaders 3 „Udet".
23. Schwerter	am 23.12.1942 als	Major und Kommodore des Jagdgeschaders 3 „Udet".

Fregattenkapitän

Klaus Scholtz

Geboren am 22.3.1908
in Magdeburg.

Scholtz, bereits seit 1927 der Marine angehörend, kam 1940 von der Torpedowaffe zur U-Bootwaffe und übernahm ab 22.10.1940 als Kommandant U-108. Mit diesem Boot erreichte der überaus befähigte Seeoffizier auf 8 Feindfahrten im Nordatlantik, vor der USA-Küste und vor Mittelamerika bedeutende Versenkungserfolge, mit denen er den Ruf der schlagkräftigen deutschen U-Boote eindrucksvoll begründete und seiner Besatzung in allen Belangen zum tapferen Vorbild geworden ist. Mit unglaublicher Sicherheit auf den Weltmeeren operierend, bewunderte man neben seiner Kühnheit und Unerschrockenheit auch die Fähigkeiten, Entscheidungen im richtigen Augenblick zu treffen und somit den Erfolg auf seine Seite zu zwingen. Ab 15.10.1942 zum Chef der 12. U-Bootflottille in Bordeaux/Frankreich ernannt, war Klaus Scholtz ein Vorgesetzter seiner U-Bootmänner, der viel Verständnis und Mühe bewies, seine Flottille vorbildlich zu führen verstand und sich mit vielen Kameraden vom 17.9.1944 – 20.4.1949 in amerikanischer Kriegsgefangenschaft in den USA befand.

123. Eichenlaub am 10.9.1942 als Korvettenkapitän und
Kommandant von
U-108, in der
2. U-Bootflottille.

Hauptmann

Heinz Schmidt

Geboren am 20.4.1920
in Bad Homburg/Hessen.

Heinz Schmidt gehörte zu den erfolgreichen Jagdfliegern des Jagdgeschwaders 52. 1938 in die Luftwaffe gekommen und nach erfolgter Jagdfliegerausbildung ab August 1940 als Flugzeugführer in der 2. Gruppe, flog er schon viele Einsätze am Kanal. Anschließend im Osten, zählte er durch überzeugende Leistungen bald zu den bekanntesten Piloten. Tapferkeit und Schneid beflügelten an der Front seine Erfolge, wo er nicht nur Sieger in vielen Luftkämpfen wurde, sondern auch in kühn durchgeführten Tiefangriffen Mut und fliegerisches Können bewies. Ab Mai 1943 zum Staffelkapitän der 6. Staffel ernannt, zeigte Schmidt auch einmaliges Führungstalent und war im Geschwader ein vorbildlicher Offizier und Kamerad. Seine Steigerungsfähigkeit in den Einsätzen kannte kaum Grenzen, und sein Platz unter den besten deutschen Jagdfliegern wurde zur Selbstverständlichkeit. In hunderten Feindflügen gab er stets sein Bestes, ehe am 5.9.1943 sein junges Fliegerleben nach einem Einsatz über Markor im Südabschnitt der Ostfront für immer erlosch. Trauer erfüllte die Reihen der Luftwaffe ob dieses schmerzlichen Verlustes.

124. Eichenlaub am 16.9.1942 als Leutnant und Flugzeugführer in der 4. Staffel des Jagdgeschwaders 52.

Korvettenkapitän

Heinrich Bleichrodt

Geboren am 21.10.1909
in Berga am Kyffhäuser/Thüringen.

†

Bleichrodt kam 1925 in die Marine und war einer jener U-Bootkommandanten, die wesentlich zu den Erfolgen des erfolgreichsten U-Bootes der deutschen Kriegsmarine U-48 beitrugen und welches er ab 23.7.1940 als Kommandant befehligte. Ab 17.12.1940 war er Kommandant von U-67 und ab 18.6.1941 von U-109. Auf 8 Feindfahrten im Nordkanal, Nordatlantik, vor Gibraltar, Westafrika und der USA-Küste, sowie in der Karibischen See, erreichte der erfahrene und kühne Seeoffizier große Versenkungserfolge gegen Geleitzüge und Einzelfahrer. Bezeichnend sein Scharfsinn und überlegtes Handeln auch in schwierigsten Lagen, das ihm seitens seiner Matrosen großes Vertrauen erbrachte und zu Fundamenten der gemeinsamen Siege auf den Meeren wurde. Ab 1.3.1943 wurde Bleichrodt Leiter der Fahrausbildung für Front-U-Boote, und ab 1.7.1944 erfolgte seine Ernennung zum Chef der 22. U-Bootflottille in Gotenhafen/Danzig. Nach Kriegsende befand sich Heinrich Bleichrodt bis 25.9.1945 in Kriegsgefangenschaft im Westen, und am 9.1.1977 ist er in München verstorben.

125. Eichenlaub am 23.9.1942 als Kapitänleutnant und
Kommandant von
U-109, in der
2. U-Bootflottille.

Oberstleutnant

Friedrich Karl Müller

Geboren am 25.12.1916
in Berlin-Lichterfelde.

Seit 1935 in der Luftwaffe, kam Müller 1939 als Flugzeugführer in die 3. Gruppe des Jagdgeschwaders 53 und war schon im Westen ein tüchtiger Jagdflieger. 1941 im Osten und im Mittelmeerraum Staffelkapitän der 8. Staffel, kam er im Sommer 1942 erneut an die Ostfront, wurde dort Staffelkapitän der 1. Staffel im Jagdgeschwader 3 „Udet" und ab August Kommandeur der 1. Gruppe. Ab November 1942 wieder im Jagdgeschwader 53 als Kommandeur der 1. Gruppe im Mittelmeergebiet, führte Müller ab Herbst 1943 sogar das Geschwader. Auf allen Kriegsschauplätzen erzielte dieser schneidige Könner der Jagdwaffe viele Luftsiege gegen westliche und östliche Gegner und trat damit in die Reihe der erfolgreichsten deutschen Jagdflieger. Hohe Führereigenschaften rechtfertigten ab April 1944 seine Ernennung zum Kommodore des Jagdgeschwaders 3 „Udet", welches er in harten Kämpfen in der Reichsverteidigung führte. Tragisch der Tod dieses tapferen Offiziers am 29.5.1944 bei einer Landung mit seinem Flugzeug in Salzwedel/Magdeburg-Anhalt.

126. Eichenlaub am 23.9.1942 als Oberleutnant, für die Leistungen als
Staffelkapitän der
1. Staffel des
Jagdgeschwaders 3 „Udet".

Leutnant

Wilhelm Crinius

Geboren am 2.12.1920
in Hohenhausen/Lippe.

Den Weg dieses Jagdfliegers kann man als einmalig bezeichnen. Seit 1940 in der Luftwaffe, kam Crinius im Februar 1942 an die Ostfront zur 3. Staffel des Jagdgeschwaders 53 und zählte schon im September zu den erfolgreichsten Flugzeugführern des Geschwaders. Sieger in vielen Luftkämpfen, erzielte er Ende August vor Stalingrad den 1.000 Luftsieg für die 1. Gruppe, und er war der erste Soldat der deutschen Wehrmacht, dem Ritterkreuz und Eichenlaub am gleichen Tag verliehen wurden. Dieser tapfere und beliebte Flieger wurde dadurch zum bekanntesten Feldwebel in der Wehrmacht und zeigte seine große Klasse auch bei den harten Luftkämpfen über Tunesien, wo das Geschwader dann im Einsatz war. Auch der Sprung vom Unteroffizier am 1.5.1942 zum Leutnant am 1.10.1942 verdient Beachtung und beweist in Deutlichkeit die Würdigung und Anerkennung der außergewöhnlichen Leistungen dieses mutigen und kameradschaftlichen Jagdfliegers. Am 13.1.1943 nach einem Luftkampf über Tunesien geriet Wilhelm Crinius in Gefangenschaft.

127. Eichenlaub am 23.9.1942 als Feldwebel und
Flugzeugführer in der
3. Staffel des
Jagdgeschwaders 53.

Hauptmann

Wolfgang Tonne

Geboren am 28.2.1918
in Moosbach/Thüringen.

1937 in die Luftwaffe gekommen, zählte Tonne zu den erfolgreichen Piloten des Jagdgeschwaders 53 und war schon im Westfeldzug und am Kanal ein schneidiger Jagdflieger. 1941 im Einsatz an der Ostfront, fügte er seinen im Westen erzielten Luftsiegen auch am Himmel über Rußland weitere hinzu, bestach jederzeit durch einmalig fliegerisches Können und galt als überlegter Denker und geradliniger Offizier, in dem der Geist und das Kämpferherz zur Prägung eines tapferen Soldaten wurden. Ab 21.2.1942 Staffelkapitän der 3. Staffel, bildete Wolfgang Tonne mit seinem Kampfgefährten Wilhelm Crinius die wohl bekannteste Rotte im Pik-As Geschwader. Auch in Tunesien, wo das Geschwader seit November 1942 im Einsatz stand, erzielte Tonne noch viele Abschüsse. Am 20.4.1943 ereilte ihn, für jeden unfaßbar, bei der Landung mit seiner Maschine in Tunis/Protville der Tod. Der harte Kriegsschauplatz Nordafrika behielt einen der Besten der Luftwaffe.

128. Eichenlaub am 24.9.1942 als Oberleutnant und
Staffelkapitän der
3. Staffel des
Jagdgeschwaders 53.

Generalleutnant

Bruno Ritter von Hauenschild

Geboren am 9.6.1896
in Würzburg/Unterfranken.

Im Ersten Weltkrieg für bewiesene Tapferkeit geadelt und ausgezeichnet, wurde Hauenschild im Zweiten Weltkrieg ein hervorragender Panzerführer. Ab 15.8.1939 Kommandeur der Aufklärungsabteilung 9 und 1939 schon im Polenfeldzug sehr bewährt, übernahm er ab 15.10.1939 als Kommandeur das Panzerregiment 7 und führte dieses erfolgreich im Westfeldzug. Seit 12.4.1941 Kommandeur der 4. Panzerbrigade, zog er mit dieser in den Ostfeldzug, wo ab 15.4.1942 seine Ernennung zum Kommandeur der 24. Panzerdivision erfolgte. Besondere Tapferkeit und großer Einsatzwille bestimmten des Generals Persönlichkeit. Ob vor Moskau, Woronesch oder Stalingrad – überall sah man den bewährten General im Schützenpanzerwagen an der Spitze seiner Soldaten. Nach seiner siebenten Verwundung und deren Genesung kam Hauenschild ab 20.11.1943 zum Stab der Schule für die Panzertruppe, war ab 26.1.1945 mit der Führung des 3. Armeekorps beauftragt, sowie gleichzeitig ab 6.3.1945 Kampfkommandant von Groß-Berlin und verstarb am 18.11.1953 in München.

129. Eichenlaub am 27.9.1942 als Generalmajor und
Kommandeur der
24. Panzerdivision.

Oberleutnant

Hans Beißwenger

Geboren am 8.11.1916
in Mittelfischbach/Württemberg.

Als Leutnant der Flakartillerie kam Hans Beißwenger 1940 zur Fliegertruppe. Nach seiner Ausbildung zum Jagdflieger flog er bereits im Oktober 1940 als Flugzeugführer in der 2. Gruppe des Jagdgeschwaders 54. Nach Einsatz im Westen und am Balkan kämpfte er besonders erfolgreich in Rußland. Viele Feindflüge und Luftsiege zeichneten den Weg dieses bescheidenen und tapferen Jagdfliegers im Grünherzgeschwader. Ab Jänner 1943 als Staffelkapitän der 6. Staffel mit seinen Fliegern unermüdlich im Einsatz, zeigte er Schneid und Einsatzfreude, gepaart mit hohem fliegerischem Können. Erfolg bei Tiefangriffen und Zuverlässigkeit bei Begleitschutzaufträgen für Kampfverbände ergaben Beißwengers Vielseitig- und Verläßlichkeit. Am 6.3.1943 bei einem Luftkampf gegen zahlenmäßig weit überlegene Gegner über dem Ilmensee im Nordabschnitt der Ostfront ist Hans Beißwenger gefallen.

130. Eichenlaub am 30.9.1942 als Leutnant und Flugzeugführer in der 6. Staffel des Jagdgeschwaders 54.

Hauptmann

Ernst Wilhelm Reinert

Geboren am 2.2.1919
in Köln-Lindenthal.

1939 zur Luftwaffe gekommen, war Reinert ein Flieger, der lange Zeit auf Schulen und in Ergänzungsgruppen war und dann zu einem der bedeutendsten deutschen Jagdflieger wurde. Seit Juni 1941 als Flugzeugführer in der 4. Staffel des Jagdgeschwaders 77 an der Ostfront, erreichte er dort viele Luftsiege. Nach Verlegung des Geschwaders in den Mittelmeerraum und die afrikanische Front wurde Ernst Wilhelm Reinert 1943 mit 51 Luftsiegen zum erfolgreichsten Jagdflieger über dem tunesischen Kriegsschauplatz. Ab Ende August 1943 führte der in vielen Einsätzen bewährte Offizier die 1. Staffel und kam im Februar 1944 zum Jagdgeschwader 27 nach dem Westen. Dort wiederholt ausgezeichneter Staffelkapitän zuerst der 8. und dann der 12. Staffel, erfolgte ab 1.1.1945 seine Ernennung zum Kommandeur der 4. Gruppe. 174 bestätigte Luftsiege, in Ost und West erzielt, und einmalige Erfolge bei Tiefangriffen widerspiegeln das Bild dieses tapferen Jagdfliegers, der zu den Besten der Luftwaffe zählte. In hunderten Feindflügen bewies Reinert nicht nur Schneid und hohes fliegerisches Können, sondern auch die Werte eines hervorragenden Verbandsführers. Sein Beispiel als Frontsoldat und Offizier beweist in Deutlichkeit die hohe Steigerungsfähigkeit der deutschen Flieger, welche der Jagdwaffe das Gepräge gaben.

131. Eichenlaub	am 7.10.1942	als	Feldwebel und Flugzeugführer in der 4. Staffel des Jagdgeschwaders 77.
130. Schwerter	am 1. 2.1945	als	Hauptmann und Kommandeur der 4. Gruppe des Jagdgeschwaders 27.

Oberstleutnant

Karl Torley

Geboren am 16.10.1913
in Iserlohn/Westfalen.

Torley trat 1935 als Schütze ins Infanterieregiment 60 ein und erklomm in diesem höchste Lorbeeren. 1938 bereits Leutnant und 1940 im West- und 1941 im Balkanfeldzug im Einsatz, wurde er im Ostfeldzug durch immer bewiesene Tapferkeit und Entschlußkraft zu einem der erfolgreichsten Offiziere des Regiments. Als Kompaniechef der 2. Kompanie am 23.11.1941 für seine Verdienste mit dem Ritterkreuz ausgezeichnet, übernahm er 1942 als Kommandeur das 1. Bataillon. An allen Brennpunkten kämpfend, bis in die Weiten der Kirgisensteppe vorstoßend und immer an der Spitze des Bataillons, gelangen Torley infolge seiner geschickten Führung und nie erlahmenden Energie, große Erfolge. Er war ein beispielgebender und beliebter Offizier, bis ihn am 19.7.1943 vor Kalinowka am Mius im Südabschnitt der Ostfront der Soldatentod ereilte. Das deutsche Heer verlor einen seiner Besten und betrauerte den Tod eines in unzähligen Schlachten zum Vorbild gewordenen Frontoffizier.

132. Eichenlaub am 11.10.1942 als Hauptmann und
Kommandeur des
1. Bataillons des
Infanterieregiments 60 (mot.), in der
16. Infanteriedivision (mot.).

Oberst

Johannes Kümmel

Geboren am 21.7.1909
in Coswig/Sachsen.

Seit 1928 im Heer und 1939/40 im Polen- und Westfeldzug Zugführer in der 1. Kompanie des Panzerregiments 8. Im März 1941 ging dieses Regiment nach Nordafrika und gehörte ab diesem Zeitpunkt zur später so sehr bewährten 15. Panzerdivision. Hier vollbrachte Kümmel, der zuerst Chef der 1. Kompanie war und ab Mai 1942 die 1. Abteilung führte, einmalige Waffentaten. Bei den Kämpfen um Tobruk zeigte er in harten Panzerduellen Umsicht, Tapferkeit und Mut und erreichte durch sein Können schlachtentscheidende Erfolge. Ende 1942 erfolgte seine Versetzung zur Panzerersatzabteilung 7, ab Mitte 1943 zum Generalkommando des 14. Panzerkorps nach Süditalien, und ab Oktober 1943 wurde der bewährte Offizier Führer des Panzerregiments 26. Durch einen unglücklichen PKW-Unfall bei Cisterna in Süditalien am 26.2.1944 endete das Leben dieses beliebten Panzeroffiziers. Sein Tod war ein schwerer Verlust für das an allen Fronten im harten Kriegsjahr 1944 schwer ringende deutsche Heer.

133. Eichenlaub am 11.10.1942 als Hauptmann und
Führer der
1. Abteilung des
Panzerregiments 8, in der
15. Panzerdivision.

Major

Günther Rall

Geboren am 10.3.1918
in Gaggenau/Baden.

Rall, seit 1937 in der Luftwaffe, ist einer der besten Jagdflieger des Zweiten Weltkrieges gewesen, das beweisen eindeutig seine 275 bestätigten Luftsiege, mit denen er an dritter Stelle der Jagdflieger liegt und einen enormen Beitrag zu den Abschußerfolgen des Jagdgeschwaders 52 an der Ostfront geleistet hat. Kühnheit und Einsatzfreude bewies der beliebte Fliegeroffizier schon im Westfeldzug, der Luftschlacht um England, am Balkan und über Kreta, ehe er an der Ostfront zu einem überragenden Jagdflieger wurde. Seit Juli 1940 als Staffelkapitän die 8. Staffel führend, erreichte Günther Rall mit dieser am östlichen Himmel bedeutende Siege. Nach Flugzeugabsturz am 28.11.1941 neun Monate im Lazarett, führte er ab August 1942 wieder seine Staffel im Osten und wurde ab April 1943 Kommandeur der 3. Gruppe. Einmalige Erfolge krönten seine Fliegerlaufbahn, und Ralls Mut, Können und Schießkunst waren in der Luftwaffe sprichwörtlich. Ab Mai 1944 wurde der hervorragende Offizier Kommandeur der 2. Gruppe des Jagdgeschwaders 11 und ab März 1945 Kommodore des Jagdgeschwaders 300. Mit diesen Verbänden bewährte er sich noch höchst bei den schweren Luftschlachten in der Reichsverteidigung.

134. Eichenlaub	am 26.10.1942 als	Oberleutnant und Staffelkapitän der 8. Staffel des Jagdgeschwaders 52.
34. Schwerter	am 12. 9.1943 als	Hauptmann und Kommandeur der 3. Gruppe des Jagdgeschwaders 52.

Generalmajor

Ludwig Kirschner

Geboren am 12.6.1904
in Bayreuth/Oberfranken.

Kirschner kam 1934 in die Wehrmacht und war bei Kriegsbeginn Chef der 2. Kompanie des Infanterieregiments 104. Nach dem Westfeldzug auch zu Beginn des Ostfeldzuges mit seiner Kompanie im Einsatz und ab 1.8.1941 Kommandeur des 1. Bataillons des Regiments, wo er in allen Kämpfen große Tapferkeit und Einsatzwillen zeigte. Ab 1.5.1942 übernahm Kirschner als Kommandeur das Infanterieregiment 72 und zeichnete sich in besonderer Weise beim Ringen auf der Halbinsel Krim aus. Aus eigenem Entschluß durchbrach er mit seinen Männern stark befestigte Stellungen des Gegners und trug so entscheidend zum Erfolg der Gesamtoperation im Raume Feodosia bei. Ab 1.11.1943 zum Kommandeur der Bataillonsführerschule in Antwerpen/Belgien ernannt und ab 30.1.1945 als Kommandeur der 320. Infanteriedivision erneut im Einsatz an der Ostfront, wo der General bei Saybusch in Galizien/Polen am 11.2.1945 in treuester Pflichterfüllung sein Leben ließ.

135. Eichenlaub am 28.10.1942 als Oberstleutnant und
Kommandeur des
Infanterieregiments 72, in der
46. Infanteriedivision.

Oberstleutnant

Konrad Hupfer

Geboren am 27.10.1911
in Altdorf/Mittelfranken.

1930 ins Heer eingetreten, waren die Kampferfolge im Infanterieregiment 72 bestimmend für seinen einmaligen Soldatenweg. 1938 Chef der 10. und 1940 der 14. Kompanie, bewies Konrad Hupfer schon in den Feldzügen gegen Polen und im Westen besondere Tapferkeit und trug auch in folgender Zeit an der Front im Osten wesentlich zu den Waffentaten des Regiments bei. 1941 als Kommandeur das 1. Bataillon führend, bewährte er sich mit seinen Soldaten ebenfalls in hohem Maße bei den Kämpfen auf der Halbinsel Krim. Als stets einsatzbereiter und mutiger Offizier im ganzen Regiment bekannt, begeisterten immer wieder seine geschickte und wagemutige Truppenführung, sowie die bedeutenden Erfolge für den Gesamtfrontverlauf durch selbständige Entschlüsse und richtiges Handeln. 1943/44 führte Hupfer sogar zeitweise das Regiment, was die überdurchschnittlichen soldatischen Fähigkeiten dieses vorbildlichen Offiziers in jeder Weise deutlich macht. Bei einem Einsatz im Südabschnitt der Ostfront fiel Konrad Hupfer am 10.4.1944, und das deutsche Heer beklagte wieder den Tod eines seiner besten Frontoffiziere.

136. Eichenlaub am 28.10.1942 als Hauptmann und
Kommandeur des
1. Bataillons des
Infanterieregiments 72, in der
46. Infanteriedivision.

Hauptmann

Max Stotz

Geboren am 13.2.1912
in Mannswörth/Niederösterreich.

1937/38 bekannter Pilot in der Wiener Neustädter Kunstflugstaffel, kam Stotz ab 14.3.1938 als Flugzeugführer in die 1. Gruppe des Jagdgeschwaders 76, der späteren 2. Gruppe Jagdgeschwader 54. Bereits im Polen-, West- und Balkanfeldzug, sowie über der britischen Insel war er ein schneidiger Jagdflieger, der schon viele Luftsiege aufwies, als das Grünherzgeschwader 1941 an die Ostfront verlegte. Ab Juni 1943 wurde Stotz dort Staffelkapitän der 4. Staffel und ab August Führer der 2. Gruppe. Erfreute sich durch seine Herzlichkeit bei seinen Kameraden allgemeiner Beliebtheit und war diesen in hunderten Feindflügen ein verläßlicher Kampfgefährte. Mit 189 bestätigten Luftsiegen lag er im Spitzenfeld der besten deutschen Jagdflieger des Zweiten Weltkrieges. Ebenso erfolgreich bei Tiefangriffen und bewährt in Staffel- und Gruppenführung, war er durch Tapferkeit, Einsatzfreude und betont fliegerisches Können einer der außergewöhnlichen Fliegeroffiziere und Frontkämpfer in der deutschen Luftwaffe. Nach einem Luftkampf bei Witebsk im Mittelabschnitt der Ostfront am 19.8.1943 wird Max Stotz nach Fallschirmabsprung vermißt, und die Luftwaffe trauerte erneut um einen ihrer tüchtigsten Jagdflieger.

137. Eichenlaub am 30.10.1942 als Oberfeldwebel und
Flugzeugführer in der
4. Staffel des
Jagdgeschwaders 54.

Major

Heinrich Schweickhardt

Geboren am 17.2.1914
in Heidelberg/Baden.

Seit 1935 in der Luftwaffe und bei Kriegsausbruch Leutnant und Flugzeugführer, flog Schweickhardt in Polen und im Westen als Jagdflieger und erwarb sich große Verdienste. Dann als Kampfflieger im Kampfgeschwader 76, zeigte er besonders im Ostfeldzug vorbildliche Einsatzfreudigkeit und leistete 1941/42 während der winterlichen Abwehrkämpfe durch seine kühnen Angriffe den Verbänden des Heeres wertvolle Unterstützung. Ebenso bewährt beim Ringen um Sewastopol, wo sein bedingungsloser Einsatz schlachtentscheidende Bedeutung erlangte. Im Geschwader bald einer der Erfolgreichsten, erfreute auch sein menschlich verständlicher Führungsstil gegenüber seinen Offizieren und Soldaten. 1941 führte der beliebte Offizier als Staffelkapitän die 8. Staffel, flog dann im Stab der 3. Gruppe, ehe er ab 21.3.1942 als Kommandeur die 3. Gruppe übernahm. Tragisch der Tod dieses hervorragenden Kommandeurs, der zur Verabschiedung des Kommodores Dr. Bormann nach Sizilen kam und auf dem Rückflug nach Griechenland seit dem 9.1.1943 mit seiner Besatzung als vermißt gilt.

138. Eichenlaub am 30.10.1942 als Hauptmann und
Kommandeur der
3. Gruppe des
Kampfgeschwaders 76.

Oberstleutnant

Wolfgang Schenck

Geboren am 7.2.1913
in Windhuk/Südwestafrika.

Schenck kam 1936 in die Luftwaffe und wurde in dieser während des Krieges zu einer bestimmenden Führerpersönlichkeit. Außergewöhnliches Führungstalent, große Tapferkeit und hohes Können ließen ihn zum Begriff werden. Seine Einsätze auf allen Kriegsschauplätzen zeugen von beispielhaften Waffentaten. Nachstehend angeführt seine ausgeübten Dienststellungen im Kriege – jeweils ab: September 1939 Flugzeugführer in der 1. Gruppe des Zerstörergeschwaders 1, September 1940 Staffelkapitän der 1. Staffel der Erprobungsgruppe 210, des späteren Schnellen Kampfgeschwaders 210, Jänner 1942 Kommandeur der 1. Gruppe, ab März umbenannt in Zerstörergeschwader 1, September im Führungsstab der Luftwaffe, Dezember Kommodore des Schlachtgeschwaders 2, November 1943 Inspizient der Schlachtflieger, März 1944 im Technischen Amt der Luftwaffe, Juni Führer des Ergänzungskommandos Schenck, dieses geht ab September als 1. Gruppe ins Kampfgeschwader 51, wo Schenck vom 5.12.1944 – 31.1.1945 als Kommodore das mit Düsenflugzeugen ausgestattete Geschwader führt, ehe er anschließend bis Kriegsende als Inspizient für Strahlflugzeuge wirkt und sich bis Juni 1945 in amerikanischer Kriegsgefangenschaft befindet. Ein wohl bemerkenswerter und einmaliger soldatischer Werdegang.

139. Eichenlaub am 30.10.1942 als Hauptmann, für die Leistungen als
Kommandeur der
1. Gruppe des
Zerstörergeschwaders 1.

Oberst

Hermann Seitz

Geboren am 19.4.1902
in Beilngries/Oberpfalz.

1924 ins Heer eingetreten und bewährt an den Fronten in West und Ost, waren es besonders die Kampfleistungen an der Ostfront, die Seitz ins Blickfeld der tapferen Heeresoffiziere rückten. Als Kommandeur der Aufklärungsabteilung 20 (mot.) leistete er Vorbildliches in den harten Abwehrkämpfen nördlich des Ilmensees im Nordabschnitt der Ostfront, bewies immer wieder rücksichtslosen, persönlichen Einsatz, und die errungenen Erfolge der Abteilung trugen stets den Stempel seiner starken Führerpersönlichkeit. Auch als Kommandeur des Panzergrenadierregiments 63 waren die gezeigten Kampf- und Führungsleistungen dieses unermüdlichen Frontoffiziers jederzeit beeindruckend und wertvoll für das ganze Frontgebiet. Am 20.12.1942 bei Gromoslawka im Raume Stalingrad, im Südabschnitt der Ostfront, ereilte Hermann Seitz der Soldatentod. Ein vorbildliches Soldatenleben fand im unerbittlichen Glauben an das Vaterland seine Erfüllung.

140. Eichenlaub am 31.10.1942 als Oberstleutnant und Kommandeur des Panzergrenadierregiments 63, in der 17. Panzerdivision.

Hauptmann

Josef Zwernemann

Geboren am 26.3.1916
in Kirchworbis/Thüringen.

1936 von der Marine zur Luftwaffe übergetreten, war Zwernemann ein bekannter und beliebter Jagdflieger des Jagdgeschwaders 52, flog bereits im Westen und über Kreta erfolgreiche Einsätze, ehe er im Osten zu hohen Erfolgen bei Luftkämpfen und Tiefangriffen kam. In der 7. Staffel zuerst Flugzeugführer und dann deren Staffelkapitän, war der tapfere und zähe Kämpfer auch stets sehr bemüht bei der Einweisung neuer junger Piloten im Fronteinsatz. Im Oktober 1943 zum Staffelkapitän der 3. Staffel des Jagdgeschwaders 77 ernannt, kämpfte er mit dieser auf dem italienischen Kriegsschauplatz. Viele Luftsiege und Feindflüge in Ost und West zeichneten seine Fliegerlaufbahn und machten ihn zu einem geachteten Jagdflieger in der Luftwaffe. Ab 5.3.1944 als Staffelkapitän der 1. Staffel des Jagdgeschwaders 11 in der Reichsverteidigung, ereilte den mutigen Offizier beim Luftkampf gegen vielfache amerikanische Übermacht am 8.4.1944 über Gardelegen/Magdeburg-Anhalt der Fliegertod. Die harten Luftschlachten über dem Reich entrissen der deutschen Luftwaffe wieder einen ihrer besten Jagdflieger.

141. Eichenlaub am 31.10.1942 als Oberfeldwebel und
Flugzeugführer in der
7. Staffel des
Jagdgeschwaders 52.

Kapitän zur See

Wolfgang Lüth

Geboren am 15.10.1913
in Riga/Lettland.

†

Lüth war wohl die herausragende Erscheinung unter den U-Bootkommandanten des Zweiten Weltkrieges. 1933 zur Marine gekommen, gehörte er zu jenen Männern, welche sich schon im Spanieneinsatz bewährten, ehe er im Zweiten Weltkrieg zuerst als 1. Wachoffizier auf U-38 fuhr und anschließend als Kommandant die U-Boote 9, 138, 43 und 181 erfolgreich befehligte. Mit diesen Booten erreichte Lüth auf 17 Feindfahrten in der Nordsee, im Nordkanal, Nordatlantik, vor Südafrika und im Indischen Ozean hohe Versenkungserfolge und lag an versenktem Schiffsraum an zweiter Stelle der deutschen U-Bootkommandanten. Besondere Erwähnung verdient sein Unternehmen mit U-181, mit dem er 206 Tage in See lag und somit die längste Feindfahrt der U-Bootfahrer im Zweiten Weltkrieg fuhr. Zähigkeit und unbändiger Kampfgeist prägten Lüths Persönlichkeit. Ab 15.1.1944 wurde er Chef der 2. U-Bootflottille, dann Kommandeur der 1. Abteilung an der Marineschule Flensburg-Mürwick, und vom 18.9.1944 – 14.5.1945 war der geachtete Seeoffizier Kommandeur der Marineschule Flensburg-Mürwick. Tragisch sein Tod am 14.5.1945, wo er bei einem Streifengang von einem eigenen Wachtposten erschossen wurde.

142. Eichenlaub	am 13.11.1942	als	Kapitänleutnant und Kommandant von U-181, in der 10. U-Bootflottille.
29. Schwerter	am 15. 4.1943	als	Kapitänleutnant und Kommandant von U-181, in der 10. U-Bootflottille.
7. Brillanten	am 9. 8.1943	als	Kapitänleutnant und Kommandant von U-181, in der 10. U-Bootflottille.

Korvettenkapitän

Werner Töniges

Geboren am 7.1.1910
in Oberhausen/Rheinland.

Töniges war der erste Eichenlaubträger der Schnellbootwaffe und ein unerschrockener und beliebter Marineoffizier. 1935 von der Handelsmarine zur Kriegsmarine gekommen, erfolgte schon 1936 seine Kommandierung auf den Panzerkreuzer „Graf Spee" und der damit verbundene Einsatz in Spanien. 1937 wurde er Kommandant eines Schnellbootes, und 1940 führte Töniges stellvertretend als Chef sogar die 1. Schnellbootflottille. Erreichte mit seinen Booten im Kanal große Erfolge gegen die englische Schiffahrt und hatte ebenso große Leistungen diesbezüglich als Führer der Schnellboote im Schwarzen Meer gegen die russische Schiffahrt aufzuweisen. Durch hohes Können, Tapferkeit und kameradschaftliche Führungsart erfreute sich Werner Töniges in der Kriegsmarine steter Achtung und Beliebtheit. Ab September 1942 war er Kompaniechef an der Marineschule Flensburg-Mürwick und wirkte ab September 1943 als Referent im Oberkommando der Kriegsmarine. Als einer der wenigen Schnellbootfahrer trug er das ihm am 16.12.1942 verliehene Schnellbootabzeichen mit Brillanten. Von Mai 1945 – Juni 1946 befand sich Töniges in Kriegsgefangenschaft im Westen.

143. Eichenlaub am 13.11.1942 als Kapitänleutnant, für die Leistungen als
Kommandant von
S-102, in der
1. Schnellbootflottille.

General der Panzertruppe

Hyazinth Graf Strachwitz

Geboren am 30.7.1893
in Groß-Stein/Oberschlesien.

†

Offizier im Ersten Weltkrieg und bei Kriegsausbruch 1939 Chef der 3. Kompanie des Panzerregiments 2, wurde Strachwitz im Laufe des Krieges zu einem der hervorragendsten Panzerführer der Wehrmacht. Schon im Polen- und Westfeldzug durch außergewöhnliche Einzelleistungen und persönliche Tapferkeit aufgefallen, bewies er im Ostfeldzug einmaligen Mut und überragende Führungskunst. Zu Beginn des Feldzuges Kommandeur der 1. Abteilung des Panzerregiments 2, wurde er ab 1.1.1943 Kommandeur des Panzerregiments „Großdeutschland" und führte dieses zu großen Erfolgen. Seine durchgeführten Operationen gegen weit überlegene Feindkräfte verwandelte Strachwitz oft in glanzvolle Siege. Immer in vorderster Linie kämpfend, wurde dieser unerschrockene Offizier zum Vorbild seiner Männer, und dreizehn erlittene Verwundungen zeugen vom schonungslosen Einsatz einer vorbildlichen soldatischen Persönlichkeit. Ab November 1943 Kommandeur der „Panzerkampfgruppe Strachwitz", waren die hier erzielten durchschlagenden Einsatzerfolge ausschlaggebend für den Gesamtfrontverlauf der Heeresgruppe Nord und unterstrichen erneut des „Grafen" bedeutungsvolle Fähigkeiten als Führergenie. Ab 1.1.1945 war der General Kommandeur der Panzerjagdbrigaden in Oberschlesien, befand sich nach Kriegsende in amerikanischer Kriegsgefangenschaft und ist am 25.4.1968 in Prien am Chiemsee in Bayern verstorben.

144. Eichenlaub	am 13.11.1942 als	Oberstleutnant der Reserve und Kommandeur der 1. Abteilung des Panzerregiments 2, in der 16. Panzerdivision.
27. Schwerter	am 28. 3.1943 als	Oberst der Reserve und Kommandeur des Panzerregiments „Großdeutschland", in der Panzergrenadierdivision „Großdeutschland".
11. Brillanten	am 15. 4.1944 als	Oberst der Reserve und Kommandeur der „Panzerkampfgruppe Strachwitz".

General der Fallschirmtruppe

Hermann Bernhard Ramcke

Geboren am 24.1.1889
in Schleswig-Friedrichsberg.

†

Hoch ausgezeichneter Soldat im Ersten Weltkrieg, meldete sich Ramcke am 15.7.1940 vom Heer freiwillig zur Fallschirmtruppe. Ab 20.5.1941 als Führer des Fallschirmjäger-Sturmregiments beim Kampf um die Insel Kreta, bestach er durch Mut und Entschlossenheit. Nach hoher Auszeichnung für diese Leistungen erfolgte ab 18.6.1941 seine Ernennung zum Kommandeur der Fallschirmschulen und Ergänzungstruppen. Ab April 1942 als Kommandeur der „Fallschirmbrigade Ramcke" in Nordafrika im Einsatz, wurde der General im Juli 1943 Kommandeur der 2. Fallschirmjägerdivision in Italien, kämpfte mit dieser ab Oktober in Rußland, bis die Division 1944 zur Auffrischung nach Frankreich verlegte. Ab 7.6.1944 zum Kommandant der Seehafenstadt Brest ernannt, verteidigte er diese in zähen Kämpfen gegen große Übermacht in ritterlicher Kampfweise bis September 1944. Für diese Leistung wurde der tapfere General, was eine Einmaligkeit in der deutschen Wehrmacht darstellt, an einem Tage mit der Verleihung der Schwerter und Brillanten, sowie der Beförderung zum General der Fallschirmtruppe bedacht. Er war somit der höchst ausgezeichnete Soldat der Fallschirmtruppe. Vom 20.9.1944 – 23.6.1951 befand sich der General in amerikanischer Kriegsgefangenschaft und französischer Haft und verstarb am 4.7.1968 in Kappeln/Schleswig-Holstein.

145. Eichenlaub	am 13.11.1942 als	Generalmajor und Kommandeur der „Fallschirmbrigade Ramcke".
99. Schwerter	am 19. 9.1944 als	Generalleutnant und Kommandant der Festung Brest, unter gleichzeitiger Beförderung zum General der Fallschirmtruppe.
20. Brillanten	am 19. 9.1944 als	Generalleutnant und Kommandant der Festung Brest, unter gleichzeitiger Beförderung zum General der Fallschirmtruppe.

Major

Josef Wurmheller

Geboren am 4.5.1917
in Haushamm/Oberbayern.

1937 in die Luftwaffe gekommen und seit 1940 in der 1. Gruppe des Jagdgeschwaders 53 als einer der tüchtigsten Flugzeugführer, kam Wurmheller nach Einsatz im Westen und Osten im Juli 1941 in die 9. Staffel des Jagdgeschwaders 2 „Richthofen" an den Kanal. Ein überaus schneidiger und ehrgeiziger Jagdflieger, der zu einem der erfolgreichsten Piloten der Westfront wurde. Nach Fronteinsatz war er vom Dezember 1941 bis Mai 1942 als Fluglehrer an der Jagdfliegerschule Werneuchen/Brandenburg tätig und danach wieder im Richthofengeschwader am Kanal. Ab August 1943 Staffelkapitän der 9. Staffel und ab 8.6.1944 Kommandeur der 3. Gruppe, reihte er in dieser Zeit Luftsieg an Luftsieg. Im Geschwader sehr beliebt, bewies Sepp Wurmheller in allen Luftkämpfen nicht nur einmaliges Draufgängertum, hervorstechende Tapferkeit und unerhört gekonntes fliegerisches Können, sondern auch die Werte eines klugen Verbandsführers. Am 22.6.1944 stieß er im Luftkampf nördlich Alencon in Frankreich mit seinem Rottenflieger zusammen und starb den Fliegertod. Durch Wurmhellers Tod traf die deutsche Luftwaffe im schicksalsreichen Kriegsjahr 1944 ein besonders harter Schlag.

146. Eichenlaub am 13.11.1942 als Leutnant und
Flugzeugführer in der
9. Staffel des
Jagdgeschwaders 2 „Richthofen".

108. Schwerter am 24.10.1944 nach dem Tode, für die Leistungen als
Hauptmann und
Kommandeur der
3. Gruppe des
Jagdgeschwaders 2 „Richthofen".

Kapitän zur See

Karl Friedrich Merten

Geboren am 15.8.1905
in Posen/Westpreußen.

Seit 1926 bei der Marine und ab 5.10.1940 als Wachoffizier auf U-38, übernahm Merten ab 11.2.1941 U-68 als Kommandant. Bei 5 Feindfahrten im Nordatlantik, vor West- und Südafrika und in der Karibischen See erreichte er mit diesem Boot ungewöhnlich hohe Versenkungserfolge. Ein wegen seiner Gründlich- und Zielstrebigkeit geachteter Seeoffizier und beliebter Kommandant, dessen Tapferkeit und seemännisches Können in allen Einsätzen großen Eindruck erweckten. Karl Friedrich Merten bekleidete 1943 – 1945 folgende Dienststellungen – jeweils ab: 16.3.1943 Chef der 26. U-Bootflottille in Pillau/Ostpreußen, 12.4. Chef der 24. U-Bootflottille in Memel/Ostpreußen, 10.5.1944 Führer der U-Boote Mitte, 26.6.1944 – 4.3.1945 wieder Chef der 24. U-Bootflottille und 15.3. bis Kriegsende Offizier zur Verfügung des Marineoberkommandos West. Von 10.5. – 26.6.1945 war Merten in Kriegsgefangenschaft im Westen und anschließend erneut vom 7.11.1948 – 20.3.1949.

147. Eichenlaub am 16.11.1942 als Korvettenkapitän und
Kommandant von
U-68, in der
2. U-Bootflottille.

Major

Friedrich Lang

Geboren am 12.1.1915
in Mährisch-Trübau/Sudetenland.

Hervorragender Stukaflieger mit über 1.000 Einsätzen und erfolgreich auf den Kriegsschauplätzen in Polen, im Westen, am Balkan, über Kreta und an der Ostfront im Kampf gegen Erd- und Schiffsziele, das kennzeichnet den Offizier Friedrich Lang. Seit 1936 in der Luftwaffe und zu Kriegsbeginn Flugzeugführer in der 1. Staffel des Stukageschwaders 2 „Immelmann", wurde er im September 1940 Technischer Offizier der 1. Gruppe. Ab 7.10.1941 führte Lang als Staffelkapitän die 1. Staffel des Geschwaders und war ab November 1942 Luftwaffenverbindungsoffizier der Luftflotte 4 zum Armeeoberkommando 17. Ab 1.4.1943 dann Kommandeur der 3. Gruppe des Schlachtgeschwaders 1, erfolgte ab Mai 1944 seine Ernennung zum Kommodore des Schlachtschulgeschwaders 101 in Wischau bei Brünn. Lang war der große Taktiker der Stukaflieger – mutig im Einsatz und klug in der Führung. Sein hohes fliegerisches Können, gepaart mit unentwegter Einsatzbereitschaft, ließ ihn in der Stukawaffe zu einem der Besten werden, und seine erzielten Erfolge unterstreichen dies in deutlicher Form. Ab 9.2.1945 führte der tapfere Offizier in Vertretung des verwundeten Oberst Rudel das Schlachtgeschwader 2 „Immelmann", mußte am 13.2. nach Flugzeugunfall in ein Lazarett und befand sich bis 10.8.1945 in amerikanischer Kriegsgefangenschaft.

148. Eichenlaub	am 21.11.1942 als	Hauptmann, für die Leistungen als Staffelkapitän der 1. Staffel des Stukageschwaders 2 „Immelmann".
74. Schwerter	am 2. 7.1944 als	Major, für die Leistungen als Kommandeur der 3. Gruppe des Schlachtgeschwaders 1.

Generalleutnant

Mihail Lascar

†

Kommandeur einer rumänischen Gebirgsbrigade, welche er im Ostfeldzug durch beispielgebende Führung und seinen persönlichen tapferen Einsatz zu großen Taten bewegte. Am 17.12.1941 führte der General seine Einheiten in vorderster Linie zum Sturm auf Korlowka und Tschorbuny im Südabschnitt der Ostfront und erwies sich mit diesen auch 1942 bei den schweren Kämpfen um die russische Seefestung Sewastopol als überaus kampfstark und verläßlich. Umsichtige Führung und Unerschrockenheit machten General Lascar, der nun die 6. rumänische Infanteriedivision befehligte, zu einem der besten Generäle der Verbündeten Deutschlands im gemeinsamen Kampf an der Ostfront. Beeindruckend ebenso die weiteren Einsätze mit seinen Truppen, die in Standhaftigkeit an schwerstbedrängten Frontabschnitten höchste soldatische Beispiele bekundeten und bis zum Äußersten weit überlegenen gegnerischen Kräften überzeugend Widerstand leisteten. Nach härtesten Kämpfen bei Kletskaja am Don, erfüllte sich Ende November 1942 das Schicksal dieser tapferen rumänischen Soldaten beim Durchbruch der Russen zum Beginn der Einkesselung von Stalingrad, und der General und viele seiner Männer gerieten in Kriegsgefangenschaft. 1945 in die Heimat zurückgekehrt, verstarb Mihail Lascar am 26.7.1959 in Bukarest.

Eichenlaub ohne Nr. am 27.11.1942 als Generalleutnant, für die Leistungen als Kommandeur der 6. rumänischen Infanteriedivision.

Major

Alwin Boerst

Geboren am 20.10.1910
in Osterode/Harz.

Seit 1937 in der Luftwaffe, war Boerst ebenfalls ein Stukaflieger mit über 1.000 Einsätzen und Kämpfer an den Fronten in Polen, im Westen, über England, am Balkan, über Kreta und im Osten und flog immer im Stukageschwader 2 „Immelmann". Vergleicht man die Zahl seiner Einsätze – 300. Feindflug am 2.9.1941 und 1.000 Feindflug am 29.1.1944, so kann man ermessen, wie unermüdlich und vorbildlich die Art dieses Offiziers geraten war. Seit Kriegsbeginn immer in der 3. Staffel des Geschwaders, zuerst als Flugzeugführer und ab 7.2.1941 als deren Staffelkapitän, erwarb er sich hervorragende Verdienste. Vom September 1942 bis März 1943 war er Fluglehrer im Reich und anschließend wieder an der Front im Osten. Durch seine Einsatzfreude und sein Beispiel in Führung und Kampf schaffte Boerst das Fundament für die Erfolge der 1. Gruppe, welche er seit August 1943 führte und deren Kommandeur er ab 1.11. war. Außerdem prägten hohe Kameradschaftlichkeit, Können und Ehrgeiz die Wesensart dieses beliebten und tapferen Fliegers. Am 30.3.1944 starb Alwin Boerst mit seinem Bordfunker, der alle Einsätze im Krieg mit ihm geflogen ist, beim Angriff auf sowjetische Panzer bei Parliti in Rumänien. Mit dem Tode dieser Stukabesatzung traf die Luftwaffe ein besonders schwerer Verlust.

149. Eichenlaub am 28.11.1942 als Oberleutnant und
Staffelkapitän der
3. Staffel des
Stukageschwaders 2 „Immelmann".

61. Schwerter am 6. 4.1944 nach dem Tode, für die Leistungen als
Major und
Kommandeur der
1. Gruppe des
Schlachtgeschwaders 2 „Immelmann".

Hauptmann

Ekkehard Kylling

Geboren am 21.6.1918
in Flensburg/Schleswig-Holstein.

Am 10.10.1938 trat Kylling ins Infanterieregiment 26 ein. Als Zug- und später als Kompanieführer bereits 1940 im Westfeldzug durch besondere Tapferkeit aufgefallen, wurde der schneidige Offizier in den harten Abwehrkämpfen im Osten durch seine Kaltblütigkeit und seinen klaren Blick, selbst in gefährlichsten Lagen, zu einem herausragenden Kompaniechef des Regiments. Ab Jänner 1943 zum Kommandeur des 1. Bataillons des Füsilierregiments 26 ernannt, bewies er Schneid und Führungskunst. Sehr erfolgreich auch in der Panzernahbekämpfung, gab er immerzu und jederzeit Beispiele höchsten Soldatentums und war seinen Männern leuchtendes Vorbild in allen Kämpfen. Am 27.10.1943 schwer verwundet, kam Kylling nach Genesung Ende 1944 zur Generalstabsausbildung an die Kriegsakademie Berlin. Ab April 1945 bis Kriegsende wirkte er dann als Offizier zur besonderen Verwendung einer Heeresgruppe und befand sich von Mai bis August 1945 in Kriegsgefangenschaft im Westen.

150. Eichenlaub am 4.12.1942 als Oberleutnant und
Chef der
4. Kompanie des
Füsilierregiments 26, in der
30. Infanteriedivision.

Oberst

Ernst Nobis

Geboren am 18.10.1901
in Graz.

Ab Kriegsbeginn in verschiedenen Stäben in Verwendung, kam Nobis nach dem Westfeldzug in die 97. Leichte Division, spätere 97. Jägerdivision, und führte 1941/42 im Ostfeldzug als Kommandeur das 2. Bataillon des Infanterie- bzw. Jägerregiments 204, welches im Südabschnitt der Ostfront eingesetzt war. Kühle und entschlossene Führung und jeweils richtige Beurteilung der Lage zeichneten diesen Offizier im besonderen aus. Mitte 1942 wurde er Kommandeur des Regiments, und die Erfolge seiner Männer bei den Abwehrkämpfen im Donezbecken, beim Kampf um Tuapse und im Kaukasusgebiet hatten nicht zuletzt ihren Ursprung in der vorbildlichen Tapferkeit und Führungskunst des Regimentskommandeurs. Hochbewährt in schwierigsten Einsätzen, prägte seine Persönlichkeit den schwungvollen Angriffsgeist seiner Jäger, und ihre Taten bedeuteten einen wesentlichen Beitrag zum Gesamterfolg der Division. Am 8.12.1942 mußte Ernst Nobis nach schwerer Verwundung in ein Lazarett und war nach Genesung in der Folgezeit ein beispielgebender Vorgesetzter und ein von Pflichterfüllung beseelter Offizier.

151. Eichenlaub am 5.12.1942 als Oberstleutnant und Kommandeur des Jägerregiments 204, in der 97. Jägerdivision.

General der Panzertruppe

Wolfgang Fischer

Geboren am 11.12.1888
in Carolath/Schlesien.

Fischer, verdienter Offizier im Ersten Weltkrieg, war 1938 Kommandeur des Infanterieregiments 69, mit diesem im Polenfeldzug eingesetzt und ab 27.10.1939 Kommandeur der 10. Schützenbrigade. Erfolgreich mit dieser im Westfeldzug und für einmalige Verdienste am 3.6.1940 mit dem Ritterkreuz ausgezeichnet, leistete die Brigade unter seiner Führung auch im folgenden Ostfeldzug große Waffentaten, ehe der General ab 2.8.1941 als Kommandeur die 10. Panzerdivision übernahm. In schwersten Kämpfen führte er die Division im harten Rußlandwinter 1941 bis vor Moskau, und mit ihr kämpfte er dann ebenso ab November 1942 in Nordafrika. Es ist fast eine Selbstverständlichkeit, daß General Fischer seiner Division auch auf diesem Kriegsschauplatz ein tapferer, ruhiger und umsichtiger Führer war. Am 5.2.1943 fuhr der General bei einer Erkundung mit seinem Fahrzeug in der Mareth-Stellung in Tunesien auf eine Mine und wurde tödlich verwundet. Das Deutsche Afrika-Korps trauerte um einen vorbildlichen Truppenführer.

152. Eichenlaub am 9.12.1942 als Generalleutnant und Kommandeur der 10. Panzerdivision.

General der Infanterie

Karl Allmendinger

Geboren am 2.2.1891
in Abtsgmünd/Württemberg.

†

Auch bewährter Offizier im Ersten Weltkrieg, war Allmendinger 1938 im Generalstab des Heeres tätig und wurde ab 6.10.1939 Chef des Generalstabes des 5. Armeekorps. Nach Teilnahme am Westfeldzug erfolgte ab 25.10.1940 seine Ernennung zum Kommandeur der 5. Infanteriedivision, welche ab Juni 1942 in 5. Jägerdivision umbenannt wurde. Stets an den Brennpunkten der Ostfront eingesetzt, kämpfte die Division unter ihrem beispielgebenden Kommandeur in einmaliger Tapferkeit. Des Generals väterliche Führungsart fand bei seinen Soldaten großen Anklang und bescherte der Truppe auch in schwerster Zeit manchen Erfolg. Ab 1.7.1943 zum Kommandierenden General des 5. Armeekorps ernannt, übertrug man Allmendinger ab 1.5.1944 noch die Führung des Armeeoberkommandos 17, ehe er ab Juli 1944 in die Führerreserve des Oberkommandos des Heeres versetzt wurde. 1945/46 befand sich der General in Kriegsgefangenschaft im Westen und ist am 2.10.1965 in Ellwangen/Baden-Württemberg verstorben.

153. Eichenlaub am 13.12.1942 als Generalleutnant und
Kommandeur der
5. Jägerdivision.

Generalleutnant

Don Augustin Munoz Grandes

Geboren am 27.1.1896
in Madrid.

✝

Der Einsatz der spanischen Freiwilligen in der 250. Infanteriedivision, der „Blauen Division", ist wohl mehr als bekannt. Heldenhafte Kämpfe im Nordabschnitt der Ostfront, Seite an Seite mit den deutschen Soldaten, bestanden diese Männer aus dem sonnigen Spanien. Ihr ausgezeichneter Kommandeur Munoz Grandes führte die Division vom 14.7.1941 bis 19.12.1942 und bewies Mut, Gehorsam und Ausdauer, sowie taktvolle Einfühlung und geschickte Führereigenschaften. Daß derartige Kampfleistungen an der schwer ringenden Nordfront gelangen, war nicht zuletzt sein großer Verdienst, und die spanischen Soldaten blickten in Stolz auf ihren beliebten General, der am 11.7.1970 in seiner Geburtsstadt Madrid verstorben ist.

Eichenlaub ohne Nr. am 13.12.1942 als Generalleutnant und
Kommandeur der
250. Infanteriedivision, der
Spanischen Freiwilligendivision „Blaue Division".

Major

Heinrich Paepcke

Geboren am 11.12.1910
in Wattenscheid/Westfalen.

Paepcke kam 1934 von der Marine zur Luftwaffe, wo er zu einem besonders erfolgreichen Kampfflieger wurde, der sich an vielen Fronten höchst bewährt hat. Tapferkeit und Einsatzwille begründeten schon seine Leistungen im Kampfgeschwader 30, wo er ab April 1940 als Staffelkapitän die 7. Staffel führte und im Norwegenunternehmen, im Westfeldzug, über England und gegen Schiffsziele einmalige Waffentaten vollbrachte. Ab April 1941 übernahm Paepcke als Kommandeur die 2. Gruppe des Kampfgeschwaders 77 und wurde auch in diesem Geschwader zum Begriff. Bei schweren Einsätzen im Mittelmeerraum, gegen England, Rußland, Malta und über Afrika erzielte er mit seinen Besatzungen große Erfolge. Sehr viele Feindflüge an der Spitze seiner Gruppe zeigten des Kommandeurs Härte und ausdauernden Kampfgeist, und es gelang ihm sogar, als Kampfflieger 5 feindliche Flugzeuge abzuschießen. Bei einem Angriff auf Malta, am 17.10.1942, stieß er im Luftkampf mit einem englischen Jagdflugzeug zusammen und starb den Fliegertod.

154. Eichenlaub am 19.12.1942 nach dem Tode, für die Leistungen als
Hauptmann und
Kommandeur der
2. Gruppe des
Kampfgeschwaders 77.

General der Panzertruppe

Hermann Balck

Geboren am 7.12.1893
in Danzig-Langfuhr.

Im Ersten Weltkrieg ausgezeichneter Offizier und siebenmal verwundet, war Balck zu Kriegsbeginn 1939 Sachbearbeiter für motorisierte Truppen im Oberkommando des Heeres. Ab November 1939 Kommandeur des Schützenregiments 1 und im Westfeldzug für persönliche Tapferkeit am 3.6.1940 mit dem Ritterkreuz ausgezeichnet, übernahm er jeweils als Kommandeur ab 16.12.1940 das Panzerregiment 3 und ab 15.5.1941 die Panzerbrigade 2. Nach Teilnahme am Balkanfeldzug ab 7.7.1941 in der Führerreserve des Oberkommandos des Heeres, ab 23.5.1942 Führer und ab 1.8. Kommandeur der 11. Panzerdivision an der Ostfront, wo der General durch einmalig gekonnte Führungsleistungen gegen weit überlegene Feindkräfte mit seinen Soldaten große Erfolge verbuchte. Auch als Kommandeur der Panzergrenadierdivision „Großdeutschland" vom 3.4. – 30.6.1943 sehr erfolgreich, waren es anschließend die Waffentaten des 14. Panzerkorps bei den schweren Schlachten um Neapel und Salerno in Italien, welche den Stempel der Führungskunst von General Balck trugen. Ab 11.11.1943 als Kommandierender General des 48. Panzerkorps an der Ostfront, dort ab 5.8.1944 Oberbefehlshaber der 4. Panzerarmee, dann jeweils ab 21.9. Oberbefehlshaber der Armeegruppe G, der späteren Heeresgruppe G, im Westen und ab 24.12. des Armeeoberkommandos 6 in Ungarn. Balck war einer der verdientesten deutschen Heerführer des Zweiten Weltkrieges, der überall schwierigste Lagen vortrefflichst bereinigte und noch in den letzten Kriegsjahren mit seinen Truppen beachtliche Erfolge zeitigte.

155. Eichenlaub	am 20.12.1942	als	Generalmajor und Kommandeur der 11. Panzerdivision.
25. Schwerter	am 4. 3.1943	als	Generalleutnant und Kommandeur der 11. Panzerdivision.
19. Brillanten	am 31. 8.1944	als	General der Panzertruppe und Oberbefehlshaber der 4. Panzerarmee.

Generaloberst

Walter Heitz

Geboren am 8.12.1878
in Berlin.

Bereits im Ersten Weltkrieg bewährter Offizier und ab 1.10.1936 Präsident des Reichskriegsgerichtes in Berlin, wurde der General ab 14.9.1939 Militärbefehlshaber im Gebiet der Freien Stadt Danzig. Ab 25.10.1939 zum Kommandierenden General des 8. Armeekorps ernannt, führte er dieses erfolgreich im Westfeldzug. Dafür hoch ausgezeichnet, waren auch im Ostfeldzug die Kampfleistungen seines Korps bedeutungsvoll und des Generals betont ruhige Führungsart ausschlaggebend für manchen Erfolg. Im Bereich der 6. Armee stieß er mit dieser Truppe bis nach Stalingrad vor, wo nach Einkesselung durch die Rote Armee Ende Jänner 1943 die Kapitulation erfolgte. Der General ging mit seinen Soldaten den bitteren Weg in die Gefangenschaft, wo er am 6.2.1944 in einem Lazarett in Moskau verstorben ist.

156. Eichenlaub am 21.12.1942 als General der Artillerie und Kommandierender General des 8. Armeekorps.

SS Gruppenführer und Generalleutnant der Waffen SS

Hermann Fegelein

Geboren am 30.10.1906
in Ansbach/Mittelfranken.

Seit 1933 in der Allgemeinen SS, machte sich Fegelein sehr verdient beim Aufbau der SS Reiterverbände. 1939 Führer der Reiterabteilung im Rahmen der SS Totenkopfverbände, ab 15.5.1940 Kommandeur der SS Reiterstandarte 1, ab März 1941 umbenannt in SS Kavallerieregiment 1 und ab August mit SS Kavallerieregiment 2 zur SS Kavalleriebrigade erweitert, deren Kommandeur Hermann Fegelein von August 1941 bis Mai 1942 im Osten war. Eingesetzt im rückwärtigen Gebiet der Heeresgruppe Mitte, erfolgte anschließend Fegeleins Versetzung in die Führerreserve des SS Führungshauptamtes und im November/Dezember 1942 seine Ernennung zum Kommandeur der „SS Kampfgruppe Fegelein". In harten Kämpfen an der Ostfront im Raum Rshew wurde diese Einheit zu einem Bollwerk der Front. Fegelein – ab Jänner 1943 wieder in der Führerreserve und ab 20.6. Kommandeur der SS Kavalleriedivision, welche ab Feber 1944 in 8. SS Kavalleriedivision „Florian Geyer" umbenannt wird, war auch in erneuten Einsätzen an der Ostfront der Division ein schneidiger Führer, und seine Männer bewiesen höchsten Opfermut und leisteten Übermenschliches. Die hohe Auszeichnung ihres Kommandeurs waren der Lohn und die Anerkennung für seine und seiner Soldaten Tapferkeit. Ab 1.1.1944 wurde der General Chef des Reit- und Fahrwesens im SS Führungshauptamt und ab 1.1.1945 Verbindungsoffizier der Waffen SS beim Führer und Obersten Befehlshaber Adolf Hitler. Am 29.4.1945 wurde er in Berlin im Hof der Reichskanzlei aus Gründen, die bis heute sehr umstritten sind, standrechtlich erschossen.

157. Eichenlaub am 21.12.1942 als SS Oberführer und Kommandeur der „SS Kampfgruppe Fegelein".
83. Schwerter am 30. 7.1944 als SS Brigadeführer, für die Leistungen als Kommandeur der 8. SS Kavalleriedivision.

Kapitän zur See der Reserve

Hellmuth von Ruckteschell

Geboren am 23.3.1890
in Hamburg.

†

Im Ersten Weltkrieg schon Marineoffizier, 1939 Kommandant des Minenschiffes „Cobra", übernahm er ab 5.5.1940 als Kommandant den Hilfskreuzer 3 Schiff 21 „Widder" und erreichte auf einer Unternehmung vom Mai bis Oktober 1940 große Versenkungserfolge. Ab September 1941 befehligte er als Kommandant dann den Hilfskreuzer 9 Schiff 28 „Michel" und erreichte wiederholt bedeutende Versenkungen gegen die gegnerische Handelsschiffahrt. Auf dieser Unternehmung durchkreuzte er die Meere vom 27.3.1942 – 2.3.1943 und brachte Schiff und Besatzung wohlbehalten in den Heimathafen zurück. Eine respektable Leistung dieses tapferen und ausgezeichneten Seeoffiziers. Ab April 1943 wurde Kapitän Ruckteschell Deutscher Marinebotschafter in Tokio, wo er bis Kriegsende überzeugend und vertrauensvoll zu den japanischen Verbündeten wirkte. Am 24.9.1948 ist Hellmuth von Ruckteschell in Hamburg verstorben.

158. Eichenlaub am 22.12.1942 als Kapitän zur See der Reserve und
Kommandant des
Hilfskreuzers 9 Schiff 28 „Michel".

SS Obergruppenführer und General der Waffen SS

Felix Steiner

Geboren am 23.5.1896
in Ebenrode/Ostpreußen.

†

Im Ersten Weltkrieg Fahnenjunker und ab 1915 Offizier, war Felix Steiner mit seinen modernen Ideen einer der Schöpfer der Waffen SS. 1935 kam er zur SS Verfügungstruppe und führte ab 1.7.1936 das SS Regiment „Deutschland". 1939 im Polen- und 1940 im Westfeldzug zeigte der Kommandeur mit seinen Männern hohe Kampfleistungen und wurde am 15.8.1940 mit dem Ritterkreuz ausgezeichnet. Ende 1940 wurde Steiner mit der Aufstellung der SS Division „Wiking" betraut. Die Division bestand aus Deutschen und Westeuropäern aus verschiedenen Ländern, die sich freiwillig zur Waffen SS gemeldet hatten. Im Ostfeldzug kämpfte die Division an allen Brennpunkten im Südabschnitt der Front und leistete unter Steiners Führung Hervorragendes für den Bereich der ganzen Heeresgruppe. Die harten Schlachten bis hinunter in das Kaukasusgebiet zählten zu den größten Leistungen im Ostkrieg. 1943 stellte der General dann das 3. germanische SS Panzerkorps auf. Als dessen Kommandierender General vom 30.2.1943 – 30.10.1944 bestand er im Nordabschnitt der Ostfront opfervolle Kämpfe, und die germanischen Freiwilligen blickten in Achtung und Stolz auf ihren tapferen und vertrauensvollen General. Ab 28.1.1945 war er dann Oberbefehlshaber der „Armeegruppe Steiner" bei den Endkämpfen im Reich und verstarb am 12.5.1966 in München.

159. Eichenlaub	am 22.12.1942 als	SS Gruppenführer und Kommandeur der SS Panzergrenadierdivision „Wiking".
86. Schwerter	am 10. 8.1944 als	SS Obergruppenführer und Kommandierender General des 3. germanischen SS Panzerkorps.

General der Gebirgstruppe

Hubert Lanz

Geboren am 22.5.1896
in Entringen/Württemberg.

†

August 1914 Fahnenjunker und 1915 Offizier, war Lanz 1938 Kommandeur des Gebirgsjägerregiments 100, ab 26.8.1939 Chef des Stabes des Wehrkommandos 5 und ab 1.2.1940 Chef des Stabes des 18. Armeekorps. Für seine Leistungen im Westfeldzug am 1.10.1940 mit dem Ritterkreuz ausgezeichnet und ab 26.10.1940 zum Kommandeur der 1. Gebirgsdivision ernannt, zog er mit dieser in den Balkan- und Ostfeldzug. Ein bewährter und fürsorglicher General, stets vorne bei seinen Jägern zu finden und in schwierigsten Einsätzen an der Ostfront ein überlegter und bedachter Heerführer. Männer seiner Divisionen waren mit dabei, als auf dem 5.633 Meter hohen Gipfel des Elbrus die deutsche Reichskriegsflagge gehißt wurde. Ab 28.1.1943 Führer der „Armeegruppe Lanz", wurde er ab 22.2.1943 Kommandierender General des 23. Gebirgskorps und war auch in diesen Kommandos ein tapferer und vorbildlicher General, der sich nach Kriegsende bis 1951 in Kriegsgefangenschaft und Haft befand und am 12. Mai 1982 in München verstorben ist.

160. Eichenlaub am 22.12.1942 als Generalleutnant und
Kommandeur der
1. Gebirgsdivision.

Generalleutnant

Helmuth Schlömer

Geboren am 20.5.1893
in Hausberge bei Minden/Westfalen.

Auch Offizier im Ersten Weltkrieg, wurde Schlömer ab 15.7.1937 Kommandeur des 3. Bataillons des Infanterieregiments 25 und ab 1.7.1939 Kommandeur des Infanterieregiments 5 (mot.). Nach Teilnahme am Polen- und Westfeldzug im Osten eingesetzt und für besondere Leistungen hoch ausgezeichnet, übernahm er ab 1.10.1941 als Kommandeur die Schützenbrigade 7 und wurde ab 30.4.1942 Kommandeur der 3. Infanteriedivision (mot.). Diese Division, immer an den Brennpunkten der Ostfront kämpfend, hatte in General Schlömer einen besonnenen und überlegten Führer, dessen Können und Tapferkeit bei der Truppe sprichwörtlich waren. In harten Kämpfen bis Stalingrad vordringend, war auch die 3. Infanteriedivision (mot.) eine der bewährten Einheiten, welche im Bereich der 6. Armee ihren Untergang fanden. Der General befand sich vom 29.1.1943 – 24.10.1949 in sowjetischer Kriegsgefangenschaft.

161. Eichenlaub am 22.12.1942 als Generalmajor und
Kommandeur der
3. Infanteriedivision (mot.).

General der Panzertruppe

Maximilian Reichsfreiherr von Edelsheim

Geboren am 6.7.1897
in Berlin.

Kriegsfreiwilliger und Offizier im Ersten Weltkrieg und ab 10.11.1938 Kommandeur der Radfahrabteilung 1 in Tilsit, zog er mit dieser in den Zweiten Weltkrieg. Nach dem Polen- und Westfeldzug, im Ostfeldzug für Tapferkeit hoch ausgezeichnet, wurde er ab 25.9.1941 Kommandeur des Reiterregiments 22 in der 1. Kavalleriedivision, die dann zur 24. Panzerdivision umgerüstet wurde. Hier bewies Edelsheim schwungvolle und exakte Führung und wurde ab 1.12.1942 Kommandeur des Panzergrenadierregiments 26. Nach der Niederlage von Stalingrad, wo auch diese bewährte Division zu Grunde ging, stellte der General in Frankreich die Division erneut auf und führte diese als Kommandeur wieder im Osten sehr erfolgreich, ehe er ab 21.9.1944 Führer und ab 1.12. Kommandierender General des 48. Panzerkorps wurde. Im Oktober führte Edelsheim auch gleichzeitig das 24. Panzerkorps und erreichte in harten Abwehrkämpfen an der Ostfront noch entscheidende Erfolge. Der General, während des ganzen Krieges eine verdiente soldatische Persönlichkeit, deren Tapferkeit und Schlichtheit in allen Lagen beeindruckte, bewies bis in die letzten Kriegstage die Werte eines aufrechten Deutschen und vorbildlichen Soldaten.

162. Eichenlaub	am 23.12.1942 als	Oberst und Kommandeur des Panzergrenadierregiments 26, in der 24. Panzerdivision.
105. Schwerter	am 23.10.1944 als	Generalleutnant, für die Leistungen als Kommandeur der 24. Panzerdivision.

General der Infanterie

Hartwig von Ludwiger

Geboren am 29.1.1895
in Beuthen/Schlesien.

†

Ludwiger kam zu Beginn des Ersten Weltkrieges ins Kaiserliche Heer und war 1936 bis 1939 Kommandeur des 3. Bataillons im Infanterieregiment 28 und ab 1.3.1940 Kommandeur des Infanterieregiments 83, später umbenannt in Jägerregiment 83. Bewährt im Polen- und Westfeldzug, führte er das Regiment anschließend in hervorragender Weise im Ostfeldzug. Die schlesischen Jäger bewährten sich in heldenhafter Art in allen schweren Kämpfen, und die hohe Auszeichnung ihres Kommandeurs widerspiegelt diese Leistungen deutlich. Der erfahrene Regimentskommandeur wurde ab 20.2.1943 Kommandeur der 704. Infanteriedivision, ab 1.5. Kommandeur der 104. Jägerdivision und ab 29.4.1945 noch Kommandierender General des 21. Armeekorps und durchstand mit diesen Truppenteilen härteste Kämpfe am Balkan. Der General wurde nach dem Krieg in Jugoslawien zum Tode verurteilt und am 25.4.1947 in Belgrad hingerichtet.

163. Eichenlaub am 23.12.1942 als Oberst und
Kommandeur des
Jägerregiments 83, in der
28. Jägerdivision.

Generalleutnant

Harald von Hirschfeld

Geboren am 10.7.1912
in Weimar/Thüringen.

Hirschfeld war einer der bekanntesten Offiziere der 1. Gebirgsdivision. Seit 1935 im Gebirgsjägerregiment 98, wurde er 1938 Adjutant des 2. Bataillons, ab August 1940 Chef der 7. Kompanie, ab August 1942 Führer des 2. Bataillons und ab Oktober 1943 Kommandeur des Regiments. In allen Einsätzen, welche die 1. Gebirgsdivision durchzustehen hatte, beginnend in Polen, dann im Westen, am Balkan und an der Ostfront, war Hirschfeld ein tapferer und einsatzfreudiger Offizier, dem stets das Vertrauen seiner Gebirgsjäger gehörte. Durch auffallendes Führertalent im September 1944 zum Divisionsführerlehrgang nach Hirschberg/Schlesien befohlen, führte er noch im gleichen Monat die bekannte 78. Sturmdivision. Nach seiner Beförderung zum Generalmajor am 1.12.1944 war er der jüngste General des Heeres und trug außerdem das goldene Verwundetenabzeichen, was den äußersten Einsatz dieses aufgeschlossenen Soldaten in jeder Weise kenntlich macht. Ab 1.12.1944 Kommandeur der 78. Sturmdivision, fiel der General am 18.1.1945 an der Ostfront bei Tarnow in Polen. Sein Tod traf das deutsche Heer im letzten Kriegsjahr besonders schwer.

164. Eichenlaub am 23.12.1942 als Hauptmann und
Führer des
2. Bataillons des
Gebirgsjägerregiments 98, in der
1. Gebirgsdivision.

Oberstleutnant

Josef Bremm

Geboren am 3.5.1914
in Mannebach/Pfalz.

Josef Bremm gehörte zu den höchstausgezeichneten Infanteristen der deutschen Wehrmacht. Seit 1935 im Heer und ab 1.1.1939 Adjutant des 3. Bataillons des Infanterieregiments 425. Schon im Westfeldzug sehr bewährt, war sein Name dann eng verbunden mit dem Infanterieregiment bzw. Grenadierregiment 426, wo er ab 1.9.1940 Adjutant des 3. Bataillons, ab 1.1.1942 Chef der 5. Kompanie und ab 1.1.1943 Kommandeur des 2. Bataillons war. In allen Kämpfen im Nordabschnitt der Ostfront bewies der tapfere Offizier immer Einsatzbereitschaft, Schneid und Willenskraft und war stetes Vorbild seiner Grenadiere, die er durch sein Beispiel zu immer neuen Taten bewegte und dadurch entscheidende Waffentaten erreichte, welche zum Gesamterfolg der Division wesentlich beitrugen. Ab Mai 1943 wirkte Bremm als Waffenlehrer an der Infanterieschule Döberitz, ab 1.4.1944 übernahm er als Kommandeur die Aufklärungsabteilung 712 in Antwerpen, und ab 1.9.1944 erwarb er sich als Kommandeur des Grenadierregiments 990 noch große Verdienste an der Westfront und wurde als letzter Soldat der deutschen Wehrmacht für seine beispielhaften Leistungen mit dem Eichenlaub mit Schwertern zum Ritterkreuz des Eisernen Kreuzes ausgezeichnet.

165. Eichenlaub am 23.12.1942 als	Oberleutnant der Reserve und Chef der 5. Kompanie des Grenadierregiments 426, in der 126. Infanteriedivision.
159. Schwerter am 9. 5.1945 als	Oberstleutnant, für die Leistungen als Kommandeur des Grenadierregiments 990, in der 277. Infanteriedivision.

General der Infanterie

Helmut Thumm

Geboren am 25.8.1895
in Ravensburg/Württemberg.

†

Fahnenjunker und Offizier im Ersten Weltkrieg, wurde Thumm ab 1.1.1937 Kommandeur des 1. Bataillons im Infanterieregiment 75. Nach Teilnahme am Westfeldzug ab 9.6.1940 Kommandeur des Infanterieregiments 56, dem späteren Jägerregiment 56. Mit diesem zu Beginn des Ostfeldzuges schon beachtliche Erfolge erreichend und am 30.6.1941 mit dem Ritterkreuz ausgezeichnet, bewährte er sich erneut mit seinen Jägern bei den Kämpfen, die zur Entsetzung des Kessels von Demjansk entscheidend waren. Ab 1.3.1943 führte der General als Kommandeur die 5. Jägerdivision und war in weiteren schweren Einsätzen an der Ostfront seinen Soldaten ein verantwortungsbewußter Truppenführer, der hohe sittliche Werte und gleichzeitig Humor in sich trug. Ab 29.9.1944 übernahm Thumm als Kommandierender General das 64. Armeekorps im Westen und führte auch an dieser Front gekonnt und überzeugend. Vom 19.4.1945 – 25.10.1947 in Kriegsgefangenschaft im Westen, verstarb Helmut Thumm am 13.7.1977 in Welzheim/Baden-Württemberg.

166. Eichenlaub am 23.12.1942 als Oberst und
Kommandeur des
Jägerregiments 56, in der
5. Jägerdivision.

Generalleutnant

Helmuth von Pannwitz

Geboren am 14.10.1898
in Bodzanowitz/Oberschlesien.

†

Im Ersten Weltkrieg Fahnenjunker und Offizier, war Pannwitz zu Beginn des Zweiten Weltkrieges Kommandeur der Aufklärungsabteilung 45 und mit dieser im Polen-, West- und Ostfeldzug eingesetzt. Seit Dezember 1941 Referent im Oberkommando des Heeres, wurde er ab 15.11.1942 Kommandeur des Reiterverbandes Pannwitz, welcher anschließend zur „Kampfgruppe Pannwitz" erweitert im November/Dezember besonders tapfer beim Entsatzversuch von Stalingrad im Rahmen der 4. Panzerarmee kämpfte. Von Jänner bis März 1943 bekleidete Pannwitz die Dienststellung als Abschnittskommandeur Feodosia auf der Krim, und ab 1.6. erfolgte seine Ernennung zum Kommandeur der 1. Kosakendivision, die auf deutscher Seite kämpfte. Hohes Können, vorbildliche Tapferkeit und großes Einfühlungsvermögen erhoben den General zum Vorbild seiner Soldaten. Nach harten Einsätzen auch gegen Partisanenverbände in Jugoslawien wurde er ab 1.2.1945 Kommandierender General des Kosakenkavalleriekorps. Nach Kriegsende ab 12.5.1945 in britischer Gefangenschaft, erfolgte am 28.5. die Übergabe der Kosaken und ihres Kommandierenden Generals an die Russen. In der Sowjetunion zum Tode verurteilt, wurde Helmuth von Pannwitz am 16.1.1947 in Moskau hingerichtet.

167. Eichenlaub am 23.12.1942 als Oberst und
Kommandeur der
„Kampfgruppe Pannwitz".

General der Flieger

Martin Fiebig

Geboren am 7.5.1891
in Rösnitz/Oberschlesien.

†

Im Ersten Weltkrieg zuerst Infanterie- und dann Fliegeroffizier, wurde Fiebig 1939 Kommodore des Kampfgeschwaders 4 „General Wever". Für die Einsatzerfolge des Geschwaders und persönliche Tapferkeit in Polen, beim Norwegenunternehmen und über der Nordsee hoch ausgezeichnet, führte er dann im Ostfeldzug die Nahkampfverbände beim 2. Fliegerkorps. Ab Juli 1942 befehligte er als Kommandierender General das 8. Fliegerkorps und hatte entscheidenden Anteil beim Kampf der Luftwaffe um Stalingrad. Fiebig zählte durch kluge Voraussicht und seine festen und klaren Entschlüsse zu den besonders tatkräftigen Generälen der deutschen Luftwaffe. Mitte 1943 übernahm er die Führung des Luftwaffenkommandos Südost bis zum 1.9.1944. Nach dem Rückzug der Wehrmacht aus diesem Gebiet wurde der General in die Führerreserve des Oberkommandos der Luftwaffe versetzt und übernahm 1945 als Oberbefehlshaber das Luftwaffenkommando Nordost. Nach dem Kriegsende von den Westmächten an Jugoslawien ausgeliefert, wurde er dort zum Tode verurteilt und am 5.5.1947 hingerichtet.

168. Eichenlaub am 23.12.1942 als Generalleutnant und
Kommandierender General des
8. Fliegerkorps.

Generalleutnant

Rainer Stahel

Geboren am 15.1.1892
in Bielefeld/Westfalen.

Im Ersten Weltkrieg schon ausgezeichnet, war Stahel im Zweiten Weltkrieg der höchstausgezeichnete Soldat der Flakartillerie. Zu Kriegsbeginn Kommandeur einer Flakgruppe im Reich, 1940 Luftwaffen-Kontrolloffizier im unbesetzten Frankreich, 1941 Kommandeur der Flakregimenter 34 und 99 und Einsatz an der Ostfront. Beim Kampf im Raume Stalingrad bewährte sich der tatkräftige Offizier höchst als Führer einer Kampfgruppe, übernahm anschließend als Kommandeur die 22. Flakbrigade in Italien und trat ab Mitte 1943 mit dem eigens geschaffenen „Führersonderstab Stahel" in Erscheinung. Immer in schweren Krisen gerufen, waren seine entscheidenden Erfolge als Kampfkommandant der Städte Rom, Wilna, Warschau und Bukarest bezeichnend, und es war immer General Stahel, bei dem die Fäden der Operationen zusammenliefen. Mut, Härte und Entschlossenheit waren die Voraussetzungen zur positiven Ausübung dieser Kommandos, und der General besaß diese in reichem Maße. Am 17.7.1944 in sowjetische Gefangenschaft geraten, verstarb er dort am 30.11.1955 im Kriegsgefangenenlager Woikowo in der Sowjetunion.

169. Eichenlaub	am 4.1.1943	als	Oberst und Kommandeur einer Luftwaffen Kampfgruppe.
79. Schwerter	am 18.7.1944	als	Generalmajor, für die Leistungen als Kommandant Fester Platz Wilna.

Major der Reserve

Fritz Fessmann

Geboren am 25.12.1913
in Urbach/Württemberg.

Zu Kriegsbeginn 1939 war Fessmann in der Panzeraufklärungsabteilung 7. Schon im Westfeldzug bewährter Zugführer, war er auch seit dem ersten Tag des Ostfeldzuges mit seinen Panzerspähwagen immer am Feind. Besonders erwähnenswert erscheinen Fessmanns Vorstöße bis weit ins feindliche Hinterland im Bereich der Heeresgruppe Mitte, wo ihm mit seinen Männern einmalige Waffentaten gelangen. Für diese erhielt der schneidige Offizier am 27.10.1941 das Ritterkreuz verliehen. 1942 als Chef die 1. Kompanie des Kradschützenbataillons 64 führend, bestach hier sein äußerster Einsatz vor Stalingrad, wo er am 30.11.1942 in vorderster Linie schwer verwundet wurde. Nach Genesung wirkte er 1943/44 als Taktiklehrer an den Panzertruppenschulen Versailles/Frankreich und Potsdam/Brandenburg. Ab 30.6.1944 als Kommandeur der Panzeraufklärungsabteilung 5 im Einsatz an der Ostfront, zeigte Fessmann hier erneut hohe persönliche Tapferkeit und hervorragende Führungskunst, und die 5. Panzerdivision blickte in Stolz auf seine vorbildlichen Einsatzleistungen, bis in einer Panzerschlacht gegen stärkste Feindkräfte am 11.10.1944 bei Pakamonen/Ostpreußen sein tapferes Soldatenleben erlosch. Das deutsche Heer traf mit seinem Tod ein besonders schwerer Verlust.

170. Eichenlaub am 4. 1.1943 als Oberleutnant der Reserve, für die Leistungen als Chef der 1. Kompanie des Kradschützenbataillons 64, in der 14. Panzerdivision.

103. Schwerter am 23.10.1944 nach dem Tode, für die Leistungen als Hauptmann der Reserve und Kommandeur der Panzeraufklärungsabteilung 5, in der 5. Panzerdivision.

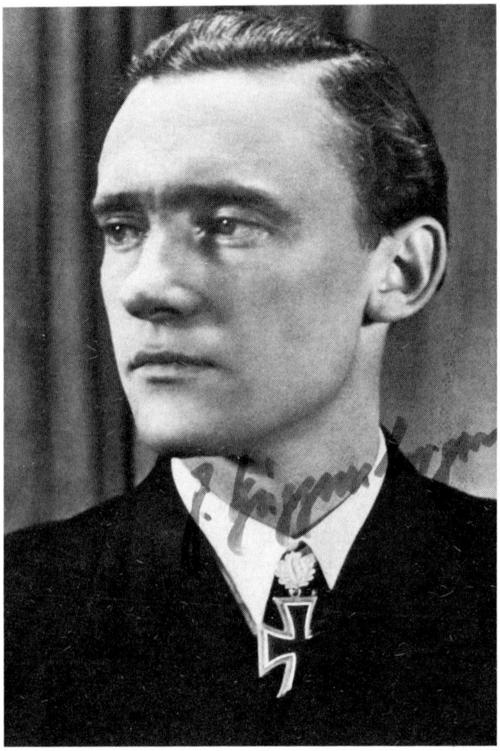

Kapitänleutnant

Friedrich Guggenberger

Geboren am 6.3.1915
in München.

Ab 1934 in der Marine und seit 1939 bei der U-Bootwaffe, war Friedrich Guggenberger Kommandant der U-Boote 28, 81 und 513. Bei 7 Feindfahrten im Nordatlantik, im Mittelmeer, vor Marokko und Brasilien, erreichte der sympathische Seeoffizier mit seinen Booten beachtliche Versenkungsergebnisse. Er war ein schneidiger U-Bootkommandant, der im Mittelmeer am 13.11.1942 den britischen Flugzeugträger „Ark Royal" versenkte und das Schlachtschiff „Malaya" schwer beschädigte – beachtenswerte Leistungen in diesem besonders schweren Einsatzgebiet, denen nicht nur beispielhafte Tapferkeit, sondern auch hohes Können zu Grunde lagen. Man muß immer wieder den ungebrochenen Einsatzwillen der U-Bootmänner im Zweiten Weltkrieg bewundern, den diese im Angesicht der starken Feindabwehr bekundeten, und ihre schwer erkämpften Erfolge im Angesicht des Todes, verdienen bleibende Hochachtung. Bei einem Unternehmen vor Brasilien am 14.7.1943 wurde U-513 durch Fliegerbomben schwer getroffen und mußte aufgegeben werden. Friedrich Guggenberger und ein Teil der Besatzung gerieten in Kriegsgefangenschaft.

171. Eichenlaub am 8.1.1943	als	Kapitänleutnant und Kommandant von U-81, in der 1. U-Bootflottille.

Major

Heinz Frank

Geboren am 12.12.1914
in Arnstadt/Thüringen.

Frank war einer der erfolgreichsten Schlachtflieger der Luftwaffe. 1934 in die Luftwaffe eingetreten, flog er bei Kriegsbeginn 1939 als Flugzeugführer in der 2. Gruppe (Schlachtflieger) des Lehrgeschwaders 2. In härtesten Einsätzen an den Fronten in Polen, im Westen, am Kanal, gegen England, am Balkan und in Rußland bewies er stets Tapferkeit, Schneid und Einsatzwillen, sowie hohes fliegerisches Können. Ab Jänner 1942 wurde Frank Führer und ab März 1942 Staffelkapitän der 3. Staffel des Schlachtgeschwaders 1, ab März 1943 Kommandeur der Ergänzungsschlachtgruppe Deblin – Irena in Polen, ab Oktober 1943 Kommandeur der 2. Gruppe des Schlachtgeschwaders 2 „Immelmann" und ab Juli 1944 Kommandeur der 4. Gruppe des Schlachtgeschwaders 152, spätere 1. Gruppe Schlachtgeschwader 151. Bezeichnend die Zahl seiner Feindflüge. In nahezu 1.000 Einsätzen – bei Tiefangriffen ebenso erfolgreich wie im Luftkampf, war er seinen Männern Vorbild in jeder Weise und zeigte immerzu hohe soldatische Tugenden. Am 7.10.1944 starb dieser beliebte Offizier infolge eines bedauerlichen Unfalls in einem Lazarett an der Ostfront.

172. Eichenlaub am 8.1.1943 als Oberleutnant und
Staffelkapitän der
3. Staffel des
Schlachtgeschwaders 1.

Oberst

Dr. Ernst Kupfer

Geboren am 2.7.1907
in Coburg/Oberfranken.

Seit 1928 im Heer, kam Dr. Kupfer von der Kavallerie im Jahre 1939 zur Luftwaffe und wurde hier zur herausragenden Führerpersönlichkeit. Ab 7.9.1940 als Flugzeugführer ins Stukageschwader 2 „Immelmann" gekommen, war er 1943 dessen Kommodore – eine wohl großartige Leistung. Flog harte Einsätze am Balkan, bei Kreta und anschließend in Rußland. Erfolgreich auch gegen die englische und russische Flotte, beeindruckte die Härte dieses bewährten Fliegers, der nach schweren Verletzungen an der Front sich nach Genesung erneut immer wieder ins Kampfgetümmel stürzte und große Waffentaten vollbrachte. Die Führungsstellungen Dr. Kupfers künden im Geschwader von einmaliger Tüchtigkeit und selbstlosem Einsatz. Der tapfere Offizier war jeweils ab: Oktober 1940 Staffelkapitän der 7. Staffel, Feber 1942 Kommandeur der 2. Gruppe und März 1943 Kommodore des Geschwaders. Seinen Fliegern in hunderten Feindflügen zum Vorbild geworden, prägte auch seine Art entscheidend den unauslöschlichen Kampfgeist des Immelmanngeschwaders. Ab 1.9.1943 wurde Dr. Kupfer zum General der Schlachtflieger ernannt und verunglückte am 6.11.1943 bei einem Dienstflug über Griechenland tödlich.

173. Eichenlaub	am 8.1.1943	als	Major und Kommandeur der 2. Gruppe des Stukageschwaders 2 „Immelmann".
62. Schwerter	am 11.4.1944	nach dem Tode als Oberst, für die Leistungen als	Oberstleutnant und Kommodore des Schlachtgeschwaders 2 „Immelmann".

Major

Bruno Dilley

Geboren am 29.8.1913
in Gumbinnen/Ostpreußen.

†

Seit 1935 in der Luftwaffe und zu Kriegsbeginn Staffelkapitän der 3. Staffel des Stukageschwaders 1, flog er den ersten Kampfeinsatz des Zweiten Weltkrieges am 1.9.1939 gegen Polen. Nach Beendigung des Polenfeldzuges flog Dilley im Norwegenunternehmen gegen englische Schiffseinheiten, dann im Westfeldzug, gegen England, am Balkan, gegen Malta, die englische Flotte im Mittelmeer und in Afrika. Der Staffelkapitän der 3. Staffel zählte zu den mutigsten und einsatzbereitesten Fliegern und erzielte beachtliche Leistungen an allen Fronten. Ab 15.9.1941 dann kurze Zeit Kommandeur der Stukaschule in Wertheim am Main. Einen Monat später bereits als Kommandeur der 1. Gruppe des Stukageschwaders 2 „Immelmann" an der Ostfront und in ständigem Einsatz zur Unterstützung des Heeres. Durch seine gezeigten Leistungen als Flieger und Führer wurde Dilley zu einem der tüchtigsten Stukaflieger der Luftwaffe. Ab 16.10.1943 wurde er Kommodore des Schlachtgeschwaders 103 und führte gleichzeitig die Schlachtfliegerschule in Metz/Lothringen. Am 31.8.1968 verstarb er in Reutlingen/Baden-Württemberg.

174. Eichenlaub am 8.1.1943 als Hauptmann und
Kommandeur der
1. Gruppe des
Stukageschwaders 2 „Immelmann".

Major

Gerhard Barkhorn

Geboren am 20.3.1919
in Königsberg.

1937 in die Luftwaffe gekommen, ab August 1940 Flugzeugführer in der 6. Staffel des Jagdgeschwaders 52 und in vielen Einsätzen während der Luftschlacht um England bewährt, war Barkhorn bei Kriegsende der zweite Jagdflieger, der über 300 Luftsiege erringen konnte. Er führte im Osten ab 1.3.1942 als Staffelkapitän die 4. Staffel und ab 1.6.1943 als Kommandeur die 2. Gruppe des Jagdgeschwaders 52. Als überaus beliebter Vorgesetzter und selbstloser Kamerad war er im Geschwader nicht nur ein herausragender Offizier, sondern auch ein vorbildlicher Mensch. In ebenso unauffälliger Art erreichte er seine 301 bestätigten Luftsiege an der Ostfront und trug mit diesen außergewöhnlichen Leistungen wesentlich zu den großen Waffentaten des erfolgreichsten Jagdgeschwaders der deutschen Luftwaffe bei. Barkhorns ausgeprägte Führereigenschaften verdienen ebensolche Beachtung wie das hohe Können, der Mut und die ritterliche Kampfweise, die er stets zu Tage legte. Ab 16.1.1945 Kommodore des Jagdgeschwaders 6 in der Reichsverteidigung und ab 15.4.1945 auch wie viele bekannte und hochausgezeichnete Jagdflieger als Flugzeugführer im Düsenjägerjagdverband 44. 1.104 Feindflüge in West und Ost bekunden einmalige Beispiele an Tapferkeit und Einsatzbereitschaft und unterstreichen die soldatischen Werte dieser einmaligen Jagdfliegerpersönlichkeit. Nach Kriegsende befand sich Gerhard Barkhorn bis 9.9.1945 in Kriegsgefangenschaft im Westen.

175. Eichenlaub am 11.1.1943 als Oberleutnant und Staffelkapitän der 4. Staffel des Jagdgeschwaders 52.

52. Schwerter am 2.3.1944 als Hauptmann und Kommandeur der 2. Gruppe des Jagdgeschwaders 52.

Generalleutnant

Wend von Wietersheim

Geboren am 18.4.1900
in Neuland/Schlesien.

†

Als junger Fähnrich im Ersten Weltkrieg bei der Kavallerie, befand sich Wietersheim 1938 als Adjutant im Stab der 3. Panzerdivision. Nach dem Polenfeldzug übernahm er ab 5.3.1940 als Kommandeur das Kradschützenbataillon 1 und war mit diesem im Westfeldzug eingesetzt. Führte dieses Bataillon auch zu Beginn des Ostfeldzuges, ehe er ab 20.7.1941 zum Führer und ab September zum Kommandeur des Schützenregiments 113, des späteren Panzergrenadierregiments 113, ausersehen wurde. Kühn und entschlossen führte Wietersheim sein Regiment in schwersten Kämpfen, und die erfochtenen Erfolge trugen stets den Stempel seiner ausgezeichneten Führungsleistungen. Auf Grund der hohen soldatischen Werte dieses Offiziers erfolgte ab 10.8.1943 seine Ernennung zum Führer und ab 1.11. jene zum Kommandeur der 11. Panzerdivision, die er bis zum Kriegsende zuerst an der Ost- und dann an der Westfront zu ruhmreichen Taten bewegte. Vor Kriegsende im Reich eingesetzt, erfolgte am 5.5.1945 die Übergabe der Division an die Amerikaner, deren Gefangener der General fast drei Jahre gewesen ist. Am 19.9.1975 verstarb Wend von Wietersheim in Bad Honnef/Nordrhein-Westfalen.

176. Eichenlaub	am 12.1.1943	als	Oberst und Kommandeur des Panzergrenadierregiments 113, in der 1. Panzerdivision.
58. Schwerter	am 26.3.1944	als	Generalmajor und Kommandeur der 11. Panzerdivision.

Korvettenkapitän

Johann Mohr

Geboren am 12.6.1916
in Hannover.

Seit 1934 in der Marine und ab 1939 bei der U-Bootwaffe, wurde Jochen Mohr hier zu einem besonders erfolgreichen U-Bootkommandanten. Bereits als 2. und 1. Wachoffizier unter Kapitänleutnant Wilhelm Schulz mit U-124 auf 5 Feindfahrten sehr bewährt, zeigte er als Kommandant dieses Bootes, welches er seit September 1941 befehligte, Schneid, Ausdauer und gekonnten Angriffsgeist. Bei 6 Feindfahrten vor Gibraltar, im Süd- und Nordatlantik, vor der USA-Küste und vor Trinidad erreichte Mohr große Erfolge gegen die feindliche Kriegs- und Handelsschiffahrt. In unwiderstehlicher Art trug der tapfere Kommandant seine Angriffe vor, und man pries bei ihm den zähen Willen im Glauben an den Erfolg, für den er mit seinen Matrosen, oft äußersten Anstrengungen und Gefahren gegenüber, bestechende Leistungen geboten hat. Am 3.4.1943 ging U-124 westlich von Oporto im Nordatlantik verloren. Kommandant und Besatzung starben in treuer Pflichterfüllung den Seemannstod. Ein schmerzlicher Verlust traf die schwer ringende U-Bootwaffe beim Kampf auf den Weltmeeren, und tiefe Trauer erfüllte ihre Reihen.

177. Eichenlaub am 13.1.1943 als Kapitänleutnant und
Kommandant von
U-124, in der
2. U-Bootflottille.

Generalfeldmarschall

Friedrich Paulus

Geboren am 23.9.1890
in Breitenau bei Melsungen/Hessen.

✝

Im Ersten Weltkrieg Offizier, war er zu Beginn des Zweiten Weltkrieges Chef des Stabes der 10. Armee, der späteren 6. Armee. Nach dem Polen- und noch während des Westfeldzuges wurde Paulus ab 30.5.1940 Oberquartiermeister 1, Chef der Operationsabteilung im Oberkommando des Heeres. Ab Januar 1942 Oberbefehlshaber der 6. Armee im Osten und ein erfolgreicher, zielstrebiger Heerführer, der die Armee mit Umsicht in entscheidenden Schlachten geführt hat. Dafür hoch ausgezeichnet, begann für den General und seine Soldaten nach Wiederaufnahme der Sommeroffensive 1942 der Angriff auf Stalingrad. Die Folgen dieser Schlacht sind Geschichte geworden, und der Name des Feldmarschalls ist damit aufs engste verbunden. Mögen verschiedene Meinungen herrschen, so muß hier für alle Zeiten festgestellt bleiben, daß Paulus nicht nur ein ausgezeichneter Soldat war, sondern auch Gehorsam, Ritterlichkeit und Pflichterfüllung seine Person prägten. Durch den aufopferungsvollen Kampf der 6. Armee in Stalingrad wurde die Heeresgruppe A im Kaukasus vor der Vernichtung bewahrt. Nach fast elfjähriger Gefangenschaft vom 31.1.1943 – 17.11.1953 verstarb Friedrich Paulus am 1.2.1957 in Dresden.

178. Eichenlaub am 15.1.1943 als Generaloberst und
Oberbefehlshaber der
6. Armee.

Major

Karl Willig

Geboren am 31.8.1908
in Niederneisen/Hessen.

†

Seit 1927 im Infanterieregiment 15, kam Willig nach dem Polen- und Westfeldzug im August 1940 in die 60. Infanteriedivision (mot.). Nach Einsatz der Division im Balkanfeldzug erwarb er sich besonders im Ostfeldzug höchste Verdienste, als diese, im Südabschnitt eingesetzt, bei den Kämpfen um Charkow sehr erfolgreich war. Hier zeichnete sich Willig, der das 2. Bataillon des Infanterieregiments 120 (mot.) führte, besonders aus. Die Verleihung des Ritterkreuzes würdigte seine Leistungen und die seines Bataillons in eindrucksvoller Weise. Im Bereich der 6. Armee beim Vormarsch nach Stalingrad beteiligt, wurde auch diese erfolgreiche Danziger Division eingeschlossen. Major Willig, als Führer einer Kampfgruppe bei den Kämpfen in Stalingrad wieder höchst bewährt, mußte in sowjetische Gefangenschaft gehen und kehrte aus dieser am 13.12.1949 zurück. Am 2.12.1977 verstarb er in Eschwege/Niedersachsen.

179. Eichenlaub am 18.1.1943 als Major und
Kommandeur des
2. Bataillons des
Grenadierregiments 120 (mot.), in der
60. Infanteriedivision (mot.).

Oberstleutnant

Günter Goebel

Geboren am 14.11.1917
in Hagen/Westfalen.

1936 ins Heer eingetreten und bei Kriegsbeginn 1939 in der 79. Infanteriedivision und als Adjutant des 3. Bataillons des Infanterieregiments 208 im West- und Balkanfeldzug. Anschließend im Ostfeldzug, erwarb er sich durch steten Einsatz, persönliche Tapferkeit und unbeugsamen Kampfgeist große Verdienste und wurde am 18.10.1941 mit dem Ritterkreuz ausgezeichnet. 1942 zur Generalstabsausbildung beim Armeeoberkommando 6, übernahm er beim Kampf um Stalingrad die Führung der „Kampfgruppe Goebel". In härtesten Kämpfen gelang ihm der Durchbruch zu deutschen Einheiten. Dabei verwundet, kam Goebel nach seiner Genesung 1943 an die Kriegsakademie Hirschberg in Schlesien, wurde 1944 Generalstabsoffizier in der 61. Infanteriedivision im Nordabschnitt der Ostfront und anschließend Ia beim 50. Armeekorps, sowie bei der 218. Infanteriedivision. 1945 führte er als Kommandeur das Infanterieregiment 189 in Kurland bis zum Kriegsende und war von Mai 1945 bis Oktober 1955 in russischer Kriegsgefangenschaft.

180. Eichenlaub am 18.1.1943 als Hauptmann und Führer der „Kampfgruppe Goebel" im Rahmen der 6. Armee.

Generalfeldmarschall

Günther von Kluge

Geboren am 30.10.1882
in Posen/Westpreußen.

Im Ersten Weltkrieg Offizier und schwer verwundet, war Kluge zu Beginn des Zweiten Weltkrieges Oberbefehlshaber der 4. Armee und führte diese gekonnt im Polen- und Westfeldzug. Dafür hoch ausgezeichnet, ging er mit dieser auch in den Ostfeldzug und war an allen Erfolgen der Heeresgruppe Mitte maßgeblich beteiligt. Ab 19.12.1941 zum Oberbefehlshaber der Heeresgruppe Mitte ernannt, bewies der Feldmarschall auch hier hohe Führereigenschaften und erreichte in kühnen Operationen schlachtentscheidende Erfolge von größter Bedeutung. Nach einem Autounfall in Rußland übernahm er nach seiner Genesung ab 2.7.1944 das schwere Amt des Oberbefehlshabers West. Am 16.8.1944 wurde der Feldmarschall abgelöst und in die Heimat befohlen. Auf der Fahrt nach Deutschland am 19.8.1944 wählte Günther von Kluge bei Metz/Lothringen den Freitod. Die deutsche Generalität wurde im harten Kriegsjahr 1944 hiermit durch ein weiteres tragisches Geschick schwer getroffen.

181. Eichenlaub	am 18. 1.1943 als	Generalfeldmarschall und Oberbefehlshaber der Heeresgruppe Mitte.
40. Schwerter	am 29.10.1943 als	Generalfeldmarschall und Oberbefehlshaber der Heeresgruppe Mitte.

Oberst im Generalstab

Waldemar von Gazen genannt Gaza

Geboren am 6.12.1917
in Hamburg.

Gaza zählte zu den schneidigsten und besten Heeresoffizieren im Zweiten Weltkrieg, und seine Leistungen waren mitentscheidend für die Erfolge der 13. Panzerdivision. 1936 ins Infanterieregiment 66, das spätere Schützen- bzw. Panzergrenadierregiment 66, eingetreten, wurde er hier zum herausragenden Frontoffizier. 1940 Chef der 2. Kompanie, 1942 Führer des 1. Bataillons, ab April 1943 Führer und ab 28.8.1943 schließlich Kommandeur des Regiments. Schon in den Feldzügen gegen Polen und im Westen bewährt, waren seine Kampferfolge im Süden der Ostfront im Gebiet Melitopol, Oktoberfeld usw. schlachtentscheidend und gehörten zu den größten Taten der Panzergrenadiere im Ostfeldzug. Durch vorbildliche Führung, Tapferkeit und rücksichtslosen Einsatz seiner Person gelangen diese einmaligen Waffentaten. Die Ernennung des fünfundzwanzigjährigen Offiziers zum Regimentskommandeur unterstreicht deutlichst sein Können und war in der deutschen Wehrmacht wohl eine Einmaligkeit. Bei den harten Abwehrkämpfen verwundet, erfolgte nach Genesung ab 1.8.1944 seine Versetzung in den Generalstab des Heeres, wo Gaza bis zum Kriegsende seine Soldatenpflicht erfüllte und sich danach bis 1946 in Kriegsgefangenschaft befand.

182. Eichenlaub	am 18. 1.1943	als	Hauptmann und Führer des 1. Bataillons des Panzergrenadierregiments 66 und Führer einer Kampfgruppe in der 13. Panzerdivision.
38. Schwerter	am 3.10.1943	als	Major, für die Leistungen als Führer des Panzergrenadierregiments 66, in der 13. Panzerdivision.

General der Gebirgstruppe

Hans Kreysing

Geboren am 17.8.1890
in Göttingen/Hannover.

†

Ausgezeichneter Offizier im Ersten Weltkrieg, führte Kreysing ab 6.10.1936 als Kommandeur das Infanterieregiment 16, mit dem er im Polen- und besonders im Westfeldzug entscheidende Kampferfolge aufwies. Dafür am 29.5.1940 mit dem Ritterkreuz ausgezeichnet, übernahm er ab 23.10.1940 als Kommandeur die 3. Gebirgsdivision. Mit dieser seit 1941 an der Eismeerfront und im Nordabschnitt der Ostfront in härtesten Kämpfen bewährt, wurde ihm ab 1.11.1943 die Führung des 17. Armeekorps als dessen Kommandierender General übertragen. Auch in dieser Führungsstellung zeigte der General bei den schweren Einsätzen in Rumänien und Ungarn Können und Umsicht in oft schwierigsten Lagen. Hohe Führereigenschaften, Tapferkeit und Verständnis prägten seine Persönlichkeit und reihen ihn zu den bedeutenden Truppenführern des deutschen Heeres im Zweiten Weltkrieg. Von der Truppe geachtet und verehrt, bewies der General auch als Führer der 8. Armee, mit deren Führung er seit 28.12.1944 betraut war, bei den Abwehrkämpfen an der Westfront gegen weit stärkere Feindkräfte, Übersicht und Standhaftigkeit und zeitigte mit seinen Soldaten noch manche Erfolge. Von 1945 bis 1948 befand er sich in Kriegsgefangenschaft im Westen und verstarb am 14.4.1969 in Oldenburg/Niedersachsen.

183. Eichenlaub	am 18.1.1943	als	Generalleutnant und Kommandeur der 3. Gebirgsdivision.
63. Schwerter	am 13.4.1944	als	General der Gebirgstruppe und Kommandierender General des 17. Armeekorps.

Oberstleutnant

Reinhard Günzel

Geboren am 2.2.1907
in Posen/Westpreußen.

†

Günzel, seit 1935 in der Luftwaffe und schon 1939 in Polen und 1940 im Westen als Kampfflieger im Kampfgeschwader 27 „Boelcke" im Einsatz, erreichte dann im Ostfeldzug große Erfolge, und die hohen Auszeichnungen an ihn beweisen das zur Genüge. Als Kommandeur der 2. Gruppe wurde er in hunderten Feindflügen zum Vorbild seiner Flieger und bewies immerzu Können, Tapferkeit und Einsatzwillen. Schon zu Beginn des Ostfeldzuges zählte die Gruppe, in unermüdlichen Einsätzen fliegend, zu wertvollen Kampfgefährten der Heereseinheiten und trug wesentlich zu den Gesamterfolgen der Unternehmungen im Südabschnitt der Ostfront bei. Günzel, durch seine Erfahrungen, steten Angriffsgeist und überdurchschnittliche fliegerische Begabung zu einem der Besten im Geschwader geworden, wurde 1945 noch Kommodore eines Schlachtgeschwaders, überlebte den Krieg und verstarb am 5.12.1970 in Berlin.

184. Eichenlaub am 21.1.1943 als Major und
Kommandeur der
2. Gruppe des
Kampfgeschwaders 27 „Boelcke".

Leutnant

Hugo Primozic

Geboren am 16.2.1914
in Backnang/Württemberg.

Seit 1.4.1934 Artillerist, zu Kriegsbeginn in der 2. Batterie des Artillerieregiments 152 und mit dieser im Westfeldzug eingesetzt, meldete sich Primozic am 1.4.1941 freiwillig zur Sturmartillerie. Im Mai 1942 zur Sturmgeschützabteilung 667 nach Jüterbog/Brandenburg versetzt und ab Juli mit dieser an der Ostfront, erreichte er hier in unermüdlicher Tapferkeit im Kampf gegen überlegene Panzerkräfte des Gegners mit seinem Geschütz einmalige Erfolge von schlachtentscheidender Bedeutung. Besonders im Kampfraum Rshew waren die Kampfleistungen dieses bescheidenen und mutigen Sturmartilleristen von überzeugender Einmaligkeit. Als erster Soldat aus dem Mannschaftsstand des Heeres erhielt Oberwachtmeister Primozic für diese Taten das Eichenlaub verliehen. Auf Grund seines Könnens wirkte der erfahrene Offizier ab 1.2.1943 als Ausbilder und Hörsaalleiter an der Sturmartillerieschule Burg und stand in den letzten Kriegswochen als Batterieführer in der Sturmartilleriebrigade Burg im Einsatz bei den Kämpfen im Raum Magdeburg und Berlin. Vom 8.5. – 1.8.1945 war Hugo Primozic in amerikanischer Kriegsgefangenschaft.

185. Eichenlaub am 25.1.1943 als Oberwachtmeister und
Zugführer in der
2. Batterie der
Sturmgeschützabteilung 667,
unter gleichzeitiger Beförderung zum Leutnant.

Oberst im Generalstab

Willy Riedel

Geboren am 10.11.1909
in Liegnitz/Schlesien.

Riedel kam 1935 ins Infanterieregiment 84 und 1941 in die 297. Infanteriedivision. Bewährt in den Feldzügen gegen Polen, Frankreich und die Sowjetunion, stuften die soldatischen Leistungen dieses tapferen Offiziers besonders an der Ostfront auf höchster Ebene. Als Kommandeur des 3. Bataillons des Grenadierregiments 524 bewies Riedel bei den schweren Kämpfen südlich von Stalingrad gegen zahlenmäßig weit überlegene Feindkräfte hervorragende Führereigenschaften und außergewöhnlichen Mut. Trotz zweimaliger Verwundung blieb er bei seinen Grenadieren und zeigte große Beispiele von Können und Kameradschaft. Aufgrund seiner immer wieder bewiesenen hohen Eigenschaften in Führung und Einsatz erfolgte 1943 seine Versetzung in den Generalstab des Oberkommandos des Heeres, wo er bis zum Kriegsende als pflichtbewußter Offizier noch hohes Verantwortungsbewußtsein und Vaterlandstreue zu Tage legte.

186. Eichenlaub am 25.1.1943 als Hauptmann und Kommandeur des 3. Bataillons des Grenadierregiments 524, in der 297. Infanteriedivision.

Major

Georg Michael

Geboren am 10.2.1917
in Hamburg.

1936 ins Heer eingetreten, im Polenfeldzug Zugführer in der 1. Schwadron des Reiterregiments 2 und im Westfeldzug Zugführer in der 6. Schwadron des Reiterregiments 22. Tapferer und unerschrockener Offizier und für die Erfolge im Westen hoch ausgezeichnet, war er zu Beginn des Rußlandkrieges bereits Chef der 6. Schwadron. Nach Umrüstung der 1. Kavalleriedivision zur 24. Panzerdivision, führte Michael nicht nur die 6. Kompanie des Panzergrenadierregiments 26, sondern zeitweise auch das 2. Bataillon. Nach härtesten Einsätzen im Raume Stalingrad schwer verwundet, übernahm er nach Genesung ab August 1943 als Kommandeur das 2. Bataillon des Panzergrenadierregiments 26 der nun neuaufgestellten 24. Panzerdivision. Ruhe und Kaltblütigkeit umrissen das Bild dieses vorbildlichen Offiziers und Kämpfers, der seiner am 17.1.1944 in vorderster Front im Raume Nikopol im Südabschnitt der Ostfront erlittenen achten Verwundung am 18.1.1944 erlegen ist. Das deutsche Heer betrauerte den Tod eines Offiziers, dessen hohe soldatische Werte und Opferbereitschaft in allen Kämpfen beachtenswert waren und der in jeder Weise zu den Besten zählte.

187. Eichenlaub am 25.1.1943 als Oberleutnant der Reserve und
Führer des
2. Bataillons des
Panzergrenadierregiments 26, in der
24. Panzerdivision.

Oberst

Gustav Preßler

Geboren am 13.10.1912
in Hamburg.

Seit 1934 in der Luftwaffe, ab 1.4.1939 Staffelkapitän der 4. Staffel des Stukageschwaders 77 und mit dieser im Einsatz im Polen- und Westfeldzug, wurde Preßler ab Oktober 1940 mit dem Aufbau der Stuka-Ergänzungsgruppe Lippstadt/Westfalen beauftragt. Ab Februar 1941 als Geschwader I a wieder im Stukageschwader 77, nahm er am Balkanfeldzug teil und flog anschließend an der Ostfront. Ab 23.9.1941 kam der durch hohe Kampfleistungen und persönliche Tapferkeit aufgefallene Offizier ins Stukageschwader 2 „Immelmann", führte dort die 3. Gruppe und wurde ab 1.10. deren Kommandeur. In unermüdlichen Einsätzen wurde er mit seiner Gruppe zu einer wertvollen Frontstütze, die den schwer kämpfenden Heereseinheiten immer wieder Rückhalt und Entlastung schuf. Seinen Fliegern in Kampf und Führung stets leuchtendes Vorbild, beweisen hunderte Feindflüge Preßlers äußersten Einsatz und hohe Disziplin. Mit Dezember 1942 zum Führer des Stukageschwaders 1 ernannt und ab 1.4.1943 dessen Kommodore, führte er auch dieses Geschwader zu großen Waffentaten. Ab April 1944 als Ausbildungsleiter bei der bulgarischen Luftwaffe in Sofia tätig, erfolgte ab 1.9.1944 seine Ernennung zum Kommodore des Schlachtgeschwaders 104. Auch in diesen Dienststellungen waren seine Leistungen als Soldat und Offizier gekonnt und einmalig.

188. Eichenlaub am 26.1.1943 als Major, für die Leistungen als
Hauptmann und
Kommandeur der
3. Gruppe des
Stukageschwaders 2 „Immelmann".

Generalleutnant

Carl Rodenburg

Geboren am 17.5.1894
in Geestemünde/Hannover.

Rodenburg, schon im Ersten Weltkrieg bewährter Offizier, bekleidete 1938 das Amt des Kommandeurs im Lehrstab der Infanterieschule zu Döberitz. Ab 1.1.1940 übernahm er als Kommandeur das Infanterieregiment 203 und führte dieses geschickt im West- und Ostfeldzug. In Rußland wurde er ab 26.1.1942 Führer der 76. Infanteriedivision. Als deren Kommandeur ab 1.4.1942, bestach die gekonnte und schwungvolle Führungsart des Generals, beruhten doch auf jenen Grundlagen manche Gesamterfolge der Division. In wechselvollen Kämpfen führte ihr Weg bis nach Stalingrad, wo sich das unheilvolle Schicksal dieser hochbewährten, tapfer kämpfenden Truppe und ihres Kommandeurs in trauriger Weise erfüllte. Im Rahmen der 6. Armee erfolgte am 31.1.1943 die Kapitulation, und General Rodenburg mußte sich in Gefangenschaft begeben, aus der er am 10.10.1955 nach Deutschland zurückkehrte.

189. Eichenlaub am 31.1.1943 als Generalleutnant, für die Leistungen als Kommandeur der 76. Infanteriedivision.

Hauptmann

Reinhold Knacke

Geboren am 1.1.1919
in Strelitz/Mecklenburg.

Ein Flugzeugführer, der schon im Jahre 1939 in der 1. Gruppe des Zerstörergeschwaders 1 unter dem bekannten Hauptmann Falck geflogen ist. Falcks Verdienste um die deutsche Nachtjagd sind ja bekannt, wurde doch seine Gruppe zum Stamm des Nachtgeschwaders 1. Knacke wurde in dieser Gruppe zu einem der erfolgreichsten Nachtjäger und führte ab dem Jahre 1942 als Staffelkapitän die 3. Staffel. In pausenlosen Einsätzen – Nacht für Nacht im Kampf mit den englischen Bomberverbänden, erzielte er viele Nachtluftsiege und gehörte bei seinem Tod zu den erfolgreichsten Piloten der deutschen Nachtjagd. Das tapfere Leben dieses bescheidenen Fliegers endete am 3.2.1943 nach einem nächtlichen Luftkampf über Holland. Die Luftwaffe trauerte um einen Offizier, den Kameradschaft und Vaterlandsliebe in jeder seiner Handlungen prägten.

190. Eichenlaub am 7.2.1943 nach dem Tode, für die Leistungen als
Hauptmann und
Staffelkapitän der
3. Staffel des
Nachtjagdgeschwaders 1.

Major

Erwin Fischer

Geboren am 14.8.1912
in Bühlau/Sachsen.

In der Eichenlaubverleihung an diesen bewährten Fernaufklärer widerspiegeln sich die großen Leistungen dieser Flieger, welche im Laufe des Krieges in den stillen Hintergrund gedrängt wurden. Für die Operationen der Führung von größter Wichtigkeit und unentbehrlich, trugen die Aufklärungsflieger oft zum Gelingen so manchen Schlachterfolges bei. Weite, entbehrende Flüge und aufreibende Luftkämpfe mit feindlichen Fliegern waren oft und oft Bedingungen für gute Aufklärungsergebnisse. Fischer, seit 1935 in der Luftwaffe, flog schon zu Kriegsbeginn in der 1. Staffel der Fernaufklärungsgruppe 121 und war dann ab 1.4.1942 deren Staffelkapitän. Die Art dieses tapferen Offiziers, durch hohes Können, Bereitwilligkeit und Kameradschaft besonders geprägt, beeindruckte in all' seinem Wirken als Flieger und Vorgesetzter. Seine Aufklärungsflüge über Polen, Frankreich, Norwegen, England, dem Balkan, Mittelmeer, Afrika und der Oderfront – um nur einige Einsatzgebiete zu nennen, waren von außergewöhnlicher Bedeutung und stuften auf höchster Ebene. Im Jahre 1943 wurde Fischer Kommodore des Nahaufklärungsgeschwaders 102, führte ab November 1944 als Kommodore gleichzeitig das Fernaufklärungsgeschwader 103 und befand sich von Mai bis August 1945 in britischer Kriegsgefangenschaft.

191. Eichenlaub am 8.2.1943 als Hauptmann und
Staffelkapitän der
1. Staffel der
Fernaufklärungsgruppe 121.

Oberstleutnant

Hermann Hogeback

Geboren am 25.8.1914
in Oberstein/Pfalz.

Hogeback zählte zu den höchstausgezeichneten Kampffliegern. 1935 in die Luftwaffe gekommen und schon höchst bewährt bei der „Legion Condor" in Spanien, waren seine Kampfleistungen im Zweiten Weltkrieg, wo er im Lehrgeschwader 1 an allen Kriegsschauplätzen im Einsatz stand, von überzeugender Einmaligkeit. Ob über Polen, Frankreich, England, am Balkan, im Mittelmeerraum, Afrika oder Rußland, überall hatte er entscheidenden Anteil an den Gesamterfolgen des Geschwaders. Herausragend seine Erfolge in Afrika, gegen Schiffsziele im Mittelmeer und beim Kampf um die russische Festung Sewastopol. Ab Jänner 1941 Staffelkapitän der 8. Staffel und ein Jahr später Kommandeur der 3. Gruppe, war er ein Offizier, auf den seine Flieger in Stolz und Anerkennung blickten. Ende 1942 wurde die 3. Gruppe des Lehrgeschwaders 1 in 3. Gruppe Kampfgeschwader 6 umbenannt und stellte den Stamm für das neue Kampfgeschwader 6, dessen Kommodore Hogeback ab Juni 1943 wurde. Hier flog der Kommodore mit seinem Geschwader wieder harte Einsätze gegen England, und das Kampfgeschwader 6 verblieb unter seiner Führung als eines der wenigen Kampfgeschwader bis Ende 1944 an der Front im Westen. In hunderten Feindflügen waren seine gezeigten Beispiele an Tapferkeit, Können und Kameradschaft bezeichnend und einmalig. Als einzige Kampffliegerbesatzung der Luftwaffe trugen alle vier Männer der Ju 88 Besatzung Hogeback das Ritterkreuz, was den gemeinsamen Kampfgeist dieser Flieger ausdrucksvoll verdeutlicht. Im Januar 1945 erfolgte die Umrüstung der 3. Gruppe auf den Düsenjäger Me 262 und die damit verbundene Umschulung der Kampfflieger zu Jagdfliegern. Nach Kriegsende war Hogeback von Mai bis September in amerikanischer Kriegsgefangenschaft.

192. Eichenlaub	am 19.2.1943	als	Hauptmann, für die Leistungen als Kommandeur der 3. Gruppe des Lehrgeschwaders 1.
125. Schwerter	am 26.1.1945	als	Oberstleutnant und Kommodore des Kampfgeschwaders 6.

Oberst

Helmut Bruck

Geboren am 16.2.1913
in Kittlitztreben/Schlesien.

1935 zur Luftwaffe gekommen, im Polenfeldzug bereits Staffelkapitän der 1. Staffel des Stukageschwaders 77 und anschließend im Westfeldzug, am Kanal und gegen England besonders erfolgreich, wurde Bruck in den folgenden Jahren zu einer bedeutenden Führerpersönlichkeit der Stukawaffe. Ab August 1940 Kommandeur der 1. Gruppe des Stukageschwaders 77, führte er diese 1941 im Balkanfeldzug und beim Kampf um Kreta in hervorragender Weise. Danach im Osten, bewies er durch Kühnheit und Tatkraft, sowie durch hohes fliegerisches Können und ständige Einsatzbereitschaft, daß er zu den besten Stukafliegern gehörte. Ab Februar 1943 erfolgte seine Ernennung zum Kommodore des Geschwaders, und dessen Erfolge gipfelten in der Führungskunst und im Vorbild des Kommodores. Fast 1.000 Feindflüge unterstreichen deutlich den unbändigen Einsatz dieses vorbildlichen Frontoffiziers. Ab Februar 1945 führte Bruck als Kommodore das Schlachtgeschwader 151 und wurde im April 1945 noch General der Schlachtflieger Nord. Eine wohl bemerkenswerte soldatische Laufbahn eines Offiziers mit höchsten Idealen.

193. Eichenlaub am 19.2.1943 als Hauptmann und
Kommandeur der
1. Gruppe des
Stukageschwaders 77.

Oberst der Reserve

Alfons König

Geboren am 29.12.1898
in München.

Im Ersten Weltkrieg Kriegsfreiwilliger, erwarb sich König im Zweiten Weltkrieg als Offizier hohe Verdienste. Schon im Polen- und Westfeldzug, als Chef der 6. Kompanie des Infanterieregiments 199 „List", bewies er Mut und hohen persönlichen Einsatz und wurde dafür hoch ausgezeichnet. Mit Beginn des Rußlandfeldzuges kam auch die 57. Infanteriedivision in den Osten und hatte härteste Kämpfe zu bestehen. Hauptmann der Reserve König, Kommandeur des 3. Bataillons des Grenadierregiments 217, rettete durch beherzte Führung und mutiges Eingreifen oft verloren scheinende Lagen und war ruhender Pol im schwersten Kampfgetümmel. Bei der Räumung von Woronesch konnte er die Umklammerungsversuche des Feindes mit seinen Grenadieren vereiteln und schlug sich mit ihnen nach wochenlangen Kämpfen durch die feindlichen Linien zu den deutschen Hauptkräften durch. In Achtung und Bewunderung blickte die Division auf diesen tüchtigen Frontoffizier. Auch als Kommandeur des Grenadierregiments 199 „List", bestach König durch Tapferkeit und Führungskunst und bereinigte mit seinem Regiment oftmals heikle Krisen an verschiedenen Frontabschnitten. Bei den schweren Abwehrkämpfen nördlich von Rogatschew im Kessel von Bobruisk im Mittelabschnitt der Ostfront endete am 8.7.1944 das Leben dieses tapferen Offiziers und beispielgebenden Soldaten.

194. Eichenlaub	am 21.2.1943	als	Hauptmann der Reserve und Kommandeur des 3. Bataillons des Grenadierregiments 217, in der 57. Infanteriedivision.
70. Schwerter	am 9.6.1944	als	Oberstleutnant der Reserve und Kommandeur des Grenadierregiments 199 „List", in der 57. Infanteriedivision.

SS Brigadeführer und Generalmajor der Waffen SS

Kurt Meyer

Geboren am 23.12.1910
in Jerxheim/Braunschweig.

†

Seit 1934 in der Leibstandarte, zählte Kurt Meyer wohl zu den bekanntesten Männern der späteren Waffen SS. Auf allen Kriegsschauplätzen aufs höchste bewährt, führte er 1939 in Polen als Chef die Panzerabwehrkompanie und 1940 im Westfeldzug die Kradschützenkompanie. Im Balkanfeldzug Kommandeur der Aufklärungsabteilung und für die Erfolge in Griechenland hoch ausgezeichnet, führte er die Abteilung dann auch im Ostfeldzug beispielgebend und mitreißend. Alle Unternehmungen der Division Leibstandarte SS „Adolf Hitler" sind mit der Person „Panzermeyers", wie er in der Waffen SS genannt wurde, aufs engste verbunden. Tapferkeit, Schneid und geballte Energie waren die tragenden Elemente seiner außergewöhnlichen Kampfleistungen. Als im Juli 1943 in Belgien die Aufstellung der SS Panzergrenadierdivision „Hitlerjugend" erfolgte, war er daran maßgeblich beteiligt. Ab 30.10.1943 wurde diese dann in 12. SS Panzerdivision „Hitlerjugend" umbenannt, und Meyer führte als Kommandeur das SS Panzergrandierregiment 25. Nach Landung der westlichen Invasionstruppen in Frankreich am 6.6.1944 schlug sich die Division hervorragend bei den Kämpfen um Caen und Falaise. Meyer, seit 16.6.1944 Kommandeur der Division, wurde mit dieser zu einem Bollwerk der Front. Am 6.9.1944 geriet er verwundet in Gefangenschaft und wurde ihn entwürdigenden Schauprozessen zum Tode verurteilt. Nach zehn Jahren erfolgte schließlich seine Entlassung nach Deutschland, wo er am 23.12.1961 in Hagen/Westfalen verstorben ist.

195. Eichenlaub	am 23.2.1943	als SS Obersturmbannführer und Kommandeur der SS Aufklärungsabteilung 1, in der SS Panzerdivision Leibstandarte SS „Adolf Hitler".
91. Schwerter	am 26.8.1944	als SS Oberführer und Kommandeur der 12. SS Panzerdivision „Hitlerjugend".

Oberleutnant

Paul Gildner

Geboren am 1.2.1914
in Nimptsch/Schlesien.

Gildner, seit 1933 Soldat und ab 1937 in der Luftwaffe, kam 1939 als Flugzeugführer in die 1. Gruppe des Zerstörergeschwaders 1 und flog hier Einsätze in Polen, Norwegen und im Westen. Die Gruppe, dann zum Stamm des Nachtjagdgeschwaders 1 geworden, hatte in Paul Gildner einen tüchtigen und besonders erfolgreichen Piloten, der in vielen nächtlichen Luftkämpfen als Sieger hervorging und im Geschwader auch ein sehr beliebter Kamerad gewesen ist. Er war der erste Ritterkreuzträger der Nachtjagd aus dem Mannschaftsstand, und die Beförderung vom Oberfeldwebel zum Oberleutnant am 1.4.1942 unterstreicht in Deutlichkeit Gildners soldatische Werte. Können, Mut und Einsatzbereitschaft waren nur einige der wertvollen Eigenschaften, in denen seine Erfolge den Ursprung hatten. Das Fliegerschicksal griff nach einem der Besten der deutschen Nachtjagd, als er am 24.2.1943 infolge eines Motorbrandes mit seinem Flugzeug über Gilze Rijn in Holland tödlich abstürzte.

196. Eichenlaub am 26.2.1943 nach dem Tode, für die Leistungen als Oberleutnant und Flugzeugführer in der 3. Staffel des Nachtjagdgeschwaders 1.

Oberst

Werner Streib

Geboren am 13.6.1911
in Pforzheim/Baden.

Streib trat 1936 in die Luftwaffe ein, flog 1939 ebenfalls in der 1. Gruppe des Zerstörergeschwaders 1, später Nachtjagdgeschwader 1, und war ab Juni 1940 Staffelkapitän der 2. Staffel. Werner Streib leistete für die deutsche Nachtjagd wertvolle Aufbauarbeit, und die Luftwaffe verdankt ihm auf diesem Gebiet auf Grund seiner Beharrlichkeit und Ausdauer viele bahnbrechende Neuerungen. Unermüdlich im Einsatz, zählte er mit seinen vielen erzielten Nachtluftsiegen zu den Erfolgreichsten im Spitzenfeld der Nachtjäger und wurde im Laufe des Krieges eine der herausragenden Führerpersönlichkeiten der Nachtjagd. Mit seiner kameradschaftlichen und herzlichen Art erfreute er sich besonderer Beliebtheit und war in allen Belangen ein vorbildlicher Offizier. Ab Oktober 1940 führte er als Kommandeur die 1. Gruppe des Nachtjagdgeschwaders 1 und ab Juli 1943 als Kommodore das Geschwader. Die außergewöhnlichen Leistungen des Nachtjagdgeschwaders 1 gegen die Nacht für Nacht über Deutschlands Himmel angreifenden britischen Bomberflotten stehen in ihrer Einmaligkeit in der Geschichte der Reichsverteidigung verankert und sind mit dem Können des bewährten Kommodores untrennbar verbunden. Ab März 1944 wurde Streib zum Inspekteur der Nachtjäger ernannt, und nach Kriegsende befand er sich bis 1946 in Kriegsgefangenschaft im Westen.

197. Eichenlaub	am 26.2.1943	als	Major und Kommandeur der 1. Gruppe des Nachtjagdgeschwaders 1.
54. Schwerter	am 11.3.1944	als	Major, für die Leistungen als Kommodore des Nachtjagdgeschwaders 1.

Hauptmann der Reserve

Ludwig Becker

Geboren am 22.8.1911
in Dortmund/Westfalen.

Becker war vor dem Krieg Fluglehrer und Einflieger, trat 1939 in die Luftwaffe ein und wurde zum Jagd- und Sturzkampfflieger ausgebildet. Nach dem Westfeldzug kam er zur Nachtjagd, und zwar als Flugzeugführer in die 2. Gruppe des Nachtjagdgeschwaders 1. Auf Grund seiner Erfolge und vielen Nachtluftsiege wurde er zum „Techniker" der Nachtjagd, und viele junge Piloten gingen durch seine „Schule". Ab Oktober 1941 führte Becker als Staffelkapitän die 12. Staffel und war in unermüdlichen Einsätzen ein hervorragender Pilot und beispielgebender Offizier, dessen Können, Tapferkeit und Verständnis in allen Kreisen höchste Anerkennung fanden. An dem Tage, an welchem ihm das Eichenlaub verliehen wurde, kehrte er von einem Tageinsatz gegen amerikanische Bomber über der Nordsee nicht mehr zurück. Tiefe Trauer erfüllte die Herzen der deutschen Nachtjäger ob dieses großen Verlustes.

198. Eichenlaub am 26.2.1943 als Hauptmann der Reserve und
Staffelkapitän der
12. Staffel des
Nachtjagdgeschwaders 1.

Oberstleutnant

Werner Baumgarten-Crusius

Geboren am 29.1.1919
in Dresden.

Dieser junge Offizier kämpfte schon als Zugführer der 3. Kompanie des Infanterieregiments 10, dem er seit 1937 angehörte, im Polen- und Westfeldzug. Ab Oktober 1940 zum Ordonnanzoffizier im Infanterieregiment 156 (mot.) ernannt, erfolgte der anschließende Einsatz am Balkan. Im Osten ab Oktober 1941 Führer und ab Dezember Chef der 5. Kompanie, bewährte er sich in den schweren Wintermonaten bei den Kämpfen im Dongebiet in einmaliger Weise. Zeitweise auch das 1. Bataillon führend, wurde Baumgarten-Crusius ab 28.2.1943 dessen Kommandeur. Durch beispielhaften Mut und richtiges, entscheidendes Handeln zwang er den Erfolg stets auf seine Seite. Von Mai 1943 bis Juli 1944 war der bewährte Offizier Taktiklehrer an der Infanterieschule Posen/Westpreußen, kam dann bis August zur Generalstabsausbildung zur 218. Infanteriedivision an die Kurlandfront und war September/Oktober Taktiklehrer an der Panzertruppenschule Groß-Glienicke/Berlin. Ab November übernahm er als Kommandeur das Ersatzbataillon der 116. Panzerdivision und ab 16.12. das 1. Bataillon des Panzergrenadierregiments 156. Mit diesem im Einsatz an der Westfront bei der Ardennenoffensive, geriet Werner Baumgarten-Crusius am 25.12.1944 in amerikanische Gefangenschaft, aus der er am 14.9.1945 entlassen wurde.

199. Eichenlaub am 27.2.1943 als Oberleutnant und
Führer des
1. Bataillons des
Grenadierregiments 156 (mot.), in der
16. Infanteriedivision (mot.).

SS Brigadeführer und Generalmajor der Waffen SS

Fritz Witt

Geboren am 27.5.1908
in Hohenlimburg/Westfalen.

Fritz Witt kam 1933 in die Leibstandarte und übernahm 1938 als Kommandeur das 1. Bataillon der SS Standarte „Deutschland". Nach Einsatz im Polen- und Westfeldzug kam er wieder zur Leibstandarte und wurde Kommandeur des 3. Bataillons. Nach erfolgreichen Kämpfen am Balkan und in Rußland, wurde der tapfere Offizier dort im Juli 1942 Führer des SS Panzergrenadierregiments 1 der Leibstandarte SS „Adolf Hitler" und ab Jänner 1943 dessen Kommandeur. Seine Furchtlosigkeit und Ruhe, gepaart mit geschickter und wendiger Führereigenschaft, ermöglichten dem Regiment auch gegen weit stärkere Feindkräfte große Erfolge. Der Kommandeur war stets Kamerad und Vorbild seiner Männer, und es war kein Zufall, daß man Fritz Witt mit der Aufstellung der SS Panzergrenadierdivision „Hitlerjugend" betraute. Im Juli 1943 übernahm er dieses Kommando im Westen, und nicht ganz ein Jahr später kämpfte er mit der 12. SS Panzerdivision „Hitlerjugend" in einmaligem Opfermut gegen die gelandeten Invasionstruppen in Frankreich. Hier ließ er auch am 14.6.1944 sein Leben, und Kurt Meyer übernahm die Führung der Division.

200. Eichenlaub am 1.3.1943 als SS Standartenführer und Kommandeur des SS Panzergrenadierregiments 1, in der SS Panzerdivision Leibstandarte SS „Adolf Hitler".

Generalleutnant

Hans Mikosch

Geboren am 7.1.1898
in Kattowitz/Oberschlesien.

Mikosch, Kriegsfreiwilliger und Offizier im Ersten Weltkrieg und seit 1.10.1937 Kommandeur des Pionierbataillons 51, führte dieses in einmaliger Weise im Westfeldzug und zeichnete sich bei der Eroberung des belgischen Sperrforts Eben Emael besonders aus. Ging dann als hoch ausgezeichneter Offizier mit seinem Bataillon in den Ostfeldzug, wo die Pioniere hohe Einsatzleistungen boten. Als Führer einer Kampfgruppe im Raume Stalingrad bewies Mikosch Ausdauer und Hartnäckigkeit gegen einen an Menschen und Material weit überlegenen Gegner und hielt hier in bestechender Art die Front. Ab 1.3.1943 in der Führerreserve des Oberkommandos des Heeres, ab 2.10. Führer der 10. Panzergrenadierdivision, ab 23.10. Führer und ab 25.5.1944 Kommandeur der 13. Panzerdivision. Anschließend ab 18.6. Kommandant von Boulogne/Frankreich, ab 28.8. Höherer Pionierführer 13 und gleichzeitig ab 1.10. Kommandant der Befestigungen in Ostpreußen. In diesen Kommandostellungen zeigte der General hohes Fachwissen und leistete in schwerster Zeit sehr viel für die Front. Vom 8.4.1945 – 3.10.1955 war er in sowjetischer Kriegsgefangenschaft.

201. Eichenlaub am 6.3.1943 als Oberst, für die Leistungen als Führer einer Kampfgruppe im Raume Stalingrad.

Oberst

Walter Scheunemann

Geboren am 26.3.1909
in Bankau/Westpreußen.

Seit 1936 im Heer, im Polenfeldzug im Infanterieregiment 50, danach in der 93. Infanteriedivision und bereits 1940 im Westfeldzug für den Einbruch seiner 9. Kompanie des Infanterieregiments 272 in die Sperrzone der Maginotlinie hoch ausgezeichnet, ging Scheunemann mit dieser auch in den Ostfeldzug und bewährte sich mit seinen Grenadieren im Nordabschnitt der Ostfront in außergewöhnlicher Weise. Durch Entschlossenheit und Tapferkeit war er seinen Soldaten stetes Vorbild und erreichte durch wendige Führung in oft aussichtslosen Lagen noch bedeutsame Erfolge. Nach diesen Leistungen als Kommandeur des 1. Bataillons wurde er sogar mit der Führung des Regiments betraut und stellte 1944 als Kommandeur des Grenadierregiments 50 erneut seine hohen soldatischen Fähigkeiten unter Beweis. Das Kriegsende erlebte Oberst Scheunemann mit diesem Regiment im süddeutschen Raum.

202. Eichenlaub am 6.3.1943 als Hauptmann und Kommandeur des 1. Bataillons des Grenadierregiments 272, in der 93. Infanteriedivision.

Generalleutnant

Gustav Schmidt

Geboren am 24.4.1894
in Carsdorf/Thüringen.

Offizier im Ersten Weltkrieg und schwer verwundet, führte Schmidt ab 12.10.1937 als Kommandeur das 2. Bataillon des Infanterieregiments 59 und ab 10.9.1939 als Kommandeur das Infanterieregiment 74. Nach dem Polenfeldzug zeichnete er sich mit diesem im Westfeldzug bei den Fluß- und Kanalübergängen im Gebiet der Marne besonders aus. Dafür hoch ausgezeichnet, wurde er ab 1.10.1940 Kommandeur der Schützenbrigade 19, mit der er an der Ostfront große Erfolge erreichte. Ab April 1942 zum Kommandeur der 19. Panzerdivision ernannt, bewies der General hier schwungvollen Angriffsgeist und einmalige Härte bei den immer wieder erbitterten Abwehrkämpfen. Durch vorbildliche Haltung und kluge Übersicht stuften die Einsatzerfolge der Division auf höchster Ebene und hatten ihren Ursprung in den ausgeprägten soldatischen Fähigkeiten des Kommandeurs. Sein Leben endete an der Spitze seiner Division am 7.8.1943 bei Abwehrkämpfen im Raume Charkow im Südabschnitt der Ostfront. Das deutsche Heer trauerte um einen hervorragenden Frontgeneral.

203. Eichenlaub am 6.3.1943 als Generalleutnant und
Kommandeur der
19. Panzerdivision.

Oberstleutnant der Reserve

Dr. Eberhard Zahn

Geboren am 2.1.1910
in Barmen/Westfalen.

Dr. Zahn setzte im Kriege in der Waffengattung der Panzer- und Panzerabwehrtruppe Maßstäbe von eindrucksvoller Bedeutung. Seit 1939 in der Panzerabwehrabteilung 33, nahm er am Westfeldzug teil und wurde anschließend ein aufs höchste bewährter Afrikakämpfer und Teilnehmer dieses Feldzuges vom ersten bis zum letzten Tag. Als Zugführer und Abteilungsadjutant bewährte er sich in vielen Einsätzen, besonders im Kampf gegen britische Panzereinheiten, und bewahrte durch Mut und entschlossenes Handeln die 15. Panzerdivision vor drohenden Gefahren. Ab Juni 1942 Chef der 2. Kompanie, ab September Führer und ab Juni 1943 Kommandeur der Abteilung, blickte das Deutsche Afrika Korps in Stolz auf die Leistungen dieses begnadeten Offiziers, der ab 12.7.1943 im Stab der 1. Panzerarmee bei den Kämpfen auf Sizilien erneut seine großartigen soldatischen Fähigkeiten unter Beweis stellte. Ab Oktober in der Führerreserve des Oberkommandos des Heeres, wurde Dr. Zahn dann jeweils ab: 28.12. Kommandeur der schweren Heeres-Panzerjägerabteilung 88, 23.9.1944 Führer der Panzerbrigade 101, 1.11. Führer des Panzerregiments 21, 15.11. Führer und 1.12. Kommandeur des Panzerregiments 9. Mit diesen Einheiten an verschiedenen Abschnitten der Ostfront im Einsatz, war er auch hier ein jederzeit tapferer und umsichtiger Frontoffizier, der nach oftmaligen Verwundungen mit dem goldenen Verwundetenabzeichen ausgezeichnet wurde, was seinen Opfermut und hohen Einsatz bis in die letzten Kriegstage eindrucksvoll verdeutlicht.

204. Eichenlaub am 6.3.1943 als Hauptmann der Reserve und Führer der Panzerjägerabteilung 33, in der 15. Panzerdivision.

Generalleutnant

Johann Mickl

Geboren am 18.4.1893
in Zelting/Steiermark.

Offizier im Ersten Weltkrieg und fünfmal verwundet, kämpfte er im Zweiten Weltkrieg an allen Fronten. Mickl war ein Offizier von besonderer Prägung, der im Polen- und Westfeldzug, in der Hitze Afrikas und in den Weiten des Ostens als Kommandeur verschiedener Einheiten hervorragende Leistungen bot. Der tapfere Offizier führte als Kommandeur jeweils ab: 10.11.1938 die Panzerabwehrabteilung 42, 10.10.1940 das Schützenregiment 7, 1.6.1941 das Schützenregiment 155, 15.3.1942 die Schützenbrigade 12 und 25.6.1943 das Panzergrenadierregiment 25. Besonders hervorzuheben sind hier die Waffentaten im Kampfraum Rshew, wo die Grenadiere unter seiner beispielhaften Führung wochenlange Durchbruchsversuche des Gegners mit Erfolg vereiteln konnten. Ab Mai 1943 wurde Mickl Kommandeur der 11. Panzerdivision, mit der er härteste Einsätze in der Schlacht bei Kursk bestand. Der bewährte General übernahm anschließend ab 13.8.1943 als Kommandeur die 392. Infanteriedivision (kroatische) in Jugoslawien und wurde dort am Vratnik Paß in vorderster Linie am 9.4.1945 durch Kopfschuß schwer verwundet. Er erlag dieser Verwundung am 10.4.1945 in einem Lazarett in Fiume. Das deutsche Heer trauerte um einen vorbildlichen Truppenführer und Frontgeneral.

205. Eichenlaub am 6.3.1943 als Generalmajor, für die Leistungen als Oberst und Kommandeur des Panzergrenadierregiments 25, in der 12. Panzerdivision.

Major

Wilhelm von Malachowski

Geboren am 6.6.1914
in Rostock/Mecklenburg.

1935 ins Heer eingetreten und zu Kriegsbeginn als Zugführer in der 7. Batterie des Artillerieregiments 68, kam Malachowski am 1.8.1940 zur Sturmartillerie. Ein im Polen-, West- und Balkanfeldzug bewährter Offizier und zu Beginn des Ostfeldzuges in der Sturmgeschützabteilung 189, wurde er dort ab 1.8.1941 Chef der 2. Batterie. Durch Kühnheit und Entschlußkraft erreichte er mit seinen Geschützen maßgebliche Erfolge im Nordabschnitt der Ostfront. Nach erlittener Verwundung und deren Genesung wieder im Fronteinsatz, zählte er mit seinen Männern bei den schweren Abwehrkämpfen bei Rshew zu den wertvollen Stützen der Front. Ab Dezember 1942 zum Führer der Sturmgeschützabteilung 189 ernannt, war er dieser in weiteren harten Einsätzen ein Vorgesetzter ohne Furcht und Tadel und übernahm dann ab Juni 1944 als Kommandeur eine Sturmgeschützbrigade. Wilhelm von Malachowski war unzweifelhaft einer der herausragenden Offiziere der Sturmartillerie, die den hohen Stand dieser Waffe an allen Fronten begründeten.

206. Eichenlaub am 6.3.1943 als Hauptmann und
Führer der
Sturmgeschützabteilung 189.

Hauptmann

Bruno Kohnz

Geboren am 6.10.1914
in Ochtendung/Pfalz.

Am 23.8.1939 zur 79. Infanteriedivision an den Westwall einberufen, gehörte er dieser Division, welche dann in 97. Jägerdivision umbenannt wurde, während des ganzen Krieges an. Kohnz wurde hier zu einem tapferen und immerbewährten Frontkämpfer. Nach dem Westfeldzug im Ostfeldzug als Zugführer in der 11. Kompanie des Jägerregiments 207, bewies er außerordentliche Tapferkeit bei den Kämpfen im Süden der Ostfront. Bei Tuapse und vor Krasnodar zeichnete er sich in vorbildlichster Weise ganz besonders aus und zeigte auch in der Folgezeit hohe soldatische Werte. Neun Verwundungen gaben Zeugnis seines schonungslosen Fronteinsatzes und umreißen die Person eines mutigen und kameradschaftlichen Führers. Bruno Kohnz war nicht nur Träger des goldenen Verwundetenabzeichens, sein Name wurde auch am 5.5.1942 im Ehrenblatt des Deutschen Heeres genannt, was in eindrucksvoller Art die Verdienste dieses beispielgebenden Soldaten deutlichst unterstreicht und das Bild des aufrechten und treuen Frontkämpfers in gebührender Vollendung erstehen läßt. Als am 4.4.1945 bei Leobschütz in Oberschlesien das Leben dieses beliebten Offiziers erlosch, verlor das deutsche Heer im drohenden Schatten des Unterganges einen seiner Besten.

207. Eichenlaub am 6.3.1943 als Oberfeldwebel und
Zugführer in der
11. Kompanie des
Jägerregiments 207, in der
97. Jägerdivision.

Korvettenkapitän

Georg Lassen

Geboren am 12.5.1915
in Berlin-Steglitz.

Georg Lassen kam 1935 zur Marine und wurde ab 16.8.1939 1. Wachoffizier auf U-29 bei Kapitänleutnant Schuhart. Ab 1.12.1939 übernahm der überaus tüchtige Marineoffizier als Kommandant U-29 und erreichte seine herausragenden Kampfleistungen auf den Meeren als Kommandant von U-160, welches er ab 16.10.1941 befehligte. Bei 4 Feindfahrten erzielte dieser tapfere und kühne Seeoffizier, der durch seine Schießkunst in der Kriegsmarine einen bekannten Namen hatte, hohe Versenkungserfolge gegen die feindliche Handelsschiffahrt. Seine Unternehmungen vor der USA-Küste, vor Trinidad und Südafrika zählten zu den erfolgreichsten der U-Bootwaffe. In Stolz blickte die Kriegsmarine auf diesen bewährten U-Bootkommandanten, dessen außerordentliche Fähigkeiten Zeugnis über einen Offizier ablegten, der jeder Lage gerecht wurde und dem Pflichterfüllung und Vaterlandsliebe in hohem Maße zur Bedeutung geworden sind. Ab 1.7.1943 wurde Georg Lassen dann Chef der Offizierskompanie in der 1. U-Boot-Lehrdivision zu Pillau in Ostpreußen und befand sich vom 10.5. – 31.8.1945 in britischer Kriegsgefangenschaft.

208. Eichenlaub am 7.3.1943 als Kapitänleutnant und Kommandant von U-160, in der 4. U-Bootflottille.

Generalfeldmarschall

Erich von Lewinski genannt von Manstein

Geboren am 24.11.1887
in Berlin.

†

Generalfeldmarschall von Manstein war der große Stratege in der deutschen Generalität und sein Name Begriff bei Freund und Feind. Im Ersten Weltkrieg Front- und Stabsoffizier, war er 1939 im Polenfeldzug Chef des Stabes der Heeresgruppe Süd und im Westfeldzug 1940 Chef des Stabes der Heeresgruppe A. Der schnelle Sieg im Westen war hauptsächlich Mansteins Verdienst, denn durch die Verwendung seiner Operationspläne gelangen diese Erfolge. Ab 1.6.1940 Kommandierender General des 38. Panzerkorps und mit Beginn des Ostfeldzuges Kommandierender General des 56. Panzerkorps und mit diesem vorstürmend bis Leningrad, zeigte der General auch hier hohes Können als Soldat und Truppenführer. Daraufhin zum Oberbefehlshaber der 11. Armee ernannt, bestach der General in dieser verantwortungsvollen Führerrolle ab 13.9.1941 in allen seinen Handlungen und wurde bei den Kämpfen auf der Krim und besonders bei der Bezwingung der Festung Sewastopol zum überragenden Heerführer, auf den Volk und Wehrmacht in gleicher Weise in Achtung und Bewunderung blickten. Ab 22.11.1942 erfolgte seine Ernennung zum Oberbefehlshaber der Heeresgruppe Don, spätere Heeresgruppe Süd, wo Manstein erneut durch ausgewogene Führungskunst und vorausschauende Planung in allen Schlachten den Erfolg auf seine Seite zwang. Ab 30.3.1944 in die Führerreserve des Oberkommandos des Heeres versetzt, befand sich der Feldmarschall von 1945 – 1953 in englischer Gefangenschaft in Haft und verstarb am 10.6.1973 in Ebenhausen/Bayern.

209. Eichenlaub	am 14.3.1943	als Generalfeldmarschall und Oberbefehlshaber der Heeresgruppe Süd.
59. Schwerter	am 30.3.1944	als Generalfeldmarschall, für die Leistungen als Oberbefehlshaber der Heeresgruppe Süd.

Leutnant der Reserve

Georg Rietscher

Geboren am 3.12.1918
in Schweinerden/Sachsen.

Rietscher gehörte zu den unauffälligen Kämpfern der Panzerjäger, einer Truppengattung, die Mut und Kaltblütigkeit voraussetzte. Der junge Rietscher besaß diese Voraussetzungen in höchstem Maße. Nach dem West- und Balkanfeldzug im Osteinsatz, begann dort die Zeit seiner großen Erfolge. Bei einem Angriff russischer Panzer und Infanterie schoß er neun dieser Kolosse ab und vereitelte den Angriff des Gegners unter schonungslosem Einsatz seiner Person. Die Kämpfe im großen Donbogen sahen auch die 294. Infanteriedivision in ständigem Einsatz, in deren 14. Kompanie des Infanterieregiments 513 sich der tapfere Unteroffizier immer wieder auszeichnete. Durch seine wagemutigen Unternehmungen gegen feindliche Panzer, auch in gefährlichen Nahkämpfen, schuf er entscheidende Entlastungen für die Kameraden in den Schützengräben, und die hohen Auszeichnungen an ihn würdigten seine Taten in eindrucksvoller Weise. Anschließend war Rietscher dann im Wachregiment „Großdeutschland", wo er als Vorgesetzter und Kamerad gleichermaßen beliebt war.

210. Eichenlaub am 14.3.1943 als Unteroffizier und
Vorgeschobener Beobachter in der
14. Kompanie des
Infanterieregiments 513, in der
294. Infanteriedivision.

Oberst

Karl Langesee

Geboren am 18.9.1910
in Vilsbiburg/Oberfranken.

1928 ins Infanterieregiment 20 eingetreten und ab Oktober 1938 Chef der 1. Kompanie, kam Langesee nach Teilnahme am Polen- und Westfeldzug im Oktober 1940 ins Infanterieregiment 207 der 97. Leichten Division, die dann in 97. Jägerdivision umbenannt wurde. Als Kommandeur des 2. Bataillons erreichte er im Ostfeldzug im harten Rußlandwinter 1941/42 hervorragende Kampferfolge. Überhaupt liegen die Waffentaten der Division im Süden der Ostfront mit der Person Karl Langesees in jähem Einklang. Im Januar 1943 befreite er bei einem kühn durchgeführten Gegenstoß seines Bataillons eine bereits vom Gegner eingeschlossene rumänische Kampfgruppe. In neuen Stellungen angelangt, verteidigte er diese gegen vielfache Übermacht in wochenlangen Kämpfen. Langesee war ein ruhiger und bedachter Offizier, der in allen Einsätzen durch Tapferkeit, Können und Einsatzfreude zum Vorbild seiner Soldaten wurde. Die Erfolge der 97. Jägerdivision stuften nicht zuletzt auf den großen Leistungen des Jägerregiments 207, dessen Kommandeur Oberst Langesee bis Kriegsende gewesen ist.

211. Eichenlaub am 15.3.1943 als Major und
Kommandeur des
2. Bataillons des
Jägerregiments 207, in der
97. Jägerdivision.

Oberleutnant der Reserve

Josef Kult

Geboren am 20.1.1912
in Deilingen/Württemberg.

Seit 1936 im Infanterieregiment 56, kam er nach Teilnahme am Westfeldzug 1941 in die 101. Jägerdivision, wo er nach dem Balkanfeldzug an der Ostfront durch einmalige Kampfleistungen von sich reden machte. Im Süden der Ostfront eingesetzt, waren es besonders die Kämpfe im Kaukasus und am Kuban, in denen Josef Kult als Führer der 3. Kompanie des Jägerregiments 228 Hervorragendes geleistet hat. In unermüdlichen Einsätzen gegen durchbrechende Feindgruppen bewies er in jeweilig richtiger Einschätzung der Lage nicht nur Mut und Einsatzwillen, sondern auch großartige Führereigenschaften. Immer an der Spitze seiner Männer kämpfend, war sein Beispiel von überzeugter Einmaligkeit und steter Ansporn für die mit ihm stürmenden Jäger. So starb auch dieser mutige Offizier am 22.2.1943 in vorderster Front bei Auscheds im Südabschnitt der Ostfront, und das deutsche Heer verlor wieder einen seiner Tapfersten.

212. Eichenlaub am 15.3.1943 nach dem Tode, für die Leistungen als Oberleutnant der Reserve und Führer der 3. Kompanie des Jägerregiments 228, in der 101. Jägerdivision.

General der Infanterie

Walter Hoernlein

Geboren am 2.1.1893
in Blüthen/Brandenburg.

†

Im Ersten Weltkrieg Offizier und schwer verwundet, führte er ab 1.4.1936 als Kommandeur das 1. Bataillon des Infanterieregiments 69, wurde nach Einsatz im Polenfeldzug ab 1.11.1939 Kommandeur des Infanterieregiments 80 und war mit diesem im West- und Ostfeldzug sehr erfolgreich. Ab 10.8.1941 wurde Hoernlein Kommandeur des Infanterieregiments (mot.) „Großdeutschland". Harte Einsätze durchstand der väterliche und allseits beliebte Regimentskommandeur mit seinen Soldaten und war, als das Regiment zur Division aufgebaut wurde, auch dieser ein hervorragender Kommandeur. Vom 1.4.1942 – 31.1.1944 führte er die Division „Großdeutschland" in schweren Schlachten im Osten und wurde ab 1.9.1944 Führer des 82. Armeekorps im Westen. Ab 1.2.1945 führte er das 2. Armeekorps und wurde ab 11.4. noch Kommandierender General des 27. Armeekorps im Osten. In allen diesen Kommandos war der General ein Vorgesetzter, dessen hohes Führungskönnen in allen Lagen beeindruckte und der Truppe manchen Erfolg ermöglichte. Nach Kriegsende war der General bis 1947 in Kriegsgefangenschaft im Westen und verstarb am 14.9.1961 in Köln-Merheim.

213. Eichenlaub am 15.3.1943 als Generalleutnant und
Kommandeur der
Infanteriedivision (mot.) „Großdeutschland".

Major

Theodor Nordmann

Geboren am 18.12.1918
in Dorsten/Westfalen.

1937 in die Luftwaffe eingetreten und seit Januar 1940 als Flugzeugführer in der Fliegersturzkampfgruppe 186, der späteren 3. Gruppe Stukageschwader 1, wurde Nordmann im Laufe des Krieges mit 1.200 Feindflügen zu einem der erfolgreichsten Stukaflieger der Luftwaffe. Auf allen Kriegsschauplätzen in unermüdlichen Einsätzen fliegend, bewies er einmalige Tapferkeit und zähen Einsatzwillen. Ob im Westen, gegen England, Malta oder in Nordafrika, ob gegen Schiffsziele im Mittelmeer oder im Osten gegen Panzer und Truppenbereitstellungen – er war stets am Feind und erfolgreich. Ab 1.11.1941 Staffelkapitän der 8. Staffel, kam er ab 26.8.1942 an die Erprobungsstelle der Luftwaffe nach Rechlin/Mecklenburg und führte anschließend ab 9.12. die 3. Gruppe im Stukageschwader 1. Ab 27.3.1943 im Kampfgeschwader 101, übernahm Nordmann dann ab 14.8. die Führung der 2. Gruppe des Schlachtgeschwaders 3, wurde ab 1.4.1944 deren Kommandeur und erreichte mit seinen Fliegern große Erfolge. Er war der Gruppe als Kommandant leuchtendes Vorbild, kam ab 17.11. zum Geschwaderstab und war ab 15.12. Kommodore des Geschwaders. Die Einsatzleistungen des Schlachtgeschwaders 3 in den letzten Kriegsjahren bei der Unterstützung der Heeresverbände an der Ostfront zählen zu den großen Waffentaten der Luftwaffe und stehen mit den Kampfleistungen Theodor Nordmanns in engster Verbindung. Als ihn am 19.1.1945 bei Schillen/Ostpreußen im Fronteinsatz der Fliegertod ereilte, starb nicht nur einer der besten Offiziere der Luftwaffe, sondern auch ein vorbildlicher Mensch.

214. Eichenlaub	am 17.3.1943	als	Oberleutnant und Führer der 3. Gruppe des Stukageschwaders 1.
98. Schwerter	am 17.9.1944	als	Major und Kommandeur der 2. Gruppe des Schlachtgeschwaders 3.

Generalleutnant

Georg Wilhelm Postel

Geboren am 25.4.1896
in Zittau/Sachsen.

Ausgezeichneter Offizier im Ersten Weltkrieg und ab Kriegsbeginn 1939 in der Reihenfolge als Kommandeur folgender Einheiten – jeweils ab: 1.9.1939 des 2. Bataillons des Infanterieregiments 109, 11.1.1940 des 2. Bataillons des Infanterieregiments 433, 30.4.1940 des 1. Bataillons des Infanterieregiments 364, 5.7.1940 des Infanterieregiments 364 und 1.1.1943 der 320. Infanteriedivision. Nach Teilnahme am Westfeldzug, wurde Postel an der Ostfront zu einem höchst bewährten und tapferen Divisionskommandeur, der mit seinen Soldaten besonders bei den Abwehrkämpfen um Rshew, dem Eckpfeiler der Heeresgruppen Nord und Mitte, große Waffentaten vollbrachte und sich ebenso erfolgreich bei den schweren Kämpfen zwischen Don und Donez in schwierigsten Lagen als großartiger Kommandeur erwies. Von hohen Idealen geprägt, galt sein ganzes Sein nur dem Vaterland, und die Art seiner Persönlichkeit wirkte in allen Gegebenheiten vorbildlich und vertrauensvoll. Ab 16.7.1944 erfolgte seine Ernennung zum Führer des 30. Armeekorps, und auch hier zeigte der General in schweren Schlachten Mut, Standhaftigkeit und Führungskönnen. Am 30.8.1944 geriet er in sowjetische Gefangenschaft und verstarb am 20.9.1953 in einem Kriegsgefangenenlager in Rußland.

215. Eichenlaub	am 28.3.1943	als	Generalmajor und Kommandeur der 320. Infanteriedivision.
57. Schwerter	am 26.3.1944	als	Generalleutnant und Kommandeur der 320. Infanteriedivision.

Generalfeldmarschall

Robert Ritter von Greim

Geboren am 22.6.1892
in Bayreuth/Oberfranken.

Höchstausgezeichneter Fliegeroffizier des Ersten Weltkrieges und Träger des Ordens "Pour le Merite", war Greim ab 1.1.1937 Kommandeur der 7. Fliegerdivision. Ab Januar 1940 zum Kommandierenden General des 5. Fliegerkorps ernannt und hier zuerst im Westen und dann im Osten ein bewährter und umsichtiger Vorgesetzter seiner Flieger. Ab März 1942 wurde der General Befehlshaber des Luftwaffenkommandos Ost, welches später in Luftflotte 6 umbenannt wurde. Flieger und Flakartilleristen seiner Luftflotte hatten bei der großen Abwehrschlacht im Orel-Bogen im Sommer 1943 hervorragenden Anteil und wurden zu einer wertvollen Stütze im gesamten Frontabschnitt. Der General, stets bemüht um seine Männer, bewies auch in folgender Zeit bei allen Kämpfen hohes Einfühlungsvermögen und bewegte Menschlichkeit. Ausgeprägter Gerechtigkeitssinn und unerschütterlicher Glaube zum Vaterland bestimmten den Charakter seiner Persönlichkeit und machten ihn in der Luftwaffe zum beliebtesten Luftflottenchef. Ab 27.4.1945 erfolgte noch seine Ernennung zum Oberbefehlshaber der Luftwaffe. Bei Kriegsende geriet der Feldmarschall verwundet in amerikanische Gefangenschaft und wählte dort am 24.5.1945 in einem Lazarett in Salzburg den Freitod.

216. Eichenlaub am 2.4.1943 als Generaloberst und Befehlshaber des Luftwaffenkommandos Ost.

92. Schwerter am 28.8.1944 als Generaloberst und Oberbefehlshaber der Luftflotte 6.

General der Infanterie

Hans Karl von Scheele

Geboren am 23.5.1892
in Goslar/Harz.

†

Ebenfalls im Ersten Weltkrieg Offizier und Frontkämpfer, führte Scheele im Westfeldzug als Kommandeur das Infanterieregiment 191 und erwarb sich hier die hohe Auszeichnung mit dem Ritterkreuz. Im Ostfeldzug ebenso bewährt, bewies der Kommandeur in schwungvollen Angriffskämpfen in der Ukraine Umsicht und Ruhe und war seinen Soldaten ein vorzüglicher Führer. Ab 13.12.1941 wurde der General Kommandeur der 208. Infanteriedivision, und ab 1.2.1943 wurde er Führer des „Korps Scheele" und bestand mit diesem harte Einsätze gegen übermächtige Feindkräfte. Ab 1.10.1943 Führer des 53. Armeekorps und im November verwundet, war er ein Frontgeneral, den nicht nur hohes Können und persönliche Tapferkeit auszeichneten, sondern auch ein verständnisvoller Vorgesetzter mit beredtem Kameradschaftssinn. Ab 2.1.1944 Chef des Feldzeugkorps 2, erfolgte ab 1.11.1944 seine Berufung als Präsident des Reichskriegsgerichtes. Hans Karl von Scheele ist am 8.10.1955 in Bad Homburg/Hessen verstorben.

217. Eichenlaub am 2.4.1943 als Generalleutnant und Führer des „Korps Scheele".

Oberst der Reserve

Heinrich Schüler

Geboren am 18.10.1903
in Posen/Westpreußen.

Nach seiner im Jahre 1939 erfolgten Einberufung, kam Heinrich Schüler 1940 als Reserveoffiziersbewerber in die 298. Infanteriedivision, nahm am Westfeldzug teil und wurde im Ostfeldzug zu einem hervorragenden Offizier, der in unzähligen Kämpfen gestählt, das Vertrauen seiner Soldaten errang und diesen durch Schneid und nie erlahmende Energie die Beispiele eines vorbildlichen Führers in jeder Weise vorlebte. 1942 erzwang er mit dem 2. Bataillon des Grenadierregiments 525, dessen Kommandeur er war, bei Rostow den Übergang über den Don und ermöglichte dadurch weitere entscheidende Operationen für die nachfolgenden Truppen im Südabschnitt der Ostfront. Nach schweren Abwehr- und Rückzugskämpfen mußte die schwer angeschlagene 298. Infanteriedivision im April 1943 aufgelöst werden, und deren Reste traten zur 387. Infanteriedivision über. Schüler war auch hier seinen Grenadieren in allen Einsätzen ein bewußt herzlicher Vorgesetzter und in seiner Art ein zielstrebiger und tapferer Soldat. Er fiel am 12.1.1945 bei harten Abwehrkämpfen im Weichselbogen in Polen, und sein Tod hinterließ in der Waffengattung der Infanterie eine nur schwer zu schließende Lücke.

218. Eichenlaub am 2.4.1943 als Hauptmann der Reserve und Kommandeur des 2. Bataillons des Grenadierregiments 525, in der 298. Infanteriedivision.

Oberst

Helmut Hudel

Geboren am 4.7.1914
in Raunheim/Hessen.

Hudel verkörpert den unerschrockenen Panzeroffizier, wie ihn der Zweite Weltkrieg prägte. 1934 bereits im Heer, 1936 schon Offizier im Panzerregiment 7 und ab 1.1.1938 Aufsichtsoffizier an der Kriegsschule zu Potsdam in Brandenburg, kam er im Juli 1940 wieder ins Panzerregiment 7. Im Ostfeldzug bewährte er sich ganz besonders bei schweren Angriffen im Mittelabschnitt der Ostfront, wo er mit wenigen Panzern gegen starke Feindkräfte einmalige Erfolge buchte. Ein mutiger Offizier und durch blitzschnelles Erfassen der jeweiligen Lage in allen Belangen entscheidend und für weitere Kampfführungen von größter Bedeutung – so führte er seine Panzer und beeindruckte in seinen Leistungen sowohl als Chef der 1. Kompanie, wie als Kommandeur der 1. Abteilung. Die deutsche Panzerwaffe blickte in Stolz auf diesen erfahrenen Panzerführer, der in allen Einsätzen durch bezeichnende Fähigkeiten und hohe Intelligenz den Ruf jener jungen Waffengattung des Heeres in Einmaligkeit mitprägte.

219. Eichenlaub am 2.4.1943 als Hauptmann und
Kommandeur der
1. Abteilung des
Panzerregiments 7, in der
10. Panzerdivision.

SS Brigadeführer und Generalmajor der Waffen SS

Hinrich Schuldt

Geboren am 14.1.1901
in Hamburg.

Kam von der Marine 1933 zur SS Verfügungstruppe und führte 1940 als Kommandeur das 1. Bataillon des SS Infanterieregiments 4 (mot.), welches zu dieser Zeit als Besatzungstruppe in den Niederlanden lag. 1941 im Ostfeldzug dann im Einsatz im Nordabschnitt, wo Schuldt ab 5.7.1941 Regimentskommandeur wurde. Das Regiment vollbrachte hier unvorstellbare Waffentaten und erhielt in Anerkennung für diese Leistungen am 20.4.1942 den Namen „Langemarck" verliehen. Eine hohe Ehre für die tapferen Freiwilligen aus dem Norden Europas und ihre deutschen Kameraden. Schuldt übernahm dann ab 21.12.1942 als Kommandeur eine Kampfgruppe im Donezgebiet und führte auch hier mit vollem Erfolg. Gewinnende und verständnisvolle Art waren neben seiner Tapferkeit und Unerschrockenheit die treibenden Elemente zum gemeinsamen Kameradschaftsgeist in allen Lagen und machten Schuldt überall zum beliebten und geachteten Führer. Ab 18.5.1943 übernahm er als Kommandeur die 2. lettische SS Freiwilligenbrigade und kämpfte mit seinen Soldaten zwischen Peipus- und Ilmensee und am Wolchowbrückenkopf. Die Einsätze der Letten und ihres hervorragenden Kommandeurs gehören zu den großen Taten des Ostkrieges. Am 24.3.1944 zum SS Brigadeführer ernannt, fiel Hinrich Schuldt einen Tag später am 25.3.1944 nördlich Opotschka im feindlichen Abwehrfeuer.

220. Eichenlaub am 2.4.1943 als SS Standartenführer und
Kommandeur der
„Kampfgruppe Schuldt".

56. Schwerter am 25.3.1944 nach dem Tode, als
SS Brigadeführer, für die Leistungen als
SS Oberführer und
Kommandeur der
2. lettischen SS Freiwilligenbrigade.

SS Brigadeführer und Generalmajor der Waffen SS

Otto Kumm

Geboren am 1.10.1909
in Hamburg.

Otto Kumm ist einer jener Männer der Waffen SS, die den Geist dieser Truppe entscheidend mitprägten und im Fronteinsatz Beispiele höchsten Soldatentums zeigten. Seit 1934 im SS Regiment „Germania", kam er 1938 ins SS Regiment „Der Führer", wo er Chef der 12. Kompanie wurde. Im Westfeldzug ab 13.5.1940 Kommandeur des 3. Bataillons, zog er mit diesem auch in den Ostfeldzug, und ab Juli 1941 erfolgte seine Ernennung zum Regimentskommandeur. Die Waffentaten des SS Regiments „Der Führer" im Mittelabschnitt der Ostfront bei der Schlacht im Raume Rshew, im Jänner/Feber 1942, wo in opfervollsten Kämpfen die SS Männer die schwerst bedrohte Front hielten, finden in der Größe ihrer Leistung wohl kaum einen Vergleich. Kumm, für seine Soldaten in allen Lagen Vorbild und Kamerad, bewies nicht nur persönliche Tapferkeit, sondern zeigte auch überragende Führungsleistungen, und die Erfolge der SS Division „Das Reich" waren ein Mitverdienst seines Könnens und des hohen Opfermutes aller Grenadiere. In vielen weiteren Schlachten im Osten blickte die Waffen SS in besonderem Stolz auf dieses Regiment. Ab 1943 bis Feber 1944 war der geachtete Offizier Chef des Generalstabes des 5. SS Gebirgskorps am Balkan und übernahm ab 1.7.1944 als Kommandeur die 7. SS Freiwilligen-Gebirgsdivision „Prinz Eugen". Härteste Einsätze gegen Titos Partisanen verlangten von den Männern alles, und ihr Kommandeur war auch auf diesem Kriegsschauplatz ein Offizier hohen Grades. Ab 6.2.1945 zum Kommandeur der 1. SS Panzerdivision Leibstandarte SS „Adolf Hitler" ernannt, führte er diese an der Ostfront im ungarischen Raum und bei den Kämpfen im Reich mitreißend, klug und umsichtig und gehörte zu jenen aufrechten Generalen, denen Ehre und Treue zum Vaterland alles bedeuteten.

221. Eichenlaub	am 6.4.1943	als	SS Obersturmbannführer und Kommandeur des SS Panzergrenadierregiments „Der Führer", in der SS Panzerdivision „Das Reich".
138. Schwerter	am 17.3.1945	als	SS Brigadeführer, für die Leistungen als Kommandeur der 7. SS Freiwilligen-Gebirgsdivision „Prinz Eugen".

Hauptmann

Rudolf Schlee

Geboren am 10.11.1913
in Ludwigshafen/Rheinland.

✝

1934 ins Infanterieregiment 13, dem späteren Gebirgsjägerregiment 13 eingetreten, erwarb er sich im Westfeldzug für besondere Tapferkeit beide Klassen des Eisernen Kreuzes. Nach Einsatz im Balkanfeldzug, wurde Schlee an der Ostfront bei den schweren Kämpfen im Südabschnitt zum herausragenden Soldaten in der 4. Gebirgsdivision. Schneidig, entschlußfreudig und von unbeugsamem Kampfgeist beseelt, waren seine Beispiele als Führer und Kamerad stets mitreißend und überzeugend. Die Erfolge der Gebirgsjäger beim Durchbruch durch die Stalinlinie, bei der Einnahme von Winniza und im Bergmassiv des Kaukasus verdienen höchste Bewunderung und sahen diesen kühnen und tapferen Zugführer in hohem Ausmaß daran beteiligt. Auch in weiteren Einsätzen stets bewährt, erfolgte schließlich seine Versetzung zum Wachregiment „Großdeutschland", ehe er wieder an der Ostfront kämpfte, im Kampfraum Frankfurt an der Oder/Brandenburg 1945 in russische Gefangenschaft geriet, aus dieser in die Heimat zurückkehrte und am 19.6.1979 in seiner Geburtsstadt Ludwigshafen/Rheinland-Pfalz verstorben ist.

222. Eichenlaub am 6.4.1943 als Oberfeldwebel und Zugführer in der 6. Kompanie des Gebirgsjägerregiments 13, in der 4. Gebirgsdivision.

Großadmiral

Karl Dönitz

Geboren am 16.9.1891
in Berlin.

†

Im Ersten Weltkrieg schon U-Bootkommandant, war Dönitz zu Beginn des Zweiten Weltkrieges bereits Führer der U-Boote. Seine Erfahrung, reifliche Überlegung und großes Können waren die Fundamente für die einmaligen Erfolge der deutschen U-Boote in den ersten Kriegsjahren. Alle U-Bootfahrer verehrten ihren Befehlshaber der U-Boote in ehrfurchtsvoller Weise, und so manche Geleitzugsschlacht wäre ohne ihn nicht zum Erfolg geworden. Ab 30.1.1943 wurde Dönitz Oberbefehlshaber der Kriegsmarine und ab 12.4.1945 Wehrmachtsbefehlshaber Nord. Vom 1.5. – 25.5.1945 war er Deutscher Reichspräsident und Nachfolger des Führers und Obersten Befehlshabers Adolf Hitler. Ein schweres Amt in harter Zeit, welches der Großadmiral aber in bezeichnender Weise zu lösen vermochte. Alles Streben seiner Persönlichkeit galt dem Vaterland, und die Aufrichtigkeit seines Wirkens beeindruckte in allen Handlungen zutiefst und eindrucksvoll. Am 31.8.1946 im Nürnberger Prozeß zu zehn Jahren Gefängnis verurteilt, erfolgte am 1.10.1956 seine Entlassung aus der Festung Spandau/Berlin. Am 24.12.1980 ist Karl Dönitz in Aumühle bei Hamburg verstorben.

223. Eichenlaub am 7.4.1943	als Großadmiral und Oberbefehlshaber der Kriegsmarine.

Fregattenkapitän

Albrecht Brandi

Geboren am 20.6.1914
in Dortmund/Westfalen.

✝

Brandi, seit 1935 in der Marine und im Polen- und Norwegeneinsatz als 1. Wachoffizier bzw. Kommandant des Minensuchbootes M-1, kam erst 1941 zur U-Bootwaffe und befehligte als Kommandant folgende Boote: ab April 1942 U-617, ab Januar 1944 U-380 und ab April 1944 U-967. Auf einer Feindfahrt im Nordatlantik und 7 Feindfahrten im Mittelmeer war er ein erfolgreicher und tapferer U-Bootkommandant, den auch betonte Herzlichkeit und verbindende Kameradschaft immer wieder auszeichneten. Die Versenkungserfolge der U-Boote in den ersten Kriegsjahren waren in den Jahren 1942 – 1945 durch die enorm starke Feindabwehr nicht mehr zu erreichen, und Brandis Erfolge mußten dadurch besonders hart erkämpft werden. Der Kampfraum Mittelmeer war für die deutschen U-Boote ein ausgesprochen schwieriges Einsatzgebiet, und die hier erzielten Versenkungen wogen deshalb in der Bewertung höher. Ab Juli 1944 wurde der beliebte Seeoffizier dann U-Booteinsatzleiter östliche Ostsee und übernahm ab Januar 1945 als Chef die Kleinkampfverbände der Kriegsmarine in Holland. Von Mai bis September 1945 befand sich Albrecht Brandi in kanadischer Kriegsgefangenschaft und ist am 6.1.1966 in seiner Geburtsstadt Dortmund/Nordrhein-Westfalen verstorben.

224. Eichenlaub	am 11. 4.1943	als	Kapitänleutnant und Kommandant von U-617, in der 29. U-Bootflottille.
66. Schwerter	am 9. 5.1944	als	Korvettenkapitän, für die Leistungen als Kommandant von U-380, in der 29. U-Bootflottille.
22. Brillanten	am 24.11.1944	als	Korvettenkapitän, für die Leistungen als Kommandant von U-967, in der 29. U-Bootflottille.

Kapitän zur See

Gerhard von Kamptz

Geboren am 27.12.1902
in Koppaschütz/Westpreußen.

Schon seit 1923 der Marine angehörend, ab November 1938 Chef der 2. Räumbootflottille und mit dieser seit Kriegsbeginn in ständigen Einsätzen in der Nordsee, im Kanal und beim Norwegenunternehmen, war Kamptz ein tapferer und pflichtbewußter Seeoffizier mit immerwährender hoher Einsatzbereitschaft. Außerdem zeichneten hohes seemännisches Können und zielbewußte Kampfführung seine Persönlichkeit, was auf den Meeren in harten Auseinandersetzungen mit dem Gegner zum oft entscheidenden Element wurde. Ab 14.3.1941 zum Chef der 8. Minensuchflottille ernannt, bestachen hier die Einsatzleistungen seiner Flottille bei Sicherungs- und Geleitdienstaufträgen in der Biskaya und vor der Küste Westfrankreichs. Ab 1.1.1943 wirkte der erfahrene Offizier beim Deutschen Marinekommando in Italien, führte ab März wieder die 8. Minensuchflottille und gleichzeitig auch die 4. Geleitflottille zu La Spezia. Ab August wurde Kamptz Kommandeur der Sperrschule in Kiel und war vom Oktober 1944 bis April 1945 Abteilungschef im Oberkommando der Kriegsmarine. Danach bis Kriegsschluß war er Inselkommandant von Bornholm/Dänemark und befand sich bis 1.1.1954 in sowjetischer Kriegsgefangenschaft.

225. Eichenlaub am 14.4.1943 als Fregattenkapitän, für die Leistungen als Chef der 8. Minensuchflottille.

Kapitänleutnant

Siegfried Wuppermann

Geboren am 15.12.1916
in Berlin.

Wuppermann gehörte zu den erfolgreichsten Schnellbootkommandanten der deutschen Kriegsmarine im Zweiten Weltkrieg. Seit 1936 in der Marine, ab März 1939 in der 1. Schnellbootflottille und seit Kriegsbeginn im Einsatz in der Ostsee und im Kanal, waren bereits hier seine Leistungen aufsehenerregend und bewiesen einmal mehr den hohen Stand dieser jungen Waffe der Kriegsmarine. Tapferkeit, Zuverlässigkeit und jederzeit opfervolle Einsatzbereitschaft stempelten diesen beliebten Seeoffizier unweigerlich zu einem der Besten in dieser Waffe. Wuppermann führte als Kommandant die Boote S-25, 56 und 60 und verbuchte auch einmalige Erfolge in unentwegten Einsätzen im Mittelmeer und vor der nordafrikanischen Küste. 1943/44 war er Chef der 21. und 22. Schnellbootflottille, wirkte ab Juli 1944 im Oberkommando der Kriegsmarine und ab August an der Marineakademie. Vom Feber 1945 bis zum Kriegsende war Siegfried Wuppermann Führer der 1. Schnellbootdivision und verbrachte ein Jahr in britischer Kriegsgefangenschaft.

226. Eichenlaub am 14.4.1943 als Oberleutnant zur See und
Kommandant von
S-56, in der
3. Schnellbootflottille.

Oberstleutnant

Erich Klawe

Geboren am 24.3.1906
in Allenstein/Ostpreußen.

Seit 1927 im Heer und seit 1934 in der bekannten 11. Infanteriedivision, gehörte Klawe in dieser zu den erfolgreichsten Offizieren. 1939 führte er im Infanterieregiment 23 die 1. Kompanie, 1940/41 als Chef die 13. Kompanie und 1942 – 1944 als Kommandeur das 1. Bataillon. Nach dem Polen- und Westfeldzug, erwarb er sich an der Front im Osten höchste Verdienste. Die schweren Kämpfe im Nordabschnitt der Ostfront sahen die 11. Infanteriedivision stets an allen Brennpunkten der Front und den tapferen und unerschrockenen Offizier in immer vorbildlichem Einsatz an der Spitze seiner Grenadiere. 1943 führte Erich Klawe sogar gleichzeitig auch das Füsilierbataillon 11. Ob bei den Kämpfen am Wolchow oder den harten Abwehrkämpfen am Ladogasee – Klawe bewies in jeder Lage gekonnte Führung und schonungslosen Einsatz. Ab Dezember 1944 erfolgte seine Ernennung zum Kommandeur des Grenadierregiments 457 der 257. Infanteriedivision. Dieses Regiment hatte in ihm einen erfahrenen Vorgesetzten, und die Erfolge bis zum Kriegsende an der Westfront waren nicht zuletzt seinem vortrefflichen Können zu verdanken. Das deutsche Heer blickte in Stolz auf diesen Frontoffizier, der in der Waffengattung der Infanterie höchste Leistungen geboten hat.

227. Eichenlaub am 14.4.1943 als Major und
Kommandeur des
1. Bataillons des
Grenadierregiments 23, in der
11. Infanteriedivision.

Major

Peter Frantz

Geboren am 24.7.1917
in Leipzig/Sachsen.

1936 ins Artillerieregiment 4 eingetreten und zu Kriegsbeginn 1939 Ordonnanzoffizier im Stab des Panzerartillerieregiments 74, kam Frantz nach dem Polenfeldzug im November 1939 an die Sturmartillerieschule Jüterbog in Brandenburg, ab 4.4.1940 zur 16. Kompanie des Infanterieregiments (mot.) „Großdeutschland" und war schon im Westfeldzug ein tüchtiger Zugführer der Sturmgeschütze. An der Ostfront wurde der beliebte und vorbildliche Offizier ab April 1942 Chef der 1. Batterie der Sturmgeschützabteilung „Großdeutschland" und ab März 1943 Kommandeur der Abteilung. Bei harten Einsätzen in den Kampfräumen Orel, Charkow und Bjelgorod meisterte er mit seinen Sturmartilleristen schwierigste Lagen und wurde auf Grund seiner Tapferkeit und übersichtlichen Führung mit seinen Geschützen zu Bollwerken im Mittel- und Südabschnitt der Ostfront. Die Panzergrenadierdivision „Großdeutschland" verdankt Peter Frantz und seiner Abteilung viele der Erfolge, welche sie im Krieg zu einer der besten Heeresdivisionen werden ließen. Ab Februar 1944 an die Kriegsakademie Hirschberg in Schlesien versetzt, war Frantz 1945 Quartiermeister des 41. Panzerkorps, wo er ebenfalls bedeutende Fähigkeiten als Offizier und Mensch zeigte, und war nach Kriegsende von Mai 1945 bis April 1946 in Kriegsgefangenschaft im Westen.

228. Eichenlaub am 14.4.1943 als Hauptmann und
Kommandeur der
Sturmgeschützabteilung „Großdeutschland",
in der
Panzergrenadierdivision „Großdeutschland".

Oberst

Hans Ulrich Rudel

Geboren am 2.7.1916
in Konradswaldau/Schlesien.

†

Hans Ulrich Rudel war der höchstausgezeichnete Soldat der deutschen Wehrmacht im Zweiten Weltkrieg. Seine Leistungen und Waffentaten bedeuten in ihrer Einmaligkeit – Opferbereitschaft, Mut, Disziplin und Können. Seit 1936 in der Luftwaffe und 1939 im Polenfeldzug Beobachter bei den Aufklärern, kam Rudel erst zu Beginn des Ostfeldzuges wieder an die Front, und zwar als Flugzeugführer in die 1. Staffel des Stukageschwaders 2 „Immelmann". Ab 15.8.1942 wurde er Staffelkapitän der 9. und ab 17.11. der 1. Staffel, ab 19.7.1943 Führer und ab 22.2.1944 Kommandeur der 3. Gruppe, ab 1.10. Führer und ab 1.1.1945 Kommodore des Geschwaders. Seine 2.530 Feindflüge machen ihn ebenso wie 519 Panzerabschüsse und die Versenkung eines Schlachtschiffes in der Reihe der Stuka- und Schlachtflieger zu einer Ausnahmeerscheinung. Am 8.2.1945 schwer verwundet – Verlust des rechten Unterschenkels, sieht man den Kommodore ab 25.3. schon wieder beim Geschwader und in weiteren unerhört schweren Einsätzen fliegend. Härte und unbändiger Einsatzwille waren nur einige seiner soldatischen Eigenschaften, welche die Erfolge dieses tapferen und vorbildlichen Frontoffiziers begründeten und ihn bei Freund und Feind gleichermaßen bekannt machten. Die hohe Auszeichnung mit dem Goldenen Eichenlaub mit Schwertern und Brillanten an Hans Ulrich Rudel als einzigem deutschen Soldaten und die oftmaligen Nennungen im Wehrmachtsbericht, bestätigen die Leistungen und Taten einer einmaligen soldatischen Persönlichkeit. Vom 8.5.1945 bis April 1946 befand sich Hans Ulrich Rudel in amerikanischer Kriegsgefangenschaft, und am 18.12.1982 verstarb er in Rosenheim/Bayern.

229. Eichenlaub am 14. 4.1943 als
Hauptmann und Staffelkapitän der
1. Staffel des
Stukageschwaders 2 „Immelmann".

42. Schwerter am 25.11.1943 als
Hauptmann und Führer der
3. Gruppe des
Schlachtgeschwaders 2 „Immelmann".

10. Brillanten am 29. 3.1944 als
Major und Kommandeur der
3. Gruppe des
Schlachtgeschwaders 2 „Immelmann".

Goldenes
Eichenlaub am 29.12.1944 als
Oberstleutnant und Führer des
Schlachtgeschwaders 2 „Immelmann",
unter gleichzeitiger Beförderung zum Oberst.

Oberstleutnant

Paul Werner Hozzel

Geboren am 16.10.1910
im Hamburg.

1935 in die Luftwaffe gekommen, zählte Hozzel bald zu den bekanntesten Stukafliegern und war zu Kriegsbeginn stellvertretender Kommandeur der 1. Gruppe des Stukageschwaders 1 und ab 1.10.1939 deren Kommandeur. Nach dem Polenfeldzug erreichte er mit seinen Stukas große Erfolge beim Norwegenunternehmen und dies besonders gegen die englische Flotte. Nach Einsätzen im Westen, am Balkan und im Mittelmeergebiet wurde Hozzel ab 1.7.1941 Kommandeur der Stukaschule Wertheim am Main und übernahm ab 1.10. als Kommodore das Stukageschwader 2 „Immelmann" an der Ostfront. Die Leistungen des Geschwaders, besonders beim Kampf um Stalingrad, verdienen lobendste Erwähnung und zeugen vom unermüdlichen Kampfgeist der Flieger. Paul Werner Hozzel war einer der ersten Stukaflieger, denen am 8.5.1940 die hohe Auszeichnung mit dem Ritterkreuz zuteil wurde, und seine Verdienste an allen Fronten widerspiegeln die Werte des ausgezeichneten Frontoffiziers, dessen Kühnheit, Können und Tapferkeit nicht nur in der Stukawaffe größten Eindruck hinterließen, sondern die ihn gepaart mit hohen Führereigenschaften in der ganzen Luftwaffe zur geachteten Persönlichkeit stempelten. Ab 1.3.1943 Kommandant der Flughafenbereiche Krim, Kuban und Schwarzes Meer, erfolgte ab 6.1.1944 seine Versetzung an die Luftkriegsakademie Berlin-Gatow, ab 1.4. wurde er dann Leiter der Führungsabteilung der Luftflotte 1 in Kurland, und ab 1.1.1945 führte er die Geschäfte des Chefs des Stabes der Luftflotte 1. Bis 16.1.1956 war Hozzel in sowjetischer Kriegsgefangenschaft.

230. Eichenlaub am 14.4.1943 als Oberstleutnant, für die Leistungen als Kommodore des Stukageschwaders 2 „Immelmann".

Oberstleutnant

Georg Dörffel

Geboren am 27.7.1914
in Rengersdorf/Schlesien.

Seit 1935 in der Luftwaffe, zählte Georg Dörffel mit seinen über 1.000 Feindflügen zu den bedeutendsten deutschen Schlachtfliegern. Auf allen Kriegsschauplätzen des Ostens, Westens und Südens im Einsatz, bewies er in allen Lagen hervorragende Tapferkeit und war ein Pilot, der bei Tiefangriffen und ebenso in Luftkämpfen höchste Bewährung zeigte. 1939 in Polen flog er als Flugzeugführer in der 5. Staffel (Schlachtflieger) des Lehrgeschwaders 2 und war ab Oktober 1940 deren Staffelkapitän. Ab 2.3.1943 wurde Dörffel Kommandeur der 1. Gruppe des jetzt in Schlachtgeschwader 1 umbenannten Geschwaders. Durch betont kameradschaftliche und herzliche Art genoß er im Geschwader große Beliebtheit und war ein Offizier, dessen Kämpferherz in Vorbild für seine Männer schlug. Ab Oktober 1943 wurde er Kommandeur der Schlachtfliegerschule in Proßnitz/Tschechei und ab Mai 1944 erfolgte seine Ernennung zum Kommodore des Schlachtgeschwaders 4, welches Dörffel in bezeichnender Weise an der italienischen Front führte. Dort starb er am 26.5.1944 bei einem Luftkampf mit amerikanischen Bombern über Rom den Fliegertod. Die Luftwaffe trauerte um einen ihrer Besten.

231. Eichenlaub am 14.4.1943 als Hauptmann und
Kommandeur der
1. Gruppe des
Schlachtgeschwaders 1.

Oberstleutnant

Egon Mayer

Geboren am 19.8.1917
in Konstanz/Baden.

Egon Mayer war einer der großartigsten Jagdflieger an der Kanalfront und ein bei Freund und Feind geachteter Offizier. Seit 1937 in der Luftwaffe und seit 1939 als Flugzeugführer im Jagdgeschwader 2 „Richthofen", wurde er dort in den harten Luftkämpfen an der Westfront durch seine bewiesene Tapferkeit und überzeugenden Siegeswillen zum Vorbild und Ansporn seiner Kameraden. Ab November 1942 Kommandeur der 3. Gruppe, erreichte er als erster Jagdflieger an der Kanalfront am 5.2.1944 den 100. Luftsieg – eine Leistung, der man höchste Anerkennung entgegenbringen muß. Bei seinem Tode war er mit 25 Abschüssen von viermotorigen Bombern auch hier Erster dieser Rangliste. Seine ab 1.7.1943 erfolgte Ernennung zum Kommodore des ruhmreichen Richthofengeschwaders war der Beweis seines vereint fliegerischen und soldatischen Könnens. Am 2.3.1944 erlosch sein Fliegerleben bei einem Luftkampf mit amerikanischen Jägern über Montmedy in Frankreich. Die schweren Auseinandersetzungen im Westen forderten von den deutschen Jagdfliegern immer höheren Tribut, und durch den Tod von Egon Mayer traf die Luftwaffe ein sehr schwerer Verlust, war er doch einer der Männer im Spitzenfeld der Jagdflieger an der Westfront und ein beliebter und verständnisvoller Kommodore.

232. Eichenlaub	am 16.4.1943	als	Hauptmann und Kommandeur der 3. Gruppe des Jagdgeschwaders 2 „Richthofen".
51. Schwerter	am 2.3.1944	nach dem Tode, für die Leistungen als	Oberstleutnant und Kommodore des Jagdgeschwaders 2 „Richthofen".

SS Obersturmbannführer

August Dieckmann

Geboren am 29.5.1912
in Cadenberg/Hannover.

1934 in die SS Verfügungstruppe gekommen und ab 1936 in der SS Standarte „Germania", wurde Dieckmann im Laufe des Krieges zu einem herausragenden, tapferen und beispielgebenden Offizier in der Waffen SS. Seine Einsätze im Polen-, West- und Ostfeldzug waren geprägt von Kühnheit und Führungskönnen. Als Kompaniechef, Bataillonskommandeur, Kampfgruppenführer und Regimentskommandeur war er ein bewährter Führer, dessen hohe Ideale, gepaart mit soldatischer Tugend und einem echten Kämpferherzen, ein würdiges Vorbild für seine Männer gaben. Am 23.4.1942 als Kommandeur des 1. Bataillons des SS Regiments „Germania" für seine Leistungen mit dem Ritterkreuz ausgezeichnet, wurde er in der Division zum Begriff. Bei den besonders opfervollen Kämpfen am Kuban- und Terekabschnitt bewiesen die Grenadiere der SS Division „Wiking" höchsten Kampfes- und Durchhaltewillen und folgten bedingungslos ihren Führern, zu deren besten auch August Dieckmann gehörte. Im März 1943 übernahm er als Führer das SS Panzergrenadierregiment „Westland" und war ab 20.4. dessen Kommandeur. Hier starb er stürmend an der Spitze seines Regiments am 10.10.1943 bei einem Angriff am Dnjepr im Südabschnitt der Ostfront den Soldatentod.

233. Eichenlaub am 16. 4.1943 als SS Sturmbannführer und
Kommandeur des
SS Panzergrenadierregiments „Germania",
in der
SS Panzergrenadierdivision „Wiking".

39. Schwerter am 10.10.1943 nach dem Tode, für die Leistungen als
SS Obersturmbannführer und
Kommandeur des
SS Panzergrenadierregiments „Westland",
in der
SS Panzergrenadierdivision „Wiking".

Korvettenkapitän

Otto von Bülow

Geboren am 16.10.1911
in Wilhelmshaven/Oldenburg.

1930 zur Marine gekommen und seit 1.4.1940 bei der U-Bootwaffe, übernahm Bülow ab 11.11.1940 als Kommandant U-3 und ab 7.8.1941 U-404. Mit U-404 erreichte der durch seine Zähigkeit und unerschütterlichen Angriffsgeist bekannte Seeoffizier bei 5 Feindfahrten im Nordatlantik und vor der Ostküste der USA, beachtliche Versenkungsergebnisse gegen die feindliche Kriegs- und Handelsschiffahrt. Bestechend waren auch sein hohes seemännisches Können, seine bewiesene Tapferkeit, sowie die Bereitwilligkeit gegenüber den Männern seiner Besatzung und allen denen, welche seiner Hilfe bedurften. Ab 1.9.1943 zum Chef der 23. U-Bootflottille in Danzig ernannt, war hier sein Wirken für die U-Bootwaffe stets überzeugend und einmalig, ehe Otto von Bülow ab 29.3.1945 Kommandant von U-2545 wurde. Ab 19.4. übernahm er als Kommandeur das Marine-Sturmbataillon 1 und war in schwerer Zeit seinen Untergebenen ein mutiger und beispielgebender Führer, der auch zu Lande hohe soldatische Fähigkeiten bewies und sich vom 8.5. – 15.8.1945 in Kriegsgefangenschaft im Westen befand.

234. Eichenlaub am 26.4.1943 als Kapitänleutnant und
Kommandant von
U-404, in der
6. U-Bootflottille.

Generalleutnant

Willibald Borowietz

Geboren am 17.9.1893
in Ratibor/Schlesien.

Fahnenjunker und Offizier im Ersten Weltkrieg, war Borowietz einer der tüchtigen und erfahrenen Offiziere in der 4. Leichten Division, der späteren 9. Panzerdivision. Zu Kriegsbeginn 1939 Kommandeur der Panzerabwehrabteilung 50, kämpfte er mit dieser im Polen- und Westfeldzug und übernahm ab 10.6.1940 als Kommandeur das Schützenregiment 10. Nach Einsatz im Balkanfeldzug dann an der Ostfront, erhielt er in Anbetracht seiner Verdienste am 24.7.1941 das Ritterkreuz verliehen. Unerschrockenheit, Mut und Können zeichneten diesen Offizier im besonderen aus, und die Erfolge des Schützenregiments 10, schon in den ersten Einsätzen im Osten unter seiner bedachten Führung, waren sprichwörtlich. Mit 5.10.1942 in die Führerreserve des Oberkommandos des Heeres versetzt, erfolgte bereits ab 18.11.1942 seine Ernennung zum Kommandeur der 15. Panzerdivision in Nordafrika, die er in bezeichnender Weise in schweren Kämpfen bis zum Untergang des Deutschen Afrika Korps im Frühjahr 1943 in Tunesien zu führen verstand. Am 15.3.1943 in amerikanische Gefangenschaft geraten, starb der General dort am 1.7.1945 im Gefangenenlager Clinton im Bundesstaat Mississippi.

235. Eichenlaub am 10.5.1943 als Generalleutnant, für die Leistungen als Kommandeur der 15. Panzerdivision.

Major im Generalstab

Hans Günther Stotten

Geboren am 7.10.1916
in Berlin-Charlottenburg.

1934 ins Heer eingetreten und ab 1.1.1938 im Panzerregiment 3, kämpfte Stotten in Polen und im Westen, wo er bereits Führer der 1. Kompanie war und für heldenhaften Einsatz am 4.7.1940 das Ritterkreuz erhielt. Im Balkanfeldzug und auch anschließend im Osten schon Adjutant der 1. Abteilung, wurde er am 2.10.1941 vor Moskau schwer verwundet und war ab April 1942 Begleitoffizier des finnischen Generals Talveta. Ab 1.9.1942 dann an der Front in Nordafrika, wurde er zum herausragenden Offizier im Panzerregiment 8, wo er als Kompanieführer, Kommandeur der 1. Abteilung und Führer des Regiments hohe soldatische Werte bewies und durch seine Aufgeschlossenheit und einmalige Kameradschaft sehr beliebt war. In den schweren Einsätzen von El Alamein bis Tunis hundertfach bewährt, kam Stotten nach erneuter Verwundung ab Oktober 1943 zur Generalstabsausbildung, ab Jänner 1944 zu einer Jägerdivision auf den Balkan und ab April an die Kriegsakademie nach Hirschberg in Schlesien. Anschließend ab August 1944 war der erfahrene Offizier Ic der Heeresgruppe Süd in Rußland, Ungarn und bei den Endkämpfen im Wiener Raum. Am 4.4.1945 in sowjetische Gefangenschaft geraten, wurde Hans Günther Stotten am 5.4.1945 nach versuchter Flucht bei Wolfsgraben im Wienerwald/ Niederdonau erschossen.

236. Eichenlaub am 10.5.1943 als Hauptmann und Kommandeur der 1. Abteilung des Panzerregiments 8, in der 15. Panzerdivision.

General der Infanterie

Paul Laux

Geboren am 11.11.1887
in Weimar/Thüringen.

Im Ersten Weltkrieg Generalstabsoffizier, war er zu Beginn des Zweiten Weltkrieges Oberquartiermeister der 1. Armee und wurde im Laufe des Krieges zu einem hervorragenden General an der Ostfront. Nach dem Westfeldzug übernahm Laux ab 5.10.1940 als Kommandeur die 126. Infanteriedivision, mit der er sich schon zu Beginn des Ostfeldzuges große Verdienste erwarb. Ab 10.10.1942 führte der General das „Korps Laux" und schlug mit diesem erbitterte Schlachten gegen starke Feindkräfte. Die Namen Wolchow, Kusino usw. sind untrennbar mit den Kampfleistungen seines Korps im Nordabschnitt der Ostfront verbunden. Als Kommandierender General des 2. Armeekorps, welches er ab 28.11.1942 kommandierte, bewies der General erneut Umsicht und vorbildliche Truppenführung. Ab 1.6.1944 zum Oberbefehlshaber der 16. Armee ernannt und durch seine vorausschauenden Planungen und rechtzeitiges Erkennen der jeweiligen Lage hohes Können in allen militärischen Belangen beweisend, traf das deutsche Heer ein besonders schwerer Verlust, als der tapfere General am 2.9.1944 bei einem Flugzeugabsturz bei Riga/Lettland ums Leben kam.

237. Eichenlaub am 17.5.1943 als General der Infanterie und
Kommandierender General des
2. Armeekorps.

General der Infanterie

Gustav Hoehne

Geboren am 17.2.1893
in Kruschwitz/Westpreußen.

†

Im Ersten Weltkrieg verdienter Offizier, war Hoehne ab 10.11.1938 Kommandeur des Infanterieregiments 28. Nach dem Polen- und Westfeldzug wurde er ab 25.10.1940 Kommandeur der 8. Infanterie-, später 8. Jägerdivision und zog mit dieser in den Ostfeldzug. Bewährte sich mit seiner Division in den ersten Tagen dieses Feldzuges schon aufs höchste und nahm in unermüdlichen Kämpfen die Festung Grodno im Mittelabschnitt der Ostfront. Ab 29.11.1942 führte der General das „Korps Laux" und war ein würdiger Nachfolger von General Laux. Durch Beharrlichkeit, Ausdauer und Standhaftigkeit wurde er zum erfolgreichen Truppenführer und zur verehrten Führerpersönlichkeit seitens seiner Soldaten. Ab März 1943 auf einem Lehrgang für Kommandierende Generale und ab 20.7. bereits als Kommandierender General des 8. Armeekorps wieder an der Ostfront. Ab September 1944 dann in der Führerreserve des Oberkommandos des Heeres und ab 1.12. als Kommandierender General des 89. Armeekorps an der Westfront, wo der General erneut hohes Können und übersichtliche Führung an den Tag legte und der Front durch seine reiche Erfahrung wertvollen Rückhalt gab. Am 1.7.1951 ist Gustav Hoehne in Oberursel/Hessen verstorben.

238. Eichenlaub am 17.5.1943 als Generalleutnant und
Führer des
„Korps Laux",
unter gleichzeitiger Beförderung zum
General der Infanterie.

Generaloberst

Karl Hollidt

Geboren am 28.4.1891
in Speyer/Pfalz.

Auch ausgezeichneter Offizier im Ersten Weltkrieg und zu Beginn des Zweiten Weltkrieges Kommandeur der 52. Infanteriedivision, wirkte der General in angeführter Reihung als Chef des Generalstabes in folgenden Kommandos: jeweils ab: 15.9.1939 des Armeeoberkommandos 5, 1.11.1939 des Oberbefehlshabers Ost und 25.5.1940 des Armeeoberkommandos 9. Nach dem Westfeldzug wurde er ab 25.10.1940 Kommandeur der 50. Infanteriedivision, die unter seiner Führung zuerst im Balkan- und anschließend im Ostfeldzug große Waffentaten vollbrachte. Nach höchster Bewährung ab 23.1.1942 zum Kommandierenden General des 17. Armeekorps und ab 23.11.1942 zum Befehlshaber der „Armeeabteilung Hollidt" ernannt, bewies der General bei den schweren Abfangkämpfen im Raume Stalingrad erneut hohe Führungskunst und bestes deutsches Soldatentum. Ab 5.3.1943 übernahm er als Oberbefehlshaber die neuaufgestellte 6. Armee, bestand mit dieser bis zu seiner Versetzung ab 5.4.1944 in die Führerreserve des Oberkommandos des Heeres weitere schwere Abwehrkämpfe an der Ostfront und befand sich vom 16.4.1945 – 22.12.1949 in britischer Kriegsgefangenschaft.

239. Eichenlaub am 17.5.1943 als General der Infanterie und
Oberbefehlshaber der
6. Armee.

General der Panzertruppe

Gerhard Graf von Schwerin

Geboren am 23.6.1899
in Hannover.

†

Im Ersten Weltkrieg Fähnrich und Offizier und schwer verwundet, war er vom 1.10.1939 – 16.1.1941 Kommandeur des Infanterieregiments (mot.) „Großdeutschland". Das Regiment bewährte sich im Westfeldzug unter seiner Führung hervorragend. Ab 5.2.1941 wurde Schwerin Kommandeur des Stabes im Regiment zur besonderen Verwendung 200 und befand sich im Einsatz in Nordafrika. Vom September 1941 bis November 1942 Kommandeur des Infanterieregiments 76 (mot.) an der Ostfront und für einmalige Erfolge im Nordabschnitt vor Leningrad hoch ausgezeichnet, übernahm er ab 13.11.1942 als Kommandeur die 16. Infanteriedivision (mot.), die spätere 16. Panzergrenadierdivision bzw. 116. Panzerdivision, und bot hier wieder mit seinen Soldaten außergewöhnliche Leistungen im Süden der Ostfront und später an der Westfront in Frankreich. Ab Dezember 1944 als Kommandeur der 90. Panzergrenadierdivision und vom 1.1. – 25.4.1945 als Kommandierender General des 76. Panzerkorps, zeigte Schwerin auch auf dem italienischen Kriegsschauplatz hohe Führungsleistungen. Des Generals Wagemut und Können begeisterten an allen Fronten und stempelten ihn, gepaart mit persönlicher Tapferkeit und großem Verständnis gegenüber seinen Soldaten, zur überragenden Führerpersönlichkeit. Von 26.4.1945 – 24.12.1947 befand er sich in britischer Kriegsgefangenschaft und Internierung und ist am 29.10.1980 in Rottach-Egern/Bayern verstorben.

240. Eichenlaub	am	17. 5.1943	als	Generalmajor und Kommandeur der 16. Panzergrenadierdivision.
41. Schwerter	am	4.11.1943	als	Generalleutnant und Kommandeur der 16. Panzergrenadierdivision.

Major

Wilhelm Niggemeyer

Geboren am 9.5.1918
in Haan/Rheinland.

Wilhelm Niggemeyer kam am 1.10.1938 ins Pionierbataillon 26 und gehörte dieser Einheit während des ganzen Krieges an. Bei allen Einsätzen der 26. Infanteriedivision erwarb er sich mit seinen Pionieren hohe Verdienste. Schon 1940 im Westfeldzug bewährt, zeichnete er sich an der Ostfront zuerst als Führer der 2. Kompanie und dann als Adjutant des Bataillons bei den Kämpfen um Rshew und Woronesch in besonderer Weise aus und bewies auch in weiteren Einsätzen hohe Kampfmoral und beispielhaften Mut. Oftmalige Verwundungen konnten seinen Fronteinsatz kaum wesentlich unterbrechen, und das Pionierbataillon 26 blickte stets in Stolz auf seine Kampfleistungen. Er war ein verdienter und tapferer Frontoffizier, der auch in der Panzernahbekämpfung sehr erfolgreich war und jederzeit schwierigste Lagen vortrefflich meisterte. Nach Verlegung und Einsatz der Division an der Westfront kam Niggemeyer dort bei Kriegsende in amerikanische Gefangenschaft, aus der er im September 1945 in die Heimat zurückkehrte.

241. Eichenlaub am 17.5.1943 als Oberleutnant der Reserve und
Adjutant des
Pionierbataillons 26, in der
26. Infanteriedivision.

Generalmajor

Franz Griesbach

Geboren am 21.12.1892
in Brück/Brandenburg.

Ausgezeichneter Offizier im Ersten Weltkrieg und viermal verwundet und ab 1938 Chef der 6. Kompanie des Infanterieregiments 12, führte er im Frankreichfeldzug zeitweise die 10. Kompanie des Infanterieregiments 467. Ab August 1940 dann Kommandeur des Ersatzbataillons des Infanterieregiments 467 und ab 16.9.1941 in der Führerreserve der Heeresgruppe Süd an der Ostfront. Ab 26.9. wurde Griesbach Kommandeur des 1. Bataillons im Infanterieregiment 391 und ab 15.1.1942 Führer des Regiments. Mit 17.4.1942 zum Kommandeur des Infanterieregiments 399 ernannt, führte er dieses bis zu seiner schweren Verwundung am 16.2.1944 in bestechender Einmaligkeit. Alle schweren Einsätze der 170. Infanteriedivision in den Weiten der Ostfront standen stets mit den Leistungen seiner Grenadiere auf einer Ebene. Ob bei Feodosia auf der Krim oder im Norden am Ladogasee – überall bewährte sich dieser tapfere Offizier mit seinen Soldaten in einmaliger Art. Beliebt bei der Truppe, bekunden seine Beispiele in Führung und Kampf in Einmaligkeit die des aufrechten Frontoffiziers und vorbildlichen Infanteristen. Nach seiner Verwundung geriet der General in einem Lazarett in Brandenburg an der Havel im April 1945 in russische Gefangenschaft, aus der im Oktober 1949 seine Entlassung erfolgte.

242. Eichenlaub am 17.5.1943 als Oberst und Kommandeur des Grenadierregiments 399, in der 170. Infanteriedivision.

53. Schwerter am 6.3.1944 als Oberst, für die Leistungen als Kommandeur des Grenadierregiments 399, in der 170. Infanteriedivision.

Generalmajor

Erich Bärenfänger

Geboren am 12.1.1915
in Minden/Westfalen.

Seit 1936 im Heer, war Bärenfänger das Beispiel des hervorragenden Frontoffiziers der deutschen Wehrmacht und in seiner Art jederzeit Vorbild in allen Belangen. Schon in den Feldzügen gegen Polen, Frankreich und Griechenland hatte er sich sehr bewährt und galt in der 50. Infanteriedivision als tapferer und unerschrockener Offizier. Seit Kriegsausbruch im Infanterieregiment 123, wurde er dort Zugführer, Kompaniechef, Bataillonskommandeur und Regimentskommandeur. Seine Leistungen an der Ostfront bei den Kämpfen um Sewastopol, im Westkaukasus und im Kubanbrückenkopf zählen zu den bedeutendsten des Ostkrieges. Die Nennungen seines Namens im Wehrmachtsbericht und im Ehrenblatt des Deutschen Heeres unterstreichen dies in deutlicher Form. Erich Bärenfänger, oftmals im Einsatz verwundet und Träger des goldenen Verwundetenabzeichens, erklomm in seinem soldatischen Werdegang den Aufstieg vom einfachen Soldaten bis zum General, was höchste Beachtung und Bewunderung verdient und sein hohes Können offenbart. Von November 1944 bis Feber 1945 wirkte er als Inspekteur für die Hitlerjugend-Wehrertüchtigung, war ab März 1945 Kommandeur des Verteidigungsabschnittes A in Berlin, wo er mit seinen jungen Soldaten noch aufopfernd kämpfte und am 28.4.1945 in ihren Reihen bei den schweren Ausbruchskämpfen starb. Der hohe Einsatz dieser soldatischen Persönlichkeit – des jüngsten Generals der deutschen Wehrmacht – bis in die letzten Kriegstage, beweist in Deutlichkeit den unerschütterlichen Glauben der deutschen Frontsoldaten zu Volk und Vaterland.

243. Eichenlaub	am 17.5.1943	als	Hauptmann und Kommandeur des 3. Bataillons des Grenadierregiments 123, in der 50. Infanteriedivision.
45. Schwerter	am 23.1.1944	als	Major und Kommandeur des 3. Bataillons des Grenadierregiments 123, in der 50. Infanteriedivision.

Oberstleutnant der Reserve

Richard Grünert

Geboren am 8.10.1899
in Ströbel/Schlesien.

Dieser schneidige Reserveoffizier kam im August 1939 ins Schützenregiment 7 der 2. Leichten Division, der späteren 7. Panzerdivision. Schon im Polenfeldzug sehr bewährt, zeigte Grünert dann im Ostfeldzug erneut Beispiele hervorragendster Tapferkeit. Als Führer der 3. Kompanie des Kradschützenbataillons 7 erwarb er sich bei der Einnahme von Wilna große Verdienste und erhielt dafür am 14.10.1941 das Ritterkreuz verliehen. Ebenso bewährt bei den Kämpfen um Witebsk und Wjasma, begeisterte er hier durch schwungvolle Angriffsführung, die jeder seiner geleisteten Taten zu Grunde lag. Auch als Kommandeur des 1. Bataillons des Panzergrenadierregiments 7, welches er in rücksichtslosen persönlichem Einsatz und in kühner Entschlossenheit führte, bewies Richard Grünert in allen Lagen, daß er in der 7. Panzerdivision zu den Tapfersten zählte. So auch am 13.3.1943, als er an der Spitze seines Bataillons in der Stadt Kamenka-Mal südlich von Isjum im Südabschnitt der Ostfront im feindlichen Feuer sein Leben ließ.

244. Eichenlaub am 17.5.1943 nach dem Tode, für die Leistungen als Major der Reserve und Kommandeur des 1. Bataillons des Panzergrenadierregiments 7, in der 7. Panzerdivision.

Oberfähnrich

Ernst Kruse

Geboren am 1.10.1915
in Egeln/Magdeburg.

Ernst Kruse war ein ausgezeichneter Zugführer in der 3. Panzerdivision, der auf allen Kriegsschauplätzen, wo die Division im Einsatz stand, höchste Tapferkeit und einmalige Kampfbereitschaft zeigte. 1935 ins Heer eingetreten und seit 1936 im Schützenregiment 3, waren seine Kampfleistungen im Polen- und Westfeldzug schon sehr beachtlich. Mit beiden Klassen des Eisernen Kreuzes ausgezeichnet, wurde Ernst Kruse dann im Ostfeldzug zum erfolgreichsten Panzergrenadier der Division. Besonders bei den Kämpfen am unteren Don bestach er durch Mut und äußerst verwegenen Kampfgeist. In harten Nahkämpfen gegen weit stärkere Feindkräfte erreichte er mit seinen Grenadieren durchschlagende und für weitere Operationen wichtige Erfolge. Im Juni 1944 zum Ordonnanzoffizier des 2. Bataillons ernannt, bewies er hier erneut hohe soldatische Eigenschaften und begeisterte immer wieder durch wagemutige Einzelleistungen. In nie erlahmender Einsatzbereitschaft ereilte ihn am 15.10.1944 in vorderster Linie am Narewbrückenkopf bei Serock im Mittelabschnitt der Ostfront der Soldatentod, der dem deutschen Heer wieder einen seiner Besten entriß.

245. Eichenlaub am 17.5.1943 als Oberfeldwebel und
Zugführer in der
7. Kompanie des
Panzergrenadierregiments 3, in der
3. Panzerdivision.

SS Oberführer

Georg Bochmann

Geboren am 18.9.1913
in Albernau/Sachsen.

†

Seit 1934 in der SS Verfügungstruppe, war Georg Bochmann im Kriege einer der verdientesten Männer der SS Totenkopfdivision. Als Chef der Panzerabwehr-, später Panzerjägerabteilung, Kampfgruppenführer, Kommandeur des SS Kradschützenbataillons 3 und des SS Panzerregiments 3, waren seine Kampf- und Führungsleistungen im West- und Ostfeldzug bestechend und einmalig. Besonders im Kessel von Demjansk und in der Schlacht um Charkow leistete er mit seinen Soldaten beispielhafte Waffentaten. Sein Mut und schonungsloser Einsatz in allen Kämpfen, wo er trotz Verwundungen bei der Truppe im Einsatz verblieb, zeichneten das Bild eines beliebten und vorbildlichen Führers. Ab 3.1.1945 zum Kommandeur der 18. SS Freiwilligen-Panzergrenadierdivision „Horst Wessel" ernannt und in schweren Rückzugskämpfen auf schlesischem Boden eingesetzt, war hier sein gezeigtes Vorbild in Deutschlands schwerstem Schicksalskampf die Basis der unglaublichen Leistungen seiner Grenadiere an der wankenden Ostfront. Ab 11.2.1945 zum Kommandeur der 17. SS Panzergrenadierdivision „Götz von Berlichingen" ernannt, bewies Georg Bochmann bei den Endkämpfen an der Westfront erneut hohes Führungskönnen und ausgeprägte Entschlußkraft, welche der Division noch manchen Erfolg sicherstellte. Nach Kriegsende in amerikanische Gefangenschaft geraten und aus dieser entlassen, verstarb Georg Bochmann am 8.6.1973 in Offenbach am Main in Hessen.

246. Eichenlaub	am 17.5.1943	als SS Obersturmbannführer, für die Leistungen als SS Sturmbannführer und Kommandeur des SS Kradschützenbataillons 3, in der SS Panzerdivision „Totenkopf".
140. Schwerter	am 26.3.1945	als SS Oberführer, für die Leistungen als Kommandeur der 18. SS Freiwilligen-Panzergrenadierdivision „Horst Wessel".

Generalleutnant

Karl Löwrick

Geboren am 8.11.1894
in Podlechen/Ostpreußen.

Kriegsfreiwilliger im Ersten Weltkrieg, kam Löwrick am 10.11.1938 in die Stabsabteilung des Oberkommandos des Heeres und übernahm ab 25.9.1939 als Kommandeur das 3. Bataillon des Infanterieregiments 272. Mit diesem im Westfeldzug zu höchsten Ehren gelangt, zog er auch 1941 in den Ostfeldzug und wurde ab 21.8.1941 Kommandeur des Regiments. Bewährte sich mit seinen Grenadieren in gekonnter Art bei den schicksalschweren Kämpfen um Cholm, wo er durch unerhörten Angriffsschwung manch schwierige Lage erfolgreich meistern konnte und mit Dauer der Einsätze im Nordabschnitt der Ostfront weitere große Leistungen vollbrachte. Ab 13.9.1942 bis Februar 1943 führte Löwrick gleichzeitig auch das Infanterieregiment 43 und übernahm ab 1.10.1943 als Kommandeur die 93. Infanteriedivision, die er bis 20.6.1944 in kluger Umsicht bezeichnend zu führen verstand. Ab 23.7. zum Kommandeur der 542. Volksgrenadierdivision ernannt, beeindruckten auch hier das hohe Können des Generals und seine zielbewußte Führungsart, ehe ein tragischer Unfall am 8.4.1945 bei Pillau in Ostpreußen seinem Leben ein Ende setzte.

247. Eichenlaub am 17.5.1943 als Oberst und
Kommandeur des
Grenadierregiments 272, in der
93. Infanteriedivision.

General der Infanterie

Martin Grase

Geboren am 3.5.1891
in Schlochau/Westpreußen.

†

Im Ersten Weltkrieg Offizier, wurde Grase im Zweiten Weltkrieg zum ausgezeichneten Truppenführer. Zu Kriegsbeginn Ila beim Oberbefehlshaber Nord und nach dem Polenfeldzug ab 1.3.1940 Kommandeur des Infanterieregiments 1. Nach dem Westfeldzug führte er das Regiment auch an der Ostfront, wo er ab 17.1.1942 Kommandeur der 1. Infanteriedivision wurde. Hier zeigte er vorbildliche soldatische Fähigkeiten und durchstand mit seinen ostpreußischen Grenadieren so manche harte Schlacht im Bereich der Heeresgruppe Nord. Der General vereinigte in sich neben seiner Tapferkeit auch hohe sittliche Werte und große Disziplin und bestach durch ausgewogenes Führungskönnen in allen Kommandostellungen. Ab 1.7.1943 zum Kommandierenden General des 1. und ab 1.1.1944 des 26. Armeekorps ernannt, schloß sich ab 18.7.1944 noch die Ernennung zum Wehrmachtsbefehlshaber für Belgien und Nordfrankreich an. Auch im Westen war der General eine geachtete Persönlichkeit mit viel Verständnis und taktvollem Einfühlungsvermögen. Am 3.8.1963 ist Martin Grase in Freiburg im Breisgau/Baden-Württemberg verstorben.

248. Eichenlaub am 23.5.1943 als Generalleutnant und Kommandeur der 1. Infanteriedivision.

Großadmiral

Isoroku Yamamoto

Der Tradition der japanischen Marine entsprechend ist Großadmiral Yamamoto der Öffentlichkeit fast unbekannt geblieben. Nicht aber die großen Leistungen der japanischen Flotte im Zweiten Weltkrieg, deren Oberbefehlshaber er seit Ende 1940 war. Die aufopferungsvollen Seeschlachten der Japaner im Pazifik wurden Geschichte und erregten auch beim Gegner Achtung und Staunen. Alle diese Unternehmungen trugen Yamamotos Stempel der Führungskunst und des ausdauernden Kampfeswillens seiner Persönlichkeit und der seiner Untergebenen. Am 18.4.1943 endete sein Leben auf einem Flugplatz der Pazifikinsel Bougainville, wo sein Flugzeug von amerikanischen Jägern abgeschossen wurde. In Würdigung seiner Verdienste und als Verbündeter Deutschlands im gemeinsamen Kampf des Zweiten Weltkrieges wurde ihm als einzigem ausländischen Soldaten die hohe Auszeichnung mit dem Eichenlaub mit Schwertern zum Ritterkreuz des Eisernen Kreuzes zuteil.

Eichenlaub ohne Nr.	am 27.5.1943	nach dem Tode, für die Leistungen als Großadmiral und Oberbefehlshaber der Vereinigten Japanischen Flotte.
Schwerter ohne Nr.	am 27.5.1943	nach dem Tode, für die Leistungen als Großadmiral und Oberbefehlshaber der Vereinigten Japanischen Flotte.

Korvettenkapitän

Friedrich Kemnade

Geboren am 12.12.1911
in Schwarmstedt/Hannover.

Seit 1931 in der Marine, war Kemnade 1939 1. Torpedo-Offizier und Adjutant auf dem Kreuzer „Emden". Ab 15.5.1940 wurde er Chef der 3. Schnellbootflottille in Kiel und führte diese im Einsatz im Kanal, in der Ostsee, im Rigabusen und im Mittelmeer zu außergewöhnlich großen Erfolgen. Hohe Intelligenz, Kühnheit und Seetüchtigkeit prägten die Art dieses tapferen Seeoffiziers, der durch seine Leistungen in der Schnellbootwaffe hohes Ansehen genoß und seine Matrosen zu großen Taten beflügelte. In unermüdlicher Einsatzbereitschaft und umsichtiger Führung seiner Boote schuf er die Voraussetzungen für jene Taten, die der deutschen Schnellbootwaffe im Zweiten Weltkrieg zu Achtung und Bewunderung verhalfen. Ab 1.1.1944 bis zum Kriegsende wirkte Friedrich Kemnade als Referent im Oberkommando der Kriegsmarine, wo er auf Grund von Können, Erfahrung und Fachwissen als einmalige Persönlichkeit galt.

249. Eichenlaub am 28.5.1943 als Korvettenkapitän und
Chef der
3. Schnellbootflottille.

Korvettenkapitän

Robert Gysae

Geboren am 4.1.1911
in Berlin-Charlottenburg.

Gysae, seit 1931 in der Marine und zuerst als Wach- und Artillerieoffizier in der 2. Torpedobootflottille, übernahm ab 1938 als Kommandant T-107. Im November 1939 kam er dann zur U-Bootwaffe, wo er zu einem überaus erfolgreichen U-Bootfahrer wurde. Als Kommandant von U-98 ab September 1940 und von U-177 ab April 1942 verzeichnete Gysae bei 8 Feindfahrten im Nord- und Südatlantik, sowie im Indischen Ozean bedeutende Versenkungserfolge gegen die feindliche Schiffahrt und bewies in allen Einsätzen Schneid, Mut und überlegte Angriffskunst. Ab Dezember 1943 war er der 25. U-Bootflottille ein vorbildlicher Chef, der hohes Verantwortungsbewußtsein zu Tage legte und dadurch bei seinen Untergebenen sehr geachtet war. In schwerster Zeit des Krieges ab April 1945 zum Kommandeur des 1. Marine-Panzerjagdregiments ernannt, war er auch ein im Landeinsatz aufs höchste bewährter Frontoffizier, und die deutsche Kriegsmarine blickte in Stolz auf seine Leistungen als Offizier und Mensch.

250. Eichenlaub am 31.5.1943 als Kapitänleutnant und
Kommandant von
U-177, in der
4. U-Bootflottille.

General der Infanterie

Hans von Obstfelder

Geboren am 6.9.1886
in Steinbach-Hallenberg/Thüringen.

†

Während des Ersten Weltkrieges Stabsoffizier, war Obstfelder im Zweiten Weltkrieg einer der fähigsten Generale des Heeres. Im Polenfeldzug Kommandeur der 28. Infanteriedivision und im Westfeldzug bereits Kommandierender General des 29. Armeekorps. Mit diesem dann an der Ostfront eingesetzt, erwarb sich der General hohe Verdienste bei der Kesselschlacht um Kiew. Auch in der Folgezeit gehörte sein Korps zu den wertvollen Truppenteilen im Ostkrieg und stellte unter seiner bewährten Führung den Gegner oftmals vor unlösbare Probleme. Ab 25.8.1943 wurde Obstfelder Kommandierender General des 86. Armeekorps im Westen und zeigte auch hier großartige Führungsleistungen. Ab 1.12.1944 übernahm er den Oberbefehl über die 1. Armee und führte vom 1.3. – 25.3.1945 die 19. Armee bei den Endkämpfen in Süddeutschland. Hans von Obstfelder war unstreitbar einer der tüchtigsten Heerführer, dessen hohes Können und langjährige Erfahrung der deutschen Wehrmacht nicht nur in den ersten Kriegsjahren große Erfolge ermöglichten, sondern auch in der schweren Zeit gegen Ende des Krieges an der zerrütteten Westfront noch manchen Abwehrerfolg sicherstellten. Nach Rückkehr aus der Gefangenschaft lebte er in Kassel und verstarb am 20.12.1976 in Wiesbaden.

251. Eichenlaub	am 7. 6.1943	als	General der Infanterie und Kommandierender General des 29. Armeekorps.
110. Schwerter	am 5.11.1944	als	General der Infanterie und Kommandierender General des 86. Armeekorps.

Generalmajor

Karl Göbel

Geboren am 20.10.1900
in Adelschlag/Franken.

Karl Göbel gehört auch zu den hervorragenden Heeresoffizieren, die im Zweiten Weltkrieg große Waffentaten an allen Fronten vollbrachten. Seit 1935 im Heer und 1939 Kompaniechef im Infanterieregiment 420, wurde er im Laufe des Krieges in diesem Regiment zur herausragenden Erscheinung und schließlich dessen Kommandeur. Nach Teilnahme am Westfeldzug übernahm er ab August 1940 als Kommandeur das 3. Bataillon und wurde nach dem Balkanfeldzug an der Ostfront ab Dezember 1942 Führer und ab Jänner 1943 Kommandeur des Regiments. Persönliche Tapferkeit und beispielgebende Führereigenschaften trieben seine Grenadiere zu Höchstleistungen im harten Ostkrieg. Die Kämpfe im Südabschnitt um Rostow, am Kuban usw. sind aufs engste mit den Namen des Grenadierregiments 420 und Karl Göbels verbunden. Auch in weiteren Einsätzen mit seinen Soldaten höchst bewährt und durch viele Verwundungen im Kampf gezeichnet, war sein Beispiel als Frontoffizier in jeder Weise überzeugend und mitreißend. Ab 10.10.1944 Führer der 299. Infanteriedivision und am 16.2.1945 im Fronteinsatz erneut schwer verwundet, erlag Karl Göbel diesen Verletzungen am 2.3.1945 in einem Krankenhaus in Esslingen/Württemberg.

252. Eichenlaub am 8.6.1943 als Oberstleutnant und Kommandeur des Grenadierregiments 420, in der 125. Infanteriedivision.

Oberstleutnant

Friedrich Höhne

Geboren am 27.4.1915
in Krampfer-Westpegnitz/Brandenburg.

†

Höhne, bereits seit 1933 im Infanterieregiment 19, kam nach Teilnahme am Polen- und Westfeldzug zur 97. Leichten Division, der späteren 97. Jägerdivision, wo er ab 26.11.1941 Kommandeur des 3. Bataillons im Infanterie- bzw. Jägerregiment 204 wurde. Die Einsätze der Division im Südabschnitt der Ostfront, besonders bei den Kämpfen im Kaukasus und vor der Hafenstadt Tuapse, sahen die Jäger in unermüdlicher Tapferkeit am Feind. Bataillonskommandeur Höhne bewies hier an der Spitze seiner Soldaten sagenhaften Mut und einmaliges Führungstalent, und die Erfolge der 97. Jägerdivision beruhten nicht zuletzt auch auf dem Können dieses tapferen Offiziers. Ab Juli 1943 wurde er Kommandeur des Ersatzbataillons des Regiments und zeigte hier große Fähigkeiten als Mensch und Soldat. Mit seinen Jägern bis in die letzten Kriegstage im Einsatz, geriet Friedrich Höhne nach Kriegsende in amerikanische Kriegsgefangenschaft und lebte anschließend in der Bundesrepublik, wo er am 14.3.1962 in Bad Reichenhall/Oberbayern nach einem Skiunfall verstorben ist.

253. Eichenlaub am 8.6.1943 als Major und
Kommandeur des
3. Bataillons des
Jägerregiments 204, in der
97. Jägerdivision.

Hauptmann

Günter Klappich

Geboren am 2.10.1917
in Dortmund/Westfalen.

Auch hier das Bild eines Frontkämpfers der 16. Infanteriedivision, der Günter Klappich von 1937 bis zu seinem Tod angehörte. Im Grenadierregiment 60 (mot.), ehemals Infanterieregiment 60, erlangte er durch seine immer bewiesene Tapferkeit und Einsatzbereitschaft Ansehen und höchste Ehren. Nach dem West- und Balkanfeldzug zeigte er im Ostfeldzug laufend außergewöhnliche Waffentaten im Südabschnitt der Front. Bei den Kämpfen um Maikop und in der Kalmückensteppe zählte er mit seinen Grenadieren zu den wertvollen Stützen. Sein Aufstieg vom Zug- zum Bataillonsführer widerspiegelt in Deutlichkeit seinen ausgezeichneten soldatischen Werdegang und bekundet in jeder Weise das Bild eines großartigen Offiziers und Soldaten. Furchtlos im Kampfgeschehen, war er seinen Grenadieren leuchtendes Vorbild und riß diese zu immer neuen Taten mit sich. Beim Ringen um Stalingrad endete dieses tapfere Soldatenleben am 22.1.1943 in vorderster Front am Don, und die deutsche Wehrmacht beklagte den Tod eines aufrechten Frontoffiziers und treuen Kameraden.

254. Eichenlaub am 8.6.1943 nach dem Tode, für die Leistungen als
Oberleutnant und
Führer des
3. Bataillons des
Grenadierregiments 60 (mot.), in der
16. Infanteriedivision (mot.).

Oberst

Gustav Rödel

Geboren am 24.10.1915
in Merseburg/Provinz Sachsen.

1935 in die Luftwaffe eingetreten und 1939 noch in der „Legion Condor" in Spanien, flog er anschließend in Polen, im Westen, am Balkan, in Nordafrika und in der Reichsverteidigung harte Einsätze. Wurde mit seinen 98 bestätigten Luftsiegen zu einem der erfolgreichsten Jagdflieger gegen westliche Gegner und hatte fast 1.000 Feindflüge an allen Fronten hinter sich gebracht. Diese Erfolge erreichte er im bekannten Jagdgeschwader 27, wo er 1939 im Stab als Technischer Offizier und Flugzeugführer flog. Danach ab Mai 1940 Staffelkapitän der 4. Staffel, führte Rödel dann sogar als stellvertretender Kommandeur die 2. Gruppe, wurde ab 20.5.1942 deren Kommandeur und schließlich ab 22.4.1943 Kommodore des Geschwaders. Als hervorragende Führerpersönlichkeit in der Jagdwaffe sehr beliebt, zeigte Rödel in allen Belangen die Eigenschaften eines tapferen und unermüdlichen Fliegers, Führers und Soldaten. Auf Grund seines Könnens erfolgte ab 1.1.1945 seine Ernennung zum Kommandeur der 2. Jagddivision, die er in harter Zeit bis zum Kriegsende überzeugend führte.

255. Eichenlaub am 20.6.1943 als Major und
Kommodore des
Jagdgeschwaders 27.

Korvettenkapitän

Carl Emmermann

Geboren am 6.3.1915
in Hamburg.

Seit 1934 in der Marine und ab Juli 1940 in der 1. U-Boot-Lehrdivision, wurde der überaus begabte Seeoffizier ab November Wachoffizier auf einem U-Boot und ab 5.11.1941 Kommandant von U-172. Mit diesem Boot kam Emmermann bei 5 Feindfahrten in der Karibischen See, vor Südafrika, Marokko und Brasilien zu großen Versenkungserfolgen. Durch hohes Können, Tapferkeit und einmalige Entschlußkraft errang er das Vertrauen seiner U-Bootmänner, was beim Kampf auf den Weltmeeren zur Bedeutung wurde und manchen der Erfolge sicherstellte. Ab Oktober 1943 wurde Emmermann Chef der 6. U-Bootflottille, wirkte ab August 1944 im Stab des Führers der U-Boote und wurde ab 3.3.1945 Kommandant von U-3037. In Einsatz und Führung zu den Besten zählend, befehligte er ab April 1945 bis Kriegsende als Chef die 31. U-Bootflottille, zeigte hier hohe Werte als Mensch und Vorgesetzter und befand sich bis 2.9.1945 in britischer Kriegsgefangenschaft.

256. Eichenlaub am 4.7.1943 als Kapitänleutnant und Kommandant von U-172, in der 4. U-Bootflottille.

Korvettenkapitän zur Verfügung

Werner Henke

Geboren am 13.5.1908
in Rudak/Westpreußen.

Seit 1933 in der Marine und 1939 auf dem Linienschiff „Schleswig-Holstein" als Flakartillerieoffizier im Einsatz beim Polenfeldzug, kam Werner Henke 1940 zur U-Bootwaffe und war schon als Wachoffizier auf U-124 durch überdurchschnittliche Leistungen aufgefallen, ehe er ab 21.2.1942 Kommandant von U-515 wurde. Kaltblütigkeit, Tapferkeit und zäher Angriffswille waren hier die Fundamente seiner Erfolge, als er mit seinem Boot auf 6 Feindfahrten vor Trinidad, Marokko, Freatow, westlich von Spanien, der Guinea-Küste und vor Cap Verden besonders erfolgreich operierte. Am 9.4.1944 wurde U-515 nordwestlich der Kanaren von amerikanischen Trägerflugzeugen angegriffen und mußte nach schweren Treffern aufgegeben werden. Kommandant und Besatzung gingen in Gefangenschaft, wo Werner Henke am 15.6.1944 im Lager Fort Meade in den USA erschossen wurde.

257. Eichenlaub am 4.7.1943 als Kapitänleutnant zur Verfügung und
Kommandant von
U-515, in der
4. U-Bootflottille.

Generalleutnant

Fritz Bayerlein

Geboren am 14.1.1899
in Würzburg/Unterfranken.

†

Bayerlein war einer der bedeutendsten Stabsoffiziere der deutschen Wehrmacht und auf den Kriegsschauplätzen in Polen, im Westen, im Osten und in Afrika aufs höchste bewährt. In der Reihenfolge angeführt seine ausgeübten Kommandos – jeweils ab: 1.4.1939 Ia der 10. Panzerdivision, 25.2.1940 Ia des 19. Panzerkorps, der späteren Panzergruppe 2, 5.10.1941 Chef des Generalstabes des Deutschen Afrika Korps, 7.12.1942 Chef des Generalstabes der Deutsch-Italienischen Panzerarmee und der Heeresgruppe Afrika und ab 7.3.1943 Chef des Generalstabes der 1. Italienischen Armee und der Heeresgruppe Afrika. Die hervorragende Zusammenarbeit mit General Rommel und den italienischen Verbündeten erhoben seine Person zur herausragenden Erscheinung in Afrika. Ab 7.6.1943 dann in der Führerreserve des Oberkommandos des Heeres und ab 25.10.1943 als Kommandeur der 3. Panzerdivision an der Ostfront. Hier zeigte sich der General als Turm in der Schlacht bei schweren Ausbruchskämpfen, wo er einmal mehr durch Tapferkeit, Willens- und Entschlußkraft den Wert seiner Persönlichkeit deutlich machte. Ab 10.1.1944 zum Kommandeur der Panzer-Lehrdivision ernannt, durchstand er mit dieser schwerste Einsätze an der Invasionsfront in Frankreich. Ab 7.2.1945 führte der General das 53. Armeekorps im Westen, wo er durch gekonnte Führungsleistungen und verständnisvolle Art mit seinen Soldaten stärksten Feindkräften die Stirn bot und noch im Schatten des Zusammenbruchs durch diese Taten den Durchhaltewillen der deutschen Wehrmacht auch in den letzten Kriegsmonaten deutlich bewiesen hat. Fritz Bayerlein verstarb am 31.1.1970 in seiner Geburtsstadt Würzburg in Bayern.

258. Eichenlaub	am 6.7.1943	als	Oberst im Generalstab und Chef des Stabes der 1. Italienischen Armee und der Heeresgruppe Afrika.
81. Schwerter	am 20.7.1944	als	Generalleutnant und Kommandeur der Panzer-Lehrdivision.

Generalleutnant

Walther von Hünersdorff

Geboren am 28.11.1898
in Kairo.

Im Ersten Weltkrieg ausgezeichneter Offizier, war Hünersdorff im Zweiten Weltkrieg ein hervorragender Stabsoffizier im deutschen Heer. Ab 1.9.1939 Ia der 253. Infanteriedivision und ab 25.10. Ia des 2. Armeekorps, mit diesem 1940 im Westfeldzug eingesetzt und ab 15.2.1941 Chef des Generalstabes der Panzergruppe 3, der späteren 3. Panzerarmee. Die bezeichnenden Erfolge dieser Truppenteile an der Ostfront wurden Geschichte und sahen diesen Generalstabsoffizier entscheidend daran beteiligt. Seine außergewöhnlichen Führungsfähigkeiten waren grundlegend, als er ab 1.7.1942 Kommandeur des Panzerregiments 11 wurde und ab 9.2.1943 die Führung der 6. Panzerdivision übernahm, deren Kommandeur er ab 1.5. war. Als unermüdlicher, tapferer Offizier war er stets in vorderster Linie zu finden und wurde am 13.7.1943 bei den schweren Kämpfen beim Unternehmen „Zitadelle" im Raume Kursk durch Kopfschuß schwer verwundet. Dieser Verwundung erlag Walther von Hünersdorff am 17.7.1943 in einem Lazarett in Charkow. Ein schwerer Verlust betraf das deutsche Heer mit dem Tod dieses bewährten Generals.

259. Eichenlaub am 14.7.1943 als Generalmajor, für die Leistungen als Kommandeur der 6. Panzerdivision.

Oberst

Bernhard Sauvant

Geboren am 25.3.1910
in Kutten/Ostpreußen.

†

Seit 1930 im Heer und ab 1935 im Panzerregiment 36, wurde Sauvant hier zu einem bekannten Offizier, dessen Tüchtigkeit und Können allgemeine Bewunderung erregten. Im Polen-, West- und Balkanfeldzug als Chef die 1. Kompanie führend, zog er mit dieser auch in den Ostfeldzug, wo er ab August 1942 Kommandeur der 1. Abteilung wurde. In ständigen Einsätzen stieß er mit seinen Panzern bis nach Stalingrad vor. Vom 19.11.1942 – 27.1.1943 erreichte der befähigte Panzeroffizier als Führer der „Kampfgruppe Sauvant" bei den Kämpfen zwischen Don, Wolga und Dnjepr mit seinen Soldaten beachtliche Erfolge. Im Feber 1943 begann die Aufstellung der schweren Panzerabteilung 505 auf dem Truppenübungsplatz Fallingbostel/Hannover und ab Mai die Verlegung der Abteilung an die Ostfront. Im Juni wurde Sauvant deren Kommandeur, und unter seiner Führung bewiesen die Panzermänner beim Unternehmen „Zitadelle" im Kursker Frontbogen höchstes Soldatentum. Am 13.8. schwer verwundet, kam der tapfere Offizier anschließend zur Führerreserve des Oberkommandos des Heeres und ging ab September 1944 als Kommandeur des Panzerregiments 36 wieder an die Ostfront, wo er bis zum Kriegsende in Kurland kämpfte. Bernhard Sauvant ist am 15.4.1967 verstorben.

260. Eichenlaub am 28.7.1943 als Major und
Kommandeur der
schweren Panzerabteilung 505.

SS Oberstgruppenführer und Generaloberst der Waffen SS

Paul Hausser

Geboren am 7.10.1880
in Brandenburg an der Havel.

✝

Der Schöpfer und Begründer der Waffen SS war im Ersten Weltkrieg ein hervorragender Stabsoffizier und bewies seine außerordentlichen soldatischen Fähigkeiten erneut beim Aufbau der SS Verfügungstruppe ab 1934 und später in allen schweren Einsätzen der Truppe im Zweiten Weltkrieg. Im Polenfeldzug im Stab der „Division Kempf" und im Westfeldzug Kommandeur der SS Verfügungsdivision (mot.), der späteren SS Division „Das Reich". Nach Einsatz am Balkan kämpfte die Division in Rußland im Mittelabschnitt der Ostfront, wo Paul Hausser am 14.10.1941 vor Moskau in vorderster Front durch Verwundung das rechte Auge verlor. Nach Genesung ab Juli 1942 mit der Aufstellung des SS Panzerkorps betraut und 1943 wieder an der Ostfront, führte er dieses in vorausschauend kluger und umsichtiger Art bei den Kämpfen um Charkow im Südabschnitt. Seinem Mut und seiner Führungskunst lagen die weiteren Erfolge an diesem Frontabschnitt zu Grunde und erhoben den General zur beispielgebenden Führerpersönlichkeit in allen seinen Handlungen. Von der Truppe geachtet und verehrt, gefiel seine einfache und bescheidene Art ebenso wie die Entschlußkraft, das hohe Können und die Fähigkeit, sich auch der Obersten Führung gegenüber entscheidend durchzusetzen. Ab 27.6.1944 zum Oberbefehlshaber der 7. Armee und ab 28.1.1945 zum Oberbefehlshaber der Heeresgruppe G im Westen ernannt, bewies Paul Hausser auch in diesen verantwortungsvollen Führungsstellen jederzeit die Größe seiner soldatischen Persönlichkeit. 1948 aus der Kriegsgefangenschaft entlassen, verstarb er am 21.12.1972 in Ludwigsburg/Baden-Württemberg.

261. Eichenlaub	am 28.7.1943	als	SS Obergruppenführer und Kommandierender General des SS Panzerkorps.
90. Schwerter	am 26.8.1944	als	SS Oberstgruppenführer, für die Leistungen als Oberbefehlshaber der 7. Armee.

Generalmajor

Dr. Franz Bäke

Geboren am 28.2.1898
in Schwarzenfels/Franken.

✝

Auch Erster Weltkriegteilnehmer, war Dr. Bäke im Zweiten Weltkrieg der Begriff des nimmermüden Panzerführers und hervorragenden Frontkämpfers. 1935 ins Heer eingetreten und seit 1937 in der 1. Leichten Division, der späteren 6. Panzerdivision, durchlebte er hier alle Höhen und Tiefen des Panzerregiments 11. Bei den Einsätzen in Polen, im Westen und im Osten war es immer wieder dieses Regiment, welches in Angriff und Abwehr wesentliche Erfolge verbuchen konnte. Dr. Bäke, vom Zugführer und Ordonnanzoffizier zum Kompaniechef, Führer der 1. Abteilung, Kommandeur der 2. Abteilung und schließlich ab 14.7.1943 zum Führer und ab 1.11. zum Kommandeur des Regiments geworden, zeigte in allen schweren Einsätzen und hier besonders an der Ostfront, stets Beispiele überragendster Tapferkeit, Einsatzbereitschaft und vorbildlichen Führungskönnens. Erfolgreich auch in der Panzernahbekämpfung, war er immerzu und jederzeit Vorbild seiner Soldaten und durch gezeigte Herzlichkeit in ihren Kreisen sehr beliebt. Ab 13.7.1944 zum Kommandeur der Panzerbrigade 106 ernannt, führte er diese gekonnt und überzeugend an der Westfront, wurde ab 12.2.1945 mit der Aufstellung der Panzerdivision „Feldherrnhalle" aus Teilen der ehemaligen 13. Panzerdivision beauftragt und war bis Kriegsende deren Kommandeur an der Ostfront. Am 12.12.1978 verstarb Dr. Bäke infolge eines Verkehrsunfalles bei Hagen in Nordrhein-Westfalen.

262. Eichenlaub	am 1.8.1943	als	Major der Reserve, für die Leistungen als Kommandeur der 2. Abteilung des Panzerregiments 11, in der 6. Panzerdivision.
49. Schwerter	am 21.2.1944	als	Oberstleutnant der Reserve und Kommandeur des Panzerregiments 11, in der 6. Panzerdivision.

Major

Egmont Prinz zur Lippe-Weissenfeld

Geboren am 14.7.1918
in Salzburg.

Seit 1938 in der Luftwaffe, kam auch er wie fast alle Nachtjäger von den Zerstörerfliegern zur Nachtjagd, und zwar von der 2. Gruppe des Zerstörergeschwaders 76, dem Weissenfeld seit Juni 1940 angehörte. Ab 4.8.1940 kam er als Flugzeugführer in die 4. Staffel des Nachtjagdgeschwaders 1 und wurde ab 15.11.1941 Staffelkapitän der 5. Staffel im Nachtjagdgeschwader 2. Ein beherzter Draufgänger und schneidiger Offizier, der zu den bekanntesten und besten Nachtjägern zählte. Seine großartigen Einsatzerfolge am nächtlichen Himmel im Kampf mit den britischen Bomberverbänden befürworten in jeder Hinsicht seine hohen Auszeichnungen. Ab 1.6.1943 wurde Weissenfeld Kommandeur der 3. Gruppe des Nachtjagdgeschwaders 1, übernahm ab 20.2.1944 als Kommodore das Nachtjagdgeschwader 5 und bestach durch außergewöhnliche Kampf- und Führungsleistungen gleichermaßen. Am 12.3.1944 endete das Leben dieses begnadeten Nachtjägers bei einem Flug am Tage in den Ardennen, und die deutsche Luftwaffe hatte erneut einen schweren Verlust zu beklagen.

263. Eichenlaub am 2.8.1943 als Hauptmann und
Kommandeur der
3. Gruppe des
Nachtjagdgeschwaders 1.

Hauptmann

Manfred Meurer

Geboren am 8.9.1919
in Hamburg.

Meurer trat 1939 als Fahnenjunker ins Flakregiment 6 ein. Nach dem Frankreichfeldzug kam er dann zur Fliegertruppe und flog ab Oktober 1941 als Flugzeugführer in der 2. Staffel des Nachtjagdgeschwaders 1. Ab August 1943 übernahm der beliebte Offizier als Kommandeur die 2. Gruppe des Nachtjagdgeschwaders 5 und ab Oktober die 1. Gruppe des Nachtjagdgeschwaders 1. In den aufreibenden nächtlichen Luftkämpfen gegen die englischen Bomberflotten über dem Reichsgebiet wurde Meurer durch seine vielen erzielten Nachtluftsiege zu einem Piloten im Spitzenfeld der deutschen Nachtjäger. Außergewöhnliche Tapferkeit und stete Einsatzbereitschaft zeichneten sein mutiges Soldatenleben, das am 21.1.1944 bei einem Nachtluftkampf über Magdeburg sein Ende fand. Manfred Meurer starb gemeinsam mit seinem Bordfunker, und die deutsche Nachtjagd traf durch den Tod dieser bewährten Besatzung ein besonders schwerer Verlust.

264. Eichenlaub am 2.8.1943 als Hauptmann und
Kommandeur der
2. Gruppe des
Nachtjagdgeschwaders 5.

Major

Heinrich Ehrler

Geboren am 14.9.1917
in Oberbalbach/Baden.

Heinrich Ehrler kam 1936 zur Flakartillerie und dann zum Einsatz zur „Legion Condor" nach Spanien. 1940 wurde er Jagdflieger und kam 1941 als Flugzeugführer in die 4. Staffel des Jagdgeschwaders 5 an die Eismeerfront. Ab 21.8.1942 führte er dort die 6. Staffel, ab Juni 1943 wurde er Kommandeur der 3. Gruppe, und ab Mai 1944 erfolgte seine Ernennung zum Kommodore des Geschwaders, dessen Führung er bis Februar 1945 innehatte. Eine beachtenswerte Leistung eines mutigen und tapferen Fliegeroffiziers an der so entbehrungsreichen und harten Eismeerfront. Mit über 200 Luftsiegen war Ehrler der erfolgreichste Jagdflieger des Jagdgeschwaders 5 und zählte zu den besten deutschen Jagdfliegern überhaupt. Anschließend flog er als Flugzeugführer in der Stabskette des Jagdgeschwaders 7 (Düsenjäger) und fiel dort am 4.4.1945 im Luftkampf in der Reichsverteidigung über Stendal/Magdeburg-Anhalt.

265. Eichenlaub am 2.8.1943 als Hauptmann und
Kommandeur der
3. Gruppe des
Jagdgeschwaders 5.

Major

Theodor Weissenberger

Geboren am 21.12.1914
in Mühlheim am Main/Hessen.

†

Auch einer der erfolgreichsten Jagdflieger der Luftwaffe mit über 200 Luftsiegen in Ost und West. Im September 1941 kam Weissenberger zur Zerstörerstaffel des Jagdgeschwaders 77 nach Norwegen und ein Jahr später zur 6. Staffel des Jagdgeschwaders 5 an die Eismeerfront. Ab 15.6.1943 wurde er Staffelkapitän der 7., ab 14.9. der 6. Staffel und ab 26.3.1944 Kommandeur der 2. Gruppe. Mit 3.6.1944 übernahm er als Kommandeur die 1. Gruppe und war auch an der Westfront ein hervorragender Luftkämpfer und Verbandsführer. Ab November 1944 wurde der beispielgebende Jagdflieger Kommandeur der 1. Gruppe des Jagdgeschwaders 7 (Düsenjäger) in der Reichsverteidigung, und ab Januar 1945 erfolgte seine Ernennung zum Kommodore dieses Geschwaders. Eine sehenswerte Laufbahn eines tapferen Fliegers und schneidigen Offiziers, der in allen Einsätzen zum Vorbild seiner Kameraden wurde und immerzu hohe soldatische Werte bewies. Am 10.6.1950 starb Theo Weissenberger bei einem Autorennen am Nürburgring/Rheinland-Pfalz.

266. Eichenlaub am 2.8.1943 als Oberleutnant und
Staffelkapitän der
7. Staffel des
Jagdgeschwaders 5.

Hauptmann

Joachim Kirschner

Geboren am 7.6.1920
in Niederlössnitz/Sachsen.

Joachim Kirschner kam am 1.10.1939 zur Luftwaffe und am 1.12.1941 als Flugzeugführer zur 5. Staffel des Jagdgeschwaders 3 „Udet" an die Ostfront und zählte bald mit seinen vielen erzielten Luftsiegen zu den besten Jagdfliegern der deutschen Luftwaffe. Ein ehrgeiziger und schneidiger Pilot, der immer hohe Einsatzbereitschaft und kühnes Draufgängertum zeigte. Ab Jänner 1943 Staffelkapitän, kämpfte er mit seiner 5. Staffel in der Reichsverteidigung, kam ab 21.10.1943 an die Südostfront, wo er als Kommandeur die 4. Gruppe des Jagdgeschwaders 27 in Griechenland übernahm und in härtesten Einsätzen sein großartiges Können bewies. Erreichte auch hier viele Luftsiege gegen westliche Gegner, ehe er am 17.12.1943 nach einem Luftkampf mit dem Fallschirm abspringen mußte, bei Metkovic jugoslawischen Partisanen in die Hände fiel und von diesen getötet wurde. Die Luftwaffe trauerte um einen ihrer besten Jagdflieger.

267. Eichenlaub am 2.8.1943 als Oberleutnant und Staffelkapitän der 5. Staffel des Jagdgeschwaders 3 „Udet".

Major

Werner Schröer

Geboren am 12.2.1918
in Mühlheim an der Ruhr/Rheinland.

1937 in die Luftwaffe eingetreten, wurde Schröer einer der erfolgreichsten deutschen Jagdflieger im Kampf gegen westliche Gegner. Ebenso war er in Nordafrika mit 61 erzielten Luftsiegen nach Hans Joachim Marseille der zweiterfolgreichste Jagdflieger. Im Februar 1941 kam er als Flugzeugführer nach Nordafrika, flog zuerst in der 2. Staffel des Jagdgeschwaders 27, ab März dann in der 1. Staffel, wurde ab März 1942 Adjutant der 1. Gruppe und ab Juli Staffelkapitän der 8. Staffel. Ab 20.4.1943 Kommandeur der 2. Gruppe, führte er diese mit Erfolg im Mittelmeergebiet und später in der Reichsverteidigung. Ab 14.3.1944 wurde Werner Schröer Kommandeur der 3. Gruppe des Jagdgeschwaders 54 und nach Verwundung am 20.7.1944 vom 5.11.1944 – 5.2.1945 Ausbilder an der Verbandsführerschule des Generals der Jagdflieger. Mit 14.2.1945 erfolgte seine Ernennung zum Kommodore des Jagdgeschwaders 3 „Udet", welches er in schwerster Zeit beispielgebend in der Reichsverteidigung bis zum Kriegsende geführt hatte. Bezeichnend seine 114 erzielten Luftsiege bei 197 Feindflügen, die ein bewegtes Jagdfliegerleben eines ruhigen und besonnenen Offiziers mit zähem Kämpferherzen und hohem fliegerischem Können bekunden.

268. Eichenlaub	am 2.8.1943	als	Hauptmann und Kommandeur der 2. Gruppe des Jagdgeschwaders 27.
144. Schwerter	am 16.4.1945	als	Major und Kommodore des Jagdgeschwaders 3 „Udet".

Oberst

Hajo Herrmann

Geboren am 1.4.1913
in Kiel.

Seit 1935 in der Luftwaffe, wurde Hajo Herrmann in dieser zu einer herausragenden Führerpersönlichkeit, und die Vielseitigkeit in all seinem Wirken, ob auf dem Gebiet der Kampfflieger- oder Jagdwaffe, beeindruckte bis zur höchsten Führung. Nach Einsatz bei der „Legion Condor" in Spanien kam der dynamische Offizier als Flugzeugführer ins Kampfgeschwader 4 „General Wever". Ab 20.6.1940 wurde er hier Staffelkapitän der 7. Staffel, die dann ab Oktober mit der 8. und 9. Staffel zur 3. Gruppe des Kampfgeschwaders 30 wurde, die Herrmann dann später als Kommandeur befehligte. Erfolgreicher Kampfflieger über Polen, Norwegen, Frankreich, England und beim Einsatz gegen Schiffsziele, den geballter Angriffsgeist, Kühnheit und hohes fliegerisches Können im besonderen auszeichneten. 1942 im Luftwaffen-Führungsstab und 1943/44 in der Reichsverteidigung und Kommodore des Jagdgeschwaders zur besonderen Verwendung, dem späteren Jagdgeschwader 300. Seine bahnbrechenden Ideen der Luftkriegsführung in den Luftschlachten über Deutschland gegen die Engländer und Amerikaner brachten der Jagdwaffe manch unerwartete Erfolge. Ende 1944 zum Kommandeur der 1. Jagddivision in Berlin-Döberitz und zum Inspekteur der Luftverteidigung ernannt, führte Hajo Herrmann bei Kriegsende als Kommandeur die 9. Fliegerdivision in Süddeutschland und war lange Jahre in sowjetischer Kriegsgefangenschaft.

269. Eichenlaub	am 2.8.1943	als	Major und Kommodore des Jagdgeschwaders 300.
43. Schwerter	am 23.1.1944	als	Oberst und Inspekteur der deutschen Luftverteidigung.

Oberstleutnant

Bruno Kahl

Geboren am 23.11.1914
in Köln.

Seit 1933 im Heer und bei Kriegsausbruch Chef der 2. Kompanie in der Gebirgs-Panzerabwehrabteilung 48. Nach Teilnahme am Polenfeldzug und am Norwegenunternehmen kam Bruno Kahl im Herbst 1940 ins Panzerregiment 21. An der Ostfront zeigte er von Anbeginn des Feldzuges die Fähigkeiten eines klugen Panzerführers, und die Auszeichnung mit dem Ritterkreuz am 8.2.1943 für die Erfolge der 3. Abteilung des Panzerregiments 21, als deren Kommandeur er sich besonders auszeichnete, waren die Anerkennung für die Entscheidungskämpfe um Toropez im Mittelabschnitt der Ostfront. Ab April 1943 dann Kommandeur der schweren Heeres-Panzerjägerabteilung 656, auch Sturmpanzerabteilung 216 genannt, bewährte er sich in hohem Maße beim Unternehmen „Zitadelle" im Raume Orel. Im Winter 1943/44 in der Ausbildung für die bulgarische Panzerwaffe tätig und ab 1.4.1944 Kommandeur der Panzerschule Erlangen/Franken. Ab 1.10.1944 wurde Kahl Kommandeur des Panzerregiments „Großdeutschland", welches er bis April 1945 in bezeichnender Art zu führen verstand. Hier wurde er an der Ostfront zum achtenmal verwundet. Sein Einsatz als Frontkämpfer widerspiegelt das Bild eines mutigen und tapferen Offiziers und vorbildlichen Führers seiner ihm anvertrauten Soldaten. Nach Gefangennahme durch die Amerikaner erfolgte bereits im Juni 1945 seine Entlassung.

270. Eichenlaub am 8.8.1943 als Major und
Kommandeur der
schweren Heeres-Panzerjägerabteilung 656.

Generaloberst

Dr. Lothar Rendulic

Geboren am 23.10.1887
in Wiener Neustadt/Niederösterreich.

†

Bewährter Offizier im Ersten Weltkrieg und schwer verwundet, wurde Dr. Rendulic im Zweiten Weltkrieg zu einem bedeutenden Heerführer. Seit 1.4.1938 Chef des Stabes des 17. Armeekorps, ab 8.6.1940 Kommandeur der 14. Infanteriedivision, ab 5.10. Kommandeur der 52. Infanteriedivision und vom 1.11.1942 – 4.8.1943 Kommandierender General des 35. Armeekorps. Hier zeigte er bei der Schlacht um Orel hervorragende Führungskunst und Standhaftigkeit und hielt mit seinem Korps diesen wichtigen Abschnitt der Ostfront – eine Leistung, die niemand für möglich hielt und die größte Beachtung verdient. Anschließend war der verdiente General in der Reihenfolge Oberbefehlshaber folgender Armeen und Heeresgruppen – jeweils ab: 25.8.1943 – 2. Panzerarmee, 28.6.1944 – 20. Gebirgsarmee, 18.1.1945 – Heeresgruppe Nord, 15.3.1945 – Heeresgruppe Kurland und 6.4.1945 – Heeresgruppe Süd. Diese hohen Kommandos bezeugen wohl deutlich die überragende Persönlichkeit und das einmalige Können dieses in Polen, im Osten, am Balkan, im Hohen Norden und im Reich aufs höchste bewährten Generals. Vom 8.5.1945 – 15.12.1951 war Dr. Rendulic in Kriegsgefangenschaft im Westen und ist am 18.1.1971 in Breitenaich bei Eferding in Oberösterreich verstorben.

271. Eichenlaub	am 15.8.1943	als General der Infanterie und Kommandierender General des 35. Armeekorps.
122. Schwerter	am 17.1.1945	als Generaloberst, für die Leistungen als Oberbefehlshaber der 20. Gebirgsarmee.

Generalleutnant

Dietrich von Müller

Geboren am 16.12.1891
in Malchow/Mecklenburg.

†

Im Ersten Weltkrieg Offizier, begann er den Zweiten Weltkrieg als Kommandeur des 2. Bataillons des Infanterieregiments 5 (mot.). Nach dem Polen- und Westfeldzug führte Müller im Ostfeldzug ab 5.9.1941 als Kommandeur das Regiment, jetzt Schützen- bzw. Panzergrenadierregiment 5. Nach hervorragender Bewährung am 3.5.1942 mit dem Ritterkreuz ausgezeichnet, wurde der verdiente Offizier ab August 1943 Kommandeur der Abteilungsführerschule für Panzertruppen in Paris. Ab März 1944 im Generalstab des Oberkommandos des Heeres und ab 7.8.1944 als Führer der 16. Panzerdivision an der Ostfront, deren Kommandeur Müller ab 9.11. wurde. Ein in den harten Abwehrkämpfen im Osten immer aufs neue bewährter General, der mit der 16. Panzerdivision so manche schwierige Lage bestechend meisterte und in den fortlaufenden Kämpfen mit dieser zu einem wichtigen Bestandteil der Front zählte. Bei den Endkämpfen des Krieges geriet der General am 19.4.1945 in tschechische Gefangenschaft, wurde an die Sowjets ausgeliefert und kehrte nach zehneinhalb Jahren russischer Kriegsgefangenschaft nach Deutschland zurück, wo er am 3.1.1961 in Hamburg verstorben ist.

272. Eichenlaub	am 16.8.1943	als	Oberst, für die Leistungen als Kommandeur des Panzergrenadierregiments 5, in der 12. Panzerdivision.
134. Schwerter	am 20.2.1945	als	Generalmajor und Kommandeur der 16. Panzerdivision.

Generalfeldmarschall

Georg von Küchler

Geboren am 30.5.1881
in Schloß Philippruhe bei Hanau/Hessen.

†

Auch Offizier im Ersten Weltkrieg, war Küchler ab 1.4.1935 Inspekteur der Kriegsschulen und ab 23.8.1939 Oberbefehlshaber der 3. Armee. Für die beispielhafte Führung der Armee im Polenfeldzug hoch ausgezeichnet, erfolgte ab 5.11.1939 seine Ernennung zum Oberbefehlshaber der 18. Armee, welche er im Westfeldzug entscheidend befehligte. Im Ostfeldzug führte der General die Armee bis vor die Tore Leningrads. Die Namen der Erfolge seiner immer wieder bewiesenen hohen Führungskunst gehen über die baltischen Staaten, Schlüsselburg, Wolchow und Ilmensee. Seine Ernennung ab Jänner 1942 zum Oberbefehlshaber der Heeresgruppe Nord unterstreicht mit aller Deutlichkeit die Werte eines Generals von hohen Graden, der gegenüber seinen Soldaten und Untergebenen jederzeit menschliche Größe und Verständlichkeit bewies. Ab 1.4.1944 in die Führerreserve des Oberkommandos des Heeres versetzt, war der Feldmarschall von 1945 bis 1953 in amerikanischer Kriegsgefangenschaft und Haft und ist am 25.5.1968 in Garmisch-Partenkirchen in Bayern verstorben.

273. Eichenlaub am 21.8.1943 als Generalfeldmarschall und
Oberbefehlshaber der
Heeresgruppe Nord.

Generalfeldmarschall

Ernst Busch

Geboren am 6.7.1885
in Essen-Steele/Westfalen.

Hochbewährter Offizier im Ersten Weltkrieg und ausgezeichnet mit dem Orden "Pour le Merite", war er im Zweiten Weltkrieg ein hervorragender Heerführer von großer Beliebtheit. Umsicht und kluge Führung waren die Fundamente der Erfolge der von ihm geführten Truppen. Schon im Polen- und Westfeldzug großartig bewährt, bewies Busch auch an der Ostfront untadeliges Können als Führer, Soldat und Mensch. Seine innegehabten Führungskommandos widerspiegeln des Feldmarschalls große Fähigkeiten vorbildlichst: 4.2.1938 Kommandierender General des 8. Armeekorps, 15.10.1939 Oberbefehlshaber der 16. Armee und 12.10.1943 Oberbefehlshaber der Heeresgruppe Mitte. Nach dem Vernichtungsschlag der Roten Armee, beginnend am 21.6.1944 gegen die Heeresgruppe Mitte, wurde Generalfeldmarschall Busch am 28.6.1944 in die Führerreserve des Oberkommandos des Heeres versetzt und erhielt ab 20.3.1945 das verantwortungsvolle Kommando des Oberbefehlshabers Nordwest im Raum Flensburg übertragen, wo er in härtester Zeit noch gekonnte Truppenführung bewies. Am 7.5.1945 kam der Feldmarschall in britische Kriegsgefangenschaft, wo er am 17.7.1945 im Lager Aldershot bei London verstorben ist.

274. Eichenlaub am 21.8.1943 als Generalfeldmarschall und Oberbefehlshaber der 16. Armee.

Generaloberst

Georg Lindemann

Geboren am 8.3.1884
in Osterburg/Magdeburg.

✝

Hervorragend bewährter Offizier im Ersten Weltkrieg, wurde er im Zweiten Weltkrieg eine herausragende Erscheinung in der deutschen Generalität. Schon im Polen- und Westfeldzug als Kommandeur der 36. Infanteriedivision zu hohen Ehren gelangt, wurde Lindemann ab 1.10.1940 Kommandierender General des 50. Armeekorps, führte dieses 1941 am Balkan und anschließend im Osten. Seit 15.1.1942 Oberbefehlshaber der 18. Armee, zeigte der General im Nordabschnitt der Ostfront gekonnte und ausgewogene Truppenführung und wurde zum großen Sieger in der Schlacht am Wolchow. Ab 31.3.1944 befehligte er sogar als Oberbefehlshaber die Heeresgruppe Nord und beeindruckte auch hier durch einmalige Führungsleistungen, ehe ab 3.7.1944 seine Versetzung in die Führerreserve des Oberkommandos des Heeres erfolgte. Ab 27.1.1945 zum Wehrmachtsbefehlshaber Dänemark ernannt, ging der General dort bei Kriegsende in Gefangenschaft, aus der er 1948 nach Deutschland zurückkehrte, wo er am 25.9.1963 in Freudenstadt im Schwarzwald/Baden-Württemberg verstorben ist.

275. Eichenlaub am 21.8.1943 als Generaloberst und
Oberbefehlshaber der
18. Armee.

General der Fallschirmtruppe

Paul Conrath

Geboren am 21.11.1896
in Berlin.

†

Im Ersten Weltkrieg Kriegsfreiwilliger und ausgezeichneter Artillerieoffizier, war Conrath im Zweiten Weltkrieg einer der herausragenden Männer im Regiment „General Göring". Auf Grund hoher Fähigkeiten zuerst lange Jahre Adjutant Hermann Görings, des späteren Reichsmarschalls, 1937 Kommandeur der 2. Abteilung des Flakregiments „General Göring" und 1939 Kommandeur des Flakregiments 103 (mot.) (= Stab/Flakregiment „General Göring"). 1940 im Westfeldzug eingesetzt und nach dessen Beendigung Kommandeur der Flakgruppe Berlin-West, übernahm Paul Conrath 1941 als Kommandeur das Flakregiment (mot.) „General Göring". Mit diesem hervorragend bewährt an der Ostfront, wurde dem aufgeschlossenen, tapferen und tatkräftigen Offizier in Anbetracht großer Erfolge seines Regiments am 4.9.1941 die hohe Auszeichnung mit dem Ritterkreuz zuteil. 1942 erfolgte seine Ernennung zum Kommandeur der Panzerdivision „Hermann Göring", mit der er sich beim Kampf um Sizilien im Jahre 1943 besondere Verdienste erwerben konnte und auch in weiteren Einsätzen in Italien höchste Bewährung zeigte. Ab 1.1.1945 bis Kriegsende Kommandierender General der Ausbildungs- und Ersatztruppen der Fallschirm-Armee, gefiel hier ebenso die Art des Generals, da er durch Zielstrebigkeit und hohes Wissen in seinem Wirkungsbereich einmalige Leistungen vollbrachte. Jänner 1979 ist Paul Conrath in Hamburg verstorben.

276. Eichenlaub am 21.8.1943 als Generalmajor und
Kommandeur der
Panzerdivision „Hermann Göring".

SS Oberführer

Otto Baum

Geboren am 15.11.1911
in Stetten/Hohenzollern.

Otto Baum kam 1935 an die SS Junkerschule Braunschweig und wurde im Kriege zu einem der erfolgreichsten Offiziere in der Waffen SS. Im Polen- und Westfeldzug führte er als Chef die 7. Kompanie der Leibstandarte und übernahm ab 3.3.1941 als Kommandeur das 3. Bataillon des SS Infanterieregiments 3 „Totenkopf". Ab Ende 1942 dann Kommandeur des 1. Bataillons des SS Panzergrenadierregiments „Thule" und ab März 1943 Kommandeur des Regiments. Ein an allen Frontabschnitten der Ostfront mit seinen Männern aufs höchste bewährter Offizier und ausgezeichneter Führer. Nach mehrmaliger Verwundung vom 13.3. – 20.6.1944 in der Führerreserve des SS Führungshauptamtes in Berlin und anschließend Kommandeur der 17. SS Panzergrenadierdivision „Götz von Berlichingen". Ab 17.9. – 1.11.1944 Führer der 2. SS Panzerdivision „Das Reich" und mit beiden Divisionen hervorragend bewährt bei den harten Kämpfen an der Westfront. Hier zeigte Otto Baum einmalige Führungskunst und Tapferkeit gegen einen an Menschen und Material weit überlegenen Gegner und übernahm dann ab 1.11.1944 bis zum Kriegsende als Kommandeur die 16. SS Panzergrenadierdivision „Reichsführer SS", die er in Italien und Ungarn führte und durch bezeichnende Waffentaten den Ruhm der Waffen SS bis in die letzten Kriegstage entscheidend begründete.

277. Eichenlaub	am 22.8.1943	als	SS Obersturmbannführer und Kommandeur des SS Panzergrenadierregiments „Thule", in der SS Panzerdivision „Totenkopf".
95. Schwerter	am 28.8.1944	als	SS Standartenführer, für die Leistungen als Kommandeur der 17. SS Panzergrenadierdivision „Götz von Berlichingen".

General der Panzertruppe

Hans Freiherr von Funck

Geboren am 23.12.1891
in Aachen/Rheinland.

†

Bewährter Offizier im Ersten Weltkrieg und ab 1.1.1939 Deutscher Militärattaché in Lissabon. Ab 15.10.1939 Kommandeur des Panzerregiments 5 und mit diesem im Westfeldzug eingesetzt, wurde er ab 13.10.1940 Kommandeur der 3. Panzerbrigade. Anfangs 1941 kam Funck als erster Deutscher Offizier zur Berichterstattung ins italienische Hauptquartier nach Nordafrika. Danach übernahm der General ab 15.2.1941 als Kommandeur die 7. Panzerdivision, mit der er auch in den Ostfeldzug zog. In schneidigen Einsätzen gelangen ihm hier überragende Erfolge im Mittel- und Südabschnitt der Ostfront, denen hohe soldatische Fähigkeiten seiner Persönlichkeit zu Grunde lagen, ehe er ab 7.12.1943 Führer des 23. Armeekorps wurde und im Nordabschnitt umsichtige und tatkräftige Führung zeigte. Ab 5.3.1944 zum Kommandierenden General des 47. Panzerkorps ernannt, bewies der General zuerst an der Ost- und später an der Westfront erneut überdurchschnittliches Führungskönnen und trotzte mit seiner Truppe stärksten Feindkräften gekonnt und erfolgreich. Nach Verwundung am 28.2.1945 aus der Wehrmacht verabschiedet, starb Hans Freiherr von Funck am 14.2.1979 in Viersen/Nordrhein-Westfalen.

278. Eichenlaub am 22.8.1943 als Generalleutnant und
Kommandeur der
7. Panzerdivision.

Generalmajor

Alexander Conrady

Geboren am 16.7.1903
in Neu-Ulm/Württemberg.

Seit 1923 im Heer und ab 1.9.1939 1. Ordonnanzoffizier der 27. Infanteriedivision. Nach dem Polen- und Westfeldzug ab 1.8.1940 Kommandeur des 2. Bataillons des Infanterieregiments 91 und ab Juni 1941 im Stab der 36. Infanteriedivision (mot.). Ab August dann Kommandeur des 1. Bataillons im Infanterieregiment 118 (mot.), ab Februar 1942 Führer und ab August Kommandeur des Regiments. Bei den Abwehrkämpfen ostwärts Rshew hatte das Regiment unter seiner Führung entscheidende Erfolge errungen und bewies auch bei den Kämpfen im Raume Orel äußerste Standhaftigkeit. Der tapfere Offizier führte dann jeweils ab: 3.12.1943 die 707., 12.1.1944 die 6. und 17.1.1944 die 36. Infanteriedivision. Ab 1.5.1944 deren Kommandeur, durchlebte er hier den Zusammenbruch der Heeresgruppe Mitte, wo die 36. Infanteriedivision, die ehemals stolze und erfolgreiche 36. Infanteriedivision (mot.), ihr Ende fand. Der General, am 1.7.1944 in Gefangenschaft geraten, kehrte aus dieser am 10.10.1955 in die Heimat zurück.

279. Eichenlaub am 22.8.1943 als Oberst und
Kommandeur des
Grenadierregiments 118, in der
36. Infanteriedivision.

Generaloberst

Erhard Raus

Geboren am 8.1.1889
in Wolframitz/Mähren.

†

Im Ersten Weltkrieg ausgezeichneter Offizier, wurde Erhard Raus im Zweiten Weltkrieg zu einem bedeutenden Armeeführer und herausragenden General der deutschen Panzerwaffe. Bei Kriegsausbruch 1939 Chef des Stabes beim stellvertretenden Generalkommando des 17. Armeekommandos, übernahm er ab 15.7.1940 als Kommandeur das Schützenregiment 4, ab 15.4.1941 die 6. Schützenbrigade und ab 1.4.1942 die 6. Panzerdivision. Für Tapferkeit und verdiente Führungsleistungen an der Ostfront am 11.10.1941 mit dem Ritterkreuz ausgezeichnet, erfolgte ab Frühjahr 1943 seine Ernennung zum Kommandierenden General des 11. Armeekorps und ab 12.10.1943 jene zum Kommandierenden General des 47. Panzerkorps. Anschließend führte der bewährte General in der Reihenfolge als Oberbefehlshaber folgende Panzerarmeen: ab 1.11.1943 die 4., ab 1.5.1944 die 1. und ab 16.8.1944 die 3. Ein vortrefflicher und tatkräftiger Heerführer und an allen Brennpunkten der Ostfront – über Leningrad, Charkow bis zur Oder und Ostsee eine in seiner Bescheidenheit und in Kampf und Führung hohe Persönlichkeit. Seiner Führungskunst und Erfahrung verdankte die deutsche Wehrmacht im Osten so manchen entscheidenden Schlachterfolg, und die Truppe blickte stets in Achtung und Stolz auf diesen vorbildlichen General, der sich von 1945 bis 1947 in Kriegsgefangenschaft im Westen befand und am 3.4.1956 in Bad Gastein/Salzburg verstorben ist.

280. Eichenlaub am 22.8.1943 als General der Panzertruppe und Kommandierender General des 11. Armeekorps.

General der Panzertruppe

Dietrich von Saucken

Geboren am 16.5.1892
in Fischhausen/Ostpreußen.

†

Im Ersten Weltkrieg Offizier und sechsmal verwundet, war Saucken ab 1.4.1937 Kommandeur des Reiterregiments 2 und mit diesem sehr bewährt im Polen- und Westfeldzug. Ab 16.11.1940 Kommandeur der 4. Schützenbrigade, ging er mit dieser in den Ostfeldzug, wurde ab 25.12.1941 Führer und ab 1.1.1942 Kommandeur der 4. Panzerdivision. Im harten Rußlandwinter in den Kämpfen vor Moskau schwer verwundet, übernahm der General nach seiner Wiederherstellung ab 21.8.1942 als Kommandeur die Schule für Schnelle Truppen in Krampnitz bei Berlin. Anschließend wieder an der Ostfront und dort in folgenden Führungsstellungen höchst bewährt – jeweils ab: 31.5.1943 Kommandeur 4. Panzerdivision, 10.5.1944 Führer 3. Panzerkorps, 24.6. Führer 39. Panzerkorps, Dezember Kommandierender General Panzerkorps „Großdeutschland" und 12.5.1945 Oberbefehlshaber 2. Armee, später umbenannt in Armeeoberkommando Ostpreußen. In der Schwere der Schlachten des Ostkrieges bewies der General die Werte eines in jeder Weise beeindruckenden Frontkommandeurs, was sich in den hohen Kampfleistungen seiner Soldaten entscheidend bewahrheitete. Großartige Führereigenschaften und Tapferkeit, vereint mit vorbildlichen menschlichen Zügen, prägten seine Persönlichkeit und erhoben Dietrich von Saucken zu einem der besten Generäle der Panzertruppe. Nach Kriegsende verbrachte er zehneinhalb Jahre in sowjetischer Kriegsgefangenschaft und kehrte im Oktober 1955 nach Deutschland zurück, wo er am 27.9.1980 in München verstorben ist.

281. Eichenlaub	am 22.8.1943	als	Generalleutnant und Kommandeur der 4. Panzerdivision.
46. Schwerter	am 31.1.1944	als	Generalleutnant und Kommandeur der 4. Panzerdivision.
27. Brillanten	am 8.5.1945	als	General der Panzertruppe, für die Leistungen
		als	Oberbefehlshaber des Armeeoberkommandos Ostpreußen.

General der Infanterie

Hans Gollnick

Geboren am 22.5.1892
in Gut Gursen/Pommern.

†

Offizier im Ersten Weltkrieg und ab 1.5.1939 Kommandeur des Infanterieregiments 76 (mot.), nahm er mit diesem am Polen- und Westfeldzug teil und führte das Regiment auch zu Beginn des Ostfeldzuges. Ab 15.10.1941 wurde der General Kommandeur der 36. Infanteriedivision (mot.) und erwarb sich hier ebenso bei allen Einsätzen an der Ostfront höchsten Soldatenruhm. Die Lauterkeit seiner Wesensart paarte sich in ihm mit Tapferkeit und Können zur einmaligen Führerpersönlichkeit. Das bewies Gollnick gleichermaßen als Kommandierender General des 46. Panzerkorps vom 8.8.1943 – 22.3.1944, wo er bei den Abwehrschlachten im Mittelabschnitt der Ostfront hohe Führungskünste zu Tage legte. Ab 20.5.1944 erfolgte seine Ernennung zum Kommandierenden General des 28. Armeekorps, wo er bis in die Endkämpfe des Krieges auf ostpreußischem Boden ein beispielgebender General und aufrechter Führer seiner ihm unterstellten Soldaten war, mit denen er auch das Los einer langjährigen sowjetischen Kriegsgefangenschaft teilte. Am 15.2.1970 ist Hans Gollnick in Hamburg verstorben.

282. Eichenlaub am 24.8.1943 als Generalleutnant, für die Leistungen als Kommandeur der 36. Infanteriedivision.

Major

Alfred Eidel

Geboren am 23.5.1910
in Boxtal am Main/Hessen.

Seit 1929 im Infanterieregiment 20 und nach Teilnahme am Polen- und Westfeldzug am 1.8.1940 zum Offizier befördert, zeigte Eidel auch im Ostfeldzug laufend Beispiele hohen soldatischen Könnens. Als Führer des 1. Bataillons des Infanterieregiments 171 bewährte er sich in besonderer Weise 1942 bei den Kämpfen im Raum Orel im Mittelabschnitt der Ostfront. Durch seine Entschlußkraft und Tapferkeit erreichte er mit seinen Grenadieren Erfolge, welche für den gesamten Frontabschnitt von größter Wichtigkeit waren, und die Auszeichnung mit dem Ritterkreuz am 24.9.1942 war die Anerkennung für seine geleisteten Taten. Auch in den folgenden Einsätzen der 56. Infanteriedivision war es immer wieder diesem Offizier zu verdanken, daß es gelang, wichtige Stützpunkte gegen vielfache feindliche Übermacht erfolgreich zu behaupten. Bei den schweren Kämpfen im Mittelabschnitt der Ostfront endete das Leben dieses tapferen Offiziers und Regimentsführers am 23.6.1944. Das deutsche Heer beklagte den Tod eines unermüdlichen Frontkämpfers und vorbildlichen Soldaten.

283. Eichenlaub am 24.8.1943 als Major und Kommandeur des 1. Bataillons des Grenadierregiments 171, in der 56. Infanteriedivision.

Generalmajor

Paul Schultz

Geboren am 30.10.1891
in Welzheim/Württemberg.

†

Offizier im Ersten Weltkrieg und ab 26.8.1939 Kommandeur des Infanterie-Ersatzregiments 78. Ab 1.12.1939 Kommandeur des Infanterieregiments 308. Nach dem West- und Balkanfeldzug zeigte Schultz mit seinem Regiment besonders im Ostfeldzug bei allen Einsätzen herausragende Leistungen. Die Waffentaten seiner Grenadiere beim Einsatz vor Krasnodar und im Raume Bjelgorod im Südabschnitt der Ostfront gehören zu den Ruhmesblättern der deutschen Infanterie. Durch das mitreißende Beispiel des Regimentskommandeurs angespornt, gelangen diese Erfolge, und in allen Kämpfen waren seine Tapferkeit und Tatkraft die Grundlagen der gebotenen Leistungen. Ab 1.8.1943 wurde Schultz Kommandeur der Waffenschule der neuaufgestellten 6. Armee und ab 10.10.1944 Kommandeur der Waffenschule der 8. Armee. Auch in diesen Führungsstellen war der General ein hervorragender Vorgesetzter, der viel Verständnis und Menschlichkeit bewies. Nach Kriegsende befand er sich bis 1947 in amerikanischer Kriegsgefangenschaft und verstarb am 15.9.1964 in Tübingen/Baden-Württemberg.

284. Eichenlaub am 26.8.1943 als Oberst, für die Leistungen als Kommandeur des Grenadierregiments 308, in der 198. Infanteriedivision.

Major

Hans Detloff von Cossel

Geboren am 1.7.1916
in Swakopmund/Südwestafrika.

Seit 1934 im Heer, kam Hans Detloff von Cossel 1938 zur Panzerwaffe und führte im Polen- und Westfeldzug die 6. Kompanie im Panzerregiment 35. Im Ostfeldzug dann Führer der 1. Kompanie, erwarb er sich durch hervorstechenden Mut und rücksichtslosen Einsatz seiner Person große Verdienste und wurde in den harten Kämpfen um Kiew und Orel mit seinen Panzern zur wertvollen Stütze der Front. Mehrmals schwer verwundet und nach Genesung immer wieder im Fronteinsatz, war er das Vorbild des unermüdlichen und tapferen Panzeroffiziers, auf den seine Männer in allen Belangen voll Stolz und Vertrauen blickten. Hart gegen sich selbst, war sein gegebenes Beispiel jenes des aufrechten Frontkämpfers, dessen Bereitschaft, alles für das Vaterland zu geben, offenkundig war. Seit November 1942 Führer und ab Jänner 1943 Kommandeur der 1. Abteilung, starb er am 22.7.1943 bei den schweren Abwehrkämpfen im Orel-Bogen im Mittelabschnitt der Ostfront den Soldatentod. Die 4. Panzerdivision verlor einen ihrer besten Offiziere, mit dessen Tod das deutsche Heer ein schwerer Verlust traf.

285. Eichenlaub am 29.8.1943 nach dem Tode, für die Leistungen als
Major und
Kommandeur der
1. Abteilung des
Panzerregiments 35, in der
4. Panzerdivision.

SS Obergruppenführer und General der Waffen SS

Walter Krüger

Geboren am 27.2.1890
in Straßburg/Elsaß.

Im Ersten Weltkrieg bewährter Offizier, kam Walter Krüger 1935 in die SS Verfügungstruppe, war ab August 1939 Ia der Polizeidivision und nahm mit dieser 1940 am Westfeldzug teil. August/September wirkte er als Lehrer an der SS Junkerschule Bad Tölz, war ab Oktober im SS Führungshauptamt in Berlin und vom 25.5. – 25.6.1941 Kommandeur der 1. SS Brigade (mot.). Vom 18.8. – 15.12. war Krüger Kommandeur der SS Polizeidivision im Nordabschnitt der Ostfront, und ab 16.12. erfolgte seine Ernennung zum Inspekteur der Infanterie im SS Führungshauptamt. Ab 3.4. – 23.12.1943 Kommandeur der SS Panzerdivision „Das Reich" und mit dieser an der Ostfront im Einsatz, zeigte er hier die Werte eines ausgezeichneten Truppenführers und klugen Generals. Anschließend Kommandierender General des 4. SS Panzerkorps und vom 15.3. – 24.7.1944 Befehlshaber der Waffen SS „Ost". Walter Krüger war jener General der Waffen SS, den man immer an Führungsstellen berief, deren Bewältigung hohes Können und großes Einfühlungsvermögen voraussetzten und der auch im Fronteinsatz immerzu durch persönliche Tapferkeit und einmalige Entschlußkraft das Geschehen prägte. Ab 25.7.1944 Kommandierender General des 6. lettischen SS Freiwilligen-Armeekorps, kämpfte der General hier mit seinen Soldaten in unvorstellbar harten Schlachten im Nordabschnitt der Ostfront bis zum Ende des Krieges. Am 9.5.1945 bei Kriegsende nicht kapituliert, ereilte ihn am 22.5.1945 im Kampf mit einer russischen Streife in Kurland der Tod.

286. Eichenlaub	am 31.8.1943	als	SS Gruppenführer und Kommandeur der SS Panzerdivision „Das Reich".
120. Schwerter	am 11.1.1945	als	SS Obergruppenführer und Kommandierender General des 6. lettischen SS Freiwilligen-Armeekorps.

Hauptmann

Rolf Rocholl

Geboren am 8.12.1918
in Berlin.

1936 ins Heer eingetreten und bereits im Polen- und Westfeldzug bewährter Offizier im Panzerregiment 5 der 3. Panzerdivision, kam Rocholl dann infolge der Überstellung des Regiments zur 5. Leichten Division, der späteren 21. Panzerdivision, zum Einsatz auf dem afrikanischen Kriegsschauplatz. In hervorragend soldatischer Bewährung führte er die 2. Kompanie und war auch als Ordonnanzoffizier ein bekannter Mann im Deutschen Afrika Korps, dessen bewiesene Tapferkeit und schneidige Angriffsart ebenso begeisterte wie die beliebte Art gegenüber seinen Kameraden in allen schweren Stunden des harten Krieges in der Wüste. Hoch ausgezeichnet für seine Leistungen an der afrikanischen Front, kam Rocholl dann im April 1943 an die Ostfront und übernahm dort als Kommandeur das 3. Bataillon des Grenadierregiments 569, an dessen Spitze er am 23.8.1943 am Donez im Südabschnitt der Ostfront den Soldatentod starb. Der Kampf im Osten entriß dem deutschen Heer wieder einen beispielgebenden Frontoffizier.

287. Eichenlaub am 31.8.1943 nach dem Tode, für die Leistungen als
Hauptmann und
Kommandeur des
3. Bataillons des
Grenadierregiments 569, in der
328. Infanteriedivision.

Major

Hartmann Grasser

Geboren am 23.8.1914
in Graz.

1938 in die Luftwaffe gekommen, war Grasser 1939 bei Kriegsbeginn Flugzeugführer in der 1. Gruppe des Zerstörergeschwaders 52, später umbenannt in 1. Gruppe Zerstörergeschwader 2, und ein äußerst tüchtiger Pilot bei den Einsätzen in Polen, über Norwegen, Frankreich und besonders in der Luftschlacht um England. Vorbildlicher Einsatz, hohes fliegerisches Können und einmalige Tapferkeit prägten das Wesen dieses beliebten Fliegeroffiziers. Ab Februar 1941 im Jagdgeschwader 51, war er dort lange Zeit als Geschwaderadjutant an der Kanalfront sehr erfolgreich, kämpfte anschließend im Osten, wo er ab September 1941 Führer und ab März 1942 Kommandeur der 2. Gruppe wurde und entscheidenden Beitrag zu den Erfolgen des Möldersgeschwaders an der Ostfront geleistet hat. Danach verlegte die Gruppe noch 1942 an die afrikanische Front, und auch hier bestach der Kommandeur in Führung und Luftkampf gleichermaßen. Ab September 1943 im Stab der 4. Jagddivision als Jagdfliegerführer Paris und ab Februar 1944 Kommandeur der 3. Gruppe des Jagdgeschwaders 1 in der Reichsverteidigung. Hunderte Feindflüge und viele Luftsiege, gegen östliche und westliche Gegner erzielt, unterstreichen Grassers Leistungen als Flieger und Soldat. Ab Dezember 1944 noch Kommodore eines Jagdgeschwaders, kam er bei Kriegsende in amerikanische Gefangenschaft, wurde an die Russen ausgeliefert und war bis 1949 in sowjetischer Kriegsgefangenschaft.

288. Eichenlaub am 31.8.1943 als Major und
Kommandeur der
2. Gruppe des
Jagdgeschwaders 51 „Mölders".

Oberleutnant

Wolf Ettel

Geboren am 26.2.1921
in Hamburg.

Wolf Ettel kam 1940 zur Luftwaffe und 1942 als Flugzeugführer in die 4. Staffel des Jagdgeschwaders 3 „Udet" an die Ostfront. Hier erzielte er in unwahrscheinlich kurzer Zeit in unermüdlichen Einsätzen viele Luftsiege und war durch seine Zähigkeit und stete Einsatzbereitschaft ein vorbildlicher Offizier und Staffelführer. Besonders erfolgreich gestalteten sich seine Einsätze über dem Kubanbrückenkopf im Südabschnitt der Ostfront, wo er in einmaliger Tapferkeit zum Sieger in vielen harten Luftkämpfen wurde und den hohen Kampfgeist der deutschen Jagdflieger in deutlicher Weise begründete. Ab 5.6.1943 wurde Ettel Staffelkapitän der 8. Staffel des Jagdgeschwaders 27 in Italien und fiel dort bei einem Tiefangriff auf feindliche Flakstellungen südlich Catania/Sizilien am 17.7.1943 durch Flakvolltreffer. Die deutsche Luftwaffe verlor in ihm einen der hoffnungsvollsten jungen Jagdflieger.

289. Eichenlaub am 31.8.1943 nach dem Tode, für die Leistungen als
Oberleutnant und
Staffelkapitän der
8. Staffel des
Jagdgeschwaders 27.

Major

Heinrich Prinz zu Sayn-Wittgenstein

Geboren am 14.8.1916
in Kopenhagen.

Seit 1937 in der Luftwaffe und zu Kriegsbeginn Kampfflieger, flog er viele Einsätze im Westfeldzug, gegen England und die Sowjetunion. Im August 1941 wechselte Wittgenstein zur Nachtjagd, wo er zu einer herausragenden Persönlichkeit wurde und bei seinem Tod mit 83 bestätigten Nachtluftsiegen der erfolgreichste deutsche Nachtjäger war. Hoher Einsatzwille, Ehrgeiz und bestechendes Können beflügelten diesen Offizier, dessen schonungsloses Draufgängertum höchste Bewunderung erregte. Ausgeprägte Willenskraft und bereitwilliger Opfermut kennzeichneten außerdem seinen soldatischen Weg und führten so zur Lösung schwierigster Aufgaben in der Nachtjagd. Mit der Zahl seiner Luftsiege lag er an dritter Steller der besten deutschen Nachtjäger des Zweiten Weltkrieges und war auch ein energischer, geachteter Vorgesetzter. Ab August 1941 führte Wittgenstein als Staffelkapitän die 9. Staffel des Nachtjagdgeschwaders 2, wurde ab Dezember 1942 Kommandeur der 1. Gruppe des Nachtjagdgeschwaders 100 an der Ostfront, kam dann ab September 1943 als Kommandeur der 2. Gruppe des Nachtjagdgeschwaders 3 wieder in die Reichsverteidigung und übernahm dort ab Januar 1944 als Kommodore das Nachtjagdgeschwader 2. Jene verantwortungsvollen Führungskommandos unterstreichen deutlichst die überdurchschnittlichen Fähigkeiten dieses tapferen und schneidigen Fliegeroffiziers, der am 21.1.1944 über Schönhausen/Magdeburg-Anhalt nach einem nächtlichen Luftkampf den Fliegertod starb. Die deutsche Luftwaffe traf ein unendlich schwerer und unersetzlicher Verlust.

290. Eichenlaub	am 31.8.1943	als Hauptmann und Kommandeur der 1. Gruppe des Nachtjagdgeschwaders 100.
44. Schwerter	am 23.1.1944	nach dem Tode, für die Leistungen als Major und Kommodore des Nachtjagdgeschwaders 2.

General der Infanterie

Hans Zorn

Geboren am 27.10.1891
in München.

Infanterieoffizier im Ersten Weltkrieg und ab 1.5.1938 Kommandeur des Infanterieregiments 19, war Hans Zorn bei Kriegsausbruch 1939 Chef des Generalstabes des 27. Armeekorps. Nach Teilnahme am Polen- und Westfeldzug übernahm er ab 10.11.1940 als Kommandeur die 20. Infanteriedivision (mot.), mit der er im Ostfeldzug im Bereich der Heeresgruppe Nord manchen Erfolg sicherstellte und durch Tapferkeit und Entschlußkraft Vorbild seiner Soldaten war. Ebenso tatkräftig führte der General das „Korps Zorn" bei den Kämpfen im Kessel von Demjansk. Vom 15.1. – 16.2.1942 war er dem 40. Panzerkorps ein vertrauensvoller Führer, und von März bis September fand man ihn auf einem Lehrgang für Kommandierende Generale und in der Führerreserve des Oberkommandos des Heeres. Ab 1.10. erfolgte seine Ernennung zum Kommandierenden General des 46. Panzerkorps, und er war hier in allen Einsätzen an der Ostfront ein General mit hervorragenden Fähigkeiten in Kampf und Abwehr, sowie verständnisvoll zu seinen Soldaten und mutig im Fronteinsatz. Ein schmerzlicher Verlust traf das deutsche Heer, als er am 2.8.1943 südlich von Orel im Mittelabschnitt der Ostfront im feindlichen Feuer sein Leben ließ.

291. Eichenlaub am 3.9.1943 — nach dem Tode, für die Leistungen als General der Infanterie und Kommandierender General des 46. Panzerkorps.

General der Infanterie

Horst Großmann

Geboren am 19.11.1891
in Sybba/Ostpreußen.

✝

Offizier im Ersten Weltkrieg und im Jahre 1938 Lehrgruppenkommandeur an der Kriegsschule Potsdam. Vom 15.10.1939 – 24.12.1941 übernahm Großmann als Kommandeur das Infanterieregiment 84, welches er im West- und Ostfeldzug erfolgreich führte. Anschließend ab 25.12.1941 Führer und ab 1.1.1942 Kommandeur der 6. Infanteriedivision, bestand er mit dieser im Mittelabschnitt der Ostfront schwerste Kämpfe und führte dann von Januar bis Mai 1944 in Wechsel und Vertretung das 35. und 4. Armeekorps. Im Juni 1944 Kommandierung zum Lehrgang für Kommandierende Generale nach Hirschberg in Schlesien und ab 11.8. Führer des 6. Armeekorps, dessen Kommandierender General er vom 9.11.1944 – 1.5.1945 gewesen ist und mit dem er an der Ostfront härteste Abwehrkämpfe zu bestehen hatte. Tapferkeit und Übersicht selbst in schwierigsten Lagen kennzeichneten des Generals Persönlichkeit und paarten sich in ihm mit betont menschlichen Zügen zum erfolgreichen Truppenführer. Vom 8.5.1945 – 7.7.1947 war der General in englischer Kriegsgefangenschaft und ist am 4.5.1972 in Rüsselsheim am Main/Hessen verstorben.

292. Eichenlaub am 4.9.1943 als Generalleutnant und Kommandeur der 6. Infanteriedivision.

Major

Walter Nowotny

Geboren am 7.12.1920
in Gmünd/Niederösterreich.

Einer der bedeutendsten deutschen Jagdflieger, seit 1.10.1939 in der Luftwaffe, ab 11.3.1942 im Jagdgeschwader 54, ab 25.10. Staffelkapitän der 1. Staffel und ab 21.8.1943 Kommandeur der 1. Gruppe. Seine überragenden Leistungen und Abschußerfolge im Nordabschnitt der Ostfront gehören zu den großen Taten der Jagdwaffe. Nowotnys heiteres und sonniges Gemüt, gepaart mit verantwortungsbewußten Führereigenschaften und beispielloser Tapferkeit, ließen ihn zu einem an Beliebtheit und Können unübertroffenen Offizier werden. Am 14.10.1943 erzielte er als erster Jagdflieger der Welt den 250. Luftsieg, und die Verleihungen der drei höchsten Tapferkeitsauszeichnungen binnen fünf Wochen an ihn, sind in der deutschen Wehrmacht eine Einmaligkeit. Ab 6.2.1944 Kommodore des Jagdgeschwaders 101, und anschließend unermüdlich tätig in der Erprobung des Düsenjägers Me 262, damit dieser Frontreife erlange, wurde er ab 26.9.1944 Kommandeur des „Kommandos Nowotny", des ersten mit Düsenjägern ausgerüsteten Jagdverbandes, dem späteren Jagdgeschwader 7. Am 8.11.1944 ereilte Walter Nowotny hier in der Reichsverteidigung über Achmer in Hannover der Fliegertod. Um diesen begnadeten Jagdflieger trauerten nicht nur Volk und Wehrmacht, sondern in ritterlicher Weise auch seine ehemaligen Gegner, denen er oftmals in den Lüften über dem deutschen Vaterland in harten Kämpfen sein hohes Können offenbarte.

293. Eichenlaub	am 4. 9.1943	als	Hauptmann, für die Leistungen als Oberleutnant und Staffelkapitän der 1. Staffel des Jagdgeschwaders 54.
37. Schwerter	am 22. 9.1943	als	Hauptmann und Kommandeur der 1. Gruppe des Jagdgeschwaders 54.
8. Brillanten	am 19.10.1943	als	Hauptmann und Kommandeur der 1. Gruppe des Jagdgeschwaders 54.

General der Panzertruppe

Joachim Lemelsen

Geboren am 26.9.1888
in Berlin.

†

Offizier im Ersten Weltkrieg, führte der General 1939 als Kommandeur im Polenfeldzug die 29. Infanteriedivision (mot.) und 1940 im Westfeldzug die 5. Panzerdivision. Ab 25.11.1940 wurde Lemelsen Kommandierender General des 47. Panzerkorps. Mit diesem Korps stand er 1941 bis 1943 in schweren Einsätzen im Mittelabschnitt der Ostfront und führte vom 1.11. – 31.12.1943 als stellvertretender Oberbefehlshaber die 10. Armee in Italien. Neben seinem hohen Führungskönnen bewies der General auch betont menschliche Größe gegenüber Vorgesetzten und Untergebenen und erfreute sich in allen Kreisen großer Wertschätzung und Beliebtheit. Ab 1.5.1944 wurde Lemelsen Oberbefehlshaber der 1. Armee an der Atlantikküste in Frankreich und übernahm ab 5.6. den Oberbefehl über die 14. Armee wieder auf dem italienischen Kriegsschauplatz. Hier wurde der General ab Jänner 1945 Oberbefehlshaber der 17. Armee und zeigte gegen vielfache Übermacht der Amerikaner und Engländer erneut seine hohen Talente der Führungskunst, die seinen Truppen noch manchen Erfolg an dieser Front gewährleisteten. Von Mai 1945 bis Mai 1948 befand sich der General in Kriegsgefangenschaft und ist am 30.3.1954 in Göttingen/Niedersachsen verstorben.

294. Eichenlaub am 7.9.1943 als General der Panzertruppe und Kommandierender General des 47. Panzerkorps.

General der Infanterie

Erich Jaschke

Geboren am 11.5.1890
in Danzig.

†

Im Ersten Weltkrieg Infanterieoffizier, bekleidete Jaschke zu Beginn des Zweiten Weltkrieges das Amt des Stabschefs beim General der Infanterie im Oberkommando des Heeres. Ab 1.3.1941 wurde er Kommandeur des Infanterieregiments 90 (mot.) und ab 12.1.1942 Kommandeur der 20. Infanteriedivision (mot.). Ab 1.3.1943 mit der Führung des 55. Armeekorps betraut und ab 2.5.1943 dessen Kommandierender General bis 15.10.1943, zeigte General Jaschke mit allen diesen Truppenteilen an der Ostfront in allen Lagen herausragende Führereigenschaften und war seinen Soldaten ein verantwortungsbewußter Vorgesetzter. Dynamik, Ausdauer und hohes Einfühlungsvermögen wurden neben seiner Tapferkeit zu hervorstechenden Tugenden und bildeten die Grundlagen für bezeichnende Waffentaten. Ab 16.10.1943 kam er als General der Infanterie ins Oberkommando des Heeres, wo sein Wirken durch Erfahrung und zielbewußtes Auftreten großen Eindruck erweckte. Von 1945 bis 1947 in Kriegsgefangenschaft im Westen, verstarb Erich Jaschke am 18.10.1961 in Hamburg.

295. Eichenlaub am 7.9.1943 als General der Infanterie und Kommandierender General des 55. Armeekorps.

SS Brigadeführer und Generalmajor der Waffen SS

Heinz Harmel

Geboren am 29.6.1906
in Metz/Lothringen.

Heinz Harmels Weg in der Waffen SS ist als bedeutend zu bezeichnen. Sein Eintritt 1935 als Schütze in die SS Standarte „Germania" und die Beförderung zum SS Brigadeführer am 7.8.1944 verdienen Lob und Achtung. Im Westfeldzug 1940 als Chef der 9. Kompanie im SS Regiment „Der Führer" schon bewährt, wurde er ab 20.4.1941 Kommandeur des 2. Bataillons des Regiments und übernahm ab 4.12.1941 als Kommandeur das SS Regiment „Deutschland". Nach dem Balkanfeldzug im Ostfeldzug, beeindruckte Heinz Harmel in allen Einsätzen auf das höchste und seine Tapferkeit, Kameradschaft und lauteres Wesen prägten den Geist seiner Grenadiere und schufen die erforderlichen Voraussetzungen für eindrucksvolle Kampferfolge und die einmaligen Waffentaten, die das Regiment bei den Kämpfen um Charkow vollbrachte. Ab 27.4.1944 zum Kommandeur der 10. SS Panzerdivision „Frundsberg" ernannt, zeigte er auch hier einmaligen Mut und hervorragende Führungsleistungen an der Ost- und Westfront und erfreute sich bei seinen Männern einer außerordentlichen Beliebtheit. Für die betont ritterliche Kampfweise seiner Division zollte ihm auch der Gegner höchste Anerkennung, und das beweist wohl am allerbesten des Generals Größe als Mensch und Soldat.

296. Eichenlaub	am 7. 9.1943 als	SS Standartenführer und Kommandeur des SS Panzergrenadierregiments „Deutschland", in der SS Panzerdivision „Das Reich".
116. Schwerter	am 28.11.1944 als	SS Brigadeführer und Kommandeur der 10. SS Panzerdivision „Frundsberg".

SS Gruppenführer und Generalleutnant der Waffen SS

Hermann Prieß

Geboren am 24.5.1901
in Marnitz/Mecklenburg.

1934 in die SS Verfügungstruppe gekommen, wurde Prieß hier Chef der 13. Kompanie des SS Regiments „Germania". Ab 12.6.1939 wurde er Kommandeur der 2. Abteilung des SS Artillerieregiments der SS Verfügungstruppe und kämpfte mit dieser im Polenfeldzug. Ab Oktober 1939 war er Kommandeur der 2. Abteilung des SS Artillerieregiments der SS Totenkopfdivision, war im Westfeldzug eingesetzt und wurde ab August 1940 Kommandeur des Regiments. Im Ostfeldzug war Hermann Prieß mit seinen Artilleristen eine wertvolle Stütze beim Kampf im Kessel von Demjansk; er übernahm nach dem Tod von Theodor Eicke ab 26.2.1943 als Führer die SS Panzerdivision „Totenkopf" und war ab 1.10. deren Kommandeur. An allen Brennpunkten der Ostfront eingesetzt, zeigte die Division laufend hohe Taten an soldatischer Pflichterfüllung, und ihr Kommandeur war durch seine Ruhe und Umsicht stets die tragende Gestalt im Kampfgeschehen. Durch sein Vorbild schmiedete er den Geist seiner Männer und beflügelte sie zu großen Leistungen. Ab 7.8.1944 Kommandierender General des 13. SS Armeekorps und ab 24.10. des 1. SS Panzerkorps „Leibstandarte", bewies der General an den Fronten in West und Ost erneut ausgeprägtes Führungskönnen und buchte mit seinen Soldaten noch manch kampfentscheidende Erfolge. Nach Kriegsende befand sich Hermann Prieß bis 1954 in Kriegsgefangenschaft und Haft zu Landsberg in Bayern.

297. Eichenlaub	am 9.9.1943	als	SS Brigadeführer und Führer der SS Panzerdivision „Totenkopf".
65. Schwerter	am 24.4.1944	als	SS Brigadeführer und Kommandeur der 3. SS Panzerdivision „Totenkopf".

General der Infanterie

Friedrich Hoßbach

Geboren am 21.11.1894
in Unna/Westfalen.

†

Offizier im Ersten Weltkrieg und ab 26.8.1939 Chef des Stabes des 30. Armeekorps. Ab 25.10. übernahm Hoßbach als Kommandeur das Infanterieregiment 82 und bewährte sich mit diesem hervorragend im Westfeldzug. Dafür hoch ausgezeichnet, führte er das Regiment auch anschließend im Osten, wo er ab 21.1.1942 Führer und ab 1.4. Kommandeur der 31. Infanteriedivision wurde. Bereits ab August führte Hoßbach stellvertretend das 56. Panzerkorps, mit dem er als dessen Führer ab 12.8.1943 einmalige Kampfleistungen vollbrachte. Ab 1.11. zum Kommandierenden General dieses Korps ernannt, bewies der General dann auch vom 19.7.1944 – 28.1.1945 als Führer der 4. Armee in harten Abwehrkämpfen im Osten hohe soldatische Werte. Er war einer jener verdienten Ostfrontgenerale, die durch ihren bedingungslosen Einsatz und ihre überragenden Führungsleistungen oft und oft zum Retter der Front in schwerer Zeit wurden. Hohes Verantwortungsgefühl beflügelte neben Können, Tapferkeit und Umsicht seine soldatische Laufbahn und stempelte ihn zum vorbildlichen Truppenführer. Am 10.9.1980 ist Friedrich Hoßbach in Göttingen/Niedersachsen verstorben.

298. Eichenlaub am 11.9.1943 als Generalleutnant und
Führer des
56. Panzerkorps.

General der Artillerie

Siegfried Thomaschki

Geboren am 20.3.1894
in Miswalde/Ostpreußen.

†

Im Ersten Weltkrieg ausgezeichneter Offizier, übernahm er ab 10.10.1938 als Kommandeur das Artillerieregiment 3 und kämpfte mit diesem in Polen, Frankreich und Rußland. Ab 7.8.1941 dann Artilleriekommandeur 123 und ab 26.1.1942 Führer der 11. Infanteriedivision. Als deren Kommandeur ab 1.3. waren hier die Einsätze der Division im Nordabschnitt der Ostfront von überzeugender Einmaligkeit. Die Kämpfe am Wolchow und vor Leningrad stuften auf höchster Ebene und sahen die Division unter der Führung ihres bewährten und väterlichen Kommandeurs höchst erfolgreich. Durch äußerste Standhaftigkeit und Durchhaltewillen wurden hier unter schwersten Gegebenheiten der Natur soldatische Höchstleistungen vollbracht. Ab 10.9.1943 wurde der General Höherer Artilleriekommandeur 303, ab 22.11.1944 Führer der „Kampfgruppe Thomaschki" und ab 27.12. Kommandierender General des 10. Armeekorps. Auch in diesen Kommandos waren seine Führungsleistungen stets beachtlich und über alles Lob erhaben. In den Schlachten in Kurland mit seinen Soldaten bis zum Kriegsende in härtesten Einsätzen kämpfend, befand sich der General von Mai 1945 bis Oktober 1955 in russischer Kriegsgefangenschaft und ist am 31.5.1967 in Hamburg verstorben.

299. Eichenlaub am 11.9.1943 als Generalleutnant und
Kommandeur der
11. Infanteriedivision.

Oberst der Reserve

Dr. Walter Lange

Geboren am 14.7.1898
in Berlin.

Kriegsfreiwilliger im Ersten Weltkrieg und 1939/40 als Kompaniechef in der 1. Infanteriedivision im Polen- und Westfeldzug. Ab Mai 1941 Kommandeur des 3. Bataillons des Infanterieregiments 43 und im Ostfeldzug, wo Dr. Lange von Dezember 1942 bis Jänner 1944 in bezeichnender Art das Regiment als Kommandeur befehligte. Bei den harten Kämpfen im Nordabschnitt der Ostfront bewährte sich das Regiment besonders während der 2. und 3. Ladogaschlacht, und die hervorragenden Führungsleistungen des Regimentskommandeurs trugen in überzeugender Weise zu den Erfolgen der 1. Infanteriedivision entscheidend bei. Ab Mai 1944 übernahm der erfahrene Offizier als Kommandeur das Grenadierregiment 917 der 242. Infanteriedivision und wurde auch hier zum Vorbild seiner Soldaten. Nach schweren Abwehrkämpfen an der Ostfront gilt Dr. Lange seit dem 30.7.1944 als vermißt. Die Königin der Waffen – die Infanterie – trauerte um einen Frontkommandeur ohne Furcht und Tadel, der in unzähligen Einsätzen Beispiele höchsten Soldatentums vollbrachte.

300. Eichenlaub am 13.9.1943 als Oberst der Reserve und Kommandeur des Grenadierregiments 43, in der 1. Infanteriedivision.

Generalmajor

Günther Pape

Geboren am 14.7.1907
in Düsseldorf.

Seit 1924 im Heer und ab 1.3.1938 Chef der 2. Kompanie des Kradschützenbataillons 3. Nach Teilnahme am Polen- und Westfeldzug wurde Pape an der Ostfront vom 27.6. – 9.7.1941 Führer des 1. Bataillons des Schützenregiments 394 und ab 1.9. Kommandeur des Kradschützenbataillons 3. In schneidigen Einsätzen bewies er stets Mut und schnelle Entschlußkraft und erreichte mit seinen Kradschützen weit gesteckte Ziele von entscheidender Bedeutung. Günther Pape war einer jener tapferen Heeresoffiziere, welche der jungen Kradschützenwaffe zu unvergänglichem Ruhm verhalfen und ihren Taten an allen Fronten höchsten Ausdruck verliehen. Ab 7.8.1942 Führer und ab 1.9. Kommandeur des Schützenregiments 394, später Panzergrenadierregiment 394, waren auch hier die Kampf- und Führungsleistungen bis zu seiner Verwundung am 5.7.1943 bezeichnend und einmalig. Nach Genesung und Teilnahme an einem Divisionsführerlehrgang ab 14.9.1944 Führer und ab 1.12. Kommandeur der Panzerdivision „Feldherrnhalle 1", wo der General erneut in schwersten Abwehrkämpfen die Werte eines mutigen und vorbildlichen Truppenführers zeigte, dessen hohe Ideale als Soldat in all seinem Wirken dem Vaterlande dienten.

301. Eichenlaub am 15.9.1943 als Oberst, für die Leistungen als Kommandeur des Panzergrenadierregiments 394, in der 3. Panzerdivision.

Generalleutnant

Theodor Tolsdorff

Geboren am 3.11.1909
in Gut Lehnharten/Ostpreußen.

✝

Tolsdorff war der einzige Brillantenträger der Infanterie, und seine Leistungen an den Fronten waren höchste soldatische Beispiele eines harten und jederzeit tapferen Offiziers. Seit 1934 im Heer, führte er 1939 im Polenfeldzug die 14. Kompanie des Infanterieregiments 22, war 1941 im Osten deren Chef, wurde dort ab 16.8.1942 Führer, ab 1.1.1943 Kommandeur des 1. Bataillons des Füsilierregiments 22, ab 1.11. Führer und ab 1.7.1944 schließlich Kommandeur des Regiments. Die Einsätze der 1. Infanteriedivision, die im Nordabschnitt der Ostfront in aufopferungsvollen Kämpfen bewundernswerte Taten vollbrachte, waren nicht zuletzt auch ein Verdienst des Füsilierregiments 22 und ihres vorbildlichen Kommandeurs. Besondere Erwähnung verdient wohl die Rettung von dreitausend Verwundeten, die im Jahre 1944 bei Wilna/Litauen nach härtesten Abwehrkämpfen in Sicherheit gebracht werden konnten. Tolsdorffs vierzehn Verwundungen, zum Teil schwerster Art, zeigen in aller Deutlichkeit den schonungslosen Einsatz seiner Person. An der Westfront jeweils ab: 1.9.1944 Führer, 1.2.1945 Kommandeur der 340. Volksgrenadierdivision und 15.3. Führer des 82, Armeekorps, befand sich der General vom 8.5.1945 – 9.5.1947 in amerikanischer Kriegsgefangenschaft und verstarb am 25.5.1978 in Dortmund-Deusen/Nordrhein-Westfalen.

302. Eichenlaub	am 15.9.1943	als	Major und Kommandeur des 1. Bataillons des Füsilierregiments 22, in der 1. Infanteriedivision.
80. Schwerter	am 18.7.1944	als	Oberstleutnant und Kommandeur des Füsilierregiments 22 und Führer einer Kampfgruppe, in der 1. Infanteriedivision.
25. Brillanten	am 18.3.1945	als	Generalleutnant, für die Leistungen als Generalmajor und Kommandeur der 340. Volksgrenadierdivision.

SS Brigadeführer und Generalmajor der Waffen SS

Sylvester Stadler

Geboren am 30.12.1910
in Fohnsdorf/Steiermark.

Stadler, seit 1934 in der SS Verfügungstruppe und schon bewährt im Polen-, West- und Balkanfeldzug, wurde im Regiment „Der Führer" an der Ostfront zu einem der besten und erfolgreichsten Offiziere. Zu Beginn des Ostfeldzuges war er Chef der 5. Kompanie, ab Oktober 1941 Kommandeur des 2. Bataillons und ab Mai 1943 Kommandeur des Regiments. In den schweren Kämpfen, welche die SS Division „Das Reich" im Osten durchzustehen hatte, standen die Männer um Sylvester Stadler stets an den Brennpunkten der Front im Einsatz und erreichten durch die betont ruhige und umsichtige Führungsart ihres Kommandeurs manch schlachtentscheidende Erfolge. Hohe Disziplin und einmalige Tapferkeit prägten die Wesensart dieses bescheidenen Offiziers im besonderen und machten ihn in der Waffen SS sehr beliebt. Ab 10.10.1944 wurde Stadler Kommandeur der 9. SS Panzerdivision „Hohenstaufen". Die großen Waffentaten dieser Division, sei es an der West- oder Ostfront, zählten mit zu den überragenden Leistungen der Waffen SS im Zweiten Weltkrieg und waren nicht zuletzt in Ursprung und Vollendung dem Können ihres großartigen Kommandeurs zu verdanken, der bis in die letzten Kriegstage durch seine Art den Geist der Truppe beseelte.

303. Eichenlaub am 15.9.1943 als	SS Obersturmbannführer und Kommandeur des SS Panzergrenadierregiments „Der Führer", in der SS Panzerdivision „Das Reich".
152. Schwerter am 6.5,1945 als	SS Brigadeführer und Kommandeur der 9. SS Panzerdivision „Hohenstaufen".

General der Panzertruppe

Ulrich Kleemann

Geboren am 23.3.1892
in Langensalza/Thüringen.

†

Offizier im Ersten Weltkrieg, kämpfte Kleemann im Zweiten Weltkrieg an allen Fronten und war durch bewiesene Tapferkeit, beschwingten Angriffsgeist und beredtes Führungskönnen einer der ganz hervorragenden Heeresoffiziere, die im Fronteinsatz immer mehr zum Vorbild ihrer Soldaten wurden. Ab 1.2.1938 Kommandeur des Schützenregiments 3 und ab 1.1.1940 – 31.1.1942 Kommandeur der 3. Schützenbrigade. Mit diesen Einheiten focht er auf den Kriegsschauplätzen in Polen, im Westen und im Osten und wurde ab 29.4.1942 Kommandeur der 90. Leichten Division in Nordafrika. Ab Januar 1943 zum Kommandeur der Sturmdivision „Rhodos" ernannt, erwarb er sich hier einmalige Verdienste bei der Rückeroberung dieser griechischen Insel und wurde ab September 1944 Kommandierender General des 4. Panzerkorps, wo der General in allen Einsätzen und in schwerster Zeit des Krieges zu einer soldatischen Persönlichkeit wurde. Am 1.1.1963 verstarb Ulrich Kleemann infolge eines Unfalls in Oberursel am Taunus in Hessen.

304. Eichenlaub am 16.9.1943 als Generalleutnant, für die Leistungen als Kommandeur der Sturmdivision „Rhodos".

Generaloberst

Kurt Student

Geboren am 12.5.1890
in Birkholz/Brandenburg.

†

Im Ersten Weltkrieg Offizier in der Fliegertruppe, wurde Student ab 1.7.1938 mit dem Aufbau der deutschen Fallschirmtruppe betraut. Die Erfolge der Fallschirmjäger, beginnend mit dem Norwegenunternehmen, der Einnahme von Eben Emael und Holland, am Kanal von Korinth und Kreta und die weiteren Einsätze der Truppe an der Ost-, West- und Südfront, sowie in Afrika, zeugen von einmaligen soldatischen Waffentaten und stehen in engster Verbundenheit mit der Person ihres Schöpfers und Führers Generaloberst Kurt Student. 1940 in Holland durch Kopfschuß schwer verwundet, bewies er Härte und unbeugsame Energie in der Folgezeit und war seinen Fallschirmjägern ein vorbildlicher Vorgesetzter in allen Lagen der schweren Jahre von 1939 bis 1945. Seit 1.1.1941 war Student Kommandierender General des 11. Fliegerkorps und ab Ende Jänner 1945 Oberbefehlshaber der Heeresgruppe H an der Westfront, wo er sein hohes Führungskönnen erneut deutlich machte, befand sich nach Kriegsende bis 1948 in britischer Kriegsgefangenschaft und verstarb am 1.7.1978 in Lemgo in Nordrhein-Westfalen.

305. Eichenlaub am 27.9.1943 als General der Flieger und
Kommandierender General des
11. Fliegerkorps.

Generalleutnant

Alfred Hermann Reinhardt

Geboren am 15.11.1897
in Affalterbach/Württemberg.

†

Kriegsfreiwilliger im Ersten Weltkrieg und zu Beginn des Zweiten Weltkrieges Kommandeur des 3. Bataillons des Infanterieregiments 480 und Teilnahme am Westfeldzug. Ab 18.10.1940 dann Kommandeur des 2. Bataillons des Infanterieregiments 421 und ab 27.7.1941 Kommandeur des Regiments. Durch beispielhafte Führung und Tapferkeit erwarb sich Reinhardt mit seinen Grenadieren bei den Kämpfen im Südabschnitt der Ostfront außergewöhnliche Verdienste. Vom 5.9. – 1.10.1943 auf Divisionsführerlehrgang in Hirschberg/Schlesien, führte er ab November 1943 bis Februar 1944 stellvertretend zuerst die 370. und dann die 73. Infanteriedivision und übernahm anschließend als Kommandeur die 98. Infanteriedivision. Im April 1944 bei den Kämpfen auf der Krim erlitt diese hohe Verluste, und es erfolgte daraufhin im Raume Agram deren Neuaufstellung. Ab Juli 1944 war die Division unter ihrem Kommandeur in Italien eingesetzt und schlug sich auf diesem Kriegsschauplatz in hervorragender Weise. Durch reiche Erfahrung, Überlegtheit und entschlossene Angriffsführung zum richtigen Zeitpunkt untermauerte Reinhardt diese errungenen Waffentaten gegen einen übermächtigen Feind und bewies damit seine gewandt hohen Eigenschaften als Truppenführer. Der General, nach Kriegsende bis 1948 in Kriegsgefangenschaft, verstarb am 14.1.1973 in Öhringen bei Stuttgart.

306. Eichenlaub	am 28. 9.1943 als	Oberst, für die Leistungen als Kommandeur des Grenadierregiments 421, in der 125. Infanteriedivision.
118. Schwerter	am 24.12.1944 als	Generalleutnant und Kommandeur der 98. Infanteriedivision.

Oberst

Hans Fritsche

Geboren am 24.6.1909
in Tillowitz/Oberschlesien.

Fritsche kam 1935 von der Schutzpolizei ins Infanterieregiment 30 und war zu Kriegsbeginn Zugführer in der 8. Kompanie des Infanterieregiments 205. Dann in der Reihenfolge jeweils ab: 1.2.1940 im Infanterieregiment 528 als Zugführer in der 8. Kompanie, 1.4. Adjutant des 2. Bataillons, 1.10. Chef der 8. Kompanie, 1.10.1942 Führer des 2. Bataillons, 1.4.1943 Kommandeur des 1. Bataillons und 11.1.1944 Führer des Regiments. Nach Teilnahme am Westfeldzug erwarb er sich große Verdienste in Rußland. Bei allen schweren Abwehrkämpfen an der Ostfront, welche die 299. Infanteriedivision durchzustehen hatte, insbesondere im Orel-Bogen, war es immer Hans Fritsche, der in heiklen Lagen mit seinen Soldaten zum Turm in der Schlacht wurde und bei den Absetzbewegungen die schweren Lasten der Nachhutkämpfe trug. Ab 1.5.1944 auf Lehrgängen in Antwerpen und Döberitz und ab 1.7. Kommandeur des Grenadierregiments 11, wo in harten Einsätzen an der Ostfront bis zum Kriegsende Fritsches soldatische und menschliche Werte gegenüber seinen Grenadieren in jeder seiner Handlungen offenkundig wurden. Vom 10.5. – 15.6.1945 war Hans Fritsche in amerikanischer Kriegsgefangenschaft.

307. Eichenlaub am 2.10.1943 als Major und
Kommandeur des
1. Bataillons des
Grenadierregiments 528, in der
299. Infanteriedivision.

Major

Bodo Spranz

Geboren am 1.1.1920
in Nordhausen/Harz.

Spranz war wohl der herausragende Offizier der Sturmartillerie. Seit 1938 als Fahnenjunker in der 8. Batterie des Artillerieregiments 12 und ab 27.1.1940 Zugführer im Artillerieregiment 209. Nach Teilnahme am Polen- und Westfeldzug kam er im August 1940 zur Sturmartillerie. Zuerst Batteriechef in den Abteilungen 185 und 200, erreichte er seine ganz großen Erfolge als Chef der 1. Batterie der Sturmgeschützbrigade 237, die er ab 2.6.1943 führte. Immer an den Schwerpunkten im Mittelabschnitt der Ostfront im Einsatz, leistete er mit seinen Geschützen Waffentaten von entscheidender Bedeutung und erzielte selbst enorm viele Abschüsse von feindlichen Panzern. Auch in der Panzernahbekämpfung höchst bewährt und oftmals verwundet, sprechen in aller Deutlichkeit die Verleihung des Eichenlaubes und Ritterkreuzes an einem Tag für die hervorragenden Verdienste dieses jungen und tapferen Offiziers. Ab 2.4.1944 wurde Spranz Hörsaalleiter an der Sturmgeschützschule Burg bei Magdeburg, ab 1.12.1944 Ordonnanzoffizier beim Chef des Generalstabes des Heeres, im März 1945 kam er zur Generalstabsausbildung nach Italien und danach zur Armee Wenck ins Reich und war von Mai bis Oktober 1945 in amerikanischer und britischer Kriegsgefangenschaft.

308. Eichenlaub am 3.10.1943 als Hauptmann und
Chef der
1. Batterie der
Sturmgeschützbrigade 237.

Leutnant

Josef Schreiber

Geboren am 24.12.1914
in Mindersdorf/Württemberg.

Josef Schreiber zählte zu den verdienten Soldaten im Unteroffizierskorps des deutschen Heeres, der an allen Fronten in West und Ost, wo er sich im Fronteinsatz befand, das Kampfgeschehen mitprägte und oftmals in entscheidender Weise beeinflußte. Nach dem Westfeldzug 1940, wo er als MG-Schütze im Infanterieregiment 14 eingesetzt war, wurde er im Ostfeldzug zum bekanntesten Soldaten der 78. Sturmdivision. Besonders bei den Kämpfen im Orel-Bogen bewies Schreiber immer wieder außergewöhnliche Tapferkeit und bereinigte mit seinen Soldaten durch selbständige Entschlüsse schwierigste Lagen. Sein Mut und seine Zähigkeit waren in der Division sprichwörtlich, und mancher Kampferfolg gelang erst durch die beispielgebende Art dieses bescheidenen und opferbereiten Zugführers. Im Kameradenkreis sehr beliebt, scharten sich seine Männer auch im Kampfgetümmel vertrauensvoll um ihn und ermöglichten der 7. Kompanie manchen wichtigen Erfolg. Ab Dezember 1944 kam Schreiber an die Fahnenjunker-Infanterieschule 5 nach Posen/Westpreußen und gilt nach den Kämpfen um die „Festung Posen" seit dem 1.2.1945 als vermißt. Der Tod griff nach einem der Besten der deutschen Wehrmacht.

309. Eichenlaub am 5.10.1943 als Oberfeldwebel und
Zugführer in der
7. Kompanie des
Sturmregiments 14, in der
78. Sturmdivision.

SS Sturmbannführer

Erwin Meierdress

Geboren am 11.12.1916
in Wesel/Rheinland.

Seit 1.4.1934 in der Leibstandarte und bei Kriegsausbruch 1939 im SS Artillerieregiment der SS Verfügungstruppe. Nach Teilnahme am Polenfeldzug kam er im Oktober 1939 ins SS Artillerieregiment der SS Totenkopfdivision und nahm am Westfeldzug teil. Dann an der Ostfront, wurde Erwin Meierdress hier im Januar 1942 Führer der Sturmgeschützbatterie und ab Oktober Kommandeur der 1. Abteilung des SS Panzerregiments der SS Division „Totenkopf". Ein aufs höchste bewährter Offizier, der bei den Kämpfen an der Ostfront durch seine überzeugende und beispielgebende Art mit seinen Männern hervorragende Leistungen vollbrachte. Die Einsätze bei Demjansk, Charkow und am Mius – um nur einige zu nennen – gehören zu den großen Waffentaten der SS Division „Totenkopf" und sahen diesen tapferen Frontoffizier entscheidend daran beteiligt. Trotz oftmaliger Verwundungen fand man ihn stets wieder bei der Truppe in vorderster Linie kämpfend, und einmalige Einsatzbereitschaft und beste Kameradschaft prägten das Kämpferherz eines Führers, auf den man in jeder Lage voll Stolz und Vertrauen blicken konnte. Bei einem Entsatzversuch mit seinen Panzern für die eingeschlossene Stadt Budapest starb er am 4.1.1945 bei Dunaalmas den Soldatentod.

310. Eichenlaub am 12.10.1943 als SS Hauptsturmführer und
Kommandeur der
1. Abteilung des
SS Panzerregiments „Totenkopf", in der
SS Panzerdivision „Totenkopf".

Major

Hans Pestke

Geboren am 17.6.1914
in Preußisch-Stargard/Westpreußen.

Pestke gehörte zu jenen Offizieren der Infanterie, die in stiller Bescheidenheit Hervorragendes geleistet haben. Seit 1935 im Heer, zählte er im Laufe des Krieges zu den verdienten Offizieren des Infanterieregiments 176. Im Polenfeldzug Zugführer in der 13. Kompanie und im Westfeldzug Adjutant des 2. Bataillons, wurde er anschließend Chef der 3. Kompanie und zeigte im Ostfeldzug Beispiele hoher soldatischer Pflichterfüllung. Bei den Kämpfen im Nordabschnitt bewährte er sich mit seinen Soldaten bei der Einnahme der Insel Dagö, sowie bei den schweren Einsätzen vor Leningrad, wo er in den harten Wintermonaten gegen vielfach stärkere Feindkräfte Erfolge von großer Bedeutung erreichte. 1942 Adjutant des Regiments und 1943 Kommandeur des 1. Bataillons, waren die Leistungen dieses von Tapferkeit und hohem Können geprägten Offiziers und seiner Grenadiere oftmals ausschlaggebend für den Gesamtfrontverlauf und die Erfolge der bewährten 61. Infanteriedivision. Tüchtigkeit und hohe Erfahrungen führten 1944 zur Versetzung in den Generalstabsdienst, wo Hans Pestke bei der 12. Luftwaffen-Felddivision bis zum Kriegsende seine Soldatenpflicht erfüllte. Vom 18.5.1945 – 31.5.1947 war er in britischer Kriegsgefangenschaft.

311. Eichenlaub am 14.10.1943 als Hauptmann und
Kommandeur des
1. Bataillons des
Grenadierregiments 176, in der
61. Infanteriedivision.

General der Gebirgstruppe

Julius Ringel

Geboren am 16.11.1889
in Völkermarkt/Kärnten.

†

Ausgezeichneter Offizier im Ersten Weltkrieg und im Zweiten Weltkrieg einer der hervorragendsten Gebirgsjägergenerale. 1938 Ia der 3. Gebirgsdivision, ab 1.2.1939 Kommandeur des Infanterieregiments 72, ab 1.9. Ia der 268. Infanteriedivision, ab 27.10. Kommandeur des Infanterieregiments 266 und mit diesem im Westfeldzug eingesetzt, kam Ringel ab 7.6.1940 zum Stab der 3. Gebirgsdivision nach Norwegen, führte ab 14.6. die Division, ehe er ab 1.11. Kommandeur der 5. Gebirgsdivision wurde. Die Waffentaten der Gebirgsjäger im Balkanfeldzug 1941 beim Durchbruch durch die Metaxaslinie in Griechenland und bei der Einnahme der Insel Kreta gehören zu den größten der deutschen Gebirgstruppe im Zweiten Weltkrieg. Anschließend kämpften die Gebirgsjäger am Wolchow im Nordabschnitt der Ostfront und an der Italienfront. Ringels starke Ausstrahlungskraft gegenüber seinen Jägern, seine Herzlichkeit und betonte Führungsbegabung waren mitbestimmend für die großen Leistungen der Truppe. Ab April 1944 wurde der General Führer des 69. Gebirgskorps in Ungarn und Kroatien, ab 1.6. Kommandierender General des 17. Gebirgskorps in Salzburg, und er verstarb am 10.2.1967 in Bayrisch Gmain/Bayern.

312. Eichenlaub am 25.10.1943 als Generalleutnant und
Kommandeur der
5. Gebirgsdivision.

General der Artillerie

Rudolf Freiherr von Roman

Geboren am 19.11.1893
in Bayreuth/Oberfranken.

†

Auch Offizier im Ersten Weltkrieg und bei Kriegsbeginn 1939 Kommandeur des Artillerieregiments 10 und Teilnahme am Polenfeldzug. Ab 1.10. Referent im Oberkommando des Heeres, ab 1.11. Kommandeur des Artillerieregiments 17 und Einsatz im Westfeldzug. Ab 16.11.1940 Artilleriekommandeur 3 und bewährt an der Ostfront, erfolgte ab 24.11.1941 seine Ernennung zum Kommandeur der 35. Infanteriedivision. Im Bereich der Heeresgruppe Mitte erreichte der General mit dieser bedeutende Erfolge beim Kampf vor Moskau und führte gleichzeitig auch ab 3.3.1942 das 55. Armeekorps. Ab 11.9. Führer und ab 1.10. Kommandierender General des 20. Armeekorps, waren es hier viele Schlachten in den Weiten des Ostens, in denen General Roman durch überragendes Führungskönnen und hohes Einfühlungsvermögen zum großen Sieger wurde und dem Korps bis in die Endkämpfe des Krieges in Ostpreußen ein überlegter Führer war. Als General und Mensch eine große Persönlichkeit und für seine Untergebenen ein verständnisvoller Vorgesetzter, befand er sich ab 16.4.1945 in der Führerreserve des Oberkommandos des Heeres, war nach Kriegsende bis 1947 in amerikanischer Kriegsgefangenschaft und verstarb am 18.2.1970 auf Gut Schernau in Bayern.

313. Eichenlaub am 28.10.1943 als General der Artillerie und
Kommandierender General des
20. Armeekorps.

Generalmajor

Ernst Voß

Geboren am 3.11.1899
in Timmenrode/Harz.

Schon Soldat im Ersten Weltkrieg, war Voß bei Kriegsbeginn 1939 Chef der 14. Kompanie des Infanterieregiments 24. Ab 14.9. Kommandeur des 1. Bataillons, waren seine Leistungen an den Fronten in Polen und im Westen bereits sehr beachtlich, doch seine ganz großen Bewährungsproben folgten dann im Ostfeldzug. Hier führte der tapfere Offizier in den ersten Monaten des Jahres 1942 als Kommandeur das Feldersatzbataillon 21 und ab März wieder das 1. Bataillon des Infanterieregiments 24. Ab 2.12.1942 Kommandeur des Grenadierregiments 585, durchstand er mit seinen Grenadieren tagelange Abwehrkämpfe gegen vielfache feindliche Übermacht und löste schwierigste Lagen in bestechender Form. Die Erfolge der 320. Infanteriedivision am mittleren Dnjepr, bei Charkow und Bjelgorod gelangen schließlich durch die Leistungen dieser Soldaten und ihres mutigen und oftmals verwundeten Kommandeurs. Immer wieder Ansporn und Beispiel für seine Männer, starb Ernst Voß am 11.10.1943 bei den schweren Kämpfen im Raume Nowo Lipiwo am Dnjepr im Südabschnitt der Ostfront den Soldatentod. Mit ihm ging ein Frontoffizier aus den Reihen der Infanterie, der ebenfalls im Einsatz alles wagte und bereit war, fürs Vaterland das Höchste zu geben.

314. Eichenlaub am 28.10.1943 nach dem Tode, für die Leistungen als
Oberst und
Kommandeur des
Grenadierregiments 585, in der
320. Infanteriedivision.

SS Obergruppenführer und General der Waffen SS

Herbert Gille

Geboren am 8.3.1897
in Gandersheim/Harz.

†

Im Ersten Weltkrieg ausgezeichneter Offizier und seit 1934 in der SS Verfügungstruppe. Ab Juni 1939 war Gille Kommandeur der 1. Abteilung des SS Artillerieregiments der SS Verfügungstruppe, kämpfte im Polen- und Westfeldzug und übernahm ab November 1940 als Kommandeur das SS Artillerieregiment 5. Im Ostfeldzug bewährte er sich hervorragend als Führer der Vorausabteilung der SS Division „Wiking" im Süden der Ostfront, wurde ab Oktober 1942 Führer und ab Mai 1943 Kommandeur der Division. Die Leistungen der später zur SS Panzergrenadier- bzw. 5. SS Panzerdivision „Wiking" umgerüsteten Division und ihres Kommandeurs wurden Kriegsgeschichte, und Gilles ausgeprägter Führungskunst und Tapferkeit war es zu danken, daß der Kessel bei Tscherkassy und die Einschließung von Kowel nicht zu totalen deutschen Niederlagen wurden. Seine aufrechten und ehrlichen Wesenszüge, gepaart mit unerhörtem Mut und Draufgängertum, erbrachten dem General höchstes Ansehen nicht nur bei seinen Soldaten, sondern auch gegenüber der Obersten Führung. Ab 6.8.1944 erfolgte seine Ernennung zum Kommandierenden General des 4. SS Panzerkorps, welches er in bezeichnender Weise bis zum Kriegsende an der Ostfront zu großen Taten bewegte und wo er sein hohes Führungskönnen unter Beweis stellte. Nach Kriegsende war Herbert Gille bis 1954 in amerikanischer Kriegsgefangenschaft und Haft und verstarb am 26.12.1966 in Stemmen bei Hannover.

315. Eichenlaub	am 1.11.1943 als	SS Brigadeführer und Kommandeur der SS Panzergrenadierdivision „Wiking".
47. Schwerter	am 18. 2.1944 als	SS Gruppenführer, für die Leistungen als Kommandeur der SS Panzergrenadierdivision „Wiking".
12. Brillanten	am 19. 4.1944 als	SS Gruppenführer und Kommandeur der 5. SS Panzerdivision „Wiking".

Oberst der Reserve

Albert Graf von der Goltz

Geboren am 24.6.1893
in Heinrichsfelde/Westpreußen.

1913 schon im Kaiserlichen Heer und Offizier im Ersten Weltkrieg, wurde er im Zweiten Weltkrieg nach Teilnahme am Polen- und Westfeldzug bei den Kämpfen an der Ostfront zu einem beispielgebenden Offizier, dessen Standhaftigkeit und Mut in allen von ihm geführten Einheiten zum Begriff wurden. Ende 1940 wurde Goltz Kommandeur des 1. Bataillons des Infanterieregiments 422, war 1941/42 Kommandeur des 1. Bataillons des Infanterieregiments 415, 1943 Führer des Gebirgsjägerregiments 144 und 1944 Kommandeur des Gebirgsjägerregiments 138. Besonders bei den harten Kämpfen südlich von Saporoshje bewährte er sich mit seinen Gebirgsjägern aufs höchste und zählte mit seinem Regiment zu den wertvollsten Stützen der Front. Bei einem Ausbruchskampf am 14.3.1944 wurde der tapfere Offizier schwer verwundet und erlag diesen Verletzungen am 16.3.1944 in einem Lazarett in Odessa im Südabschnitt der Ostfront. Durch seinen Tod klaffte im Offizierskorps des Heeres eine große Lücke, und allgemeine Trauer bekundete diesen schweren Verlust.

316. Eichenlaub am 2.11.1943 als Oberstleutnant der Reserve und Führer des Gebirgsjägerregiments 144, in der 3. Gebirgsdivision.

Major

Ernst Ziemer

Geboren am 19.12.1911
in Schwirsen/Pommern.

Wieder das Bild eines hochverdienten Soldaten der Königin der Waffen – der Infanterie. Seit 1931 im Infanterieregiment 4 und nach Teilnahme am Polenfeldzug wurde Ziemer im Westfeldzug 1940 für seine Tapferkeit bereits mit beiden Klassen des Eisernen Kreuzes ausgezeichnet und erwarb sich im Ostfeldzug weitere hohe Auszeichnungen. Bei den Abwehrkämpfen am Ilmensee im Nordabschnitt der Ostfront erreichte er durch mutigen Einsatz wichtige Kampferfolge im Bereich des Divisionsabschnittes und schuf dadurch die Voraussetzungen für weitere erfolgreiche Operationen. In schweren Nahkämpfen höchst bewährt, künden viele Verwundungen von seinen opfervollen Einsätzen, in denen er kluge Übersicht in oft heiklen Lagen bewies und sehr viel zu den Waffentaten des Grenadierregiments 94 beigetragen hat. Seine Bescheidenheit und Kameradschaft beflügelte seine Männer zu großen Leistungen, und die Art seiner Führung rechtfertigte stets der Erfolg. Die 32. Infanteriedivision blickte in Stolz auf diesen vorbildlichen Offizier und Frontkämpfer, der durch seinen hohen Einsatz während des ganzen Krieges in deren Reihen zu den Besten zählte.

317. Eichenlaub am 2.11.1943 als Hauptmann und Chef der 1. Kompanie des Grenadierregiments 94, in der 32. Infanteriedivision.

Generalleutnant

Eugen König

Geboren am 19.9.1896
in Trier/Rheinland.

König, schon Kriegsfreiwilliger im Ersten Weltkrieg, kämpfte im Zweiten Weltkrieg im Polen-, West- und Anfang des Ostfeldzuges im Infanterieregiment 352 der 246. Infanteriedivision, wo er zuerst Regimentsadjutant, später Divisionsadjutant und schließlich Führer des Regiments wurde. Die großen Leistungen seiner Infanteristen bei den Kämpfen im Raum Rshew fundierten nicht zuletzt auf der Führungsbasis dieses mutigen Offiziers. Auch als Kommandeur des Grenadierregiments 415 bewies König in überragender Weise seine soldatischen Werte im Kampfraum Orel und zeichnete sich als Führer der Divisionsgruppe 251 erneut besonders aus. Ab 10.6.1944 Führer der 344. Volksgrenadierdivision und ab 1.9. deren Kommandeur, prägte auch an der Westfront seine kampfbetonte Führungsart jederzeit das Geschehen im Fronteinsatz, und ab 13.12. erfolgte seine Ernennung zum Kommandeur der 272. Volksgrenadierdivision, die der General bei der Ardennenoffensive befehligte und mit der er das Kriegsende im Westen des Reiches erlebte. In allen Einsätzen bis dahin tragende Gestalt von Pflicht und Würde, verkörperte Eugen König immerzu den Frontkämpfer lauterster Prägung.

318. Eichenlaub am 4.11.1943 als Oberst und Kommandeur des Grenadierregiments 415, in der 123. Infanteriedivision.

General der Infanterie

Hermann Recknagel

Geboren am 18.7.1892
in Strauchmühle/Hessen.

Ausgezeichneter Offizier im Ersten Weltkrieg, wurde Recknagel im Zweiten Weltkrieg zu einem hervorragenden Truppenführer. Im Polen- und Westfeldzug führte er als Kommandeur das Infanterieregiment 54 und wurde für besondere Tapferkeit am 5.8.1940 mit dem Ritterkreuz ausgezeichnet. Im Rußlandkrieg durchstand er mit seinem Regiment schwere Kämpfe, wurde ab 1.1.1942 Führer der 111. Infanteriedivision und ab 1.3. deren Kommandeur. Die hohen Kampfleistungen der Division im Südabschnitt der Ostfront stehen als Glanzpunkte der deutschen Infanterie im Buch der Kriegsgeschichte. Der General zeigte gegenüber seinen Soldaten bewegte Menschlichkeit und bewies im Einsatz überzeugenden Mut und energisches Handeln. Gepaart mit einmaligem Führungskönnen schuf er so die Voraussetzungen für eindrucksvolle Siege. Ab 15.11.1943 im Sonderstab 1 des Oberkommandos des Heeres, ab 26.2.1944 auf einem Lehrgang für Kommandierende Generale und ab 17.6.1944 als Kommandierender General des 42. Armeekorps wieder im Einsatz an der Ostfront. Im Bereich der Heeresgruppe Mitte wurde sein Korps zu einem unüberwindlichen Bollwerk der Front, und hier endete auch sein tapferes Soldatenleben bei einem Sturmangriff am 18.1.1945 bei Petrikan/Lodz in Polen. In schwerer Zeit traf das deutsche Heer ein Verlust, der in seinem Ausmaß allgemeine Trauer bewirkte, starb doch mit General Recknagel nicht nur ein ausgezeichneter Truppenführer, sondern auch ein herzlicher Mensch und Soldat mit aufgeschlossenem Wesen und Charakter.

319. Eichenlaub am 6.11.1943 als Generalleutnant und Kommandeur der 111. Infanteriedivision.

104. Schwerter am 23.10.1944 als General der Infanterie und Kommandierender General des 42. Armeekorps.

Major der Reserve

Siegfried Grabert

Geboren am 11.1.1916
in Schorndorf/Württemberg.

Hervorragender Offizier der Sondertruppe des deutschen Heeres, des Regiments „Brandenburg". In allen verwegenen Kommandoeinsätzen, beginnend 1939 in Polen, dann im Westfeldzug und in Griechenland, sowie auf Kreta, gab Siegfried Grabert stets Beispiele außerordentlicher Tapferkeit und Kaltblütigkeit. Für entscheidende Kampferfolge in Griechenland am 10.6.1941 mit dem Ritterkreuz ausgezeichnet, bewies er dann im Ostfeldzug erneut ein hohes Maß an Mut und Einsatzwillen. Erreichte mit seinen Soldaten Erfolge von größter Wichtigkeit für die Front im Süden, und so mancher der Einsätze forderte in seiner Vielseitigkeit nicht nur besonderen Mut, sondern auch ausgeprägten Spürsinn und soldatisches Können in jeder Lage. Grabert besaß diese Voraussetzungen in gebührender Weise und war daneben noch ein Offizier von menschlicher Größe. In einen russischen Hinterhalt gelangt, fiel er am 25.7.1942 bei Rostow im Südabschnitt der Ostfront. Nicht nur die „Brandenburger" trauerten um einen ihrer Besten und guten Kameraden – das ganze Heer beklagte den Verlust eines Frontkämpfers, durchdrungen von unerschütterlicher Vaterlandsliebe und einmaliger Opferbereitschaft.

320. Eichenlaub am 6.11.1943 nach dem Tode, für die Leistungen als
Hauptmann der Reserve und
Chef der
8. Kompanie des
Lehr-Regiments zur besonderen Verwendung
800 „Brandenburg".

Oberst

Heinrich Kiesling

Geboren am 31.5.1909
in Gröppendorf/Sachsen.

Kiesling, seit 1930 im Infanterieregiment 10, zählte ebenfalls zu den hervorragenden Heeresoffizieren, die im Polen-, West- und besonders im Ostfeldzug laufend Beispiele ihrer hohen soldatischen Werte zeigten. Als Kommandeur des 3. Bataillons des Grenadierregiments 768 für vorbildliche Leistungen schon 1943 hoch ausgezeichnet, bewies er auch als Führer des Grenadierregiments 529 erneut große Tapferkeit, straffe Führung und stete Übersicht in allen schweren Kämpfen. Besonders im Kampfraum Woronesch vollbrachten die Grenadiere unter seiner tatkräftigen Führung für die Gesamtfront entscheidende Waffentaten. In oft schwierigsten Lagen, nach Einschließung des Regiments durch den Gegner, zeigte Kiesling unerschütterliche Ruhe, und es war schließlich sein Verdienst, daß der Durchbruch und die Verbindung mit den eigenen Hauptkräften wieder zustande kam. Sein tapferes Soldatenleben endete am 18.6.1944 bei weiteren schweren Abwehrkämpfen im Mittelabschnitt der Ostfront, und das deutsche Heer betrauerte erneut den Tod eines Offiziers und Frontsoldaten, der in fünf Kriegsjahren immer mehr zu geben bereit war, als nur seine Pflicht zu erfüllen.

321. Eichenlaub am 7.11.1943 als Major und
Führer des
Grenadierregiments 529, in der
299. Infanteriedivision,
unter gleichzeitiger Beförderung zum
Oberstleutnant.

General der Panzertruppe

Otto von Knobelsdorff

Geboren am 31.3.1886
in Berlin.

✝

Im Ersten Weltkrieg Offizier und schwer verwundet, war Knobelsdorff ab 1.9.1939 Chef des Generalstabes des Höheren Kommandos 33 und ab 1.2.1940 Kommandeur der 19. Infanteriedivision, später 19. Panzerdivision, mit der er am Westfeldzug teilnahm. Im Ostfeldzug waren es die Erfolge im Nordabschnitt, in denen die Division unter seiner Führung Hervorragendes geleistet hat und sich ebenso beim Kampf vor Moskau erneut höchst bewährt hat. Nach schwerer Erkrankung war der General vom 6.1. – 30.4.1942 im Lazarett, kam ab 1.5. wieder an die Front des Nordabschnittes, wo er die Führung des 10., ab 1.6. des 2. Armeekorps und anschließend des „Korps Knobelsdorff" übernahm und bei den Kämpfen um Demjansk von sich reden machte. Danach ab 10.10.1942 Kommandierender General des 24. und ab 1.12. des 48. Panzerkorps, waren es besonders die Kämpfe im Raume Stalingrad, in denen der General mit seinen Soldaten höchsten Opfermut bewies. Auffallende Führereigenschaften, bewiesener Mut und die Sorge um seine ihm anvertrauten Soldaten prägten das Bild dieses aufrechten Truppenführers. Vom 9.10.1943 – 31.1.1944 in der Führerreserve des Oberkommandos des Heeres und ab 1.2. wieder im Fronteinsatz und Kommandierender General des 40. Panzerkorps. Hier stehen die Schlachten bei Nikopol im Vordergrund, wo es Knobelsdorff gelang, seine ihm unterstellten Divisionen vor dem feindlichen Zugriff zu bewahren. Ab 17.9.1944 war der General Führer der 1. Armee an der Westfront, ab 1.12. erneut in der Führerreserve, befand sich vom 6.4.1945 – 21.12.1947 in amerikanischer Kriegsgefangenschaft und ist am 21.10.1966 in Hannover verstorben.

322. Eichenlaub am 12.11.1943 als General der Panzertruppe, für die Leistungen als Kommandierender General des 48. Panzerkorps.

100. Schwerter am 21. 9.1944 als General der Panzertruppe, für die Leistungen als Kommandierender General des 40. Panzerkorps.

General der Artillerie

Maximilian de Angelis

Geboren am 2.10.1889
in Budapest.

†

Im Ersten Weltkrieg Offizier, war er 1939 bereits Generalmajor und befehligte bei Kriegsausbruch als Kommandeur die 76. Infanteriedivision und bewährte sich mit dieser im West-, Balkan- und Ostfeldzug in einmaliger Weise. Seinen guten Führereigenschaften zufolge erfolgte am 26.1.1942 seine Ernennung zum Kommandierenden General des 44. Armeekorps, mit welchem der General in schweren Kämpfen im Südabschnitt der Ostfront Standhaftigkeit und Ausdauer bewies und drohende Umfassungen durch den Gegner in überlegter Form durch gekonnte Durchbrüche meisterte. Ende 1943 wurde Angelis Führer der neuaufgestellten 6. Armee und ab Juli 1944 Oberbefehlshaber der 2. Panzerarmee. Auch in diesen hohen Führungskommandos legte der General eine unauffällige Art zu Tage, die aber an Leistung und Umsicht zu allen soldatischen Ehren gereichte. Eiserne Disziplin, vornehmer Charakter und beredtes Verständnis zu seinen Soldaten waren nur einige seiner Tugenden, die ihn überall sehr beliebt machten und zu einer Führerpersönlichkeit von hohem Ansehen stempelten. Nach Kriegsende in amerikanische Gefangenschaft geraten, 1948 an Jugoslawien und 1949 an die Sowjetunion ausgeliefert, befand sich der General bis 11.10.1955 in Kriegsgefangenschaft und verstarb am 6.12.1974 in Graz.

323. Eichenlaub am 12.11.1943 als General der Artillerie und
Kommandierender General des
44. Armeekorps.

General der Artillerie

Erich Brandenberger

Geboren am 15.7.1892
in Augsburg/Schwaben.

†

Ebenfalls Offizier im Ersten Weltkrieg, war Brandenberger ab 1.9.1939 Chef des Generalstabes des 22. Armeekorps. Nach dem Polen- und Westfeldzug erfolgte ab 20.2.1941 seine Ernennung zum Kommandeur der 8. Panzerdivision, mit der sich der General in den ersten Tagen des Ostfeldzuges bei den Operationen im Bereich der Heeresgruppe Nord schon sehr bewährt hat. Als großartige Führerpersönlichkeit führte er an der Ostfront dann in der Reihenfolge: vom 17.1. – 15.3.1943 in Vertretung das 59., als Kommandierender General ab 1.8.1943 das 17. und ab 21.11.1943 – 30.6.1944 das 29. Armeekorps. An allen Frontabschnitten war er ein beispielgebender General mit hohem Können und viel Menschlichkeit, und die erreichten Erfolge der von ihm geführten Truppen stuften auf höchster Ebene. Anschließend an der Westfront, übernahm der General dort ab 28.8.1944 als Oberbefehlshaber die 7. und ab 25.3.1945 die 19. Armee und wirkte auch an dieser Front durch betontes Führungskönnen, Einfühlungsvermögen und entschlossenes Handeln als ein in jeder Lage überzeugender Heerführer. Am 21.6.1955 ist Erich Brandenberger in Bonn verstorben.

324. Eichenlaub am 12.11.1943 als General der Artillerie und
Kommandierender General des
17. Armeekorps.

Generalmajor

Otto Ernst Remer

Geboren am 18.8.1912
in Neubrandenburg/Mecklenburg.

Otto Ernst Remer war einer der ganz außergewöhnlichen Männer der Infanterie, dessen militärische Laufbahn höchste Beachtung verdient. Sein Weg vom Fahnenjunker bis zum General beinhaltet alle Höhen und Tiefen einer Zeitepoche, wo der deutsche Soldat durch seine Leistungen weltweiten Ruhm erlangte. Seit 1933 im Heer, führte er bei Kriegsausbruch 1939 als Chef die 13. Kompanie des Infanterieregiments 479, wurde ab März 1940 Chef der Infanteriegeschützkompanie 701 (mot.), ab Februar 1942 Führer des 1. Bataillons des Schützenregiments 10, ab April Kommandeur des 4. Bataillons des Panzergrenadierregiments „Großdeutschland", übernahm ab 1.1.1943 als Kommandeur das 1. (gepanzerte) Bataillon und wurde ab 1.5.1944 Kommandeur des Wachregiments „Großdeutschland" in Berlin. Ein hervorragend bewährter Offizier, der sich im Polen-, West- und Balkanfeldzug und an vielen Brennpunkten der Ostfront durch Schneid und große Tapferkeit ausgezeichnet hat. Auch in der Krisenzeit um den 20. Juli 1944, beim Attentat auf Adolf Hitler, bewies Remer als Kommandeur des Wachregiments „Großdeutschland" in Haltung und Führung die Werte eines tadellosen Offiziers und aufrechten deutschen Soldaten. Ab 1.8.1944 wurde er Führer der Führer-Begleitbrigade und ab 31.1.1945 Kommandeur der Führer-Begleitdivision, kämpfte mit dieser härteste Einsätze bis zum Kriegsende und war danach drei Jahre interniert.

325. Eichenlaub am 12.11.1943 als Major und
Kommandeur des
1. (gepanzerten) Bataillons des
Panzergrenadierregiments
„Großdeutschland", in der
Panzergrenadierdivision „Großdeutschland".

Korvettenkapitän

Georg Christiansen

Geboren am 21.10.1914
in Flensburg/Schleswig-Holstein.

Christiansen kam 1934 in die Marine und 1938 zur Schnellbootwaffe. Als Kommandant der Boote S-18, 23 und 101 war er in der 1. Schnellbootflottille im Einsatz. Ab November 1941 wurde er Chef der 8. und ab September 1942 Chef der 1. Schnellbootflottille. In unermüdlichen Einsätzen in den Gewässern vor Norwegen, England und im Schwarzen Meer errang dieser tapfere Seeoffizier beachtenswerte Erfolge gegen die gegnerische Kriegs- und Handelsschiffahrt und wurde durch seine betonte Einsatzbereitschaft zum Vorbild seiner Männer auf allen Meeren. Seit Dezember 1943 erfüllte er seine Soldatenpflicht als Offizier im Stabe des Führers der Schnellboote bis zum Kriegsende, wo er durch seine Erfahrungen und hohes Können die weiteren Einsätze der Schnellboote entscheidend beeinflußte und durch sein prägnantes Wirken hohes Ansehen genoß.

326. Eichenlaub am 13.11.1943 als Korvettenkapitän und
Chef der
1. Schnellbootflottille.

SS Obersturmbannführer

Hans Dorr

Geboren am 7.4.1912
in Sontheim/Schwaben.

Hans Dorr zählte zu den tapfersten Offizieren der Waffen SS, und der eindrucksvolle Leitspruch der Truppe „Meine Ehre heißt Treue" steht für ihn in ganz zutreffender Form für immer verankert. Seit 1934 in der SS Verfügungstruppe, kämpfte er schon 1939 im Polen- und 1940 im Westfeldzug. Im Ostfeldzug wurde er zum Begriff im SS Regiment „Germania", wo er zuerst das 1. Bataillon und dann das Regiment jeweils als Kommandeur befehligte. Seine und seiner Männer Waffentaten zählten in ehrenhafter Weise zu den größten in der Kriegsgeschichte der Waffen SS, und die Leistungen, ob im Kaukasus, der Kalmückensteppe, im Kessel von Tscherkassy oder in Ungarn, sind von unbestechlicher Einmaligkeit. Männer aus verschiedenen Ländern formte Hans Dorr durch seine bewiesene Art zu einer verschworenen Gemeinschaft. Beim Angriff als erster und bei Nachhutkämpfen als letzter am Feind, gab er leuchtende Beispiele an Mut und Zähigkeit, und seine sechzehn erlittenen Verwundungen geben Zeugnis von höchster Pflichterfüllung und treuestem Gehorsam. Die Erfolge der SS Division „Wiking" stehen im Einklang mit diesem tapferen Frontoffizier, der am 17.4.1945 nach seiner sechzehnten Verwundung in einem Lazarett bei Judenburg in der Steiermark für immer die Augen schloß.

327. Eichenlaub am 13.11.1943 als SS Hauptsturmführer und
Kommandeur des
1. Bataillons des
SS Panzergrenadierregiments „Germania",
in der
SS Panzergrenadierdivision „Wiking".

77. Schwerter am 9. 7.1944 als SS Sturmbannführer und
Kommandeur des
SS Panzergrenadierregiments 9 „Germania",
in der
5. SS Panzerdivision „Wiking".

Oberstleutnant der Reserve

Josef Heindl

Geboren am 10.3.1904
in München.

Am 26.8.1939 kam Josef Heindl ins Infanterieregiment 199 der 57. Infanteriedivision und war bei seinem Tode Führer des Regiments. Er erlebte alle Höhen und Tiefen dieser bewährten Division und zählte zu einem ihrer Tapfersten. Der Aufstieg vom Feldwebel bis zum Major und Regimentsführer verdient wohl höchste Beachtung und beweist dieses Mannes überdurchschnittliche Fähigkeiten als Soldat und Frontkämpfer. Nach dem Polen- und Westfeldzug waren die geleisteten Waffentaten des Regiments „List" auch an der Ostfront in jeder Weise bezeichnend und verdienen besondere Erwähnung und Hochachtung. In den Abwehrkämpfen bei Woronesch im Winter 1942 bewies Heindl als Kommandeur des 2. Bataillons überragende Tapferkeit und überzeugende Führungskunst und erhielt für seine Verdienste am 9.2.1943 das Ritterkreuz verliehen. In beispielgebender Art führte er anschließend auch das Regiment und wurde mit seinen Soldaten zu einer wertvollen Stütze der Front, wo sich am 10.9.1943 bei Sumy im Südabschnitt der Ostfront sein tapferes Soldatenleben erfüllte.

328. Eichenlaub am 18.11.1943 nach dem Tode, für die Leistungen als
Major der Reserve und
Führer des
Grenadierregiments 199 „List", in der
57. Infanteriedivision.

Oberstleutnant im Generalstab

Willy Johannmeyer

Geboren am 27.7.1915
in Iserlohn/Westfalen.

†

Seit 1936 im Heer und ab September 1938 Kompanieführer im Infanterieregiment 64, wurde Johannmeyer ab 1.4.1940 Chef der 2. Kompanie des Infanterieregiments 503 und war im Westfeldzug eingesetzt. Ab April 1941 übernahm er als Chef die 14. Kompanie und zog mit dieser in den Ostfeldzug. Auf Grund seiner Leistungen ab April 1942 zum Kommandeur des 2. Bataillons ernannt, bewährte er sich hier in den Kämpfen am Ilmensee im Nordabschnitt der Ostfront in einmaliger Weise. Höchster persönlicher Einsatz und Tapferkeit schufen Erfolge von größter Wichtigkeit, und sein gegebenes Beispiel als Frontoffizier wirkte auch in folgender Zeit stets vertrauenserweckend und mitreißend. Ab 1.3.1944 erfolgte seine Kommandierung zu einem Lehrgang für Höhere Adjutanten des Heeres und am 1.6. die Versetzung ins Oberkommando des Heeres, wo Johannmeyer eine Tätigkeit im Heerespersonalamt ausübte. Ab Feber 1945 wurde der tüchtige Offizier Verbindungsoffizier des Heeres beim Führer und Obersten Befehlshaber Adolf Hitler und verblieb in dieser Dienststellung bis zum Kriegsende. In Frankfurt am Main/ Hessen ist Willy Johannmeyer am 14.4.1970 verstorben.

329. Eichenlaub am 18.11.1943 als Hauptmann und
Kommandeur des
2. Bataillons des
Grenadierregiments 503, in der
290. Infanteriedivision,
unter gleichzeitiger Beförderung zum Major.

Fregattenkapitän der Reserve

Dr. Dipl.-Ing. Karl Friedrich Brill

Geboren am 18.7.1898
in Stolzenau/Hannover.

Schon im Ersten Weltkrieg in der Marine und ab 1917 Offizier, wurde Dr. Brill im Zweiten Weltkrieg zum erfolgreichsten Seeoffizier in der Sparte der Minenschiffe. Hohes seemännisches Können, vereint mit überdurchschnittlichen technischen Fähigkeiten, und sein immer bewiesener Mut machten ihn zu einer Persönlichkeit in der Kriegsmarine. Als Kommandant verschiedener Minenschiffe und Führer einer Minenschiffgruppe erwarb er sich hohe soldatische Verdienste. Im Kanal, in der Nord- und Ostsee, im Atlantik, im Finnischen Meerbusen und im Mittelmeer erbrachten seine Minenunternehmungen der Kriegsmarine große Erfolge. Die Zahl der auf Minen gelaufenen gegnerischen Schiffe war beträchtlich, und die verliehenen hohen Auszeichnungen an Kapitän Brill unterstreichen diese Erfolge in deutlicher Form. Bei einem Einsatz am 22.10.1943 starb der erfahrene Seeoffizier westlich von San Stefano im Mittelmeer den Seemannstod. Die deutsche Kriegsmarine beklagte einen schweren Verlust.

330. Eichenlaub am 18.11.1943 nach dem Tode, für die Leistungen als
Fregattenkapitän der Reserve und
Führer einer Minenschiffgruppe.

General der Infanterie

Johannes Block

Geboren am 17.11.1894
in Büschdorf/Provinz Sachsen.

Kriegsfreiwilliger und Offizier im Ersten Weltkrieg, führte er 1937 als Kommandeur das 2. Bataillon des Infanterieregiments 4. Nach Teilnahme am Polenfeldzug übernahm Block ab 14.3.1940 als Kommandeur das Infanterieregiment 202. Nach Einsatz im Westfeldzug bewährte sich der tapfere Offizier mit diesem schon hervorragend in den ersten Monaten des Ostfeldzuges. Dafür hoch ausgezeichnet, wurde er ab 15.5.1942 Führer und ab 1.9. Kommandeur der 294. Infanteriedivision. In schwersten Abwehrkämpfen im Südabschnitt der Ostfront zeugten bewiesener Mut, Führungsgeschick und Standhaftigkeit, sowie einmaliger Durchhaltewillen vom hohen Einsatz des Generals und seiner Division. Ab 24.12.1943 in die Führerreserve des Oberkommandos des Heeres versetzt und nach einem Lehrgang für Kommandierende Generale ab 1.4.1944 wieder an die Ostfront, war er dort ab 1.4. stellvertretender Führer des 8. Armeekorps, ab 15.4. Führer des 13. Armeekorps, ab 15.6. Führer und ab 1.7. Kommandierender General des 56. Panzerkorps. In dieser Führungsstellung fiel der General am 26.1.1945 bei den schweren Kämpfen an der Weichsel südlich von Lask in Polen. Ein tapferes Soldatenleben, reich an Können und Treue zum Vaterland, fand seine Erfüllung.

331. Eichenlaub am 22.11.1943 als Generalleutnant und
Kommandeur der
294. Infanteriedivision.

General der Panzertruppe

Hasso von Manteuffel

Geboren am 14.1.1897
in Potsdam/Brandenburg.

†

Auch schon Offizier im Ersten Weltkrieg und ab 1.2.1939 Kommandeur des Lehrstabes der Panzertruppenschule 2 in Krampnitz bei Berlin, ab 1.12. Kommandeur des Schützenregiments 3, im Ostfeldzug ab 21.8.1941 Kommandeur des Schützenregiments 6 und ab 15.7.1942 Kommandeur der Schützenbrigade 7. Bei den Kämpfen an der Ostfront erreichte der forsche Offizier in kühnen Handstreichen mit seinen Soldaten besonders beim Ringen vor Moskau beachtenswerte Erfolge. Ab 15.11.1942 war er Kommandeur der „Division von Manteuffel" in Tunesien, bewies auch auf diesem Kriegsschauplatz bezeichnende Werte in Kampf und Führung und war mit seiner Division eine Säule der Front. Anschließend ab 18.8.1943 Kommandeur der 7. Panzerdivision, erwies sich der General in harten Schlachten an der Ostfront als herausragende Gestalt in allen seinen Handlungen, wo er durch taktisch klugen Führungsstil den Erfolg stets auf seine Seite zwang. Ab 26.11.1943 wurde Manteuffel Kommandeur der Panzergrenadierdivision „Großdeutschland", ebenfalls an der Ostfront, und bewies in schwierigsten Einsätzen einmalige Führungskunst und Tapferkeit. Ab 1.9.1944 erfolgte seine Ernennung zum Oberbefehlshaber der 5. Panzerarmee an der Westfront, und hier zeigte der General bei der Ardennenoffensive auch als Armeeführer seine hohe Kunst der Truppenführung. Ab 5.3.1945 zum Oberbefehlshaber der 3. Panzerarmee im Osten ernannt, befehligte er diese in der wohl schwersten Zeit der letzten Kriegsmonate und bewies hier ebenso die Eigenschaften eines bedeutenden Heerführers und treuen Dieners seines Vaterlandes. Am 24.9.1978 verstarb Hasso von Manteuffel in Reith/Tirol.

332. Eichenlaub	am 23.11.1943 als	Generalmajor und Kommandeur der 7. Panzerdivision.
50. Schwerter	am 22. 2.1944 als	Generalleutnant, für die Leistungen als Kommandeur der 7. Panzerdivision.
24. Brillanten	am 18. 2.1945 als	General der Panzertruppe und Oberbefehlshaber der 5. Panzerarmee.

Generaloberst

Gotthard Heinrici

Geboren am 25.12.1886
in Gumbinnen/Ostpreußen.

†

Offizier im Ersten Weltkrieg und bei Kriegsbeginn 1939 Kommandeur der 16. Infanteriedivision. Ab 1.2.1940 wurde er Führer des 12., ab 9.4. Führer und ab 20.4. Kommandierender General des 7. Armeekorps. Nach Teilnahme am Westfeldzug wurde der General ab 17.6. Kommandierender General des 43. Armeekorps, ging mit diesem in den Ostfeldzug und zeichnete sich in einmaliger Art bei den Kämpfen im Mittelabschnitt der Ostfront aus. Die Schlachten bei Gomel und Kiew sahen Heinricis Korps erfolgreich daran beteiligt, und ab 20.1.1942 wurde der General auf Grund seiner bewiesenen Führungsleistungen zum Oberbefehlshaber der 4. Armee ernannt. Durch kluge Planung, Weitsicht und unerschütterliche Ruhe gelang es hier im Frontbereich Brjansk – Wjasma – Smolensk gegnerische Durchbrüche zu verhindern und somit einen entscheidenden Beitrag für die Weiterführung wichtiger Operationen im Bereich der Heeresgruppe Mitte zu schaffen. Ab 17.8.1944 Oberbefehlshaber der 1. Panzerarmee, waren es hier die Kämpfe in den Karpaten, in denen der General erneut Zeugnis seiner ausgeprägten Führereigenschaften gab und mit seinen Truppen Höchstes für die schwer ringende Heeresgruppe Süd geleistet hat. Ab 20.3.1945 wurde ihm noch das schwere Amt des Oberbefehlshabers der Heeresgruppe Weichsel übertragen, das er in harter Zeit als dienstältester Armeeführer der deutschen Wehrmacht ausführte – den Vernichtungsschlägen der Russen in zäher Beharrlichkeit trotzend – ehe im drohenden Untergang ab 29.4.1945 seine Versetzung in die Führerreserve des Oberkommandos des Heeres erfolgte. Nach Kriegsende war der General bis 1948 in britischer Kriegsgefangenschaft und verstarb am 13.12.1971 in Endersbach/Baden Württemberg.

333. Eichenlaub	am 24.11.1943 als	Generaloberst und Oberbefehlshaber der 4. Armee.
136. Schwerter	am 3. 3.1945 als	Generaloberst und Oberbefehlshaber der 1. Panzerarmee.

General der Infanterie zur Verfügung

Hans Schmidt

Geboren am 28.4.1877
in Ulm/Württemberg.

†

Hier sehen wir das Bild des zweitältesten Eichenlaubträgers der deutschen Wehrmacht, und es ist bezeichnend für die Person des Generals Schmidt, daß er alte Soldatenschule, gepaart mit modernen Gegebenheiten, zu einer Einheit des Erfolges formte. Bereits im Ersten Weltkrieg ausgezeichneter Offizier und seit 1929 Generalmajor in der Reichswehr, erfolgte am 31.1.1931 seine Verabschiedung als Generalleutnant. Am 1.9.1939 wieder zur Fahne gerufen, erfolgte seine Ernennung zum Kommandeur der 260. Infanteriedivision. Nach Teilnahme 1940 am Westfeldzug, bewies der General besonders an der Ostfront Führungsgeschick und Können, und die Übertragung der Führung des 9. Armeekorps als Kommandierender General in der Zeit vom 1.1.1942 – 15.10.1943, welches er in vortrefflicher Art in schweren Abwehrschlachten im Bereich der Heeresgruppe Mitte befehligte, krönten neben den hohen Auszeichnungen ein Soldatenleben von Würde und Gewissen. Am 31.10.1943 aus der Wehrmacht verabschiedet, verstarb Hans Schmidt am 5.6.1948 in Stuttgart.

334. Eichenlaub am 24.11.1943 als General der Infanterie außer Dienst,
für die Leistungen als
General der Infanterie zur Verfügung und
Kommandierender General des
9. Armeekorps.

Generalleutnant

Dr. Karl Mauss

Geboren am 17.5.1898
in Plön/Holstein.

†

Kriegsfreiwilliger im Ersten Weltkrieg und schon mit sechzehn Jahren mit dem Eisernen Kreuz ausgezeichnet, beendete er diesen als Leutnant der Reserve in der Fliegertruppe. Ab 1.11.1938 führte Dr. Mauss als Chef die 14. Kompanie des Infanterieregiments 69 und wurde ab 30.10.1939 Kommandeur des 2. Bataillons. Nach Teilnahme am Polen- und Westfeldzug dann 1941 im Rußlandeinsatz, dort ab 28.2.1942 Führer und ab 1.4. Kommandeur des Schützenregiments 33, sowie ab 28.1.1944 Führer und ab 1.4. Kommandeur der 7. Panzerdivision. Ob vor Moskau, Wjasma, Kamenez-Podolsk oder in Ostpreußen – überall hier vollbrachte er mit seinen Soldaten hervorragende Waffentaten, und seine ausgereiften, überlegten Entschlüsse, sowie seine gerade Art und ausgeprägte Willenskraft stempelten ihn zur Persönlichkeit in der deutschen Panzerwaffe. Bei Angriffen stets im Schwerpunkt des Kampfes stehend und in vorderster Linie mit seinen Männern kämpfend, zeugte er von Tugenden aufrichtigsten Soldatengeistes. Die Truppe blickte in Stolz auf ihren Kommandeur, der in unzähligen Einsätzen hohe Werte als Mensch und Soldat bewies und dadurch zum Vorbild in allen Lagen wurde. Als General mit der Nahkampfspange ausgezeichnet und am 2.2.1945 bei Elbing in Ostpreußen schwer verwundet (Fußverlust), gab er einmalige Beispiele an Mut und Tapferkeit. Nach Überführung in ein Lazarett nach Dänemark kam der General nach Kriegsende in britische Kriegsgefangenschaft, wurde aus dieser 1947 entlassen und ist am 9.2.1959 in Hamburg-Wandsbek verstorben.

335. Eichenlaub	am 24.11.1943 als	Oberst und Kommandeur des Panzergrenadierregiments 33, in der 4. Panzerdivision.
101. Schwerter	am 23.10.1944 als	Generalleutnant, für die Leistungen als Generalmajor und Kommandeur der 7. Panzerdivision.
26. Brillanten	am 15. 4.1945 als	Generalleutnant, für die Leistungen als Kommandeur der 7. Panzerdivision.

Oberst im Generalstab

Hans Henning Freiherr von Beust

Geboren am 17.4.1913
in Karlsruhe/Baden.

Schon seit 1934 in der Luftwaffe und 1936/37 in der „Legion Condor" in Spanien als Kampfflieger eingesetzt, wurde Beust ab 1.1.1938 Staffelkapitän der 10. und später der 7. Staffel des Kampfgeschwaders 27 „Boelcke", ab 1.8.1940 Kommandeur der 3. Gruppe und ab 1.3.1942 Kommodore des Geschwaders. Seine lange Reihe an Einsätzen, beginnend in Polen, im Westfeldzug, über England und in Rußland widerspiegelt das Bild eines unermüdlich tapferen Kampffliegers und Verbandsführers. Besonders im Südabschnitt der Ostfront errang sein Geschwader in laufenden Einsätzen für die Gesamtfront entscheidende Erfolge und leistete ebenso bei den Versorgungsflügen für das eingeschlossene Stalingrad Hervorragendes. Ab 1.7.1944 war Beust dann im Stab der Luftflotte 5 in Norwegen, und ab 1.10. erfolgte seine Ernennung zum General der Kampfflieger im Oberkommando der Luftwaffe, wo er sich durch hohes Können und Erfahrenheit in seinem Wirkungsbereich allgemeiner Achtung und Beliebtheit erfreuen konnte. Nach Kriegsende befand er sich bis 30.6.1947 in amerikanischer Kriegsgefangenschaft und Internierung.

336. Eichenlaub am 25.11.1943 als Oberstleutnant und
Kommodore des
Kampfgeschwaders 27 „Boelcke".

Oberst

Dietrich Hrabak

Geboren am 19.12.1914
in Groß-Deuben/Sachsen.

Hrabak kam 1935 von der Marine zur Luftwaffe und war bei Kriegsausbruch 1939 Staffelkapitän der 1. Staffel des Jagdgeschwaders 76, des späteren Jagdgeschwaders 54, ab August 1940 Kommandeur der 2. Gruppe, ab November 1942 Kommodore des Jagdgeschwaders 52 und ab Oktober 1944 Kommodore des Jagdgeschwaders 54. An den Fronten in Polen, Frankreich, über England, am Balkan und in Rußland war er nicht nur ein tapferer Jagdflieger, sondern auch eine der beliebten Führerpersönlichkeiten der Jagdwaffe. Seine Freimütigkeit und verständnisvolle Art waren bei seinen Fliegern allgemein beliebt, sahen diese doch in ihm den Frontkommodore, wie ihn der Zweite Weltkrieg prägte. Stets bedacht im Einsatz, entsprang sein Führungsstil einem Herzen mit hohem Kameradschaftsgeist und vornehmem Charakter. Die Erfolge der von ihm geführten Verbände beweisen dies aufschlußreich. Viele Luftsiege und eine hohe Zahl an Feindflügen reihen ihn zu den erfolgreichen Piloten unter den Jagdfliegern. Nach Kriegsende war Dietrich Hrabak vom 8.5.1945 – 5.3.1946 in britischer Kriegsgefangenschaft.

337. Eichenlaub am 25.11.1943 als Oberstleutnant und
Kommodore des
Jagdgeschwaders 52.

Hauptmann

Wilhelm Lemke

Geboren am 27.9.1920
in Arnswalde/Pommern.

Seit 1939 in der Luftwaffe und ab November 1941 als Flugzeugführer in der 3. Gruppe des Jagdgeschwaders 3 „Udet" an der Ostfront, wurde er dort binnen kurzer Zeit zu einem bekannten Jagdflieger. Im ungestümen Kampfgeist der Jugend zeitigte er seine Erfolge, war Sieger in vielen Luftkämpfen und führte schon im August 1942 die 9. Staffel des Geschwaders. Auf Grund seiner hervorstechenden Leistungen ab November 1943 zum Kommandeur der 2. Gruppe ernannt, zeigte er auch in der Reichsverteidigung unerhörten Mut und erkämpfte auch dort manchen Luftsieg. Das Udetgeschwader blickte in Stolz und Achtung auf die Kampferfolge dieses nimmermüden Offiziers und Verbandsführers, der in hunderten Feindflügen hohes Können und Kameradschaft im Fronteinsatz geschickt zur Grundlage seiner Erfolge machte. Am 4.12.1943 fiel dieser tapfere Jagdflieger bei einem Luftkampf über Nymwegen in Holland, und die deutsche Luftwaffe trauerte um einen Soldaten und Offizier, der in der Blüte seines Lebens das Höchste gab.

338. Eichenlaub am 25.11.1943 als Hauptmann und
Kommandeur der
2. Gruppe des
Jagdgeschwaders 3 „Udet".

Generalleutnant

Otto Schünemann

Geboren am 6.10.1891
in Doberan/Mecklenburg.

Im Ersten Weltkrieg Offizierstellvertreter und ausgezeichnet mit beiden Klassen des Eisernen Kreuzes, war Schünemann ab 1.8.1939 Kommandeur des Infanterieregiments 184. Nach Teilnahme am Westfeldzug waren die Einsätze des Regiments an der Ostfront im Bereich der Heeresgruppe Mitte von ausschlaggebender Bedeutung und nicht zuletzt ein Verdienst ihres unerschrockenen Regimentskommandeurs. Ab 1.10.1942 Führer und ab 1.11. Kommandeur der 337. Infanteriedivision, stand er mit dieser in ununterbrochenen schweren Kämpfen gegen erdrückende feindliche Übermacht. Schünemann, betont tapfer und beseelt von einmaligem Durchhaltewillen, trug durch sein gegebenes Vorbild wesentlich zu den großen Kampfleistungen seiner Soldaten bei und erreichte dadurch bedeutende Abwehrerfolge. Nach Einkesselung vieler Truppenteile der Heeresgruppe Mitte übertrug man dem General noch zusätzlich ab 22.6.1944 die Führung des 39. Panzerkorps, wo er bei einem Durchbruchsversuch bei Pagost an der Beresina am 29.6.1944 gefallen ist. Die deutsche Wehrmacht verlor wieder einen General, der in unbeirrbarer Tapferkeit an der Front im Osten zu jenen Männern gehörte, denen Vaterlandsliebe und Pflichterfüllung bis zum Tode alles bedeuteten.

339. Eichenlaub am 28.11.1943 als Generalleutnant und
Kommandeur der
337. Infanteriedivision.

General der Artillerie

Walter Hartmann

Geboren am 23.7.1891
in Mühlheim an der Ruhr/Westfalen.

†

Ausgezeichneter Offizier im Ersten Weltkrieg, ab 1.10.1937 Kommandeur des Artillerieregiments 24 und ab Feber 1940 Artilleriekommandeur des 52. Armeekorps. Nach Teilnahme am Polen- und Westfeldzug wurde Hartmann am 17.7.1941 in Rußland schwer verwundet und verlor linksseitig Arm und Bein. Nach Genesung, so unglaublich sich das anhört, ging der General wieder freiwillig an die Ostfront und wurde hier trotz schwerer Belastung infolge der erlittenen Verwundungen zum herausragenden Truppenführer. Härte gegen sich selbst, hohe Menschlichkeit gegenüber seinen Soldaten, Tapferkeit und unermüdlicher Einsatzwille ließen ihn Erfolge buchen, die man kaum für möglich hielt. Die von ihm seit 10.9.1942 ausgeübten Kommandos sprechen für seine außerordentlichen Fähigkeiten als General und Führer. Hartmann war jeweils ab: 10.9.1942 Kommandeur einer Feldausbildungsdivision in Mogilew, 1.4.1943 Kommandeur der 87. Infanteriedivision, 20.11.1943 – 20.1.1944 in der Führerreserve des Oberkommandos des Heeres, 20.1. Führer des 1. Armeekorps – dann jeweils Kommandierender General: 1.5. des 39. Gebirgskorps, 1.9. des 8. Armeekorps und 1.4.1945 des 24. Panzerkorps. Eine unzweifelhaft bestechende Leistung in der schwersten Zeit des Krieges, die das Bild einer ganz hervorragenden soldatischen Persönlichkeit widerspiegelt und den hohen Einsatz der deutschen Frontgenerale im Zweiten Weltkrieg deutlich macht. Von Kriegsende bis 1947 war der General in amerikanischer Kriegsgefangenschaft und verstarb am 11.3.1977 in Hameln/Niedersachsen.

340. Eichenlaub	am 30.11.1943	als	Generalleutnant, für die Leistungen als Kommandeur der 87. Infanteriedivision.
139. Schwerter	am 18. 3.1945	als	General der Artillerie und Kommandierender General des 8. Armeekorps.

Oberstleutnant

Ernst August Fricke

Geboren am 15.5.1911
in Hamburg-Altona.

Seit 1935 in der Wehrmacht, zählte Fricke zu jenen unauffälligen Frontkämpfern, die auch nach großen Leistungen und hoher Auszeichnung stets in weiterer stiller Bescheidenheit ihre Pflicht erfüllten. Nach Teilnahme am Polen- und Westfeldzug schlug die 20. Infanteriedivision (mot.) so manch erfolgreiche Schlacht an der Ostfront. Fricke, zuerst Chef der 7. Kompanie im Infanterieregiment 76 (mot.) und dann Kommandeur des 2. Bataillons, bewährte sich hier in allen Einsätzen an der Spitze seiner Männer in großartiger Weise und trug in seiner Art zu manchem Erfolg der Division entscheidend bei. Nach schwerer Verwundung im Kampfraum Orel im Mittelabschnitt der Ostfront am 13.8.1943 endete sein tapferes Soldatenleben am 9.11.1943 in einem Lazarett. Das deutsche Heer trauerte um einen Offizier, dessen Leben von Pflichterfüllung bestimmt war und der als Soldat zu den Besten zählte.

341. Eichenlaub am 30.11.1943 nach dem Tode, für die Leistungen als
Major und
Kommandeur des
2. Bataillons des
Grenadierregiments 76 (mot.), in der
20. Panzergrenadierdivision.

Oberst

Ernst Wellmann

Geboren am 14.1.1904
in Samther/Westpreußen.

✝

Auch seit 1935 in der Wehrmacht, wurde er durch seine bewiesenen Leistungen zu einem erfolgreichen Offizier in der 3. Panzerdivision. 1939 führte er als Chef die 6. Kompanie des Schützenregiments 3 und übernahm ab 1.8.1940 als Kommandeur das 1. Bataillon. Ab 1.8.1942 wurde Wellmann Kommandeur des Panzergrenadierregiments 126 in der 23. Panzerdivision, und ab 1.4.1943 erfolgte seine Ernennung zum Kommandeur des Panzergrenadierregiments 3 wieder in der 3. Panzerdivision. Nach dem Polen- und Westfeldzug, wo er sich schon sehr bewährt hatte, zeigte er an der Ostfront seine großen kämpferischen Beispiele, wo er bei allen Einsätzen der Division in vorderster Front seinen Grenadieren leuchtendes Vorbild und ein umsichtiger Führer war. Seit 1.5.1944 war Wellmann Chef der Abteilung Panzergrenadiere beim Inspekteur der Panzertruppe und war auch in dieser Dienststellung ein Offizier mit Können, Verständnis und hohem Format, den man allgemein sehr schätzte. Am 17.7.1970 verstarb Ernst Wellmann in Karlsruhe/Baden-Württemberg.

342. Eichenlaub am 30.11.1943 als Oberstleutnant und
Kommandeur des
Panzergrenadierregiments 3, in der
3. Panzerdivision.

Oberst

Alfred Druffner

Geboren am 28.5.1904
in Denkendorf/Württemberg.

1922 ins Infanterieregiment 13 eingetreten und zu Beginn des Zweiten Weltkrieges Kompanieführer im Infanterieregiment 109, kam er nach dem Westfeldzug in die 296. Infanteriedivision, wurde dort Bataillonsführer und schließlich Regimentskommandeur. Die Leistungen des Grenadierregiments 519 unter seiner Führung verdienen Lob und höchste Beachtung. In all den schweren Einsätzen im Ostfeldzug sind besonders jene im Kampfraum Orel im Mittelabschnitt hervorzuheben. Hier bewies Druffner in oft schwierigsten Lagen gekonnte Kampfweise und ausgeprägte Führungskunst und rettete durch seine und seiner Männer Tapferkeit oftmals die Front vor dem Zusammenbruch. Seine beispielgebende Art beflügelte die Kampfmoral seiner Grenadiere, an deren Spitze Druffner im Einsatz schwer verwundet wurde und diesen Verletzungen am 30.9.1943 in einem Lazarett bei Orel erlegen ist. Erneut beklagte das deutsche Heer den Tod eines Offiziers, dessen ganzes Sein dem Vaterlande diente.

343. Eichenlaub am 30.11.1943 nach dem Tode, für die Leistungen als
Oberst und
Kommandeur des
Grenadierregiments 519, in der
296. Infanteriedivision.

General der Infanterie

Anton Grasser

Geboren am 5.11.1891
in Bossendorf/Elsaß-Lothringen.

†

Im Ersten Weltkrieg Offizier, war Grasser ab 1.3.1938 Kommandeur des 1. Bataillons des Infanterieregiments 119 und wurde ab 1.2.1940 Kommandeur des Regiments. Für große Verdienste im Westfeldzug hoch ausgezeichnet, ging er auch mit seinem Regiment in den Ostfeldzug, wurde in Rußland ab 4.2.1942 Kommandeur der 25. Infanteriedivision (mot.), der späteren 25. Panzergrenadierdivision, ab 15.11.1943 Führer des 56. Panzerkorps und ab 1.1.1944 Kommandierender General des 26. Armeekorps. Ein General von betonter Herzlichkeit und erlesener Führungsgabe, der es immer verstand, die Truppe auch in schwierigsten Lagen erfolgreich zu führen und dessen Tapferkeit und Ausdauer an allen Fronten seitens seiner Soldaten höchste Anerkennung fand. Ab 3.7.1944 zum Führer der „Armeeabteilung Narwa" ernannt, waren hier seine gezeigten Leistungen genauso beeindruckend wie ab Oktober 1944 als Oberbefehlshaber der 11. Armee an der Westfront. Nach Kriegsende befand sich der General bis 1947 in amerikanischer Kriegsgefangenschaft und ist am 3.11.1976 in Stuttgart verstorben.

344. Eichenlaub am 5.12.1943 als Generalleutnant, für die Leistungen als Kommandeur der 25. Panzergrenadierdivision.

Oberst

Kurt Walter

Geboren am 27.1.1908
in Seedorf/Niederschlesien.

Schon 1927 kam Kurt Walter ins Infanterieregiment 11 und war bei seinem Tode Kommandeur des Regiments. Eine respektvolle Leistung, die Beachtung und Anerkennung verdient und erneut beweist, welch tüchtige Männer im Fronteinsatz der deutschen Wehrmacht immer wieder zu hohem Ansehen verhalfen. Während des ganzen Krieges kämpfte dieser beherzte Offizier in den Infanteriedivisionen 14 und 24, in denen er durch seine Erfahrungen und immer bewiesene Tapferkeit in den Feldzügen in Polen, im Westen und Osten sich aufs höchste bewährte. Besonders im Ostfeldzug erreichte er durch einmalige Kampf- und Führungsleistungen mit seinen Grenadieren Erfolge von enormer Wichtigkeit bei den Einsätzen am Ladogasee im Nordabschnitt und Ende 1943 bei Smolensk im Mittelabschnitt der Ostfront. Als die Wucht der russischen Angriffe im Juni 1944 die Heeresgruppe Mitte zertrümmerte, fiel bei diesen Kämpfen auch Oberst Walter am 27.6.1944 an der Beresina. Sein Tod hinterließ im deutschen Heer eine große Lücke und bedeutete für die Truppe einen schweren Verlust.

345. Eichenlaub am 5.12.1943 als Oberstleutnant und Kommandeur des Grenadierregiments 11, in der 14. Infanteriedivision.

Oberst der Reserve

Adolf Weitkunat

Geboren am 7.2.1895
in Grünfließ/Ostpreußen.

Offizier im Ersten Weltkrieg und zu Beginn des Zweiten Weltkrieges Chef der Aufklärungsschwadron 206. Nach Teilnahme am Polen- und Westfeldzug bewies Weitkunat im Rußlandkrieg besondere Tapferkeit und entschlossenes Handeln. Bei allen schweren Kämpfen im Nordabschnitt der Ostfront zeigte er Beispiele hohen soldatischen Könnens und war ein Offizier, auf den seine Soldaten in Stolz und Bewunderung blickten. Seine vielen Verwendungen und Kommandierungen zu verschiedenen Einheiten, welche in Brennpunkten der Fronten lagen, bekunden deutlich seine einmaligen Fähigkeiten in Kampf und Führung. In Reihenfolge angeführt die ausgeübten Kommandos dieses bezeichnenden Frontoffiziers: 1942 Kommandeur der Aufklärungsabteilung 11, 1942/43 einer „Schnellen Abteilung" der 338. Infanteriedivision, 1943 des Kampfbataillons 488 in der 268. Infanteriedivision, 1943/44 des Kavallerieregiments Süd und 1944 des Grenadierregiments 514 der 294. Infanteriedivision. Fünf Kriegsverwundungen zeugen von äußerster Einsatz- und Kampfbereitschaft und erheben diesen verdienten Offizier in die Reihe der ganz außergewöhnlichen Soldaten des Heeres.

346. Eichenlaub am 5.12.1943 als Major der Reserve und
Kommandeur des
Kampfbataillons 488, in der
268. Infanteriedivision.

Major der Reserve

Walter Elflein

Geboren am 10.12.1914
in Neustadt/Oberfranken.

Elflein, seit August 1939 wieder in der 17. Infanteriedivision, der er schon von 1935 bis 1937 angehörte, wurde dort im Laufe des Krieges zu einem der erfolgreichsten Offiziere. Alle Einsätze der Division in Polen, im Westen und besonders jene an der Ostfront künden von Leistungen höchsten Soldatentums. Elflein, zuerst Zugführer und ab 1.11.1939 Führer der 2. Kompanie im Infanterieregiment 95, wurde ab 1.2.1942 Führer des 1. Bataillons, und seine geleisteten Waffentaten an allen Fronten reihen ihn zu den unermüdlichen Frontoffizieren des deutschen Heeres. Ab 1.8.1943 Kommandeur des Bataillons und gleichzeitig Führer einer Kampfgruppe, bewährte er sich bei den Absetzkämpfen am Mius im Südabschnitt der Ostfront in hervorragender Art und bewies im Dezember bei den schweren Kämpfen im Brückenkopf Nikopol durch besondere Tapferkeit an der Spitze seiner Soldaten erneut seine hohen soldatischen Werte. Hierbei verwundet, erfolgte nach Genesung ab 1.8.1944 seine Berufung zum Taktiklehrer an die Kriegsschule Potsdam, wo der beliebte Offizier seines hohen Könnens und seiner Erfahrungen wegen später noch Inspektionschef wurde und bei Kriegsende sogar das Amt eines Lehrgruppenkommandeurs bekleidete.

347. Eichenlaub am 5.12.1943 als Hauptmann der Reserve und
Kommandeur des
1. Bataillons des
Grenadierregiments 95, in der
17. Infanteriedivision.

Generalmajor

Willy Langkeit

Geboren am 2.6.1907
in Schuchten/Ostpreußen.

†

1924 ins Heer eingetreten, wurde Langkeit im Laufe des Krieges zu einem herausragenden Offizier in der Panzerwaffe. Nahm schon als Chef der 8. Kompanie des Panzerregiments 36 am Polen- und Westfeldzug teil und führte diese auch zu Beginn des Ostfeldzuges. Ab August 1941 wurde er Führer und ab Jänner 1942 Kommandeur der 2. Abteilung und erreichte besondere Erfolge im Südabschnitt der Ostfront. Ab 5.9. Führer und ab 1.12. Kommandeur des Regiments, nach dessen Einschließung in Stalingrad aus dem Kessel ausgeflogen und nach Neuaufstellung der 14. Panzerdivision wieder als Kommandeur des Panzerregiments 36 an der Ostfront. Ab Januar 1944 Kommandeur der „Kampfgruppe Langkeit" und in schweren Rückzugskämpfen bis Rumänien mit starken Feindkräften ringend, erfolgte ab 1.3. seine Ernennung zum Kommandeur des Panzerregiments „Großdeutschland", nach Verwundung und Genesung ab 1.11. jene zum Kommandeur der Ersatzbrigade „Großdeutschland", und ab 23.1.1945 übernahm Willy Langkeit als Kommandeur die Division „Kurmark". Die unbeschreiblich harten Endkämpfe an den Grenzen des Reiches und im Reich selbst stellten an die Grenadiere und Panzermänner höchste Anforderungen, doch hatten sie in ihrem Kommandeur ein leuchtendes Vorbild in schwerster Zeit. Von Kriegsende bis 1949 befand sich der General in amerikanischer Kriegsgefangenschaft und verstarb am 27.10.1969 in Bad Bramstedt/Schleswig-Holstein.

348. Eichenlaub am 7.12.1943 als Major und
Kommandeur des
Panzerregiments 36, in der
14. Panzerdivision.

Major

Andreas Thorey

Geboren am 3.11.1912
in Hitzacker/Hannover.

Daß die 4. Gebirgsdivision nach dem Balkanfeldzug an der Ostfront eine so hervorragende Aufklärungsabteilung besaß, war wohl der große Verdienst ihres Kommandeurs Andreas Thorey. Bereits 1940 im Westfeldzug bewährt, war er ein Offizier, dessen scharfer Blick und entscheidendes Handeln im richtigen Augenblick zu wichtigen Erfolgen führten. Seine Leistungen schon als Schwadronsführer im Jahre 1942, wo er sich durch persönlichen Einsatz und besondere Tapferkeit bei der Einnahme von Krasnodar aufs höchste bewährte, waren ebenso wie die Verleihung des Ritterkreuzes die Beweggründe für seine Ernennung zum Kommandeur der Gebirgs-Aufklärungsabteilung 94. In energischen Angriffen rettete er die Division im Kampfraum Melitopol vor der gegnerischen Überflügelung und schuf so die Voraussetzungen für neue Einsatzmöglichkeiten auf Frontebene. Auch in weiteren Kämpfen waren seine gezeigten Kampfbeispiele Ansporn für seine Soldaten und sein Tod am 18.4.1944 bei Kämpfen am Dnjestr im Südabschnitt der Ostfront ein schwerer Verlust im Widerschein der Schlacht.

349. Eichenlaub am 7.12.1943 als Rittmeister und
Kommandeur der
Gebirgs-Aufklärungsabteilung 94, in der
4. Gebirgsdivision.

Generalmajor

Corneliu Teodorini

†

Seit Beginn des Ostfeldzuges kämpfte dieser tapfere rumänische General an der Spitze seiner Soldaten und war diesen in den schweren Einsätzen im Süden der Ostfront ein vorbildlicher Führer. Die Erfolge der von ihm geführten Einheiten, ob auf der Halbinsel Kertsch, im Gebirge des Kaukasus oder am Kubanbrückenkopf errungen, zählen mit zu den großen Waffentaten der Heeresgruppe Süd. Durch seinen persönlichen Mut und seine stets beispielhafte Führung wurde General Teodorini zu einem der bekanntesten Truppenführer der rumänischen Verbündeten im Kampf Seite an Seite mit den deutschen Soldaten. Nach dem Abfall Rumäniens vom deutschen Bündnis im Jahre 1944 befand sich der General bis 1964 in Haft und verstarb 1981 in seiner rumänischen Heimat.

Eichenlaub ohne Nr. am 8.12.1943 als Generalmajor und Kommandeur der 6. rumänischen Kavalleriedivision.

General der Panzertruppe

Siegfried Henrici

Geboren am 10.5.1889
in Soest/Westfalen.

†

Gehörte auch zu den verdienten Offizieren im Ersten Weltkrieg und war bei Kriegsbeginn 1939 Artilleriekommandeur 30. Nach Teilnahme am Polen- und Westfeldzug wurde Henrici ab März 1941 Kommandeur der 16. Infanteriedivision (mot.). Mit dieser im Balkanfeldzug eingesetzt und anschließend in schwungvollen Angriffen im Rußlandkrieg hoch bewährt, überschritt seine Division als erste deutsche Einheit die Grenze Europa – Asien, und ihre Spähtrupps preschten bis vor die Tore Astrachans. Ab 13.11.1942 wurde Henrici Kommandierender General des 40. Panzerkorps, bestand mit diesem härteste Schlachten im Südabschnitt der Ostfront gegen stärkste Feindkräfte, denen er durch hohes Führungskönnen und zähen Einsatz erfolgreich trotzte, kam nach schwerer Verwundung und deren Genesung ab 1.10.1943 in die Führerreserve des Oberkommandos des Heeres und übernahm ab 3.9.1944 wieder das 40. Panzerkorps an der Ostfront. In Umsicht und Führung ein bedachter General und jederzeit für seine Soldaten sorgend, befand er sich vom 9.5.1945 – 6.10.1955 in sowjetischer Kriegsgefangenschaft und starb am 8.11.1964 in Bad Nauheim in Hessen.

350. Eichenlaub am 9.12.1943 als General der Panzertruppe, für die Leistungen als Kommandierender General des 40. Panzerkorps.

Generalmajor

Heinrich Voigtsberger

Geboren am 10.2.1903
in Untermhaus/Thüringen.

†

Voigtsberger, seit 1.10.1922 im Infanterieregiment 15, wurde ab 1.10.1935 Kompaniechef im MG-Bataillon 2 und ab 20.12.1939 dessen Kommandeur. Nach Teilnahme am Westfeldzug bewährte er sich mit seinen Männern in vorbildlicher Weise auf dem heißen Boden Nordafrikas. Von bedingungslosem Gehorsam und einmaligem Angriffsgeist beseelt, hatte er mit seinem Bataillon großen Anteil bei der Einnahme von Marsa el Brega und Tobruk und gehörte zu den Tapfersten im Deutschen Afrika Korps. Auch später ab 14.5.1942, als Kommandeur des Panzergrenadierregiments 60, war Voigtsberger ein Offizier hohen Grades, der auch an der Ost- und Westfront gekonnte Kampf- und Führungsleistungen zu Tage legte und seine Soldaten zu großen Leistungen bewegte. Ab Dezember 1944 wurde ihm die Führung der 309. Infanteriedivision an der Westfront übertragen, als deren Kommandeur ab 1.4.1945 sich der General weitere hohe Verdienste bis zum Kriegsende erwerben konnte. Am 17.3.1959 verstarb Heinrich Voigtsberger in Wittlich/Rheinland-Pfalz.

351. Eichenlaub am 9.12.1943 als Oberst und
Kommandeur des
Panzergrenadierregiments 60, in der
16. Panzergrenadierdivision.

Oberstleutnant

Karl Baacke

Geboren am 15.5.1907
in Osnabrück/Hannover.

1924 ins Heer eingetreten, war Baacke zu Kriegsbeginn 1939 Chef der 2. Kompanie des Infanterieregiments 124, welches zu dieser Zeit in der Eifel lag. Nach Einsatz im Westfeldzug erwarb er sich im Balkanfeldzug höchste Ehren. Als Führer einer Vorausabteilung in der 72. Infanteriedivision erkämpfte er in Griechenland entscheidende Siege. Dafür am 30.6.1941 mit dem Ritterkreuz ausgezeichnet, gehörte er auch im Ostfeldzug zu den kühnsten Offizieren in der Division. Zuerst Bataillonsführer und dann als Kommandeur des Grenadierregiments 124 gab er leuchtende Beispiele an Mut und Tapferkeit. Immer bei der Vorausabteilung zu finden, erfocht Baacke durch blitzschnelles, richtiges Handeln wertvolle, für den Frontbereich wichtige Erfolge und war in unzähligen Einsätzen tragende Gestalt beim Angriffs- und Abwehrkampf. Am 1.4.1944 endete sein tapferes Soldatenleben als Führer einer Kampfgruppe in vorderster Front im Kessel von Kamenez-Podolsk im Südabschnitt der Ostfront. Die deutsche Wehrmacht trauerte um einen Offizier und Frontkämpfer von einmaliger Prägung.

352. Eichenlaub am 10.12.1943 als Oberstleutnant und
Kommandeur des
Grenadierregiments 124, in der
72. Infanteriedivision.

SS Obersturmbannführer

Christian Tychsen

Geboren am 3.12.1910
in Flensburg/Schleswig-Holstein.

Seit 1933 in der SS Verfügungstruppe, erwarb er sich im Westfeldzug 1940 schon beide Klassen des Eisernen Kreuzes. 1941 dann Teilnahme am Balkanfeldzug im Kradschützenbataillon der SS Division „Das Reich", dessen Kommandeur Tychsen ab 9.1.1942 an der Ostfront wurde. Ab Oktober 1942 Kommandeur der 2. Abteilung des SS Panzerregiments 2 und ab Dezember 1943 Kommandeur des Regiments. Ein durch seine immer bewiesene Tapferkeit und schnelles, richtiges Eingreifen weit über die SS Division „Das Reich" hinaus beliebter und bekannter Führer, Kämpfer und Kamerad. Neun zum Teil schwere Verwundungen unterstreichen sein vorbildliches Frontkämpferleben. Seine Energie und stete Einsatzbereitschaft waren sprichwörtlich. Bei den Kämpfen um Charkow und am Dnjepr im Südabschnitt der Ostfront vollbrachte er mit seinen Männern entscheidende Waffentaten. Nach Verlegung der Division nach dem Westen, wurde Christian Tychsen ab 26.7.1944 Divisionsführer und starb zwei Tage später, am 28.7.1944, in der Normandie den Soldatentod. Die 2. SS Panzerdivision „Das Reich" verlor nicht nur ihren Führer, sondern auch einen ihrer Besten.

353. Eichenlaub am 10.12.1943 als SS Sturmbannführer und
Kommandeur des
SS Panzerregiments 2, in der
2. SS Panzerdivision „Das Reich".

Oberstleutnant

Alfred Müller

Geboren am 23.11.1915
in Kaltensondheim/Unterfranken.

Seit 1935 im Heer und ab 1.11.1938 Regimentsadjutant des Panzer-Artillerieregiments 74, kam Müller nach Teilnahme am Polenfeldzug im Januar 1940 zur Sturmartillerie und wurde Chef der Sturmgeschützbatterie 666. Ab 16.11.1941 zum Kommandeur der Sturmgeschütz-Lehrbatterie 901 ernannt, übernahm er dann ab 28.3.1943 als Kommandeur die Sturmgeschützbrigade 191 und führte diese mit besonderem Erfolg bis Juni 1944. Einsätze im Nordabschnitt der Ostfront, dann im Don- und Donezgebiet, am Kuban und auf der Krim sahen die Sturmartilleristen unter der mitreißenden und schwungvollen Führung ihres Chefs stets an den Brennpunkten der Fronten. Durch Mut, Umsicht und äußersten persönlichen Einsatz löste der tapfere Offizier oft unlösbar scheinende Aufgaben und war ein Vorgesetzter mit hohen menschlichen Eigenschaften. Ab 1.8.1944 erfolgte seine Ernennung zum Kommandeur der Sturmgeschützschule Burg bei Magdeburg, aus deren einsatzfähigen Teilen ab 10.4.1945 eine „Kampfgruppe Burg" aufgestellt wurde, deren Führung Müller bis zum Kriegsende innehatte und wo er in schwerster Zeit des Krieges durch beispielhafte Haltung und Disziplin der Sturmgeschützwaffe alle Ehre machte – jener Waffe, die im Zweiten Weltkrieg in höchster Opferbereitschaft große Leistungen geboten hat.

354. Eichenlaub am 15.12.1943 als Major und
Kommandeur der
Sturmgeschützbrigade 191.

Generalmajor

Hans Joachim Kahler

Geboren am 21.3.1908
in Moerchingen/Lothringen.

Kahler, seit 1927 im Heer, bei Kriegsbeginn 1939 Schwadron- bzw. Kompaniechef im Reiterregiment 14 und nach Teilnahme am Polen- und Westfeldzug ab September 1940 Adjutant der 12. Panzerdivision. Im folgenden Ostfeldzug wurde Hans Joachim Kahler zur Führererscheinung in der Waffengattung der Panzergrenadiere. 1942 war er Kommandeur der Kradschützenbataillone 22 und 34, spätere Panzeraufklärungsabteilung 4, 1943 Führer der Panzergrenadierregimenter 12 und 33, wieder Kommandeur der Panzeraufklärungsabteilung 4 und schließlich Kommandeur des Panzergrenadierregiments 5, welches er bis Juni 1944 führte. Ein Offizier von besonderer Prägung und unerschütterliche Ruhe ausstrahlend – so kannten und verehrten ihn seine Männer. Seinen mitreißenden Beispielen an Mut und Kühnheit lagen besonders die Erfolge der Einnahme der Stadt Ssewsk im Mittelabschnitt der Ostfront zu Grunde, sowie die Standhaftigkeit seiner Grenadiere in der Schlacht bei Kursk. Ab Juni 1944 zum Führer der Führer-Grenadierbrigade ernannt, wurde Kahler bei einem Einsatz im Westen bei der Ardennenoffensive am 20.12.1944 schwer verwundet und befand sich von Mai 1945 bis Februar 1946 als Kriegsgefangener in einem Lazarett.

355. Eichenlaub am 17.12.1943 als Oberstleutnant und
Kommandeur des
Panzergrenadierregiments 5, in der
12. Panzerdivision,
unter gleichzeitiger Beförderung zum Oberst.

Oberst der Reserve

Dr. Ernst Kühl

Geboren am 28.3.1888
in Breslau.

†

Kriegsfreiwilliger und Offizier bei der Artillerie im Ersten Weltkrieg, kam er 1936 zur Luftwaffe, war bei Kriegsbeginn 1939 Flugzeugführer im Kampfgeschwader 55, 1940 im Stabsschwarm, 1941 Kommandeur der 2. Gruppe und ab 27.8.1942 Kommodore des Geschwaders. Einsätze über Polen, im Westfeldzug, gegen England und hauptsächlich an der Ostfront geben Zeugnis eines einmaligen Beispieles in der Luftwaffe. Dr. Kühl war Reservist, zählte nicht mehr zu den Jüngsten, führte ein Geschwader und flog selbst über 300 Feindflüge an allen Fronten – eine wohl beachtenswerte Leistung. Sein Geschwader leistete nicht nur große Waffentaten im Kampfeinsatz, sondern war auch bei den Versorgungsflügen für das eingeschlossene Stalingrad unermüdlich im Einsatz. Ab 8.8.1943 wurde Dr. Kühl Fliegerführer Nord in Norwegen, ab Feber 1944 Führer der 3. Fliegerdivision im Osten, ab Juli 1944 Fliegerführer Drontheim, ab Januar 1945 Führer der 5. Fliegerdivision in Narvik, war von 1945 bis 1947 in britischer Kriegsgefangenschaft und starb am 2.2.1972 in Münster in Westfalen.

356. Eichenlaub am 18.12.1943 als Oberst der Reserve, für die Leistungen als Kommodore des Kampfgeschwaders 55.

General der Infanterie

Kurt von der Chevallerie

Geboren am 23.12.1891
in Berlin.

Offizier im Ersten Weltkrieg, ab 28.1.1938 Chef der Zentralabteilung im Generalstab des Heeres und zu Kriegsbeginn 1939 Kommandeur der 83. Infanteriedivision, die der General 1940 im Westfeldzug führte. Ab 10.10.1940 wurde er dann Kommandeur der 99. Leichten Division und bewährte sich mit dieser höchst im Ostfeldzug. Ab 28.12.1941 zum Kommandierenden General des 59. Armeekorps ernannt, leistete der General auch in dieser Stellung Taten, die höchste soldatische Fähigkeiten voraussetzten. Mit seinem Korps an der Nahtstelle zwischen den Heeresgruppen Nord und Mitte im Kampfraum Witebsk eingesetzt, war er hier durch Verläßlichkeit, hohes Können und äußerste Standhaftigkeit jederzeit eine Stütze der Front. Nach fast dreijährigem Osteinsatz wurde Kurt von der Chevallerie ab 2.6.1944 mit der Führung der 1. Armee im Westen betraut und zeigte auch an dieser Front gegen übermächtige Feindkräfte hohes Können der Truppenführung. Ab 5.9.1944 in die Führerreserve des Oberkommandos des Heeres versetzt, wurde der General am 31.1.1945 aus der Wehrmacht verabschiedet und starb am 18.4.1945 wie viele Zivilpersonen bei den Kämpfen in der Nähe von Kolberg in Ostpreußen.

357. Eichenlaub am 19.12.1943 als General der Infanterie und
Kommandierender General des
59. Armeekorps.

Generalleutnant

Wilhelm Schmalz

Geboren am 1.3.1901
in Gut Reußen/Brandenburg.

Seit 1920 im Heer, ab 1.8.1938 Kommandeur des 1. Bataillons des Schützenregiments 11, nach Teilnahme am Polen- und Westfeldzug für hohe Verdienste am 28.11.1940 mit dem Ritterkreuz ausgezeichnet, ab 1.11.1940 Kommandeur des Kradschützenbataillons 59 und 1941 im Einsatz im Balkanfeldzug. Anschließend an der Ostfront und dort ab 1.10.1942 Kommandeur des Panzergrenadierregiments 11, war Wilhelm Schmalz einer der hervorragendsten Offiziere in der 9. Panzerdivision, der durch Mut und schwungvolle Angriffsführung in allen Einsätzen Vorbild seiner Soldaten war. Ab 1.5.1943 erfolgte sein Übertritt zur Luftwaffe, wo er im Rahmen der Division „Hermann Göring" als Kommandeur einer Brigade zur besonderen Verwendung große Erfolge auf dem italienischen Kriegsschauplatz zeitigte. Auf Grund seines Könnens und immer bewiesener Tapferkeit wurde der General ab April 1944 Kommandeur der Fallschirm-Panzerdivision „Hermann Göring", welche dann ab Juli an die Ostfront verlegte, und dort erfolgte ab 1.10.1944 seine Ernennung zum Kommandierenden General des Fallschirm-Panzerkorps „Hermann Göring", welches er bis Kriegsende in harten Kämpfen in Ostpreußen und Mitteldeutschland befehligte und wo er sich durch hohe Leistungen auch in der Luftwaffe höchstes Ansehen erwerben konnte. Nach dem Kriegsende befand sich der General bis 1950 in amerikanischer Kriegsgefangenschaft und Haft.

358. Eichenlaub am 23.12.1943 als Oberst und
Kommandeur einer
Brigade zur besonderen Verwendung, in der
Panzerdivision „Hermann Göring".

SS Standartenführer

Albert Frey

Geboren am 16.2.1913
in Heidelberg/Baden.

Albert Frey kam 1933 in die SS Standarte „Deutschland" und 1938 in die Leibstandarte, der er bis Kriegsende angehörte, und wurde hier zu einem verdienten Offizier, der auf allen Kriegsschauplätzen Höchstleistungen an soldatischer Tapferkeit vollbrachte. Als Zugführer in der 9. Kompanie begann 1939 in Polen sein Kriegseinsatz. Nach Teilnahme am Westfeldzug führte er am Balkan als Chef die 11. Kompanie und wurde im Osten dann ab Juli 1941 Kommandeur des 3. Bataillons. Ab Juli 1942 wurde Frey Kommandeur des 1. Bataillons des SS Panzergrenadierregiments 1 der Leibstandarte SS „Adolf Hitler" und übernahm ab März 1943 die Führung des Regiments. Als dessen Kommandeur ab Juli 1943 erwarb er sich bis Kriegsende höchste Verdienste. Namen wie Taganrog, Charkow, Kiew usw. sind untrennbar mit seinen Kampfleistungen verbunden und erheben seine Person noch aus der Schar der Tapfersten. Bei Kriegsende war Albert Frey zeitweise auch stellvertretender Divisionsführer und steht mit seinen Leistungen in der Waffen SS im Zweiten Weltkrieg an erhabener Stelle.

359. Eichenlaub am 27.12.1943 als SS Obersturmbannführer und Kommandeur des SS Panzergrenadierregiments 1, in der 1. SS Panzerdivision „Leibstandarte SS „Adolf Hitler".

Oberleutnant

Heinrich Ochs

Geboren am 19.5.1915
in Ettlingen/Baden.

1937 in die Wehrmacht gekommen und schon im Polen- und Westfeldzug bewährt, wurde er in der 101. Jägerdivision, der er seit 1940 angehörte, im Balkan- und Rußlandfeldzug zu einem der verdientesten Soldaten. Bei den Einsätzen im Südabschnitt der Ostfront erbrachte Heinrich Ochs schon als Oberfeldwebel bei harten Kämpfen nördlich von Krimskaja Leistungen von besonderer Tapferkeit und erhielt in Anbetracht dessen am 2.6.1943 das Ritterkreuz verliehen. Als Zugführer der Panzerjäger warf er nach eigenem Entschluß mit der geringen Schar seiner Leute starke Feindkräfte zurück, welche nach einem Durchbruch zur Gefahr des ganzen Frontabschnittes wurden. Seinem mitreißenden Beispiel zufolge gelang nach erbitterten Kämpfen dieser Erfolg von großer Bedeutung. Auch in den anschließenden Abwehrkämpfen wurde der tapfere Offizier stets zum Leitbild seiner Kameraden, ehe ihn am 21.10.1943 bei Michailowka der Tod aus ihrer Mitte raffte. Trauer bekundete das deutsche Heer ob dieses schmerzlichen Verlustes.

360. Eichenlaub am 30.12.1943 nach dem Tode, für die Leistungen als
Leutnant und
Zugführer in der
1. Kompanie der
Panzerjägerabteilung 101, in der
101. Jägerdivision.

Korvettenkapitän

Bernd Klug

Geboren am 12.12.1914
in Barmen/Westfalen.

†

Seit 1933 in der Marine und ab 1937 bei den Schnellbooten, wurde er zu einem der Besten dieser Waffe. Seemännische Erfahrung, gepaart mit Kühnheit und Mut, zeichnete das Bild dieses hervorragenden Seeoffiziers. Als Kommandant der Boote S-18 und 28 beteiligte er sich bei den Einsätzen in der Ostsee während des Polenfeldzuges, im Norwegenunternehmen und im Kanal. Ab Juli 1941 wurde Bernd Klug Chef der 5. Schnellbootflottille, die er fast drei Jahre erfolgreich führte. Die Kampfeinsätze der Flottille vom Finnischen Meerbusen bis zur französischen Küste gehören zu den beispielhaften Erfolgen der Schnellbootwaffe. Klug selbst erzielte hohe Versenkungserfolge, und ab Juni 1944 erfolgte seine Ernennung zum 1. Admiralstabsoffizier im Stab des Führers der Schnellboote, wo einmaliges Können, Wissen und Einfühlungsvermögen seine Persönlichkeit bestimmten. Nach Kriegsende war er bis Mai 1946 in Kriegsgefangenschaft im Westen und ist am 15.6.1975 in Kiel verstorben.

361. Eichenlaub am 1.1.1944 als Korvettenkapitän und Chef der 5. Schnellbootflottille.

Korvettenkapitän

Klaus Feldt

Geboren am 14.4.1912
in Kiel.

Schon seit 1930 in der Handelsmarine, kam Klaus Feldt 1940 zur Schnellbootwaffe. Führte als Kommandant die Boote S-18 und 30 und fuhr kühne Einsätze vor Norwegen, Holland, im Kanal und vor der französischen Küste, sowie in der Ostsee. Mut und Tapferkeit waren nur einige der großartigen Tugenden dieses beliebten Seeoffiziers, auf den die Kriegsmarine in fast sechs Kriegsjahren in Stolz und Achtung geblickt hatte. Viele Feindfahrten und Schiffsversenkungen reihen Feldt zu den Besten der Schnellbootwaffe. Ab Oktober 1941 führte er als Chef die 2. Schnellbootflottille und fuhr mit seinen Booten unermüdliche Einsätze bis Februar 1944 in der Nord- und Ostsee und im Kanal. Danach wurde er Chef der Schnellboot-Lehrdivision in Swinemünde, wo er auf Grund seiner Erfahrungen zu einem geachteten und vorbildlichen Vorgesetzten wurde, dessen hohes Können allgemein sehr geschätzt war und der sich nach Kriegsende bis 31.8.1945 in britischer Kriegsgefangenschaft befand.

362. Eichenlaub am 1.1.1944 als Korvettenkapitän und Chef der 2. Schnellbootflottille.

Major

Walter Krauß

Geboren am 11.3.1917
in Erlangen/Franken.

Walter Krauß war ursprünglich Infanterist und kam 1937 zur Luftwaffe. Nach erfolgter Ausbildung zum Flugzeugführer und Beobachter flog er im Westfeldzug in der 2. Staffel der Nahaufklärungsgruppe 21. Für hervorragenden Einsatz und seine bedeutungsvollen Aufklärungsergebnisse erhielt er schon am 29.7.1940 das Ritterkreuz verliehen. Im Januar 1942 erfolgte sein Übertritt zur Stukawaffe, und auch hier zählte der tapfere Offizier bald zu einem der Besten. Zuerst Technischer Offizier in der 3. Gruppe des Stukageschwaders 2 „Immelmann", wurde er ein Jahr später deren Kommandeur und bewies an der Ostfront durch stete Einsatzbereitschaft, Angriffsgeist und Mut die Werte eines beispielgebenden Frontkämpfers. Hatte neben seinen Erfolgen sehr viele Feindflüge aufzuweisen, ehe er in der Nacht vom 16. auf den 17.7.1943 bei einem sowjetischen Bombenangriff auf den Flugplatz Orel im Mittelabschnitt der Ostfront tödlich verwundet wurde. Der tragische Tod dieses hervorragenden Stukafliegers löste in der Luftwaffe besondere Trauer aus.

363. Eichenlaub am 3.1.1944 nach dem Tode, für die Leistungen als
Hauptmann und
Kommandeur der
3. Gruppe des
Stukageschwaders 2 „Immelmann".

Oberleutnant

Horst Hannig

Geboren am 13.11.1921
in Frankenstein/Schlesien.

Hannig kam im Oktober 1939 in die Luftwaffe und nach seiner Ausbildung zum Jagdflieger im September 1941 als Flugzeugführer in die 6. Staffel des Jagdgeschwaders 54 an die Ostfront. In jugendlicher Unbekümmertheit stürzte er sich ins Kampfgetümmel und erreichte in kürzester Zeit Luftsieg um Luftsieg. Fliegerisches Können und ausgeprägter Kampfgeist sprachen für einen Soldaten und Offizier von bestbegründetem Soldatentum. Auf Grund dieser Tugenden erfolgte im Feber 1943 seine Versetzung ins Jagdgeschwader 2 „Richthofen" an den Kanal, wo er die Führung der 2. Staffel übernahm. Nach dreimonatigem Einsatz an der Westfront erlosch hier sein Leben in der Blüte der Jugend am 15.5.1943 bei einem Luftkampf über Caen in Frankreich. Die Luftwaffe trauerte um einen Jagdflieger, dessen Leistungen zu größten Hoffnungen Anlaß gaben.

364. Eichenlaub am 3.1.1944 nach dem Tode, für die Leistungen als
Leutnant und
Führer der
2. Staffel des
Jagdgeschwaders 2 „Richthofen".

Oberleutnant

Hans Arnold Stahlschmidt

Geboren am 15.9.1920
in Kreuztal/Westfalen.

Stahlschmidt, seit 1939 in der Luftwaffe, wurde zu einem der erfolgreichsten Jagdflieger auf dem nordafrikanischen Kriegsschauplatz. Im März 1941 kam er als Flugzeugführer in die 1. Gruppe des Jagdgeschwaders 27 und wurde ab Juli 1942 Staffelkapitän der 2. Staffel. War ein beherzter Kämpfer und flog sehr viele Feindflüge über der Wüste. Aufrecht als Kamerad und ritterlich im Luftkampf, zeigte er als Offizier und Mensch Beispiele besonderer Art. An dritter Stelle der Abschußliste nach Marseille und Schröer liegend und mit 400 Feindlügen als Jagdflieger mit den meisten Feindflügen in Nordafrika, endete am 7.9.1942 sein Fliegerleben nach einem Luftkampf südlich El Alamein in der Gewißheit, daß er, wie er selbst einmal sagte, seine Pflicht aus vollem Herzen getan hatte. Die Luftwaffe blickte in Stolz auf Männer solcher Prägung und betrauerte aufrichtig den Tod dieses tapferen Jagdfliegers.

365. Eichenlaub am 3.1.1944 nach dem Tode, für die Leistungen als
Oberleutnant und
Staffelkapitän der
2. Staffel des
Jagdgeschwaders 27.

Major

Helmut Kalbitz

Geboren am 3.1.1912
in Hamburg-Harburg-Wilhelmsburg.

Kalbitz, Frontkämpfer in Polen, Frankreich und Rußland, wirkt in seiner Art bestimmend für die Waffengattung der Pioniere. Als Oberleutnant und Chef der 1. Kompanie im Pionierbataillon 125 zeichnete er sich bei den harten Kämpfen südlich von Uman im Südabschnitt der Ostfront mit seinen Männern besonders aus und erhielt am 23.8.1941 in Anbetracht dessen das Ritterkreuz verliehen. Schwierige Lagen jederzeit meisternd, immer mutig und tapfer – so kannten ihn auch die Soldaten der 31. Infanteriedivision, dessen Pionierbataillon 31 er anschließend zu großen Taten bewegte. Oftmals verwundet, war er trotzdem von unbeugsamem Kampfgeist beseelt und erbrachte in stiller Pflichterfüllung vorbildliche Leistungen. Bei den schweren Rückzugskämpfen, die im Jahre 1944 alle Fronten überschatteten, ließ Helmut Kalbitz als Kommandeur der Heeres-Pionierbrigade 127 am 5.6.1944 in Rumänien sein Leben. An der blutigen Ostfront ergriff sich der Tod einen der Tapfersten der Pioniere, um den das deutsche Heer in Aufrichtigkeit trauerte.

366. Eichenlaub am 7.1.1944 als Hauptmann und Kommandeur des Pionierbataillons 31, in der 31. Infanteriedivision.

Oberstleutnant

Joseph Georg Mulzer

Geboren am 23.4.1915
in München.

Seit 1934 im Heer, war Mulzer ebenfalls ein hervorragender Pionieroffizier, der zu Kriegsbeginn 1939 als Chef die 3. Kompanie im Gebirgs-Pionierbataillon 83 führte, in Polen kämpfte und auch 1940 im Einsatz beim Norwegenunternehmen stand. An der Ostfront wurde er ab 25.11.1942 Bataillonskommandeur und übernahm ab 7.9.1943 auch im Osten als Kommandeur das Pionierbataillon 195. Im Kampfraum Orel vereitelte Mulzer mit seinen Pionieren Durchbruchsversuche des Gegners in gekonnter Art. Auch bei den folgenden Abwehrkämpfen war es immer wieder der Kommandeur, der durch überlegtes Handeln und betonten Angriffsschwung die Front vor unliebsamen Überraschungen bewahrte und mit seinen Soldaten übermächtige Feindkräfte abwehrte. Äußersten persönlichen Einsatz und einmalige Tapferkeit beweisend, war er ein Frontoffizier, der jederzeit das in ihn gesetzte Vertrauen rechtfertigte. Nach kurzer Generalstabsausbildung bei der 2. Panzerdivision in Italien wurde Mulzer ab 9.9.1944 Kommandeur des Pionier-Sturmregiments 1 im Westen, und dort schwer verwundet, befand er sich von Oktober 1944 bis März 1945 im Lazarett und erlebte so das Kriegsende.

367. Eichenlaub am 10.1.1944 als Major und
Kommandeur des
Pionierbataillons 195, in der
95. Infanteriedivision.

General der Artillerie

Maximilian Fretter-Pico

Geboren am 6.2.1892
in Karlsruhe/Baden.

Offizier im Ersten Weltkrieg und ab 1.10.1938 Chef des Generalstabes des Generalkommandos Saarpfalz am Westwall, dem späteren 24. Armeekorps. Nach Teilnahme am Westfeldzug ab 15.4.1941 Kommandeur der 97. Leichten- bzw. 97. Jägerdivision, ab 27.12.1941 mit der Führung des 30. Armeekorps betraut und ab 15.2.1942 dessen Kommandierender General. Ab Oktober Führer der „Armeeabteilung Fretter-Pico", ab Februar 1943 in der Führerreserve des Oberkommandos des Heeres und ab 17.7.1944 Oberbefehlshaber der 6. Armee. Ein erfahrener Ostfrontgeneral mit hervorragenden Führereigenschaften und in jeder Lage verständnisvoll wirkend, erreichte er mit seinen Truppen stete Erfolge, deren Ausmaß von ungeheurer Wichtigkeit für die damals schon schwer ringende Ostfront waren. Die schweren Kämpfe um Sewastopol verdienen ihre Erwähnung gleichermaßen wie die Schließung der Frontlücken beim Durchbruch der Sowjets bei Stalingrad, wo seine Soldaten unter seiner Führung Großes geleistet haben. Ab März 1945 wurde der General Befehlshaber des Wehrkreises 9 und befand sich nach Kriegsende bis 1948 in amerikanischer Kriegsgefangenschaft.

368. Eichenlaub am 16.1.1944 als General der Artillerie, für die Leistungen als Kommandierender General des 30. Armeekorps.

General der Gebirgstruppe

Dipl.-Ing. Hans Schlemmer

Geboren am 18.1.1893
in Nesselwang/Schwaben.

†

Im Ersten Weltkrieg ausgezeichneter Offizier, war Schlemmer zu Beginn des Zweiten Weltkrieges Kommandeur der 3. Abteilung des Gebirgs-Artillerieregiments 111. Nach Einsatz im Polenfeldzug und beim Norwegenunternehmen führte er ab Frühjahr 1941 als Kommandeur die 2. Gebirgsdivision, kämpfte mit dieser in aufopfernder Art im Hohen Norden der Ostfront und übernahm ab Dezember 1941 die Führung der 134. Infanteriedivision, als deren Kommandeur ab 10.3.1942 er sich höchst bewährte. Die Erfolge der Division im Kampfraum Orel und die Winterschlacht südlich von Paritschi im Mittelabschnitt der Ostfront, um nur einige zu nennen, zählen mit zu den großen Waffentaten der deutschen Infanterie beim Kampf im Osten. In seiner Bescheidenheit unübertroffen, herzlich zu seinen Untergebenen und ausdauernd in der Schwere der Schlacht, war er ein beliebter und kameradschaftlicher Vorgesetzter. Ab 2.7.1944 wurde Schlemmer Kommandierender General des 75. Armeekorps in Italien, wo er erneut seine hohen soldatischen Werte unter Beweis stellte. Nach Kriegsende war der General bis 1947 in Kriegsgefangenschaft und verstarb am 26.6.1973 in Bad Kreuznach/Baden-Württemberg.

369. Eichenlaub am 18.1.1944 als Generalleutnant und
Kommandeur der
134. Infanteriedivision.

Leutnant

Heinrich Boigk

Geboren am 31.10.1912
in Köln-Lindenthal.

1940 ins Jägerregiment 49 gekommen, wurde Boigk in der 28. Jägerdivision im West- und Ostfeldzug zu einem ausgesprochen tapferen Zugführer. Bei den schweren Einsätzen der Division an allen Abschnitten der Ostfront erbrachte er laufend Taten, die höchste Tapferkeit und Mut voraussetzten. Unzählige verwegene Spähtruppunternehmen, harte Abwehrkämpfe und schwungvolle Angriffe gegen übermächtigen Feind wurden in den harten Kriegsjahren 1943/44 zur Tagesordnung. Heinrich Boigk gelangen in oft ausweglos scheinenden Lagen durch schnelles Handeln und äußersten persönlichen Einsatz Erfolge von ausschlaggebender Bedeutung. Seine beständigen Leistungen fanden durch die Verleihung der hohen Auszeichnungen, sowie seiner am 30.1.1945 ausgesprochenen Beförderung zum Offizier ihre verdiente Würdigung. Das deutsche Heer blickte in Stolz auf diesen bewährten Frontoffizier, der durch sonnige und kameradschaftliche Art überall sehr beliebt war und im Einsatz durch Schneid und Kühnheit an allen Fronten das Kampfgeschehen prägte.

370. Eichenlaub am 18.1.1944 als Feldwebel und
Zugführer in der
2. Kompanie des
Jägerregiments 49, in der
28. Jägerdivision.

Generalleutnant

August Schmidt

Geboren am 3.11.1892
in Fürth/Mittelfranken.

†

Ausgezeichneter Offizier im Ersten Weltkrieg, erwarb sich August Schmidt bereits 1939 im Polenfeldzug für hervorragende Kampf- und Führungsleistungen als Kommandeur des Infanterieregiments 20 das Ritterkreuz, welches ihm am 27.10.1939 als einem der ersten Offiziere des Heeres verliehen wurde. Nach Teilnahme am Westfeldzug wurde Schmidt ab 5.10.1940 Kommandeur des Infanterieregiments 21 und führte dieses bis 5.9.1941 an der Ostfront. Vom 31.1.1942 – 1.3.1942 mit der Führung der 50. Infanteriedivision betraut, zeigte der General auch hier ausgewogene Führungskunst und persönliche Tapferkeit. Ab 25.4.1942 war er der 10. Infanteriedivision (mot.), der späteren 10. Panzergrenadierdivision, ein ausgezeichneter Kommandeur, der bei den Absetzkämpfen östlich des Dnjepr durch Beweglichkeit und Standhaftigkeit mit dieser zu einer der wertvollen Frontstützen wurde und in entscheidenden Operationen immer wieder durchschlagende Erfolge verzeichnen konnte. Bis Kriegsende im Einsatz an der Ostfront, war der General nachher bis Oktober 1955 in sowjetischer Kriegsgefangenschaft und starb am 17.1.1972 in München.

371. Eichenlaub am 23.1.1944 als Generalleutnant und
Kommandeur der
10. Panzergrenadierdivision.

General der Infanterie

Friedrich Wiese

Geboren am 5.12.1892
in Nordharstedt/Schleswig-Holstein.

†

Kriegsfreiwilliger und Offizier im Ersten Weltkrieg, führte er zu Beginn des Zweiten Weltkrieges als Kommandeur das 1. Bataillon des Infanterieregiments 116. Nach Teilnahme am Polen- und Westfeldzug wurde Wiese ab 10.10.1940 Kommandeur des Infanterieregiments 39 und zog mit diesem in den Ostfeldzug. Ein in Führung und Kampf höchst bewährter Offizier, der sich mit seinem Regiment besonders beim Ringen vor Moskau im harten Ostwinter 1941 ausgezeichnet hat. Ab 11.4.1942 schon vertretungsweise Führer der 26. Infanteriedivision, ab 1.9. deren Führer und ab 1.10. Divisionskommandeur, gefiel auch hier seine verantwortungsbewußte Führungsart, sowie die kluge Übersicht in allen schweren Einsätzen. Ab 13.8.1943 zum Kommandierenden General des 35. Armeekorps ernannt, zeigte der General erneut großartige Leistungen und führte sein Korps zu bezeichnenden Waffentaten. Die mustergültig vorbereitete Räumung des Brückenkopfes Gomel war nicht zuletzt seiner hohen Führungskunst zu danken, wo er trotz übermächtiger Feindkräfte den Erfolg auf seine Seite zwang. Der Vernichtungsschlag der Russen gegen die Heeresgruppe Mitte im Juni 1944 traf auch sein Korps mit voller Wucht, und ab 29.6.1944 wurde der General Oberbefehlshaber der 19. Armee im Westen, beeindruckte hier ebenfalls durch hohes Führungskönnen, befand sich von 1945 bis 1947 in Kriegsgefangenschaft und verstarb am 11.2.1975 in Lahn-Gießen in Hessen.

372. Eichenlaub am 24.1.1944 als General der Infanterie und
Kommandierender General des
35. Armeekorps.

General der Panzertruppe

Walter Krüger

Geboren am 23.3.1892
In Zeitz/Sachsen.

✝

Ebenfalls Offizier im Ersten Weltkrieg, wurde Krüger im Zweiten Weltkrieg zu einem tüchtigen General, der unauffällig und selbstlos große Taten vollbrachte. Im Polenfeldzug Kommandeur des Infanterieregiments 171, führte er ab 15.2.1940 als Kommandeur die 1. Schützenbrigade, kämpfte mit dieser im Westfeldzug und anschließend im Osten. Dort wurde der General ab 15.7.1941 Kommandeur der 1. Panzerdivision, die er bis 1943 erfolgreich geführt hat. An vielen Brennpunkten der Ostfront eingesetzt, buchte die Division unter der sachlichen und ruhigen Führung ihres Generals große Erfolge. Aufrechte Haltung als Soldat, hohes Verantwortungsbewußtsein und eiserner Wille waren grundlegend für die herausragende Art dieses einmaligen Truppenführers. Ab 1.1.1944 zum Kommandierenden General des 58. Panzerkorps ernannt, bewies Krüger auch an der Westfront seine steten Fähigkeiten in Kampf und Führung in oft aussichtslosen Lagen gegen vielfache feindliche Übermacht und erreichte mit seinen Soldaten Erfolge, die höchste Beachtung verdienen. Ab 10.4.1945 noch zum Führer des 4. Armeekorps ernannt, war der General nach dem Krieg bis 1947 in Kriegsgefangenschaft im Westen und starb am 11.7.1973.

373. Eichenlaub am 24.1.1944	als Generalleutnant, für die Leistungen als Kommandeur der 1. Panzerdivision.

Generalmajor

Karl Koetz

Geboren am 8.2.1908
in Berlin-Neukölln.

†

Seit 1925 im Heer, war Koetz auch einer der beispielgebenden Offiziere der deutschen Infanterie im Zweiten Weltkrieg. Bei Kriegsbeginn 1939 im Infanterieregiment 80 und ab Mai 1940 Chef der 6. Kompanie im Infanterieregiment 463, wurde er nach Einsatz im Westfeldzug ab 1.5.1941 Kommandeur des 2. Bataillons und führte dieses dann in Rußland. Für einmalige Leistungen am 2.10.1941 mit dem Ritterkreuz ausgezeichnet, erfolgte ab 1.7.1943 seine Ernennung zum Kommandeur des Grenadierregiments 185. Auch hier zeigte Koetz persönliche Tapferkeit und erreichte durch rücksichtslosen Einsatz seiner Person entscheidende Erfolge. Durch sein Beispiel ermutigte er seine Grenadiere zu großen Taten, die von ungeheurer Wichtigkeit und Bedeutung für den ganzen Frontabschnitt zwischen den Heeresgruppen Nord und Mitte waren. Ab 1.9.1944 wurde der bewährte Offizier Führer und ab 1.12. Kommandeur der 349. Infanteriedivision und ab 1.4.1945 bis zum Kriegsende Kommandeur der 21. Infanteriedivision, ebenfalls an der Front im Osten, wo er ein General mit erstaunlichem Führungstalent und beharrlicher Ausdauer war. Am 11.6.1977 ist Karl Koetz in Meran/Südtirol verstorben.

374. Eichenlaub am 24.1.1944 als Oberstleutnant und Kommandeur des Grenadierregiments 185, in der 87. Infanteriedivision.

SS Brigadeführer und Generalmajor der Waffen SS

Hugo Kraas

Geboren am 25.1.1911
in Witten/Westfalen.

†

Kraas war einer der ganz hervorragenden Männer in der Waffen SS. Kam 1935 in die SS Verfügungstruppe und 1938 zur Leibstandarte. Mit dem ersten Tag des Krieges als Zugführer in der Panzerjägerkompanie im Einsatz in Polen, war er im Westfeldzug Chef der 2. Kradschützenkompanie in der Aufklärungsabteilung. Ebenso 1941 beim Balkanfeldzug. In Rußland dann Kommandeur des 1. Bataillons des SS Infanterieregiments 2 und ab April 1943 schließlich Kommandeur des SS Panzergrenadierregiments 2 der Leibstandarte SS „Adolf Hitler". Beispielgebend in Führung und Kampf und oft verwundet, war Hugo Kraas eine soldatische Erscheinung von hohen Graden. Die Leistungen der Leibstandarte an allen Fronten sind auf das Engste mit seiner Persönlichkeit verbunden. Hohes Soldatentum und einmalige Tapferkeit bewies er auch als Kommandeur der 12. SS Panzerdivision „Hitlerjugend", die er ab 15.10.1944 an der Westfront führte. Nach Verlegung der Division nach Ungarn vollbrachte diese unter seiner gekonnten Führung noch große Taten bis zum Kriegsende, wo am 8.5.1945 im Raume Enns/Oberösterreich die Übergabe an die Amerikaner erfolgte. Bis September 1948 befand sich Hugo Kraas in Kriegsgefangenschaft und ist am 20.2.1980 in Schleswig verstorben.

375. Eichenlaub am 24.1.1944 als SS Obersturmbannführer und Kommandeur des SS Panzergrenadierregiments 2, in der 1. SS Panzerdivision Leibstandarte SS „Adolf Hitler".

Generalleutnant

Eduard Hauser

Geboren am 22.6.1895
in Erlangen/Franken.

†

Fahnenjunker und Offizier im Ersten Weltkrieg, war Eduard Hauser in den ersten Kriegsjahren 1939/40 im Stab des 19. Armeekorps. Nach Teilnahme am Polen- und Westfeldzug wurde er ab 9.11.1940 Kommandeur des Panzerregiments 18, welches bis 19.8.1941 unter seiner Führung im Osten im Einsatz stand. Anschließend wurde Hauser Kommandeur des Panzerregiments 25, ab 1.9. des Panzerregiments 4 und übernahm ab 1.9.1943 als Kommandeur die 13. Panzerdivision. Er war ein draufgängerischer Panzerführer der vordersten Linie, und es gab bei seiner mutigen und bedachten Führung in allen schweren Einsätzen an der Ostfront Erfolge von großer Bedeutung auf jeglicher Frontebene. Ab 1.6.1944 übertrug man dem tüchtigen General die Führung über eine eigene Korpsgruppe, und diese „Korpsgruppe Hauser" war im weiteren Verlauf des Krieges eine wertvolle Stütze an der schwer ringenden Ostfront. Sein Beispiel als Frontgeneral, wo er jederzeit durch Können und einmalige Tapferkeit hohes Ansehen genoß, erhebt ihn in die Reihe der erfolgreichsten Truppenführer in der deutschen Panzerwaffe. Am 17.7.1961 ist Eduard Hauser in Garmisch-Partenkirchen in Bayern verstorben.

376. Eichenlaub am 26.1.1944 als Generalmajor und
Kommandeur der
13. Panzerdivision.

SS Standartenführer

Joachim Peiper

Geboren am 30.1.1915
in Berlin-Wilmersdorf.

†

Peiper kam 1934 in die Leibstandarte, wurde 1938 Adjutant und Begleitoffizier des Reichsführers SS Heinrich Himmler, ehe er im Laufe des Krieges in der Leibstandarte zu einem außergewöhnlich tapferen Frontoffizier wurde. Im West-, Balkan- und anfangs des Ostfeldzuges führte er als Chef die 11. Kompanie, wurde im September 1942 Führer und ab 30.1.1943 Kommandeur des 3. (gepanzerten) Bataillons im SS Panzergrenadierregiment 2, übernahm ab 1.12. die Führung des SS Panzerregiments 1 und wurde ab 30.1.1944 dessen Kommandeur. Immer bewiesene Tapferkeit, entschlußfreudige Führung und ausdauernder Kampfgeist wurden zu Fundamenten seiner steten Erfolge an den Fronten des Ostens und Westens. Kameradschaft und Herzlichkeit ließen Jochen Peiper in der Waffen SS zum Begriff werden, und die großen Waffentaten des Regiments stuften nicht zuletzt auf dem Vorbild seiner Persönlichkeit und den zu Tage gelegten Kampf- und Führungsbeispielen dieses beliebten Offiziers. Stets in vorderster Front kämpfend, war er durch seine gezeigte Art jederzeit Ansporn für seine tapferen Soldaten, deren Leistungen im Einsatz bis in die letzten Kriegstage von tiefster Vaterlandsliebe und Pflichterfüllung bestimmt waren. Nach Kriegsende in entwürdigenden Schauprozessen gedemütigt und bis 1956 in amerikanischer Haft, wurde Jochen Peiper am 14.7.1976 in Traves/Frankreich ermordet.

377. Eichenlaub	am 27. 1.1944	als	SS Sturmbannführer und Führer des SS Panzerregiments 1, in der 1. SS Panzerdivision, Leibstandarte SS „Adolf Hitler".
119. Schwerter	am 28.12.1944	als	SS Obersturmbannführer und Kommandeur des SS Panzerregiments 1, in der 1. SS Panzerdivision, Leibstandarte SS „Adolf Hitler".

General der Panzertruppe

Walter Fries

Geboren am 22.4.1894
in Gustenhain/Sachsen.

†

Im Ersten Weltkrieg Offizier, führte Fries ab 6.10.1936 als Kommandeur das 2. Bataillon des Infanterieregiments 15 und nach Teilnahme am Polen- und Westfeldzug ab 15.10.1940 als Kommandeur das Infanterieregiment 87 (mot.). An der Ostfront errang er mit seinen Soldaten durch selbständige Entschlüsse und hohen Einsatz wichtige Erfolge im Bereich der Heeresgruppe Nord. Dafür hoch ausgezeichnet, wirkte der bewährte Offizier dann ab 24.12.1942 als Lehrgangsleiter an der Infanterieschule Dresden. Ab 1.3.1943 erfolgte seine Ernennung zum Kommandeur der 29. Panzergrenadierdivision, die er bis 31.8.1944 besonders tatenreich geführt hat. Die fast ununterbrochenen Kampfeinsätze auf dem italienischen Kriegsschauplatz gehörten zu den großen Ruhmestaten der deutschen Wehrmacht an der Südfront. Die Grenadiere und ihr Kommandeur lieferten hier Beispiele, die zu höchsten soldatischen Ehren gereichen. Ab 21.9.1944 wurde Fries Kommandierender General des 46. Panzerkorps und befehligte dieses in harten Schlachten bis zum 20.1.1945 an der Ostfront. Auch hier waren des Generals gezeigte Leistungen beeindruckend und über jedes Lob erhaben und ließen das Bild eines vorbildlichen Truppenführers erstehen. Walter Fries ist am 6.8.1982 in Weilburg an der Lahn/Hessen verstorben.

378. Eichenlaub	am 29.1.1944	als	Generalleutnant und Kommandeur der 29. Panzergrenadierdivision.
87. Schwerter	am 11.8.1944	als	Generalleutnant und Kommandeur der 29. Panzergrenadierdivision.

Oberst der Reserve

Walter Sievers

Geboren am 15.6.1902
in Halstenbeck/Schleswig-Holstein.

†

Bei Kriegsausbruch 1939 während des Polen- und Westfeldzuges Zug- bzw. Kompanieführer im Infanterieregiment 9. Im September 1940 kam Sievers dann in die 123. Infanteriedivision und erklomm hier den Aufstieg vom Kompanieführer bis zum Regimentskommandeur des Grenadierregiments 415. Im Norden der Ostfront bei den Kämpfen südöstlich des Ilmensees im Jahre 1942 mit seinem Bataillon glänzend bewährt, schaffte Sievers ebenso ein Jahr später im Südabschnitt der Ostfront mit seinem Regiment gegen starke Feindkräfte auf dem Brückenkopf Saporoshje Waffentaten von größter Wichtigkeit für den Fortbestand der deutschen Frontlinie. Seiner Tatkraft und zielbewußten Einsatzbereitschaft waren diese Erfolge zu verdanken, und diese Eigenschaften waren auch weiterhin bestimmend, um die folgenden schweren Rückzugskämpfe bestehen zu können. Oftmals verwundet und im Ehrenblatt des Deutschen Heeres genannt, unterstreichen seine Leistungen in Deutlichkeit die des tapferen Frontoffiziers und unbeirrbaren Vorgesetzten im Glauben von treuester Pflichterfüllung. Am 12.6.1982 ist Walter Sievers in Bad Pyrmont/Niedersachsen verstorben.

379. Eichenlaub am 29.1.1944 als Oberst der Reserve und
Kommandeur des
Grenadierregiments 415, in der
123. Infanteriedivision.

SS Hauptsturmführer

Michael Wittmann

Geboren am 22.4.1914
in Vogelthal/Oberpfalz.

Wittmann, bester Panzerkommandant der deutschen Wehrmacht und in der Waffen SS Begriff des nimmermüden Frontoffiziers, setzte im Panzerkampf Maßstäbe von einmaliger Bedeutung. Seit 1934 im Heer, kam er 1937 in die Leibstandarte, kämpfte im Polenfeldzug im Panzerspähzug und im West-, Balkan- und zu Beginn des Ostfeldzuges als Kommandant eines Sturmgeschützes. Ab November 1941 war Wittmann an der SS Junkerschule Bad Tölz/Bayern und kam ab Juni 1942 ins Panzerregiment der Leibstandarte an die Ostfront, wo er bald Chef der 12. Kompanie wurde. In stiller Bescheidenheit, vorbildlich als Kamerad und Mensch und überzeugt in Gehorsam und Treue, brachte er mit seiner Besatzung in den harten Schlachten des Ostens überdurchschnittliche Leistungen an Tapferkeit und Können. Nach der Umrüstung seiner Kompanie auf die schweren „Tigerpanzer", wurde er mit dieser Waffe zum Schrecken der Gegner. Nach Verlegung der Leibstandarte von der Ost- an die Westfront im März 1944 kam Wittmann dann zur schweren SS Panzerabteilung 501, vollbrachte auch hier große Waffentaten und war, als er am 8.8.1944 südlich von Caen/Frankreich den Soldatentod starb, mit 138 Panzerabschüssen der erfolgreichste Panzerkommandant der Welt.

380. Eichenlaub	am 30.1.1944	als SS Obersturmführer, für die Leistungen als SS Untersturmführer und Chef der 12. Kompanie des SS Panzerregiments 1, in der 1. SS Panzerdivision Leibstandarte SS „Adolf Hitler".
71. Schwerter	am 22.6.1944	als SS Obersturmführer und Chef der 2. Kompanie der schweren SS Panzerabteilung 501 des 1. SS Panzerkorps „Leibstandarte".

Oberstleutnant

Bernhard Flachs

Geboren am 2.4.1915
in Plauen im Vogtland/Sachsen.

Seit 1934 im Heer und schon 1936 Batterieoffizier im Artillerieregiment 14, wurde Bernhard Flachs nach Einsatz im Polen- und Westfeldzug an der Ostfront zu einem herausragenden Frontoffizier. Schon als Kommandeur des Artillerieregiments 149 (mot.) erwarb er sich durch Entschlußkraft und Tapferkeit bei der Verhinderung feindlicher Durchbruchsversuche hohe Verdienste, wofür ihm am 30.12.1942 die hohe Auszeichnung mit dem Ritterkreuz zuteil wurde. Ab März 1943 wurde er Kommandeur der Sturmgeschützabteilung 277 und bewährte sich hier erneut in höchstem Maße bei laufenden Einsätzen am Dnjepr, bei Nikopol, Saporoshje und Kriwoj Rog im Südabschnitt der Ostfront. Sein persönlicher Einsatz war ausschlaggebend für die Erfolge der Abteilung, und die Sturmgeschütze bewahrten hier die Front vor dem Schlimmsten. Ab April 1944 wurde Flachs zum Inspekteur der Sturmgeschützschule Burg ernannt und fiel am 8.12.1944 auf einer Frontinspektion im Raume Köln. Die deutsche Sturmartillerie verlor einen vorbildlichen Offizier, und das ganze Heer erfüllte Trauer ob dieses großen Verlustes.

381. Eichenlaub am 31.1.1944 als Hauptmann und
Kommandeur der
Sturmgeschützabteilung 277.

General der Fallschirmtruppe

Richard Heidrich

Geboren am 28.7.1896
in Lewalde/Sachsen.

✝

Kriegsfreiwilliger und Offizier im Ersten Weltkrieg, führte Heidrich 1938 als Kommandeur das Fallschirm-Infanteriebataillon, welches ab 1.1.1939 in die Luftwaffe übernommen wurde und ab nun die Bezeichnung 2. Bataillon Fallschirmjägerregiment 1 trug. Anschließend zum Stab der 7. Fliegerdivision versetzt, kam der erfahrene Offizier dann als Kommandeur zum Infanterieregiment 514, mit dem er am Westfeldzug teilnahm, und wurde ab Juni 1940 mit der Aufstellung des Fallschirmjägerregiments 3 betraut, als dessen Kommandeur er sich an der Spitze seiner Männer schon beim Kreta-Einsatz sehr bewährt hatte. Ab November 1942 erfolgte Heidrichs Ernennung zum Kommandeur der 1. Fallschirmjägerdivision. Einsätze an der Ostfront im Raume Smolensk – Toropez sahen seine Jäger auch hier sehr erfolgreich. Anschließend in Italien im Einsatz, folgten schwerste Kämpfe gegen die gelandeten Invasionstruppen der Amerikaner und Engländer, die in der Schlacht um Cassino ihren Höhepunkt fanden. Heidrich, seit Juni 1944 Kommandierender General des 1. Fallschirmkorps, leistete mit seinen Soldaten Übermenschliches und bekräftete somit den Ruhm der Fallschirmjäger auf das höchste. Hohes Können, Tapferkeit und Ausdauer prägten des Generals Wesenszüge, und sein gutes Verhältnis auch bis zum einfachsten Fallschirmjäger beeindruckte in höchstem Maße. Nach Kriegsende war der General zwei Jahre in amerikanischer Kriegsgefangenschaft und englischer Haft und verstarb am 22.12.1947 in einem Lazarett in Hamburg-Bergedorf.

382. Eichenlaub	am 5.2.1944	als	Generalleutnant und Kommandeur der 1. Fallschirmjägerdivision.
55. Schwerter	am 25.3.1944	als	Generalleutnant und Kommandeur der 1. Fallschirmjägerdivision.

General der Panzertruppe

Walther Kurt Nehring

Geboren am 15.8.1892
in Gut Stretzin/Westpreußen.

Auch Offizier im Ersten Weltkrieg und ab 1.7.1939 Chef des Generalstabes des 19. Armeekorps. Nach Teilnahme am Polen- und Westfeldzug ab 26.10.1940 Kommandeur der 18. Panzerdivision. Mit dieser zeichnete sich der General in hervorragender Weise im Mittelabschnitt der Ostfront aus, ehe er ab 9.3.1942 zum Kommandierenden General des Deutschen Afrika Korps ernannt wurde. Auch auf dem Kriegsschauplatz Afrika bewies der General in Taktik und Theorie sein bestechendes Können, und ab 15.11.1942 erfolgte seine Ernennung zum Befehlshaber der Deutschen Truppen in Tunesien. Mit 9.12. in die Führerreserve des Oberkommandos des Heeres versetzt, wurde Nehring ab 10.2.1943 Kommandierender General des 24. Panzerkorps an der Ostfront und führte auch gleichzeitig vom 2.7. – 8.8.1944 als stellvertretender Oberbefehlshaber die 4. Panzerarmee. Die einmaligen Waffentaten des 24. Panzerkorps im Südabschnitt und bei weiteren Einsätzen im polnischen Raum wurden Kriegsgeschichte und unterstreichen des Generals hohe Kunst der Truppenführung. Ab 22.3.1945 wurde der General Oberbefehlshaber der 1. Panzerarmee, bestach in den letzten Kriegsmonaten durch beharrliche Ausdauer, Tapferkeit und verständnisvolle Führung und zeigte gegenüber seinen Soldaten auch hohe menschliche Werte. Nach Kriegsende war er vom 9.5.1945 – 31.8.1947 in amerikanischer Kriegsgefangenschaft.

383. Eichenlaub	am 8.2.1944	als	General der Panzertruppe und Kommandierender General des 24. Panzerkorps.
124. Schwerter	am 22.1.1945	als	General der Panzertruppe und Kommandierender General des 24. Panzerkorps.

Generalmajor

Botho Kollberg

Geboren am 11.7.1898
in Neuhäuser/Ostpreußen.

Kriegsfreiwilliger und Offizier im Ersten Weltkrieg und ab 1.8.1939 Kommandeur des Infanterie-Ersatzbataillons 2. Nach Teilnahme am Polenfeldzug wurde Kollberg ab 18.1.1940 Kommandeur des 1. Bataillons des Infanterieregiments 2 und nach Einsatz im Westfeldzug an der Ostfront ab 10.5.1942 Kommandeur des Infanterieregiments 23. Ein vorbildlicher Offizier, der in der 11. Infanteriedivision im Norden der Ostfront unvergleichliche Leistungen brachte und seine Soldaten in den harten Kämpfen am Wolchow und bei Leningrad zu hohen Taten bewegte. In wochenlangen Abwehrkämpfen gegen übermächtigen Feind gelang es diesem tapferen Offizier immer wieder, durch gekonnte Führung und unbändigen Kampfwillen mit seinen Grenadieren den Frontabschnitt im Bereiche des Regiments zu halten und den Gegner auch in hinhaltenden Nachhutkämpfen erfolgreich abzuweisen. Am 24.1.1944 erfüllte sich sein tapferes Soldatenleben in vorderster Front ostwärts Gatschina im Rahmen einer Absetzbewegung der Division zum Peipus-See. Die deutsche Wehrmacht betrauerte den Tod eines Frontoffiziers edelster Prägung, dessen Ideale nur dem Vaterland gehörten.

384. Eichenlaub am 8.2.1944 nach dem Tode, für die Leistungen als
Oberst und
Kommandeur des
Grenadierregiments 23, in der
11. Infanteriedivision.

Oberstleutnant

Erich Löwe

Geboren am 24.9.1906
in Mühlhausen/Thüringen.

1923 ins Heer eingetreten, war Erich Löwe ein Offizier, der schon im Polen- und Westfeldzug höchste Tapferkeitstaten vollbrachte. Als Chef der 3. Kompanie der Panzerabteilung 65 in der 1. Leichten Division, der späteren 6. Panzerdivision, erbrachte er in Führung und Kampf Beispiele hohen soldatischen Könnens und erhielt in Anbetracht dessen bereits am 4.9.1940 das Ritterkreuz verliehen. Anschließend im Ostfeldzug war sein Einsatz stets überzeugend und einmalig. Ab September 1943 wurde Löwe Kommandeur der schweren Panzerabteilung 501, die an der Ostfront im Raume Witebsk mit ihren Tigerpanzern zu einer wertvollen Stütze der Front wurde. In unermüdlichen Einsätzen warfen sich die Panzerbesatzungen den feindlichen Anstürmen entgegen und entschieden manche Schlacht zu ihren Gunsten. Der tapfere Kommandeur fiel bei einem dieser Kämpfe am 24.12.1943 bei Losovka im Mittelabschnitt der Ostfront im feindlichen Artilleriefeuer, und das deutsche Heer verlor erneut einen Offizier, der erfüllt von hohem Pflichtbewußtsein für das Vaterland das Höchste gab.

385. Eichenlaub am 8.2.1944 nach dem Tode, für die Leistungen als
Major und
Kommandeur der
schweren Panzerabteilung 501.

Major der Reserve

Günther Hilt

Geboren am 23.3.1918
in Stuttgart.

Günther Hilt kam 1937 als Freiwilliger ins Infanterieregiment 56, das spätere Jägerregiment 56, und wurde im Laufe des Krieges zu einem herausragenden Offizier in der 5. Jägerdivision. Nach Teilnahme am Westfeldzug im Ostfeldzug für seine Leistungen bei den Kämpfen um den Brückenkopf Demjansk im Nordabschnitt der Ostfront am 14.9.1942 mit dem Ritterkreuz ausgezeichnet, war Hilt auch bei den folgenden schweren Einsätzen mit seinen Jägern oft und oft zum Turm in der Schlacht geworden. Mut, Tapferkeit und Entschlußkraft waren die ausgeprägten soldatischen Eigenschaften, die ihn zu einem der besten Offiziere der Division formten. In den schweren Abwehrkämpfen bei Witebsk verwundet, kam er nach erfolgter Genesung wieder zur Truppe und bewährte sich mit seinem Bataillon bei der Entsetzung von Kowel erneut in besonderer Weise. Es war ein schwerer Verlust für die Division, als am 21.8.1944 bei Kämpfen am Narew in Polen sein tapferes Soldatenleben erlosch, der in seinem Ausmaß vom ganzen Heer aufrichtig betrauert wurde.

386. Eichenlaub am 8.2.1944 als Hauptmann der Reserve und
Kommandeur des
3. Bataillons des
Jägerregiments 56, in der
5. Jägerdivision.

Fregattenkapitän der Reserve

Fritz Breithaupt

Geboren am 5.9.1892
in Bromberg/Westpreußen.

Schon seit 1911 bei der Marine und im Ersten Weltkrieg bereits Offizier, war Breithaupt ab 1.9.1939 bei Kriegsbeginn Chef der 14. Minensuchflottille. Führte während des Krieges als Chef nicht nur die 14., sondern auch die 34., 12. und 24. Minensuchflottille. Löste mit seinen Verbänden in vorzüglicher Art die ihm übertragenen Sicherungsaufgaben. Ob in der Deutschen Bucht, vor Norwegen oder im Kanal – überall hier bewiesen seine Matrosen in opfervollen Einsätzen unter seiner beispielhaften Führung hohes Seemannstum. Nicht nur die ständig erfolgreich bestandenen Gefechte mit feindlichen Marine-Einheiten waren bezeichnend, sondern auch die unermüdlichen Minensuchunternehmungen zur Freilegung und Sicherung der Seewege der eigenen Schiffseinheiten. Tapfer im Einsatz und beliebt bei seinen Matrosen war Fritz Breithaupt ein Vorgesetzter, dessen Tüchtigkeit auf See allgemeine Bewunderung erregte. Bedauernd der Tod dieses bewährten Seeoffiziers, der am 25.12.1944 durch Flugunfall gestorben ist. Die deutsche Kriegsmarine trauerte um einen vorbildlichen Flottillenchef.

387. Eichenlaub am 10.2.1944 als Korvettenkapitän der Reserve und
Chef der
24. Minensuchflottille.

General der Artillerie

Robert Martinek

Geboren am 2.2.1889
in Gratzen/Oberösterreich.

Offizier im Ersten Weltkrieg und 1939/40 im Polen- und Westfeldzug Artilleriekommandeur 7. Seine artilleristischen Neuerungen und Erfindungen machten Martinek zu einer Persönlichkeit in der Waffengattung der Artillerie. An der Ostfront führte der General ab 5.11.1941 als Kommandeur die 267. Infanteriedivision in überzeugender Art im Mittelabschnitt, war ab 1.1.1942 Kommandeur der 7. Gebirgsdivision und wurde ab 1.5.1942 zum Höheren Artilleriekommandeur zur besonderen Verwendung ernannt. Durch Können und Erfahrung auf dem Gebiet des Artilleriekampfes hatte er entscheidenden Anteil bei der Bezwingung der Festung Sewastopol. Ab 1.12.1942 wurde Martinek Kommandierender General des 39. Panzerkorps, und hier gab er, oft in vorderster Linie kämpfend, mitreißende Beispiele eines ausgezeichneten Frontgenerals. Seinem Verhalten, welches durch außergewöhnlichen Mut und einmalige Tapferkeit geprägt war, lagen die entscheidenden Erfolge seiner ihm unterstellten Truppen zu Grunde. Sein Soldatentod am 28.6.1944 an der Beresina im Mittelabschnitt der Ostfront hinterließ in der deutschen Generalität eine schwer zu schließende Lücke, und die deutsche Wehrmacht trauerte um einen hervorragenden Truppenführer und aufgeschlossenen General.

388. Eichenlaub am 10.2.1944 als General der Artillerie und
Kommandierender General des
39. Panzerkorps.

Hauptmann

Josef Schneider

Geboren am 14.7.1914
in Rheinbreitbach/Rheinland.

Von 1935 bis 1937 im Infanterieregiment 20 und ab 26.8.1939 im Infanterieregiment 208, wurde er nach Teilnahme am Westfeldzug zu einem ganz ausgezeichneten Offizier in der 97. Leichten- bzw. 97. Jägerdivision, wo er im Jägerregiment 207 als Zug-, Kompanie- und Bataillonsführer einmalige Kampfleistungen an der Ostfront geboten hat. Bei den Kämpfen im Donezbecken im Jahre 1942, damals noch Oberfeldwebel und Zugführer in der 11. Kompanie, riß Schneider nach Ausfall des Kompaniechefs die Führung an sich und verhinderte in entscheidenden Gegenstößen mit seinen Jägern Durchbruchsversuche des Gegners in bezeichnender Art. Dafür hoch ausgezeichnet, erbrachte er auch in Zukunft Erfolge von größtem Ausmaß im Bereich des Divisionsabschnittes. Im Dezember 1943 erreichte er im Brückenkopf Nikopol nach schwerem Ringen Taten von größter Wichtigkeit für die Fortführung weiterer Operationen im Südabschnitt der Ostfront und zeigte auch in der Folge bei den Rückzugskämpfen immer wieder die Werte eines tapferen Offiziers. Seine hohe Art der Bewährung in fast sechs schrecklichen Kriegsjahren gibt mit Zeugnis vom anerkennenden Einsatz der deutschen Frontsoldaten im Zweiten Weltkrieg.

389. Eichenlaub am 10.2.1944 als Leutnant und
Führer der
13. Kompanie des
Jägerregiments 207, in der
97. Jägerdivision.

Oberfeldwebel

Walter Möse

Geboren am 30.9.1920
in Langenbielau/Schlesien.

Walter Möse meldete sich im Jahre 1938 freiwillig zu den Hirschberger Jägern, wo er sich bei der Ausbildung eine schwere Wirbelsäulenverletzung zuzog und aus der Wehrmacht entlassen wurde. Zu Beginn des Ostfeldzuges meldete er sich erneut freiwillig zur Waffe und kam direkt an die Front zum Jägerregiment 83. Hier wurde Möse im Laufe des Krieges zu einem der Tapfersten in der Division. Unzählige Stoßtruppunternehmen, Angriffs- und Nachhutkämpfe im Norden der Ostfront, besonders am Ladogasee und bei Nowgorod, wo er als Feldwebel sogar das Bataillon führte, waren bestimmend für die Verleihungen der hohen Auszeichnungen an diesen großartigen und tapferen Soldaten. Besondere Erwähnung verdienen auch seine einundzwanzig erlittenen Verwundungen im Fronteinsatz und seine immer wieder freiwillige Meldung nach Genesung zur Truppe. Wohl eine Einmaligkeit in der Kriegsgeschichte. In ununterbrochenen Einsätzen gab er stets Beweise hoher soldatischer Tugenden und starb am 28.11.1944 bei Goldap in Ostpreußen den Soldatentod. Die deutsche Wehrmacht trauerte um einen Soldaten, dessen Sein und Liebe nur dem Vaterland gehörte und der, beseelt von einmaliger Opferbereitschaft, durch sein Vorbild dem deutschen Soldatentum für alle Zeiten höchste Ehre erwiesen hat.

390. Eichenlaub am 10.2.1944 als Feldwebel und Zugführer in der 13. Kompanie des Jägerregiments 83, in der 28. Jägerdivision.

General der Panzertruppe

Friedrich Kirchner

Geboren am 26.3.1885
in Zöbigker/Sachsen.

†

Kirchner war ein ganz außergewöhnlicher General der deutschen Panzerwaffe, dessen Tapferkeit, Zähigkeit und großes Führungskönnen in vielen Schlachten des Zweiten Weltkrieges zur Grundlage mancher Erfolge wurden. Im Ersten Weltkrieg Offizier, führte er ab 10.11.1938 als Kommandeur die 1. Schützenbrigade. Nach Teilnahme am Polenfeldzug wurde er ab 5.11.1939 Kommandeur der 1. Panzerdivision und für hervorragende Führungsleistungen im Westfeldzug hoch ausgezeichnet. Auch im Ostfeldzug vollbrachte die Division unter seiner Führung große Kampftaten, ehe Kirchner ab 15.11.1941 Führer und ab 1.2.1942 Kommandierender General des 57. Panzerkorps wurde. In den schweren Abwehrkämpfen zwischen Donez und Dnjepr, Ende 1943, wurde das Korps zu einem wichtigen Bollwerk der Front, und es war der klugen und umsichtigen Befehlsgebung dieses erfahrenen Generals zu danken, daß in diesem Frontabschnitt durchschlagende Erfolge des Feindes vereitelt werden konnten. Auch in folgenschwerer Zeit der Jahre 1944/45 bewies der General in vielen schwierigen Lagen Übersicht und Tatkraft, und sein 57. Panzerkorps schlug sich tapfer im Fronteinsatz bis zum Ende des Krieges. Friedrich Kirchner verstarb am 6.4.1960 in Fulda/Hessen.

391. Eichenlaub	am 12.2.1944	als	General der Panzertruppe und Kommandierender General des 57. Panzerkorps.
127. Schwerter	am 26.1.1945	als	General der Panzertruppe und Kommandierender General des 57. Panzerkorps.

Generalleutnant

Hans Källner

Geboren am 9.10.1898
in Kattowitz/Schlesien.

1915 Kriegsfreiwilliger, 1917 Offizier, 1.9.1939 Kommandeur der Aufklärungsabteilung 11, 28.8.1941 Kommandeur des Schützenregiments 73, 1.7.1942 Kommandeur der 19. Panzergrenadierbrigade, 18.8.1943 Führer und 1.11.1943 Kommandeur der 19. Panzerdivision, sowie ab 22.3.1945 Führer des 24. Panzerkorps – das sind, in kurzen Umrissen, die wichtigsten Daten des soldatischen Werdeganges eines der tüchtigsten Panzerführer der deutschen Wehrmacht. Källners Einsatz an allen Fronten in Ost und West verdient höchste Anerkennung, war er doch in all seinem Tun nicht nur ein Offizier und General, den einmalige Tapferkeit und Führungskönnen auszeichneten, sondern auch ein Vorgesetzter mit hohem Selbstbewußtsein und bewegter Menschlichkeit. Nach Einsatz im Polen- und Westfeldzug vollbrachte Källner mit seinen Soldaten an der Ostfront große Waffentaten, wo er in ständigen, oft pausenlosen Einsätzen gegen übermächtige Feindkräfte Höchstes geleistet hat. Stets an der Spitze kämpfend, war er Vorbild und Führer seiner Männer selbst in schwersten Zeiten. Auch als Führer des 24. Panzerkorps bewies der General überragendes Führungsgeschick und fiel am 18.4.1945 im Raum Olmütz in Böhmen. Ein tapferes Soldatenleben erlosch in den letzten Kriegswochen und gibt Zeugnis vom äußersten Einsatz der deutschen Generale im Zweiten Weltkrieg.

392. Eichenlaub am 12. 2.1944 als Generalmajor und Kommandeur der 19. Panzerdivision.
106. Schwerter am 23.10.1944 als Generalleutnant und Kommandeur der 19. Panzerdivision.

SS Brigadeführer und Generalmajor der Waffen SS

Theodor Wisch

Geboren am 13.12.1907
im Wesselburener Koog/Friesland.

Wisch kam 1933 zur Leibstandarte und war zehn Jahre später Kommandeur der 1. SS Panzergrenadierdivision Leibstandarte SS „Adolf Hitler" – wohl auch eine der Einmaligkeiten in der Waffen SS. In allen Feldzügen – Polen, West, Südost, Ost und wieder an der Westfront – leistete Wisch seine Soldatenpflicht und fand für seine Leistungen auch gebührende Anerkennung seitens der rumänischen Verbündeten. Von seinen hervorragenden Waffentaten sind jene an der Ostfront zu betonen, wo er 1941 als Bataillonskommandeur mit seinen Männern ein vom Feinde eingeschlossenes Kradschützenbataillon befreite, und seine Verdienste als Kommandeur des SS Panzergrenadierregiments 2 der Leibstandarte bei den Kämpfen um Charkow und Bjelgorod. Auch als Divisionskommandeur ab Juli 1943 blieb Theodor Wisch stets Frontoffizier und war bei allen harten Einsätzen immer wieder in vorderster Linie die herausragende Erscheinung in Kampf und Führung. Die Waffen SS blickte in Stolz auf diesen General, der in unzähligen Schlachten seine Soldaten zu hohen Taten beflügelte und selbst durch außergewöhnliche Tapferkeit und einmaligen Mut die Grundlagen für Erfolge schuf, welche im Zweiten Weltkrieg den Ruf der Waffen SS auf das höchste begründeten. Am 20.8.1944 wurde Theodor Wisch bei den Kämpfen in der Normandie in Frankreich schwer verwundet und befand sich von 1945 bis 1948 in französischer Kriegsgefangenschaft.

393. Eichenlaub	am 12.2.1944	als	SS Brigadeführer und Kommandeur der 1. SS Panzerdivision Leibstandarte SS „Adolf Hitler".
94. Schwerter	am 30.8.1944	als	SS Brigadeführer, für die Leistungen als Kommandeur der 1. SS Panzerdivision Leibstandarte SS „Adolf Hitler".

Generalmajor

Heinrich Bronsart von Schellendorf

Geboren am 21.9.1906
in Neustrelitz/Brandenburg.

1925 ins Reiterregiment 6 eingetreten, war er dort bei Kriegsbeginn Eskadronchef und ab 1.12.1939 Kommandeur der Aufklärungsabteilung 36, des späteren Kradschützenbataillons 36, in der 36. Infanteriedivision (mot.). Nach Einsatz im West- und Ostfeldzug übernahm er ab 1.11.1942 als Kommandeur das Panzergrenadierregiment 13. Erreichte mit diesem bei den Kämpfen im Orel-Bogen im Mittelabschnitt der Ostfront gegen stärkste Feindkräfte entscheidende Abwehrerfolge und bewies durch kühne Entschlüsse und tatkräftige Führung hohe Werte im Fronteinsatz. Erhabenes Wesen, Mut und Verständnis zu seinen Soldaten in allen Lagen prägten die Persönlichkeit dieses intelligenten Offiziers. Im Feber/März 1944 zur Generalstabsausbildung kommandiert, war Schellendorf bereits ab April Ia im Stab der 8. Armee, und im September erfolgte seine Ernennung zum Kommandeur der 111. Panzerbrigade, die er an der Westfront befehligte, wo er bei harten Kämpfen im Reichsgebiet am 22.9.1944 im Raume Geiskirch im Saarland sein Leben ließ. Im harten Kriegsjahr 1944 traf das deutsche Heer wieder ein schwerer Verlust.

394. Eichenlaub am 12.2.1944 als Oberst und
Kommandeur des
Panzergrenadierregiments 13, in der
5. Panzerdivision.

Generalmajor

Karl Lorenz

Geboren am 24.1.1904
in Hanau am Main/Hessen.

†

Seit 1924 im Heer, ab 1.11.1938 Chef der 1. Kompanie des Pionierbataillons 18 und ab 1.2.1940 Kommandeur des Pionierbataillons 290. Nach Einsatz im Polen-, West- und Ostfeldzug, wurde Lorenz am 28.2.1942 an der Ostfront schwer verwundet. Nach seiner Genesung übernahm er ab 1.8.1942 als Kommandeur das Pionierbataillon der Division „Großdeutschland" und erwarb sich hier ebenfalls an der Front im Osten hohe soldatische Verdienste. Heldenhafter Einsatz seiner Pioniere trug viel zum Gelingen mancher Waffentaten der Division bei, und sein Vorbild an Tapferkeit und umsichtiger Führung bewirkte in oft schwierigsten Lagen das Ausharren, bis der Erfolg sichergestellt war. Ab 1.12. zum Kommandeur des Panzergrenadierregiments der Division ernannt, bestand er mit diesem weitere schwere Einsätze im Rahmen der Division „Großdeutschland", als deren Führer ab 1.9.1944 und Kommandeur ab 1.11. er sich bis zum Kriegsende als ein General mit außerordentlicher Ruhe und bewährt hohen Führereigenschaften erwies. Vom 9.5.1945 – 31.3.1948 war der General in britischer Kriegsgefangenschaft und ist am 3.10.1964 in Mehlem bei Bad Godesberg in Nordrhein-Westfalen verstorben.

395. Eichenlaub am 12.2.1944 als Oberst und
Kommandeur des
Panzergrenadierregiments „Großdeutschland", in de
Panzergrenadierdivision „Großdeutschland".

Generalmajor

Meinrad von Lauchert

Geboren am 29.8.1905
in Potsdam/Brandenburg.

Verdienter Panzeroffizier von außergewöhnlicher Prägung und in Führung und Tapferkeit zum Vorbild in dieser jungen Waffe geworden. Seit 1924 im Reiterregiment 5, war er im Polenfeldzug Führer der 1. Abteilung des Panzerregiments 35 und im West- und Ostfeldzug deren Kommandeur. Für hohe Verdienste beim Kampf um Smolensk im Mittelabschnitt der Ostfront schon am 8.9.1941 mit dem Ritterkreuz ausgezeichnet, erfolgte ab Dezember 1942 seine Ernennung zum Kommandeur der Panzerausbildungsabteilung 5 zu Neuruppin in Brandenburg, und im Juni 1943 ging er mit dem mit Panzer 5 „Panther" ausgerüsteten Regiment als „Panzerregiment Lauchert" in den Osteinsatz, übernahm dort ab 1.8. die Führung des Panzerregiments 15, als dessen Kommandeur er sich sagenhaften Ruhm erwerben konnte. Bewiesene Kühnheit und hohe Führungskunst stempelten Lauchert zu den fähigsten Panzerführern in den Weiten des Ostens. Ab August 1944 zu einem Divisionsführerlehrgang nach Hirschberg in Schlesien kommandiert und bereits ab 9.8. als Führer der „Kampfgruppe Strachwitz" wieder an der Ostfront. Ab 15.12.1944 Führer und ab 1.3.1945 Kommandeur der 2. Panzerdivision im Westen, war Meinrad von Lauchert dieser in der Ardennenoffensive und bei den schweren Endkämpfen im Reich ein hervorragender Kommandeur und General.

396. Eichenlaub am 12.2.1944 als Oberstleutnant, für die Leistungen als Kommandeur des Panzerregiments 15, in der 11. Panzerdivision.

Oberfeldwebel

Josef Karl

Geboren am 26.12.1910
in Nürnberg/Mittelfranken.

✝

Josef Karl zählt auch zu den unerschrockenen Männern im deutschen Unteroffizierskorps, deren unbeirrbarer Einsatz an der Front oftmals dem Kampfgeschehen das Gepräge gab. Seit Mai 1939 in der Panzerabwehrabteilung 17 und nach Teilnahme am Polen- und Westfeldzug, kam er 1941 zur Panzerjägerabteilung 49 und wurde an der Ostfront durch seine Unerschrockenheit, bewiesenen Mut und außergewöhnliche Tapferkeit zu einem der Besten in der deutschen Panzerabwehrtruppe. Durch selbständige Entschlüsse und richtiges, zeitgerechtes Eingreifen rettete er oftmals die Front vor dem Schlimmsten. Erreichte mit seiner Selbstfahrlafette nicht nur viele Panzerabschüsse, sondern machte auch starke feindliche Infanterieangriffe durch selbstlosen Einsatz zunichte. Im Kampfraum Orel und ostwärts Kuriditschi bewährte er sich mit seiner Besatzung in einmaliger Weise und zeitigte schlachtentscheidende Erfolge. Am 9.1.1944 erhielt sein Geschütz einen schweren Treffer, wobei Karl schwer verwundet wurde. Infolge Fußverlustes und anderer schwerer Verletzungen nicht mehr im Fronteinsatz, verstarb Josef Karl am 31.3.1962 in Bad Tölz/Bayern.

397. Eichenlaub am 16.2.1944 als Unteroffizier, für die Leistungen als Geschützführer in der 2. Kompanie der Panzerjägerabteilung 49, in der 4. Panzerdivision.

Generalfeldmarschall

Ferdinand Schörner

Geboren am 12.5.1892
in München.

✝

1914/18 hochbewährter Offizier und ausgezeichnet mit dem Orden "Pour le Merite", war er ab 1.10.1937 Kommandeur des Gebirgsjägerregiments 98. Nach Einsatz im Polen- und Westfeldzug wurde Schörner ab 3.6.1940 mit der Aufstellung der 6. Gebirgsdivision beauftragt, als deren Kommandeur er sich beim Einsatz in Griechenland 1941 schon höchst bewährte und für besondere Leistungen am 20.4.1941 das Ritterkreuz verliehen bekam. Im Ostfeldzug kämpfte die Division im Hohen Norden, wo der General ab 2.2.1942 die Führung des 19. Gebirgskorps übernahm und ab 1.6. dessen Kommandierender General wurde. Ab 1.10.1943 dann Kommandierender General des 40. Panzerkorps im Südabschnitt der Ostfront, wo er seine Tat- und Entschlußkraft aufs neue bewies. Seine Person unterlag oft harter Kritik, doch muß hier für alle Zeiten festgestellt bleiben, daß Schörner alles für die kämpfende Truppe tat und ein Feind der Etappe war. Hohe Kommandos, die man ihm in schwerster Zeit übertrug, unterstreichen seine aufrechte Persönlichkeit und zähe Ausdauer, und man nannte Schörner nicht umsonst den „Durchhaltegeneral". Seit März 1944 Führer der 17. Armee, hatte er anschließend folgende Heeresgruppen unter seinem Oberbefehl: ab 30.3. Südukraine, ab 20.7. Nord und ab 18.1.1945 Mitte. Am 30.4.1945 wurde der Feldmarschall Oberbefehlshaber des Heeres, geriet im Mai in amerikanische Gefangenschaft, wurde an die Sowjets ausgeliefert und kehrte im Oktober 1955 aus der Kriegsgefangenschaft in die Heimat zurück, wo er am 2.7.1973 in München verstorben ist.

398. Eichenlaub	am 17.2.1944	als	General der Gebirgstruppe, für die Leistungen als Kommandierender General des 40. Panzerkorps.
93. Schwerter	am 28.8.1944	als	Generaloberst und Oberbefehlshaber der Heeresgruppe Nord.
23. Brillanten	am 1.1.1945	als	Generaloberst und Oberbefehlshaber der Heeresgruppe Nord.

General der Artillerie

Wilhelm Stemmermann

Geboren am 23.10.1888
in Rastatt/Baden.

Offizier im Ersten Weltkrieg, ab 1.10.1937 Chef des Generalstabes des 13. Armeekorps, nach Teilnahme am Polen- und Westfeldzug ab 1.1.1941 Kommandeur der 296. Infanteriedivision und nach Einsatz im Osten ab 1.3.1943 in der Führerreserve des Oberkommandos des Heeres. Ab 5.12.1943 übernahm er das schwere Amt des Kommandierenden Generals des 11. Armeekorps und stand mit diesem in harten Kämpfen im Frontbogen Kanew – Korsun im Südabschnitt der Ostfront. Nach Einschließung durch die Rote Armee wurde General Stemmermann der Oberbefehl über alle Truppen im Kessel von Korsun übertragen. Die Kriegsgeschichte zählt die Leistungen der deutschen Soldaten im Kampfraum Tscherkassy zu den größten des Zweiten Weltkrieges, und ihre Generäle gaben jederzeit Vorbilder hohen Soldatentums an diesem Brennpunkt im Südabschnitt der Ostfront. Beim Ausbruchsversuch aus dem Kessel endete General Stemmermanns Leben am 18.2.1944 durch einen Granatvolltreffer in seinem Kraftwagen, und die deutsche Wehrmacht mußte den Tod eines tapferen und verständnisvollen Truppenführers beklagen.

399. Eichenlaub am 18.2.1944 nach dem Tode, für die Leistungen als General der Artillerie und Kommandierender General des 11. Armeekorps.

Generalleutnant

Theobald Lieb

Geboren am 25.11.1889
in Freudenstadt/Baden.

†

Auch Offizier im Ersten Weltkrieg und ab 10.11.1938 Kommandeur des Infanterieregiments 27. Nach Teilnahme am Polen- und Westfeldzug ab 10.9.1940 in der Führerreserve des Oberkommandos des Heeres, ab 17.9.1941 stellvertretender Führer der 290. Infanteriedivision, ab November 1941 wieder in der Führerreserve, ab 21.2.1943 Kommandeur der 306. Infanteriedivision und ab 2.9. Kommandeur der 112. Infanteriedivision. Ab 1.2.1944 führte General Lieb die Korpsabteilung B und das 42. Armeekorps und zählte ebenso wie General Stemmermann zu den beherzten Generälen im Kampfraum von Tscherkassy. Nie entmutigt und stets voll Zuversicht, löste er schwierigste Frontlagen, und die Soldaten im Kessel blickten vertrauensvoll auf ihren beispielgebenden Führer. Seinem mitreißenden Angriffsschwung zufolge gelang schließlich auch der Ausbruch, und es war sein Mitverdienst, daß Tscherkassy nicht zur totalen deutschen Niederlage wurde. Anschließend war der General ab 20.2.1944 wieder in der Führerreserve und führte dann ab Sommer 1944 als Kommandeur die 34. Infanteriedivision an der Italienfront. Auch hier beeindruckte er durch Können, Umsicht und Verständnis und gefiel als Vorgesetzter mit hohen menschlichen Werten. Am 20.3.1981 ist Theobald Lieb in seiner Geburtsstadt Freudenstadt im Schwarzwald/Baden-Württemberg verstorben.

400. Eichenlaub am 18.2.1944 als Generalleutnant, für die Leistungen als Führer des 42. Armeekorps.

Oberst

Robert Kaestner

Geboren am 27.10.1913
in Frankfurt am Main/Hessen.

Seit 1931 im Heer, steht Kaestners Name in engster Verbindung mit dem Infanterie- bzw. Grenadierregiment 105 und den einmaligen Waffentaten der bewährten 72. Infanteriedivision im Zweiten Weltkrieg. Ab 1.10.1938 Nachrichtenoffizier, ab 1.7.1941 Chef der 7. Kompanie, ab 1.7.1942 Kommandeur des 2. Bataillons, ab 1.7.1943 Führer und ab 1.4.1944 Kommandeur des Regiments – ein wahrlich bemerkenswerter soldatischer Werdegang. Schon in den Feldzügen gegen Frankreich und Griechenland bewährt, gab dieser vorbildliche Offizier im Ostfeldzug laufend Beispiele hohen soldatischen Könnens und wurde durch bewiesene Tapferkeit mit seinen Grenadieren zu einer verschworenen Kampfgemeinschaft. Beim Ringen um Tscherkassy behauptete sich sein Regiment gegen stärkste Feindkräfte und bildete beim Ausbruch aus dem Kessel den Stoßkeil zu den zur Entsetzung angetretenen deutschen Einheiten. Stets in vorderster Linie kämpfend, hatte er wesentlichen Anteil am Gelingen des Durchbruchs. Nach weiteren Einsätzen an der Ostfront wurde Kaestner ab 5.12.1944 Führer der 905. Infanteriedivision und ab 1.2.1945 Führer der 16. Volksgrenadierdivision an der Westfront, wo er auf Grund seiner reichen Erfahrungen als Frontoffizier hohes Ansehen genoß und sich vom 2.5.1945 – 30.4.1946 in Kriegsgefangenschaft befand.

401. Eichenlaub am 21.2.1944 als Major und
Führer des
Grenadierregiments 105, in der
72. Infanteriedivision.

Generalleutnant

Ernst Günther Baade

Geboren am 20.8.1897
in Gut Falkenhagen/Brandenburg.

Kriegsfreiwilliger und Offizier im Ersten Weltkrieg, war Baade im Zweiten Weltkrieg einer der ganz hervorragenden Heeresoffiziere, die an allen Fronten höchste Bewährung zeigten. Als Kommandeur führte er jeweils ab: 1.9.1939 die Aufklärungsabteilung 17, 15.12. das Reiterregiment 22, 30.9.1941 die Radfahrabteilung 1 und 1.12. das Kradschützenbataillon 4. Bei Einsätzen im Polen-, West- und Ostfeldzug empfahl er sich durch Schneid und Können für höhere Aufgaben, und so erfolgte ab 15.5.1942 seine Ernennung zum Kommandeur des Schützenregiments 115. Auf dem afrikanischen Kriegsschauplatz zeitigte er mit diesem Regiment einmalige Erfolge und war wichtiger Bestandteil der bewährten 15. Panzerdivision. Nach Erkrankung ab Oktober 1942 im Lazarett und anschließend ab 1.12. beim Stab des Deutschen Generals im Oberkommando der italienischen Wehrmacht. Ende April 1943 wurde Baade Kommandeur des Wehrmachtseinsatzstabes Italien, ab 10.7. Kommandant „Messina Straße", ab 5.9. Führer der 15. Panzerdivision und ab 20.12. Führer der 90. Panzergrenadierdivision, als deren Kommandeur ab 1.2.1944 er sich in den schweren Schlachten am Monte Cassino mit seinen Grenadieren höchsten soldatischen Ruhm erwarb. Vom 5.1. – 1.2.1945 auf einem Lehrgang für Kommandierende Generäle, wurde der General ab 10.3.1945 mit der Führung des 81. Armeekorps im Westen betraut und starb am 8.5.1945, dem letzten Tag dieses schrecklichen Krieges, nach einer Verwundung durch Tieffliegerbeschuß in einem Krankenhaus in Segeberg/Schleswig-Holstein.

402. Eichenlaub	am 22. 2.1944	als	Generalmajor, für die Leistungen als Oberst und Führer der 90. Panzergrenadierdivision.
111. Schwerter	am 16.11.1944	als	Generalleutnant und Kommandeur der 90. Panzergrenadierdivision.

Oberst

Dr. Rudolf Kolbeck

Geboren am 24.3.1898
in Regensburg/Oberpfalz.

†

Auch Kriegsfreiwilliger und Offizier im Ersten Weltkrieg, kam er 1939 als Hauptmann der Reserve ins Infanterieregiment 316. Nach dem Westfeldzug als dessen Kommandeur erwies er sich im Nordabschnitt der Ostfront als besonders tapferer Offizier mit hohen Führereigenschaften. Bei den Kämpfen südlich von Leningrad vereitelte Dr. Kolbeck mit seinen Soldaten immer wieder feindliche Durchbruchsversuche und erreichte dadurch Erfolge von entscheidender Bedeutung für den gesamten Frontabschnitt. In schwierigsten Lagen zeigte der Kommandeur immer Entschlossenheit und führte seine Grenadiere durch richtiges Handeln auch gegen zahlenmäßig weit überlegenen Feind stets umsichtig und erfolgreich. Die Verdienste der 212. Infanteriedivision, welche oft das Ärgste im Nordabschnitt der Ostfront verhindern half, verdienen Achtung und Anerkennung und waren oft ein Mitverdienst des Grenadierregiments 316 und ihres ausgezeichneten Kommandeurs. Sein Soldatenleben, in zwei Weltkriegen im Dienste für das geliebte Vaterland durch oftmalige Verwundungen gezeichnet, gibt Aufschluß über eine Persönlichkeit, geprägt von untadeligem Soldatengeist und Gehorsam. Dr. Kolbeck verstarb am 12.9.1965 zu Landsberg am Lech in Bayern.

403. Eichenlaub am 22.2.1944 als Oberstleutnant der Reserve und Kommandeur des Grenadierregiments 316, in der 212. Infanteriedivision.

Generalmajor der Reserve

Maximilian Wengler

Geboren am 14.1.1890
in Roßwein/Sachsen.

Im Ersten Weltkrieg ausgezeichneter Offizier, erfolgte zu Beginn des Zweiten Weltkrieges seine Einberufung als Hauptmann der Reserve ins Infanterieregiment 40. Nach Teilnahme am Polen- und Westfeldzug kam dann die Zeit seiner hohen soldatischen Verdienste an der Ostfront, wo er seit 19.7.1942 als Kommandeur das Infanterieregiment 366 führte. Im Nordabschnitt vor Leningrad bewährte sich das Regiment auf das höchste und Wenglers Persönlichkeit, ob in Kampf oder Führung, prägte den Geist seiner Grenadiere in überzeugender Form. Oftmalige Nennungen im Wehrmachtsbericht bezeugten des Regiments große Leistungen und dessen eisernen Durchhaltewillen. Auch als Führer ab 22.7.1944 und Kommandeur ab 1.10.1944 der 227. Infanteriedivision bewies Wengler Format und Führungskunst und buchte gegen stärksten Feind immer wieder einmalige Erfolge. Seiner Zähigkeit und Ausdauer verdankte die Nordfront in dieser Zeit so manche gelungene Abwehrschlacht. Die persönlichen Leistungen und Verwundungen dieses Offiziers im Fronteinsatz verdienen höchste Anerkennung und erheben ihn unweigerlich in die Reihe der Besten der deutschen Infanterie. Am 27.3.1945 wurde der tapfere General Kommandeur der 83. Infanteriedivision und fiel am 24.4.1945 an der Front bei Pillau in Ostpreußen. Ein Soldatenleben, erfüllt von höchster Vaterlandsliebe, endete in treuester Pflichterfüllung.

404. Eichenlaub	am 22.2.1944	als	Oberst der Reserve und Kommandeur des Grenadierregiments 366, in der 227. Infanteriedivision.
123. Schwerter	am 21.1.1945	als	Generalmajor der Reserve und Kommandeur der 227. Infanteriedivision.

Oberstleutnant der Reserve

Walter Mix

Geboren am 21.12.1917
in Deutsch-Krone/Pommern.

1937 ins Infanterieregiment 4 eingetreten, nahm Walter Mix in dessen Reihen am Polen-, West- und Ostfeldzug teil, übernahm nach hoher Bewährung ab 1.1.1942 als Chef die 9. Kompanie des Infanterieregiments 174 und wurde ab 1.1.1943 Kommandeur des 2. Bataillons, jetzt Grenadierregiment 174. Er gehörte zu den mutigen Offizieren, die im Nordabschnitt der Ostfront einmalige Kampfleistungen vollbrachten und ihre Grenadiere zu immer neuen Taten bewegten. Die damals schon übermächtigen Feindkräfte forderten von den deutschen Soldaten übermenschliche Anstrengungen, und daß es immer wieder gelang, solchen Anforderungen gerecht zu werden, war nicht zuletzt dem Können und Vorbild jener Offiziere zu danken, zu denen auch Walter Mix gehörte. Am 13.1.1944 schwer verwundet, war der tapfere Offizier nach seiner Genesung ab 1.10.1944 Taktiklehrer und Kampfgruppenkommandeur an der Fahnenjunkerschule 4 in Thorn/Westpreußen, ab 23.2.1945 Führer des Grenadierregiments 1249 und ab 12.3.1945 Führer des Grenadierregiments 266. Sieben erlittene Verwundungen künden von seinem unermüdlichen Fronteinsatz und erheben ihn in die Reihe der Tapfersten in der Waffengattung der Infanterie.

405. Eichenlaub am 22.2.1944 als Hauptmann der Reserve, für die Leistungen als Kommandeur des 2. Bataillons des Grenadierregiments 174, in der 81. Infanteriedivision.

Oberstleutnant

Otto Benzin

Geboren am 23.11.1910
in Pritzwalk/Ostpreußen.

Auch einer jener tapferen Infanteristen, die im Zweiten Weltkrieg in treuester Pflichterfüllung das Höchste gaben. In vielen Einsätzen, durch welche die 12. Infanteriedivision im Polen-, West- und Ostfeldzug zu gehen hatte, bewährte sich Otto Benzin immer wieder aufs neue, und seine Kampf- und Führungsleistungen bestachen stets in ihrer Einmaligkeit. Am 31.12.1941 erhielt er als Chef der 9. Kompanie des Infanterieregiments 89 für besondere Leistungen im Nordabschnitt der Ostfront das Ritterkreuz verliehen. Auch als ihm die Führung des Regiments übertragen wurde, war er stets Frontkämpfer und leistete mit seinen Soldaten im Kampfraum Witebsk anfangs 1944 Hervorragendes, wodurch er wesentlich zum günstigen Ausgang der zweiten Winterschlacht in diesem Frontgebiet beitrug. Ebenso bei weiteren schweren Abwehrkämpfen als Kommandeur des Grenadierregiments 531 der 383. Infanteriedivision durch überzeugendes Selbstbewußtsein die Reihen der Grenadiere stärkend, war sein gegebenes Vorbild immerzu mitreißend und vertrauenserweckend. Beim Vernichtungsschlag der Russen gegen die Heeresgruppe Mitte endete das Leben dieses tapferen Offiziers ab 3.7.1944 im Raume Bobruisk. Das deutsche Heer trauerte um einen Frontkämpfer, erfüllt von hohen Idealen und treuester Vaterlandsliebe.

406. Eichenlaub am 22.2.1944 als Major und
Führer des
Grenadierregiments 89, in der
12. Infanteriedivision.

Generalleutnant

Werner Forst

Geboren am 21.12.1892
in Magdeburg.

†

Im Ersten Weltkrieg Offizier und seit 1.10.1936 Kommandeur des Artillerieregiments 76. Im Polen- und Westfeldzug in der 1. Leichten Division bzw. 6. Panzerdivision. Nach dem Westfeldzug wurde Forst ab 1.8.1940 Artilleriekommandeur 146 und befand sich zu Beginn des Ostfeldzuges im Einsatz bei der Panzergruppe 2 im Mittelabschnitt der Ostfront. Ab Dezember 1941 Führer und ab 1.2.1942 Kommandeur der 293. Infanteriedivision. Anschließend ab 1.1.1943 zum Kommandeur der 106. Infanteriedivision ernannt, war er bald als tapferer und schwungvoller Truppenführer bekannt und trug mit seinen Soldaten schwere Lasten bei den Kämpfen am Donez und bei Kirowograd im Südabschnitt der Ostfront, die er aber auf Grund seiner hohen soldatischen Fähigkeiten in einmaliger Weise meistern konnte. Ein immer vorbildlicher General und ab 1.6.1944 zum Inspekteur der Artillerie beim Befehlshaber des Ersatzheeres ernannt, beeindruckte auch in dieser Kommandostellung die eindrucksvolle Art seines erfahrenen Wirkens. Von Mai 1945 bis Juni 1947 war der General in amerikanischer Kriegsgefangenschaft und ist am 3.2.1971 in Wiesbaden-Sonnenberg verstorben.

407. Eichenlaub am 22.2.1944 als Generalleutnant und
Kommandeur der
106. Infanteriedivision.

General der Artillerie

Helmuth Weidling

Geboren am 2.11.1891
in Halberstadt/Thüringen.

Ebenfalls Offizier im Ersten Weltkrieg und zu Beginn des Zweiten Weltkrieges Kommandeur des Artillerieregiments in der 20. Infanteriedivision (mot.). Ab 15.4.1940 wurde Helmuth Weidling Artilleriekommandeur 128 beim 9. Generalkommando. Nach Teilnahme am Polen- und Westfeldzug an der Ostfront wurde er dort anfangs 1942 Kommandeur der 86. Infanteriedivision und übernahm vom 20.10.1943 – 20.7.1944 als Kommandierender General das 41. Panzerkorps. Die Erfolge der von ihm geführten Truppen im Mittelabschnitt der Ostfront, und hier besonders jene 1942 im Raume Rshew, waren von außerordentlicher Wichtigkeit für den Gesamtfrontverlauf und stuften auf höchster Ebene. Auch in weiteren Einsätzen bewies der General umsichtige und wendige Führung, sowie persönliche Tapferkeit und rettete oftmals mit seinem Korps die Front vor bösen Überraschungen. Eiserner Wille und Standhaftigkeit bewirkten in seinem vorgelebten Beispiel Zuversicht und Tatkraft bei jedem seiner Soldaten und ermöglichten somit manch unerwarteten Kampferfolg. Ab 20.7.1944 in die Führerreserve des Oberkommandos des Heeres versetzt und ab 12.4.1945 zum Kommandierenden General des 56. Panzerkorps ernannt, mußte der General noch zusätzlich das schwere Amt des Kampfkommandanten von Berlin übernehmen. Selbst in dieser schwierigen Zeit des Krieges zeigte er hohes Verantwortungsbewußtsein und überlegtes Handeln. Nach seiner Gefangennahme durch die Russen am 3.5.1945 endete sein Leben am 17.11.1955 in einem Kriegsgefangenenlager in der Sowjetunion.

408. Eichenlaub	am 22. 2.1944 als	General der Artillerie und Kommandierender General des 41. Panzerkorps.
115. Schwerter	am 28.11.1944 als	General der Artillerie, für die Leistungen als Kommandierender General des 41. Panzerkorps.

General der Infanterie

Friedrich Mieth

Geboren am 4.6.1888
in Eberswalde/Brandenburg.

Auch Offizier im Ersten Weltkrieg und ab 1.9.1939 Chef des Generalstabes der 1. Armee. Ab 10.2.1940 Oberquartiermeister 1 im Generalstab des Heeres und am 25.6.1940 Chef des Stabes des Waffenstillstandskommandos in Frankreich. Ab 10.12.1940 wurde der erfahrene General Kommandeur der 112. Infanteriedivision, ab 24.11.1942 Kommandierender General der Sicherungstruppen im Heeresgebiet Don, ab 1.4.1943 des „Korps Mieth" und ab 20.7. des 4. Armeekorps. Härteste Einsätze am Mius und bei Nikopol konnten dank seiner ausgezeichneten Führungsleistungen ihren erfolgreichen Abschluß finden, und die übermenschlichen Leistungen seiner ihm unterstellten Truppen zählten zu den großen Taten im Bereich der Heeresgruppe Süd. Unter eigenem persönlichen Einsatz gab der General ein stetes Vorbild für seine Soldaten und starb am 2.9.1944 bei Jassy in Rumänien den Soldatentod. Ein schwerer Verlust traf die deutsche Wehrmacht, verlor sie doch einen Frontgeneral, dem auch die Verbündeten höchste Anerkennung zollten und der gleichermaßen als Mensch überall sehr geachtet war.

409. Eichenlaub am 1.3.1944 als General der Infanterie und
Kommandierender General des
4. Armeekorps.

Generalleutnant

Dr. Hermann Hohn

Geboren am 11.10.1897
in Renchen/Baden.

†

1914 Kriegsfreiwilliger, 1917 Offizier, 1939 im Stab des Generalkommandos Eifel und dann jeweils ab: 1.11.1939 Divisionsadjutant der 72. Infanteriedivision, 1.12.1942 Kommandeur des 2. Bataillons im Infanterieregiment 105, 1.7. Kommandeur des Infanterieregiments 124, 1.10. Kommandeur des Infanterieregiments 105, 23.12.1943 Führer und 1.3.1944 Kommandeur der 72. Infanteriedivision. Das sind Daten, hinter denen sich nicht nur zwei Weltkriege eines tapferen Soldatenlebens verbergen, sondern auch Lebensabschnitte einer Führerpersönlichkeit mit hohen soldatischen Tugenden und bewegter Menschlichkeit. Nach dem West- und Balkanfeldzug an der Ostfront zählte auch er zu den Kämpfern im Raume des Kessels bei Tscherkassy, und es war Dr. Hohns Mitverdienst, daß durch sein persönliches Eingreifen und entschlossenes Handeln die Aufbrechung der Einschließung gelang. Die 72. Infanteriedivision war auch in folgender Zeit unter seiner bewährten Führung eine verläßliche Truppe an der Ostfront und schlug noch manch schwere Abwehrschlacht. Dr. Hohn – in allen Einsätzen Mittelpunkt des Geschehens, beeindruckte durch gekonnt ruhige Führung ebenso wie beim Kampf in vorderster Linie, wo er als Soldat und Kamerad vorbildliche Haltung zu Tage legte. Ab 20.4.1945 wurde der verdiente General noch mit der Führung des 9. Armeekorps betraut, befand sich nach Kriegsende bis 1948 in Kriegsgefangenschaft im Westen und starb am 13.11.1968 in Ladenburg am Neckar/Baden-Württemberg.

410. Eichenlaub	am 1. 3.1944	als	Oberst und Führer der 72. Infanteriedivision.
109. Schwerter	am 31.10.1944	als	Generalmajor und Kommandeur der 72. Infanteriedivision.

Generalmajor

Erich Walther

Geboren am 5.8.1903
in Gorden/Sachsen.

Walther zählte zu den Fallschirmjägern der ersten Stunde und war seit 1.4.1935 im Regiment „General Göring". Ab 1.3.1938 bereits Kommandeur des 1. Bataillons des Fallschirmjägerregiments 1, bewährte er sich schon 1940 beim Norwegenunternehmen und im Westfeldzug beim Kampf um Holland und erhielt für außergewöhnliche Tapferkeit am 24.5.1940 das Ritterkreuz verliehen. Ebenso bewährt bei der Einnahme der Insel Kreta, wo er seine Jäger durch mitreißendes Beispiel immer wieder anspornte und Leistungen von überzeugender Einmaligkeit bot. Als die Fallschirmjäger 1943/44 in Italien gegen die gelandeten Invasionstruppen im Einsatz standen, führte Walther als Kommandeur das Fallschirmjägerregiment 4 und trug mit seinen Männern in entscheidender Weise zu den Erfolgen der 1. Fallschirmjägerdivision an dieser Front bei. Hohe Einsatzbereitschaft und geschicktes Führungsvermögen waren maßgebend für seine Ernennung zum Führer der Fallschirm-Panzergrenadierdivision 2 „Hermann Göring", die er an der Ostfront bis in die letzten Kriegswochen in harten Kämpfen erfolgreich zu führen verstand. Nach Kriegsende von den Russen gefangengenommen, starb der General am 26.12.1947 in der Kriegsgefangenschaft.

411. Eichenlaub	am 2.3.1944	als Oberst und Kommandeur des Fallschirmjägerregiments 4, in der 1. Fallschirmjägerdivision.
131. Schwerter	am 1.2.1945	als Generalmajor, für die Leistungen als Oberst und Führer der Fallschirm-Panzergrenadierdivision 2 „Hermann Göring".

Generalmajor

Ludwig Heilmann

Geboren am 9.8.1903
in Würzburg/Unterfranken.

†

1921 ins Heer eingetreten, nahm er als Infanterieoffizier am Polen- und Westfeldzug teil, ehe er im August 1940 zur Fallschirmtruppe kam. Ab September war Heilmann Kommandeur des 3. Bataillons des Fallschirmjägerregiments 3 und bewährte sich mit seinen Fallschirmjägern in einmaliger Art im Mai 1941 bei der Einnahme von Kreta. Für seine Verdienste hoch ausgezeichnet, stand er ab Oktober 1941 mit seinem Bataillon bereits im Nordabschnitt der Ostfront vor Leningrad in schweren Einsätzen und wurde dort ab 1.11.1942 Kommandeur des Regiments. Im Juli 1943 gegen die gelandeten Engländer in Sizilien eingesetzt, schlossen sich dann die schweren Kämpfe um und am Monte Cassino an. Die geleisteten Waffentaten in diesem Kampfgebiet zählten zu den größten des Zweiten Weltkrieges, und die Fallschirmjäger verschafften sich hier weltweiten, legendären Ruhm. Im Herbst 1944 übernahm Heilmann als Kommandeur die 5. Fallschirmjägerdivision, und man sah ihn mit dieser im Zuge der Ardennenoffensive an der Westfront kämpfen. Mit Mut und Entschlossenheit bei allen Fronteinsätzen bildete der tapfere Offizier die Grundlagen der Erfolge seiner einsatzfreudigen Fallschirmjäger, die ihrem verehrten und geachteten Kommandeur vertrauensvoll zur Seite standen. Von Mai 1945 bis August 1947 befand sich der General in Kriegsgefangenschaft im Westen und verstarb am 26.10.1959 in Kempten im Allgäu/Bayern.

412. Eichenlaub	am 2.3.1944	als	Oberst und Kommandeur des Fallschirmjägerregiments 3, in der 1. Fallschirmjägerdivision.
67. Schwerter	am 15.5.1944	als	Oberst und Kommandeur des Fallschirmjägerregiments 3, in der 1. Fallschirmjägerdivision.

Oberstleutnant

Kurt Bühligen

Geboren am 13.12.1917
in Granschütz/Thüringen.

Bühligens soldatischer Weg ist in der Luftwaffe eine Einmaligkeit. 1936 in die Fliegerersatzabteilung Oschatz/Sachsen eingerückt, kam er nach seiner Ausbildung zum Jagdflieger am 15.6.1940 als Flugzeugführer in die 2. Staffel des Jagdgeschwaders 2 „Richthofen" nach dem Westen, flog ab September im Stab der 2. Gruppe, wurde ab 15.4.1942 Staffelkapitän der 4. Staffel, ab 1.4.1943 Kommandeur der 2. Gruppe und ab 15.3.1944 Kommodore des Geschwaders. Zielstrebigkeit, Mut und hohes fliegerisches Können sind nur einige der Soldatentugenden, welche seiner Persönlichkeit den Stempel aufdrückten und ihn durch seine vielen Feindflüge und erzielten Luftsiege zu einem der Besten der Jagdwaffe werden ließen. Nach Hans Joachim Marseille und Heinz Bär war Kurt Bühlingen mit 112 bestätigten Abschüssen der erfolgreichste Jagdflieger gegen westliche Gegner und dem Geschwader ein jederzeit vorbildlicher Kommodore. Dauernd an der Kanalfront und kurze Zeit 1942/43 in Tunesien im Einsatz, wurde er zum wohl bedeutendsten Frontkämpfer der Jagdflieger an der Westfront. Mit seinen einmaligen Leistungen trug er wesentlich zu den Gesamterfolgen des Richthofengeschwaders bei, dessen Ruhm bei Freund und Feind gleichermaßen hohe Anerkennung fand und als dessen letzter Kommodore er sich bis zum Kriegsende höchstes Ansehen erwarb. Von Mai 1945 bis Dezember 1949 war Kurt Bühligen in sowjetischer Kriegsgefangenschaft.

413. Eichenlaub	am 2.3.1944	als	Major und Kommandeur der 2. Gruppe des Jagdgeschwaders 2 „Richthofen".
88. Schwerter	am 14.8.1944	als	Major und Kommodore des Jagdgeschwaders 2 „Richthofen".

Major

Horst Ademeit

Geboren am 8.2.1912
in Breslau.

Horst Ademeit kam 1939 in die Luftwaffe und nach erfolgter Jagdfliegerausbildung 1940 als Flugzeugführer ins Jagdgeschwader 54. Flog bereits im Westfeldzug, am Kanal und am Balkan viele Einsätze und wurde dann an der Ostfront zu einem sehr erfolgreichen Jagdflieger. Viele Feindflüge und Luftsiege zeichnen den Weg dieses vornehmen Fliegeroffiziers, der im Grünherzgeschwader im Nordabschnitt der Ostfront zu den Besten zählte. In unermüdlichen Einsätzen flog er auch viele Tiefangriffe zur Unterstützung des Heeres und war ein verläßlicher Pilot bei der Durchführung von Begleitschutzaufträgen für Kampf- und Sturzkampfverbände. Seit Januar 1944 war Ademeit Kommandeur der 1. Gruppe, flog Einsatz um Einsatz und gab laufend Beispiele von höchster Bewährung, Tapferkeit und Können. Am 8.8.1944 fiel dieser vorbildliche Flieger über Dünaburg im Verlauf der Kämpfe in Kurland, und die deutsche Luftwaffe traf erneut ein schwerer Verlust.

414. Eichenlaub am 2.3.1944 als Hauptmann und Kommandeur der 1. Gruppe des Jagdgeschwaders 54.

Hauptmann

Walter Krupinski

Geboren am 11.11.1920
in Domnau/Ostpreußen.

Seit 1939 in der Luftwaffe und ab 15.10.1940 als Flugzeugführer im Jagdgeschwader 52. In diesem erfolgreichsten Jagdgeschwader der deutschen Luftwaffe, welches im Kriege über 10.000 Luftsiege errang, war Krupinski an der Ostfront einer der tüchtigsten und einsatzfreudigsten Offiziere. Ab 15.3.1943 Staffelkapitän der 7. Staffel, bewies er Kühnheit und Tapferkeit und erreichte mit dieser als erste deutsche Jagdstaffel 1.000 bestätigte Luftsiege. Nach schweren Verletzungen und Verwundungen und einiger Zeit als Jagdfluglehrer fand man Krupinski immer wieder an der Front, und er wiederholte seine Leistungen auch in der Reichsverteidigung, wo er seit 18.4.1944 die 1. Staffel des Jagdgeschwaders 5 führte. Ab 7.5. wurde er Kommandeur der 2. Gruppe des Jagdgeschwaders 11, und nach Verwundung am 5.7. übernahm er ab 27.9. als Kommandeur die 3. Gruppe des Jagdgeschwaders 26 „Schlageter" und kämpfte nach deren Auflösung ab 26.3.1945 als Flugzeugführer im Düsenjägerjagdverband 44 bis zum Kriegsende. 198 bestätigte Luftsiege, in Ost und West erzielt, sowie 1.100 Feindflüge reihen diesen hervorragenden Offizier zu den besten Jagdfliegern der deutschen Luftwaffe.

415. Eichenlaub am 2.3.1944 als Oberleutnant und
Staffelkapitän der
7. Staffel des
Jagdgeschwaders 52.

Hauptmann

August Geiger

Geboren am 6.5.1920
in Überlingen/Baden.

August Geiger trat 1939 in die Luftwaffe ein und kam nach Ausbildung zum Zerstörer- und Jagdflieger im März 1941 als Flugzeugführer in die 1. Gruppe des Nachtjagdgeschwaders 1, wurde ab Februar 1942 Staffelkapitän der 7. Staffel und ab Mai 1943 Kommandeur der 3. Gruppe. Er war ein hervorragender Flieger, der am nächtlichen Himmel bei oft schwierigsten Wetterbedingungen große Erfolge verbuchen konnte. Die schweren Einsätze gegen die englischen Bomberflotten erforderten hohe Kampfbereitschaft und Ausdauer, und August Geiger besaß diese Fähigkeiten in großem Ausmaß. Als beherzter Kämpfer erreichte er viele Nachtluftsiege und war immer am Feind. Am 29.9.1943 ereilte ihn über Holland in treuer Pflichterfüllung sein Fliegerschicksal, und die Nachtjagd verlor einen ihrer hoffnungsvollsten Piloten und Verbandsführer. Die deutsche Luftwaffe trauerte um einen aufgeschlossenen Offizier und Kameraden.

416. Eichenlaub am 2.3.1944 nach dem Tode, für die Leistungen als
Hauptmann und
Kommandeur der
3. Gruppe des
Nachtjagdgeschwaders 1.

Major

Hans Dieter Frank

Geboren am 8.7.1919
in Kiel.

1937 in die Luftwaffe eingetreten und nach Jagdfliegerausbildung ins Zerstörergeschwader 1 gekommen, flog Frank hier schon in den ersten Kriegsjahren viele Einsätze in der 1. Gruppe in Polen, Norwegen und im Westen. Nach Übernahme der Gruppe in die Nachtjagd wurde er im Nachtjagdgeschwader 1 zu einem ausgezeichneten Nachtjäger, der am 20.6.1943 für seine vielen erzielten Nachtluftsiege als Staffelkapitän der 2. Staffel das Ritterkreuz erhielt. Hohes fliegerisches Können, Wagemut und Tapferkeit waren erforderlich, um in den nächtlichen Luftkämpfen erfolgreich bestehen zu können, und Hans Dieter Frank erwies sich mit diesen Tugenden höchst begabt. In betont zielstrebiger Art erreichte er Erfolg um Erfolg, ehe er bei einem Einsatz über Hannover am 27.9.1943 mit einem eigenen Nachtjäger zusammenstieß und den Tod fand. Das Nachtjagdgeschwader 1 beklagte binnen kurzer Zeit den Tod von zwei erfolgreichen Gruppenkommandeuren. Mit Hans Dieter Frank und August Geiger starben zwei der besten Nachtjäger der deutschen Luftwaffe.

417. Eichenlaub am 2.3.1944 nach dem Tode, für die Leistungen als
Hauptmann und
Kommandeur der
1. Gruppe des
Nachtjagdgeschwaders 1.

Major

Johannes Wiese

Geboren am 7.3.1915
in Breslau.

Seit 1934 im Infanterieregiment 6 und 1936 als Oberfähnrich in die Luftwaffe übernommen, kam Wiese im Juli 1941 als Geschwaderadjutant ins Jagdgeschwader 52 an die Ostfront, wurde ab 26.6.1942 Staffelkapitän der 2. Staffel und ab 11.5.1943 Kommandeur der 1. Gruppe. Auch einer der tapferen und ausgezeichneten Jagdflieger, die mit ihren beständigen Leistungen das Jagdgeschwader 52 berühmt gemacht haben. Nach vielen Einsätzen und Luftsiegen im Südabschnitt der Ostfront am 19.5.1944 schwer verwundet, wurde Johannes Wiese im Juli Kommandeur der Verbandsführerschule des Generals der Jagdflieger und übernahm im Oktober als Kommodore das Jagdgeschwader 77 in der Reichsverteidigung. In härtesten Luftkämpfen zeigte der erfahrene Kommodore auch am Himmel über Deutschland seine große Klasse als Jagdflieger und war durch Können und Mut immerzu Vorbild der jungen Jagdflieger in diesem schweren Kampfgebiet. Am 24.12.1944 über Bottrop/Westfalen abgeschossen und erneut schwer verwundet, befand sich dieser hervorragende Offizier bei Kriegsende in einem Lazarett, wurde von den Amerikanern entlassen, am 6.9.1945 an die Russen überstellt und war bis 28.11.1949 in sowjetischer Kriegsgefangenschaft.

418. Eichenlaub am 2.3.1944 als Major und
Kommandeur der
1. Gruppe des
Jagdgeschwaders 52.

Major

Reinhard Seiler

Geboren am 30.8.1909
in Rawitsch/Westpreußen.

1935 schon in der Luftwaffe und 1938/39 im Einsatz bei der „Legion Condor" in Spanien, flog Seiler bei Kriegsausbruch 1939 in der 1. Gruppe des Jagdgeschwaders 76, dem späteren Jagdgeschwader 54. Ab 15.12. wurde er Staffelkapitän der 1. Staffel, flog Einsätze im Westen, Südosten und Osten, wo er ab 30.9.1941 Kommandeur der 3. Gruppe wurde. Ruhiger und besonnener Jagdflieger mit vielen Luftsiegen im Osten, teils auch bei Nacht erzielt, und reich an Erfahrung in Führung und Luftkampf. Oftmals im Kampf verwundet und immer wieder im Fronteinsatz, bestach er in hunderten Feindflügen durch Können, Tapferkeit und einmalige Einsatzbereitschaft. Im Frühjahr 1943 erfolgte die Verlegung seiner Gruppe an die Westfront, und Seiler übernahm dann im Mai 1943 als Kommandeur die 1. Gruppe an der Ostfront, wurde im August schwer verwundet und ging dann auf Grund seiner Frontuntauglichkeit als Kommodore zum Jagdgeschwader 104, einem Schulgeschwader im Heimatgebiet. Reinhard Seiler war auch hier ein jederzeit vorbildlicher Offizier, der in dieser Kommandostellung Wertvolles für die Luftwaffe geleistet hat.

419. Eichenlaub am 2.3.1944 als Major, für die Leistungen als Kommandeur der 1. Gruppe des Jagdgeschwaders 54.

Major

Erich Hartmann

Geboren am 19.4.1922
in Weissach/Württemberg.

Hartmann setzte durch seine Leistungen in der Luftwaffe Maßstäbe von bestechender Einmaligkeit. Im Oktober 1940 ins Fliegerregiment 10 gekommen, kam er nach seiner Ausbildung zum Jagdflieger am 10.10.1942 als Flugzeugführer in die 7. Staffel des Jagdgeschwaders 52 an die Ostfront. Ab 5.7.1943 war er stellvertretender Staffelführer und wurde ab 2.9.1943 Staffelkapitän der 9. Staffel. Hohe Einsatzbereitschaft, Tapferkeit und Können wurden zu Fundamenten seiner einmaligen Erfolge und ließen ihn zu einer herausragenden Persönlichkeit als Flieger und Offizier werden. Am 25.8.1944 erreichte Erich Hartmann als erster Jagdflieger den 300. Luftsieg, übernahm ab 1.10.1944 als Staffelkapitän die 4. Staffel, führte zeitweise auch die 2. Gruppe und war mit zweiundzwanzig Jahren der jüngste Brillantenträger der deutschen Wehrmacht. Ab 1.12.1944 zum Kommandeur der 1. Gruppe ernannt, beeindruckte er als Verbandsführer und Frontflieger gleichermaßen und beendete den Krieg mit 1.425 Feindflügen und 352 bestätigten Luftsiegen, die ihn zum erfolgreichsten Jagdflieger der Welt stempelten. Volk und Wehrmacht blickten in Stolz auf diesen hervorragenden jungen Jagdflieger, der durch seine Leistungen dem deutschen Soldatentum in der ganzen Welt zu höchstem Ansehen verhalf und auch seitens des Gegners gebührende Achtung erfuhr. Nach Kriegsende wurde dieser aufrechte und kameradschaftliche Offizier nach seiner Gefangennahme am 8.5.1945 von den Amerikanern an die Russen ausgeliefert und war bis 14.10.1955 in sowjetischer Kriegsgefangenschaft.

420. Eichenlaub	am	2.3.1944	als	Leutnant und Staffelkapitän der 9. Staffel des Jagdgeschwaders 52.
75. Schwerter	am	2.7.1944	als	Oberleutnant und Staffelkapitän der 9. Staffel des Jagdgeschwaders 52.
18. Brillanten	am	25.8.1944	als	Oberleutnant und Staffelkapitän der 9. Staffel des Jagdgeschwaders 52.

Generalmajor

Hermann Heinrich Behrend

Geboren am 25.8.1898
in Perleberg/Brandenburg.

1915 Kriegsfreiwilliger, 1917 Offizier, 1939 Kommandeur des 1. Bataillons des Infanterieregiments 489 und 1940 Teilnahme an der Besetzung Dänemarks und am Westfeldzug. Anschließend im Ostfeldzug, bewährte sich Behrend mit seinen Soldaten auf das höchste bei der Einnahme der Stadt Tauroggen beim Vormarsch im Bereich der Heeresgruppe Nord. Für diese Erfolge am 15.7.1941 mit dem Ritterkreuz ausgezeichnet, kam er nach Verwundung am 9.9.1941 in ein Lazarett, übernahm ab 10.12.1941 als Kommandeur den Heeresstreifendienst in der Ukraine und ab 20.12.1942 in Norwegen und Finnland. Ab 30.4.1943 wurde Behrend Kommandeur des Grenadierregiments 154 und stand wieder in harten Kämpfen im Nordabschnitt der Ostfront im Einsatz, wo er mit seinen Grenadieren in unermüdlicher Tapferkeit an allen Brennpunkten der Front hohe soldatische Beispiele zeigte und als Vorgesetzter in allen seinen Handlungen immerzu Einfühlungsvermögen und bewegte Menschlichkeit bekundete. Ab 20.6.1944 dann in der Führerreserve des Oberkommandos des Heeres, ab 22.7. wieder an der Ostfront und Kommandeur der Divisionsgruppe 299 und ab 1.9. Kommandeur des Grenadierregiments 529. Nach Divisionsführerlehrgang ab 13.2.1945 wurde der verdiente Offizier Ende März 1945 Kommandeur der 490. Infanteriedivision an der Westfront und bewies auch in den letzten Kriegsmonaten im Kampf gegen die Briten großartigen Einsatz, Mut und beispielgebendes Führertum. Nach Kriegsende befand sich der General bis Mai 1947 in britischer Kriegsgefangenschaft.

421. Eichenlaub	am 6.3.1944	als	Oberst und Kommandeur des Grenadierregiments 154, in der 58. Infanteriedivision.
144. Schwerter	am 26.4.1945	als	Generalmajor und Kommandeur der 490. Infanteriedivision.

Oberfeldwebel

Gustav Stühmer

Geboren am 8.4.1914
in Elsfleth/Oldenburg.

Seit Oktober 1935 in der Wehrmacht, und zwar in der 6. Kompanie des Infanterieregiments 58, kam er im Dezember 1939 in die 8. Kompanie des Infanterieregiments 399 und wurde nach dem Westfeldzug im August 1941 Zugführer in der 11. Kompanie. An der Ostfront zählte er zu den hochbewährten Feldwebeln des Heeres, die im Laufe des Krieges in immer deutlicherer Form ihre soldatischen Fähigkeiten unter Beweis stellten. Ob bei den Kämpfen auf der Krim, um Sewastopol oder im Norden der Ostfront vor Leningrad – überall war Stühmer ein tapferer Soldat, der nicht nur viele erfolgreiche Stoßtruppunternehmen durchführte, sondern auch in schweren Abwehrkämpfen Geschick und Ausdauer zeigte. Oftmals verwundet und immer wieder im Fronteinsatz, waren seine geleisteten Waffentaten und sein hoher Kameradschaftssinn stets beeindruckend. Bezeichnend und ohne Beispiel dastehend sein Verhalten am 16.2.1944, als er sich bei einem feindlichen Werferüberfall schützend über seinen Regimentskommandeur Oberst Franz Griesbach warf und so dessen Leben rettete. Stühmer – tödlich getroffen, setzte hier eine Tat, die über den Tod hinaus für alle Zeit immer bewundernde Anerkennung verdient.

422. Eichenlaub am 6.3.1944 nach dem Tode, für die Leistungen als
Oberfeldwebel und
Zugführer in der
11. Kompanie des
Grenadierregiments 399, in der
170. Infanteriedivision.

SS Gruppenführer und Generalleutnant der Waffen SS

Fritz von Scholz

Geboren am 9.12.1896
in Pilsen/Böhmen.

Hochausgezeichneter Offizier im Ersten Weltkrieg, kam Scholz 1935 in die SS Verfügungstruppe und kämpfte 1940 im Westfeldzug. Ende 1940 wurde er Kommandeur des SS Regiments „Nordland", einer aus deutschen und europäischen Freiwilligen gebildeten Truppe, die im Rahmen der SS Division „Wiking" 1941 im Ostfeldzug in den Kämpfen bei Rostow im Südabschnitt der Ostfront bereits soldatische Höchstleistungen bot. Ende 1942 baute Fritz von Scholz aus seinem Regiment „Nordland" und dem Freikorps „Danmark" die SS Freiwilligen-Panzergrenadierdivision „Nordland" auf, als deren Kommandeur er sich 1943/44 im Nordabschnitt der Ostfront im Rahmen des 3. germanischen SS Panzerkorps höchste Verdienste erwerben konnte. Unerschrockenheit, Klugheit und hervorragende Kameradschaft waren einige der Wesenszüge dieses tapferen Generals, der es immer wieder verstand, auch auftretenden Krisen mit Standhaftigkeit und Härte zu begegnen. Die Leistungen des Kommandeurs und seiner Division zählten zu den ganz großen an der Ostfront, wo Scholz am 27.7.1944 im Narwabrückenkopf in vorderster Linie schwer verwundet wurde und am 28.7.1944 diesen Verletzungen erlegen ist. Die Waffen SS verlor einen großartigen Führer und Menschen.

423. Eichenlaub	am 12.3.1944	als SS Brigadeführer und Kommandeur der 11. SS Freiwilligen-Panzergrenadierdivision „Nordland".
85. Schwerter	am 8.8.1944	nach dem Tode, für die Leistungen als SS Gruppenführer und Kommandeur der 11. SS Freiwilligen-Panzergrenadierdivision „Nordland".

Oberstleutnant

Willi Thulke

Geboren am 22.9.1916
in Gumbinnen/Ostpreußen.

Ab Oktober 1938 Reserveoffiziersbewerber in der 1. Infanteriedivision und ab Juli 1940 bis August 1941 Zugführer in der 5., 6. und 7. Kompanie des Infanterieregiments 501. Von September 1941 bis März 1943 führte Thulke die 7., bzw. 6. Kompanie und war von Mai 1943 bis März 1944 Kommandeur des 2., bzw. 3. Bataillons des Grenadierregiments 501. Nach Einsatz im Polen- und Westfeldzug gehörte auch er zu den verdienten Infanterieoffizieren, die an der Ostfront in beispielgebender Art laufend einmalige Waffentaten vollbrachten. Im Verlauf der Kämpfe südlich des Ilmensees und vor Newel, im Nordabschnitt der Ostfront, hielt er mit seinen Grenadieren trotz Verwundung in unerschütterlicher Standhaftigkeit seine zugewiesene Frontlinie und erreichte dadurch schlachtentscheidende Erfolge. Nach Regimentsführerlehrgang im September/Oktober 1944 wurde der tapfere Offizier ab 1.11.1944 Führer und ab 1.3.1945 Kommandeur des Grenadierregiments 586, wo er in härtesten Einsätzen ebenfalls an der Ostfront noch Beispiele höchster soldatischer Pflichterfüllung zeigte und ein Vorgesetzter war, auf den seine Grenadiere in jeder Lage vertrauensvoll blickten.

424. Eichenlaub am 13.3.1944	als Hauptmann, für die Leistungen als Kommandeur des 3. Bataillons des Grenadierregiments 501, in der 290. Infanteriedivision.

Major

Josef Rettemeier

Geboren am 17.9.1914
in Niederdollendorf bei Bonn.

Schon 1934 in der Wehrmacht, war Rettemeier 1939 Adjutant des Schützen-Ersatzregiments 82 und 1940 Ordonnanzoffizier in der 9. Panzerdivision, mit der er den Westfeldzug mitmachte. 1941 wurde er Kompaniechef in der Panzerjägerabteilung 111 und 1942 Chef der 2. Kompanie des Panzerregiments 5, bzw. Führer der 1. Abteilung. Mit dieser Einheit in Afrika schon sehr bewährt, kam er 1943 als Kommandeur der Panzerabteilung 5 an die Ostfront, wo die Abteilung unter seiner Führung im Mittelabschnitt hervorragende Leistungen geboten hat. Die Kämpfe an der Rollbahn von Smolensk, bei Witebsk und Rogatschew stehen mit seinen Abwehrerfolgen in stetem Einklang und sind bezeichnend für seine Tapferkeits- und Führungsleistungen. Beispielgebend auch die Art, wie er seine Männer nach dem schweren Vernichtungsschlag der Sowjets gegen die Heeresgruppe Mitte im Juni 1944 in härtesten Kämpfen durch den russischen Einschließungsring zu den deutschen Linien zurückführte. Anschließend zum Kommandeur der 1. Abteilung des Panzer-Lehrregiments 130 ernannt, war auch sein Einsatz an der Westfront stets überzeugend, ehe 1945 seine Berufung als Lehrgangskommandeur an die Fahnenjunkerschule Erlangen in Franken erfolgte, wo sich Josef Rettemeier bis zum Kriegsende als Offizier und Mensch noch hohes Ansehen erwarb.

425. Eichenlaub am 13.3.1944 als Hauptmann und
Kommandeur der
Panzerabteilung 5.

General der Panzertruppe

Smilo Freiherr von Lüttwitz

Geboren am 23.12.1895
in Straßburg/Elsaß.

Offizier im Ersten Weltkrieg und ab 1.11.1938 Adjutant des 15. Armeekorps. Dann jeweils ab: 14.6.1940 Kommandeur des Schützenregiments 12, 1.3.1942 Kommandeur der 4. Schützenbrigade, 1.4. Führer der 23. Infanteriedivision, der späteren 26. Panzerdivision, 1.9. deren Kommandeur, 24.7.1944 Kommandierender General des 46. Panzerkorps, 1.9. Führer der 9. Armee und 31.3.1945 Kommandierender General des 85. Armeekorps. Ein tapferer und erfahrener Truppenführer von außergewöhnlicher Prägung und schon im Polen- und Westfeldzug ausgezeichnet, bewies er an der Ostfront, in Italien, wieder im Osten und erneut an der Westfront überragendes Führungskönnen. Die Erfolge der 26. Panzerdivision auf dem italienischen Kriegsschauplatz sind aus den Führungsleistungen des Generals besonders hervorzuheben, wo er bei den Absetzkämpfen in Calabrien und in der Schlacht bei Salerno durch persönliche Tapferkeit und seine reiche Erfahrung manch kritische Lage meistern konnte. Fünf Kriegsverwundungen künden vom hohen Einsatz dieses mutigen Frontgenerals, der seinen Soldaten immerzu leuchtendes Vorbild war. Weitblick, entschlossenes Handeln und unbeirrbares Selbstbewußtsein verrieten in ihm die untadelige Führerpersönlichkeit, und ausgeprägte soldatische Ideale bekräftigten sein ganzes Tun für das Vaterland. Nach Kriegsende zwei Jahre in amerikanischer Kriegsgefangenschaft, verstarb Smilo Freiherr von Lüttwitz am 19.5.1975 in Koblenz/Rheinland-Pfalz.

426. Eichenlaub am 16.3.1944 als Generalleutnant und Kommandeur der 26. Panzerdivision.
76. Schwerter am 4.7.1944 als Generalleutnant und Kommandeur der 26. Panzerdivision.

Oberst

Josef Bregenzer

Geboren am 30.6.1909
in Wernack/Unterfranken.

Schon seit 1927 in der Reichswehr, war Bregenzer im Dezember 1939 Hauptfeldwebel im Infanterieregiment 245 und ab März 1940 Chef der 12. Kompanie. Nach Einsatz und Besatzungszeit in Frankreich ging es dann an die Ostfront, wo Bregenzer ab Januar 1943 Kommandeur des 1. Bataillons und ab November 1943 schließlich Kommandeur des Regiments wurde. Hier zeichnete er sich mit seinen Soldaten bei den schweren Kämpfen im Raume Woronesch und später bei Uman im Südabschnitt der Ostfront in hervorragender Weise aus. Durch selbständige Entschlüsse gelangen ihm immer wieder ungeahnte Erfolge gegen übermächtige Feindkräfte, und sein Beispiel an geballter Energie war stets Ansporn und Auftrieb für seine Grenadiere auch in ausweglosesten Lagen. Ebenso bewährt im Kessel von Tscherkassy, wo ihm mit wenigen seiner Männer der Ausbruch gelang, stand er nach Neuaufstellung der 88. Infanteriedivision Mitte 1944 wieder im Einsatz an der Ostfront, wo sein tapferes Soldatenleben am 16.7.1944 bei Swinjuchi in Polen erlosch. In schwerer Zeit verlor das deutsche Heer wieder einen seiner Besten.

427. Eichenlaub am 17.3.1944 als Oberstleutnant und Kommandeur des Grenadierregiments 245, in der 88. Infanteriedivision.

General der Infanterie

Friedrich Schulz

Geboren am 15.10.1897
in Nettkow/Schlesien.

†

1914 Kriegsfreiwilliger, 1916 Offizier, zu Beginn des Zweiten Weltkrieges im Oberkommando der Wehrmacht und ab 20.4.1940 Chef des Generalstabes des 43. Armeekorps. Ein Offizier mit ausgeprägten Führereigenschaften und schon im Westfeldzug bewährt, brachte Schulz dann an der Ostfront Führungsleistungen von betonter Einmaligkeit. Ab 12.5.1942 war er Chef des Generalstabes der 11. Armee und vom 27.11.1942 bis 1.3.1943 der Heeresgruppe Don bzw. Süd. Dann in der Reihenfolge ab: 1.5. Kommandeur der 28. Jägerdivision, 1.12. Führer des 3. Panzerkorps, 8.2.1944 Führer des 59. Armeekorps, 22.3. Kommandierender General des 46. Panzerkorps und 25.6. Oberbefehlshaber der 17. Armee. Betrachtet man diese Daten, so ergeben sie das Bild eines Ostfrontgenerals, der in Erfahrung, Können und Tapferkeit in die Reihe der besten deutschen Heerführer zu stellen ist. In oft schwierigsten Krisen und gegen stärkste Feindkräfte erreichte Schulz auch in schwerster Zeit einmalige Erfolge. Ab 2.4.1945 übernahm der General den Oberbefehl über die Heeresgruppe C in Italien und vertrat zeitweilig auch den Oberbefehlshaber Südwest, Generaloberst von Vietinghoff-Scheel, was seine soldatische Persönlichkeit in bezeichnender Form deutlich macht. Nach der Kriegsgefangenschaft lebte Friedrich Schulz in Freudenstadt im Schwarzwald/Baden-Württemberg, wo er am 30.11.1976 verstorben ist.

428. Eichenlaub	am 20.3.1944	als	Generalleutnant, für die Leistungen als Führer des 3. Panzerkorps.
135. Schwerter	am 26.2.1945	als	General der Infanterie und Oberbefehlshaber der 17. Armee.

Generalmajor der Reserve

Werner Mummert

Geboren am 31.3.1897
in Lüttewitz/Sachsen.

Kriegsfreiwilliger und Offizier im Ersten Weltkrieg und ab 26.8.1939 Kommandeur der Aufklärungsabteilung 4. Schon im Polen- und Westfeldzug bewährt, war er auch an der Ostfront ein Offizier mit hohem Einsatzwillen und überragender Kühnheit. Hier führte er als Kommandeur die Schnelle Abteilung 256, und die Verleihung des Ritterkreuzes am 17.8.1942 war die Anerkennung für hervorragende Einsatzleistungen im Mittelabschnitt der Ostfront. Unerschrockenheit und Selbstvertrauen in allen Kämpfen prägten die Persönlichkeit dieses bedeutenden Frontoffiziers, und das richtige Eingreifen mit seinen Soldaten im oft letzten Augenblick entschied manche Schlacht zu seinen Gunsten. 1943 war Mummert dann in der Führerreserve des Oberkommandos des Heeres und übernahm ab 28.1.1944 als Kommandeur das Panzergrenadierregiment 103 im Südabschnitt der Ostfront. In der Abwehrschlacht bei Kirowograd zeigte der tapfere Offizier erneut Entschlußkraft, betonte Führereigenschaften und mitreißenden Schwung und vereitelte wichtige Gesamterfolge des Gegners. Ab 15.1.1945 wurde Werner Mummert Kommandeur der Panzerdivision „Müncheberg" und war in den Endkämpfen dieses furchtbaren Krieges eine Führerpersönlichkeit von Rang und Überlegtheit. Nach Kriegsende in sowjetische Gefangenschaft geraten, verstarb der General im Jänner 1950 in einem Kriegsgefangenenlager in Rußland.

429. Eichenlaub	am 20. 3.1944 als	Oberst der Reserve und Kommandeur des Panzergrenadierregiments 103, in der 14. Panzerdivision.
107. Schwerter	am 23.10.1944 als	Oberst der Reserve und Kommandeur des Panzergrenadierregiments 103, in der 14. Panzerdivision.

Oberstleutnant

Hans Joachim Jabs

Geboren am 14.11.1917
in Lübeck/Schleswig-Holstein.

Jabs zählte zu den erfolgreichsten Zerstörerpiloten der deutschen Luftwaffe und hatte schon viele Luftsiege erzielt, als er im Jahre 1942 zur Nachtjagd kam. Seit 1936 in der Luftwaffe, kam er 1940 in die 2. Gruppe des Zerstörergeschwaders 76 und wurde 1941 Staffelkapitän der 6. Staffel. Sehr erfolgreich im Westen und für seine Tapferkeit schon am 4.10.1940 mit dem Ritterkreuz ausgezeichnet, bot er auch im Kreta-Einsatz große Leistungen, kam dann zur Nachtjagd und übernahm ab 1.11.1942 als Staffelkapitän die 11. Staffel des Nachtjagdgeschwaders 1, wurde ab 1.2.1943 Kommandeur der 4. Gruppe und ab März 1944 Kommodore des Geschwaders. Die Erfolge des Nachtjagdgeschwaders 1 in der Reichsverteidigung sind mehr als bekannt und bezeugen in aller Deutlichkeit den unermüdlichen Einsatzwillen der deutschen Nachtjäger, zu deren Persönlichkeiten auch Hans Joachim Jabs gehörte. Ritterlichkeit und einmaliger Soldatengeist waren in all seinen Handlungen der Inbegriff im Dienste für das Vaterland und widerspiegeln das Bild eines Fliegeroffiziers, der sich in der Luftwaffe hohen Ansehens und großer Beliebtheit erfreuen konnte.

430. Eichenlaub am 24.3.1944 als Major, für die Leistungen als Kommandeur der 4. Gruppe des Nachtjagdgeschwaders 1.

Oberstleutnant

Bernhard Jope

Geboren am 10.5.1914
in Leipzig/Sachsen.

1935 in die Luftwaffe eingetreten, 1938/39 in der „Legion Condor" in Spanien im Einsatz und 1939/40 über Polen und Frankreich schon sehr bewährt, erreichte Jope seine großen Erfolge als Kampfflieger im Einsatz gegen England. Zuerst Flugzeugführer und ab Februar 1941 Staffelkapitän der 2. Staffel des Kampfgeschwaders 40, wurde er hier besonders im Kampf gegen Schiffseinheiten zu einem erfolgreichen Piloten im Geschwader. Bereits am 30.12.1940 für seine Leistungen mit dem Ritterkreuz ausgezeichnet, kam er ab März 1943 als Kommandeur der 3. Gruppe ins Kampfgeschwader 100 und wurde ab August 1943 dessen Kommodore. In vielen Feindflügen wiederholt bewährt und tapfer im Einsatz, war er ein vorbildlicher Kommodore, der mit seinen Fliegern von Flugplätzen in Italien erfolgreich gegen die Amerikaner und Engländer kämpfte. Sein Geschwader war das erste der deutschen Luftwaffe, welches mit neuartigen Fernlenkbomben ausgestattet wurde und hiermit im Mittelmeer bedeutende Einsatzerfolge verzeichnen konnte. Ab Januar 1945 wurde Bernhard Jope zum Kommodore des Kampfgeschwaders 30 ernannt, wo er gleichfalls durch hohes Können als geachtete Führerpersönlichkeit galt, selbst als die Kampfflieger in den letzten Kriegsmonaten die Verbände der Reichsverteidigung verstärkten und dadurch sehr viel zum Ruhm der deutschen Kampffliegerwaffe in allen Belangen beigetragen haben.

431. Eichenlaub am 24.3.1944 als Major und
Kommodore des
Kampfgeschwaders 100.

Major

Wilhelm Schmitter

Geboren am 18.12.1913
in Rheydt/Rheinland.

Auch einer der hervorragenden Kampfflieger der deutschen Luftwaffe, die in unermüdlicher Opferbereitschaft und treuester Pflichterfüllung das Höchste gaben. 1936 in die Luftwaffe gekommen und 1939 in Polen als Aufklärer im Einsatz, kam er dann ins Kampfgeschwader 2 und wurde hier durch Tapferkeit, hohes fliegerisches Können und einmaligen Angriffsgeist zu einem beliebten und beispielgebenden Offizier, der sehr viel zu den Waffentaten dieses bekannten Geschwaders beigetragen hat. 1943 wurde Wilhelm Schmitter Kommandeur der 2. Gruppe und flog Einsatz um Einsatz gegen die britische Insel, wo er besonders große Erfolge gegen Hafen- und Rüstungsanlagen, sowie gegen Schiffseinheiten erzielen konnte. 610 Feindflüge, davon 100 als Aufklärer geflogen, reihen ihn ins Spitzenfeld der besten deutschen Kampfflieger, und sein Tod am 8.11.1943 bei einem Einsatz über London hinterließ in der Luftwaffe eine schwer zu schließende Lücke und entfachte große Trauer.

432. Eichenlaub am 24.3.1944 nach dem Tode, für die Leistungen als
Major und
Kommandeur der
2. Gruppe des
Kampfgeschwaders 2.

Major

Dr. Maximilian Otte

Geboren am 3.9.1910
in Rawitsch/Westpreußen.

1935 von der Marine zur Luftwaffe gekommen, flog er im Polenfeldzug als Flugzeugführer in der 2. Gruppe des Zerstörergeschwaders 1. Nach kurzer Zeit in der Jagdgruppe 101, kam er im Mai 1940 zum Stab des Jagdgeschwaders 77 und nahm hier am Westfeldzug teil. Nach der Ausbildung zum Stukaflieger wurde Dr. Otte dann im Stukageschwader 2 „Immelmann" zu einem tapferen Flieger, Verbandsführer und Frontkämpfer. Seit Januar 1941 als Flugzeugführer in der 9. Staffel, kämpfte er am Balkan und an der Ostfront, wo er im Januar 1942 Staffelkapitän wurde, einmaligen Einsatz zeigte und hoch ausgezeichnet wurde. Ab 12.4.1943 erfolgte seine Versetzung zum Stab des Stukageschwaders 3, und ab 10.9. übernahm Dr. Otte als Kommandeur die 2. Gruppe des Stukageschwaders 2 „Immelmann". Hohes Können, Mut und Einsatzfreude prägten das Antlitz eines bedeutenden und beliebten Fliegeroffiziers, der in 1.179 Feindflügen große Waffentaten vollbrachte. Im Geschwader, das er auch zeitweise als stellvertretender Kommodore führte, war er Vorbild und Kamerad. Am 20.5.1944 starb er bei einem Einsatz im Raume über Koschniza in Rumänien mit seinem Bordfunker den Soldatentod. Die deutsche Luftwaffe trauerte um eine vorbildlich bewährte Stukabesatzung.

433. Eichenlaub am 24.3.1944 als Major und
Kommandeur der
2. Gruppe des
Schlachtgeschwaders 2 „Immelmann".

Oberstleutnant

Hansgeorg Bätcher

Geboren am 13.1.1914
in Finsternwalde/Brandenburg.

Er war der Kampfflieger, dessen 658 Feindflüge eine wohl deutliche Sprache in der Geschichte dieser Waffe sprechen und die von keinem anderen Kampfflieger im Zweiten Weltkrieg erreicht wurden. An den Fronten in Polen, Frankreich, gegen England und die Sowjetunion bewies Bätcher unbeugsamen Einsatzwillen, Tapferkeit und Ausdauer und brachte in fliegerischer Hinsicht außerordentliche Beispiele. Seit 1935 in der Luftwaffe und ab 1937 im Kampfgeschwader 27 „Boelcke", erreichte er seine großen Erfolge in der Kampfgruppe 100 an der Ostfront, wo er ab 15.7.1941 Staffelkapitän der 1. Staffel und ab 21.10.1943 Kommandeur der 1. Gruppe des Kampfgeschwaders 4 „General Wever" – der ehemaligen 1. Gruppe der Kampfgruppe 100 – wurde. Was dieser Offizier an Leistungen vollbrachte – seien es die Einsätze gegen Moskau, Sewastopol, Toropez oder Stalingrad, um nur einige zu nennen, – ist in Worten kaum auszudrücken. In unauffälliger Art erzielte er oft entscheidende Taten und leistete einen hohen Beitrag zu den Einsatzleistungen der deutschen Kampfflieger im Zweiten Weltkrieg. Ab 25.3.1944 war Bätcher im Stab der Luftflotte 4, übernahm ab 6.12. als Kommandeur die 3. Gruppe des Kampfgeschwaders 76 an der Westfront, wurde Ende Feber 1945 Kommodore des Kampfgeschwaders 54, welches als Jagdverband in der Reichsverteidigung eingesetzt war, und war eine geachtete Persönlichkeit in der so tatenreichen deutschen Luftwaffe.

434. Eichenlaub am 24.3.1944 als Major und
Kommandeur der
1. Gruppe des
Kampfgeschwaders 4 „General Wever".

Generalmajor

Georg Koßmala

Geboren am 22.10.1896
in Myslowitz/Oberschlesien.

Georg Koßmala war auch einer der tapferen Infanteristen, die in beiden Weltkriegen im Fronteinsatz im Dienste für das deutsche Vaterland Hervorragendes geleistet haben. 1914 Kriegsfreiwilliger, 1917 Offizier und bei Kriegsbeginn 1939 Kommandeur des 3. Bataillons des Infanterieregiments 38, ab September 1940 des 1. Bataillons des Infanterieregiments 222, ab Frühjahr 1941 des Sicherungsregiments 3, ab September 1942 des Infanterieregiments 6 und ab August 1944 Führer der 32. und zeitweise auch der 30. Infanteriedivision. Seine Kriegseinsätze in Polen, im Westen, am Balkan und an der Ostfront waren hohe soldatische Beispiele an Tapferkeit, Entschlossenheit und Führungskönnen und erheben seine Persönlichkeit in die Reihe der unermüdlichen Frontkämpfer, die in steter Pflichterfüllung das Höchste gaben. Sein vorbildliches Soldatenleben endete am 5.3.1945 bei den schweren Kämpfen bei Oberglogau in Oberschlesien, und das deutsche Heer betrauerte den Tod eines überaus fähigen Frontgenerals.

435. Eichenlaub am 26.3.1944 als Oberst und
Kommandeur des
Grenadierregiments 6, in der
30. Infanteriedivision.

Major

Georg Grüner

Geboren am 9.2.1915
in Windhuk/Afrika.

Seit 1936 im Panzerregiment 1 und ab 1938 Zugführer in der Panzerabteilung 33, wurde Grüner im Laufe des Krieges zu einem der erfolgreichsten Panzeroffiziere. Schon im Polen-, West- und Balkanfeldzug bewährt, erfolgten dann an der Ostfront seine einmaligen Kampferfolge, wo er bereits 1941 Chef der 1. Kompanie des Panzerregiments 33 war. Für hervorragende Tapferkeit am 23.11.1941 mit dem Ritterkreuz ausgezeichnet, waren seine Leistungen bestimmend für die Erfolge der 9. Panzerdivision bei den Kämpfen im Raume Kiew. Nach Genesung von einer Verwundung erfolgte ab März 1943 seine Ernennung zum Kommandeur der 1. Abteilung des Panzerregiments 2, und hier bewies der tapfere Offizier erneut hohes Können und zeigte Beispiele von verwegenem Soldatentum. Seine Abteilung wurde in rollenden Einsätzen an jeweilig bedrohten Frontabschnitten zu einem Bollwerk an der Ostfront, und hier starb dieser vorbildliche Offizier auch am 11.3.1944 in treuer Pflichterfüllung im Raume Kamenez-Podolsk im Südabschnitt der Ostfront in vorderster Linie den Soldatentod. In ihm starb ein Frontkämpfer der Panzerwaffe, dessen Ideale nur dem Vaterland gehörten und um den die deutsche Wehrmacht in Ehrfurcht trauerte.

436. Eichenlaub am 26.3.1944 nach dem Tode, für die Leistungen als
Hauptmann und
Kommandeur der
1. Abteilung des
Panzerregiments 2, in der
16. Panzerdivision.

Major

Eduard Tratt

Geboren am 24.2.1919
in Würzburg/Unterfranken.

1937 in die Luftwaffe eingetreten und zuerst Kampfflieger, wurde Tratt 1940 Zerstörerflieger, flog seit Januar als Flugzeugführer in der 1. Staffel des Zerstörergeschwaders 1 und ab Juli in der 1. Staffel der Erprobungsgruppe 210. In zahllosen Einsätzen im Westen – besonders über England – zeigte Eduard Tratt großes Können und war auch im folgenden Ostfeldzug, wo er im Schnellen Kampfgeschwader 210 Einsatz um Einsatz flog, ein durch seinen Mut und seine bewiesene Tapferkeit herausragender Offizier. 1942 zum Staffelkapitän der 1. Staffel des Zerstörergeschwaders 1 ernannt, war er auch hier an der Ostfront durch hohe Kampfbereitschaft Vorbild und Ansporn für seine Männer. Ab Jänner 1943 Kommandeur der Erprobungsgruppe 25 und ab Oktober 1943 Kommandeur der 2. Gruppe des Zerstörergeschwaders 26 „Horst Wessel" in der Reichsverteidigung. Oft verwundet und immer wieder an der Front, war er bei seinem Tod mit 38 bestätigten Luftsiegen der erfolgreichste Zerstörerpilot der deutschen Luftwaffe. Sein Leben endete am 22.2.1944 bei einem Luftkampf mit amerikanischen Fliegern über Nordhausen im Harz. Tiefe Trauer erfüllte die Reihen der Luftwaffe ob dieses schmerzlichen Verlustes.

437. Eichenlaub am 26.3.1944 nach dem Tode, für die Leistungen als
Hauptmann und
Kommandeur der
2. Gruppe des
Zerstörergeschwaders 26 „Horst Wessel".

Oberwachtmeister

Fritz Petersen

Geboren am 28.11.1909
in Münster/Westfalen.

†

Nur sechs Angehörigen der deutschen Flakwaffe wurde die hohe Auszeichnung mit dem Eichenlaub zum Ritterkreuz zuteil, und Fritz Petersen war von diesen der einzige aus dem Unteroffizierskorps. Dies unterstreicht wohl deutlich sein außergewöhnliches Können, sei es in waffentechnischer Hinsicht oder im gewandt gezeigten Kampfeinsatz. Hohe Einsatzbereitschaft und Tapferkeit waren die Grundlagen seiner Erfolge, wo er besonders im Kampfraum Rshew zu den Flakartilleristen der vordersten Front zählte und unzählige Panzer und Flugzeuge abschießen konnte. Auch an anderen kritischen Punkten der Ostfront eingesetzt, wurde Petersen mit seinem Geschütz und seiner Bedienung zur Stütze in manch schwieriger Lage und zeitigte Einsatzerfolge während des ganzen Krieges. Seine herzliche und bescheidene Art unterstreicht in Deutlichkeit die Werte eines aufrechten Soldaten und vorbildlichen Menschen. Die deutsche Flakartillerie blickte in Stolz auf diesen bewährten Frontkämpfer, dessen untadelige Haltung in allen seinem soldatischen Tun hohen Eindruck erweckte. Am 1.9.1946 ist Fritz Petersen in St. Mauritz bei Münster in Westfalen verstorben.

438. Eichenlaub am 26.3.1944 als Oberwachtmeister, für die Leistungen als Wachtmeister und Geschützführer in der 6. Batterie des Flakregiments 4 (mot.), in der 15. Flakdivision (mot.).

Generaloberst

Petre Dumitrescu

†

Als Oberbefehlshaber einer rumänischen Armee im Südabschnitt der Ostfront wurde Dumitrescu durch geschickte Truppenführung und besondere Tapferkeit zu einer überragenden Persönlichkeit in der rumänischen Generalität. Die Erfolge der von ihm geführten Truppen – auch deutsche Verbände unterstanden seinem Oberbefehl –, sprechen in jeder Weise für seine entschlossene Führungskunst. Auch bei den Absetzkämpfen entlang des Asowschen und Schwarzen Meeres bewies der General erneut sein hohes Können in Führung, Übersicht und Planung. Durch rechtzeitiges Einschätzen der jeweiligen Lage und oftmals im Kampf in vorderster Linie, ist der General auf einer Ebene mit den verbündeten deutschen Generälen zu nennen. Im gemeinsamen Kampf der schweren Jahre 1941 bis 1944 war es besonders die deutsch-rumänische Waffenbrüderschaft, die im Osten manchen Schlachterfolg sicherstellte und in der Generaloberst Petre Dumitrescu zur herausragenden Erscheinung wurde, ehe Rumänien vom deutschen Bündnis abfiel und eine neue Zeitepoche in Europa anbrach. Generaloberst Dumitrescu verstarb 1948 in seiner rumänischen Heimat.

Eichenlaub ohne Nr. am 4.4.1944 als Generaloberst und Oberbefehlshaber der 3. rumänischen Armee.

General der Panzertruppe

Fridolin von Senger und Etterlin

Geboren am 4.9.1891
in Waldshut/Bayern.

†

Offizier im Ersten Weltkrieg und jeweils Kommandeur ab: 10.11.1938 des Kavallerieregiments 3, 22.11.1939 des Reiterregiments 22, 2.2.1940 der 2. Reiterbrigade in der 1. Kavalleriedivision, 10.5.1940 der „Schnellen Brigade von Senger" und Einsatz im Westfeldzug. Ab 12.7.1940 war der bewährte Offizier Chef der Deutschen Delegation bei der italienisch-französischen Waffenstillstandskommission und übernahm ab 10.10.1942 als Kommandeur die 17. Panzerdivision an der Ostfront. Hier bewährte sich der General in hervorragender Art bei den Kämpfen zwischen Don und Wolga, vereitelte mit seiner Division Durchbruchsversuche starker gegnerischer Kräfte und war auch bei folgenden Abwehrkämpfen mit dieser sehr erfolgreich. Seit Juni 1943 Wehrmachtsbefehlshaber Sizilien, ab August 1943 Wehrmachtsbefehlshaber auf Sardinien und Korsika und ab Oktober 1943 Kommandierender General des 14. Panzerkorps, zeigte der General auch an der Front in Italien Beispiele hoher Führungskunst und Tapferkeit. Hinter seiner Schlichtheit verbarg sich eine Führerpersönlichkeit hohen Grades, überzeugt von treuer Vaterlandsliebe und soldatischem Gehorsam. Am 4.9.1971 verstarb Fridolin von Senger und Etterlin in Happach in Bayern.

439. Eichenlaub am 5.4.1944	als General der Panzertruppe und Kommandierender General des 14. Panzerkorps.

General der Infanterie

Ludwig Müller

Geboren am 28.6.1892
in Zeselberg/Bayern.

✝

Kriegsfreiwilliger und Offizier im Ersten Weltkrieg und am 1.9.1939 Ia des Generalkommandos Saarpfalz. Dann in der Reihenfolge jeweils Chef des Stabes ab: 20.10.1939 des 37., 1.6.1940 des 29. und 1.10.1941 des 23. Armeekorps. Bewährt im West- und Ostfeldzug, wurde Müller im Herbst 1942 Kommandeur der 198. Infanteriedivision, ab 4.6.1943 Kommandeur der 97. Jägerdivision und ab 20.12.1943 Führer des 29. Armeekorps. Seine und seiner Soldaten Leistungen am Kubanbrückenkopf, bei Kriwoj Rog usw. im Südabschnitt der Ostfront zeugen von hoher Führungskunst und unvergänglichem Soldatentum. Unauffällig und tapfer erfocht der bewährte General mit seinen Truppen große Erfolge, und ab 24.2.1944 erfolgte seine Ernennung zum Kommandierenden General des 29. Armeekorps. In schwerster Bedrängnis der Front im Osten führte er zeitweise auch gleichzeitig das 34. Armeekorps. In unvorstellbar harten Schlachten bewies der General in allen seinen Handlungen Übersicht, Tatkraft und Ausdauer, was den hohen Grad seiner Persönlichkeit als Mensch und Soldat eindrucksvoll verdeutlichte. Am 21.8.1944 in sowjetische Gefangenschaft geraten, kehrte Ludwig Müller aus dieser am 9.10.1955 in die Heimat zurück, wo er am 28.6.1972 verstorben ist.

440. Eichenlaub am 6.4.1944	als Generalleutnant und Kommandierender General des 29. Armeekorps.

Oberst

Heinz Wittchow von Brese-Winiary

Geboren am 13.1.1914
in Dresden.

Seit 1934 im Infanterieregiment 10 und ab 1938 Adjutant des 2. Bataillons, waren die opfervollen Einsätze dieses Offiziers im Zweiten Weltkrieg mitbestimmend für den ausgezeichneten Ruf der Panzergrenadiere. Nach Teilnahme am Polenfeldzug wurde Brese ab 29.1.1940 Chef der 6. Kompanie, wo er anschließend im West-, Balkan- und Ostfeldzug höchste Bewährung zeigte und ab 12.5.1942 Führer des 1. und ab 8.7. des 2. Bataillons des Schützenregiments 108, des späteren Panzergrenadierregiments 108, wurde. Hier bot er mit seinen Soldaten große Leistungen im Südabschnitt der Ostfront bei Kämpfen zwischen Don und Donez und führte ab 14.12. die „Kampfgruppe Brese" außerhalb des Kessels von Stalingrad. Oftmals vom Feind eingeschlossen, gelangen ihm durch Überlegtheit und rechtzeitiges schnelles Handeln trotzdem beachtenswerte Erfolge. Ab 17.4.1943 Kommandeur des 2. Bataillons und ab 6.11. Führer des Regiments, wirkte auch hier seine Art als Frontkämpfer gekonnt und überzeugend. Bei der Abwehr feindlicher Angriffe nördlich Kirowograd und bei der Entsetzung der Gruppe Stemmermann bei Tscherkassy stellte Brese erneut seine Tapferkeit und Entschlußkraft unter Beweis und gab Beispiele höchsten Soldatentums. Als Kommandeur des Panzer-Füsilierregiments „Großdeutschland" ab 3.9.1944 erwarb sich der vorbildliche Offizier ebenfalls hohe soldatische Verdienste an der Ostfront. Neun Verwundungen zeugen vom bedingungslosen Einsatz eines unerschrockenen Frontoffiziers, ausgezeichneten Führers und einmaligen Menschen, dessen ganzer Glaube dem Vaterland galt.

441. Eichenlaub am 6.4.1944 als Major und
Führer des
Panzergrenadierregiments 108, in der
14. Panzerdivision.

Oberst

Herbert Schwender

Geboren am 22.12.1912
in Berlin.

Auch einer der überragenden Infanterieoffiziere, dessen Soldatengeist und Kampfmoral während des ganzen Krieges als beispielhaft zu bezeichnen sind. Seit 1930 im Heer, wurde Herbert Schwender in der 21. Infanteriedivision zum Begriff. Zuerst im Infanterieregiment 24, dann im Infanterieregiment 3 und zuletzt als Kommandeur des Grenadierregiments 45, erwarb er sich an den Fronten in Polen, im Westen und im Osten höchste Verdienste. Besonders den Kämpfen im Nordabschnitt der Ostfront drückte sein Regiment unter seiner überaus gekonnten Führung den Stempel auf. Immer an den Schwerpunkten der Front eingesetzt, vollbrachten seine Soldaten einmalige Waffentaten und hatten in der Person ihres Kommandeurs ein unnachahmliches Vorbild an Mut, Tapferkeit und Kameradschaft. Am 22.9.1944 erfüllte sich bei schweren Kämpfen im Baltikum sein tapferes Soldatenleben, und das deutsche Heer trauerte um einen Frontkämpfer und Offizier, dessen bewegte Menschlichkeit als Soldat und Vorgesetzter gleichermaßen beeindruckte und der deutschen Infanterie zu hohem Ansehen verhalf.

442. Eichenlaub am 6.4.1944 als Oberst und
Kommandeur des
Grenadierregiments 45, in der
21. Infanteriedivision.

Generalmajor

Hans Kroh

Geboren am 13.5.1907
in Heidelberg/Baden.

✝

1935 ins Regiment „General Göring" gekommen und seit 1940 Ia in der 7. Fliegerdivision, trug er mit seinen Kampf- und Führungsleistungen in wesentlicher Art während des ganzen Krieges zu den Erfolgen der deutschen Fallschirmtruppe bei. Holland, Korinth, Kreta, Nordafrika, Rußland und die Front im Westen sahen Kroh an allen Brennpunkten im Einsatz, und er leistete mit seinen Männern Unbeschreibliches. Ob als Kommandeur des 1. Bataillons des Fallschirmjägerregiments 2, Ia der „Fallschirmbrigade Ramcke", Kommandeur des Fallschirmjägerregiments 2 oder Führer der 2. Fallschirmjägerdivision – in allen diesen Führungsstellen begründeten seine hohen Werte als Offizier, Kamerad und Mensch in eindrucksvoller Weise den Ruf der deutschen Fallschirmjäger. Nach heroischem Kampf der 2. Fallschirmjägerdivision in der Seehafenstadt Brest in Frankreich ging Hans Kroh mit seinen Soldaten im September 1944 in Gefangenschaft, kehrte aus dieser 1948 in die Heimat zurück und verstarb am 18.7.1967 in Braunschweig/Niedersachsen.

443. Eichenlaub	am 6.4.1944	als	Oberstleutnant und Kommandeur des Fallschirmjägerregiments 2, in der 2. Fallschirmjägerdivision, unter gleichzeitiger Beförderung zum Oberst.
96. Schwerter	am 12.9.1944	als	Oberst und Führer der 2. Fallschirmjägerdivision.

Oberst

Günther Radusch

Geboren am 11.11.1912
in Schwetz/Westpreußen.

Günther Radusch flog schon als Jagdflieger in der „Legion Condor" in Spanien und war zu Kriegsbeginn 1939 Flugzeugführer im Zerstörergeschwader 1. Bewährt am Himmel über Ost, Nord und West übernahm er ab 1.6.1940 als Staffelkapitän die 2. Staffel. Ende Juni wechselte er zur Nachtjagd und gehörte somit zu den Pionieren dieser Waffe, wo er im Laufe des Krieges zu einer geachteten Führerpersönlichkeit wurde. Zuerst von 1940 bis 1943 Gruppenkommandeur in den Nachtjagdgeschwadern 1 und 3, übernahm Radusch ab September 1943 als Kommodore das Nachtjagdgeschwader 5, ab Feber 1944 das Nachtjagdgeschwader 2 und schließlich ab November 1944 das Nachtjagdgeschwader 3. Bezeichnend nicht nur seine hervorragenden Führereigenschaften, sondern auch seine vielen erzielten Nachtluftsiege, die ihn in den schweren Einsätzen am nächtlichen Himmel zu einem der erfolgreichsten Nachtjäger der Luftwaffe werden ließen. Können und Tapferkeit begründeten seine Erfolge in der deutschen Nachtjagd, wo er zu den beliebtesten Offizieren zählte und als Vorgesetzter beispielgebendes Soldatentum vorlebte.

444. Eichenlaub am 6.4.1944 als Oberstleutnant, für die Leistungen als Kommodore des Nachtjagdgeschwaders 5.

Generaloberst

Johannes Frießner

Geboren am 22.3.1892
in Chemnitz/Sachsen.

†

1914/18 Offizier und ab 1.9.1939 Inspekteur des Bildungs- und Erziehungswesens im deutschen Heer. Anschließend war der General jeweils ab: 1.5.1942 Kommandeur der 102. Infanteriedivision, 19.1.1943 Führer des 23. Armeekorps, 1.4. dessen Kommandierender General, Feber 1944 Führer der „Armeeabteilung Narwa" und 3.7.1944 Oberbefehlshaber der Heeresgruppe Nord. Zielstrebigkeit, Härte und große Erfahrung untermauerten die Erfolge dieses tapferen Heerführers, der in jeder Lage durch ausgewogene Taktik und rechtzeitiges Handeln dem deutschen Heer im Nordabschnitt der Ostfront zu ungeahnten und entscheidenden Siegen verhalf und der Front durch Können und Tatkraft wertvollen Rückhalt gab. Ab 25.7.1944 erfolgte seine Ernennung zum Oberbefehlshaber der Heeresgruppe Südukraine, wo er ebenfalls seine hohen Führungsfähigkeiten unter Beweis stellte und in schwerer Zeit mit seinen Truppen gegen stärkste Feindkräfte zu bestehen vermochte. Am 22.12.1944 wurde der General in die Führerreserve des Oberkommandos des Heeres versetzt, war vom 8.5.1945 – 17.11.1947 in amerikanischer Kriegsgefangenschaft und starb am 26.6.1971 in Traunstein in Bayern.

445. Eichenlaub am 9.4.1944 als General der Infanterie und Führer der „Armeeabteilung Narwa".

Hauptmann

Alfred Grislawski

Geboren am 2.11.1919
in Wanne-Eickel/Westfalen.

Seit 1937 in der Luftwaffe, kam Alfred Grislawski nach seiner Ausbildung zum Jagdflieger Mitte 1940 als Flugzeugführer in die 3. Gruppe des Jagdgeschwaders 52, wo er nach Einsatz im Westen und über Kreta dann an der Ostfront bald zu den erfolgreichsten Piloten des Geschwaders zählte. Als Kampfgefährte des Staffelführers und Brillantenträgers Hermann Graf erreichte er in der 9. Staffel sehr viele Luftsiege und kam nach Verleihung des Ritterkreuzes 1942 als Jagdfliegerlehrer ins Reich. Ab Frühjahr 1943 flog er im Jagdgeschwader 50, einer Spezialeinheit für Höhenjagd in der Reichsverteidigung unter Oberst Graf, wurde ab November 1943 Staffelkapitän der 1., ab Mai 1944 der 8. Staffel des Jagdgeschwaders 1 und flog ab August 1944 als Flugzeugführer in der 3. Gruppe des Jagdgeschwaders 53. Auch in der Reichsverteidigung ein sehr erfolgreicher Flieger und Staffelkapitän, der den Krieg mit sehr vielen Feindflügen und Luftsiegen in Ost und West als tapferer und unerschrockener Offizier beendete und in der Luftwaffe als einer der besten Jagdflieger galt.

446. Eichenlaub am 11.4.1944 als Hauptmann und
Staffelkapitän der
1. Staffel des
Jagdgeschwaders 1.

Major

Erich Rudorffer

Geboren am 1.11.1917
in Zwochau/Sachsen.

Rudorffer war einer der besten deutschen Jagdflieger, der in über 1.000 Feindflügen an den Fronten im Westen, über England, Afrika, in Rußland und in der Reichsverteidigung einmalige Tapferkeit bewies und durch rücksichtslosen persönlichen Einsatz und ungestümes Draufgängertum den Krieg mit 222 bestätigten Luftsiegen in Ost und West beendete. Ursprünglich Kampfflieger, kam er 1940 als Flugzeugführer in die 1. Gruppe des Jagdgeschwaders 2 „Richthofen", wurde ab Mai 1941 Staffelkapitän der 6. Staffel und war dann vom August 1943 bis Oktober 1944 Kommandeur der 2. Gruppe des Jagdgeschwaders 54 an der Ostfront. Er war jener Jagdflieger, dem bei einem Einsatz am 28.10.1944 über Libau/Lettland der Abschuß von neun feindlichen Flugzeugen gelang – eine Leistung, die von keinem anderen Jagdflieger wiederholt wurde. Von Februar bis April 1945 war Rudorffer Kommandeur der 2. Gruppe des Jagdgeschwaders 7 in der Reichsverteidigung, wo er auch als Düsenjägerpilot hohes Können bewies, viele Luftsiege erringen konnte und ein ebenso bewährter Verbandsführer war. Mit seiner Herzlichkeit und lebensbejahenden Art überwand er die härtesten Einsätze und war ein Offizier, dem Achtung und Bewunderung nie versagt geblieben sind.

447. Eichenlaub	am 11.4.1944	als	Major und Kommandeur der 2. Gruppe des Jagdgeschwaders 54.
126. Schwerter	am 25.1.1945	als	Major und Kommandeur der 2. Gruppe des Jagdgeschwaders 54.

Hauptmann

Emil Lang

Geboren am 14.1.1909
in Talheim/Oberbayern.

Ursprünglich Transportflieger, kam er 1939 als Flugzeugführer in die 1. Gruppe des Jagdgeschwaders 21, die spätere 3. Gruppe Jagdgeschwader 54, flog schon Einsätze in Polen, im Westen und am Balkan, ehe er dann an der Ostfront, wo er seit Juli 1942 in der 9. Staffel im Nordabschnitt der Front viele Feindflüge flog, ab 27.3.1943 Führer und ab 1.12. Staffelkapitän dieser Staffel wurde und eine beachtenswerte Erfolgsserie startete. Er war der Jagdflieger der deutschen Luftwaffe, der an der Ostfront an einem Tag 18 Luftsiege erringen konnte, was einen unerreichten Rekord bedeutete. Mutig und einsatzfreudig, beliebt und geachtet im Kameradenkreis, war Emil Lang einer der erfolgreichsten Jagdflieger des Jagdgeschwaders 54, ehe er ab 29.6.1944 Kommandeur der 2. Gruppe des Jagdgeschwaders 26 „Schlageter" im Westen wurde und dort am 3.9.1944 bei einem Luftkampf im Raume St. Trond/Frankreich sein Leben ließ. Viele Luftsiege, in Ost und West erzielt, unterstreichen sein Können und seine Tapferkeit und erheben ihn, um den die Luftwaffe in Ergriffenheit trauerte, in die Reihe der besten deutschen Jagdflieger.

448. Eichenlaub am 11.4.1944 als Oberleutnant und
Staffelkapitän der
9. Staffel des
Jagdgeschwaders 54.

Oberleutnant

Otto Kittel

Geboren am 21.2.1917
in Kronsdorf/Sudetenland.

Otto Kittel zählte zu den außergewöhnlichen Jagdfliegern der deutschen Luftwaffe, und er war mit 267 bestätigten Luftsiegen der Flieger mit den meisten Abschüssen im Jagdgeschwader 54. Seit Herbst 1941 als Flugzeugführer in der 1. Gruppe des Geschwaders an der Ostfront, erreichte er seine großen Erfolge im Jahre 1944. Als Staffelkapitän der 2. Staffel war Otto Kittel der herausragende Jagdflieger im Grünherzgeschwader und errang in unermüdlichen Einsätzen Abschußleistungen von einmaliger Art. Aufgeschlossenes Wesen, Bescheidenheit und Einsatzfreude machten ihn im Geschwader zu einem beliebten Offizier und Kameraden. Bezeichnend für sein hervorragendes Können, daß er seine 267 Luftsiege auf 583 Feindflügen erzielte und ein Großteil dieser Abschüsse schwer gepanzerte russische Schlachtflugzeuge waren. Am 14.2.1945 ereilte ihn im Luftkampf über Kurland der Soldatentod. Das Jagdgeschwader 54 verlor nicht nur den Führer der 2. Gruppe, sondern beklagte auch den Tod seines erfolgreichsten Jagdfliegers. Die deutsche Wehrmacht trauerte im letzten Kriegsjahr um einen Flieger und Frontkämpfer, der in der Luftwaffe in vielen Kriegsjahren bestes deutsches Soldatentum verkörperte.

449. Eichenlaub	am 11. 4.1944	als	Leutnant und Flugzeugführer in der 1. Staffel des Jagdgeschwaders 54.
113. Schwerter	am 25.11.1944	als	Oberleutnant und Staffelkapitän der 2. Staffel des Jagdgeschwaders 54.

Major der Reserve

Rudolf Schoenert

Geboren am 27.7.1911
in Glogau/Schlesien.

Seit 1933 in der deutschen Verkehrsfliegerschule und in den Jahren bis 1941 Fluglehrer, Erprobungs- und Werkpilot sowie Einflieger, gehörte er bei Kriegsende zu den erfolgreichsten deutschen Nachtjägern und lag mit seinen vielen in West und Ost erzielten Nachtluftsiegen im Spitzenfeld der Besten. Schoenert kam am 9.6.1941 in die 4. Staffel des Nachtjagdgeschwaders 1, wurde ab 1.9. Führer der 5. Staffel des Nachtjagdgeschwaders 2 und ab 16.3.1942 Staffelkapitän der 4. Staffel des Nachtjagdgeschwaders 1. Für seine Erfolge nach unermüdlichen Einsätzen am 25.7.1942 mit dem Ritterkreuz ausgezeichnet, war er dann jeweils ab: 1.10. Staffelkapitän der 2. Staffel des Nachtjagdgeschwaders 3, 1.12. Führer der 2. Gruppe des Nachtjagdgeschwaders 5, 6.8.1943 Führer der 1. Gruppe des Nachtjagdgeschwaders 100, 1.1.1944 Kommandeur der Nachtjagdgruppe 10 und 6.3.1945 Kommodore des Nachtjagdgeschwaders 5, welches er bis Kriegsende erfolgreich führte. Ein Offizier mit hervorragendem fliegerischem Können, großer Erfahrung und vorbildlichem Angriffsgeist sowie ausgeprägten Führereigenschaften und in der Nachtjagd infolge seiner Leistungen stets geachtet, vereinigte Rudolf Schoenert in sich Tugenden hohen Soldatengeistes und vortrefflicher Fliegerkameradschaft.

450. Eichenlaub am 11.4.1944 als Major der Reserve, für die Leistungen als Kommandeur der Nachtjagdgruppe 10.

Major

Wilhelm Herget

Geboren am 30.6.1910
in Stuttgart.

✝

Herget, schon erfolgreicher Zerstörerpilot in der 2. Gruppe des Zerstörergeschwaders 76, der er seit 1939 angehörte, und Sieger in vielen Luftkämpfen im Westen, wurde nach seinem Wechsel zur Nachtjagd im Januar 1941 zu einem der hervorragendsten Nachtjäger des Zweiten Weltkrieges. Flog zuerst in den Nachtjagdgeschwadern 3 und 1, ehe er ins Nachtjagdgeschwader 4 kam und dort ab Mai 1942 Staffelkapitän der 2. Staffel und ab Oktober Kommandeur der 1. Gruppe wurde. Unermüdlich im Einsatz, erkämpfte Herget am nächtlichen Himmel Sieg um Sieg und war durch Tapferkeit, Können und große Hilfsbereitschaft gegenüber seinen Kameraden ein viel geachteter Offizier. Die deutsche Nachtjagd blickte voll Stolz auf diesen von hohem Einsatzwillen beseelten Flieger, der in 700 Feindflügen große Leistungen bekundete. Ab Januar 1945 kämpfte Wilhelm Herget wie viele hochausgezeichnete Jagdflieger als Flugzeugführer im Düsenjägerjagdverband 44 bei General Galland, war nach Kriegsende kurze Zeit in amerikanischer Kriegsgefangenschaft und ist am 27.3.1974 in seiner Geburtsstadt Stuttgart verstorben.

451. Eichenlaub am 11.4.1944 als Major und
Kommandeur der
1. Gruppe des
Nachtjagdgeschwaders 4.

Oberleutnant

Anton Hafner

Geboren am 2.6.1918
in Erbach/Württemberg.

Anton Hafner kam am 20.7.1939 in die Luftwaffe und nach seiner Ausbildung zum Jagdflieger als Flugzeugführer in die 6. Staffel des Jagdgeschwaders 51 an den Kanal und im Juni 1941 an die Ostfront, wo er schon bald durch gute Leistungen auffiel. Im November 1942 verlegte die 2. Gruppe des Geschwaders nach Nordafrika, und Hafner zeigte auch am Himmel über Afrika bestechendes Können und erzielte viele Luftsiege. Ab Mai 1943 flog er wieder an der Ostfront und wurde ab Mai 1944 Staffelkapitän der 8. Staffel. Am 15.10.1944 erzielte er seinen 200. Luftsieg, war somit der erfolgreichste Jagdflieger des ruhmreichen Jagdgeschwaders 51 „Mölders" und gehörte zu jenen vierzehn deutschen Jagdfliegern, die im Zweiten Weltkrieg über zweihundert bestätigte Luftsiege erringen konnten. Bescheiden, tapfer und unauffällig erfüllte er seine Pflicht als Soldat und war durch gezeigte Ritterlichkeit und gehobene Menschlichkeit ein vorbildlicher Offizier, der sich überall großer Beliebtheit erfreuen konnte. Am 17.10.1944 starb Anton Hafner im Luftkampf über Gumbinnen in Ostpreußen, und die deutsche Luftwaffe verlor wieder einen ihrer besten Jagdflieger, dessen Tod in allen Kreisen tief betrauert wurde.

452. Eichenlaub am 11.4.1944 als Leutnant und
Flugzeugführer in der
6. Staffel des
Jagdgeschwaders 51 „Mölders".

General der Infanterie

Dr. Dr. Ing. Johannes Mayer

Geboren am 6.9.1893
in Stepenitz/Brandenburg.

†

1914/18 Kriegsfreiwilliger und Offizier, war er zu Kriegsbeginn 1939 Kommandeur des 2. Bataillons im Infanterieregiment 65 und wurde ab 6.2.1940 Kommandeur des Infanterieregiments 501. Nach Teilnahme am Westfeldzug führte er sein Regiment auch im Ostfeldzug stets erfolgreich, ehe er ab 16.1.1942 als Kommandeur eine Schneeschuhbrigade übernahm, ab 22.3. Führer und ab 1.4. Kommandeur der 329. Infanteriedivision wurde. Die Erfolge der von ihm geführten Verbände waren überdurchschnittlich, und Dr. Mayer bewies in Angriff und Abwehr bei den harten Kämpfen im Nordabschnitt der Ostfront jederzeit die Werte eines überragenden Truppenführers. Kühn im Entschluß und tapfer im Einsatz gab er stets mitreißende Beispiele an hohem Soldatentum. Besonders hervorzuheben ist der unbeirrbare, standhafte Einsatz der 329. Infanteriedivision, die in schwersten Abwehrkämpfen herausragende Leistungen geboten hat und so zum wertvollen Bestandteil der 1943/44 schon hart ringenden Front geworden ist. Am 16.7.1944 schwer verwundet, übernahm der General, noch nicht völlig genesen, bereits ab 15.1.1945 die Führung des 2. Armeekorps in Kurland und war auch in diesem verantwortungsvollen Frontkommando eine bedeutende Führerpersönlichkeit, deren reiche Erfahrung und Ausdauer der Front in vielen Schlachten beruhigenden Rückhalt gab. Seine schwere Verwundung erforderte im April die Überstellung in ein Heimatlazarett, wo Dr. Mayer das Kriegsende erlebte. Am 7.8.1963 verstarb dieser vorbildliche Mensch in Hamburg.

453. Eichenlaub	am 13.4.1944	als	Generalleutnant und Kommandeur der 329. Infanteriedivision.
89. Schwerter	am 23.8.1944	als	Generalleutnant, für die Leistungen als Kommandeur der 329. Infanteriedivision.

Oberstleutnant

Heinz Hogrebe

Geboren am 22.6.1913
in Bochum/Westfalen.

Ab 26.8.1939 an der Kriegsschule Berlin-Döberitz, kam Hogrebe am 2.10.1940 ins Infanterieregiment 422 der 126. Infanteriedivision. 1941 bereits Chef der 5. Kompanie, ab 7.8.1942 Führer und ab 30.3.1944 Kommandeur des 2. Bataillons, war er im Nordabschnitt der Ostfront in allen harten Schlachten ein beispielgebender und tapferer Offizier, der sich stets der Achtung und Wertschätzung seiner Kameraden und Vorgesetzten erfreuen konnte. Die schweren Kämpfe am Wolchow und vor Leningrad verlangten von den Soldaten Übermenschliches, doch Heinz Hogrebes Vorbild an Mut und Tapferkeit befähigte sie zu außergewöhnlichen Leistungen. Ab 1.9.1944 übernahm er die Führung des Wachregiments „Großdeutschland" in Berlin und erlitt dort bei den Kämpfen im Frühjahr 1945 seine vierzehnte Verwundung in diesem schrecklichen Krieg. Hogrebes Taten und Opfermut zeugen von größter Pflichterfüllung und hervorragender Soldatentugend und erheben seine Person in die Reihe der Besten der deutschen Infanterie.

454. Eichenlaub am 13.4.1944 als Major, für die Leistungen als Hauptmann und Kommandeur des 2. Bataillons des Grenadierregiments 422, in der 126. Infanteriedivision.

Oberstleutnant

Rudolf Geisler

Geboren am 29.3.1911
in Hennersdorf/Schlesien.

Hier wieder das Bild eines tapferen Pionieroffiziers, der in dieser Waffengattung zu den Besten gehörte. Seit 1931 im Pionierbataillon 1 in Königsberg/Ostpreußen, 1938 Kompaniechef im Pionierbataillon 8 in Neiße/Schlesien und nach Teilnahme am Polen- und Westfeldzug ab 1941 Kommandeur des Pionierbataillons 662 (mot.). In dieser Einheit wurde Rudolf Geisler schon für die Zerschlagung feindlicher Angriffe bei Newel im Nordabschnitt der Ostfront am 7.12.1943 mit dem Ritterkreuz ausgezeichnet. Im Jahre 1944, als die Russen die Stadt Kowel eingeschlossen hatten, war es Major Geisler, der in todesmutigen Einsätzen nach erbitterten Nahkämpfen mit seinen Männern zum Retter der Stadt wurde und somit die Voraussetzungen für den Aufbau einer neuen Frontlinie schuf, auf Grund deren später die Entsetzung der Stadt gelang. Den bei diesen Kämpfen erlittenen Verwundungen erlag dieser tapfere Offizier am 13.4.1944, dem Tag der Eichenlaubverleihung, in der Festung Kowel in Polen. Die deutsche Wehrmacht trauerte um einen Offizier, erfüllt von Vaterlandstreue und einmaligem Soldatengeist.

455. Eichenlaub am 13.4.1944 als Major und
Kommandeur des
Pionierbataillons 662 (mot.).

Generaloberst

Heinrich Gottfried von Vietinghoff genannt Scheel

Geboren am 6.12.1887
in Mainz.

†

Offizier im Ersten Weltkrieg und ab 24.11.1938 Kommandeur der 5. Panzerdivision, mit der er am Polenfeldzug teilnahm. Ab 26.10.1939 wurde er Kommandierender General des 13. Armeekorps und führte dieses erfolgreich im Westfeldzug. Für seine Führungskunst hoch ausgezeichnet, erfolgte ab 1.11.1940 seine Ernennung zum Kommandierenden General des 46. Panzerkorps, welches der General zuerst im Balkanfeldzug und anschließend an der Ostfront zu großen Taten bewegte. Ab 1.9.1942 führte Scheel in Vertretung die 9. Armee und kam dann ab 1.12. als Oberbefehlshaber der 15. Armee nach Frankreich, übernahm ab 15.8.1943 den Oberbefehl über die 10. Armee in Italien und erwarb sich hier besonders hohe Verdienste beim Kampf gegen die zahlenmäßig weit überlegenen Feindkräfte. Ab 26.10.1944 führte der General stellvertretend die Heeresgruppe Südwest ebenfalls in Italien, wurde ab 29.1.1945 Oberbefehlshaber der Heeresgruppe Kurland und kehrte am 10.3. wieder als Oberbefehlshaber der Heeresgruppe C und Südwest an die Italienfront zurück. Seine Leistungen als Heerführer auf allen Kriegsschauplätzen unterstreichen in deutlicher Form eine untadelige und erfahrene soldatische Persönlichkeit, die in der deutschen Generalität einen Ehrenplatz verdient. In Pfrontenried im Allgäu/Bayern ist Heinrich Gottfried von Vietinghoff-Scheel am 23.2.1952 verstorben.

456. Eichenlaub am 16.4.1944 als Generaloberst und
Oberbefehlshaber der
10. Armee.

Generalleutnant

Egon von Neindorff

Geboren am 12.9.1892
in Koblenz/Rheinland.

Im Ersten Weltkrieg Offizier, führte er ab 1.9.1939 als Kommandeur das Infanterieregiment 456, ab 10.1.1940 das Infanterieregiment 433 und war ab 1.7.1942 Kommandeur der Festungsbrigade 1 auf Kreta. Anschließend in der Reihenfolge als Kommandeur jeweils ab: 20.9.1942 der 189. Reservedivision, 1.5.1943 der 356. Infanteriedivision, 15.5. wieder der 189. Reservedivision, 5.10. Führer der 216., 16.12. der 6. und 17.1.1944 der 36. Infanteriedivision. Am 22.1.1944 erfolgte seine Ernennung zum Kampfkommandanten von Tarnopol im Südabschnitt der Ostfront, wo der General bei den schweren Abwehrkämpfen gegen erdrückende gegnerische Übermacht mit seinen Soldaten fünfundzwanzig Tage lang die Stadt hielt. Sein Widerstandswille bis zum Äußersten ermöglichte den Aufbau einer neuen Abwehrfront, und seine Taten sind bezeichnend für die damals schwer ringende Ostfront. Einmalig in der deutschen Wehrmacht die Verleihung des Ritterkreuzes an Egon von Neindorff am 13.4.1944, sein Tod in Tarnopol am 15.4.1944 und die zwei Tage später erfolgte Eichenlaubverleihung und Beförderung zum Generalleutnant. Pflicht, Gehorsam und Tapferkeit bis zum Tode bezeugen ein untadeliges Soldatenleben.

457. Eichenlaub am 17.4.1944 nach dem Tode, für die Leistungen als
Generalmajor und
Kampfkommandant von Tarnopol.

Oberstleutnant

Wilhelm Drewes

Geboren am 26.5.1907
in Ilster/Hannover.

†

Seit 1935 im Heer und vom 1.9.1939 – 15.5.1940 Zug- und Kompanietruppführer in der 6. Kompanie des Schützenregiments 14. Nach dem Polen- und Westfeldzug wurde Drewes ab September 1942 an der Ostfront Chef der 4. Kompanie des Kradschützenbataillons 55 und ab November Chef der 4. Kompanie des Schützenregiments 13. Ab 15.12. Führer und ab 1.2.1943 Kommandeur des 1. Bataillons des Panzergrenadierregiments 13 und für seine Erfolge während der Abwehrschlachten am Dnjepr am 27.10.1943 mit dem Ritterkreuz ausgezeichnet, bekundete der tapfere Offizier auch bei der Befreiung der Stadt Kowel höchsten Soldatengeist und erwarb sich außerordentliche Verdienste. Ungestüm im Angriffsschwung, war er seinen Grenadieren mitreißendes Beispiel und erkämpfte mit ihnen grundlegende Erfolge für den weiteren Fortbestand der Front. Der opfervolle Einsatz der Panzergrenadiere erhebt Anspruch auf größte Hochachtung, und ihre Leistungen im Zweiten Weltkrieg stehen im Buch der Kriegsgeschichte an vorderster Stelle. Offiziere vom Schlage Wilhelm Drewes bürgten für den ausgezeichneten Ruf dieser Truppe. Ab 4.10.1944 auf Regimentsführerlehrgang, übernahm Drewes ab Jänner 1945 die Führung des Panzergrenadierregiments 59 und ab Feber jene des Panzergrenadierregiments 73, wurde nach härtesten Kämpfen am 18.3.1945 an der Ostfront schwer verwundet, befand sich bei Kriegsende im SS Lazarett Prag-Podel, kam dort in Kriegsgefangenschaft und verstarb am 18.7.1982 in Bremen.

458. Eichenlaub am 20.4.1944 als Major und
Kommandeur des
1. Bataillons des
Panzergrenadierregiments 13, in der
5. Panzerdivision.

Generalmajor

Karl Lothar Schulz

Geboren am 30.4.1907
in Königsberg.

†

Karl Lothar Schulz kam 1935 zum Regiment „General Göring" und war dort ab März 1936 Chef der 15. Kompanie. Ab Januar 1939 wurde er Kommandeur des 3. Bataillons des Fallschirmjägerregiments 1 und bewährte sich mit seinen Jägern bei der Einnahme des Flughafens von Rotterdam in Holland im Mai 1940 ganz besonders. Dafür hoch ausgezeichnet, folgte 1941 der Einsatz auf Kreta, und auch hier bewies dieser tapfere Offizier, daß er zu den Besten der Fallschirmtruppe gehörte. Die nun folgenden Kämpfe an der Ostfront zählten mit zu den härtesten Prüfungen, und Schulz, seit März 1942 Kommandeur des Regiments, war ebenso an dieser Front mit seiner Truppe eine der wertvollsten Stützen. Ab Juli 1943 dann im Kampf in Italien, gab das Regiment auch auf diesem Kriegsschauplatz in den Schlachten bei Anzio und am Monte Cassino Zeugnis seiner hohen soldatischen Werte und leistete unter der einmaligen Führungsart seines mutigen und vorbildlichen Kommandeurs Höchstes. Der Einsatz der Fallschirmjäger an dieser Front erlangte weltweites Aufsehen und wurde gleichermaßen vom Gegner ehrenhaft anerkannt. Ab Januar 1945 wurde der tatkräftige Offizier zum Kommandeur der 1. Fallschirmjägerdivision ernannt und führte diese erfolgreich bis zum Kriegsschluß auf italienischem Boden. Nach Kriegsende befand sich der General bis 1946 in Kriegsgefangenschaft und verstarb am 26.9.1972 in Wiesbaden.

459. Eichenlaub	am 20. 4.1944 als	Oberst und Kommandeur des Fallschirmjägerregiments 1, in der 1. Fallschirmjägerdivision.
112. Schwerter	am 18.11.1944 als	Oberst und Führer der 1. Fallschirmjägerdivision.

Hauptmann

Günther Schack

Geboren am 12.11.1917
in Bartenstein/Ostpreußen.

Schack war einer der bemerkenswertesten Jagdflieger der deutschen Luftwaffe, der er seit 1939 angehörte. Nach erfolgter Jagdfliegerausbildung kam er im Mai 1941 als Flugzeugführer ins Jagdgeschwader 51 und beeindruckte durch beständige Leistungen und hohes fliegerisches Können. Sein Aufstieg im berühmten Möldersgeschwader bis zum Gruppenkommandeur verdient besondere Bewunderung, und die Zahl seiner vielen Luftsiege und Feindflüge reihen ihn ins Spitzenfeld der besten deutschen Jagdflieger. Im Geschwader durch seine geradlinige Art sehr beliebt und beispielhaft im Einsatz, verkörperte er jederzeit das Bild des aufrechten und tapferen Frontoffiziers. Bezeichnend auch seine Wertschätzung der Männer des Bodenpersonals, ohne deren hohen Einsatz, wie er sagte, die Jagdflieger hilflos gewesen wären. Ab 8.12.1943 war Schack Staffelkapitän der 9. Staffel, ab 11.12.1944 Kommandeur der 1. Gruppe des Jagdgeschwaders 51 „Mölders" und kam ab 29.4.1945 als Kommandeur zur 4. Gruppe des Jagdgeschwaders 3 „Udet". Eine beachtenswerte Laufbahn eines Jagdfliegers und Offiziers von besonderer Prägung und bestechender Einmaligkeit.

460. Eichenlaub am 20.4.1944 als Oberleutnant und Staffelkapitän der 9. Staffel des Jagdgeschwaders 51 „Mölders".

Kapitänleutnant der Reserve

Otto Pollmann

Geboren am 3.3.1915
in Wesermünde/Hannover.

†

Seit 1936 in der Marine, ab 1.8.1939 als Wachoffizier auf UJ-124 und im Einsatz in der Nordsee, vor Norwegen und im Kanal, wurde Pollmann im Laufe des Krieges zum erfolgreichsten U-Bootjäger der deutschen Kriegsmarine. Ab 1.9.1941 Wachoffizier auf UJ-1214, fuhr er Einsätze im Finnenbusen und in der Ostsee, wurde ab 1.4.1942 Kommandant von UJ-1214 und ab 1.1.1943 Kommandant von UJ-2210. Mit diesem Boot operierte er besonders erfolgreich im Mittelmeer. Kühner und schneidiger Seeoffizier und kameradschaftlich in jeder Art, gelang ihm die Versenkung von 14 feindlichen U-Booten, ehe sein Boot am 27.5.1944 von gegnerischen Schiffseinheiten bei Sestri-Levante versenkt wurde. Pollmann wurde dann Kommandant in der 11. U-Jagdflottille, fuhr bis zum Kriegsende noch schwere Einsätze in der Ostsee bei der Rückführung der Flüchtlinge und Soldaten aus dem Osten und verstarb am 28.2.1958 in Leer/Ostfriesland in Niedersachsen.

461. Eichenlaub am 25.4.1944 als Oberleutnant zur See der Reserve und
Kommandant von
UJ-2210, in der
22. U-Boot-Jagdflottille.

Oberstleutnant

Hans Karl Stepp

Geboren am 2.9.1914
in Gießen/Hessen.

1936 in die Luftwaffe gekommen, gehörte Hans Karl Stepp zu den bekannten Führerpersönlichkeiten der Stukawaffe, die im Kriege in schwersten Einsätzen Höchstes geleistet haben. Im Stukageschwader 76, dem späteren Stukageschwader 3, schon viele Einsätze fliegend, kam er im Mai 1941 ins Stukageschwader 2 „Immelmann", war zuerst Gruppen- und dann Geschwaderadjutant, ehe er ab 1.11. Führer und ab 1.1.1942 Staffelkapitän der 7. Staffel wurde. Ab 28.1. erfolgte seine Ernennung zum Kommandeur der 1. Gruppe des Stukageschwaders 5 und ab März 1943 seine Versetzung an die Erprobungsstelle der Luftwaffe nach Rechlin in Mecklenburg. Ab 17.6. übernahm Hans Karl Stepp als Kommandeur die 2. Gruppe des Stukageschwaders 2 „Immelmann" und wurde ab 20.9. Kommodore des Geschwaders. In unzähligen Feindflügen erreichte er mit seinen Fliegern an den Fronten in Polen, im Westen, am Balkan, über Kreta und im Osten Taten von entscheidender Bedeutung und war seinen Männern immerzu Vorbild in Können, Tapferkeit und Einsatzwillen. Ab August 1944 in verschiedenen Stäben der Luftwaffe tätig und vom 21.1.1945 bis Kriegsende auf Grund seiner Tüchtigkeit sogar im Luftwaffenführungsstab des Reichsluftfahrtministeriums in Berlin.

462. Eichenlaub am 25.4.1944 als Oberstleutnant und
Kommodore des
Schlachtgeschwaders 2 „Immelmann".

Major

Martin Möbus

Geboren am 9.5.1917
in Zeisdorf in der Lausitz/Sachsen.

Auch seit 1936 in der Luftwaffe und 1939 bei Kriegsbeginn Flugzeugführer in der 1. Gruppe des Stukageschwaders 1. Nach Einsatz im Polenfeldzug bewährte er sich 1940 im Norwegenunternehmen beim Kampf gegen die englische Flotte in höchstem Maße und erhielt am 8.5.1940 als einer der ersten Stukaflieger für seine Tapferkeit das Ritterkreuz verliehen. In der Folge anschließend im Mittelmeergebiet, über Malta und in Nordafrika eingesetzt, kam er dann auf Grund seiner hohen Erfahrungen als Stukalehrer ins Reich und ab Feber 1942 ins Stukageschwader 2 „Immelmann" an die Ostfront, wo er als Staffelkapitän die 3. Staffel übernahm. Mitte 1943 wurde Möbus dann Kommandeur der 1. Gruppe des Stukageschwaders 5 und kämpfte mit dieser im Norden der Ostfront unter schwierigsten Bedingungen. Mit seiner sonnigen und unbeschwerten Art erfreute er sich im Geschwader großer Beliebtheit und erreichte in vielen Feindflügen durch Können, Mut und immer bewiesene Tapferkeit große Erfolge. Am 2.6.1944 starb Martin Möbus infolge eines Autounfalles bei Pori in Finnland, und die Luftwaffe beklagte den Tod eines ihrer erfolgreichsten Stukapiloten.

463. Eichenlaub am 25.4.1944 als Major und
Kommandeur der
1. Gruppe des
Schlachtgeschwaders 5.

Oberleutnant

Albin Wolf

Geboren am 28.10.1920
in Neuhaus/Oberfranken.

Einer der unauffälligen Piloten des Jagdgeschwaders 54, der aber im Einsatz hervorragende Leistungen bot und mit seinen vielen erzielten Luftsiegen zu den Erfolgreichsten des Geschwaders gehörte. Seit 1940 in der Luftwaffe, kam er nach seiner Jagdfliegerausbildung im Mai 1942 als Flugzeugführer in die 6. Staffel des Grünherzgeschwaders an die Ostfront, wo er lange Zeit als Rottenkamerad des Eichenlaubträgers Hans Beißwenger flog. Bereits am 15.11.1943 erzielte Albin Wolf den 100. Luftsieg und erreichte am 23.3.1944 mit seinem 135. Luftsieg auch den 7.000 des Geschwaders. Unermüdlich im Einsatz, gab er in vorbildlicher Tapferkeit stets Beispiele hohen Soldatentums und war ein beliebter Kamerad und ausgezeichneter Offizier. Am 2.4.1944 fiel Albin Wolf über Pleskau im Nordabschnitt der Ostfront durch Flakvolltreffer, und die deutsche Luftwaffe traf somit wieder ein sehr schwerer Verlust, der große Trauer auslöste.

464. Eichenlaub am 25.4.1944 nach dem Tode, für die Leistungen als
Leutnant und
Flugzeugführer in der
6. Staffel des
Jagdgeschwaders 54.

Oberfeldwebel

Heinz Vinke

Geboren am 22.5.1920
in Barby/Provinz Sachsen.

Begeisterter Segelflieger vor dem Krieg und seit 1937 in der Luftwaffe, kam er 1941 zur Nachtjagd, wo er im Nachtjagdgeschwader 1 bald zu einem der besten Piloten wurde. In unermüdlichen Nachteinsätzen gegen die britischen Bomberverbände erzielte Heinz Vinke, der sich als kühner Draufgänger und umsichtiger Kämpfer erwies, Luftsieg um Luftsieg und zeigte auch bei Einsätzen in schwierig bedingten Wetterlagen hohes fliegerisches Können. In seiner Art bescheiden und betont kameradschaftlich, verband er Zielstrebigkeit, Ausdauer und Tapferkeit zu Grundlagen seiner Erfolge. Am 26.2.1944 startete er am Tage zu einem Seenoteinsatz, um einen vermißten Kameraden zu suchen, wurde über der Nordsee von englischen Jägern abgeschossen und gilt seither als vermißt. Einer der besten deutschen Nachtjäger gab in treuer Pflichterfüllung sein junges Leben. Die Luftwaffe trauerte um einen guten Kameraden und mutigen Soldaten, geprägt von Opferbereitschaft und vorbildlichem Soldatengeist.

465. Eichenlaub am 27.4.1944 nach dem Tode, für die Leistungen als Oberfeldwebel und Flugzeugführer in der 11. Staffel des Nachtjagdgeschwaders 1.

General der Panzertruppe

Karl Decker

Geboren am 30.11.1897
in Borntin-Neustettin/Pommern.

Einer der ganz hervorragenden Männer der deutschen Panzerwaffe und in zwei Weltkriegen höchst bewährt, bekundete Karl Decker neben persönlicher Tapferkeit und einmaligem Führungskönnen auch bewegte Menschlichkeit und glühende Vaterlandsliebe, die seiner Persönlichkeit höchsten Ausdruck verliehen. Als Kriegsfreiwilliger und Offizier im Ersten Weltkrieg, ab 1.10.1937 Kommandeur der Panzerabwehrabteilung 38 und ab 15.4.1940 Kommandeur der 1. Abteilung des Panzerregiments 3. Nach Teilnahme am Polen- und Westfeldzug führte er seine Panzer erfolgreich am Balkan und wurde für seine Leistungen am 13.6.1941 mit dem Ritterkreuz ausgezeichnet. Im Ostfeldzug erfolgte ab 8.8.1941 seine Ernennung zum Kommandeur des Regiments, und vom Juni 1942 bis Januar 1943 war Decker Fachoffizier für Panzer beim Armeeoberkommando 9, wurde ab April Führer und ab September Kommandeur der 5. Panzerdivision, die unter seiner bewährten Führung einmalige Waffentaten an der Front im Osten zu leisten vermochte. In Anlehnung seiner Tapferkeit und Führungskunst wurde er ab 15.10.1944 zum Kommandierenden General des 39. Panzerkorps ernannt und zeitigte mit diesem zuerst an der Ost- und dann an der Westfront noch Erfolge bis in die letzten schweren Kriegsmonate, wo der General in Aussichtslosigkeit der Lage am 21.4.1945 im Wald von Großbrunsrode bei Braunschweig seinem Leben ein Ende setzte.

466. Eichenlaub	am 4.5.1944	als	Generalleutnant, für die Leistungen als Generalmajor und Kommandeur der 5. Panzerdivision.
149. Schwerter	am 28.4.1945	nach dem Tode,	für die Leistungen als General der Panzertruppe und Kommandierender General des 39. Panzerkorps.

Oberst der Reserve

Erich Lorenz

Geboren am 31.8.1905
in Wattenscheid/Westfalen.

Schon 1926 in der Reichswehr und bis 1938 in verschiedenen Infanterieregimenten seinen Dienst leistend, erfolgte am 13.9.1939 seine Einberufung zur Waffe. Nach Teilnahme am Westfeldzug wurde Lorenz im Infanterieregiment 287 ab 1.8.1940 Chef der 10. Kompanie, ab 5.9.1942 Führer und ab 1.3.1943 Kommandeur des 1. Bataillons, ab Oktober Führer und ab März 1944 Kommandeur des Regiments. Seine soldatischen Leistungen an der Ostfront, wo er im Nordabschnitt mit seinen Grenadieren in schweren Abwehrkämpfen unvorstellbare Waffentaten vollbrachte, waren von überzeugender Einmaligkeit. Ein Offizier, im Nahkampf und auch gegen Panzer erfolgreich, oftmals verwundet und Vorbild seiner Soldaten in jeder Weise. Oberst Lorenz war einer der vierhundert mit der goldenen Nahkampfspange ausgezeichneten Soldaten und trug auch das goldene Verwundetenabzeichen, was seinen unermüdlichen Fronteinsatz besonders deutlich macht. Ab 11.2.1945 – 26.4.1945 dann in der Reihenfolge: Führerreserve des Oberkommandos des Heeres, Divisionsführerlehrgang und mit der Aufstellung und Führung der 85. Infanteriedivision im Raume Potsdam beauftragt und vom 26.4.1945 – 16.4.1947 in Kriegsgefangenschaft.

467. Eichenlaub am 4.5.1944 als Oberstleutnant der Reserve und Kommandeur des Grenadierregiments 287, in der 96. Infanteriedivision.

Oberst

Wilhelm Eggemann

Geboren am 5.8.1908
in Achmer/Hannover.

Seit 1928 in der Reichswehr und seit 1939 im Infanterieregiment 94, wo er als Kompaniechef und Bataillonskommandeur die Feldzüge gegen Polen, im Westen und Osten mitmachte und trotz vieler Verwundungen immer wieder unbeugsamen Einsatzwillen bekundete. Ab 1.2.1944 wurde Eggemann an der Ostfront Kommandeur des Grenadierregiments 209. Immer im Nordabschnitt der Front eingesetzt, zeichnete er sich besonders bei den Kämpfen südwestlich von Narwa in hervorragender Weise aus. Unter seiner ausgezeichneten Führung erwies sich sein Regiment als ein Bollwerk in allen schweren Kämpfen und bewahrte dadurch die Front oft und oft vor unliebsamen Überraschungen. Wilhelm Eggemann bewies in dieser Zeit immer wieder in vorderster Linie Mut und persönliche Tapferkeit und beflügelte seine Männer durch sein Beispiel zu hohen Leistungen. Ununterbrochen im Einsatz, leisteten die Grenadiere Übermenschliches, und am 23.4.1945 gingen die Reste des Regiments zur 32. Infanteriedivision, wo am 8.5.1945 im Baltikum die Kapitulation erfolgte.

468. Eichenlaub am 4.5.1944 als Oberstleutnant und Kommandeur des Grenadierregiments 209, in der 58. Infanteriedivision.

Oberstleutnant

Theodor von Lücken

Geboren am 24.4.1914
in Zahrensdorf/Brandenburg.

Ab 1.10.1935 im Infanterieregiment 6 und ab 1.10.1936 zum Infanterieregiment 96 versetzt, begann für ihn hier 1939 der Kriegseinsatz als Zugführer in der 12. Kompanie. Kam dann ins Infanterieregiment 502 als Kompanieführer und übernahm später die Führung des 2. Bataillons. Nach Teilnahme am Polen- und Westfeldzug an der Ostfront und für seinen beispielhaften Anteil an den Abwehrerfolgen in der „Festung Demjansk" schon hoch ausgezeichnet, bewies er auch später als Bataillonskommandeur im Grenadierregiment 686 außerordentliche soldatische Fähigkeiten bei den Kämpfen im Nordteil der Halbinsel Kertsch und anschließend beim Ringen vor Sewastopol im Südabschnitt der Ostfront. Gegen übermächtige Feindkräfte führte er seine Grenadiere in vorbildlicher Art und erreichte dadurch entscheidende Erfolge für den Fortbestand der Front. Oftmalige Verwundungen und hohe Auszeichnungen auch seitens der Verbündeten bezeugen seinen hohen Einsatz und erheben Theodor von Lücken in die Reihe der unermüdlichen Frontkämpfer der Infanterie. Auch in den folgenden Rückzugskämpfen bewies der tapfere Offizier stets Standhaftigkeit und überragenden Einsatzwillen, war vom 29.10.1944 bis zum Kriegsende dem Grenadierregiment 914 ein hervorragender Kommandeur und befand sich vom 8.5. – 25.5.1945 in amerikanischer Kriegsgefangenschaft.

469. Eichenlaub am 7.5.1944 als Hauptmann und
Kommandeur des
1. Bataillons des
Grenadierregiments 686, in der
336. Infanteriedivision.

Generaloberst

Otto Deßloch

Geboren am 11.6.1889
in Bramberg/Unterfranken.

†

Offizier im Ersten Weltkrieg und im Zweiten Weltkrieg einer der bewährten Generäle der Luftwaffe, dessen Persönlichkeit in allen Kreisen hohen Eindruck erweckte. Ab 1.2.1939 war Deßloch Kommandeur der 6. Fliegerdivision, ab 28.10. Kommandierender General des 2. Flakkorps, ab 4.9.1943 Oberbefehlshaber der Luftflotte 4, ab 28.9.1944 der Luftflotte 3 und ab 28.4.1945 der Luftflotte 6. Schon im Westfeldzug für seine Verdienste hoch ausgezeichnet, war der General auch anschließend an der Ostfront eine dynamische Führererscheinung. In der Folgezeit als Luftflottenoberbefehlshaber zeigte er im Westen, Osten und im Reich in oft aussichtslosen Gegebenheiten kluge und tatkräftige Führungskunst und bewies auch gegenüber der Obersten Führung gekonntes Durchsetzungsvermögen und hohes Selbstvertrauen. Schwungvoll und mitreißend in der Einsatzführung und verständnisvoll zu seinen Untergebenen war er ein allseits geachteter und beliebter Vorgesetzter, der in all seinem Wirken Pflicht und Gehorsam als höchste Tugenden des Soldatentums empfand und diese auch in bezeichnender Art seinen Soldaten vorlebte. Am 13.5.1977 ist Otto Deßloch in München verstorben.

470. Eichenlaub am 10.5.1944 als Generaloberst und Oberbefehlshaber der Luftflotte 4.

Leutnant

Leopold Münster

Geboren am 13.12.1920
in Pohorsch/Sudetenland.

Seit 1938 in der Luftwaffe und nach Jagdfliegerausbildung ab 1941 als Flugzeugführer in der 2. Gruppe des Jagdgeschwaders 3 an der Ostfront, zählte Leopold Münster dort bald zu den Besten. Als das Jagdgeschwader 3 „Udet" 1943 in die Reichsverteidigung verlegte, war er auch hier ein herausragender Jagdflieger, dessen Kühnheit und Können in jedem seiner Einsätze Beachtung und Bewunderung erregten. Todesmutig und rücksichtslos gaben diese jungen Flieger im Kampf gegen die amerikanischen Bomberflotten immer wieder Beispiele höchsten Soldatentums und erwarben sich sogar die Achtung seitens des Gegners. Münsters tapferes Jagdfliegerleben endete am 8.5.1944 über Hildesheim/Hannover, als er einen viermotorigen amerikanischen Bomber durch Rammstoß zum Absturz brachte. Es gemahnt zur Pflicht, sich in Ehrfurcht vor solch tapferen Soldaten zu verneigen und ihnen ein ehrendes Angedenken für alle Zeiten zu bewahren.

471. Eichenlaub am 12.5.1944 nach dem Tode, für die Leistungen als
Leutnant und
Staffelkapitän der
4. Staffel des
Jagdgeschwaders 3 „Udet".

Großadmiral

Yneichi Koga

Nach dem Tode von Großadmiral Yamamoto im April 1943 wurde Admiral Koga dessen Nachfolger. Sein Name ist eng verknüpft mit den Erfolgen der japanischen Streitkräfte in Ostasien. Die enormen Luft- und Seeschlachten im Pazifik wurden Kriegsgeschichte, und der Admiral steht mit seinen soldatischen Leistungen in Kampf und Führung in deren Mittelpunkt. Unauffällig und stets zurückgezogen vollbrachten die Admirale, Offiziere und Soldaten der japanischen Armee und Marine ihre Waffentaten und gaben in den harten Schlachten gegen übermächtigen Feind bedingungslos ihr Leben. Ihr Opfer verdient einen Ehrenplatz im Ruhm der Taten der Verbündeten Deutschlands im gemeinsamen Kampf des Zweiten Weltkrieges. Auch Großadmiral Kogas Leben endete am 31.3.1944 im Pazifik im Glauben an die Nation, der sein ganzes Tun und Wirken als Soldat bis zum Tode in unerschütterlicher Treue verschrieben war.

Eichenlaub ohne Nr. am 12.5.1944 nach dem Tode, für die Leistungen als Großadmiral und Oberbefehlshaber der Vereinigten Japanischen Flotte.

Generalmajor

Max Sachsenheimer

Geboren am 5.12.1909
in Mühlbach/Baden.

✝

Seit 1928 in der Reichswehr und 1939 Chef der 1. Kompanie im Infanterieregiment 75. Mit dieser Teilnahme am Westfeldzug und zu Beginn des Ostfeldzuges „Stabsoffizier für die Verkehrsregelung" der 5. Infanteriedivision. Ab 25.7.1941 dann Führer des 2. Bataillons des Infanterieregiments 75 und am 29.7.1941 nach Verwundung in einem Lazarett in Berlin. Ende 1941 wird die 5. Infanteriedivision in 5. Jägerdivision umbenannt und Sachsenheimer Kommandeur des 2. Bataillons, jetzt Jägerregiment 75. Bei den Einsätzen im Nordabschnitt der Ostfront sah man diesen tapferen Offizier an allen Brennpunkten in vorderster Linie kämpfen. Die hohen Auszeichnungen an ihn waren erst durch die Anstrengungen seiner Soldaten möglich, so pflegte er dies immer wieder auszudrücken und unterstrich damit deutlichst seine Selbstlosigkeit und Kameradschaft, sowie die Wertschätzung seiner Männer. Ab Mai 1943 zum Führer des Jägerregiments 75 ernannt, ab Juli Ib der 5. Jägerdivision und ab Feber 1944 wieder Führer des Regiments, ab 10.9. Führer und ab 1.12. Kommandeur der 17. Infanteriedivision. Hier zeigte der General wieder sein hervorstechendes Können in Führung und Kampf und gehörte mit seiner Division bis zum Kriegsende zu den Stützen an der schwer ringenden Ostfront. Von Mai 1945 bis April 1947 in amerikanischer Kriegsgefangenschaft, verstarb Max Sachsenheimer am 2.6.1973 in Merzhausen bei Freiburg im Breisgau/Baden-Württemberg.

472. Eichenlaub	am 14.5.1944	als	Oberstleutnant und Führer des Jägerregiments 75, in der 5. Jägerdivision.
132. Schwerter	am 6.2.1945	als	Generalmajor und Kommandeur der 17. Infanteriedivision.

Oberfeldwebel

Martin Hrustak

Geboren am 17.10.1913
in Tschechen/Sudetenland.

Die Tapferkeitstaten dieses unerschrockenen Soldaten stehen im Einklang eines Kämpferherzens von unermüdlicher Ausdauer und Einsatzbereitschaft. Seit 1939 im Heer und ab 1941 als Zugführer in der 7. Kompanie des Infanterieregiments 162, lieferte Martin Hrustak im Nordabschnitt der Ostfront in steter Reihenfolge Kampfbeispiele von einmaliger Art, die ihn in der 61. Infanteriedivision zum Begriff werden ließen. Unauffällig und furchtlos im Einsatz, gipfelten die Erfolge der Division oftmals einzig und allein in der mitreißenden und schwungvollen Angriffsart dieses mutigen Zugführers, der in seiner Gewandtheit und schnellen Erfassungskraft auch bedrohlichste Lagen bestechend meisterte. Bei der Erstürmung einer russischen Pakstellung schwer verwundet, erlosch sein tapferes Soldatenleben am 18.8.1944 auf einem Hauptverbandsplatz in Lettland, und wieder holte der Tod einen der Tapfersten des deutschen Heeres.

473. Eichenlaub am 14.5.1944 als Oberfeldwebel und
Zugführer in der
7. Kompanie des
Grenadierregiments 162, in der
61. Infanteriedivision.

Oberleutnant

Johann Schwerdfeger

Geboren am 24.11.1914
in Plein/Pfalz.

Schwerdfeger gehörte zu den Soldaten der vordersten Front, wo er laufend Beispiele hohen Soldatenkönnens und hervorragender Tapferkeit zeigte. In der 101. Jägerdivision stand er als Zugführer oft schwierigen Kampflagen gegenüber, die er aber in selbständigem Entschluß und mitreißendem Angriffsschwung zu durchschlagenden Erfolgen ummünzte. Nach dem Balkanfeldzug lagen den Erfolgen der Division an der Ostfront im Kubangebiet nicht zuletzt auch die kampfentscheidenden Taten dieses tapferen Zugführers zu Grunde. Die Bereinigung krisenreicher Lagen waren Schwerdfegers rechtzeitigem Eingreifen zu danken und erbrachten auf ganzer Divisionsebene bedeutsame Einschränkungen von Gefahren. Auch im weiteren Verlauf der schweren Absetzkämpfe an der Ostfront zeigte er gegen einen an Menschen und Material weit überlegenen Gegner stets bedachte Kampfführung und zählte so zu den wertvollsten Offizieren im Fronteinsatz.

474. Eichenlaub am 14.5.1944 als Oberfeldwebel und Zugführer in der 1. Kompanie des Jägerregiments 228, in der 101. Jägerdivision.

General der Gebirgstruppe

Emil Vogel

Geboren am 20.7.1894
in Zwickau/Sachsen.

Fahnenjunker und Offizier im Ersten Weltkrieg und ab 1.10.1937 Ia im Generalkommando des 7. Armeekorps. Nach dem Polenfeldzug ab 23.10.1939 Ia im Grenzabschnitt Nord, ab 16.5.1940 Chef des Generalstabes des stellvertretenden Generalkommandos des 1. Armeekorps und nach dem Westfeldzug vom 25.10.1940 – 19.6.1942 Chef des Generalstabes des 20. Armeekorps. Nach Einsatz an der Ostfront anschließend ab 20.6. auf Divisionsführerlehrgang und in der Führerreserve des Oberkommandos des Heeres, sowie ab 1.9. Führer und ab 13.10. Kommandeur der 101. Jägerdivision im Südabschnitt der Ostfront. Die Division bewährte sich unter der bedachten Führung des Generals auf das höchste bei den Absetzkämpfen im Westkaukasus und am Kubanbrückenkopf und trug maßgeblich zum Gelingen des Durchbruchs der Panzerarmee Hube aus dem Kessel Kamenez-Podolsk bei. Ab 10.8.1944 übernahm Emil Vogel als Kommandierender General das 36. Armeekorps in Finnland, erbrachte auch hier Beweise hoher Führungskunst und Menschlichkeit und befand sich nach Kriegsende bis 1947 in Kriegsgefangenschaft.

475. Eichenlaub am 14.5.1944 als Generalleutnant und
Kommandeur der
101. Jägerdivision.

Generalleutnant

Rudolph Freiherr von Waldenfels

Geboren am 23.9.1895
in Ingolstadt/Oberbayern.

†

Auch Fahnenjunker und Offizier im Ersten Weltkrieg und im Zweiten Weltkrieg als Kommandeur in folgenden Kommandos – jeweils ab: 1.9.1939 der Aufklärungsabteilung 10, 1.3.1940 der Aufklärungsabteilung 24, 15.4.1941 des Schützenregiments 4, 1.4.1942 der 6. Schützenbrigade, 1.11. der Panzertruppenschule Paris und 22.8.1943 der 6. Panzerdivision. Die Feldzüge gegen Polen, im Westen und Osten stehen wohl deutlich mit diesen Daten im Einklang und umreißen in gegebener Form das Bild eines ausgezeichneten Offiziers und Truppenführers. Die großen Taten seiner Laufbahn setzte Waldenfels an der Ostfront, wo er in jeder Lage Führungskunst, Mut und Standhaftigkeit bewies. Auch die 6. Panzerdivision hatte unter seiner vorbildlichen Führung entscheidenden Anteil beim Ausbruch der Panzerarmee Hube aus dem Kessel von Kamenez-Podolsk und leistete auch weiterhin Großes im Einsatz bis zum Kriegsende an der Ostfront. Der General befand sich von 1945 bis 1955 in sowjetischer Kriegsgefangenschaft und starb am 14.8.1969 in Rottach-Egern in Bayern.

476. Eichenlaub am 14.5.1944 als Generalmajor und
Kommandeur der
6. Panzerdivision.

Oberst

Fritz Müller

Geboren am 3.10.1907
in Neumarkt/Schlesien.

Seit 1927 in der Reichswehr, ab 1.10.1937 Chef der 4. Kompanie im Infanterieregiment 28, später Infanterie- bzw. Jägerregiment 38, ab 31.7.1941 Kommandeur des 2. Bataillons, ab 6.6.1943 Führer und ab 1.9.1943 Kommandeur des Grenadierregiments 208. Nach Teilnahme am Polen- und Westfeldzug im Ostfeldzug auch einer jener tapferen Offiziere, die in unzähligen Kämpfen im Mittel-, Nord- und Südabschnitt Höchstes geleistet haben. Nach schwierigsten und erfolgreichsten Einsätzen zur Entsetzung des Demjansker Kessels für hervorragende Verdienste am 25.8.1942 mit dem Ritterkreuz ausgezeichnet, folgten dann 1943 aufreibende Kampfeinsätze im Kubanbrückenkopf, am Mius, im Brückenkopf Nikopol und am Dnjepr. Vorbildlich in Kampf und Führung, war Fritz Müller ein Offizier, der jeder Lage gerecht wurde und sich mit seinem Regiment bei schweren Kämpfen im Raume Jassy/Rumänien erneut besonders auszeichnen konnte. Nach Malaria-Erkrankung im Sommer 1944 ab Jänner 1945 mit der Führung eines Regiments zur besonderen Verwendung betraut, bei harten Abwehrkämpfen im schlesischen Gebiet am 20.1.1945 schwer verwundet – Verlust des rechten Oberschenkels – und bei Kriegsende in einem Lazarett in Mühlhausen/Thüringen.

477. Eichenlaub am 14.5.1944 als Oberst und
Kommandeur des
Grenadierregiments 208, in der
79. Infanteriedivision.

Oberst

Kilian Weimer

Geboren am 12.5.1904
in Kembach/Bayern.

1924 Eintritt in die Polizei, 1936 Übernahme in die Wehrmacht und Chef der 7. Kompanie im Infanterieregiment 109. 1940 Taktiklehrer an der Pionierschule Dessau-Roßlau und ab 1.9. Kommandeur des 1. Bataillons des Infanterieregiments 109. Mit diesem im Mittelabschnitt der Ostfront eingesetzt, erfocht er beim Vormarsch in den Sommermonaten 1941 entscheidende Erfolge. Am 6.1.1942 wurde Kilian Weimer verwundet, kam in die Heimat und wirkte ab 1.3. als Taktiklehrer an der Infanterieschule Wiener Neustadt. Ab 1.4.1943 wieder im Fronteinsatz als Kommandeur des Infanteriebataillons 560 und abermals am 31.5. verwundet und nach Genesung ab 1.12. als Kommandeur des Luftwaffen-Jägerregiments 25, einer aus Luftwaffenangehörigen gebildeten Einheit, wieder an der Ostfront. Er führte diese Männer in härtesten Abwehrkämpfen mit kluger Umsicht und war durch immer bewiesene Tapferkeit und hohes Führungskönnen jederzeit ihr Vorbild und gleichzeitig guter Kamerad. Die Erfolge der Luftwaffen-Felddivisionen beruhten nicht zuletzt auf dem ausgeprägten soldatischen Können der ihnen zugeteilten Heeresoffiziere, zu deren tüchtigsten auch Kilian Weimer gehörte. Am 28.3.1945 in russische Gefangenschaft geraten, kehrte er aus dieser am 16.12.1949 in die Heimat zurück.

478. Eichenlaub am 14.5.1944 als Oberstleutnant und
Kommandeur des
Luftwaffen-Jägerregiments 25, in der
13. Luftwaffen-Felddivision.

SS Obersturmbannführer

Walter Schmidt

Geboren am 28.1.1917
in Bremen.

Walter Schmidt kam 1935 in die SS Verfügungstruppe, und zwar ins SS Regiment „Germania", und zog als Zugführer der 4. Kompanie 1939 in den Polenfeldzug. Im Westfeldzug führte er den Panzerspähzug und kämpfte im Ostfeldzug in den SS Regimentern „Nordland" und „Westland". Die Erfolge der SS Division „Wiking" sind eng mit seinen Leistungen verknüpft und erheben Schmidt in die Reihe der tüchtigsten Offiziere dieser Division. Als Kommandeur des 2. Bataillons des SS Regiments „Westland" erreichte er im Raume Isjum im Juli 1943 entscheidende Waffentaten gegen starke Feindkräfte und bewährte sich erneut aufs höchste mit seinen Männern 1944 beim Ausbruch aus dem Kessel bei Tscherkassy, wo sein Bataillon als vorderste Durchbruchsspitze sämtliche Sperrstellungen des Feindes durchbrach. Schon seit Dezember 1943 Führer und ab Juli 1944 zum Kommandeur des SS Panzergrenadierregiments 10 „Westland" ernannt, welches er bis 10.9.1944 führte, ab Jänner 1945 dann Lehrgruppenkommandeur an der SS Kriegsschule Bad Tölz und ab März 1945 bis Kriegsende Kommandeur des SS Regiments 96 in der 38. SS Grenadierdivision „Nibelungen". Vorbildliche Tapferkeit und hoher Kameradschaftssinn zeichneten während des ganzen Krieges seine Persönlichkeit.

479. Eichenlaub am 14.5.1944 als SS Hauptsturmführer, für die Leistungen als
Kommandeur des
2. Bataillons des
SS Panzergrenadierregiments 10 „Westland",
in der
5. SS Panzerdivision „Wiking".

SS Standartenführer

Karl Ullrich

Geboren am 1.12.1910
in Saargemünd/Lothringen.

Seit 1934 in der SS Standarte „München", kam er dann zur SS Totenkopfdivision, wo er sich 1940 im Westfeldzug schon sehr bewährt hat. Ab Mai 1941 übernahm Ullrich als Kommandeur das Pionierbataillon und zog mit diesem in den Ostfeldzug. Hier führte er im Nordabschnitt bei den Kämpfen am Lowat eine Kampfgruppe in bestechender Art und erhielt dafür das Ritterkreuz. Ab 1.7.1942 Korps-Pionierführer des SS Panzerkorps, ab 15.3.1943 Kommandeur des 3. Bataillons des SS Panzergrenadierregiments 6 „Theodor Eicke" und ab November 1943 Kommandeur des Regiments. Die Erfolge seiner Männer in den Räumen Charkow, Kursk und Kriwoj Rog im Südabschnitt der Ostfront stehen im Einklang mit den hohen soldatischen Eigenschaften des Kommandeurs, der durch Willenskraft, Ausdauer und Tapferkeit die Grundlagen für diese Leistungen geschaffen hat. Im Herbst 1944 wurde ihm die Führung der 5. SS Panzerdivision „Wiking" übertragen, als deren Kommandeur sich Karl Ullrich bis Kriegsende an der Ostfront noch große Verdienste erwerben konnte und seitens seiner Soldaten auf Grund der vorgelebten Art als aufrechter Truppenführer hohe Verehrung und Achtung erfuhr.

480. Eichenlaub am 14.5.1944 als SS Obersturmbannführer und
Kommandeur des
SS Panzergrenadierregiments 6 „Theodor Eicke",
in der
3. SS Panzerdivision „Totenkopf".

Major

Karl Henze

Geboren am 20.1.1916
in Holzminden/Braunschweig.

Überragender Stuka- und Schlachtflieger, dessen Führungs- und Kampfleistungen den Ruf des Stukageschwaders 77 begründeten. 1936 in die Luftwaffe gekommen, gehörte Henze dem Geschwader bereits ab 1.7.1938 als es noch Stukageschwader 165 hieß, an. Ab 1.10.1939 Adjutant der 1. Gruppe, ab 18.9.1941 Staffelkapitän der 1. Staffel und ab 21.2.1943 Kommandeur der 1. Gruppe, flog er in Unermüdlichkeit während des Krieges fast 1.100 Feindflüge an den Fronten in Polen, im Westen, über England, am Balkan und in Rußland. Hohes fliegerisches Können paarte sich mit einmaliger Tapferkeit in seiner Persönlichkeit zu einem beispielgebenden Vorgesetzten. Beliebt und kameradschaftlich in seiner Art, vereinigten sich bei ihm nicht nur die Werte eines tüchtigen Frontoffiziers, sondern auch jene eines vorbildlichen Menschen. Als Kommodore der Schlachtgeschwader 102, 103 und 151, welche Karl Henze ab 15.11.1944, 16.1.1945 und 16.4.1945 befehligte, stellte er erneut seine großen Fähigkeiten als Führer, Flieger und Soldat unter Beweis und befand sich vom 8.5. – 15.10.1945 in britischer Kriegsgefangenschaft.

481. Eichenlaub am 20.5.1944 als Major und
Kommandeur der
1. Gruppe des
Schlachtgeschwaders 77.

Oberstleutnant der Reserve

Willy Marienfeld

Geboren am 1.10.1897
in Reppen/Brandenburg.

Im Ersten Weltkrieg Kriegsfreiwilliger und Offizier und 1939 bei Kriegsausbruch Ordonnanzoffizier des 1. Bataillons des Infanterieregiments 122 in der 50. Infanteriedivision. Mit dieser kämpfte Marienfeld auf den Kriegsschauplätzen in Polen, Frankreich, am Balkan und in Rußland und wurde in der Division zu einem der bekanntesten Offiziere. 1942 als Kommandeur des 2. Bataillons des Infanterieregiments 123 und im Frühjahr 1943 als Kommandeur des Regiments, erbrachte er bei den Kämpfen auf der Krim in immer gezeigter Einsatzbereitschaft und Tapferkeit laufend Beweise seiner hohen Soldatentugenden und war ein Frontkämpfer, den man allgemein achtete und verehrte. Ab Februar 1944 übernahm Willy Marienfeld als Kommandeur das Grenadierregiment 658 in der 336. Infanteriedivision, wo er in vorderster Front in den Kämpfen bei Sewastopol im Südabschnitt der Ostfront am 9.5.1944 schwer verwundet wurde und diesen Verletzungen am 9.6.1944 in einem Lazarett in Konstanza erlegen ist. Das deutsche Heer traf ein schwerer Verlust, und Trauer erfüllte seine Reihen.

482. Eichenlaub am 25.5.1944 als Major der Reserve, für die Leistungen als Kommandeur des Grenadierregiments 123, in der 50. Infanteriedivision.

Oberfeldwebel

Ferdinand Wegerer

Geboren am 9.8.1917
in Neusiedl bei Pernitz/Niederösterreich.

Ab 1.12.1938 in der 4. Leichten Division, der späteren 9. Panzerdivision, wurde Wegerer hier im Laufe des Krieges zu einem der erfolgreichsten Soldaten. Schon im Polen-, West- und Balkanfeldzug im Einsatz, vollbrachte er seine großen Waffentaten dann im Ostfeldzug, wo er als Zugführer in der 1. Kompanie des Schützenregiments 10, des späteren Panzergrenadierregiments 10, an verschiedenen Frontabschnitten durch seine Einsatzerfolge in kurzer Zeit zu den besten Panzergrenadieren zählte. Die Kampfgebiete bei Wjasma im Mittelabschnitt und Nikolajew im Südabschnitt der Ostfront stehen unwiderruflich mit seinen Höchstleistungen an persönlicher Tapferkeit im Einklang, wo ihm durch blitzschnelles selbständiges Handeln gegen starke Feindkräfte entscheidende Erfolge gelangen und er die Division dadurch vor unliebsamen Überraschungen bewahren konnte. Auch in weiterer Zeit war Ferdinand Wegerer ein immerbewährter Frontkämpfer, dessen Verläßlichkeit und Kameradschaftsgeist in einem bereitwilligen Herzen ihren Ursprung hatten und in der Pflichterfüllung für das Vaterland in überzeugender Weise zum Ausdruck drängten. Oftmals verwundet und immer wieder im Einsatz, kämpfte er ab Ende 1944 an der Westfront, befand sich nach abermaliger Verwundung bei Kriegsende in einem Lazarett in Steyr/Oberösterreich und wurde von den Amerikanern in ehrenvoller Form entlassen.

483. Eichenlaub am 4.6.1944 als Oberfeldwebel, für die Leistungen als Feldwebel und Zugführer in der 1. Kompanie des Panzergrenadierregiments 10, in der 9. Panzerdivision.

Generalleutnant

Wolf Hagemann

Geboren am 20.7.1898
in Glashütte/Elsaß.

Als Fähnrich und Offizier im Ersten Weltkrieg, war Hagemann ab 1.4.1938 Kommandeur des 3. Bataillons des Gebirgsjägerregiments 139, wo er sich nach Teilnahme am Polenfeldzug im Norwegenunternehmen beim Kampf um Narvik in hervorragender Weise auszeichnen konnte. Seine Verdienste fanden ihre Würdigung durch die Verleihung des Ritterkreuzes am 4.9.1940. Nach verschiedenen Kommandostellen, unter anderem auch im Stab der Deutschen Heeresmission in Rumänien, ab 16.12.1941 als Kommandeur des Jägerregiments 49 wieder im Fronteinsatz, wo der tapfere Offizier durch gekonnte Kampf- und Führungsleistungen an der Ostfront auffiel. Ab 14.6.1942 in der Führerreserve des Oberkommandos des Heeres und ab 8.12.1943 als Kommandeur der 336. Infanteriedivision wieder im Einsatz an der Ostfront. Bei den Abwehrkämpfen um Sewastopol in höchstem Maße bewährt, übernahm der General nach Genesung von einer Verwundung ab Juli 1944 als Kommandeur die 541. Volksgrenadierdivision, ab 1.3.1945 als Führer das „Korps Oder" und einen Monat später noch als Führer das 48. Panzerkorps. Mit diesen Truppenteilen in jeder Lage bewährt, zählt Wolf Hagemann zu den hervorragendsten Frontgeneralen der Ostfront.

484. Eichenlaub am 4.6.1944 als Generalmajor und
Kommandeur der
336. Infanteriedivision.

Leutnant

Hans Strippel

Geboren am 1.12.1912
in Obergeis/Hessen.

Seit 1932 in der Reichswehr und ab 1935 in der 1. Panzerdivision, wurde er dort zum herausragenden Panzerkommandanten im Kriege. Alle Einsatzgebiete, auf denen sich die 1. Panzerdivision unvergänglichen Ruhm erwarb, sahen auch diesen tapferen Soldaten erfolgreich im Einsatz. Die Feldzüge gegen Polen, Frankreich und die Sowjetunion bestimmten Hans Strippels soldatischen Werdegang, wo er besonders an der Front im Osten hohe Kampfbeispiele zeigte und außerdem viele Panzerabschüsse tätigen konnte. Für hervorragende Leistungen in der Schlacht bei Toropez im Mittelabschnitt der Ostfront schon am 22.1.1943 mit dem Ritterkreuz ausgezeichnet, tat er sich auch 1944 bei der Befreiung der Gruppe Stemmermann aus dem Kessel bei Tscherkassy in bezeichnender Art hervor. Ausgeprägter Spürsinn, richtiges Handeln zur gegebenen Zeit, sowie Mut und Kaltblütigkeit waren die Merkmale, die Hans Strippel zu einem der besten Panzerkommandanten der deutschen Wehrmacht werden ließen, und seine hohen Auszeichnungen unterstreichen dies auch deutlichst.

485. Eichenlaub am 4.6.1944 als Oberfeldwebel und
Zugführer in der
4. Kompanie des
Panzerregiments 1, in der
1. Panzerdivision.

General der Infanterie

Friedrich Hochbaum

Geboren am 7.8.1894
in Magdeburg.

Offizier im Ersten Weltkrieg, 1939 Adjutant des 2. Armeekorps und nach dem Polen- und Westfeldzug ab 26.7.1940 Kommandeur des Infanterieregiments 253 in der 34. Infanteriedivision, die der General dann ab 2.11.1942 als Führer und ab 1.1.1943 als Kommandeur an der Front im Osten befehligte. In den Abwehrkämpfen im Orel-Bogen, an der Rollbahn Roßlawl-Juchnow, bei Uman und am Dnjepr usw., erbrachte der General in vorderster Front laufend Beispiele von hervorragender Tapferkeit und Führungskunst. Bei seinen Soldaten beliebt und geachtet, war er auch in schwerster Zeit Vorbild eines aufrechten Mannes und Soldaten. Ab 24.6.1944 wurde Friedrich Hochbaum Kommandierender General des 17. Armeekorps, bestand mit diesem noch schwere Abwehrkämpfe im Bereich der Heeresgruppe Mitte, wo er immerzu durch klaren Überblick und bewegtes Führungskönnen mit seinen Truppen stärksten Feindangriffen erfolgreich widerstehen konnte, geriet am 9.5.1945 in sowjetische Gefangenschaft und verstarb dort am 28.1.1955 in einem Kriegsgefangenenlager in Rußland.

486. Eichenlaub am 4.6.1944 als Generalleutnant und Kommandeur der 34. Infanteriedivision.

General der Artillerie

Ernst Eberhard Hell

Geboren am 19.9.1887
in Stade/Holstein.

†

1914/18 ausgezeichneter Offizier, führte er ab 26.8.1939 als Kommandeur die 269. Infanteriedivision. Nach Teilnahme am Westfeldzug wurde der General ab 23.8.1940 Kommandeur der 15. Infanteriedivision, mit der er dann in den Ostfeldzug zog, wo sich diese im Bereich der Heeresgruppe Mitte erfolgreich schlug. Ab 8.1.1942 übernahm Hell als Kommandierender General das 7. Armeekorps. Hier leisteten die ihm unterstellten Truppen unter seiner geschickten und wendigen Führung Hervorragendes im Brückenkopf Woronesch und waren ebenso anfangs 1944 wesentlich bei der Entsetzung der Gruppe Stemmermann im Raume Tscherkassy beteiligt. Die erfolgreiche Führung des 7. Armeekorps ermöglichte somit manchen günstigen Ausgang einer Schlacht im Südabschnitt der Ostfront. Des Generals Mut und Tapferkeit waren entscheidende Eigenschaften, die ihn auch in den folgenden Kämpfen an der Ostfront vereint mit hohem Führungskönnen zur Persönlichkeit werden ließen und sein hohes Ansehen bei der Truppe in jeder Weise rechtfertigten. Vom August 1944 bis Oktober 1955 befand sich Ernst Eberhard Hell in sowjetischer Kriegsgefangenschaft und verstarb am 15.9.1973 in Wiesbaden.

487. Eichenlaub am 4.6.1944	als General der Artillerie und Kommandierender General des 7. Armeekorps.

Generalleutnant

Alfons Hitter

Geboren am 4.6.1892
in Hochstatt/Elsaß.

Auch Offizier im Ersten Weltkrieg, zu Kriegsbeginn 1939 im Stab des Artillerieregiments zur besonderen Verwendung 613 und ab 1.12.1940 Kommandeur des Artillerieregiments 178 in der 78. Infanteriedivision, wo sich Hitter in der Doppelschlacht von Brjansk und Wjasma im Mittelabschnitt der Ostfront für hervorragende Artillerieführung das Ritterkreuz erwarb, welches ihm am 14.12.1941 verliehen wurde. Ab 1.2.1942 war der General Artilleriekommandeur 112 und übernahm ab 3.5.1942 als Führer die 206. Infanteriedivision, als deren Kommandeur er ab 1.8.1942 durch große Führungsleistungen von sich reden machte. Seiner unerschütterlichen Standhaftigkeit und Tapferkeit zufolge war seine Division beim Zusammenbruch der Heeresgruppe Mitte im Juni 1944 zum Fels in der Brandung geworden und überzeugte in einmaligen Leistungen bis zum Untergang im Kampfraum Witebsk. Der General befand sich dann vom 28.6.1944 bis 10.10.1955 in sowjetischer Kriegsgefangenschaft.

488. Eichenlaub am 4.6.1944 als Generalleutnant und
Kommandeur der
206. Infanteriedivision.

General der Flakartillerie

Wolfgang Pickert

Geboren am 3.2.1897
in Posen/Westpreußen.

1914 Kriegsfreiwilliger, 1915 Offizier und 1932 im Artillerieregiment 1 der Reichswehr, welches als Stammtruppenteil der Flakwaffe anzusehen ist. Pickert erwarb sich hohe Verdienste beim Aufbau der deutschen Flakartillerie, wurde ab Juni 1940 Chef des Stabes des 1. Flakkorps und ab 26.3.1942 Kommandeur der 9. Flakdivision (mot.) in Rußland. Im Südabschnitt der Ostfront eingesetzt, führte ihr Weg bis nach Stalingrad, wo die Division bei den schweren Kämpfen im dortigen Kessel im Jänner 1943 ihr Ende fand. Der General wurde aus dem Kessel ausgeflogen und mit der Neuaufstellung der Division betraut, die dann unter seiner Führung Höchstleistungen bei den Einsätzen auf der Krim und im Kubangebiet gebracht hat. Bewiesenes Führungskönnen, hohes technisches und taktisches Verständnis, sowie feste Entschlossenheit waren seiner Persönlichkeit zu eigen und trugen neben Tapferkeit und Weitblick zu manchen Erfolgen der von ihm geführten Division entscheidend bei. Ab Juni 1944 wurde Wolfgang Pickert Kommandierender General des 3. Flakkorps im Westen und ab April 1945 General der Flakartillerie beim Oberbefehlshaber der Luftwaffe in Berlin bis zum Kriegsende.

489. Eichenlaub am 5.6.1944 als Generalleutnant, für die Leistungen als Kommandeur der 9. Flakdivision (mot.).

Generalleutnant

Gottfried Weber

Geboren am 31.1.1899
in Breslau.

†

1917 Fahnenjunker, 1918 Offizier, 1939 Kommandeur des 1. Bataillons des Infanterieregiments 162, nach dem Polen- und Westfeldzug an der Ostfront, dort dann vom 1.4.1942 bis 15.11.1943 Kommandeur des Infanterieregiments 176 und gleichzeitig auch zeitweise während dieses Zeitabschnittes Führer der 81. und 93. Infanteriedivision. Man sieht hier deutlich, mit welch großen Schwierigkeiten man in dieser Zeit an der Ostfront zu kämpfen hatte und wie groß die Leistungen dieser Generäle waren, die solche Belastungen schaffen mußten. Weber, schon im Oktober 1941 für seine Tapferkeit hoch ausgezeichnet, wurde in der Folgezeit im Nordabschnitt zu einem der besten Truppenführer. Ab Mai 1943 führte er die 61. Infanteriedivision und wurde ab 15.11.1943 Kommandeur der 12. Luftwaffen-Felddivision. Die Kampferfolge der Division an dieser Front waren bezeichnend und verdienen höchste Belobigung. Die Luftwaffensoldaten schlugen sich unter seiner Führung betont tapfer und wurden zu verläßlichen Kameraden des Heeres. Der General wurde ab 10.4.1945 noch mit der Führung des 16. Armeekorps betraut, welches er bis Kriegsende befehligte, und verstarb am 16.8.1958 nach einem Unfall in Villach in Kärnten.

490. Eichenlaub am 9.6.1944 als Generalmajor und
Kommandeur der
12. Luftwaffen-Felddivision.

Oberst

Horst Niederlaender

Geboren am 1.4.1908
in Sensburg/Ostpreußen.

Spricht man von der unverzagt stürmenden deutschen Infanterie im Zweiten Weltkrieg, so ist das wohl kaum auf jemanden besser zutreffend als auf diesen tapferen und jederzeit einsatzbereiten Offizier. Nach den Feldzügen gegen Polen und im Westen erwarb sich Niederlaender in den Winterkämpfen 1942/43 an der Ostfront als Führer des Grenadierregiments 686 höchste Verdienste und hohe Auszeichnungen. Stets frohgemut und warmherzig zu seinen Soldaten, fand man ihn im Kampf an ihrer Spitze und in jeder Weise beispielgebend wirkend. So auch als Kommandeur des Füsilierbataillons 336, wo er im April 1944 nördlich von Sewastopol auf der Krim in selbstloser Art einen tiefen Feindeinbruch im Nachbarabschnitt seines Bataillons durch sofortigen Gegenangriff bereinigte und nach erbitterten Kämpfen den Frontverlauf wieder herstellen konnte. Hierbei schwer verwundet, erlag er diesen Verletzungen einen Tag später am 24.4.1944, und das deutsche Heer verlor wieder einen seiner besten Frontoffiziere.

491. Eichenlaub am 9.6.1944 nach dem Tode, für die Leistungen als Oberstleutnant und Kommandeur des Füsilierbataillons 336, in der 161. Infanteriedivision.

Oberfeldwebel

Georg Bonk

Geboren am 12.3.1917
in Knurow/Oberschlesien.

†

Auch er, der in der 211. Infanteriedivision laufend Beispiele an Mut und Entschlußkraft zeigte und in vielen schweren Kämpfen durch schonungslosen Einsatz seiner Person manch brenzlige Lage erfolgreich bereinigte, gehört zu den tapfersten Ostfrontkämpfern. Als ausgezeichneter MG-Schütze in der 6. Kompanie des Grenadierregiments 365 als Obergefreiter für außergewöhnliche Kampfleistungen am 18.8.1943 mit dem Ritterkreuz ausgezeichnet, bewährte er sich 1944 als Zugführer in hohem Maße bei der Entsetzung der Festung Kowel. Hier gelang ihm durch rechtzeitiges Erkennen die Abwehr bedrohlicher Flankenangriffe des Feindes, und Bonk ermöglichte dadurch das Gelingen der eigenen Entsatzangriffe. Oft verwundet und immer wieder an der Front, stehen seine Taten von treuer Pflichterfüllung in bedeutender Einmaligkeit und stempeln ihn zu einem der unerschrockenen Frontkämpfer, welche in den arg angeschlagenen Divisionen an der Ostfront durch ihren beispielhaften Einsatz zu unentbehrlichen Bürgen des Erfolges wurden. Georg Bonk ist am 10.10.1982 in der Bundesrepublik verstorben.

492. Eichenlaub am 9.6.1944 als Feldwebel und Zugführer in der 6. Kompanie des Grenadierregiments 365, in der 211. Infanteriedivision.

Oberfähnrich

Hubert Pilarski

Geboren am 19.10.1913
in Buer/Westfalen.

Hubert Pilarski war einer jener hervorragenden Unteroffiziere, die im Kampfgeschehen der Fronten im West- und Ostfeldzug immer Höchstleistungen an Mut und Tapferkeit brachten. Die enorme Belastung der Truppe an der Ostfront ließ die jungen Feldwebel zu wertvollen Frontkämpfern werden, die durch selbständige Entschlußkraft und mitreißenden Schwung schwierigste Lagen meisterten. Pilarskis Leistungen bei den Kämpfen im Orelbogen, wo er nach der Sommerschlacht am 4.8.1943 für besondere Tapferkeit das Ritterkreuz erhielt, waren sprichwörtlich, und die 293. Infanteriedivision blickte in Stolz auf ihren tüchtigen Zugführer im Grenadierregiment 511. Auch in den folgenden Abwehrkämpfen der nächsten Kriegsjahre bewies er jederzeit Härte und Geistesgegenwart und erreichte mit oft nur wenigen Kameraden Erfolge ungeahnten Ausmaßes. Oftmalige Verwundungen bekundeten seinen unermüdlichen Fronteinsatz, und ab Jänner 1944 im Grenadierregiment 948 und dort ab September Führer der SMG Kompanie, sowie ab Feber 1945 Ordonnanzoffizier, war Hubert Pilarski hier bis zum Kriegsende ein Frontkämpfer ohne Furcht und Tadel mit großem Gewissen und beispielhafter Zuversicht. Die Verleihungen der hohen Auszeichnungen an ihn sprechen in Deutlichkeit für die Verdienste dieses unerschrockenen Soldaten, der somit zu den 37 mit dem Eichenlaub ausgezeichneten Männern des deutschen Unteroffizierskorps gehört.

493. Eichenlaub am 9.6.1944 als Oberfeldwebel, für die Leistungen als Zugführer in der 8. Kompanie des Grenadierregiments 948, in der 359. Infanteriedivision.

Oberst

Ernst Wilhelm Hoffmann

Geboren am 27.9.1904
in Nürnberg/Mittelfranken.

Seit 1922 im Heer, zählte er im Kriege zu den bedeutenden Führern der Panzergrenadiere. Bereits im Polenfeldzug Chef der 1. Kompanie und im Westfeldzug Führer des 1. Bataillons des Schützenregiments 12 (mot.), erfolgte auf Grund seiner Verdienste am 4.9.1940 seine Auszeichnung mit dem Ritterkreuz. Ab 18.10.1940 wurde Hoffmann Kommandeur des Regiments und zog mit diesem 1941 in den Ostfeldzug. Die Erfolge der 4. Panzerdivision stehen in engster Verbindung mit den Taten des Schützen- bzw. Panzergrenadierregiments 12 und ihres beispielgebenden Kommandeurs, der infolge seiner oftmaligen Verwundungen auch Träger des goldenen Verwundetenabzeichens war, was seinen hohen Einsatz als Frontkämpfer deutlich macht. Besonders hervorzuheben sind die geleisteten Waffentaten bei der Öffnung des Einschließungsringes um die Festung Kowel, wo Oberstleutnant Hoffmann Führer einer Hauptstoßgruppe war und maßgeblichen Anteil an der Entsetzung der Stadt hatte. Bei weiteren Abwehrkämpfen erneut ausgezeichnet, übernahm der tapfere Offizier ab 10.4.1945 noch die Führung der 4. Panzerdivision und bewies in schwerster Zeit an der Ostfront verständnisvolle Führungsart und überlegtes Handeln. Nach Kriegsende befand sich Ernst Wilhelm Hoffmann bis Mai 1946 in Kriegsgefangenschaft.

494. Eichenlaub am 9.6.1944 als Oberstleutnant und
Kommandeur des
Panzergrenadierregiments 12, in der
4. Panzerdivision,
unter gleichzeitiger Beförderung zum Oberst.

Major der Reserve

Konrad Zeller

Geboren am 9.9.1911
in Schöntal/Württemberg.

Als Freiwilliger 1934/35 im Heer, 1937/38/39 im Infanterieregiment 119 und ab 24.4.1940 im Infanterieregiment 380. Viereinhalb Kriegsjahre standen sein Name und seine Taten in engstem Zusammenhang mit diesem Regiment. 1940 im Westfeldzug als Zugführer in der 10. Kompanie, führte er diese im Osten als Chef und wurde 1942/43 Führer und Kommandeur des 3. Bataillons, jetzt Grenadierregiment 380. Nach Verwundung des Regimentskommandeurs übernahm Konrad Zeller ab 17.1.1944 sogar die Führung des Regiments. Die Erfolge der 215. Infanteriedivision im Nordabschnitt der Ostfront stuften nicht zuletzt auch auf dem Können, der Tapferkeit und dem steten Vorbild dieses tüchtigen Offiziers. In verbindlicher Kameradschaft zu seinen Männern bewies er Tugenden besten Soldatentums, und die Nennung im Ehrenblatt des Deutschen Heeres würdigte seine Verdienste in eindrucksvoller Form. Ab Juli 1944 wurde Zeller Ia der Kampfgruppe Giesecke im Raum Dünaburg, führte September/Oktober das Grenadierregiment 435, kam im Dezember in die Führerreserve des Oberkommandos des Heeres und war vom 8.5. – 18.10.1945 in französischer bzw. amerikanischer Kriegsgefangenschaft.

495. Eichenlaub am 9.6.1944 als Major der Reserve, für die Leistungen als Hauptmann der Reserve und Kommandeur des 3. Bataillons des Grenadierregiments 380, in der 215. Infanteriedivision.

Oberstleutnant im Generalstab

Joachim Domaschk

Geboren am 20.5.1914
in Dresden.

Joachim Domaschk trat 1936 ins Infanterieregiment 10 ein, wurde 1939 Chef der 14. Kompanie und kämpfte im Polen- und Westfeldzug. Im Ostfeldzug ab September 1942 Führer des 1. Bataillons des Schützenregiments 108, erwarb er sich durch ungestümen Einsatzwillen hohe Auszeichnungen und erreichte mit der 14. Panzerdivision nach unermüdlichen Einsätzen die Stadt Stalingrad, wo er in den dortigen Kämpfen ab 1.12.1942 als Kommandeur des 1. Bataillons des Schützenregiments 103 einmalige Standhaftigkeit und Ausdauer bewies. Nach Untergang der Division in Stalingrad wurde Domaschk in der neu aufgestellten 14. Panzerdivision im April 1943 Kommandeur des 1. Bataillons des Panzergrenadierregiments 103 und stellte hier erneut seine Tapferkeit und Führungskunst unter Beweis. Elf Verwundungen zeugen von seinem schonungslosen Fronteinsatz und Opfermut. Im Dezember 1944 erfolgte seine Kommandierung zur Generalstabsausbildung, wo Domaschk anschließend auch im Generalstabsdienst ein tüchtiger und tatkräftiger Offizier war und sich hohen Ansehens und allgemeiner Beliebtheit erfreuen konnte.

496. Eichenlaub am 11.6.1944 als Major und
Kommandeur des
1. Bataillons des
Panzergrenadierregiments 103, in der
14. Panzerdivision.

Oberfeldwebel

Emil Kaminsky

Geboren am 9.10.1917
in Querfurt/Thüringen.

Seit 1.10.1936 im Heer und ab August 1939 in der 9. Kompanie des Infanterieregiments 455, wo er sich schon 1940 im Westfeldzug sehr bewährt hat. Ab September 1940 dann in der 2. Kompanie des Infanterieregiments 446 und ab Juni 1941 im Einsatz an der Ostfront. Bereits 1942 als Zugführer des 3. Zuges für besondere Einsatzleistungen im Kampfraum Orel im Mittelabschnitt der Ostfront hoch ausgezeichnet, bewies er auch in den folgenden schweren Kämpfen der Jahre 1943/44 immer wieder Mut und Entschlossenheit und zählte in der Division zu den Tapfersten. Die erbitterten Rückzugskämpfe forderten in dieser Zeit von den Soldaten Übermenschliches, und Emil Kaminsky rettete oftmals durch rechtzeitiges Eingreifen gegen erdrückende Übermacht des Feindes den Zusammenbruch der Front und bewahrte seine Kameraden vor dem Schlimmsten. Still und bescheiden tat er weit mehr als nur seine Soldatenpflicht, und sein tapferes Leben erlosch am 5.7.1944 an der Beresina im Mittelabschnitt der Ostfront bei einem russischen Werferüberfall. Das deutsche Heer trauerte um einen vorbildlichen Soldaten und einmaligen Kameraden.

497. Eichenlaub am 12.6.1944 als Oberfeldwebel und
Ordonnanzoffizier des
1. Bataillons des
Grenadierregiments 446, in der
134. Infanteriedivision.

Oberleutnant der Reserve

Edwin Stolz

Geboren am 4.12.1912
in Bühlertal/Baden.

In der 14. Kompanie des Grenadierregiments 353 wurde Stolz, der sich 1940 im Westfeldzug schon sehr bewährt hat, zu einem hervorragenden Offizier, der an der Ostfront überragende Beispiele an Mut und Tapferkeit zeigte. Als Panzerjäger, der in Härte und Kaltblütigkeit im Raume Toropez viele Panzerabschüsse tätigte und schon am 8.2.1943 als Feldwebel mit dem Ritterkreuz ausgezeichnet wurde, stellte er auch anschließend als Offizier und Kompaniechef seine hohen soldatischen Fähigkeiten unter Beweis. In schwersten Abwehrkämpfen gegen übermächtigen Feind erreichte er nicht nur im Kampf gegen Panzer entscheidende Erfolge, sondern war auch im infanteristischen Einsatz ein vorbildlicher Frontkämpfer, der durch Schneid und Kühnheit seine Männer zu großen Taten bewegte. Bei einem solchen Einsatz bei Polozk im Mittelabschnitt der Ostfront schwer verwundet, erlag Edwin Stolz diesen Verletzungen am 17.5.1944, und die deutsche Wehrmacht betrauerte erneut den Tod eines ihrer tapfersten Offiziere.

498. Eichenlaub am 12.6.1944 nach dem Tode, für die Leistungen als
Leutnant der Reserve und
Führer der
14. Kompanie des
Grenadierregiments 353, in der
205. Infanteriedivision.

Kapitän zur See Kommodore

Rudolf Petersen

Geboren am 15.6.1905
in Atzerballig auf Alsen/Friesland.

Seit 1925 in der Marine und seit 20.8.1938 Chef der 2. Schnellbootflottille, erreichte er bei Einsätzen im Norwegenunternehmen, in der Nordsee, im Kanal und in finnischen Gewässern mit seinen Booten große Erfolge. Ab 1.10.1941 war Rudolf Petersen Admiralstabsoffizier zur besonderen Verwendung beim Führer der Torpedoboote und offenbarte hohe Fähigkeiten in seinem Wirkungskreis. Ab 20.4.1942 erfolgte seine Ernennung zum Führer der Schnellboote, und es war immer dem Können und den Erfahrungen seiner Persönlichkeit zu verdanken, daß die deutsche Schnellbootwaffe im Kriege einen so beachtenswerten Stand erreichte und in der Kriegsmarine zu einer schlagkräftigen Einheit wurde. Selbst in vielen Tag- und Nachteinsätzen auf See war Petersen nicht nur in Führung und Kampf das Vorbild eines tapferen Seeoffiziers, sondern auch in kameradschaftlicher Hinsicht ein jederzeit beispielhafter Vorgesetzter, der mit seinen Männern fühlte und mit ihnen auf den Meeren große Taten vollbrachte.

499. Eichenlaub am 13.6.1944 als Kapitän zur See und
Führer der Schnellboote.

Korvettenkapitän

Götz Freiherr von Mirbach

Geboren am 12.9.1915
in Berlin-Charlottenburg.

✝

Mirbach war einer jener ausgezeichneten Seeoffiziere, die in der Schnellbootwaffe überdurchschnittliche Erfolge tätigten. Seit 1934 in der Marine und von 1938 bis 1943 Kommandant der Boote S-20, 21, 29, 48 und 103 in der 1. bzw. 4. Schnellbootflottille. Einsätze in der Ost- und Nordsee, vor Norwegen, Finnland, Holland und im Kanal, sowie vor der französischen Küste, stehen im Einklang mit seinen außergewöhnlichen Einsatz- und Versenkungserfolgen. Ab 1.4.1943 wurde Mirbach Chef der 9. Schnellbootflottille und bewährte sich unter anderem in bezeichnender Art beim Kampf gegen die in Frankreich gelandeten Invasionseinheiten, wo ihm in kühnen Nachteinsätzen ungeahnte Erfolge glückten. Ein betont einsatzfreudiger Offizier und zäher Kämpfer, der sich nach Kriegsende von Mai bis September 1945 in Kriegsgefangenschaft im Westen befand und am 6.8.1968 in Hamburg verstorben ist.

500. Eichenlaub am 14.6.1944 als Kapitänleutnant und
Chef der
9. Schnellbootflottille.

Hauptmann der Reserve

Diddo Diddens

Geboren am 22.4.1917
in Bunderhammrich/Ostfriesland.

Diddens war einer der hervorragenden Offiziere, die in der Sturmartillerie Höchstleistungen an persönlicher Tapferkeit vollbrachten. Seit 1938 in der Wehrmacht, kam er im Mai 1941 zur Sturmartillerie, war Zugführer in der Sturmgeschützabteilung 185, kämpfte im Bereich der Heeresgruppe Nord an der Ostfront, wo ihm für überzeugende Kampfleistungen am 18.3.1942 die hohe Auszeichnung mit dem Ritterkreuz zuteil wurde. Anschließend erfolgte seine Versetzung zur Sturmgeschützabteilung „Großdeutschland", wo Diddens zuerst Zugführer in der 3. Batterie und später Chef der 1. Batterie war. Hier war er mit seinen Geschützen oft an den bedrohten Frontabschnitten und leistete in überzeugter Einmaligkeit wertvolle Hilfe für die hart ringenden Grenadiere. Hervorstechend seine Erfolge 1944 am Sereth im Bereich der Heeresgruppe Süd, wo er in unnachahmlicher Art nicht nur gegen Panzer Erfolge zeitigte, sondern auch gegen feindliche Pakstellungen entscheidende Siege erfocht. Die Division blickte stets in Stolz auf diesen bescheidenen und unauffälligen Offizier, der im Laufe des Krieges im Einsatz an Verläßlichkeit und Mut zu den Besten zählte. Im Sommer 1944 ereilte ihn eine schwere Verwundung, die zur Beinamputation führte und somit jede weitere Frontverwendung unmöglich machte.

501. Eichenlaub am 15.6.1944 als Oberleutnant der Reserve, für die Leistungen als Chef der
1. Batterie der
Sturmgeschützbrigade „Großdeutschland",
in der
Panzergrenadierdivision „Großdeutschland".

Generalleutnant

Ernst Sieler

Geboren am 22.8.1893
in Altenburg/Thüringen.

Im Ersten Weltkrieg Offizier und ab 1.11.1938 im Stabe des Reichskriegsgerichtes, übernahm Sieler dann ab 1.10.1939 als Kommandeur das Infanterieregiment 46. Mit seinen Soldaten schon im Westfeldzug sehr bewährt, war er auch an der Ostfront bei den Einsätzen im Bereich der Heeresgruppe Nord mit seinem Regiment sehr erfolgreich. In Anbetracht eindrucksvoller Leistungen am 12.9.1941 mit dem Ritterkreuz ausgezeichnet, zeigte Ernst Sieler ebenso in der Folgezeit hohen Einsatz und bezeichnendes Können. Ab November 1942 zum Führer und ab 1.1.1943 zum Kommandeur der 304. Infanteriedivision ernannt, bewies der General auch als Divisionskommandeur im Süden der Ostfront Tapferkeit, Ausdauer und Führungskunst, und so wurde ihm auf Grund seiner bedeutenden Fähigkeiten ab Februar 1945 die Führung des 59. Armeekorps übertragen, wo er noch in schwerster Zeit des Krieges Verantwortungsbewußtsein und Einfühlungsvermögen zeigte und geschickt mit seinen Truppen härteste Abwehrkämpfe bestand. Nach Kriegsende in sowjetische Gefangenschaft geraten, befand sich der General bis 1955 in Kriegsgefangenschaft.

502. Eichenlaub am 24.6.1944 als Generalleutnant und
Kommandeur der
304. Infanteriedivision.

General der Artillerie

Erich Marcks

Geboren am 6.6.1891
in Berlin-Schöneberg.

Auch Offizier im Ersten Weltkrieg und schwer verwundet, war Marcks 1939 im Polenfeldzug Chef des Generalstabes des 8. Armeekorps und 1940 im Westfeldzug Chef des Generalstabes der 18. Armee. Im Balkan- und Ostfeldzug war er Kommandeur der 101. Leichten Division, die er beispielgebend und überzeugend geführt hat, ehe ihn am 26.6.1941 eine schwere Verwundung ereilte. Nach Fußamputation sah man den tapferen General bereits am 25.3.1942 als Kommandeur der 337. Infanteriedivision in Frankreich. Dort übernahm er in der Reihenfolge als Kommandierender General folgende Armeekorps: jeweils ab: 20.9.1942 das 66., 1.10.1942 das 87. und 1.8.1943 das 84. Hohe Anstrengungen, die Erich Marcks mit Hilfe seiner Beinprothese in bezeichnender Form überbrückte, verdienen ihm gegenüber höchste Achtung und Bewunderung. Nach der Invasion in Frankreich im Juni 1944 trug sein Korps in der Normandie die Hauptlast der schweren Kämpfe, wo der General am 12.6.1944 bei einer Frontfahrt nördlich St. Lo durch Tieffliegerbeschuß gefallen ist. Die deutsche Wehrmacht trauerte um einen General, dessen Persönlichkeit hohe Menschlichkeit und Vaterlandsliebe verriet und der seitens der Truppe sehr verehrt wurde.

503. Eichenlaub am 24.6.1944 nach dem Tode, für die Leistungen als General der Artillerie und Kommandierender General des 84. Armeekorps.

Oberst

Albert Brux

Geboren am 11.11.1907
in Lauban/Schlesien.

Seit 1.10.1926 im Infanterieregiment 8, war Albert Brux im Kriege auch einer der verdienten Offiziere der Panzergrenadiere, und seine Leistungen an allen Fronten geben Anlaß zu größter Hochachtung und Wertschätzung einer Persönlichkeit, deren Kämpferherz stets im Glauben für das Vaterland schlug. Im Infanterieregiment 66 (mot.), später Schützen- bzw. Panzergrenadierregiment 66, bei Kriegsbeginn 1939 Chef der 1. Kompanie und bewährt im Polen- und Westfeldzug, erfolgte im Oktober 1940 die Umrüstung der 13. Infanteriedivision zur 13. Panzerdivision und 1941 deren Verlegung nach Rumänien. Ab 6.8.1941 zum Kommandeur des 1. Bataillons des Schützenregiments 66 ernannt, leisteten seine Soldaten an der Ostfront im Bereich der Heeresgruppe Süd in schweren Kämpfen Unvorstellbares und sahen diesen tapferen Offizier stets an der Spitze kämpfend und seinen Männern ein überzeugendes Vorbild gebend. Anschließend führte der geachtete Vorgesetzte als Kommandeur jeweils ab: November 1942 das Kradschützenbataillon der 13. Panzerdivision, Jänner 1943 das Panzergrenadierregiment 66, Dezember 1943 das Panzergrenadierregiment 40 und 1.12.1944 die 17. Panzerdivision. In härtesten Einsätzen an der Ostfront hohe soldatische Beispiele bekundend, zeugen elf Verwundungen denen vom 17.1.1945 – 16.1.1956 noch die schweren Jahre der russischen Kriegsgefangenschaft folgten, von seinem unermüdlichen Fronteinsatz.

504. Eichenlaub am 24.6.1944 als Oberst und
Kommandeur des
Panzergrenadierregiments 40, in der
17. Panzerdivision.

Major

Horst Kaubisch

Geboren am 3.12.1915
in Freital-Zaucherode/Sachsen.

Horst Kaubisch kam 1936 zur Luftwaffe und war nach seiner Ausbildung zum Stukaflieger auf Grund hoher fliegerischer Begabung lange Zeit an Schulen tätig, ehe er im August 1940 als Flugzeugführer ins Stukageschwader 1 und ab September ins Stukageschwader 77 kam. Hier flog er Einsätze zuerst am Balkan und dann an der Ostfront, wo er ab Jänner 1942 Adjutant der 3. Gruppe und ab Mai Staffelkapitän der 9. Staffel wurde. Ab Mai 1943 übernahm er als Führer die 1. Gruppe des Stukageschwaders 5, ab Juni umbenannt in 1. Gruppe Stukageschwader 1, bzw. ab Oktober Schlachtgeschwader 1, und war ab Jänner 1944 deren Kommandeur. Kaubisch war einer jener Frontflieger, die an Unermüdlichkeit, Tapferkeit und Einsatzbereitschaft zu den Besten in der Stukawaffe zählten und der Front durch ihre beständigen Einsatzleistungen immer eine große Stütze waren. Seine 1.000 Feindflüge beweisen dies in aller Deutlichkeit, und die Luftwaffe traf ein schwerer Verlust, als der beispielgebende Kommandeur am 12.2.1945 nach einem Luftkampf im Raume Lebus in Brandenburg vor dem Feind blieb.

505. Eichenlaub am 24.6.1944 als Major und
Kommandeur der
1. Gruppe des
Schlachtgeschwaders 1.

Hauptmann

Hendrik Stahl

Geboren am 24.7.1921
in Kopenhagen.

Am 1.10.1939 in die Luftwaffe eingetreten, kam Hendrik Stahl im November 1940 als Flugzeugführer in die 3. Gruppe des Stukageschwaders 2 „Immelmann". Flog während des ganzen Krieges in diesem Geschwader und trug durch Tapferkeit und unbändigen Einsatzwillen in entscheidender Weise zu den Gesamterfolgen des Geschwaders bei. Schon als junger Offizier am Balkan und gegen Schiffsziele im Mittelmeerraum sehr erfolgreich, brachte er an der Ostfront Kampfleistungen von einmaliger Bedeutung, die ihn in die Reihe der besten Stukaflieger erhoben. Am 28.11.1943 wurde Stahl Staffelkapitän der 8. Staffel, führte zeitweise auch die 3. Gruppe, die er dann ab 23.1.1945 endgültig als Kommandeur übernahm. Mit 1.200 Feindflügen zählte auch er zu den Stukapiloten mit den meisten Einsätzen und bewies in überzeugender Form Fähigkeiten großen Ausmaßes in Kampf und Führung. Das Schlachtgeschwader 2 „Immelmann" blickte in Stolz auf die Leistungen dieses mutigen, jungen und beliebten Offiziers.

506. Eichenlaub am 24.6.1944 als Oberleutnant und
Staffelkapitän der
8. Staffel des
Schlachtgeschwaders 2 „Immelmann".

Major

Heinz Wolfgang Schnaufer

Geboren am 16.2.1922
in Calw/Württemberg.

Schnaufer war der ganz überragende Mann der deutschen Nachtjagd. Seit November 1939 in der Luftwaffe und ab November 1941 als Flugzeugführer im Nachtjagdgeschwader 1, wurde er dort ab August 1943 Staffelkapitän der 12. Staffel, ab Feber 1944 Führer und ab 1.5.1944 Kommandeur der 4. Gruppe. Die Erfolge, die er in diesem Geschwader buchte, waren von überzeugender Einmaligkeit, und die Verleihung der drei höchsten deutschen Tapferkeitsauszeichnungen in den Monaten Juni bis Oktober 1944 beweisen dies in deutlichster Form. Bestes fliegerisches Können, vorbildliche Taktik und kühnes Draufgängertum waren in der Erfolgsreihe dieses tapferen Fliegeroffiziers die mitbestimmenden Eigenschaften. Nacht für Nacht am Feind und nicht ruhend im Einsatz gegen die englischen Bomberflotten, war Heinz Wolfgang Schnaufer durch seine Kampfleistungen, die in Einmaligkeit gipfelten, nicht nur der Begriff des nimmermüden Nachtjägers, sondern auch das große Vorbild in einer Waffe, die im Zweiten Weltkrieg sehr hohe Opfer brachte und sogar beim Gegner auf Grund ihrer Leistungen geachtet und gefürchtet war. Ab 24.10.1944 übernahm Schnaufer die Führung des Nachtjagdgeschwaders 4 und war ab 1.12.1944 bis zum Kriegsende dessen Kommodore. Mit 121 erzielten Nachtluftsiegen war er der erfolgreichste Nachtjäger der Welt. 1945/46 befand er sich in britischer Kriegsgefangenschaft und starb am 15.7.1950 nach einem Autounfall bei Bordeaux in Frankreich.

507. Eichenlaub	am 24. 6.1944 als	Hauptmann und Kommandeur der 4. Gruppe des Nachtjagdgeschwaders 1.
84. Schwerter	am 30. 7.1944 als	Hauptmann und Kommandeur der 4. Gruppe des Nachtjagdgeschwaders 1.
21. Brillanten	am 16.10.1944 als	Hauptmann und Kommandeur der 4. Gruppe des Nachtjagdgeschwaders 1.

Oberleutnant

Adolf Glunz

Geboren am 11.6.1918
in Bresegard/Mecklenburg.

Adolf Glunz kam am 1.8.1939 in die Luftwaffe und nach Jagdfliegerausbildung am 9.11.1940 als Flugzeugführer zur 4. Staffel des Jagdgeschwaders 52 an den Kanal und später an die Ostfront. Am 8.7.1941 erfolgte seine Versetzung zur 4. Staffel des Jagdgeschwaders 26 „Schlageter" an den Kanal, wo er abwechselnd ab Jänner 1944 die 4., 5. und 6. Staffel führte, ehe er ab 20.6.1944 endgültig Staffelkapitän der 6. Staffel wurde. Reiche Fronterfahrung und betont fliegerisches Können machten ihn im Geschwader zu einem der besten Piloten, und seine vielen Feindflüge und erzielten Luftsiege, wobei auch 21 viermotorige Bomberriesen von ihm bezwungen wurden, reihen diesen tapferen Jagdflieger zu den erfolgreichsten an der Kanalfront. Ab 18.3.1945 bis fast zum Kriegsende flog Glunz dann als Flugzeugführer im Jagdgeschwader 7 (Düsenjäger) in der Reichsverteidigung und befand sich vom 1.5. – 2.6.1945 in amerikanischer Kriegsgefangenschaft.

508. Eichenlaub am 24.6.1944 als Leutnant und
Staffelkapitän der
6. Staffel des
Jagdgeschwaders 26 „Schlageter".

Hauptmann

Eduard Skrzipek

Geboren am 26.6.1917
in Roßberg/Oberschlesien.

Einer der ganz hervorragenden Kampfflieger, der sich im Kampfgeschwader 27 „Boelcke" großen Soldatenruhm erwarb. Seit 1937 in der Luftwaffe und ab Jänner 1940 als Flugzeugführer im Kampfgeschwader 27 „Boelcke", wo er dann 1942/43 Staffelkapitän der 5. und 1943/44 der 14. Staffel war. Schon bei Einsätzen im Westen und besonders gegen England bewies der durch hohes fliegerisches Können begabte Offizier Schneid und Draufgängertum und zählte dann an der Ostfront zu den unermüdlichen Piloten des Geschwaders. Seine Erfolge gegen Flugplätze, Eisenbahnanlagen und sogar im Luftkampf, wo er als Kampfflieger 3 feindliche Flugzeuge abschießen konnte, geben beredtes Zeugnis seiner außergewöhnlichen Tapferkeit und Einsatzfreude. Im August 1944 auf Grund seiner Erfahrungen an die Luftwaffenerprobungsstelle nach Rechlin/Mecklenburg versetzt, stürzte der auf fast 600 Feindflügen höchst bewährte Fliegeroffizier am 25.2.1945 nach einem Übungsflug bei der Landung auf dem Fliegerhorst Pilsen in Böhmen tödlich ab. Der Tod griff nach einem der Besten der Luftwaffe.

509. Eichenlaub am 24.6.1944 als Hauptmann und
Staffelkapitän der
14. Staffel des
Kampfgeschwaders 27 „Boelcke".

Oberst

Reinhard Egger

Geboren am 11.12.1915
in Klagenfurt.

Reinhard Egger zählte in der Fallschirmtruppe zu den hervorragenden Offizieren, welche während des ganzen Krieges immer wieder hervorstechende Beispiele an Tapferkeit und Einsatzfreude zutage legten. Seit 1940 in der Fallschirmtruppe, bewies er bereits beim Kreta-Einsatz als Führer der 10. Kompanie des Fallschirmjägerregiments 1 bei der Einnahme der Stadt Heraklion ungestümen Kampf- und Angriffsgeist. Hoch ausgezeichnet für diese Leistungen, bewährte er sich erneut in höchster Weise an der Ostfront, auf Sizilien und beim Kampf auf dem italienischen Kriegsschauplatz, wo Egger als Führer des Fallschirmjägerregiments 4 mit seinen Soldaten eindrucksvolle Waffentaten vollbringen konnte. Schonungsloser Einsatz seiner Person, gepaart mit ausgeprägten Führereigenschaften, erbrachten so manche Erfolge gegen übermächtige Feindkräfte, und Eggers mitreißendes Beispiel in allen Lagen war bezeichnend für den hohen Opfermut der deutschen Fallschirmtruppe beim Kampf in Italien, wo er durch seine Taten einen wesentlichen Beitrag zu den Gesamterfolgen der 1. Fallschirmjägerdivision geleistet hat.

510. Eichenlaub am 24.6.1944 als Oberstleutnant und
Führer des
Fallschirmjägerregiments 4, in der
1. Fallschirmjägerdivision.

Oberstleutnant

Josef Fitz

Geboren am 9.1.1910
in Lustenau/Vorarlberg.

†

Seit November 1938 als Ordonnanzoffizier in der 4. Leichten Division, der späteren 9. Panzerdivision, und ab Mai 1940 Adjutant der 9. Schützenbrigade. Nach Teilnahme am Polen- und Westfeldzug dann auf verschiedenen Generalstabslehrgängen und ab Oktober 1942 Kommandeur des 1. Bataillons des Panzergrenadierregiments 74 an der Ostfront. Hier bewährte sich Josef Fitz schon in eindrucksvoller Art bei den ersten Kampfeinsätzen und schlug mit seinen Soldaten manch erfolgreiche Schlacht im Mittelabschnitt. Dafür hoch ausgezeichnet, erfolgte 1943 seine Versetzung zur Luftwaffe, wo er ab September Kommandeur des 1. Bataillons des Fallschirm-Panzergrenadierregiments 1 in der Division „Hermann Göring" wurde. Die Division kämpfte in harten Einsätzen auf dem italienischen Kriegsschauplatz gegen die gelandeten Engländer und Amerikaner, wo Fitz in vielen Fällen Tapferkeit, Mut und Führungskunst bewies und in dem von ihm vorgelebten Beispiel seine Männer zu großen Taten bewegte. Neun erlittene Verwundungen künden von einem Frontkämpferleben, durchdrungen von höchster Opferbereitschaft und Vaterlandsliebe. Ab 15.12.1944 war der verdiente Offizier in der Führerreserve bei der 10. Armee, wo er bis zum Kriegsende in Italien seine Soldatenpflicht vorbildlichst erfüllte. Am 1.1.1977 ist Josef Fitz in Innsbruck-Arzl verstorben.

511. Eichenlaub am 24.6.1944 als Major und
Kommandeur des
Fallschirm-Panzergrenadierregiments 1, in der
Fallschirm-Panzerdivision „Hermann Göring".

Major

Herbert Huppertz

Geboren am 3.6.1919
in Rheydt/Rheinland.

Seit 1937 in der Luftwaffe, kam Huppertz am 1.1.1940 als Flugzeugführer ins Jagdgeschwader 51 an den Kanal und anschließend an die Ostfront, wo er im September 1941 Staffelkapitän der 6. Staffel wurde. Unbeirrbar und zäh im Einsatz, erreichte er nicht nur viele Luftsiege in Ost und West, sondern bewies auch in kühnen Tiefangriffen seine großen flieger- und kämpferischen Fähigkeiten. Ab Jänner 1942 war der kühne Offizier Staffelkapitän der 12. Staffel des Jagdgeschwaders 1, die dann im Feber in 9. Staffel und im Juli in 10. Staffel Jagdgeschwader 5 umbenannt wurde. Im Juli 1943 kam er als Staffelkapitän zur 5. Staffel des Jagdgeschwaders 2 „Richthofen" und wurde ab März 1944 Kommandeur der 3. Gruppe. Oft im Luftkampf verwundet, flog Herbert Huppertz stets weiter in unzähligen Einsätzen gegen den Feind und gehörte zu den tapfersten Jagdfliegern der Westfront, wo er am 8.6.1944 im Luftkampf über Caen in Frankreich sein Leben ließ. Die deutsche Luftwaffe trauerte um einen hervorragenden Offizier, Flieger und Kameraden.

512. Eichenlaub am 24.6.1944 nach dem Tode, für die Leistungen als
Hauptmann und
Kommandeur der
3. Gruppe des
Jagdgeschwaders 2 „Richthofen".

Major

Clemens Graf von Kageneck

Geboren am 17.10.1913
in Berlin.

1934 ins Heer eingetreten, kämpfte Kageneck in den ersten Kriegsjahren im Panzerregiment 6 der 3. Panzerdivision. Ab 1.9.1939 war er Zugführer in der 6. Kompanie, ab 10.5.1940 Nachrichtenoffizier der 2. Abteilung und ab 1940 des Regiments. In den Feldzügen gegen Polen, im Westen und Osten ein schneidiger und bereitwilliger Offizier, der sich überall großer Beliebtheit erfreute. Ab März 1942 Chef der 4. Kompanie und ab Oktober 1. Ordonnanzoffizier der Division. Danach ab Juni 1943 Kommandeur der schweren Panzerabteilung 503 und beim Unternehmen „Zitadelle" – der Schlacht bei Kursk mit seinen „Tigerpanzern" höchst bewährt und für schlachtentscheidende Erfolge hoch ausgezeichnet, bewies der tapfere Offizier trotz Verwundung hohen Einsatz und überzeugende Führereigenschaften. Nach Genesung von seiner Verwundung ab Oktober 1943 wieder Kommandeur seiner Abteilung und bei den schweren Abwehrkämpfen im Raume Balabanenka und Tscherkassy erneut mit seinen Panzern Turm in der Schlacht. Nach neuerlicher schwerer Verwundung im Januar 1944 wirkte Kageneck von Oktober 1944 bis Kriegsende als Lehrgruppenkommandeur an der Panzertruppenschule Bergen und gewann auch hier durch gezeigtes Können und die herzliche Ausstrahlungskraft seiner Persönlichkeit jederzeit die Herzen seiner Offiziere und Soldaten.

513. Eichenlaub am 26.6.1944 als Major, für die Leistungen als
Kommandeur der
schweren Panzerabteilung 503.

Generalmajor der Reserve

Werner Kolb

Geboren am 27.7.1895
in Burbach/Westfalen.

†

Im Ersten Weltkrieg Kriegsfreiwilliger und Offizier, kam Werner Kolb 1939 als Chef zur 5. Kompanie des Infanterieregiments 36, wurde nach Teilnahme am Westfeldzug ab 10.10.1940 Kommandeur des 2. Bataillons und ab 1.7.1943 Kommandeur des Regiments. Schon vom ersten Tag des Ostfeldzuges wurde er an dieser Front zu einem beispielgebenden Offizier, der in allen Lagen Mut und Tatkraft bewies. Besonders herausragende Leistungen vollbrachte er mit seinen Grenadieren im Donezbecken und bei der Räumung des Brückenkopfes Nikopol im Südabschnitt der Ostfront, wo es ihm gelang, eine wichtige Brücke über den Dnjepr offenzuhalten, wodurch er zur Rettung vieler deutscher Truppenteile beitrug. Bewährt in unzähligen Nah- und Angriffskämpfen, war sein gezeigter Einsatz als Frontkämpfer immerzu einmalig und vorbildlich. Ab 1.11.1944 wurde Kolb Führer und ab 1.2.1945 Kommandeur der 9. Volksgrenadierdivision, wo er ebenfalls seine hohen soldatischen Fähigkeiten unter Beweis stellte und mit dieser an der Westfront noch manchen Erfolg verzeichnete. Werner Kolb verstarb am 18.2.1975 in der Bundesrepublik.

514. Eichenlaub am 26.6.1944 als Oberst der Reserve und
Kommandeur des
Grenadierregiments 36, in der
9. Infanteriedivision.

Generalleutnant

Martin Unrein

Geboren am 1.1.1901
in Weimar.

†

Im Ersten Weltkrieg schon als junger Fähnrich an der Front, war er ab 1.10.1938 IIb beim 11. Armeekorps und übernahm ab 15.1.1940 als Kommandeur die Aufklärungsabteilung 268. Nach Einsatz im Polen- und Westfeldzug erfolgte am 15.9.1940 seine Versetzung ins Oberkommando der Wehrmacht nach Berlin, und ab 15.9.1941 wurde Martin Unrein Kommandeur des Kradschützenbataillons 6 an der Ostfront, wo er im Frühjahr 1942 Kommandeur des Schützenregiments 4, des späteren Panzergrenadierregiments 4, wurde. Ab 30.11.1943 übertrug man dem tapferen Offizier, der durch Angriffsschwung und Führungskunst in allen Einsätzen bestach, auch die Führung der 14. Panzerdivision, als deren Kommandeur er ab 1.1.1944 mit seinen Soldaten an vielen Frontabschnitten der Ostfront und besonders an der Kurlandfront große Kampferfolge erringen konnte. Ab 1.2.1945 führte der General dann stellvertretend das 3. germanische SS Panzerkorps in Pommern und ab 1.4. als Kommandeur die Panzerdivision „Clausewitz" an der Westfront, wo er am 24.4. in Gefangenschaft geriet, 1947 entlassen wurde und am 22.1.1972 in München verstorben ist.

515. Eichenlaub am 26.6.1944 als Generalmajor und
Kommandeur der
14. Panzerdivision.

General der Artillerie

Erich Abraham

Geboren am 27.3.1895
in Marienburg/Westpreußen.

†

1914 Kriegsfreiwilliger, 1915 Offizier, ab 6.10.1936 Kommandeur des 1. Bataillons des Infanterieregiments 105, ab 21.11.1939 des 2. Bataillons des Infanterieregiments 266 und ab 1.4.1940 des Infanterieregiments 230 in der 76. Infanteriedivision. Nach Einsatz im Westfeldzug erwarb er sich dann an der Ostfront mit seinem Regiment hohe Verdienste und stieß mit diesem nach schweren Kämpfen bis nach Stalingrad vor, wo die Division im Rahmen der 6. Armee das unheilvolle Schicksal des Unterganges ereilte. Am 6.11.1942 von der Front abkommandiert, wurde Erich Abraham ab 15.1.1943 Kommandeur einer Offiziersanwärterschule und übernahm ab 1.4. als Kommandeur die neuaufgestellte 76. Infanteriedivision. Mit dieser an der Italienfront im Einsatz, bewies der General jederzeit Tugenden höchsten Soldatentums und zeitigte, gestützt auf Erfahrung und Tapferkeit, beachtliche Erfolge. Ab 13.12.1944 erfolgte seine Ernennung zum Kommandierenden General des 63. Armeekorps, mit dem er noch schwere Einsätze an der Westfront zu bestehen hatte. Klug, verständnisvoll und beliebt, erfreute sich der General der Achtung seiner Soldaten und verstarb am 7.3.1971 in Wiesbaden.

516. Eichenlaub am 26.6.1944 als Generalleutnant und
Kommandeur der
76. Infanteriedivision.

General der Panzertruppe

Fritz Hubert Gräser

Geboren am 3.11.1888
in Frankfurt an der Oder/Brandenburg.

†

Einer der ganz ausgezeichneten Männer im deutschen Offizierskorps und bewährter General im Zweiten Weltkrieg, dessen hoher Einsatz an der Front als vorbildlich und bedeutungsvoll zu würdigen ist. Im Ersten Weltkrieg Offizier und am 1.9.1939 Kommandeur des Infanterieregiments 29, zeigte Gräser schon im Polen- und Westfeldzug hohes Können und persönliche Tapferkeit, ehe er am 11.7.1941 an der Ostfront schwer verwundet wurde und einen Fuß verlor. Ab März 1943 wurde der General Kommandeur der 3. Panzergrenadierdivision, mit der er ab Juli im Einsatz in Italien stand, wo er erneut seine ausgeprägten soldatischen Fähigkeiten unter Beweis stellte und mit seiner Division entscheidende Erfolge erreichen konnte. Ab Juni 1944 kam Fritz Hubert Gräser wieder an die Ostfront und übernahm als Kommandierender General das 24. Panzerkorps. Im August zum Kommandierenden General des 48. Panzerkorps und im September zum Oberbefehlshaber der 4. Panzerarmee ernannt, zählte er in dieser schweren Zeit zu den herausragenden Führerpersönlichkeiten der Ostfront und schlug mit seinen Truppen manch harte Schlacht beim Kampf um Schlesien. Sein einmaliger Einsatzwille trotz Beinprothese und Stock verdient höchste Achtung und Anerkennung und erweckte bei der Truppe, die auch in schwersten Stunden für ihren Oberbefehlshaber in treuester Verbundenheit aushielt, großen Eindruck. Von Mai 1945 bis August 1947 befand sich der General in amerikanischer Kriegsgefangenschaft und verstarb am 4.10.1960 in Göttingen/Niedersachsen.

517. Eichenlaub	am	26.6.1944	als	Generalleutnant, für die Leistungen als Kommandeur der 3. Panzergrenadierdivision.
154. Schwerter	am	8.5.1945	als	General der Panzertruppe, für die Leistungen als Oberbefehlshaber der 4. Panzerarmee.

Generaloberst

Friedrich Dollmann

Geboren am 2.2.1882
in Würzburg/Unterfranken.

1914/18 ausgezeichneter Offizier, zählte Dollmann in der Folgezeit im deutschen Heer zu den hervorragenden Offizieren der Artillerie und wurde ab 15.6.1935 Kommandierender General des 9. Armeekorps. Ab 25.10.1939 erfolgte seine Ernennung zum Oberbefehlshaber der 7. Armee, deren Führung er bis zu seinem Tode innehatte. Bereits am 24.6.1940 für die geleisteten Waffentaten seiner Armee im Westfeldzug mit dem Ritterkreuz ausgezeichnet, zeigte der General auch in der folgenden Besatzungszeit in Frankreich bezeichnende Werte als Mensch und Soldat. Hohes Ansehen, Einfühlungsvermögen und eine bewegte Liebe zum deutschen Vaterland prägten neben seinem geistvollen Wesen eine Persönlichkeit mit Würde und Gewissen zum geachteten Heerführer. Nach der Invasion im Juni 1944 lag seine Armee in schwersten Abwehrkämpfen gegen erdrückende feindliche Übermacht in fast aussichtsloser Lage im Abschnitt Caen-Cherbourg und ging später im Kessel von Falaise unter. Generaloberst Dollmann wählte am 28.6.1944 auf dem Gefechtsstand von Le Mans den Freitod, und die deutsche Wehrmacht beklagte erneut einen schweren Verlust.

518. Eichenlaub am 2.7.1944 nach dem Tode, für die Leistungen als Generaloberst und Oberbefehlshaber der 7. Armee.

Generalfeldmarschall

Gerd von Rundstedt

Geboren am 12.12.1875
in Aschersleben/Sachsen.

✝

Gerd von Rundstedts Persönlichkeit widerspiegelte in der deutschen Generalität hohe Führungskunst und echtes deutsches Soldatentum. Im Ersten Weltkrieg schon ausgezeichneter Stabsoffizier, bekleidete er im Zweiten Weltkrieg folgende hohe Kommandos – jeweils ab: 25.8.1939 Oberbefehlshaber Heeresgruppe Süd (Polenfeldzug), 1.10.1939 Oberbefehlshaber Ost in Polen, 18.10.1939 Oberbefehlshaber Heeresgruppe A (Westfeldzug), 1.10.1940 Oberbefehlshaber West in Frankreich, 10.6.1941 Oberbefehlshaber Heeresgruppe Süd (Ostfeldzug), 1.12.1941 Führerreserve des Oberkommandos des Heeres, 1.5.1942 Oberbefehlshaber West, 2.7.1944 Führerreserve, 4.8.1944 Vorsitzender des „Ehrenhofes des Deutschen Reiches", 5.9.1944 Oberbefehlshaber West und 9.3.1945 endgültige Versetzung in die Führerreserve des Oberkommandos des Heeres bis zum Kriegsende. Die Schlachten und Ereignisse an der Westfront stehen mit seiner Person in engstem Zusammenhang und tragen den Stempel seiner disziplinierten und überlegten Führungsweise. Der Feldmarschall war der älteste Eichenlaubträger der deutschen Wehrmacht, befand sich vom 2.5.1945 – 15.5.1949 in englischer Gefangenschaft und verstarb am 24.2.1953 auf Schloß Oppershausen bei Celle in Niedersachsen.

519. Eichenlaub	am 2.7.1944	als	Generalfeldmarschall und Oberbefehlshaber West.
133. Schwerter	am 18.2.1945	als	Generalfeldmarschall und Oberbefehlshaber West.

Oberstleutnant

Hermann Wulf

Geboren am 25.7.1915
in Eichede/Holstein.

Wulf zählte zu den unermüdlichen Infanteristen der vordersten Front und gab schon im Polenfeldzug Beispiele hoher persönlicher Tapferkeit. Seit 1937 im Infanterieregiment 76 (mot.), führte er in Polen den Nachrichtenzug des Regiments, im West- und Ostfeldzug als Chef die 9. Kompanie, ab November 1941 dann das 3. Bataillon, wurde im Jänner 1942 schwer verwundet und war von Februar 1943 bis Juli 1944 wieder Kommandeur des 3. Bataillons, jetzt Grenadierregiment 76 (mot.). Seine Kampfleistungen an allen Abschnitten der Ostfront erhoben diesen mutigen Offizier in die Reihe der tüchtigsten Soldaten des Heeres, und er empfahl sich durch sein Können für höhere Aufgaben. Hermann Wulf war einer der wenigen Soldaten, die mit der goldenen Nahkampfspange ausgezeichnet wurden, was wohl deutlichst sein Frontkämpfertum unterstreicht. Ab Dezember 1944 war er Kommandeur eines Sonderverbandes während der Ardennenoffensive im Westen und übernahm ab Januar 1945 als Kommandeur das Führer-Begleit-Regiment 1, wo er in allen Einsätzen ein jederzeit tapferer und vorbildlicher Vorgesetzter war. Der Kampf im Osten prägte die Persönlichkeit dieses bewährten Frontoffiziers bis in die letzten Kriegstage, und von Mai bis Oktober 1945 war Hermann Wulf in russischer Kriegsgefangenschaft.

520. Eichenlaub am 3.7.1944 als Major und
Kommandeur des
3. Bataillons des
Grenadierregiments 76 (mot.), in der
20. Panzergrenadierdivision.

General der Infanterie

Erich Buschenhagen

Geboren am 8.12.1895
in Straßburg/Elsaß.

Kriegsfreiwilliger und Offizier im Ersten Weltkrieg, war Buschenhagen ab 1.3.1938 Kommandeur des Infanterieregiments 5, ab 1.9.1939 Chef des Generalstabes des 21. Armeekorps und nach dem Polenfeldzug beim Norwegenunternehmen im April 1940 Chef des Generalstabes des Armeeoberkommandos Norwegen. Hervorragender Generalstabsoffizier, dessen Erfahrung und Können grundlegend für entscheidende Operationen der deutschen Wehrmacht an dieser Front wurden. Ab 18.6.1942 dann Kommandeur der 15. Infanteriedivision, erreichte der General mit dieser an der Ostfront im Feber 1943 am Dnjepr-Knie trotz höchster Bedrohung durch starke Feindkräfte schlachtentscheidende Erfolge, was seine außerordentlichen Fähigkeiten im Fronteinsatz deutlich machte. Am 5.12.1943 für seine Verdienste hoch ausgezeichnet, war Erich Buschenhagen auch in späteren Abwehrkämpfen ein General mit Tatkraft und Umsicht und bekundete diese Werte ebenfalls als Führer des 52. Armeekorps ab 20.11.1943 und als dessen Kommandierender General ab 1.1.1944 und zählte zu den verdienten Generälen der Infanterie, welche beim Kampf im Osten in schwerster Zeit zu tragenden Gestalten in der Truppenführung wurden.

521. Eichenlaub am 4.7.1944 als General der Infanterie und Kommandierender General des 52. Armeekorps.

Major

Heinz Otto Fabian

Geboren am 1.3.1918
in Castrop-Rauxel/Westfalen.

1937 ins Heer eingetreten, ab 1.8.1939 als Zugführer im Infanterieregiment 193 und nach Teilnahme am Polenfeldzug ab 1940 Ordonnanzoffizier des 2. Bataillons des Infanterieregiments 516. Nach dem Westfeldzug und zu Beginn des Ostfeldzuges Regimentsnachrichtenoffizier, ab Juli 1941 Führer und dann Chef der 5. Kompanie. Nach schweren Einsätzen im September 1942 vor Stalingrad verwundet, und nach Genesung 1943 Führer des 2. Bataillons des Infanterieregiments 534, wo Fabian nach hervorragender Bewährung an der Miusfront am 15.3.1943 die hohe Auszeichnung mit dem Ritterkreuz zuteil wurde. Anschließend ab Mai 1943 Kommandeur des 2. Bataillons des Infanterieregiments 516 in Norwegen und ab Oktober zur Generalstabsausbildung nach Italien versetzt, wo der schneidige Offizier sich ab März 1944 als Kommandeur des 2. Bataillons des Grenadierregiments 361 (mot.) erneut höchst bewährte und in der dritten Cassinoschlacht mit seinen Grenadieren beispielhafte Waffentaten vollbrachte. Hier führte er sogar das Regiment, ehe im Juli 1944 seine Versetzung ins Führerhauptquartier erfolgte. Danach Kommandeur des Führer-Begleitbataillons und bei der Ardennenoffensive durch verwegene und zielbewußte Führung entscheidende Erfolge verzeichnend, war er auch später dem Panzergrenadierregiment 2 der Führer-Begleitdivision bei den Endkämpfen im südöstlichen Reichsgebiet ein bezeichnender und aufgeschlossener Kommandeur.

522. Eichenlaub am 9.7.1944 als Hauptmann und
Kommandeur des
2. Bataillons des
Grenadierregiments 361 (mot.), in der
90. Panzergrenadierdivision.

Fregattenkapitän der Reserve

Karl Palmgreen

Geboren am 2.9.1891
in Veidgehagen/Pommern.

†

Schon 1914/18 in der Marine und Offizier, war Palmgreen vom Oktober 1939 bis Oktober 1941 Kommandant des Sperrbrechers 9 bzw. 1 und übernahm danach als Chef die 4. Sperrbrecherflottille. Unzählige Unternehmungen seiner Schiffe am Kanal und in der Nordsee führten zu Erfolgen gegen die englische Schiffahrt und waren dem seemännischen Können und dem selbstlosen Einsatz dieses tapferen Seeoffiziers zu verdanken. Ab Januar 1943 Führer der 36. Minensuchflottille, ab März 1943 bis April 1944 in verschiedenen Stabsstellen beim Deutschen Marinekommando in Neapel und anschließend 1. Admiralstabsoffizier der 2. Sicherungsdivision. Ab Mai 1944 wurde Karl Palmgreen Chef der 38. Minensuchflottille, mit der er große Beiträge beim Freilegen von feindlichen Minensperren leistete und dadurch eigene Verluste verhindern half. Auch als Chef der Zweigstelle der 9. Sicherungsdivision zu Gotenhafen bzw. Libau ab Jänner 1945 und ab März 1945 gleichzeitig als Chef der 3. Sicherungsflottille, trug er wesentlich zu den großen Rettungsaktionen der Kriegsmarine in der Ostsee bei, die vielen Flüchtlingen und Soldaten das Leben rettete. Nach Kriegsende bis 15.8.1945 in Kriegsgefangenschaft im Westen, verstarb Karl Palmgreen am 16.9.1970 in Göttingen/Niedersachsen.

523. Eichenlaub am 11.7.1944 als Korvettenkapitän der Reserve und
Chef der
38. Minensuchflottille.

Korvettenkapitän

Heinrich Hoffmann

Geboren am 17.8.1910
in Bottrop/Westfalen.

Seit 1928 in der Marine und ab Mai 1938 1. Wachoffizier auf verschiedenen Torpedobooten, wurde er in dieser Waffe zu einem hervorragenden Offizier. Ab April 1940 war Heinrich Hoffmann in der Reihenfolge Kommandant der Boote T-5, T-11, „Greif", „Falke" und T-24, ehe er im November 1943 Chef der 5. Torpedobootflottille wurde. Seine Unternehmungen gegen die britischen See-Einheiten waren stets von Erfolg gekrönt und der Opfermut seiner Matrosen beispielhaft. So auch beim Einsatz gegen die überlegene Invasionsflotte vor Frankreichs Küste im Juni 1944, wo seine Boote bis zur Aufopferung kämpften. Der Einsatz der wenigen Einheiten der deutschen Kriegsmarine in diesem Kampfgebiet gehört zu den großen Taten im Zweiten Weltkrieg und bekundet den einmaligen Soldatengeist der deutschen Matrosen beispielhaft. Im November 1944 wurde der tapfere Seeoffizier Kommandeur von Marine-Kleinkampfverbänden, die in letzter Kriegszeit noch todesmutige Einsätze durchführten, und bewies auch hier hohe soldatische Werte als Vorgesetzter, Kamerad und Mensch.

524. Eichenlaub am 11.7.1944 als Korvettenkapitän und
Chef der
5. Torpedobootflottille.

Oberst

Heinz Georg Lemm

Geboren am 1.6.1919
in Schwerin.

Am 1.4.1936 als Fahnenjunker ins Infanterieregiment 27 gekommen, gehörte er diesem während des ganzen Krieges an und war bei Kriegsende dessen Kommandeur – wohl auch eine jener Einmaligkeiten in der deutschen Wehrmacht, die Erwähnung verdienen und beweisen, daß Heinz Georg Lemm einer der tüchtigsten und besten Offiziere im Heer war. Die Feldzüge gegen Polen, Frankreich und die Sowjetunion sahen diesen tapferen Offizier stets in vorderster Linie kämpfen, und seine Art als Soldat und Mensch wirkte in jeder Lage beeindruckend. Bei Kriegsbeginn 1939 Reiterzugführer, ab Januar 1943 Kommandeur des 1. Bataillons, ab Oktober 1943 Führer und ab 1.3.1945 Kommandeur des Füsilierregiments 27 – das sind, kurz angeführt, Daten, hinter denen ein erbarmungsloser Krieg das Leben eines Mannes prägte, der in unzähligen Kämpfen mit seinen Füsilieren soldatische Höchstleistungen vollbrachte. Namen wie Demjansk, Witebsk oder Mogilew stehen ebenso wie die Schlacht um Aachen, die Ardennenoffensive und Bastogne als Marksteine im Frontkämpferleben eines von höchster Pflichterfüllung besessenen Offiziers. Von April 1945 bis Januar 1946 befand sich Heinz Georg Lemm in amerikanischer Gefangenschaft, wurde dann entlassen, von den Russen erneut gefangen und war bis 1950 in sowjetischer Kriegsgefangenschaft.

525. Eichenlaub	am 15.7.1944	als	Major und Kommandeur des 1. Bataillons des Füsilierregiment 27, in der 12. Infanteriedivision.
137. Schwerter	am 15.3.1945	als	Oberst und Kommandeur des Füsilierregiments 27, in der 12. Volksgrenadierdivision.

Major

Wilhelm Batz

Geboren am 21.5.1916
in Bamberg/Oberfranken.

Seit 1935 in der Luftwaffe, war er unter den Jagdfliegern wohl die große Ausnahmeerscheinung. Ab 1937 durch seine überdurchschnittliche fliegerische Begabung bis zum Jahre 1942 ständig als Fluglehrer tätig, kam Wilhelm Batz erst im Dezember 1942 als Adjutant zur 2. Gruppe des Jagdgeschwaders 52 an die Ostfront. Ab 1.5.1943 wurde er Führer der 5. Staffel, ab Juni 1944 Kommandeur der 3. und ab Januar 1945 der 2. Gruppe. Auf Anhieb beeindruckte sein Verhalten im Fronteinsatz, wo der tüchtige Offizier nicht nur durch seine hohe fliegerische Begabung besonders auffiel, sondern auch als beherzter Kämpfer galt und ebenso in kameradschaftlicher Hinsicht sich allgemeiner Wertschätzung erfreuen konnte. Mit seinen Abschußleistungen trug er wesentlich zu den Gesamterfolgen des Geschwaders bei, und es ist bemerkenswert, daß Wilhelm Batz bei Kriegsende mit 237 bestätigten Luftsiegen und 445 Feindflügen zu den besten Jagdfliegern der deutschen Luftwaffe gehörte. Bezeichnend für sein Können und seine Tapferkeit, daß er trotz später Frontverwendung in unermüdlicher Einsatzbereitschaft solch erstaunliche Taten vollbringen konnte und auch als Führer und Offizier zu den Besten zählte.

526. Eichenlaub	am 20.7.1944	als	Hauptmann und Kommandeur der 3. Gruppe des Jagdgeschwaders 52.
145. Schwerter	am 21.4.1945	als	Major und Kommandeur der 2. Gruppe des Jagdgeschwaders 52.

Oberleutnant

Willy Kientsch

Geboren am 12.5.1921
in Kießlegg/Württemberg.

Kientsch war einer jener jungen Jagdflieger, die nur im Einsatz gegen westliche Gegner standen. Dies spricht deutlich für hohe Opferbereitschaft, starken Einsatzwillen und aufreibende Luftkämpfe, in denen die Todesangst zum ständigen Begleiter der deutschen Jagdflieger wurde. Die zahlenmäßig hohe Überlegenheit der Engländer und Amerikaner forderte im Jahre 1944 deutscherseits große Opfer und seelische Überwindung. Im bekannten Jagdgeschwader 27, dem Willy Kientsch von Januar 1942 bis zu seinem Tode angehörte, kämpfte er im Mittelmeerraum, in Nordafrika, am Balkan und in der Reichsverteidigung. Ab 1.6.1943 war er Staffelkapitän der 6. Staffel und errang durch Unermüdlichkeit und Tapferkeit gegen übermächtige Gegner seine Luftsiege. Er gehörte zu jenen Jagdfliegern, die besonders erfolgreich im Kampf gegen die amerikanischen viermotorigen „Fliegenden Festungen" waren, und als er am 29.1.1944 bei Würen in Belgien den Soldatentod starb, bedeutete dies einen schweren Verlust für die deutsche Luftwaffe.

527. Eichenlaub am 20.7.1944 nach dem Tode, für die Leistungen als
Oberleutnant und
Staffelkapitän der
6. Staffel des
Jagdgeschwaders 27.

Hauptmann der Reserve

Heinz Strüning

Geboren am 13.1.1912
in Neviges/Rheinland.

Auch einer jener tüchtigen Zerstörerflieger, der von der 5. Staffel des Zerstörergeschwaders 26 „Horst Wessel", wo er schon viele Einsätze im Westen flog, im April 1940 zur 1. Gruppe des Nachtjagdgeschwaders 2 kam und als Fernnachtjäger über England sehr erfolgreich war. Ab September 1941 flog Heinz Strüning dann in der 2. Gruppe des Nachtjagdgeschwaders 2 und kam anschließend ins Nachtjagdgeschwader 1, wo er im Laufe der Zeit in der 3. Staffel besonders große Erfolge zeitigte, am 29.10.1942 für seine Leistungen das Ritterkreuz erhielt und danach deren Staffelkapitän wurde. Unermüdlich stand er im Einsatz gegen die englischen Bomberflotten, die Nacht für Nacht Deutschlands Städte in Schutt und Asche bombten, und erreichte Luftsieg um Luftsieg. Auch als Staffelkapitän der 9. Staffel war seine Kampf- und Einsatzweise vorbildlichst, und in Tapferkeit und Mut gipfelten stets seine Erfolge, die ihn zu einem Mann im Spitzenfeld der Nachtjäger werden ließen, ehe ihn am 24.12.1944 bei einem nächtlichen Einsatz über Werl in Westfalen der Tod ereilte und die deutsche Nachtjagd wieder einen ihrer Besten verlor.

528. Eichenlaub am 20.7.1944 als Hauptmann der Reserve und
Staffelkapitän der
3. Staffel des
Nachtjagdgeschwaders 1.

Hauptmann

Karl Heinz Weber

Geboren am 30.1.1922
in Heringsdorf/Pommern.

Seit 1939 in der Luftwaffe, kam Weber nach seiner Ausbildung zum Jagdflieger im März 1942 als Flugzeugführer in die 3. Gruppe des Jagdgeschwaders 51 „Mölders" an die Ostfront, wo er bereits ab August 1942 als Staffelkapitän die 7. Staffel führte und bald zu den erfolgreichsten Piloten des Möldersgeschwaders zählte. Ungestümer Angriffsgeist paarte sich mit fliegerischem Können und hoher Einsatzbereitschaft in ihm zu einem beispielgebenden Jagdflieger, und seine vielen erzielten Luftsiege und Feindflüge beweisen dies zur Genüge. Durch seine Herzlichkeit im Geschwader sehr beliebt, verband er kämpferische Eigenschaften mit jenen eines tüchtigen Verbandsführers, und man übertrug ihm im Juni 1944 als Kommandeur die Führung der 2. Gruppe des Jagdgeschwaders 1 „Oesau" an der Westfront. Hier starb Karl Heinz Weber nach einem Luftkampf südlich Rouen in Frankreich am 7.6.1944 den Fliegertod, und die Luftwaffe beklagte wieder den Tod eines ihrer hoffnungsvollsten jungen Jagdflieger.

529. Eichenlaub am 20.7.1944 nach dem Tode, für die Leistungen als
Hauptmann und
Kommandeur der
2. Gruppe des
Jagdgeschwaders 1 „Oesau".

Oberleutnant

Otto Weßling

Geboren am 23.9.1913
in Bad Harzburg/Harz.

Otto Weßling, seit 1937 in der Luftwaffe, kam 1940 als Flugzeugführer in die 9. Staffel des Jagdgeschwaders 3 und wurde, als das Geschwader 1941 von der West- an die Ostfront verlegte, an dieser zu einem hervorragenden Luftkämpfer. Stilles und unauffälliges Wesen zeichneten das Bild eines verläßlichen Jagdfliegers und treuen Kampfgefährten, der auf vielen Feindflügen seine hohen Fähigkeiten immer wieder unter Beweis stellte. Am 3.9.1942 für seine außergewöhnlichen Leistungen mit dem Ritterkreuz ausgezeichnet, gehörte er auch in der Folgezeit zu den tapfersten Piloten des Udetgeschwaders. Ab Oktober 1943 kämpfte Otto Weßling als Staffelkapitän der 11. Staffel des Jagdgeschwaders 3 „Udet" in der Reichsverteidigung und bewährte sich in unzähligen harten Luftschlachten in einmaliger Weise durch behenden Angriffsgeist, bestechenden Mut und hohe Einsatzbereitschaft. In einem Luftkampf über Eschwege in Hessen am 19.4.1944 ließ er sein Leben für das Vaterland. Seine vielen Luftsiege, in Ost und West erzielt, bekunden ein Jagdfliegerleben von Ritterlichkeit und Mut. Die deutsche Luftwaffe trauerte um einen immerbewährten Frontkämpfer und vorbildlichen Offizier.

530. Eichenlaub am 20.7.1944 nach dem Tode, für die Leistungen als Oberleutnant und Staffelkapitän der 11. Staffel des Jagdgeschwaders 3 „Udet".

Leutnant

Rudolf Frank

Geboren am 19.8.1920
in Karlsruhe-Grünwinkel/Baden.

Seit 1939 in der Luftwaffe und ab 1941 als Flugzeugführer im Nachtjagdgeschwader 3, war er einer jener Piloten, die durch hohes fliegerisches Können und großen Eifer der deutschen Nachtjagd zu bedeutenden Erfolgen verhalfen. Seine betont herzliche Art und Unbekümmertheit machten Frank im Geschwader sehr beliebt, und unermüdliche Einsatzbereitschaft, sowie gekonnte Angriffsart ermöglichten ihm in den nächtlichen Luftkämpfen manchen Nachtluftsieg gegen die britischen Bomberverbände. Als er bei einem dieser Einsätze in der Nacht vom 26. auf den 27. April 1944 bei Eindhoven über Holland sein Leben ließ, zählte er mit seinen vielen erzielten Nachtluftsiegen zu den besten deutschen Nachtjägern. Wieder traf die Luftwaffe beim Kampf am Himmel zur Sicherheit der Heimat ein schwerer Verlust, und der Tod von Rudolf Frank bewies erneut den hohen Einsatz der deutschen Nachtjäger, die trotz zahlenmäßiger Unterlegenheit in Opfermut und Treue bereit waren, für das Vaterland das Höchste zu geben.

531. Eichenlaub am 20.7.1944 nach dem Tode, für die Leistungen als
Oberfeldwebel und
Flugzeugführer in der
2. Staffel des
Nachtjagdgeschwaders 3.

Oberst

Herbert Lamprecht

Geboren am 28.3.1913
in Berlin-Spandau.

†

Seinem Soldatenherzen entwuchsen nicht nur untadeliges Auftreten und blendender Soldatengeist, sondern auch hohe Tugenden an Kampf- und Kameradschaftsgeist. Die Feldzüge gegen Polen, im Westen, am Balkan und im Osten bekunden seine Einsatzwege eindrucksvoll und erheben diesen tapferen und sympathischen Offizier der Flakartillerie zu den Tüchtigsten dieser Waffengattung. Besonders in der leichten Flakabteilung 76 trug sein äußerster Einsatz wesentlich zu den Erfolgen bei den Abwehrkämpfen in den Kampfräumen Witebsk, Orscha und Mogilew im Jahre 1944 bei, wo er mit seinen Kanonieren dem Heer wertvollste Unterstützung leistete. Ebenso herausragend seine Kampfleistungen in der Folgezeit, wo Herbert Lamprecht an den Fronten in Kurland und Ostpreußen durch außergewöhnliche Tapferkeit und Standhaftigkeit die Ruhmestaten der Flakartillerie in gebührender Weise unterstrich und für ewig begründete. Die deutsche Luftwaffe blickte in Stolz auf die Männer der Flakwaffe, die während des ganzen Krieges treueste Pflichterfüllung und hohe Kampfmoral bewiesen haben und in Männern wie Herbert Lamprecht hervorragende Offiziere besaßen. In Tegernsee/Bayern verstarb dieser herzliche Mensch am 21.9.1978.

532. Eichenlaub am 25.7.1944 als Hauptmann und
Kommandeur der
leichten Flakabteilung 76.

Oberst

Wilhelm von Salisch

Geboren am 5.11.1913
in Chroin/Brandenburg.

Seit 1936 in der Wehrmacht und seit 1938 in der 11. Kompanie des Infanterieregiments 49 – ab 1942 umbenannt in Jägerregiment 49, gehörte Salisch diesem während des ganzen Krieges an und erwarb sich als Zug- und Kompanieführer, sowie als Bataillons- und Regimentskommandeur höchste soldatische Lorbeeren. Als unermüdlicher Frontkämpfer und Führer seiner Soldaten und bewährt in den Feldzügen gegen Polen, im Westen und Osten, waren seine Tapferkeitsleistungen beispielhaft und einmalig. An allen Abschnitten der Ostfront stand die 28. Jägerdivision im Einsatz, und der tapfere Offizier leistete besonders beim Kampf an der Narwa und bei den Abwehrkämpfen um Baranowitschi mit seinen Jägern schier Unmögliches. Auch bei den verzehrenden Rückzugskämpfen stand sein Regiment immer an Brennpunkten der Front im Einsatz und gehörte zu den letzten deutschen Einheiten, die den Brückenkopf Kahlholz an der Kurischen Nehrung in Ostpreußen verteidigten. Hier fiel dieser vorbildliche Offizier, der im Kriege acht Verwundungen erlitten hatte, am 18.3.1945 getreu seinem Fahneneid, und die deutsche Wehrmacht traf in härtester Zeit erneut ein schwerer Verlust.

533. Eichenlaub am 27.7.1944 als Major und
Führer des
Jägerregiments 49, in der
28. Jägerdivision.

Oberstleutnant der Reserve

Gerhard Kruse

Geboren am 1.12.1918
in Dudendorf/Mecklenburg.

Wieder einer der bewährten Offiziere der Königin der Waffen – der Infanterie. Kruses Art zu führen war bezeichnend, gewann er doch durch bewiesene persönliche Tapferkeit und richtige Abwägung der jeweiligen Lage jederzeit das Vertrauen seiner von ihm geführten Soldaten. Nach den Feldzügen in Polen und im Westen gehörte er an der Ostfront im Nord- und Mittelabschnitt zu den Offizieren, deren Standhaftigkeit und eiserner Wille ihre Soldaten zu großen Taten bewegten. Als Führer des 1. Bataillons des Grenadierregiments 48 bei den schweren Kämpfen im Raume Witebsk schon höchst bewährt und am 23.2.1944 dafür mit dem Ritterkreuz ausgezeichnet, steigerte er die Leistungen seiner Grenadiere auch in der Schlacht bei Mogilew in überzeugender Weise bis zum durchschlagenden Erfolg. Unbekümmert in vorderster Front war er einer der ihren, verstand mit ihnen zu kämpfen und zu leiden und war bis zum Kriegsende ein Offizier, für den man bereit war, auch durch die Hölle zu gehen.

534. Eichenlaub am 27.7.1944 als Hauptmann der Reserve und
Führer des
2. Bataillons des
Grenadierregiments 48, in der
12. Infanteriedivision.

Oberleutnant der Reserve

Otto Carius

Geboren am 27.5.1922
in Zweibrücken in der Pfalz.

Carius, einer der besten deutschen Panzerkommandanten, kam im Jahre 1940 zur Panzertruppe und kämpfte 1941 zu Beginn des Ostfeldzuges in vorderster Front im Panzerregiment 21. Ab 4.8. dann auf Offizierslehrgang im Reich und ab 14.3.1942 als Zugführer in der 3. Abteilung des Panzerregiments 21 wieder an der Ostfront. Im Feber 1943 Kommandierung zur Panzerersatzabteilung 500 nach Paderborn/Westfalen und ab Juni erneut an der Ostfront im Raume Leningrad, wo Otto Carius als Zugführer in der 2. Kompanie der schweren Panzerabteilung 502 sehr erfolgreich war. Ab Juli 1944 übernahm er die Führung der Kompanie, leistete Unvorstellbares an der Nordfront und erzielte viele Panzerabschüsse. Oftmalige Verwundungen erschütterten diesen tapferen und einsatzfreudigen Offizier kaum, und er bewies immerzu hohe soldatische Werte. Die schwere Panzerabteilung 502 war die große Stütze der Front und stand ununterbrochen im Einsatz, als eine schwere Verwundung im Juli 1944 die Überführung von Leutnant Carius in ein Lazarett erforderlich machte. Nach Genesung kämpfte er wieder, diesmal als Chef der 2. Kompanie der Panzerjagdabteilung 512, ab 12.2.1945 an der Westfront und erlebte das Kriegsende im Ruhrkessel. Als einer der wenigen Panzermänner trug er das Panzerkampfabzeichen der höchsten Stufe und das goldene Verwundetenabzeichen, was bedeutet, daß Worte seine Taten kaum zu beschreiben vermögen. Bis 1946 war Otto Carius in amerikanischer Kriegsgefangenschaft und im Lazarett.

535. Eichenlaub am 27.7.1944 als Leutnant der Reserve, für die Leistungen als
Führer der
2. Kompanie der
schweren Panzerabteilung 502.

Generalmajor

Hermann von Oppeln-Bronikowski

Geboren am 2.1.1899
in Berlin.

✝

Ausgezeichneter Offizier im Ersten Weltkrieg, wurde er im Zweiten Weltkrieg zu einem hervorragenden Panzerführer. Als Kommandeur der Aufklärungsabteilung 24 im Polenfeldzug schon sehr bewährt, erfolgte ab März 1940 seine Versetzung in den Stab des Generals der Schnellen Truppen im Oberkommando des Heeres. Im Oktober 1941 zur Panzerbrigade Eberbach an die Ostfront versetzt, führte Bronikowski anschließend ab Jänner 1942 als Kommandeur das Panzerregiment 35, später das Panzerregiment 204 und ab März 1943 das Panzerregiment 11. Ausgewogene Führungskunst und beispiellose Tapferkeit kennzeichneten das Bild dieses Panzeroffiziers in eindrucksvoller Weise und wurden zur Grundlage der Erfolge der Truppe an allen Frontabschnitten. Nach Verwundung und Genesung ab Oktober 1943 als Kommandeur des Panzerregiments 22 an der Westfront, leistete er auch hier in schwersten Einsätzen mit seinen Männern Hervorragendes, ehe er im Oktober 1944 mit der Führung der 20. Panzerdivision betraut wurde und an der Ostfront als deren Kommandeur ab 1.1.1945 bis zum Kriegsende große Waffentaten vollbrachte. Das lautere Wesen des Generals wirkte gegenüber seinen Soldaten immerzu verbindend und paarte sich, vereint mit hohem Können, in jeder Art zur geachteten Führerpersönlichkeit. Nach zweijähriger Kriegsgefangenschaft im Westen verstarb Hermann von Oppeln-Bronikowski am 18.9.1966 in Geißach in Bayern.

536. Eichenlaub	am 28.7.1944	als	Oberst und Kommandeur des Panzerregiments 22, in der 21. Panzerdivision.
142. Schwerter	am 18.4.1945	als	Generalmajor und Kommandeur der 20. Panzerdivision.

Generalmajor

Rudolf Demme

Geboren am 3.6.1894
in Mühlhausen/Thüringen.

†

Kriegsfreiwilliger und Offizier im Ersten Weltkrieg, gehörte er zu jenen Offizieren des Heeres, die schon bei der „Legion Condor" in Spanien im Stabsdienst tätig waren. Später nach Ausübung verschiedener verantwortlicher Kommandos dann ab 15.12.1941 als Kommandeur des Pionierbataillons 58 der 8. Panzerdivision an der Ostfront und ab 1.6.1942 Kommandeur des Panzergrenadierregiments 59. Hier war Rudolf Demme einer der bewährten Offiziere, welche die schweren Kämpfe im Mittelabschnitt der Ostfront im Rahmen der schwer geprüften 20. Panzerdivision mitprägten, und es ist bezeichnend, daß es seinem Führungsgeschick zu danken war, daß ihm mit dem Großteil seiner Soldaten der Ausbruch nach der Einschließung bei Bobruisk im Sommer 1944 gelang. Ab Juli 1944 in der Führerreserve des Oberkommandos des Heeres, erfolgte am 1.3.1945 seine Ernennung zum Kommandeur der 132. Infanteriedivision, die der General im Kessel von Kurland bis zum Kriegsende führte, dort in sowjetische Kriegsgefangenschaft kam und am 6.10.1955 nach Deutschland zurückkehrte, wo er in Meckenheim-Merl/Nordrhein-Westfalen am 5.1.1975 verstorben ist.

537. Eichenlaub am 28.7.1944 als Oberst, für die Leistungen als Kommandeur des Panzergrenadierregiments 59, in der 20. Panzerdivision.

Oberstleutnant

Paul Schulze

Geboren am 6.1.1913
in Brakel/Westfalen.

†

Paul Schulze kam von den Panzerjägern, wo er sich bereits 1940 im Westfeldzug sehr bewährt hatte, zur Panzerwaffe. In der 20. Panzerdivision erklomm er höchste Lorbeeren, bestach in allen Einsätzen an der Ostfront durch Mut, Führungskunst und Tapferkeit und erwarb sich hohe Auszeichnungen. Bereits am 20.12.1943 für seine Verdienste als Kommandeur der 2. Abteilung des Panzerregiments 21 mit dem Ritterkreuz ausgezeichnet, machte er sich im Sommer 1944 im Bereich der Heeresgruppe Mitte beim Kampf um Bobruisk in besonderer Weise verdient. Sein Regiment hielt hier tagelang einer erdrückenden gegnerischen Übermacht stand und ermöglichte dadurch deutschen Einheiten in letzter Stunde das erfolgreiche Absetzen nach Westen. Hart im Kampf, oft verwundet und beliebt bei den Kameraden, war er ein Regimentskommandeur von außergewöhnlicher Prägung auch in weiteren Einsätzen, bis der Krieg sein Ende fand. Am 28.7.1980 ist Paul Schulze in seiner Geburtsstadt Brakel in Nordrhein-Westfalen verstorben.

538. Eichenlaub am 28.7.1944 als Major und
Kommandeur des
Panzerregiments 21, in der
20. Panzerdivision.

General der Infanterie

Kurt von Tippelskirch

Geboren am 9.10.1891
in Berlin-Charlottenburg.

†

Offizier im Ersten Weltkrieg, ab 10.11.1938 Oberquartiermeister 4 im Oberkommando des Heeres und ab 1.1.1941 Kommandeur der 30. Infanteriedivision, mit der der General im Ostfeldzug im Bereich der Heeresgruppe Nord eindrucksvolle Erfolge zeitigte. Dafür hoch ausgezeichnet, erfolgte ab 27.8.1942 seine Ernennung zum Deutschen General beim italienischen Heer an der Ostfront, ehe man ihn ab 18.2.1943 zum Kommandierenden General des 12. Armeekorps ernannte. Beredtes Führungskönnen, richtiges Einschätzen der Lage und beherztes Auftreten erbrachten ihm hohes Ansehen in allen Kreisen und erhoben den General in die Reihe der tüchtigsten Heerführer. Ab 4.6.1944 übernahm er als stellvertretender Oberbefehlshaber die Führung der 4. Armee und führte ab 31.10.1944 noch stellvertretend die 1. Armee. Mit 12.12. übernahm Tippelskirch die Führung der 14. Armee, wo er auch an der italienischen Front seine hohen soldatischen Fähigkeiten unter Beweis stellte. Ab 27.4.1945 führte der General noch die 21. Armee bei den Endkämpfen in Norddeutschland, kapitulierte mit dieser gegenüber den Engländern am 2.5., befand sich bis 1947 in Kriegsgefangenschaft und verstarb am 10.5.1957 in Lüneburg/Niedersachsen.

539. Eichenlaub am 30.7.1944 als General der Infanterie und stellvertretender Oberbefehlshaber der 4. Armee.

Oberstleutnant

Hubert Mickley

Geboren am 11.4.1918
in Schönlake im Netzekreis/Westpreußen.

Mickley, seit 1937 in der Wehrmacht, ist unzweifelhaft der Typ des unbändigen Frontkämpfers, dessen Schlichtheit und Bescheidenheit in allen Situationen offenbar wurden. Nach den Feldzügen der ersten Kriegsjahre waren seine Einsatzleistungen im Ostkrieg stets bedeutungsvoll für die Front des Nordabschnittes. Als Führer und Kommandeur des 1. Bataillons des Grenadierregiments 4 der 32. Infanteriedivision bewies er besonders in den Kämpfen bei Staraja Russa und später bei Walk und Riga außerordentliche Tapferkeit und bedachtes Führungskönnen und war für seine Grenadiere ein Führer, auf den sie in jeder Lage voll Vertrauen blickten. Ende 1944 zum Kommandeur des 2. Bataillons des Panzergrenadierregiments der Führer-Begleitbrigade ernannt, gehört Hubert Mickley zu jenen Männern, die beim Ringen im Kampfraum Bastogne in Belgien in treuester Pflichterfüllung am 30.12.1944 ihr Leben gaben. Das deutsche Heer trauerte um einen Offizier lauterster Prägung und beseelt von großer Vaterlandsliebe.

540. Eichenlaub am 4.8.1944 als Hauptmann und Kommandeur des 1. Bataillons des Grenadierregiments 4, in der 32. Infanteriedivision.

Oberst

Willy Wesche

Geboren am 8.1.1899
in Westerrode/Harz.

Kriegsfreiwilliger und Offizier im Ersten Weltkrieg und seit 1935 wieder im Heer, gehörte er zu den verdienten Offizieren, die im Mittelabschnitt der Ostfront hohe soldatische Beispiele bekundeten und dabei das Höchste gaben. Für die erfolgreich bestandenen Abwehrkämpfe bei Rshew – dem heißumkämpften Eckpfeiler der Heeresgruppen Nord und Mitte – für seine und seines Regiments Leistungen am 9.4.1943 mit dem Ritterkreuz ausgezeichnet, bewährte er sich erneut mit dem Grenadierregiment 427 bei der sowjetischen Sommeroffensive im Juni 1944, wo es ihm gelang, die Reste der hart angeschlagenen 129. Infanteriedivision aus dem Kessel von Bobruisk zu führen. Der Kommandeur, stets im Brennpunkt der Schlachten, bewies hier höchste Tapferkeit und großes Führungskönnen und ließ hierbei am 27.6.1944 im Kampf sein Leben. Willy Wesche war einer jener Offiziere, deren geleistete Waffentaten unbedingt Anerkennung und Bewunderung verdienen und deren Verhalten im Fronteinsatz vorbildlichst zu würdigen ist.

541. Eichenlaub am 6.8.1944 nach dem Tode, für die Leistungen als
Oberst und
Kommandeur des
Grenadierregiments 427, in der
129. Infanteriedivision.

Generaloberst

Carl Hilpert

Geboren am 12.9.1888
in Nürnberg/Mittelfranken.

Verdienter Offizier im Ersten Weltkrieg und einer der ganz ausgezeichneten Generalstabsoffiziere der deutschen Wehrmacht. Schon bewährter Chef des Stabes der 1. Armee im Westfeldzug und anschließend ab 26.10.1940 der Heeresgruppe D im besetzten Frankreich, führte der General ab 22.6.1942 das 59. Armeekorps, ab 20.1.1943 die „Korpsgruppe Hilpert", das spätere 54. Armeekorps, und war ab 10.11. Kommandierender General des 1. Armeekorps. Hier waren seiner Führungskunst und standhaften Haltung entscheidende Erfolge seiner Truppen im Nordabschnitt der Ostfront zu danken, und ab September 1944 übertrug man Carl Hilpert sogar die Führung der 16. Armee in Kurland, wo er im Raume Riga in schwersten Abwehrschlachten zur herausragenden Persönlichkeit wurde. Ab 10.3.1945 zum Oberbefehlshaber der Heeresgruppe Kurland ernannt, übernahm der General in schwerster Zeit ein verantwortungsvolles Kommando und war der „Vergessenen Heeresgruppe" ein bemerkenswerter, letzter Oberbefehlshaber. Klar in seinen Befehlen und gütig zu seinen Soldaten, teilte er mit diesen auch das Los der sowjetischen Kriegsgefangenschaft, wo er in einem Lager bei Moskau 1947 oder 1948 (leider nicht genau bekannt) verstorben ist.

542. Eichenlaub am 8.8.1944 als General der Infanterie und Kommandierender General des 1. Armeekorps.

Generalmajor

Heinrich Nickel

Geboren am 5.12.1894
in Wesel/Rheinland.

✝

Heinrich Nickel verkörperte in seiner Art den unermüdlichen Frontkämpfer der deutschen Infanterie in beiden Weltkriegen. Vorbild in jeder Weise, wurde er besonders im Zweiten Weltkrieg zu einem Offizier, dessen vorgelebtes Beispiel großen Anklang fand und seine Soldaten zu einmaligen Leistungen beflügelte. Als Kriegsfreiwilliger und Offizier im Ersten Weltkrieg, war er bei Kriegsausbruch 1939 Kommandeur des 3. Bataillons des Infanterieregiments 26. Nach Teilnahme an den Feldzügen gegen Polen und im Westen bereits am 16.6.1940 für hohe Verdienste mit dem Ritterkreuz ausgezeichnet und ab 5.12.1940 Kommandeur des 2. Bataillons des Infanterieregiments 254, wurde Nickel an der Ostfront durch einmalige Kampf- und Führungsleistungen zu einem auffallend tapferen Frontoffizier. Im Herbst 1941 übernahm er als Kommandeur das Infanterieregiment 502, war im Mai/Juni 1943 auf Divisionsführerlehrgang, anschließend bis August in der Führerreserve des Oberkommandos des Heeres, wurde ab 25.9. Führer und ab 1.1.1944 Kommandeur der 342. Infanteriedivision, die der General in den schweren Abwehrkämpfen der letzten Kriegsjahre in überzeugender Art zu führen verstand. Von Mai 1945 bis März 1948 in Kriegsgefangenschaft im Westen, verstarb Heinrich Nickel am 2.1.1979 in Lingen an der Ems/Niedersachsen.

543. Eichenlaub am 8.8.1944 als Generalmajor und
Kommandeur der
342. Infanteriedivision.

Oberstleutnant

Curt Schille

Geboren am 28.11.1910
in Zeulenrode/Thüringen.

Schille, seit 1928 im Heer, wurde im Laufe des Krieges zu einem unermüdlichen und tapferen Frontkämpfer in der Waffengattung der Pioniere. Im Pionierbataillon 24 (mot.) gab er schon im Polen- und Westfeldzug als Zugführer in der 5. Kompanie laufend Beispiele besonderer Tapferkeit und wurde ab August 1940 Chef der 2. Kompanie. Auch in den Kämpfen an der Ostfront, wo er zeitweise die 3. Kompanie führte und schließlich ab 1.3.1944 als Kommandeur das Bataillon befehligte, war Curt Schille an allen Einsätzen der 24. Infanteriedivision in entscheidender Weise beteiligt. Oft verwundet und immer wieder an der Front, waren seine soldatischen Werte überzeugend und einmalig. Am 20.7.1944 vor Dünaburg im Nordabschnitt der Ostfront erneut schwer verwundet und nach Genesung Kommandeur der Heeres-Pionierunteroffiziersschule Mittenwald in Bayern, nach Fronteinsatz in amerikanischer Kriegsgefangenschaft und im Juni 1945 aus dieser entlassen, war er ein geachteter Offizier und beliebter Kamerad seiner ihm unterstellten Soldaten.

544. Eichenlaub am 8.8.1944 als Major, für die Leistungen als Kommandeur des Pionierbataillons 24 (mot.), in der 24. Infanteriedivision.

Generalmajor

Martin Strahammer

Geboren am 13.11.1890
in Gösting/Niederösterreich.

Im Ersten Weltkrieg Offizier und dreimal verwundet, gehörte er zu Beginn des Zweiten Weltkrieges zu den unerschrockenen Männern der Panzerjäger. Als Kommandeur der Panzerabwehr- bzw. Panzerjägerabteilung 240 erwarb er sich schon höchste Verdienste, ehe er ab 17.7.1942 Führer des Infanterieregiments 105 und ab 16.9. Kommandeur des Infanterieregiments 266 wurde. Die Feldzüge in Polen, im Westen und Osten waren Meilensteine seiner Soldatenlaufbahn, wo Martin Strahammer besonders an der Ostfront Kampfbeispiele von einmaliger Art bei den Einsätzen auf der Krim zeigte. Als Kommandeur des Grenadierregiments 146 stand er 1943/44 im Kampf auf italienischem Boden und zeichnete sich in besonderer Art mit seinen Grenadieren bei den Kämpfen an der Nettuno-Front und beim Kampf um Rom aus. Tapferkeit und Führungsgeschick des Kommandeurs vereitelten gegnerische Erfolge und ermöglichten den eigenen Truppen ungestörtes Absetzen in neue Frontlinien. Ab Jänner 1945 übernahm der verdiente Offizier die Führung der 114. Jägerdivision, ebenfalls in Italien, und wurde dort kurz vor Kriegsende am 2.5.1945 nach seiner Gefangennahme erschossen. Sein Soldatenschicksal gehört somit zu den besonders tragischen der Kriegsgeschichte im Zweiten Weltkrieg.

545. Eichenlaub am 11.8.1944 als Oberst und
Kommandeur des
Grenadierregiments 146, in der
65. Infanteriedivision.

SS Obersturmführer

Karl Kloskowski

Geboren am 9.2.1917
in Lankow/Mecklenburg.

Auch einer der Tapfersten der SS Division „Das Reich", der in unermüdlicher Kampfbereitschaft wesentlich zu den Waffentaten der Division seinen Beitrag leistete. Schon vor dem Krieg in die SS Standarte „Germania" gekommen, wurde er nach den Feldzügen der ersten Kriegsjahre an der Ostfront einer der bedeutenden Männer im Panzerregiment. Blitzschnelles Handeln, Geistesgegenwart und Entschlußkraft vereinigten sich bei ihm in richtigem Maße und begründeten seine Erfolge. So war es Karl Kloskowskis Verdienst, daß die Einnahme des wichtigen Eisenbahnknotenpunktes Pawlograd im Südabschnitt ohne größere eigene Verluste gelang. Am 11.7.1943 erhielt er für diese Tat das Ritterkreuz und am 5.11. für weitere entscheidende Tapferkeitsleistungen die Ehrenblattspange des Heeres verliehen. Als die Division im Juni 1944 an der Westfront beim Kampf gegen die gelandeten Invasionstruppen Höchstes geleistet hatte, war es auch immer wieder dieser verdiente Offizier, der mit seinen Panzern um und auf so mancher Schlacht war und anschließend wieder an der Ostfront in harten Einsätzen stand. Seit 23.4.1945 gilt Karl Kloskowski im Raum Harz/Mitteldeutschland als vermißt. Spricht man von den Taten der SS Division „Das Reich", so verdient auch sein Name lobendste Erwähnung.

546. Eichenlaub am 11.8.1944 als SS Obersturmführer und
Führer der
7. Kompanie des
SS Panzerregiments 2, in der
2. SS Panzerdivision „Das Reich".

Hauptmann der Reserve

Gerhard Simons

Geboren am 5.2.1921
in Königsberg.

1940 zur Artillerie gekommen, setzte dieser junge Offizier im Nordabschnitt der Ostfront schon als Zugführer im Nachrichtenzug des Artillerieregiments 240 besondere Maßstäbe als Führer und Frontkämpfer. In tagelangen Kämpfen vereitelte er mit seinen Soldaten feindliche Durchbruchsversuche bei Gorodok, wofür ihm in anerkennender Weise am 29.2.1944 das Ritterkreuz verliehen wurde. In ebensolcher Art trotzte er ein halbes Jahr später erdrückender feindlicher Übermacht bei harten Kämpfen am Peipus-See, wo er sich gleichzeitig als Führer der Stabsbatterie hohe soldatische Lorbeeren verdiente. Persönliche Tapferkeit und blitzschnelles Erfassen der Lage bildeten die Grundlagen seiner Erfolge, denen Gerhard Simons im Laufe des Krieges noch manch entscheidende Tat hinzufügte und so der Waffengattung Artillerie höchste Ehre zollte.

547. Eichenlaub am 11.8.1944 als Oberleutnant der Reserve,
Führer der Stabsbatterie im
Artillerieregiment 240 und
Regimentsnachrichtenoffizier in der
170. Infanteriedivision.

SS Standartenführer

Max Wünsche

Geboren am 20.4.1914
in Kittlitz/Sachsen.

Max Wünsche gehörte zu den außergewöhnlichen Offizieren der Waffen SS, die in Kampf, Führung und Kameradschaft hohe soldatische Beispiele gaben. Seit 1934 in der SS Verfügungstruppe, ab 1938 Adjutant beim Führer Adolf Hitler, 1940/41 Führer der 15. Kompanie (Kradschützen) in der Leibstandarte und Führer der Sturmgeschützabteilung, sowie IIa der Division. 1942 dann Kommandeur der 1. Abteilung des SS Panzerregiments 1 der Leibstandarte, und ab Oktober 1943 Kommandeur des SS Panzerregiments 12 der 12. SS Panzerdivision „Hitlerjugend". Die Feldzüge in Polen, im Westen, am Balkan und im Osten zeugen von seinen Tapferkeitstaten, ehe er, seit Oktober 1943 wieder im Westen, im Sommer 1944 mit dem Panzerregiment der Hitlerjugenddivision beim Kampf gegen die Invasionstruppen Höchstes geleistet hat. Die harten und opfervollen Kämpfe um Caen und Falaise in Frankreich wurden zu Ruhmestaten der Waffen SS und stehen mit den unvergleichlichen Leistungen der jungen SS Soldaten aufs engste verbunden. Max Wünsche, im Kessel von Falaise schwer verwundet, geriet dort in britische Kriegsgefangenschaft und kehrte nach dem Krieg nach Deutschland zurück.

548. Eichenlaub am 11.8.1944 als SS Obersturmbannführer und
Kommandeur des
SS Panzerregiments 12, in der
12. SS Panzerdivision „Hitlerjugend".

Generalleutnant

Dietrich Kraiß

Geboren am 16.11.1889
in Stuttgart.

Offizier im Ersten Weltkrieg, führte Kraiß ab 10.11.1937 als Kommandeur das Infanterieregiment 90 (mot.), mit dem er an den Feldzügen in Polen und im Westen teilnahm. Ab Juli 1941 Kommandeur der 168. Infanteriedivision, beeindruckte er mit dieser im Südabschnitt der Ostfront durch einmalige Waffentaten. Dafür hoch ausgezeichnet, war er ab 14.5.1943 der 355. Infanteriedivision ein ausgezeichneter Kommandeur, ehe er ab November Kommandeur der 352. Infanteriedivision wurde. Als am 6.6.1944 die Invasion an die Küste Frankreichs brandete, stand der General mit seiner Division an einem Landungsabschnitt der Amerikaner und trotzte in unwiderstehlicher Art stärkster Übermacht und schwersten Angriffen. Des Generals Besonnenheit, Erfahrung und immer bewiesene Tapferkeit gewährten hier den Zusammenhalt der Front, und die Herzen der Soldaten schlugen in Begeisterung für ihren Kommandeur und ermöglichten dadurch den Erfolg. Dietrich Kraiß – einer der bewährtesten Frontgenerale an der Westfront – wurde am 2.8.1944 bei St. Lo schwer verwundet und starb noch am selben Tag an diesen Verletzungen. Trauer erfüllte die Reihen der Wehrmacht ob dieses schweren Verlustes.

549. Eichenlaub am 11.8.1944 nach dem Tode, für die Leistungen als
Generalleutnant und
Kommandeur der
352. Infanteriedivision.

Oberst der Reserve

Rudolf Bacherer

Geboren am 19.6.1895
in Pforzheim/Baden.

†

Nach den Feldzügen der ersten Kriegsjahre schon an der Ostfront als Kommandeur des Grenadierregiments 234, nach heldenhaftem Einsatz im Bereich der Heeresgruppe Mitte für beispielhafte Führung und seine persönliche Tapferkeit bei den Kämpfen im Raum Orel-Jelna-Orscha im Oktober 1943 mit dem Ritterkreuz ausgezeichnet, ließ dieser unauffällige und bescheidene Offizier erneut bei den schweren Einsätzen an der Westfront als Kommandeur des Grenadierregiments 1049 der 77. Infanteriedivision beim Kampf gegen die gelandeten Invasionstruppen aufhorchen. Durch die erfahrene und überlegte Führungsart Rudolf Bacherers gelangen entscheidende Erfolge seiner Grenadiere gegen starke Feindkräfte in fast aussichtsloser Lage, und zum Führer der Division ernannt, übertrug man dem verdienten Offizier noch die Verteidigung des Atlantikhafens St. Malo, wo nach schwersten und aufopfernden Kämpfen am 14.8.1944 die Kapitulation erfolgte und Oberst Bacherer mit seinen Soldaten in die Kriegsgefangenschaft ging. Nach dem Krieg in die Heimat zurückgekehrt, verstarb er am 6.7.1964 in Bad Krozingen/Baden-Württemberg.

550. Eichenlaub am 11.8.1944 als Oberst der Reserve, für die Leistungen als Kommandeur des Grenadierregiments 1049, in der 77. Infanteriedivision.

Marschall

Carl Gustav Emil Freiherr von Mannerheim

Geboren am 4.6.1867
in Villnäs bei Abo/Finnland.

†

Trat 1882 bereits ins finnische Kadettenkorps ein und begann somit ein Soldatenleben voll Bewegtheit und Tatkraft. Im Ersten Weltkrieg verdienter Kavallerieoffizier und schon höchst bewährt, wurde Mannerheim 1918 Reichsverweser und ab 1933 Marschall von Finnland. Im Winterkrieg gegen Rußland im Jahre 1939/40 war er Oberbefehlshaber der finnischen Armee und ließ zum erstenmal seine großen strategischen Fähigkeiten erkennen. Auch in den Jahren 1941 bis 1944, als Finnland an der Seite Deutschlands gegen die Sowjetunion kämpfte, war es immer wieder die Persönlichkeit des Marschalls, welche die finnischen Streitkräfte zu Ruhm und Erfolg führte. Für diese Leistungen wurde Marschall Mannerheim die hohe Auszeichnung mit dem Eichenlaub zuteil, und er war damit der älteste der neunhundertzehn mit dem Eichenlaub zum Ritterkreuz des Eisernen Kreuzes ausgezeichneten Soldaten. In Lausanne in der Schweiz verstarb am 27.1.1951 dieser großartige Soldat, Staatsmann und Mensch.

Eichenlaub ohne Nr. am 15.8.1944 als Marschall von Finnland,
Staatschef und
Oberbefehlshaber der
finnischen Wehrmacht.

Oberst

Andreas von Aulock

Geboren am 23.3.1893
in Kochelsdorf/Oberschlesien.

†

Schon Offizier im Ersten Weltkrieg, gehörte er zu jenen Offizieren, die im Zweiten Weltkrieg durch ihre Leistungen wesentlich zu den Erfolgen der 79. Infanteriedivision beigetragen haben. Nach den Feldzügen im Westen und am Balkan stand die Division mit dem „Lothringer Kreuz" in härtesten Kämpfen im Südabschnitt der Ostfront, ging in Stalingrad zu Grunde und wurde im Februar 1943 neu aufgestellt. Die Kämpfe am Kuban, bei Melitopol und Nikopol trugen den Stempel der Kampfleistungen des Grenadierregiments 226 und dessen umsichtigen und tapferen Kommandeurs Oberst Aulock. Nach Divisionsführerlehrgang im Juni 1944 wurde der bewährte Offizier am 1.8.1944 Kommandant der Festung St. Malo in Frankreich, wo er gegen erdrückende amerikanische Übermacht die Festung bis 15.8.1944 halten konnte, danach in Kriegsgefangenschaft geriet und nach dem Krieg nach Deutschland zurückkehrte, wo er am 23.6.1968 in Wiesbaden verstorben ist.

551. Eichenlaub am 16.8.1944 als Oberst, für die Leistungen als Kommandant der Festung St. Malo.

Oberstleutnant

Hermann Siggel

Geboren am 29.12.1910
in Bad Kleinen/Mecklenburg.

†

Seit 1928 im Infanterieregiment 5 und bei Beginn des Zweiten Weltkrieges im Infanterieregiment 172, wurde Siggel in diesem zu einem unentwegten Frontkämpfer und vorbildlichen Offizier. Bereits im Westfeldzug mit der 14. Kompanie sehr erfolgreich, übernahm er dann an der Ostfront ab 1.9.1941 als Kommandeur das 2. Bataillon. In schwierigsten Kampflagen, ob beim Vormarsch oder Rückzug im Südabschnitt der Ostfront, zeigte Siggel immer wieder Werte hohen Soldatentums. Ab 1.12.1943 Führer und ab 1.8.1944 Kommandeur des Grenadierregiments 172, erlitt er am 18.12.1944 bei den Kämpfen in den Karpaten eine schwere Verwundung, mußte in ein Lazarett und kam anschließend in die Führerreserve des Oberkommandos des Heeres. Am 13.4.1945 übernahm er als Kommandeur eine Kampfgruppe im Ruhrkessel und geriet schon einen Tag später in amerikanische Gefangenschaft, aus der er am 1.9.1945 entlassen wurde. Hermann Siggel verstarb am 15.4.1981 in der Bundesrepublik.

552. Eichenlaub am 16.8.1944 als Oberstleutnant und
Kommandeur des
Grenadierregiments 172, in der
75. Infanteriedivision.

Oberst

Gerhard Pick

Geboren am 17.11.1910
in Rheden/Westpreußen.

Auch seit 1928 im Heer und zu Kriegsbeginn 1939 Chef der 13. Kompanie im Infanterieregiment 490, wurde er dort nach Teilnahme am Westfeldzug an der Ostfront ab 8.8.1941 mit der Führung des 2. Bataillons betraut und erhielt in Anbetracht höchster Bewährung und Tapferkeit am 6.11.1941 das Ritterkreuz verliehen. Nach Verwundung am 3.9.1942 dann ab 19.11. Chef der 14. Kompanie und anschließend Taktiklehrer an der Kriegsschule Dresden. Mit 20.4.1943 zum Kommandeur der Aufklärungsabteilung 305 und ab 1.4.1944 zum Kommandeur des Grenadierregiments 577 ernannt, bestach hier sein hoher Einsatz an der Südfront in besonderem Maße. Die 305. Infanteriedivision, immer an Brennpunkten der Front in Italien in schwersten Kämpfen stehend, wurde in den Sommermonaten 1944 arg angeschlagen und Gerhard Pick am 20.12.1944 nach Deutschland versetzt. Dort als Kommandeur der Heeres-Unteroffiziersschulen Mewe/Westpreußen und Freiberg/Sachsen tätig, übernahm der befähigte Offizier im April 1945 als Kommandeur das Grenadierregiment 3 der Division „Scharnhorst". Hier in den letzten Kriegswochen als verständnisvoller Vorgesetzter geltend und in härtester Zeit des Krieges zum Vorbild seiner jungen Soldaten geworden, befand sich Gerhard Pick vom 7.5. – 22.7.1945 in Kriegsgefangenschaft im Westen.

553. Eichenlaub am 19.8.1944 als Oberstleutnant und
Kommandeur des
Grenadierregiments 577, in der
305. Infanteriedivision.

SS Sturmbannführer

Heinz Macher

Geboren am 31.12.1919
in Chemnitz/Sachsen.

Heinz Macher zählte zu den überragenden Frontkämpfern der SS Division „Das Reich", wo er an den Fronten in Polen, im Westen, am Balkan und im Osten laufend Beispiele höchsten Soldatentums zeigte. Seit 3.4.1939 im SS Pionierbataillon zu Dresden, wurde er im Laufe des Krieges zu einem geachteten Offizier in der Waffengattung der Pioniere. Als Zugführer, Kompanieführer, Bataillonsadjutant und Bataillonsführer war er ein verdienter Mann im 3. Bataillon des SS Regiments „Deutschland". Im Juni 1943 war er Verbindungsoffizier beim Stukageschwader 77, führte im November sogar das Regiment und bewies auch hier jederzeit seine hohen soldatischen Werte. Oftmalige Verwundungen unterbrachen manchmal seinen Einsatz, aber immer wieder fand man ihn nach Genesung an der Front, und die erfolgte Auszeichnung mit der goldenen Nahkampfspange am 18.10.1944 spricht wohl deutlichst für seinen schonungslosen und tapferen Einsatz. Ab 10.1.1945 dann Offizier zur besonderen Verwendung beim Stab der Heeresgruppe Weichsel und ab April Führer der „Kampfgruppe Macher" im Raum Magdeburg, bewies Heinz Macher bis zum Kriegsende vorbildlichen Soldatengeist und einmalige Vaterlandstreue.

554. Eichenlaub am 19.8.1944 als SS Obersturmführer und
Führer des
3. Bataillons des
SS Panzergrenadierregiments 3 „Deutschland",
in der
2. SS Panzerdivision „Das Reich".

Generalmajor

Hinrich Warrelmann

Geboren am 26.4.1904
in Struckhausen-Barke/Hannover.

†

Schon seit Oktober 1921 im Heer, ab 1.7.1938 Chef der 12. Kompanie des Infanterieregiments 37 und ab 1.2.1940 Kommandeur des 2. Bataillons. Nach Bewährung 1940 im Westfeldzug dann Taktiklehrer für Heeresflieger in Weimar und ab 15.11.1941 Kommandeur des MG Bataillons 2 in der 15. Panzerdivision in Nordafrika. Ab 1.10.1942 Taktiklehrer an der Offiziersschule Mylowitz bei Prag und ab 26.4.1943 Kommandeur des Grenadierregiments 502 an der Ostfront, wo sich Warrelmann durch seine Tapferkeit und hohe Führungskunst höchste Auszeichnungen erwerben konnte. Mehrmals verwundet und im Ehrenblatt des Deutschen Heeres genannt, verkörperte er das Vorbild des mutigen Frontoffiziers und erfahrenen Truppenführers. Seit November 1944 auf Divisionsführerlehrgang in Hirschberg/Schlesien, ab 1.1.1945 Führer der 179. Infanteriedivision und ab 15.2.1945 Kommandeur der 183. Volksgrenadierdivision, wo der General an der Westfront in bezeichnender Art erneut sein hohes Können in Führung und Kampf zutage legte und Ende April 1945 in britische Kriegsgefangenschaft geriet. Aus dieser in die Heimat zurückgekehrt, verstarb Hinrich Warrelmann am 9.10.1980 in Westerkappeln bei Osnabrück in Niedersachsen.

555. Eichenlaub am 19.8.1944 als Oberst und
Kommandeur des
Grenadierregiments 502, in der
290. Infanteriedivision.

Generalmajor

Rudolf Wulf

Geboren am 12.12.1905
in Elmshorn/Schleswig-Holstein.

†

Seit 1924 im Heer und bei Kriegsbeginn 1939 Ordonnanzoffizier in der 46. Infanteriedivision. Nach dem Polenfeldzug ab 1.5.1940 Inspektions-Chef an der Infanterieschule Döberitz (Berlin) und ab 1.5.1941 Kommandeur des 3. Bataillons des Infanterieregiments 89. Mit dieser Einheit zog er in den Ostfeldzug, wo er an der Front im Nordabschnitt mit seinen Männern einen wesentlichen Beitrag bei den Kämpfen um Demjansk leistete. Ab September 1942 wurde der bewährte Offizier Führer und ab November Kommandeur des Grenadierregiments 422. Nach Verwundung und Genesung übernahm Wulf ab 7.8.1943 wieder als Kommandeur sein Regiment und führte dieses bis zu seiner neuerlichen Verwundung im Oktober 1944 in bezeichnender Weise. Die Leistungen der Grenadiere in aufreibenden Kämpfen von Leningrad bis zum Baltikum sind Kriegsgeschichte geworden, und zu ihren ausdauernden und tapferen Führern zählte auch Rudolf Wulf. Nach Divisionsführerlehrgang im Januar 1945 erfolgte ab 1.3. seine Ernennung zum Kommandeur der 319. Infanteriedivision im Westen, wo der General gleichzeitig Kommandant der Kanalinsel Guernsey war. Am 14.11.1972 verstarb Rudolf Wulf in Breitenbrunn am Chiemsee in Bayern.

556. Eichenlaub am 19.8.1944 als Oberst und
Kommandeur des
Grenadierregiments 422, in der
126. Infanteriedivision.

Generalmajor der Reserve

Werner Schulze

Geboren am 15.1.1895
in Calbe/Brandenburg.

†

Offizier im Ersten Weltkrieg und ab 26.8.1939 Kompaniechef im Infanterieregiment 29 und Teilnahme am Polen- und Westfeldzug. 1941 übernahm Schulz als Kommandeur das 2. Bataillon des Infanterieregiments 510, im Dezember 1942 als Kommandeur das Grenadierregiment 551, führte ab 18.7.1944 die 329. Infanteriedivision, im November/ Dezember die 131. Infanteriedivision und übernahm ab 1.1.1945 als Kommandeur die 329. Infanteriedivision. Die unvorstellbar harten Schlachten im Nordabschnitt der Ostfront stehen im Einklang mit den Einsätzen dieser von Werner Schulze meisterhaft geführten Einheiten, und Namen wie Demjansk und Frauenburg sind in untrennbarer Weise besonders eng verknüpft mit den geleisteten Waffentaten, der Führungskunst und Tapferkeit dieses energischen und zielstrebigen Frontoffiziers, der am 3.11.1966 in Stuttgart verstorben ist.

557. Eichenlaub am 23.8.1944 als Oberst der Reserve, für die Leistungen als Kommandeur des Grenadierregiments 551, in der 329. Infanteriedivision.

General der Infanterie

Walther Melzer

Geboren am 7.10.1894
in Leipzig/Sachsen.

✝

Auch Offizier im Ersten Weltkrieg und ab 26.8.1939 Kommandeur des Infanterieregiments 151, mit dem er im Polen-, West- und Ostfeldzug stete Erfolge verzeichnete. Für seine Leistungen im Nordabschnitt der Ostfront am 21.8.1941 mit dem Ritterkreuz ausgezeichnet, gab er weiterhin an der Front im Osten Beispiele höchster Führungskunst. Zuerst als Kommandeur des Infanterieregiments 694, welches er vom 25.2. – 31.10.1942 erfolgreich führte, dann ab 7.12.1942 als Führer der 332. Infanteriedivision und ab Anfang 1943 als Kommandeur der 252. Infanteriedivision im Bereich der Heeresgruppe Mitte. Ab 12.10.1944 übernahm Melzer als Kommandierender General das 23. Armeekorps, mit dem er in schwerster Zeit zu einer wertvollen Stütze der Heeresgruppe Weichsel zählte und als geschickter und anpassungsfähiger Truppenführer noch manche Erfolge zeitigen konnte. Am 23.6.1960 ist Walther Melzer in Bremen verstorben.

558. Eichenlaub am 23.8.1944 als Generalleutnant und
Kommandeur der
252. Infanteriedivision.

SS Hauptsturmführer

Bruno Hinz

Geboren am 25.8.1915
in Petersdorf/Sachsen.

†

Seit 1936 in der SS Verfügungstruppe und ab November 1939 im SS Regiment „Germania", bewährte sich Hinz schon 1940 im Westfeldzug und kam, als das Regiment von der SS Division „Das Reich" zur SS Division „Wiking" überstellt wurde, beim Einsatz an der Ostfront zu hohen Ehren. Als Führer der 2. Kompanie des SS Panzergrenadierregiments 10 „Westland" für seine Tapferkeit und bewiesene Einsatzbereitschaft am 2.12.1943 mit dem Ritterkreuz ausgezeichnet, kam er dann nach Genesung von einer Verwundung im Oktober 1943 ins SS Panzergrenadierregiment 38 der 17. SS Panzergrenadierdivision „Götz von Berlichingen" nach dem Westen, wo er im Juni 1944 Chef der 2. Kompanie wurde. Von Juli bis September 1944 führte er eine Kampfgruppe der Division und trotzte mit dieser einer großen feindlichen Übermacht in eindrucksvoller Art. Seine und seiner Männer Kampftaten zählten zu den überragenden an der Westfront, wo sie bis Kriegsende Unbeschreibliches geleistet haben. Bruno Hinz ist am 28.2.1968 in München verstorben.

559. Eichenlaub am 23.8.1944 als Obersturmführer und
Chef der
2. Kompanie des
SS Panzergrenadierregiments 38, in der
17. SS Panzergrenadierdivision
„Götz von Berlichingen".

Generalmajor

Hellmuth Mäder

Geboren am 5.7.1908
in Rotterode/Thüringen.

Hellmuth Mäder kam 1936 in die Wehrmacht, wo er bei Kriegsbeginn 1. Ordonnanzoffizier im Stab der 34. Infanteriedivision war. Im Westfeldzug war er Chef der 14. Kompanie im Infanterieregiment 522, wurde ab November 1940 Kommandeur des 3. Bataillons und ab 5.7.1942 Kommandeur des Regiments. Hervorragend bewährt bei den Kämpfen im Südabschnitt der Ostfront und hoch ausgezeichnet für seine Verdienste, übernahm Mäder im Januar 1944 als Führer die Eingreifbrigade Narwa im Nordabschnitt, wurde dann im April Führer der Lehrbrigade Nord der Heeresgruppenwaffenschule Nord und ab 24.7.1944 Kampfkommandant von Schaulen in Litauen. Die geleisteten Tapferkeitstaten des Kommandanten und seiner Soldaten verdienen besondere Erwähnung und Hochachtung. Hellmuth Mäder führte im Oktober/November 1944 dann die 7. Panzerdivision bei den Kämpfen um Memel und übernahm ab 24.12.1944 als Kommandeur die Führer-Grenadierbrigade, kämpfte mit dieser mit Erfolg bei der Ardennenoffensive im Westen, befehligte ab Jänner 1945 diese zur Führer-Grenadierdivision erweiterte Truppe dann in den Endkämpfen im Reich gegen die Übermacht der sowjetischen Streitkräfte und befand sich vom 13.5.1945 – 11.10.1955 in russischer Kriegsgefangenschaft.

560. Eichenlaub	am 27.8.1944	als	Oberst und Kampfkommandant von Schaulen.
143. Schwerter	am 18.4.1945	als	Generalmajor und Kommandeur der Führer-Grenadierdivision.

SS Brigadeführer und Generalmajor der Waffen SS

Léon Degrelle

Geboren am 15.6.1906
in Bouillon/Belgien.

Léon Degrelle und seine tapferen Wallonen waren im Zweiten Weltkrieg Begriff weit über die Waffen SS hinaus. Am 8.8.1941 kam Degrelle als einfacher Soldat an die Ostfront, wo er mit den ersten belgischen Freiwilligen im Wehrmachtsbataillon 477 seine Ausbildung erfuhr, welches dann als Bataillon 373 „Legion Wallonien" in den Einsatz ging und sich bei den Kämpfen im Kaukasus hervorragend schlug. Am 1.6.1943 erfolgte die Überstellung zur Waffen SS, wo sich die opfervollen Kämpfe am Dnjepr und im Kessel von Tscherkassy anschlossen. Im November 1944 begann die Aufstellung der 28. SS Freiwilligen-Panzergrenadierdivision „Wallonien", mit der Degrelle an der Ardennenoffensive teilnahm. Die Tapferkeitsleistungen dieses mit hohen Idealen ausgestatteten vorbildlichen Offiziers an allen Fronten sind als einmalig und überzeugend anzusehen. Nicht umsonst trug er das goldene Verwundetenabzeichen und die goldene Nahkampfspange, was seinen unermüdlichen Fronteinsatz deutlich macht. Bis zuletzt treu zur Fahne stehend, kämpfte er mit seinen Männern in den schweren Endkämpfen an der Oder und in Pommern und bewies bis zum Kriegsende überzeugende und aufrechte Haltung.

Eichenlaub ohne Nr. am 27.8.1944 als SS Sturmbannführer und
Kommandeur der
SS Freiwilligen-Sturmbrigade „Wallonien".

Generalleutnant

Rudolf Holste

Geboren am 9.4.1897
in Hessisch Oldendorf/Hannover.

Kriegsfreiwilliger und Offizier im Ersten Weltkrieg und ab 1.4.1937 Kommandeur der Artillerieabteilung 1 zu Insterburg, welche nach dem Polenfeldzug zum Artillerieregiment 1 erweitert wurde. Ab 12.2.1940 übernahm Holste als Kommandeur das Panzerartillerieregiment 73, das er im West- und Ostfeldzug erfolgreich zu führen verstand. Beispielgebend unterstützte er mit seinen Artilleristen die Einsätze der Panzer und Panzergrenadiere und leistete dadurch wertvollen Beistand zu den Gesamterfolgen der 1. Panzerdivision im Mittelabschnitt der Ostfront. Ab 1.1.1943 mit der Führung der 14. Infanteriedivision betraut, wurde der begabte Offizier ab 1.12. Kommandeur der Ostlegionen und ab 1.5.1944 Führer der 4. Kavalleriebrigade. Mit dieser bewährte er sich in hervorragender Weise bei den Kämpfen im Pripjetgebiet. Ab 1.9. dann Kommandeur der 4. Kavalleriedivision und ab 20.4.1945 Führer des 41. Panzerkorps, war Rudolf Holste einer jener Generale, die in allen Lagen ihren Aufgaben vortrefflich gerecht wurden und bis zum letzten Tag des Krieges die begeisternde Meinung der Truppe auf ihrer Seite hatten.

561. Eichenlaub am 27.8.1944 als Oberst und
Führer der
4. Kavalleriebrigade.

General der Flieger

Kurt Pflugbeil

Geboren am 9.5.1890
in Hütten bei Königstein/Sachsen.

†

Als Offizier im Ersten Weltkrieg zuerst bei der Infanterie, ab 1915 in der Fliegertruppe und ab 26.8.1939 Kommandeur des Luftgaustabes zur besonderen Verwendung 16. Nach dem Westfeldzug wurde Kurt Pflugbeil ab 1.8.1940 Befehlshaber der Luftverteidigung Belgien/Nordfrankreich und übernahm ab 1.9. als Kommandierender General das 4. Fliegerkorps. Nach Einsatz im Westen gegen England erfolgte dessen Verlegung an die Ostfront, wo der Kampf im Südabschnitt durch sein Korps wertvolle Unterstützung fand. Hoch ausgezeichnet für seine Verdienste, wurde der General ab 24.8.1943 Oberbefehlshaber der Luftflotte 1 im Nordabschnitt. Von seinen Soldaten sehr verehrt, bot er auch hier Führungsleistungen besonderer Art und bewies, als die Luftflotte 1 ab 17.4.1945 Luftwaffenoberkommando Kurland hieß, an dieser Front bis Kriegsende überzeugenden Soldatengeist und großes Einfühlungsvermögen. Vom 8.5.1945 – 4.1.1954 in sowjetischer Kriegsgefangenschaft, verstarb Kurt Pflugbeil am 31.5.1955 in Weende bei Göttingen in Niedersachsen.

562. Eichenlaub am 28.8.1944 als General der Flieger und
Oberbefehlshaber der
Luftflotte 1.

SS Obergruppenführer und General der Waffen SS

Wilhelm Bittrich

Geboren am 26.2.1894
in Wernigerode/Harz.

†

Als Kriegsfreiwilliger und Offizier der Fliegertruppe im Ersten Weltkrieg und seit 1.4.1935 in der SS Standarte „Deutschland", gehörte Wilhelm Bittrich zu den geachtetsten SS Generalen bei Freund und Feind. 1939 im Polenfeldzug beim Stabe der Leibstandarte, war er ab 1.2.1940 im SS Führungshauptamt in Berlin und ab 1.12. Kommandeur des SS Regiments „Deutschland". Im Mittelabschnitt der Ostfront höchst bewährt, übernahm er im Oktober 1941 als Kommandeur die SS Division „Das Reich" und führte diese im harten Rußlandwinter. Ab 8.1.1942 in die Führerreserve des SS Führungshauptamtes versetzt und ab 1.5. Kommandeur der SS Kavalleriebrigade, der späteren von ihm aufgestellten SS Kavalleriedivision. Nach erfolgtem Einsatz im Osten stellte der General anfangs 1943 die 9. SS Panzergrenadierdivision „Hohenstaufen" auf und kämpfte mit dieser an der Ost- und Westfront. Ab 10.7.1944 zum Kommandierenden General des 2. SS Panzerkorps ernannt, waren die geleisteten Waffentaten dieses Korps zuerst an der West- und dann an der Ostfront von überzeugender Einmaligkeit und des Generals Mut und ritterliche Kampfweise beispiellos. Im Mai 1945 von den Amerikanern gefangengenommen und an die Franzosen übergeben und bis 1953 in Kriegsgefangenschaft, verstarb Wilhelm Bittrich am 19.4.1979 in Münsing/Oberbayern.

563. Eichenlaub	am 28.8.1944	als SS Obergruppenführer und Kommandierender General des 2. SS Panzerkorps.
153. Schwerter	am 6.5.1945	als SS Obergruppenführer und Kommandierender General des 2. SS Panzerkorps.

General der Fallschirmtruppe

Eugen Meindl

Geboren am 16.7.1892
in Donaueschingen/Baden.

†

Fahnenjunker und Offizier im Ersten Weltkrieg und 1938 Kommandeur des Gebirgs-Artillerieregiments 112, mit dem er am Polenfeldzug und am Norwegenunternehmen teilnahm. Im August 1940 zur Fallschirmtruppe übergetreten, führte Meindl im Kreta-Einsatz als Kommandeur das Fallschirmjäger-Sturmregiment und hatte mit diesem wesentlichen Anteil am Gelingen der Einnahme der Insel. Für seine Verdienste hoch ausgezeichnet und nach Ausheilung einer schweren Verwundung dann 1941/42 im Einsatz an der Ostfront, wo er als Kampfgruppenführer im Raume Juchnow im Mittelabschnitt von sich reden machte. Im Frühjahr 1942 erfolgte die Zusammenfassung aller Luftwaffen-Feldregimenter zur Luftwaffendivision Meindl, mit welcher der General im Nordabschnitt bei Staraja Russa erfolgreich kämpfte. Nach Erkrankung wurde Meindl ab 1.10.1942 Kommandierender General des 13. Fliegerkorps im Reich und begann hier mit der Aufstellung von zweiundzwanzig Luftwaffen-Felddivisionen. Anschließend ab Herbst 1943 wurde das 13. Fliegerkorps in 2. Fallschirmkorps umbenannt und erwarb sich 1944 bei den Kämpfen in der Normandie und 1945 im Brückenkopf Wesel am Rhein sagenhaften Ruhm. General Meindls Natürlichkeit, sein gutes Verhältnis zu Vorgesetzten und Untergebenen, sowie seine immer bewiesene Tapferkeit im Einsatz fanden überall Anklang und Achtung. Von 25.5.1945 – 29.9.1947 in Kriegsgefangenschaft im Westen, verstarb Eugen Meindl am 24.1.1951 in München.

564. Eichenlaub	am 31.8.1944	als	General der Fallschirmtruppe und Kommandierender General des 2. Fallschirmkorps.
155. Schwerter	am 8.5.1945	als	General der Fallschirmtruppe, für die Leistungen als Kommandierender General des 2. Fallschirmkorps.

Generalleutnant

Hermann Flörke

Geboren am 23.10.1893
in Hannover.

†

Kriegsfreiwilliger und Offizier im Ersten Weltkrieg, ab Oktober 1935 Kommandeur des 1. Bataillons des Infanterieregiments 53 und ab 1.2.1940 Kommandeur des Regiments. Nach dem Polen- und Westfeldzug wurde Hermann Flörke im Ostfeldzug zu einem außergewöhnlich tapferen und gewandten Truppenführer, was seine folgenden Kommandos deutlich unterstreichen: ab 6.1.1942 Kommandeur des Infanterieregiments 12, ab 5.4.1943 Führer der 31. Infanteriedivision, ab 17.5. Führer und ab 1.6.1943 Kommandeur der 14. Infanteriedivision (mot.). Die Leistungen dieser letztgenannten Division im Bereich der Heeresgruppe Mitte waren mitentscheidend für das Ausharren der deutschen Truppen in schwerster Zeit des Ostkampfes und waren zum Großteil ein Verdienst dieses tapferen Generals. Ab 18.2.1945 als stellvertretender Führer des 66. Armeekorps an der Westfront, geriet der General dort am 21.4.1945 in amerikanische Kriegsgefangenschaft, aus der er am 1.6.1947 entlassen wurde, und verstarb am 19.8.1979 in Gießen/Hessen.

565. Eichenlaub am 2.9.1944 als Generalleutnant und
Kommandeur der
14. Infanteriedivision.

Generalmajor

Martin Bieber

Geboren am 10.11.1900
in Tabarz/Thüringen.

†

Als junger Fähnrich und Leutnant im Ersten Weltkrieg, war er am 10.11.1938 Ordonnanzoffizier beim Stab des Infanteriekommandeurs 26 und ab 1.2.1940 Kommandeur des 2. Bataillons des Infanterieregiments 167. Nach dem Westfeldzug wurde Martin Bieber Kommandeur des Infanterie-Ersatzbataillons 192 und übernahm ab 25.9.1942 als Kommandeur das Infanterieregiment 184 an der Ostfront, welches er in beispielgebender Art zu führen verstand und in Anbetracht dessen am 28.7.1943 das Ritterkreuz verliehen bekam. Ab 4.11. führte der tapfere Frontoffizier dann die Divisionsgruppe 86, die Reste der zerschlagenen 86. Infanteriedivision, mit der er übermächtigen Feindkräften erfolgreich trotzte und manche Absichten des Gegners zunichte machte. Anschließend ab 22.7.1944 mit der Führung der Korpsabteilung E betraut, erfolgte mit 12.8. seine Kommandierung zur Teilnahme an einem Divisionsführerlehrgang, und ab 3.9. übernahm Martin Bieber die Führung der 271. Volksgrenadierdivision. Ab 1.1.1945 wurde er deren Kommandeur und bewies in andauernden schweren Abwehrkämpfen im Osten hohe Fähigkeiten als Truppenführer. Von Mai 1945 bis Oktober 1955 befand sich der General in sowjetischer Kriegsgefangenschaft und verstarb am 19.10.1974 in Düsseldorf.

566. Eichenlaub am 2.9.1944 als Oberst, für die Leistungen als
Führer der
Divisionsgruppe 86.

Major der Reserve

Hermann Klein

Geboren am 19.7.1913
in Willich/Westfalen.

Auch einer jener Infanterieoffiziere, dessen Tapferkeitsleistungen wesentlich zu den Erfolgen der 329. Infanteriedivision im Nordabschnitt der Ostfront beigetragen haben. Mit unverminderter Härte tobten hier in den Jahren 1943/44 die schweren Abwehrkämpfe, in deren Brennpunkten die Soldaten des Grenadierregiments 551 oftmals zum Retter in höchster Not wurden. Hermann Klein als Adjutant des Regiments bewies besonders bei den Kämpfen im Raume Newel durch gewandten Einsatz und mitreißenden Schwung jederzeit Werte eines tüchtigen Frontkämpfers und erreichte durch richtiges Handeln mit seinen Grenadieren für den Fortbestand der Front wichtige Erfolge. Unauffällig und pflichttreu versinnbildlichte er deutlichst die Art des deutschen Frontoffiziers im Zweiten Weltkrieg und war bei Vorgesetzten und Kameraden gleichermaßen beliebt. Bei den Schlachten in Kurland nach höchster Bewährung gilt Hermann Klein nach schweren Kämpfen bei Ergili seit 18.8.1944 als vermißt.

567. Eichenlaub am 2.9.1944 nach dem Tode, für die Leistungen als Hauptmann der Reserve und Adjutant des Grenadierregiments 551, in der 329. Infanteriedivision.

Major der Reserve

Jakob Gansmeier

Geboren am 30.5.1900
in Pocking/Niederbayern.

Gansmeier, seit 1939 in der 212. Infanteriedivision, führte der Weg dieser Division nach dem Westfeldzug im Ostfeldzug bis vor die Tore Leningrads. Die aufreibenden Kämpfe im Nordabschnitt der Ostfront stellten an die dort eingesetzten Truppenteile härteste Anforderungen, und daß es gelang, diesen gerecht zu werden, war auch stets das Verdienst der Offiziere vom Schlage Jakob Gansmeiers. Als Kommandant des Divisions-Füsilierbataillons 212 erreichte er durch selbständigen Entschluß und vorbildliche Tapferkeit mit seinen Männern bei Luga gegen starke Feindkräfte schlachtentscheidende Erfolge und erhielt in Würdigung dessen am 29.2.1944 das Ritterkreuz verliehen. Erfüllt von hohen Idealen, war sein Einsatz höchster Dienst für das Vaterland, und sein gegebenes Vorbild stählte die Kraft seiner Füsiliere zu äußerstem Einsatz. Ebenso am 8.8.1944, als er bei Raseinen im Baltikum einen feindlichen Durchbruch vereitelte und in treuer Pflichterfüllung dabei sein Leben ließ. Seine Füsiliere verloren nicht nur ihren verehrten Kommandeur, sondern auch einen guten Kameraden und das deutsche Heer einen Offizier von besonderer Prägung und Aufgeschlossenheit.

568. Eichenlaub am 2.9.1944 nach dem Tode, für die Leistungen als Major der Reserve und Kommandeur des Divisions-Füsilierbataillons 212, in der 212. Infanteriedivision.

Oberstleutnant

Walter Misera

Geboren am 14.7.1906
in Vogelsgrün im Vogtland/Sachsen.

Seit 1924 im Heer, kämpfte Walter Misera schon in den Feldzügen gegen Polen, Frankreich und Jugoslawien, ehe er an der Ostfront zu einem herausragenden Frontoffizier in allen Belangen wurde und durch seine überdurchschnittlichen Leistungen der deutschen Infanterie zu hohem Ansehen verhalf. Ab 1.6.1942 als Kommandeur des 2. Bataillons des Infanterieregiments 515, waren es besonders die schweren Abwehrkämpfe am Mius im Juli 1943, wo er sich mit seinen Grenadieren so hervorragend bewährte, daß man ihm am 23.8.1943 für diese Verdienste das Ritterkreuz verlieh. Ab Juni 1944 führte der tapfere Offizier in schweren Einsätzen die Divisionsgruppe 95, aus der später das Grenadierregiment 278 hervorgegangen ist, und erreichte mit dieser Kampferfolge von entscheidender Bedeutung an der Front in Litauen. Schonungslos im Einsatz, überlegt im Handeln und mutig in jeder Lage, war er gleichzeitig Vorbild und Ansporn für seine Soldaten in einer Zeit, wo der deutsche Frontkämpfer härtesten Prüfungen standzuhalten hatte, und fünf zum Teil schwere erlittene Verwundungen beweisen dies zur Genüge. 1944/45 war Walter Misera Kommandeur des Grenadierregiments 4, welches er in den harten Schlachten in Kurland führte und hier ebenso Werte höchsten Soldatentums zeigte.

569. Eichenlaub am 2.9.1944 als Oberstleutnant, für die Leistungen als
Major und
Führer der
Divisionsgruppe 95.

SS Oberführer

Friedrich Wilhelm Bock

Geboren am 6.5.1897
in Wreschen/Wartheland.

✝

Schon Kriegsfreiwilliger im Ersten Weltkrieg, führte er zu Beginn des Zweiten Weltkrieges ein Polizeibataillon in Polen. Am 6.5.1940 wurde er Kommandeur der 2. Abteilung des Artillerieregiments der Polizeidivision und kämpfte mit dieser im West- und Ostfeldzug. Die opfervollen Kämpfe der Division im Nordabschnitt der Ostfront wurden Geschichte, und die Artilleristen um Friedrich Wilhelm Bock vereitelten durch ihren Einsatz oft das Schlimmste. Der bewährte Offizier führte dann ab 15.3.1944 die 19. lettische SS Freiwilligen-Division, ehe er ab 29.7.1944 die Führung der 9. SS Panzerdivision „Hohenstaufen" an der Westfront übernahm. In verzweifelten Abwehrkämpfen gegen erdrückende Übermacht des Feindes zeigten seine Männer unter schwierigsten Gegebenheiten härteste Mutproben und retteten dadurch die Front vor dem Zusammenbruch. Am 10.10.1944 wurde Sylvester Stadler Divisionskommandeur und Friedrich Wilhelm Bock Korps-Artillerieführer des 2. SS Panzerkorps, wo er sich an der West- und anschließend noch an der Ostfront erneut auszeichnen konnte. Am 11.3.1978 verstarb er in Karlsruhe/Baden-Württemberg.

570. Eichenlaub am 2.9.1944 als SS Oberführer und
Führer der
9. SS Panzerdivision „Hohenstaufen".

General der Panzertruppe

Heinrich Freiherr von Lüttwitz

Geboren am 6.12.1896
in Krumpach/Schlesien.

†

Einer der bedeutenden Truppenführer der deutschen Panzerwaffe im Zweiten Weltkrieg, dessen beispielgebende Art an allen Fronten zu großen Leistungen seiner ihm unterstellten Soldaten führte. Schon Offizier im Ersten Weltkrieg, war er ab 1.9.1939 Kommandeur der Aufklärungsabteilung 1 und wurde in Polen bereits am 2.9.1939 schwer verwundet. Nach Genesung wurde Lüttwitz am 1.7.1940 Kommandeur des Schützenregiments 59 und übernahm ab 1.6.1941 als Kommandeur die 20. Panzerdivision, mit der er dann in den Ostfeldzug zog, wo er im Bereich der Heeresgruppe Mitte bedeutende Erfolge verzeichnen konnte. Straffe Führung und persönliche Tapferkeit des Kommandeurs begründeten die Waffentaten der Division. Vom 1.5.1943 – 1.2.1944 im Sonderstab des Chefs des Generalstabes des Heeres tätig, übernahm der General vom 1.2.1944 – 6.9.1944 als Kommandeur die 2. Panzerdivision an der Westfront, wo er in der Ardennenoffensive erneut seine hohen Führungsfähigkeiten unter Beweis stellte und selbst schwer verwundet, die Division aus dem Kessel von Falaise in Frankreich führen konnte. Der General, Träger des goldenen Verwundetenabzeichens, war anschließend ab 15.9.1944 Kommandierender General des 48. Panzerkorps, befand sich vom 7.4.1945 – 1.7.1947 in Kriegsgefangenschaft im Westen und verstarb am 9.10.1969 in Neuburg an der Donau in Bayern.

571. Eichenlaub	am 3.9.1944	als Generalleutnant und Kommandeur der 2. Panzerdivision.
157. Schwerter	am 9.5.1945	als General der Panzertruppe, für die Leistungen als Kommandierender General des 48. Panzerkorps.

Generalleutnant

Heinz Greiner

Geboren am 12.8.1895
in Amberg/Oberpfalz.

†

Fahnenjunker und Offizier im Ersten Weltkrieg, ab 10.12.1938 Kommandeur des 3. Bataillons des Infanterieregiments 63 und ab 1.2.1940 Kommandeur des Regiments. Nach dem Westfeldzug übernahm Heinz Greiner ab 8.10.1940 die Leitung der Vermißtenstelle beim General der Infanterie im Oberkommando des Heeres. Ab 20.4.1941 führte er als Kommandeur das Infanterieregiment 499, wurde ab 6.1.1942 Führer und ab 1.3. Kommandeur der 268. Infanteriedivision. Die opfervollen Kämpfe vor Moskau sahen auch diese Division in stetem Einsatz. Greiners ausgewogene und überlegte Führungsweise ermöglichte oftmals manchen Erfolg und bewahrte die Truppe gleichzeitig vor schlimmen Überraschungen. Auch in den folgenden Rückzugskämpfen war seine Division ein Fels in der Brandung an der schwer geprüften Front. Ab November 1943 zum Kommandeur der 362. Infanteriedivision in Italien ernannt, war diese eine der erfolgreichsten Divisionen auf diesem Kriegsschauplatz. Des Generals Umsicht und Können waren hier ebenso ausschlaggebend und von größter Bedeutung für entscheidende Kampferfolge. Ab 1.1.1945 auf einem Lehrgang für Kommandierende Generale, wurde der General noch am 12.4. stellvertretender Führer des 7. Armeekorps, kehrte nach dem Krieg in die Heimat zurück und verstarb am 19.11.1977 in Rottach-Egern/Bayern.

572. Eichenlaub am 3.9.1944 als Generalleutnant und
Kommandeur der
362. Infanteriedivision.

Oberst

Christian Sonntag

Geboren am 27.9.1910
in Pressig/Oberfranken.

Zu Kriegsbeginn 1939 im Grenzschutz-Infanterieregiment 127 am Westwall, kam Christian Sonntag nach Teilnahme am Feldzug im Westen als Kompaniechef ins Infanterieregiment 248 der 88. Infanteriedivision, wo er im Ostfeldzug den Vormarsch bis Woronesch und Stalingrad mitmachte, Bataillonskommandeur wurde, sich in den Einsätzen im Raume Kursk-Shitomir sehr bewährte und die schweren Kämpfe im Kessel bei Tscherkassy unter äußersten Anstrengungen überstand und zu den tapfersten Männern der Infanterie im Südabschnitt der Ostfront zählte. Seine ruhige und besonnene Wesensart ließ diesen mutigen, bescheidenen Offizier die schwersten Hürden nehmen, was er im Hexenkessel Tscherkassy deutlichst unter Beweis stellte. Nach Neuaufstellung der 88. Infanteriedivision übernahm er als Kommandeur das Grenadierregiment 248 und bewährte sich erneut in hohem Maße bei den Kämpfen im Raum Kowel, wie überhaupt bei den schweren Abwehrkämpfen im polnischen Gebiet. Im Fronteinsatz arg verwundet, gilt dieser begnadete Offizier und Soldat seit dem Frühjahr 1945 im Osten als vermißt.

573. Eichenlaub am 5.9.1944 als Oberstleutnant und Kommandeur des Grenadierregiments 248, in der 88. Infanteriedivision.

Generalleutnant

Hellmuth Pfeifer

Geboren am 18.2.1894
in Altenburg/Thüringen.

Ausgezeichneter Offizier im Ersten Weltkrieg und ab 1.10.1937 im Oberkommando der Wehrmacht. Ab 27.9.1939 dann Kommandeur des 3. Bataillons des Infanterieregiments 185 und noch während des Westfeldzuges ab 9.6.1940 Kommandeur des Regiments, mit dem er auch in den Ostfeldzug zog und im Bereich der Heeresgruppe Mitte manch schlachtentscheidenden Erfolg verbuchen konnte. Am 18.11.1942 wurde Hellmuth Pfeifer schwer verwundet und kam nach Genesung seiner Verletzung im Juli 1943 auf Divisionsführerlehrgang. Ab 1.12. übernahm er als Kommandeur die 65. Infanteriedivision in Italien, die er in aufreibenden Kämpfen gegen erdrückende feindliche Übermacht vorbildlich zu führen verstand. Bezeichnendes Führungskönnen in härtester Zeit und verständnisvolle Art zu seinen Soldaten bürgte für manchen unerwarteten Kampferfolg der 65. Infanteriedivision auf dem harten Kriegsschauplatz der italienischen Front. Überlegt und tapfer im Einsatz, gab der General auch in treuer Pflichterfüllung hier am 22.4.1945 bei Finale sein Leben, was den hohen Opfergang der deutschen Generale im Zweiten Weltkrieg an allen Fronten gebührend verdeutlicht.

574. Eichenlaub am 5.9.1944	als Generalleutnant und Kommandeur der 65. Infanteriedivision.

Oberst

Dr. Rudolf Flinzer

Geboren am 9.11.1889
in Hollberg/Rheinland.

†

Im Ersten Weltkrieg ausgezeichneter Offizier und ab 26.8.1939 Kommandeur des 1. Bataillons des Infanterieregiments 317. Nach Teilnahme am Westfeldzug und Besatzungszeit in Frankreich kämpfte Dr. Flinzer mit seinen Soldaten dann an der Ostfront, wo er in der 211. Infanteriedivision bald zum Begriff wurde. Unerhört tapfer und mit einem klaren Blick auch in schwierigsten Lagen, war er ruhender Pol und gleichzeitig mitreißender Führer in schwersten Kämpfen. Ab Januar 1943 Kommandeur des Grenadierregiments 317, stehen seine Kampfleistungen mit denen der Division vor Moskau, bei Orel, Witebsk, Kowel usw. im steten Einklang und der äußerste Einsatz und die Zähigkeit seiner Grenadiere im Ruhmesblatt der deutschen Infanterie. Ab September 1944 zum Kommandant der Festung Hoek in Holland ernannt, war er auch hier ein beispielgebender Vorgesetzter und tüchtiger Offizier mit hohem Einfühlungsvermögen und bewiesenem Verständnis bis zum Kriegsende. Am 17.6.1976 ist Dr. Rudolf Flinzer in Opladen/Nordrhein-Westfalen verstorben.

575. Eichenlaub am 5.9.1944 — als Oberst, für die Leistungen als Kommandeur des Grenadierregiments 317, in der 211. Infanteriedivision.

Oberstleutnant

Walter Neitzel

Geboren am 9.5.1913
in Greiffenburg/Pommern.

Einer jener Infanterieoffiziere, die nach dem Polen- und Westfeldzug an der Ostfront in ständigen Einsätzen unvergängliche Tapferkeitsleistungen boten. Als Führer und später als Kommandeur des 1. Bataillons des Grenadierregiments 409 hatte er mit seinen Soldaten entscheidenden Anteil bei den schweren Kämpfen um Staraja Russa und im Raume Narwa-Wiborg-Reval. Jederzeit überlegt in seinen Handlungen, war er ein Frontoffizier, der es verstand, auch in schwierigsten Gegebenheiten seinen Grenadieren Beispiel und Ansporn zu sein. Dadurch ermöglichte Neitzel mit seinem Bataillon auf Divisionsebene oftmals durchschlagende Erfolge und zählte zu den herausragenden Offizieren im Nordabschnitt der Ostfront. Die 122. Infanteriedivision blickte in Stolz auf diesen Ritterkreuzträger, dessen Bescheidenheit und hoher Kameradschaftssinn seinem Wesen einmaligen Ausdruck verliehen und in unzähligen Kämpfen zu Grundlagen des Erfolges wurden. Nach Verwundung starb Walter Neitzel am 2.9.1944, und das deutsche Heer trauerte um einen seiner tüchtigsten Offiziere und Frontkämpfer.

576. Eichenlaub am 5.9.1944 nach dem Tode, für die Leistungen als
Major und
Kommandeur des
1. Bataillons des
Grenadierregiments 409, in der
122. Infanteriedivision.

Oberleutnant (Marine-Artillerie) der Reserve

Richard Seuss

Geboren am 28.8.1897
in Leipzig/Sachsen.

†

Bei Kriegsausbruch 1939 zur Artillerie-Ersatzabteilung Plauen einberufen, wechselte Seuss im Januar 1941 zur Marine-Artillerie, wo er in den Abteilungen 117, 119, 244 und 608 seine Soldatenpflicht erfüllte. Seit August 1942 führte er als Batteriechef die Küstenbatterie „Ile des Cezembre" der Abteilung 608 an der Normandieküste, und hier schlug im Zuge der Invasion im Juni 1944 seine große Stunde bei der Verteidigung der Festung St. Malo. Nach opfervollem Einsatz erreichte Richard Seuss mit seiner Batterie in ununterbrochenem Kampf gegen die weit überlegenen feindlichen Schiffseinheiten ungeahnte Erfolge und war durch außergewöhnliche Tapferkeit stetes Vorbild seiner Männer. Die heldenhaften Kampfleistungen dieser Batterie stehen im Kriegsgeschehen der Invasion in vorderster Linie und begründen auch an dieser Front den unvergänglichen Ruhm deutschen Soldatengeistes im Zweiten Weltkrieg. Seuss, am 17.8.1944 in Kriegsgefangenschaft geraten, kehrte nach dem Krieg nach Deutschland zurück und starb am 26.9.1963 in Münster/Nordrhein-Westfalen.

577. Eichenlaub am 3.9.1944 als Oberleutnant (Marine-Artillerie) der Reserve,
für die Leistungen als
Chef der
Marine-Küstenbatterie „Ile des Cezembre",
in der
Marine-Artillerie-Abteilung 608.

General der Infanterie

Otto Lasch

Geboren am 25.6.1893
in Pleß/Oberschlesien.

†

Ausgezeichneter Offizier im Ersten Weltkrieg, führte Otto Lasch ab 1.10.1936 als Kommandeur das 3. Bataillon des Infanterieregiments 3, war ab 26.10.1939 Kommandeur des Infanterieregiments 43, ab 27.9.1942 Kommandeur der 217. und ab 20.11.1943 der 349. Infanteriedivision. Der Polen-, West- und Ostfeldzug kündet von Tapferkeitsleistungen eines aufrechten und bei der Truppe beliebten Offiziers, der jeder Lage gerecht wurde und sich steter Achtung seitens seiner Soldaten erfreuen konnte. Für die Kämpfe im Nordabschnitt der Ostfront schon am 17.7.1941 hoch ausgezeichnet, waren seine Verdienste bei den Schlachten im Raum Lemberg-Brody/Polen im Jahre 1944 von ebenso entscheidender Bedeutung. Ab 1.9.1944 auf Grund seines soldatischen Könnens zum Kommandierenden General des 64. Armeekorps ernannt, übertrug man dem General ab 28.1.1945 noch das schwere Amt des stellvertretenden Führers des 1. Armeekorps und Festungskommandanten von Königsberg in Ostpreußen. Sagenhafte Standhaftigkeit und umsichtiges Handeln des Generals ließen ihn in härtester Zeit auch diese schwere Last meistern, ehe er mit seinen Soldaten von April 1945 bis Oktober 1955 das Los der sowjetischen Kriegsgefangenschaft teilte. Otto Lasch ist am 1.5.1971 in Bad Godesberg/Nordrhein-Westfalen verstorben.

578. Eichenlaub am 10.9.1944 als Generalleutnant, für die Leistungen als Kommandeur der 349. Infanteriedivision.

Generalmajor

Alois Weber

Geboren am 26.7.1903
in Kastl bei Kemnath/Oberpfalz.

†

1921 ins Heer eingetreten, war Alois Weber zu Kriegsbeginn 1939 Chef der 9. Kompanie im Infanterieregiment 19, in dessen Reihen er im Laufe des Krieges zum Begriff wurde. Ab 1.1.1940 Kommandeur des 1. Bataillons, stand er an den Fronten in Polen, im Westen und Osten im Einsatz, wo er im Bereich der Heeresgruppe Mitte für schlachtentscheidende Erfolge am 4.11.1941 mit dem Ritterkreuz ausgezeichnet wurde, war ab 1.3.1942 Kommandeur der Heeresunteroffiziersschulen zu Marienburg und Wetzlar und ging ab 1.1.1944 als Kommandeur des Grenadierregiments 19 wieder an die Ostfront. Unglaubliche Kampfleistungen seiner Grenadiere und tapferes Ausharren in schwierigsten Lagen waren nicht zuletzt dem eisernen Willen und der Tapferkeit Webers zu verdanken. Ab 6.12.1944 wurde er Führer der 79. Volksgrenadierdivision im Westen, wo der General dann ab 8.2.1945 als Kommandeur die 363. Volksgrenadierdivision befehligte und mit dieser bis zur Kapitulation im April 1945 im Ruhrkessel einmalige Waffentaten an der Westfront vollbrachte. Hoher Soldatengeist und bezeichnendes Führungskönnen waren auch an dieser Front seine auffallenden Merkmale und prägten seine Persönlichkeit als Mensch und Truppenführer. Am 19.6.1976 ist Alois Weber in Freising in Bayern verstorben.

579. Eichenlaub am 10.9.1944 als Oberst und
Kommandeur des
Grenadierregiments 19, in der
7. Infanteriedivision.

Generalmajor

Gerhard Lindemann

Geboren am 2.8.1896
in Verden/Hannover.

Kriegsfreiwilliger und Offizier im Ersten Weltkrieg, war Lindemann zu Beginn des Zweiten Weltkrieges Kommandeur des 2. Bataillons des Infanterieregiments 489. Nach Einsatz im Westfeldzug wurde er ab 1.1.1941 Bataillonskommandeur in der 102. Infanteriedivision, mit der er in den Ostfeldzug zog. Von Dezember 1941 bis November 1943 war er dem Infanterieregiment 216 ein tapferer und umsichtiger Kommandeur. Ob bei den schweren Winterschlachten vor Moskau oder in den folgenden Abwehr- und Absetzkämpfen – überall waren die abwägenden Führungsleistungen des Kommandeurs von ausschlaggebender Bedeutung und begründeten die Erfolge seiner Truppe. Im November/Dezember 1943 auf Divisionsführerlehrgang, ab Januar 1944 in der Führerreserve des Oberkommandos des Heeres, ab April mit der Führung der Korpsabteilung C beauftragt und ab Mai Kommandeur der 361. Infanteriedivision. Wieder höchst bewährt an der Ostfront, geriet der General dort am 22.7.1944 in sowjetische Kriegsgefangenschaft, aus der er am 7.10.1955 entlassen wurde und in die Heimat zurückkehrte.

580. Eichenlaub am 10.9.1944 als Generalmajor, für die Leistungen als Kommandeur der 361. Infanteriedivision.

Hauptmann

Johannes Bölter

Geboren am 19.2.1915
in Mühlheim an der Ruhr/Rheinland.

Johannes Bölter war in der deutschen Panzerwaffe einer der ganz hervorragenden Männer, und seine einmaligen Kampfleistungen während des ganzen Krieges verdienen höchste Würdigung und Anerkennung. Seit 1933 im Heer und ab Oktober 1935 in der 8. Kompanie des Panzerregiments 1, kämpfte er im Polen-, West- und Ostfeldzug bis zu seiner Verwundung im Oktober 1941 als Zugführer in der schweren Kompanie des Regiments. Ab März 1942 dann Kommandierung zum Ersatztruppenteil des Regiments nach Erfurt, und im Juni freiwillige Meldung zur schweren Panzerabteilung 502, wo Bölter dann an der Ostfront zuerst als Zugführer und dann als Chef der 1. Kompanie zum erfolgreichsten Panzerkommandanten im Zweiten Weltkrieg wurde. 139 von ihm abgeschossene Feindpanzer künden von Tapferkeit, Mut und Können eines überaus begabten Panzeroffiziers. Schlachtentscheidende Erfolge im Nordabschnitt der Ostfront lagen seinen Leistungen zugrunde und die Auszeichnung mit dem Panzerkampfabzeichen der höchsten Stufe und dem goldenen Verwundetenabzeichen spricht wohl mehr als Worte. Nach Genesung von seiner siebenten Verwundung im Dezember 1944 zur Heeresunteroffiziersschule Eisenach versetzt und von März bis Mai 1945 im Einsatz als Kampfgruppenführer dieser Schule im Raume Kassel im Reichsgebiet, erlebte Johannes Bölter hier das Kriegsende.

581. Eichenlaub am 10.9.1944 als Oberleutnant und
Chef der
1. Kompanie der
schweren Panzerabteilung 502.

Hauptmann

Gustav Reimar

Geboren am 24.4.1910
in Didersee/Hannover.

Gustav Reimar ist einer jener verdienten Offiziere der 1. Leichten bzw. 6. Panzerdivision, der er seit 1939 angehörte und mit der er bereits in Polen und im Westen kämpfte, ehe im Ostfeldzug dann die Zeit seiner ganz großen Bewährung kam. Für beispielgebenden Einsatz und einmalige Kampfleistungen als Chef der 6. Kompanie des Panzergrenadierregiments 4 am 28.7.1943 mit dem Ritterkreuz ausgezeichnet, führte Gustav Reimar danach als Kommandeur das Feldersatzbataillon 57, wo er erneut durch besondere Tapferkeit und überlegtes Führungskönnen bei den Kämpfen in Litauen, Weißrußland und an der Weichsel auffiel und sich das Eichenlaub erwarb. Ab November 1944 dann Kommandeur des 2. Bataillons des Panzergrenadierregiments 114, trug er mit seinen Soldaten wesentlich zu den Waffentaten der Division im Südabschnitt der Ostfront bei, wo er bei einem Angriff an der Spitze seines Bataillons bei den schweren Kämpfen bei Kisber südlich von Budapest am 23.3.1945 in treuester Pflichterfüllung sein Leben gab. Die deutsche Wehrmacht trauerte um einen der besten Offiziere der Truppengattung Panzergrenadiere.

582. Eichenlaub am 10.9.1944 als Hauptmann und
Kommandeur des
Feldersatzbataillons 57, in der
6. Panzerdivision.

Konteradmiral

Otto Kähler

Geboren am 3.3.1894
in Hamburg.

†

Kähler, schon im Ersten Weltkrieg in der Kaiserlichen Marine, war im September 1939 Führer der Vorpostenboote West und übernahm im Oktober als Kommandant den Hilfskreuzer 4 Schiff 10 „Thor". Mit diesem durchkreuzte er bis Juli 1941 erfolgreich die Meere und erzielte viele Schiffsversenkungen. Dafür hoch ausgezeichnet, bekleidete er anschließend verschiedene Dienststellungen im Seewirtschaftsamt und im Oberkommando der Kriegsmarine, ehe er im Januar 1944 zum Seekommandanten der Seehafenstadt Brest in Frankreich ernannt wurde. Hier zeigte der Admiral ausgewogene Taktik und geschickte Kampfführung der weit unterlegenen deutschen Seestreitkräfte gegenüber erdrückender Übermacht des Gegners und wurde, als die Stadt eingeschlossen war, mit seinen Matrosen zum wertvollen Bindeglied zu den Fallschirmjägern und Soldaten des Heeres, welche die Stadt Brest bis September 1944 heldenhaft verteidigten. Von September 1944 bis Feber 1947 in französischer Kriegsgefangenschaft, verstarb Otto Kähler am 2.11.1967 in seiner Heimatstadt Hamburg.

583. Eichenlaub am 15.9.1944 als Konteradmiral und
Seekommandant der
Festung Brest.

Oberst

Erich Pietzonka

Geboren am 4.10.1906
in Plümkenau/Schlesien.

Seit 1924 in der Reichswehr und ab 1933 bei der Luftwaffe, war er zuerst Kampfflieger und ab 1.3.1938 Kompaniechef im Wachbataillon der Luftwaffe in Berlin, ehe sein Übertritt zur Fallschirmtruppe erfolgte. Ab 1.8.1938 war Pietzonka Kompaniechef im 3. Bataillon des Fallschirmjägerregiments 2, ab Dezember 1940 Kommandeur des 2. Bataillons und ab Juni 1943 Kommandeur des Regiments. Ein bemerkenswerter soldatischer Werdegang und gezeichnet durch die Kriegseinsätze in Holland, auf Kreta, in Rußland und in Italien. Nach Verlegung der 2. Fallschirmjägerdivision nach Frankreich wurden Teile der Division im Zuge der Invasion in Brest eingeschlossen und verteidigten sich hier mit wahrem Heldenmut. Erich Pietzonka, seit 17.12.1943 Kommandeur des Fallschirmjägerregiments 7, zählte mit seinen Männern zu den Tapfersten und wurde zur Säule der Verteidigung. Die Verleihung des Ritterkreuzes und Eichenlaubes binnen vierzehn Tagen sprechen wohl deutlichst für das Können und den hohen Einsatz dieses vorbildlichen Offiziers. Am 19.9.1944 gefangengenommen, befand er sich bis 6.5.1946 in amerikanischer Kriegsgefangenschaft.

584. Eichenlaub am 16.9.1944 als Oberst und
Kommandeur des
Fallschirmjägerregiments 7, in der
2. Fallschirmjägerdivision.

Oberst

Walter Gericke

Geboren am 23.12.1907
in Bilderlahe/Hannover.

Walter Gericke kam 1935 ins Regiment „General Göring" und war am 1.9.1939 Chef der 4. Kompanie im Fallschirmjägerregiment 1. Nach Einsatz in Dänemark und Holland im Jahre 1940 folgte der harte Kampf um Kreta, wo er bereits als Kommandeur das 4. Bataillon im Fallschirmjäger-Sturmregiment führte. Höchst bewährt, erhielt er für seine Leistungen am 14.6.1941 das Ritterkreuz verliehen. Anschließend an der Ostfront, bestand er mit seinen Männern im Raume Stalino und am Wolchow harte Belastungsproben. Ab Juni 1942 wurde Gericke Kommandeur des Lehrbataillons der Fallschirmtruppe und ab März 1943 Kommandeur des 2. Bataillons im Fallschirmjägerregiment 6. Nach erfolgtem gelungenem Einsatz gegen die bündnisuntreuen italienischen Truppen, wo der tapfere Offizier am 9.9.1943 mit seinen Fallschirmjägern nach dem Sprung auf dem Monte Rotondo das italienische Hauptquartier aushob und viele Divisionen entwaffnete, übernahm er im Januar 1944 als Kommandeur das Fallschirmjägerregiment 11 und stand mit diesem in schweren Kämpfen gegen die in Italien gelandeten Invasionstruppen. Ab Oktober 1944 war er Kommandeur der Führerschule des 1. Fallschirmkorps in Verona, wurde ab Januar 1945 Kommandeur der 21. Fallschirmjägerdivision in Holland und war nach Kriegsende bis November 1946 in britischer Kriegsgefangenschaft.

585. Eichenlaub am 17.9.1944 als Major und
Kommandeur des
Fallschirmjägerregiments 11, in der
4. Fallschirmjägerdivision.

Generalleutnant

Heinz Trettner

Geboren am 19.9.1907
in Minden/Westfalen.

Dieser vorbildliche Offizier kam 1932 von der Kavallerie zur Luftwaffe und war ab 22.11.1936 Adjutant des Befehlshabers der „Legion Condor" in Spanien. Am 14.1.1938 kam er an die Luftkriegsakademie Berlin-Gatow und am 1.7. als Ia zur 7. Fliegerdivision. Ab 15.12.1940 war Heinz Trettner Ia im Generalkommando des 11. Fliegerkorps und wurde ab 1.12.1941 Chef des Generalstabes des 11. Fliegerkorps. Alle durchdachten Planungen und Einsatzvorbereitungen der Fallschirmtruppe liefen durch die Hände dieses überaus befähigten Generalstabsoffiziers, dessen einmaliges Können und unermüdlicher Einsatz manchen Erfolg der Truppe sicherstellten. Gleichermaßen geachtet von Vorgesetzten und Untergebenen, war er ein Offizier, geprägt von Würde und Gewissen im Dienste um das geliebte Vaterland. Ab 1.6.1944 übernahm er als Kommandeur die 4. Fallschirmjägerdivision in Italien und führte diese erfolgreich bei den Kämpfen im Landekopf Anzio-Nettuno gegen die gelandeten Engländer und Amerikaner. Auch die anschließenden Rückzugskämpfe sahen die Division im Einsatz auf italienischem Boden. Der General geriet dort am 2.5.1945 in britische Kriegsgefangenschaft, aus der er am 12.4.1948 entlassen wurde.

586. Eichenlaub am 17.9.1944 als Generalmajor und
Kommandeur der
4. Fallschirmjägerdivision.

Hauptmann

Hans Thurner

Geboren am 24.10.1918
in Innsbruck.

Seit 1938 in der Luftwaffe, kam Hans Thurner nach seiner Ausbildung zum Kampfflieger 1940 als Flugzeugführer ins Kampfgeschwader 55, wo er sich schon bei vielen Einsätzen im Westen – besonders über England – höchst bewährt hat. Kühnheit und Draufgängertum zeichneten diesen Offizier in hohem Maße aus, und sein sonniges Wesen verhalf ihm im Kameradenkreis zu steter Beliebtheit. Auch an der Ostfront trug er wesentlich zu den Erfolgen des Geschwaders bei, und seine Auszeichnung mit dem Ritterkreuz am 6.8.1941 widerspiegelt in Anerkennung seine Tapferkeitsleistungen und seinen hohen Einsatz. Anschließend dann im Kampfgeschwader 6 an der Westfront, verband er auch hier große Ideale als Kämpfer, Flieger und Offizier zum Angelpunkt weiterer bedeutender Taten und ließ als Kommandeur der 1. Gruppe nach über 550 Feindflügen am 11.6.1944 über England in treuester Pflichterfüllung sein Leben. Die deutsche Luftwaffe trauerte um einen hervorragenden Soldaten und Menschen, der im Glauben an das Vaterland das Höchste gab.

587. Eichenlaub am 17.9.1944 nach dem Tode, für die Leistungen als
Hauptmann und
Kommandeur der
1. Gruppe des
Kampfgeschwaders 6.

Major

Paul Zorner

Geboren am 31.3.1920
in Roben/Schlesien.

Paul Zorner kam 1938 zur Luftwaffe und flog nach seiner Flugzeugführerausbildung ab April 1941 sehr viele Einsätze als Transportflieger im Mittelmeerraum, Nordafrika, für die im Irak eingesetzten Teile des Zerstörergeschwaders 76 und an der Ostfront. Im Oktober 1941 kam er dann zur Nachtjagd und flog ab Juli 1942 als Flugzeugführer im Nachtjagdgeschwader 2, wurde im Dezember Führer der 2. Staffel des Nachtjagdgeschwaders 3, ab März 1943 Staffelkapitän der 3. Staffel und ab September schließlich Staffelkapitän der 8. Staffel, ehe er ab 5.4.1944 Kommandeur der 3. Gruppe des Nachtjagdgeschwaders 5 wurde und ab 13.10. als Kommandeur die 2. Gruppe des Nachtjagdgeschwaders 100 führte. Hervorragend fliegerisches Können verband der tüchtige Offizier mit unerhörtem Mut und erbrachte in den nächtlichen Kämpfen der Reichsverteidigung außergewöhnliche Leistungen. Bei Kriegsende lag Paul Zorner mit seinen vielen erzielten Nachtluftsiegen im Spitzenfeld der besten Nachtjäger, kam am 10.5.1945 in amerikanische und dann in sowjetische Kriegsgefangenschaft und wurde aus dieser im Januar 1950 entlassen.

588. Eichenlaub am 17.9.1944 als Hauptmann und
Kommandeur der
3. Gruppe des
Nachtjagdgeschwaders 5.

Generalmajor

Hans von der Mosel

Geboren am 3.5.1898
in Bodenbach/Sudetenland.

†

Fahnenjunker und Offizier im Ersten Weltkrieg, ab 1.10.1938 Kommandeur der Truppenluftschutzschule und des Truppenübungsplatzes Altwarp/Pommern, ab 25.5.1940 Kommandeur des 1. Bataillons des Infanterieregiments 234 und ab 19.11. des 2. Bataillons des Infanterieregiments 156 (mot.). Nach Regimentsführerlehrgang ab 1.1.1942 dann ab 1.7. Kommandeur des Infanterieregiments 548, wo Mosel für beispielhafte Kampf- und Führungsleistungen bei den Kämpfen im Raume Rshew am 9.8.1942 die hohe Auszeichnung mit dem Ritterkreuz zuteil wurde und er somit zu den besonders verdienten Frontoffizieren an der Ostfront zählte. Ab 1.5.1943 zum Kommandant der Seehafenstadt Brest in Frankreich ernannt, bewies er 1944 nach Einschließung der Stadt durch die Amerikaner im Zuge der Invasion erneut hohe soldatische Fähigkeiten, die in Standhaftigkeit und Beharrlichkeit zu Grundlagen der erfolgreichen Verteidigung wurden. Ab 12.8.1944 war er General Ramcke ein verläßlicher Chef des Stabes, war vom 20.9.1944 bis 1948 in amerikanischer Kriegsgefangenschaft und verstarb am 12.4.1969 in Nienburg/Niedersachsen.

589. Eichenlaub am 18.9.1944 als Generalmajor und
Chef des
Stabes der
Festung Brest.

Oberstleutnant

Rudolf Haen

Geboren am 12.3.1915
in Stuttgart.

1938 im Stab der 2. Abteilung des Panzerregiments 4, nahm er mit dieser am Polen- und Westfeldzug teil, ehe dieses Regiment den Stamm für die neu aufgestellte 13. Panzerdivision bildete und 1941 in den Ostfeldzug ging. 1942 kam der befähigte Offizier zur Panzerabteilung 103, mit der er kämpfend bis vor die Tore Stalingrads zog und dort in unvergleichlicher Art als Chef der 1. Kompanie mit seinen Männern allen feindlichen Anstürmen trotzte und den zugewiesenen Frontabschnitt hielt. Nach Untergang der Masse der 3. Infanteriedivision (mot.) in Stalingrad und deren Neuaufstellung zeigte Rudolf Haen auch als Kommandeur der Panzerabteilung 103 an der Front in Italien laufend betont geschickte Angriffs- und Verteidigungstaktik, wobei die Leistungen der Abteilung bei Aprilia besonders zu erwähnen sind. Auf Grund seiner Befähigungen zum Generalstabslehrgang kommandiert und danach im Einsatz an der Westfront, ist sein Tod nach der Gefangennahme am 9.5.1945, wo Haen von den Amerikanern erschossen wurde, als ein Zeichen von besonderer Tragik zu werten.

590. Eichenlaub am 21.9.1944 als Major und
Kommandeur der
Panzerabteilung 103, in der
3. Panzergrenadierdivision.

SS Hauptsturmführer

Helmut Scholz

Geboren am 1.7.1920
in Grottkau/Oberschlesien.

Seit 1938 in der SS Standarte „Germania" und 1939/41 an der SS Junkerschule Bad Tölz, kam Helmut Scholz noch 1941 an die Ostfront zur SS Division „Wiking" und später zur SS Division „Nederland". In vierjährigem Fronteinsatz war er ein aufs höchste bewährter Offizier, dessen Mut und persönlicher Einsatz Anlaß zu höchster Bewunderung gaben. Die Waffentaten der SS Division „Nederland" im Nordabschnitt der Ostfront gehören mit zu den unvergänglichen Leistungen der Waffen SS im Zweiten Weltkrieg, und Scholz war in diesen Kämpfen als Kompanieführer, Bataillonsführer und schließlich als Führer einer Kampfgruppe die herausragende Erscheinung. Oft verwundet und bewährt in unzähligen Nah- und Angriffskämpfen, war er seinen Männern jederzeit Vorbild und Kamerad und einer der Besten der Division. Die Waffen SS blickte in Stolz auf diesen schneidigen Frontkämpfer, dessen hoher Einsatz im Glauben an das Vaterland all seinen Ursprung hatte.

591. Eichenlaub am 21.9.1944 als SS Obersturmführer und
Führer des
2. Bataillons des
SS Freiwilligen-Panzergrenadierregiments 49
„De Ruyter", in der
23. SS Freiwilligen-Panzergrenadierdivision
„Nederland".

Generalmajor

Otto Schury

Geboren am 22.10.1903
in München.

✝

Otto Schury kam 1935 in die Wehrmacht und wurde im Kriege zu einem geachteten und tapferen Offizier im Gebirgsjägerregiment 100. Hier führte er jeweils ab: 7.3.1936 als Chef die 2. Kompanie, 5.6.1940 als Führer das 1., 1.3.1941 das 2. und 23.6. als Kommandeur das 3. Bataillon. Von allen Kriegseinsätzen des Regiments in Polen, Frankreich und am Balkan sind letztere besonders hervorzuheben und haben Kriegsgeschichte. Der Durchbruch der Metaxas-Linie und der Kampf auf Kreta stehen unauslöschlich mit dem Regiment verbunden. Otto Schury, für seine hier bewiesene Tapferkeit am 17.7.1941 mit dem Ritterkreuz ausgezeichnet, wurde dann ab 1.10.1942 Kommandeur des Jägerregiments 229 in der 101. Jägerdivision. Harten Bewährungsproben im Südabschnitt der Ostfront begegnete das Regiment unter der Führung seines Kommandeurs in bestechender Art, forderten auch die schweren Absetzkämpfe von den Jägern unglaubliche Anstrengungen, Schury schaffte mit ihnen das Unmöglichste. Oft vom Feind eingeschlossen, gelang dank seines überlegten Handelns immer wieder der Ausbruch, und der Kommandeur war stets Mittelpunkt dieser erfolgreichen Unternehmungen. Ab 1.11.1944 Führer und ab 7.2.1945 Kommandeur der 100. Jägerdivision, führte er diese in seiner stets besonnenen Art an der Ostfront bis zum Kriegsende. Vom 8.5.1945 – 8.10.1955 befand sich der General in sowjetischer Kriegsgefangenschaft und verstarb am 11.12.1979 in Brannenberg/Oberbayern.

592. Eichenlaub am 21.9.1944 als Oberst und
Kommandeur des
Jägerregiments 229, in der
101. Jägerdivision.

Generalleutnant

Werner Marcks

Geboren am 17.7.1896
in Magdeburg.

✝

Marcks, Kriegsfreiwilliger und Offizier im Ersten Weltkrieg, nahm als Kommandeur der Panzerabwehrabteilung 19 am Polen- und Westfeldzug teil und wurde ab 1.10.1940 Kommandeur des 1. Bataillons des Schützenregiments 64, mit dem er in den Ostfeldzug rückte. Hoch bewährt in der Schlacht um Kiew, erfolgte danach seine Versetzung zum Deutschen Afrika Korps, wo Werner Marcks die Führung des Schützenregiments 115 übernahm. Ab 6.1.1942 war er Kommandeur des Schützenregiments 104, führte ab 21.1. die „Kampfgruppe Marcks" und war vom 9.2. – 25.2. Kommandeur des Schützenregiments 155. Auf dem heißen Boden Afrikas formte er seine Soldaten zu einer verschworenen Einheit und zählte mit ihnen in allen Schlachten zu den Stützen General Rommels. Bewegliche Führungsart, persönliche Tapferkeit und vortrefflicher Angriffsgeist zeichneten diesen verdienten Offizier im besonderen aus. Nach Erkrankung ab 1.10.1942 im Stab des Generalinspekteurs der Panzertruppen und vom 2.1. – 18.9.1944 Kommandeur der 1. Panzerdivision an der Ostfront. Anschließend bis Januar 1945 in der Führerreserve des Oberkommandos des Heeres, und ab 10.1.1945 stand der General als Kommandeur der 21. Panzerdivision wieder an der Ostfront, war von April 1945 bis Oktober 1955 in russischer Kriegsgefangenschaft und ist am 28.7.1967 in Wedel/Schleswig-Holstein verstorben.

593. Eichenlaub am 21.9.1944 als Generalmajor, für die Leistungen als
Kommandeur der
1. Panzerdivision.

General der Infanterie

Ehrenfried Oskar Boege

Geboren am 11.11.1889
in Ostrowo/Westpreußen.

†

Im Ersten Weltkrieg Offizier, war Boege ab 1.9.1939 stellvertretender Kommandant des Führerhauptquartiers, ab 1.12. Kommandeur des Infanterieregiments 161 und nach dem Westfeldzug ab 24.7.1940 Kommandeur des Infanterieregiments 7. Im Mittelabschnitt der Ostfront vom ersten Tag des Ostfeldzuges, dem 22.6.1941, eingesetzt, erwarb er sich mit seinen Soldaten große Verdienste in der Schlacht bei Wjasma. Dafür hoch ausgezeichnet, wurde der bewährte Offizier ab 13.2.1942 Führer und ab 1.4. Kommandeur der 197. Infanteriedivision, befand sich ab 5.11.1943 in der Führerreserve des Oberkommandos des Heeres und übernahm ab 25.3.1944 als Kommandierender General das 43. Armeekorps im Nordabschnitt der Ostfront. Führungskunst, Tapferkeit und Ausdauer untermauerten auch hier seine Erfolge, und die Ernennung zum Oberbefehlshaber der 18. Armee in Kurland ab 5.9.1944 widerspiegelt seine hohen Fähigkeiten als Truppenführer deutlichst. Seine Armee, in vielen Schlachten hervorragende Leistungen bietend, wurde zum wertvollen Bestand der „Vergessenen Heeresgruppe", wie man die Heeresgruppe Kurland immer wieder bezeichnete, und hatte in ihrem Oberbefehlshaber einen verständlichen und umsichtigen General, der mit seinen Soldaten nach Kriegsende bis 1955 in russischer Kriegsgefangenschaft war und am 31.12.1965 in Hildesheim/Niedersachsen verstorben ist.

594. Eichenlaub am 21.9.1944 als General der Infanterie, für die Leistungen als Kommandierender General des 43. Armeekorps.

SS Brigadeführer und Generalmajor der Waffen SS

Hellmuth Becker

Geboren am 12.8.1902
in Altruppin/Brandenburg.

Becker, seit 1934 in der SS Verfügungstruppe und ab 1935 in der SS Totenkopfstandarte „Oberbayern", kam im September 1939 als Kommandeur zum SS Totenkopf-Infanterieregiment 1 (mot.) und bewährte sich mit dieser Einheit 1940 im Westfeldzug. Als die SS Totenkopfdivision dann im Ostfeldzug beim Kampf im Demjansker Kessel von sich reden machte, führte Hellmuth Becker dort eine Kampfgruppe und übernahm im Oktober 1942 als Kommandeur das SS Panzergrenadierregiment 6, war ab November 1943 Kampfgruppenkommandeur in der 16. SS Panzergrenadierdivision „Reichsführer SS" und wurde ab 13.7.1944 Kommandeur der 3. SS Panzerdivision „Totenkopf". Die geleisteten Waffentaten dieser Truppenteile stehen im steten Einklang mit der Tapferkeit und Führungskunst Hellmuth Beckers und waren an der schwer ringenden Ostfront von überzeugender Einmaligkeit. Nach Kriegsende wurde die 3. SS Panzerdivision „Totenkopf" von den Amerikanern im Raume Linz in entwürdigender Weise an die Sowjets übergeben, wo der General am 28.2.1953 in der Kriegsgefangenschaft in Rußland den Tod fand.

595. Eichenlaub am 21.9.1944 als SS Oberführer und
Kommandeur der
3. SS Panzerdivision „Totenkopf".

SS Standartenführer

Johannes Rudolf Mühlenkamp

Geboren am 9.10.1910
in Metz/Lothringen.

1934 in die SS Verfügungstruppe eingetreten, führte er im Polen- und Westfeldzug die Kradschützenkompanie des SS Regiments „Germania" und im Balkan- und zu Beginn des Ostfeldzuges die Aufklärungsabteilung des Regiments. Nach schwerer Verwundung und deren Genesung mit der Aufstellung der Panzerabteilung „Wiking" beauftragt, ging er mit dieser bestausgerüstet bereits im Juni 1942 an die Ostfront. Im Südabschnitt wurde er mit seinen Panzern zur großen Stütze der SS Division „Wiking". Nach verlustreichen Kämpfen im Kessel von Tscherkassy und Neuaufstellung der Division im März 1944 wurde Mühlenkamp Kommandeur des SS Panzerregiments 5 der 5. SS Panzerdivision „Wiking" und bewährte sich in bezeichnender Weise bei der Entsetzung der Festung Kowel. Ebenso in folgender Zeit höchst bewährt, verkörperte er nicht nur das Bild des tapferen Frontoffiziers, sondern auch jenes des vorbildlichen Kameraden. Ab 12.8.1944 führte Hannes Mühlenkamp in bestechender Art sogar die Division und erreichte mit dieser in schweren Abwehrschlachten im polnischen Raum einmalige Erfolge. Hervorragendes Können, Fachwissen und Erfahrung auf dem Gebiet der Panzerwaffe waren ausschlaggebend für seine Berufung ab 9.10.1944 zum Inspekteur der Panzerwaffen der Waffen SS, und auch hier war sein Wirken gekonnt und überzeugend, was die Vielseitigkeit dieses verdienten Offiziers in Deutlichkeit widerspiegelt.

596. Eichenlaub am 21.9.1944 als SS Standartenführer und
Führer der
5. SS Panzerdivision „Wiking".

General der Infanterie

Friedrich August Schack

Geboren am 27.3.1892
in Schmiedeberg/Schlesien.

†

Kriegsfreiwilliger und Offizier im Ersten Weltkrieg und ab 1.10.1938 Kommandeur des Infanterieregiments 392. Nach Teilnahme am Westfeldzug kämpfte Schack mit seinem Regiment im Ostfeldzug im Hohen Norden. Hoch ausgezeichnet für seine Verdienste, erfolgte am 1.10.1942 seine Ernennung zum Kommandeur der Kriegsschule Dresden, und ab 7.5.1943 wurde er Kommandeur der 216. Infanteriedivision, die im Süden der Front des Ostens im Einsatz stand. Nach Verwundung und Genesung führte Friedrich August Schack als Kommandeur vom 12.12.1943 – 29.8.1944 die 272. Infanteriedivision im Westen, deren ruhmvolle Schlachterfolge in den heißentbrannten Kämpfen bei der Invasion Geschichte machten. Anschließend befehligte der verdiente General als Kommandierender General folgende Armeekorps: vom 4.9. – 21.9.1944 das 81., vom 15.11. – 16.12. das 95. und ab 26.3.1945 das 32. Hohes Führungskönnen und vorausschauender Weitblick bestimmten hier seine Persönlichkeit und die bezeichnende Art seiner Truppenführung. Vom 2.5.1945 – 24.3.1948 befand sich der General in Kriegsgefangenschaft im Westen und verstarb am 24.7.1968 in Goslar/Niedersachsen.

597. Eichenlaub am 21.9.1944 als Generalleutnant, für die Leistungen als Kommandeur der 272. Infanteriedivision.

Generalmajor

Ernst König

Geboren am 12.5.1908
in Fulda/Hessen.

Ernst König kam 1935 ins Infanterieregiment 15, mit dem er auch in den Krieg rückte und 1939 am Polenfeldzug teilnahm. Ab 1.1.1940 wurde er Chef der 1. Kompanie im Infanterieregiment 82, kämpfte im West- und Ostfeldzug, wo die 31. Infanteriedivision zu den bewährten Divisionen der Heeresgruppe Mitte zählte und König ab 1.12.1942 als Kommandeur das 1. Bataillon übernahm. Ab 8.7.1943 war er Führer und ab 1.10. Kommandeur des Grenadierregiments 12, gab laufend Beispiele von persönlicher Tapferkeit und ausgeprägtem Führungskönnen und bewegte seine Grenadiere zu außergewöhnlichen Taten. Besonders in der Schlacht bei Kursk gaben seine Männer Unvorstellbares an Opfermut und hatten in ihrem Kommandeur ein unnachahmliches Vorbild als Soldat und Mensch. Oftmalige Verwundungen künden von seinem unbeirrbaren Einsatz als Frontkämpfer. Im Juli 1944 führte Ernst König sogar die Division, und ab August stand diese im Einsatzbereich der Heeresgruppe Nord, wo der bewährte Offizier ab 20.11.1944 Führer und ab 1.1.1945 Kommandeur der 28. Jägerdivision wurde und dieser in den erbarmungslosen Kämpfen in Ostpreußen ein würdiger Kommandeur war. Die Division blickte in Achtung und Stolz auf ihren General, der durch seine bewiesene Art dem deutschen Soldatentum an allen Fronten im Zweiten Weltkrieg höchsten Ausdruck verlieh.

598. Eichenlaub am 21.9.1944 als Oberst und
Kommandeur des
Grenadierregiments 12, in der
31. Infanteriedivision.

Oberst

Ernst Philipp

Geboren am 13.10.1912
in Senitz/Schlesien.

Hochverdienter Panzeroffizier des Panzerregiments 1, dem er seit 1935 angehörte, und dessen Kommandeur er bei Kriegsende war. Eine ebenfalls bezeichnende Laufbahn eines hervorragenden · Panzersoldaten lauterster Prägung. 1935 Zugführer und Ordonnanzoffizier, 1937 Adjutant der 2. Abteilung, 1938 Chef der 4. Kompanie, 1940 Lehrer an der Panzertruppenschule Wünsdorf, 1942 Kommandeur der 1. Abteilung, im Juli/August 1943 bei der Aufstellung und Ausbildung der Panzermänner der Waffen SS auf dem Panzer „Tiger" maßgeblich beteiligt, ab Mai 1944 Führer des Regiments, ab Juni Panzeroffizier bei der 8. Armee, November/Dezember Kommandeur der Panzerersatzabteilung 1 in Erfurt und ab Ende Dezember schließlich Kommandeur des Regiments. Das sind Kommandos, denen ein nicht nur mutiger und tapferer, sondern auch ein herzlicher und kameradschaftlicher Offizier seinen Stempel aufdrückte. Bewährt in den Feldzügen gegen Polen, im Westen und im Osten und oftmals zum Teil schwer verwundet, war Ernst Philipp für seine ihm anvertrauten Soldaten immerzu Vorbild in Führung und Kampf, und sein ganzes soldatisches Sein gipfelte in Gehorsam und einmaliger Vaterlandsliebe. Nach Kriegsende befand er sich bis 1950 in amerikanischer Kriegsgefangenschaft.

599. Eichenlaub am 30.9.1944 als Major und
Panzeroffizier im
Stab des
Armeeoberkommandos 8.

Oberst

Wolfgang Kretzschmar

Geboren am 2.7.1907
in Allenstein/Ostpreußen.

Kretzschmar, unentwegter Frontkämpfer und hervorragender Offizier und Truppenführer zugleich, war das Beispiel des untadeligen Soldaten von stillster Pflichterfüllung. Schon in den Feldzügen gegen Polen und im Westen bewährt, waren seine Tapferkeitsleistungen im Ostfeldzug von überwältigender Einmaligkeit. Am 15.5.1943 als Major und Kommandeur des Grenadierbataillons 540 zur besonderen Verwendung mit dem Ritterkreuz ausgezeichnet, gingen dieser Verleihung schwierigste Einsätze voraus, ehe der befähigte Offizier 1944 als Kommandeur das Luftwaffen-Feldregiment 24 der 12. Luftwaffen-Felddivision übernahm. Die Waffentaten dieser Soldaten im Bereich der Heeresgruppe Nord stehen mit denen des Heeres und der Waffen SS auf einer Ebene, und Kretzschmars Können auf allen Gebieten war mitentscheidend für viele Kampferfolge der Division. Seit 1944 trug er die goldene Nahkampfspange, was seinen unvorstellbaren Einsatz deutlichst unterstreicht, und führte bei seinem Tode sogar die Division. Am 27.12.1944 endete sein tapferes Soldatenleben bei Dahnste-Vamsi in Kurland. Die deutsche Wehrmacht bekundete ob dieses schmerzlichen Verlustes tiefe Trauer.

600. Eichenlaub am 30.9.1944 als Oberstleutnant und
Kommandeur des
Luftwaffen-Feldregiments 24, in der
12. Luftwaffen-Felddivision.

121. Schwerter am 12.1.1945 nach dem Tode, für die Leistungen als
Oberst und
Führer der
12. Luftwaffen-Felddivision.

SS Obersturmbannführer

Otto Meyer

Geboren am 23.12.1912
in Moldenit/Schleswig-Holstein.

1934 in die SS Junkerschule Bad Tölz gekommen, kam Otto Meyer dann ins SS Regiment „Deutschland" und gehörte Anfang des Krieges zu den bewährten Männern, die im Polen- und Westfeldzug hohe Tapferkeit und Einsatzwillen zeigten. Für seine Leistungen 1940 mit beiden Klassen des Eisernen Kreuzes ausgezeichnet, erhielt er für neuerliche Taten nach dem Balkanfeldzug an der Ostfront am 14.1.1942 das Deutsche Kreuz in Gold verliehen. Nach Aufstellung der 9. SS Panzergrenadierdivision „Hohenstaufen" erwarb sich der bescheidene Offizier in dieser als Kommandeur des Panzerregiments unvergänglichen Ruhm und höchste soldatische Ehren. Schon an der Ostfront für große Erfolge bei Tarnopol am 4.6.1944 mit der Verleihung des Ritterkreuzes bedacht, waren auch seine und seiner Männer Waffentaten bei den schweren Kämpfen an der Westfront gegen die übermächtigen Invasionstruppen von entscheidender Bedeutung. Hier fiel Otto Meyer bei einem Angriff amerikanischer Flugzeuge am 24.8.1944 bei Duclair westlich Rouen in Frankreich.

601. Eichenlaub am 30.9.1944 nach dem Tode, für die Leistungen als
SS Obersturmbannführer und
Kommandeur des
SS Panzerregiments 9, in der
9. SS Panzerdivision „Hohenstaufen".

Oberstleutnant

Hermann Scharnagel

Geboren am 26.5.1914
in Wischingen/Bayern.

Seit 1934 im Pionierbataillon 27, kam Hermann Scharnagel 1939 bei Kriegsbeginn ins Pionierbataillon 173 der 73. Infanteriedivision, wo er an den Fronten in Polen, Westen und Osten eindrucksvolle Kampfleistungen bot. Vom Zugführer bis zum Bataillonsführer aufgestiegen, beeindruckten seine Wesenszüge als Soldat und Mensch gleichermaßen. Nicht umsonst stuften die Einsatzerfolge seines Bataillons im Südabschnitt der Ostfront auf höchster Ebene. Namen wie Noworossisk, Kertsch, Sewastopol usw. stehen unauslöschlich mit seinen und seiner Pioniere Waffentaten im Einklang, und die Division verdankte nicht selten manchen der Erfolge diesen unerschrockenen und bereitwilligen Soldaten. Scharnagel, stets Offizier der vordersten Front, übernahm am 6.5.1944 die Führung des Grenadierregiments 170 und fiel am 8.5.1944 bei Sewastopol auf der Krim. Er war einer jener Soldaten, die in Opfermut und Treue immer bereit waren, das Höchste zu geben.

602. Eichenlaub am 30.9.1944 nach dem Tode, für die Leistungen als
Major und
Kommandeur des
Pionierbataillons 173, in der
73. Infanteriedivision.

Hauptmann

Konrad Sauer

Geboren am 29.1.1915
in Roth an der Lahn/Hessen.

Im August 1939 zur Wehrmacht einberufen und nach den Feldzügen der ersten Kriegsjahre 1941 freiwillig zur Sturmartillerie gekommen, wurde Sauer Geschützführer in der Sturmgeschützabteilung 209. Von Januar 1942 bis April 1944 als Zug- und stellvertretender Batterieführer im Einsatz an der Ostfront, wo die Sturmgeschütze im Bereich der Heeresgruppe Mitte zu wertvollen Helfern der Infanterie wurden. Für die Verdienste als Zugführer in der 3. Batterie für seinen persönlichen Einsatz und beispiellose Tapferkeit im September 1942 mit der Ehrenblattspange des Heeres und dem Ritterkreuz ausgezeichnet, kämpfte Konrad Sauer dann von Juni bis Dezember 1944 als Batterieführer der 1. Batterie der Sturmgeschützbrigade 393 und war ab 25.10.1944 deren Chef. Die geleisteten Waffentaten im Raume Dünaburg und Dorpat im Nordabschnitt der Ostfront hatten schlachtentscheidenden Erfolg und lagen den hohen Kampfleistungen dieses wagemutigen und unerschrockenen Offiziers zu Grunde. Ab 1.1.1945 zur Sturmgeschützschule Burg versetzt und ab April 1945 im Fronteinsatz im Rahmen der „Kampfgruppe Burg" im Reich, befand sich Konrad Sauer nach Kriegsende bis 1946 in Kriegsgefangenschaft.

603. Eichenlaub am 30.9.1944 als Oberleutnant der Reserve und
Führer der
1. Batterie in der
Sturmgeschützbrigade 393.

Hauptmann der Reserve

Jörg Burg

Geboren am 25.9.1919
in Berlin-Wilmersdorf.

1939 in die Wehrmacht eingetreten, gehört er in die Reihe der unerschrockenen Männer der deutschen Panzerwaffe, die während des Krieges in unglaublicher Art an allen Fronten Höchstleistungen an Mut und Tapferkeit zeigten. Nach Teilnahme an den Feldzügen gegen Polen und im Westen war es besonders der Einsatz an der Ostfront, der die Kampfmoral dieses ausgezeichneten Offiziers in eindrucksvoller Weise prägte. Als Zugführer in der 2. Kompanie der Panzerabteilung 18 für unentwegte Kampfleistungen am 3.3.1943 mit dem Ritterkreuz ausgezeichnet, kam Jörg Burg nach Ausheilung von einer Verwundung als Offiziersausbilder an die Panzertruppenschule Eisenach. 1944 meldete er sich freiwillig zur Frontverwendung, kam als Chef zur 7. Kompanie ins Panzerregiment der Panzergrenadierdivision „Großdeutschland", wo er wieder einer der herausragenden Männer war, die im Einsatz weder Tod noch Teufel fürchteten und einmalige Taten vollbrachten. Am 19.8.1944 bei einem Angriff auf russische Stellungen im Baltikum schwer verwundet, erfüllte sich am 21.8.1944 auf einem Hauptverbandsplatz im Raume Schaulen/Litauen sein bewegtes Soldatenleben, und der Tod entriß dem deutschen Heer wieder einen seiner Tüchtigsten.

604. Eichenlaub am 4.10.1944 nach dem Tode, für die Leistungen als
Oberleutnant der Reserve und
Chef der
7. Kompanie des
Panzerregiments „Großdeutschland", in der
Panzergrenadierdivision „Großdeutschland".

Major

Gerhard Behnke

Geboren am 23.12.1910
in Guteherberge bei Danzig.

✝

Seit 1928 bei der Artillerie und zu Kriegsbeginn 1939 im Artillerieregiment 57 der 21. Infanteriedivision. Nach dem Polen- und Westfeldzug an der Ostfront und ab August 1942 Führer der Sturmgeschützabteilung 203. Die Kämpfe bei Charkow, Rostow und bis hinunter in den Kaukasus sahen seine Abteilung höchst beteiligt, und am 28.1.1943 erfolgte Behnkes Versetzung an die Sturmgeschützschule Jüterbog. Von März bis Juli 1943 wieder als Kommandeur der Abteilung 203 im Einsatz im Donezgebiet. Ab September Kommandeur der Sturmgeschützabteilung 600 und von Mai bis Juli 1944 Kommandeur der Abteilung 395 im Reich. Ab August zum Kommandeur der Sturmgeschützbrigade 322 ernannt, verzeichnete er mit dieser einmalige Einsatzerfolge im Südabschnitt der Ostfront und hier besonders im Brückenkopf Baranow. Persönliche Tapferkeit und entschlossenes Handeln waren ausschlaggebende Tugenden dieses verdienten Offiziers im Fronteinsatz und begründeten manchen Erfolg an der schwer ringenden Ostfront. Ab Dezember 1944 Kommandeur des Grenadierregiments 893, endete hier seine Soldatenlaufbahn im Zweiten Weltkrieg. Gerhard Behnke ist am 9.5.1962 in Köln verstorben.

605. Eichenlaub am 4.10.1944 als Major und
Kommandeur der
Sturmgeschützbrigade 322.

Unteroffizier

Gerhard Kunert

Geboren am 17.2.1920
in Heidau/Schlesien.

Kunert, Idealtyp des deutschen Frontkämpfers, trug in wesentlicher Art zu den Kampferfolgen der 4. Panzerdivision bei, in der er nach dem Westfeldzug besonders an der Ostfront zu den nimmermüden Männern der Panzergrenadiere zählte. Als Obergefreiter in der 6. Kompanie des Panzergrenadierregiments 33 wurde ihm am 16.9.1943 für besondere Tapferkeit die hohe Auszeichnung mit dem Ritterkreuz zuteil, und er trug auch in späterer Zeit an allen Brennpunkten, wo sich die Division im Einsatz befand, durch beherzten Einsatzwillen zum Gelingen mancher Schlacht bei. In Sturmangriffen und Nahkämpfen staunenswerten Schwung entwickelnd, riß er seine Kameraden mit sich und erwies in jeder Lage die Werte beharrlicher Zähigkeit und Ausdauer. Als er am 31.8.1944 in einem Nahkampf bei Mitau in Lettland fiel, traf nicht nur die Division, sondern das ganze deutsche Heer ein schmerzlicher Verlust, der große Trauer auslöste.

606. Eichenlaub am 4.10.1944 nach dem Tode, für die Leistungen als Unteroffizier und Gruppenführer in der 6. Kompanie des Panzergrenadierregiments 33, in der 4. Panzerdivision.

Major

Wilhelm Kohler

Geboren am 26.1.1917
in Tübingen/Württemberg.

Seit 1936 im Heer, war sein Name in enger Verbindung mit dem Infanterieregiment 195 der 78. Infanteriedivision, wo Wilhelm Kohler vom September 1939 bis August 1942 folgende Kommandos innehatte: Führer der 11. Kompanie, Adjutant des 1. Bataillons, Chef der 3. Kompanie, Adjutant des Regiments und Chef der 14. Kompanie. Nach vielen Einsätzen im West- und Ostfeldzug übernahm er ab 1.8.1942 die Leitung der Divisionskampfschule der 78. Infanteriedivision und erwarb sich mit einer Eingreifgruppe dieser Schule im Kampfraum Rshew am 27.11.1942 hohe Verdienste. Nach schwerer Verwundung am 12.12.1942 kam der tapfere Offizier nach seiner Wiederherstellung ab 1.6.1944 zur 9. Panzerdivision zur Generalstabsausbildung nach Frankreich, wo er ab 15.7.1944 als Führer einer Kampfgruppe und Ordonnanzoffizier der Division erneut seine hohen soldatischen Werte in Führung und Kampf unter Beweis stellte und gegen starke Feindkräfte wichtige Erfolge zeitigte. Ab 5.11.1944 war Wilhelm Kohler dann Inspektions-Chef an der Fahnenjunkerschule 5 in Posen und befand sich vom 8.5. – 1.7.1945 in französischer Kriegsgefangenschaft.

607. Eichenlaub am 4.10.1944 als Hauptmann und
Ordonnanzoffizier und
Führer einer
Kampfgruppe in der
9. Panzerdivision.

SS Gruppenführer und Generalleutnant der Polizei

Heinz Reinefarth

Geboren am 26.12.1903
in Gnesen/Westpreußen.

†

Schon 1939 im Infanterieregiment 337, erwarb er sich bereits als Feldwebel und Zugführer der 14. Kompanie 1940 im Westfeldzug durch außerordentliche Kühnheit und Tapferkeit das Ritterkreuz. Seiner überdurchschnittlichen Fähigkeiten wegen wurde Heinz Reinefarth 1942 Chef des Rechtsamtes der Ordnungspolizei im Reichsinnenministerium in Berlin. Beim Aufstand der Polen in Warschau im Jahre 1944 führte er als Kommandeur eine Kampfgruppe und hatte maßgeblichen Anteil an der Niederschlagung dieser Unternehmung der aufopfernd kämpfenden Polen. Auch im anschließenden Fronteinsatz zeigte der General wieder Mut, Tapferkeit und kluge Führung und machte im Jahre 1945 als Festungskommandant von Küstrin an der Oder in Brandenburg erneut von sich reden. Aufrecht als Soldat und überzeugend als Offizier zählt sein soldatischer Weg wohl zu den außergewöhnlichsten in der deutschen Wehrmacht. Von 1945 bis 1948 in Kriegsgefangenschaft im Westen, verstarb Heinz Reinefarth am 7.5.1979 zu Westerland auf Sylt in Friesland/Niedersachsen.

608. Eichenlaub am 4.10.1944 als SS Gruppenführer und Kommandeur einer Kampfgruppe.

General der Infanterie

Erich Straube

Geboren am 11.12.1887
in Elsterwerda/Sachsen.

Ausgezeichneter Offizier im Ersten Weltkrieg, war Erich Straube einer jener Generale, deren Leistungen an der Westfront in vielen Fällen zur Bedeutung wurden und die im Zweiten Weltkrieg an dieser Front durch ihr hohes Können der deutschen Wehrmacht zu unvergleichlichem Ruhm verhalfen. Seit Kriegsbeginn 1939 Kommandeur der 268. Infanteriedivision, erreichte er mit dieser 1940 im Westfeldzug schon große Erfolge und erhielt in Anbetracht dessen am 19.7.1940 das Ritterkreuz verliehen. Sein überragendes Führungstalent war maßgebend zu seiner Ernennung zum Kommandierenden General folgender Armeekorps: ab 21.4.1942 des 13., ab 1.8.1943 des 74. und ab 17.12.1944 des 86. Die erfolgreiche und geschickte Führung dieser Truppenteile, sei es im Zuge gegen die gelandeten Invasionstruppen oder beim schweren Ringen auf deutschem Boden – sie war wesentlich dem Können dieses beherzten und tapferen Generals zuzuschreiben, der oft und oft den Zusammenbruch der Front verhinderte, klaffende Frontlücken wieder mit seinen Truppen schloß, immerzu einmalige soldatische Werte bewies und als geachteter Truppenführer mit bewegter Menschlichkeit galt. Am 31.3.1971 verstarb Erich Straube in Osterode im Harz/Niedersachsen.

609. Eichenlaub am 30.9.1944 als General der Infanterie und
Kommandierender General des
74. Armeekorps.

Generalleutnant

Georg Graf von Rittberg

Geboren am 30.5.1898
in Straßburg/Elsaß.

†

Als Fähnrich und Offizier im Ersten Weltkrieg und ab 1.4.1939 Adjutant beim Wehrmachtsbevollmächtigten des Reichsprotektors Böhmen und Mähren. Ab 10.5.1940 Kommandeur des Artillerieregiments 31 und nach dem Westfeldzug ab 1.10.1940 Kommandeur des Artillerieregiments 131, wurde Rittberg an der Ostfront zu einem verdienten Offizier. Ob beim Kampf vor Moskau oder im Nordabschnitt, überall war seine Art zu führen mitreißend und beispielhaft. Ab 1.12.1942 Artilleriekommandeur 23 und ab 1.4.1943 Kommandeur des Grenadierregiments 2, waren seine artilleristischen Fähigkeiten gleichbedeutend mit seinem infanteristischen Führungskönnen. Persönliche Tapferkeit und zielstrebiges Handeln waren stets seine Merkmale, ab 12.11.1943 als Führer und ab 1.2.1944 als Kommandeur der 88. Infanteriedivision, was er deutlichst auch beim Ausbruch aus dem Kessel bei Tscherkassy und ebenso nach Neuaufstellung der Division im polnischen Raum bewies, wo ihm seine bewährten Ostfrontkämpfer vertrauend folgten. Mit ihnen teilte der General vom 27.1.1945 – 9.10.1955 das Los der sowjetischen Kriegsgefangenschaft und verstarb am 6.6.1973 in Krün/Oberbayern.

610. Eichenlaub am 10.10.1944 als Generalmajor und
Kommandeur der
88. Infanteriedivision,
unter gleichzeitiger Beförderung zum
Generalleutnant.

General der Panzertruppe

Mortimer von Kessel

Geboren am 25.5.1893
in Arnswalde/Pommern.

Im Ersten Weltkrieg Offizier und ab 10.11.1938 Kommandeur der Aufklärungsabteilung 8. Nach dem Polenfeldzug ab 1.11.1939 Abteilungs-Chef im Heerespersonalamt, ab Jänner 1943 auf Divisionsführerlehrgang und ab 8.5.1943 als Kommandeur der 20. Panzerdivision an der Ostfront, wo diese nicht selten allein als einzige Panzerdivision an verschiedenen Frontabschnitten im Mittelabschnitt zum Wellenbrecher im Kampf gegen stärkste Feindkräfte wurde. General Kessels Umsicht und Tapferkeit beflügelten seine Männer zu immer neuen Taten und ließen den Ruf der 20. Panzerdivision, eine geachtete und verläßliche Truppe zu sein, stets aufs neue erglänzen. Ab 27.12.1944 erfolgte seine Ernennung zum Kommandierenden General des 7. Panzerkorps, welches der General im Bereich der Heeresgruppe Weichsel in schwerster Zeit gekonnt zu führen verstand und wo soldatische Pflichterfüllung zur Prägung seiner Persönlichkeit wurde, der man allgemeine Hochachtung seitens aller Kreise erwies und deren Verdienste für alle Zeiten in der Geschichte der deutschen Panzertruppe verankert bleiben werden.

611. Eichenlaub am 16.10.1944 als Generalleutnant und
Kommandeur der
20. Panzerdivision.

Oberfeldwebel

Willi Koch

Geboren am 18.9.1909
in Königsberg.

In den Kriegseinsätzen der 24. Infanteriedivision in Polen, im Westen und Osten waren die Tapferkeitsleistungen Willi Kochs an der Front in Kurland oft alles entscheidend und trugen wesentlich zum Fortbestand der deutschen Hauptkampflinie bei. Als Feldwebel führte er sogar die 6. Kompanie des Grenadierregiments 32 und trotzte mit seinen Männern erdrückenden feindlichen Anstürmen. Die schweren Rückzugskämpfe an der Düna, bis Riga, Tuckum und Frauenburg sahen ihn oftmals als Schlüsselfigur in verzweifelten Lagen, wo Erfahrung, Mut und richtiges Handeln seinerseits immer wieder den Erfolg sicherstellten. Willi Koch war einer jener Soldaten, für den keine Aufgabe unlösbar schien, bis am 29.4.1945, wo er die 3. Kompanie des Grenadierregiments 102 führte, der Tod auch dieses tapfere Soldatenleben dahinraffte.

612. Eichenlaub am 16.10.1944 als Oberfeldwebel und
Führer der
3. Kompanie des
Grenadierregiments 32, in der
24. Infanteriedivision.

Oberst

Friedrich Strohm

Geboren am 17.12.1908
in Buss/Saarland.

1927 ins Heer eingetreten, war Friedrich Strohm 1938 Chef der 4. Kompanie im Infanterieregiment 35, bewährte sich im West- und Ostfeldzug, wo er ab 1.4.1943 Kommandeur des 3. Bataillons des Grenadierregiments 480 wurde, ab Oktober die Führung des Regiments übernahm, ab Februar 1944 Führer und ab 1.4.1944 Kommandeur des Grenadierregiments 470 wurde. Alle Einsätze der 260. Infanteriedivision im Mittelabschnitt der Ostfront sahen diesen tapferen und erfahrenen Offizier an allen Schwerpunkten kämpfend, und sein vorbildlicher Einsatzwille begründete so manchen Kampferfolg seiner Grenadiere im Rahmen der Division. Nach Zerschlagung der Heeresgruppe Mitte traf die Wucht der sowjetischen Schläge auch sein Regiment schwerstens, doch gelang Strohm mit wenigen seiner Soldaten in entbehrungsreichen, opfervollen Anstrengungen nach 80 Tagen der Durchbruch durch die russische Front zu den eigenen Linien, wo der verdiente Offizier am 24.9.1944 in Lyck/Ostpreußen einer Verwundung erlegen ist. Sein Name, auch im Ehrenblatt des Deutschen Heeres genannt, wird fortleben in der an Taten so reichen Geschichte der deutschen Infanterie im Zweiten Weltkrieg.

613. Eichenlaub am 17.10.1944 nach dem Tode, für die Leistungen als
Oberstleutnant und
Kommandeur des
Grenadierregiments 470, in der
260. Infanteriedivision.

Admiral

Theodor Krancke

Geboren am 10.3.1893
in Magdeburg.

†

Seit 1912 in der Marine und Seeoffizier im Ersten Weltkrieg, war Krancke im August 1939 Chef des Stabes des Befehlshabers „Sicherung Nordsee" und wurde im Oktober 1939 Kommandant des Panzerschiffes „Admiral Scheer". Mit diesem durchkreuzte er bis Juni 1941 erfolgreich die Meere und erreichte beachtliche Versenkungserfolge gegen britische Schiffseinheiten. Außerdem machte er sich bei der Vorbereitung des Norwegenunternehmens sehr verdient und war von Juni 1941 bis September 1942 Chef des Quartiermeisteramtes der Seekriegsleitung im Oberkommando der Kriegsmarine. Von Jänner 1942 bis März 1943 war der Admiral auch gleichzeitig ständiger Vertreter des Oberbefehlshabers der Kriegsmarine beim Führer Adolf Hitler und wurde ab April 1943 Oberbefehlshaber des Marinegruppenkommandos West. Des Admirals Verdienste in den harten Tagen der Invasion und in der Zeit des 20. Juli 1944 waren die eines aufrechten und überaus befähigten Oberbefehlshabers, der in schwerer Zeit auch menschliche Größe bewies. Ab April 1945 Oberbefehlshaber des Marineoberkommandos Norwegen, befand sich der Admiral nach Kriegsende bis 3.10.1947 in britischer Kriegsgefangenschaft und verstarb am 18.6.1973 in Hamburg-Wentorf.

614. Eichenlaub am 18.10.1944 als Admiral und
Oberbefehlshaber des
Marinegruppenkommandos West.

Oberstleutnant

Georg Jakob

Geboren am 27.3.1915
in Fürth/Mittelfranken.

Jakob, seit 1935 in der Luftwaffe, zählte zu den ganz hervorragenden Stuka- und Schlachtfliegern des Zweiten Weltkrieges mit über 1.000 Feindflügen. Im Stukageschwader 77 flog er seine Einsätze schon in Polen, Frankreich, über England, am Balkan, über Kreta und in Rußland. Ab 12.8.1940 Staffelkapitän der 2. Staffel und beispielgebend in jeder Art, war er ab 2.3.1942 Begleitoffizier bei General von Richthofen im Stab der Luftflotte 4 und übernahm ab 26.8.1942 als Kommandeur die 3. Gruppe des Stukageschwaders 77. Unermüdlich im Einsatz und den schwer ringenden Heereskräften mit seinen Fliegern wertvollste Unterstützung leistend, war er einer jener tapferen Fliegeroffiziere, die oft in letzter Minute zum Retter der Front wurden. Am 30.1.1944 zum Kommodore des Schlachtgeschwaders 10 ernannt, waren seine Führungs- und Kampfleistungen hier bis in die letzten Kriegstage von bezeichnender Einmaligkeit. Vom 10.5. – 5.6.1945 befand sich Georg Jakob in amerikanischer Kriegsgefangenschaft.

615. Eichenlaub am 30.9.1944 als Major und
Kommodore des
Schlachtgeschwaders 10.

Oberleutnant

Walter Schuck

Geboren am 30.7.1920
in Frankenholz/Saarland.

Schuck war einer der erfolgreichsten Jagdflieger der Luftwaffe, das beweisen seine 206 bestätigten Luftsiege nur zu deutlich. 1941 als Flugzeugführer ins Jagdgeschwader 5 gekommen, wurde er hier im Einsatz an der Eismeerfront zum überragenden Jagdflieger. Ab Mai 1944 führte er zeitweise die 7. Staffel, die im Juli in 10. Staffel umbenannt wurde, und war ab 1.1.1945 deren Staffelkapitän. Die verzehrenden Einsätze an dieser Front stellten an die Flieger hier besonders hohe Ansprüche, denn nicht nur die Kämpfe gegen weit stärkeren Feind forderten hohe Anstrengungen, sondern auch die Bewältigung der Naturelemente unter dem Nordlicht. Walter Schuck meisterte in seiner unbekümmert herzlichen Art schlechthin alle diese Hindernisse, und unbändiger Kampfgeist sowie einmalige Tapferkeit begründeten seinen Weg zum großen Könner im Eismeergeschwader. Im Februar 1945 erfolgte seine Versetzung ins Jagdgeschwader 7, wo er ab April als Staffelkapitän die 3. Staffel führte und auch in der Reichsverteidigung als Düsenjägerpilot bezeichnende Erfolge errang.

616. Eichenlaub am 30.9.1944 als Leutnant und
Flugzeugführer in der
10. Staffel des
Jagdgeschwaders 5.

Oberstleutnant

Friedrich August Freiherr von der Heydte

Geboren am 30.3.1907
in München.

Einer der hochbewährten Männer der Fallschirmtruppe, der an allen Fronten im Zweiten Weltkrieg durch seine Leistungen den Ruhm dieser Truppe eindrucksvoll begründete. Bei Kriegsbeginn 1939 Chef der 2. Kompanie der Panzerabwehrabteilung 6 am Westwall und ab 15.1.1940 1. Ordonnanzoffizier der 246. Infanteriedivision und Teilnahme am Westfeldzug. Nach Meldung zur Fallschirmtruppe am 1.8.1940 wurde er ab Feber 1941 Kommandeur des 1. Bataillons im Fallschirmjägerregiment 3. Beim Einsatz auf Kreta im Mai 1941 hervorragend bewährt und hoch ausgezeichnet, folgten danach die harten Kämpfe im Nordabschnitt der Ostfront. Ab Mai 1942 als Kommandeur des 2. Bataillons der „Fallschirmbrigade Ramcke" in Nordafrika, ab 1.2.1943 Ia der 2. Fallschirmjägerdivision und anschließend im Einsatz in Italien, bestachen hier sein hohes Können und die geistvolle Art seiner Persönlichkeit. Ab Januar 1944 ernannte man den tapferen und befähigten Offizier zum Kommandeur des Fallschirmjägerregiments 6, mit dem er in aufreibenden Kämpfen auf der Halbinsel Cotentin in Frankreich gegen die am 6.6.1944 gelandeten Invasionstruppen stand. Im Rahmen der Ardennenoffensive ab 8.12. Kommandeur einer Fallschirmkampfgruppe, geriet Friedrich August Freiherr von der Heydte am 24.12. in Kriegsgefangenschaft, aus der er am 12.7.1947 entlassen wurde.

617. Eichenlaub am 30.9.1944 als Oberstleutnant und
Kommandeur des
Fallschirmjägerregiments 6, in der
2. Fallschirmjägerdivision.

Major

Herbert Bauer

Geboren am 16.4.1919
in Innsbruck.

Herbert Bauer kam im Herbst 1940 zur Luftwaffe, flog ab Juli 1941 als Flugzeugführer in der 1. Gruppe des Stukageschwaders 2 „Immelmann" an der Ostfront und war einer jener tapferen Offiziere, deren Leistungen im Geschwader als einmalig zu bezeichnen sind. Im April 1942 schwer verwundet, ab Februar 1943 wieder im Geschwader, ab Juni Staffelkapitän der 3. Staffel und ab Mai 1944 Kommandeur der 1. Gruppe, bestach sein Können als Flieger gleichermaßen wie sein opferbereiter Einsatz als Soldat und sein Vorbild als Offizier. Mit über 1.200 Feindflügen war er einer der unermüdlichsten Stuka- und Schlachtflieger der deutschen Luftwaffe überhaupt, und es ist bezeichnend, welches Steigerungsvermögen im Einsatz dieser schneidige Flieger zutage legte. Das Immelmanngeschwader blickte in Stolz auf diesen hervorragenden Piloten und Menschen, der in jeder Art auch seine Kameraden zu großen Taten bewegte.

618. Eichenlaub am 30.9.1944 als Hauptmann und
Kommandeur der
1. Gruppe des
Schlachtgeschwaders 2 „Immelmann".

Major

Franz Kieslich

Geboren am 17.3.1913
in Bochum/Westfalen.

1935 in die Luftwaffe gekommen und nach Ausbildung zum Stukaflugzeugführer durch sein betont fliegerischen Können ab 1939 als Stukalehrer an die Stukaschule 1 versetzt. Ab Oktober 1940 kam Kieslich dann zum Stukageschwader 77 nach Frankreich, flog anschließend Einsätze im Balkan- und Mittelmeergebiet, ehe das Geschwader an die Ostfront verlegte und er dort einer der herausragenden Piloten wurde. Mai 1942 schon Adjutant der 3. Gruppe, August 1942 Staffelkapitän der 7. Staffel und Januar 1944 Kommandeur der 3. Gruppe, zählte er zu den ganz außergewöhnlichen Stuka- und Schlachtfliegern der Luftwaffe, die unermüdlich zur Unterstützung der Heeresverbände ihre schweren Einsätze flogen. Tapferkeit, Können und Einsatzwille verband dieser hervorragende Offizier zur Grundlage von Leistungen, die nicht nur gegen Erdziele, sondern auch im Kampf gegen Schiffsziele bezeichnend waren, und 1.078 Feindflüge bekunden den Einsatzweg eines Stukafliegers von besonderer Prägung. Ab 18.2.1945 zum Kommodore des Ergänzungs-Schlachtgeschwaders 148 im Reich ernannt, befand sich Franz Kieslich nach Kriegsende bis Juni 1945 in amerikanischer Kriegsgefangenschaft.

619. Eichenlaub am 10.10.1944 als Hauptmann und
Kommandeur der
3. Gruppe des
Schlachtgeschwaders 77.

Hauptmann

Diether Lukesch

Geboren am 15.7.1918
in Hadersdorf-Weidlingau-Wien.

Einer der hervorragendsten Kampfflieger der deutschen Luftwaffe, der durch seine Erfolge einen wesentlichen Beitrag zu den Waffentaten des Kampfgeschwaders 76 geleistet hat. Seit 1938 in der Luftwaffe und ab August 1940 im Fronteinsatz, war Lukesch im Geschwader Technischer Offizier der Stabsstaffel, der 7. Staffel und im Gruppenstab der 3. Gruppe, ehe er ab 28.9.1942 als Staffelkapitän die 9. Staffel übernahm. Seine Einsätze gegen England, im Mittelmeerraum, in Rußland, Nordafrika und Italien, ob gegen Rüstungsanlagen, Versorgungseinrichtungen, Hafen- und Schiffsziele oder Brückenköpfe, waren stets von Erfolg gekrönt, und es gelang ihm als Kampfflieger sogar der Abschuß von 5 feindlichen Flugzeugen. Betont technische Begabung und außergewöhnliche Tapferkeit prägten ein in hunderten Feindflügen bewährtes Kampffliegerleben zur soldatischen Persönlichkeit. Ab Oktober 1944 war Diether Lukesch Führer des Einsatzerprobungskommandos für Arado 234, den ersten Düsenbomber der Welt, und vom 18.12.1944 – 20.1.1945 im Einsatz an der Westfront. Anschließend dann Kommandeur der 4. Gruppe des Kampfgeschwaders 76, war er nach Kriegsende bis 27.7.1945 in amerikanischer Kriegsgefangenschaft.

620. Eichenlaub am 10.10.1944 als Hauptmann, für die Leistungen als
Staffelkapitän der
9. Staffel des
Kampfgeschwaders 76.

Generalmajor

Wilhelm Bleckwenn

Geboren am 21.10.1906
in Berge bei Hannover.

1935 in die Wehrmacht gekommen, führte Wilhelm Bleckwenn 1940 im Westfeldzug als Kommandeur das 1. Bataillon des Infanterieregiments 127. Danach Kommandeur der 3. Bataillone folgender Infanterieregimenter – jeweils ab: 1.11.1940 – 689., 11.8.1941 – 256. und 5.11.1941 – 467. Ab 18.1.1942 übernahm Bleckwenn dann als Kommandeur das Infanterieregiment 467, und seine Tapferkeitsleistungen mit diesem Regiment im Mittelabschnitt der Ostfront stehen in bezeichnender Einmaligkeit. Es findet in Worten fast keine Wiedergabe, welch große Anstrengungen nötig waren, um an der schwer ringenden Ostfront in jener Zeit solch durchschlagende Erfolge zu erringen, wie sie dieser tapfere Offizier mit seinen Grenadieren verzeichnen konnte. Nach Divisionsführerlehrgang ab 19.10.1944 dann ab 20.11. Kommandeur der 708. Volksgrenadierdivision, zeigte Wilhelm Bleckwenn hier ebenso Können und umsichtige Führung und war auch ab 15.2.1945 der 1. Marine-Infanteriedivision beim Endkampf auf deutschem Boden ein jederzeit vorbildlicher Kommandeur und General.

621. Eichenlaub am 18.10.1944 als Oberst und
Kommandeur des
Grenadierregiments 467, in der
267. Infanteriedivision.

Oberst

Arthur Jüttner

Geboren am 18.8.1908
in Kattowitz/Schlesien.

Er war einer der tapfersten und fähigsten Heeresoffiziere, die in selbstloser Art hohe Beispiele an soldatischer Pflichterfüllung zutage legten. Die Fronten in Polen, Frankreich und Rußland gaben Zeugnis seiner Tapferkeitstaten, und auch an der Westfront war Arthur Jüttner bis in die letzten Kriegstage ein Offizier mit großer Entschlußkraft und einmaligem Durchhaltewillen. Seit 1936 im Heer, wurde er im Kriege in der 8. Infanterie-, später 8. Jägerdivision, zu einem beispielgebenden Offizier. Im Polenfeldzug 1939 Chef der 1. Kompanie des Infanterieregiments 38, im Westfeldzug 1940 Führer des 1. Bataillons und im Ostfeldzug 1941 Kommandeur des 3. Bataillons und von August bis November 1942 zeitweise Führer des Regiments. Mai bis Juli 1943 dann Führer des Grenadierregiments 232, anschließend Führer und Kommandeur des Grenadierregiments 532 und ab Jänner 1944 Führer der Kampfgruppe Jüttner. Nach schwersten Kämpfen mit diesen Einheiten im Osten übernahm der verdiente Offizier im November 1944 als Kommandeur das Grenadierregiment 164 an der Westfront, wo er nach heldenhafter Bewährung von Feber bis April 1945 noch die 62. Volksgrenadierdivision erfolgreich führte, seitens seiner Soldaten hohes Ansehen genoß und den Ruhm besten deutschen Soldatentums im Zweiten Weltkrieg für immer begründete.

622. Eichenlaub	am	18.10.1944	als	Oberst und Kommandeur des Grenadierregiments 532, in der 383. Infanteriedivision.
141. Schwerter	am	5. 4.1945	als	Oberst, für die Leistungen als Kommandeur des Grenadierregiments 164, in der 62. Volksgrenadierdivision.

Generalleutnant

Johann Georg Richert

Geboren am 14.4.1890
in Liebau/Schlesien.

†

Offizier im Ersten Weltkrieg, führte Richert im Polen- und Westfeldzug als Kommandeur das Infanterieregiment 23 der 11. Infanteriedivision, ging mit diesem auch in den Ostfeldzug und wurde ab 1.6.1942 Kommandeur der Sicherungsdivision 286, die im rückwärtig besetzten Gebiet des Ostens lag. Ab 5.11.1943 übernahm der General als Kommandeur die 35. Infanteriedivision, wo er erneut seine Fähigkeiten als Frontkommandeur unter Beweis stellen konnte. Im Mittelabschnitt, als die Russen die Heeresgruppe Mitte zertrümmerten, gelang ihm mit seiner Division der Ausbruch aus der Umklammerung bei Bobruisk, und es war wieder seine Division, die in unglaublicher Standhaftigkeit bei den weiteren Abwehrkämpfen bis in den Danziger Raum Unbeschreibliches geleistet hat. Richert – selbstbewußt und zielstrebig, war ein Truppenführer, der auch stets die Ratschläge seiner Kommandeure und Generalstabsoffiziere beherzigte, was der Division in hohem Maße zu Erfolgen verhalf. Nach Kriegsende in sowjetische Gefangenschaft geraten, wurde der General am 30.1.1946 in Minsk hingerichtet.

623. Eichenlaub am 18.10.1944 als Generalleutnant und
Kommandeur der
35. Infanteriedivision.

Oberst

Werner Gust

Geboren am 3.5.1910
in Bernikow/Ostpreußen.

†

Bei Kriegsausbruch 1939 im Infanterieregiment 50, 1940 in der 257. Infanteriedivision, wo Werner Gust von Mai 1942 bis Februar 1944 Führer und Kommandeur des 3. Bataillons des Grenadierregiments 477 war, nach Verwundung und Genesung im Sommer 1944 die Führung des Grenadierregiments 488 übernahm, ehe er im September 1944 Führer des Grenadierregiments 405 und später dessen Kommandeur wurde. An den Fronten in West und Ost gab dieser Infanterieoffizier in vielen Einsätzen nicht nur Beispiele höchsten Soldatenkönnens und persönlicher Tapferkeit, sondern war seinen Grenadieren auch in menschlicher Hinsicht ein vertrauensvoller Vorgesetzter. Überzeugend seine Kampfleistungen im Jahre 1944, wo er an der Dnjestrfront an der Spitze seines Bataillons nach unermüdlichen Kämpfen großangelegte Feindeinbrüche vereiteln konnte und die entscheidenden Waffentaten, die er mit dem Grenadierregiment 405 an der Kurlandfront vollbrachte. Gust war einer jener Frontoffiziere, denen, egal, welcher Einheit sie angehörten oder die sie zu führen hatten, seitens der Soldaten immer Vertrauen und Achtung entgegengebracht wurden. Werner Gust verstarb am 2.8.1979 in der Bundesrepublik.

624. Eichenlaub am 18.10.1944 als Major und
Führer des
Grenadierregiments 405, in der
121. Infanteriedivision.

Oberleutnant der Reserve

Othmar Kreuzinger

Geboren am 9.9.1919
in Römerstadt/Sudetenland.

In der Reihe der jungen deutschen Frontoffiziere zählt Othmar Kreuzinger unweigerlich zu den besten. Nach dem Westfeldzug in die 19. Panzerdivision gekommen, kämpfte er mit dieser an allen Frontabschnitten der Ostfront und wurde in der Panzeraufklärungsabteilung der Division zum herausragenden Offizier, dessen Beispiel in jeder Weise unauslöschlichen Eindruck hinterließ. Betont tapfer und einsatzfreudig, doch überlegt in allen seinen Handlungen, wurde er zum geachteten Vorgesetzten und einmaligen Kameraden. Im Kessel von Kamenez-Podolsk waren seine Leistungen von schlachtentscheidender Bedeutung und trugen ebenso wie die anschließenden Einsätze in Ostpreußen und Polen zur Verleihung der hohen Auszeichnungen bei. Erfolgreich in der Panzernahbekämpfung und höchst bewährt in unzähligen Sturmangriffen und Nahkämpfen, erlosch sein junges Leben am 13.9.1944 im Glauben höchster Pflichterfüllung im Raum Warschau in Polen. Die deutsche Wehrmacht trauerte um einen Frontkämpfer geprägt von hohen Idealen und überzeugt in der Liebe zum Vaterland.

625. Eichenlaub am 18.10.1944 nach dem Tode, für die Leistungen als
Oberleutnant der Reserve und
Chef der
4. Kompanie der
Panzeraufklärungsabteilung 19, in der
19. Panzerdivision.

Oberst

Franz Weller

Geboren am 5.12.1901
in Berlin-Schmargendorf.

Seit 1922 im Infanterieregiment 9, wurde im Kriege sein Name eng verbunden mit dem Infanterieregiment 54, später Jägerregiment 54, der 100. Jägerdivision, wo Weller als Chef der 12. Kompanie, Kommandeur des Regiments und Führer der Vorausabteilung Kühnheit, Tapferkeit und hohes Führungskönnen an den Tag legte. Oft schwer verwundet, sah man den vorbildlichen Offizier nach Genesung stets wieder im Einsatz und höchst bewährt. Die 100. Jägerdivision, in Stalingrad untergegangen, wurde sofort wieder neu aufgestellt und Franz Weller ab Mai 1943 Kommandeur des Jägerregiments 54, welches er wieder an der Ostfront zu neuen Taten führte. Nach abermaliger Verwundung im August 1944 in den Karpaten, ab März 1945 erneut im Fronteinsatz bei verschiedenen Einheiten beim Endkampf an der Elbe. Seine geleisteten Waffentaten im Polen-, West- und Ostfeldzug erheben diesen tatkräftigen und umsichtigen Offizier in die Reihe der unermüdlichen Frontkämpfer, die in fast sechs schweren Kriegsjahren weit mehr als nur ihre Pflicht erfüllt haben. Nach Kriegsende war Franz Weller bis 1946 in amerikanischer bzw. britischer Kriegsgefangenschaft.

626. Eichenlaub am 23.10.1944 als Oberst, für die Leistungen als Kommandeur des Jägerregiments 54, in der 100. Jägerdivision.

Oberstleutnant

Karl Thieme

Geboren am 28.5.1914
in Lehe/Hannover.

Karl Thieme – an den Fronten in Polen, Westen, Jugoslawien, Osten und wieder im Westen höchst bewährt, gehörte zu den ganz außergewöhnlichen Offizieren der Truppengattung Panzergrenadiere. Seit 1936 im Infanterieregiment 69, dann im Schützenregiment 110, in der 11. Panzergrenadierbrigade und in den Panzergrenadierregimentern 110 und 111, durchlebte er hier alle Dienststellungen vom Zugführer bis zum Regimentskommandeur, und sechs erlittene Verwundungen künden von seinem äußersten Fronteinsatz. Herausragend seine große Zeit im Panzergrenadierregiment 110, wo dem tapferen Offizier für seinen beeindruckenden Einsatz beim Unternehmen „Zitadelle" – der deutschen Offensive im Kursker Frontbogen – als Kommandeur des 1. Bataillons am 30.10.1943 das Ritterkreuz verliehen wurde. Nach Verlegung der 11. Panzerdivision nach dem Westen war es wieder Karl Thieme, der 1944 bei den schweren Rückzugskämpfen in Frankreich bis zurück ins Reich überragende Leistungen bot und mit seinen Soldaten die Hauptlast der Schwere der Kämpfe zu tragen hatte. Unermüdlich sein Bemühen in allen Belangen zum Nutze des Gesamterfolges und bezeichnend seine Art als Offizier, Frontkämpfer und Kamerad, war sein gegebenes Beispiel das des aufrechten deutschen Soldaten, der, in Bereitwilligkeit und Liebe zum Vaterland, dem deutschen Soldatentum im Zweiten Weltkrieg höchste Ehre erwies und sich nach Kriegsende bis 30.5.1945 in Kriegsgefangenschaft befand.

627.	Eichenlaub	am 23.10.1944	als	Major, für die Leistungen als Führer des Panzergrenadierregiments 111, in der 11. Panzerdivision.
156.	Schwerter	am 9. 5.1945	als	Oberstleutnant, für die Leistungen als Kommandeur des Panzergrenadierregiments 110, in der 11. Panzerdivision.

Major

Hans Christian Stock

Geboren am 21.11.1919
in Liebstadt/Sachsen.

Ruhiger und besonnener Artillerieoffizier, der nach Einsätzen in den ersten Kriegsjahren im Jahre 1942 freiwillig zur Sturmartillerie übertrat und hier in der Sturmgeschützabteilung 270 durch überragenden Kampfgeist, immer bewiesene Tapferkeit und Einsatzfreude entscheidende Beiträge zu den Waffentaten und Erfolgen der Abteilung an der Ostfront geleistet hat. Als Leutnant und Zugführer in der 2. Batterie für seine Leistungen beim Unternehmen „Zitadelle" – der Schlacht bei Kursk – am 22.8.1943 mit dem Ritterkreuz ausgezeichnet, bewies der mutige Offizier ebenso in den folgenden Abwehrkämpfen bezeichnenden Soldatengeist. Anschließend im Jahre 1944 wurde er in der jetzt in Panzerjägerabteilung 152 umbenannten Einheit zum herausragenden Frontkämpfer, und es waren besonders die Kämpfe auf schlesischem Boden, wo Hans Christian Stock durch seine Kampfleistungen zum Vorbild seiner Männer wurde, bis am 12.1.1945 bei Olmünz sein bewegtes Soldatenleben erlosch und das deutsche Heer wieder einen seiner tüchtigsten Offiziere verlor.

628. Eichenlaub am 23.10.1944 als Hauptmann und
Chef der
2. Kompanie der
Panzerjägerabteilung 152.

Oberleutnant

Gustav Schubert

Geboren am 11.11.1916
in Königszelt/Schlesien.

Seit 1935 in der Luftwaffe, zählte Gustav Schubert im Kriege zu den überragenden Piloten des Stukageschwaders 1. Schon im Polenfeldzug im Einsatz, wurde er aufgrund seines fliegerischen Könnens ab November 1939 Fluglehrer an der Stukaschule 1. Mit Beginn des Ostfeldzuges dann als Flugzeugführer in der 8. Staffel des Stukageschwaders 1, waren seine geleisteten Waffentaten an der Ostfront überzeugend und hervorstechend. Immer einsatzbereit und unermüdlich zur Entlastung des Heeres seine Einsätze fliegend, war er ein einmaliger Kämpfer und Soldat. Trotz Verwundung wieder an der Front, gehört Gustav Schubert zu den Stuka- und Schlachtfliegern, die in über 1.000 Feindflügen ihr Bestes gaben. 1944 zuerst Staffelkapitän der 8. und dann der 9. Staffel, war er seinen Männern Vorbild und Ansporn in jeder Art und gleichfalls ein geachteter Offizier und guter Kamerad. Als er am 20.1.1945 im Raum Hohensalza/Westpreußen beim Kampf gegen russische Panzer sein Leben ließ, betrauerte die deutsche Luftwaffe den Tod eines ihrer erfolgreichsten und tapfersten Schlachtflieger.

629. Eichenlaub am 24.10.1944 als Oberleutnant und
Staffelkapitän der
9. Staffel des
Schlachtgeschwaders 1.

Hauptmann

Hans Schalanda

Geboren am 7.2.1921
in Wien.

1939 in die Luftwaffe gekommen, war er ebenfalls einer der hervorragenden Stukaflieger, die durch ihre Leistungen dem Stukageschwader 1 das Gepräge gaben. Seine Einsätze ab Jänner 1941 im Mittelmeerraum, gegen Malta, in Afrika und anschließend an der Ostfront, wo er als Flugzeugführer in der 8. Staffel Erfolg an Erfolg reihte, waren das Ergebnis seiner unermüdlichen Einsatzbereitschaft und einmaligen Tapferkeit. Ab Juli 1943 Führer und ab Dezember Staffelkapitän der 3. Staffel, war Hans Schalanda, auch als diese im Dezember 1944 zur Panzerjagdstaffel umgerüstet wurde, ein an Mut und Einsatzfreude unübertroffener Offizier. Fast 1.000 Feindflüge, als Stuka- und Schlachtflieger im gleichen Geschwader geflogen, bekunden die Waffentaten eines an Beliebtheit und Können in der ganzen Luftwaffe geachteten Frontfliegers. Als am 26.3.1945 bei einem Angriff auf sowjetische Panzer im Raum Küstrin an der Oder/Brandenburg durch Flakvolltreffer sein Fliegerleben erlosch, erfüllte sich ein Leben voll treuester Pflichterfüllung und Vaterlandsliebe.

630. Eichenlaub am 24.10.1944 als Hauptmann und
Staffelkapitän der
3. Staffel des
Schlachtgeschwaders 1.

Major

Helmut Leicht

Geboren am 2.11.1916
in Ludwigsburg/Württemberg.

Helmut Leicht ist einer der erfolgreichen Piloten des Stukageschwaders 77 gewesen, der in 900 Feindflügen höchste soldatische Beispiele zeigte und wesentlich zu den Gesamterfolgen dieses bekannten Geschwaders beigetragen hat. Seit 1936 in der Luftwaffe, flog er bereits viele Feindflüge in Polen und im Westen, ehe er am 28.7.1941 an der Ostfront schwer verwundet wurde. Nach seiner Genesung führte er ab 3.1.1942 die 2. Staffel, war ab 1.3. deren Staffelkapitän und führte zeitweise auch stellvertretend die 1. Gruppe. Ab 11.1.1943 wirkte der bewährte Offizier dann im Stab des 4. Fliegerkorps im Südabschnitt der Ostfront, wurde ab 23.4.1943 Führer und ab 1.10. Kommandeur der 2. Gruppe. Nach neuerlicher Verwundung am 9.11.1943 dann in der Heimat und ab 5.5.1944 als Kommandeur der 3. Gruppe des Schlachtgeschwaders 10, der ehemaligen 2. Gruppe Stukageschwader 77, wieder an der Ostfront. Unermüdlichkeit und Tapferkeit im Einsatz, sowie eine betont kameradschaftliche Führungsart untermauerten seine Erfolge an allen Schwerpunkten der Ostfront in eindrucksvoller Art. Sein Tod am 26.6.1944 bei Witebsk traf nicht nur das Geschwader, sondern die ganze Luftwaffe schwer.

631. Eichenlaub am 24.10.1944 nach dem Tode, für die Leistungen als
Major und
Kommandeur der
3. Gruppe des
Schlachtgeschwaders 10.

Major

Günther Tonne

Geboren am 21.5.1916
in Frankfurt an der Oder/Brandenburg.

Seit 1935 in der Marine, kam Günther Tonne 1937 zur Luftwaffe, wo er während des Krieges zu den erfolgreichsten Zerstörerfliegern zählte. 1939 in die 2. Gruppe des Zerstörergeschwaders 1, späteres Schnelles Kampfgeschwader 210, gekommen, waren seine Einsätze im Westfeldzug, am Kanal, über England und anschließend an der Ostfront von überzeugender Einmaligkeit. Im Mittelabschnitt übernahm er ab Februar 1942 als Kommandeur die 2. Gruppe des Zerstörergeschwaders 1 und erreichte mit dieser in rollenden Einsätzen bezeichnende Erfolge. Ob in fliegerischer Hinsicht, in Führung der Gruppe, im Luftkampf oder im Kampf gegen Erdziele – Tonne bewies in allen Sparten seine Klasse als Offizier, Kamerad und Mensch. Auf Grund seiner hohen Fähigkeiten ernannte man ihn ab Dezember 1942 zum Kommodore des Schnellen Kampfgeschwaders 10 auf dem italienischen Kriegsschauplatz, wo Günther Tonne in tragischer Weise am 15.7.1943 auf dem Flugplatz Reggio nach dem Start wegen Motorausfall tödlich abstürzte. Die Luftwaffe trauerte um einen vorbildlichen Kommodore und einmaligen Menschen.

632. Eichenlaub am 24.10.1944 nach dem Tode, für die Leistungen als
Major und
Kommodore des
Schnellen Kampfgeschwaders 10.

Leutnant der Reserve

Benno Reuter

Geboren am 27.12.1911
in Maxdorf/Schlesien.

†

Reuter, seit 1930 im Heer und ab 1.10.1934 im Infanterieregiment 49, späteres Jägerregiment 49, wurde hier zu einem beispielgebenden Soldaten, der während des Krieges Höchstleistungen an persönlicher Tapferkeit zeigte. Die Feldzüge in Polen, im Westen und Osten zeichneten seinen Soldatenweg und beleuchten das Bild eines unerschrockenen, mutigen und jeder Lage gerecht werdenden Führers. Im Nordabschnitt der Ostfront vor Leningrad übernahm Benno Reuter nach dem Ausfall sämtlicher Offiziere bei den schweren Abwehrkämpfen im Winter 1943/44 die Führung der 7. Kompanie und erreichte schlachtentscheidende Erfolge. Ebenso 1944 am Narew in Polen, wo er gleichfalls im richtigen Augenblick die Führung der 6. Kompanie an sich riß und heftige Durchbruchsversuche des Feindes vereiteln konnte. Anschließend in weiteren Kämpfen immer wieder bewährt, zählte er zu den pflichtbesessenen Unteroffizieren der deutschen Wehrmacht, die in Mut und Verläßlichkeit das Gepräge der Truppe zeichneten. Als einzigem Stabsfeldwebel der deutschen Wehrmacht wurde Benno Reuter die hohe Auszeichnung mit dem Eichenlaub zuteil und sah ebenso seine Beförderung zum Offizier in höchstem Maße begründet. Am 17.12.1980 verstarb dieser herzliche Kamerad in Seelze bei Hannover.

633. Eichenlaub am 28.10.1944 als Stabsfeldwebel und
Führer der
6. Kompanie des
Jägerregiments 49, in der
28. Jägerdivision.

Oberstleutnant

Paul Ecker

Geboren am 21.5.1913
in Kleinmünchen/Oberösterreich.

1938 Adjutant im 1. Bataillon des Schützenregiments 12 und 1939 Einsatz im Polenfeldzug, kämpfte Paul Ecker anschließend im West- und Ostfeldzug als Kompaniechef in diesem Regiment, ehe er im Juni 1942 in die neuaufgestellte 26. Panzerdivision kam und dort im Juni 1943 als Kommandeur das 1. Bataillon des Panzergrenadierregiments 9 übernahm. Die schweren Einsätze der Division im Kampfraum des Brückenkopfes Anzio-Nettuno auf dem italienischen Kriegsschauplatz gegen die übermächtigen Invasionstruppen des Gegners wurden Geschichte und künden vom Hohelied deutscher Tapferkeit. Ecker, mit seinen Panzergrenadieren immer im Brennpunkt der Kämpfe, legte hier hohe Werte eines vorbildlichen Frontoffiziers zutage, an dessen Beispiel sich seine Soldaten aufrichteten und sich zu höchsten Leistungen steigerten. Mai/Juni 1944 führte der tapfere Offizier sogar das Regiment und war weiterhin in den anschließenden Kämpfen in Mittelitalien mit seinem Bataillon ein Bollwerk dieser Front bis zum Kriegsende.

634. Eichenlaub am 28.11.1944 als Major und
Kommandeur des
1. Bataillons des
Panzergrenadierregiments 9, in der
26. Panzerdivision.

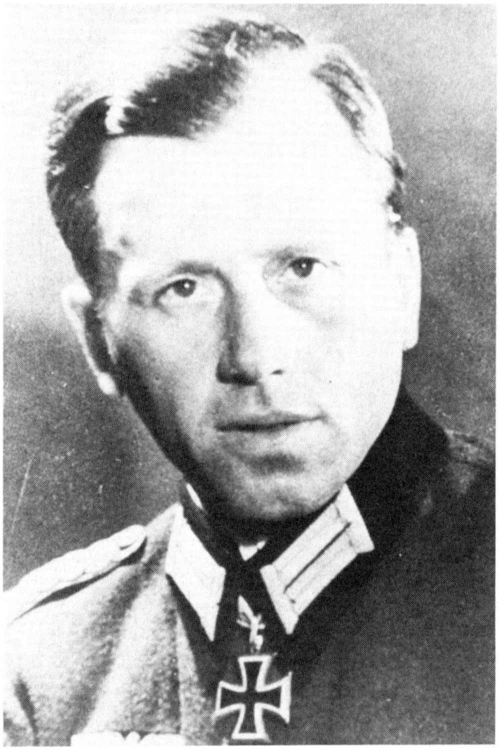

Oberst

Paul von Hauser

Geboren am 24.4.1911
in Graz.

Im Schützenregiment 12 begann für diesen begabten und unauffälligen Offizier der Kriegseinsatz, und die Feldzüge gegen Polen, im Westen und Osten zeugen von unzähligen Fronteinsätzen, ehe Paul von Hauser 1942 als Kommandeur das Kradschützenbataillon 61 übernahm. Seiner Beharrlichkeit und Ausdauer verdankte die 11. Panzerdivision manch entscheidenden Erfolg. Tapferkeit und Einsatzwille beflügelten jede seiner Unternehmungen und widerspiegeln in Würde seine einmaligen Waffentaten. Hohen Könnens und großer Erfahrungen wegen ab 21.7.1944 zum Kommandeur des Panzergrenadier-Lehrregiments 901 ernannt, zeigte der besonnene Frontoffizier auch an der Westfront alle Vorzüge der Truppenführung und buchte beachtenswerte Kampferfolge gegen die übermächtigen Invasionstruppen in Frankreich. Ab 1.4.1945 betraute man Paul von Hauser noch mit der Führung der Panzer-Lehrdivision, die er bis zur Übergabe an die Amerikaner am 15.4.1945 noch in ehrenvoller Weise zu führen verstand.

635. Eichenlaub am 28.10.1944 als Oberstleutnant und Kommandeur des Panzergrenadier-Lehrregiments 901, in der Panzer-Lehrdivision.

Major der Reserve

Fritz Rudolf Schultz

Geboren am 19.2.1917
in München.

Sein Name ist untrennbar mit dem Panzerregiment 35 verbunden. Ab Kriegsbeginn Ordonnanzoffizier und nach Teilnahme am Polen- und Westfeldzug 1941 dann an der Ostfront Regimentsnachrichtenoffizier und ab November 1942 Chef der 2. Kompanie. Ab 28.7.1943 Führer der 1. Abteilung und gleichzeitig im September/Oktober Führer des Regiments. Die Leistungen der 4. Panzerdivision im Bereich der Heeresgruppe Mitte sind mit den Kämpfen bei Orel, im Pripjet-Gebiet usw. im Einklang zu nennen, und der tapfere Panzeroffizier erbrachte an allen Brennpunkten der Fronten Beweise hohen Soldatentums. Im anschließenden Einsatz an der Kurlandfront zählte er durch seine Ruhe und Umsicht mit seinen Panzern auch hier zu den wertvollen Stützen, und seine Kampfleistungen als Führer des Regiments stehen beispielgebend in der Geschichte der Division für immer verankert. Im Januar 1945 in die Führerreserve des Oberkommandos des Heeres versetzt, wirkte Fritz Rudolf Schultz dann als Panzeroffizier beim Stab der Heeresgruppe Mitte und wurde nach Kriegsende schon im Mai 1945 aus der amerikanischen Kriegsgefangenschaft entlassen.

636. Eichenlaub am 28.10.1944 als Major der Reserve und Führer des Panzerregiments 35, in der 4. Panzerdivision.

Oberst

Heinrich Busse

Geboren am 10.4.1909
in Münster/Westfalen.

Seit 1935 im Heer, kam Heinrich Busse am 26.8.1939 in die 1. Kompanie des Infanterieregiments 216 und kämpfte im Westfeldzug als Zugführer in dieser Einheit. Nach Aufstellung der 306. Infanteriedivision ab 1.8.1941 Chef der 2. Kompanie und ab Frühjahr 1942 Kommandeur des 1. Bataillons des Infanterieregiments 579. Nach Verlegung der Division an die Ostfront im Dezember 1942 begann für Busses soldatischen Werdegang jene Zeit, die ihn in Zukunft zu einem der tapfersten und besten Infanterieoffiziere werden ließ. Im Süden der Ostfront höchst bewährt, sind die Kämpfe am Donez, Mius, um Stalino usw. untrennbar mit seinen hohen Kampf- und Führungsleistungen verbunden. Mut und einmaliges Können wurden zu Grundlagen seiner Erfolge, und die Ausübung folgender Kommandos unterstreicht seine Fähigkeiten als Frontoffizier deutlichst. 1943: ab Januar Kommandeur 2. Bataillon Grenadierregiment 579, ab September Führer Grenadierregiment 580 und ab November Kommandeur Füsilierbataillon 328. 1944: ab Januar Führer und ab Mai Kommandeur Grenadierregiment 580 und ab Juli bis September Kommandeur Grenadierregiment 203. Am 3.10.1944 schwer verwundet, ab März 1945 Kommandeur des Ersatzregiments 416 und von April bis Kriegsende Lehrstabskommandeur der Heeresschule 1 in Güstrow/Mecklenburg.

637. Eichenlaub am 28.10.1944 als Oberstleutnant, für die Leistungen als Kommandeur des Grenadierregiments 203, in der 76. Infanteriedivision.

Major

Eduard Brunner

Geboren am 8.12.1918
in München.

In der bekannten 7. Infanteriedivision, der er von 1938 – 1945 angehörte, war Eduard Brunner einer der ganz außergewöhnlichen Offiziere, die der Division in allen Einsätzen das Gepräge gaben. In Polen, im Westen und besonders an der Ostfront waren seine Taten als Soldat und Offizier mitreißend und beispielgebend. Bezeichnend sein Weg im Infanterieregiment 62, wo er als Offiziersbewerber begann, dann Zug-, Kompanie- und Bataillonsführer war und schließlich als Kommandeur des 1. Bataillons für seine beständigen Leistungen mit dem Eichenlaub ausgezeichnet wurde. Im Mittelabschnitt der Ostfront war die 7. Infanteriedivision eine der Stützen im ganzen Krieg, und ihr Weg führte 1941 bis vor Moskau und endete 1945 in Ostpreußen. Es ist in Worten wohl kaum auszudrücken, wie der deutsche Infanterist die ihm auferlegten Strapazen in diesen Jahren meisterte und welche Lasten der Verantwortung die Offiziere auf sich hatten. Brunner, bewährt in unzähligen Angriffs-, Abwehr- und Nahkämpfen, oftmals verwundet und immer wieder im Fronteinsatz, bekundet das Bild des unbändigen Frontoffiziers, dessen Können, Mut und Beliebtheit in entscheidender Weise das Kampfgeschehen beeinflußten, was seine hohen Auszeichnungen gebührend beweisen.

638. Eichenlaub am 28.10.1944 als Hauptmann und
Kommandeur des
1. Bataillons des
Grenadierregiments 62, in der
7. Infanteriedivision.

SS Gruppenführer und Generalleutnant der Waffen SS

Max Simon

Geboren am 6.1.1899
in Breslau.

✝

Soldat im Ersten Weltkrieg, seit 1934 in der SS Totenkopfstandarte „Oberbayern" und ab Oktober 1939 Kommandeur des SS Infanterieregiments 1 in der SS Totenkopfdivision und Teilnahme am Westfeldzug. Dann im Ostfeldzug mit seinen Männern im Nordabschnitt hervorragend bewährt, sind die Kämpfe um Opotschka, am Ilmensee und im Kessel von Demjansk mit seiner Person in stetem Einklang zu nennen. 1943 mit der Aufstellung der 16. SS Panzergrenadierdivision „Reichsführer SS" betraut, war er dieser vom 3.10.1943 – 24.10.1944 ein vertrauensvoller und tapferer Kommandeur. Beim Italien-Einsatz der Division, von der ligurischen Küste bis zum Apennin, war diese unter Simons tatkräftiger Führung zur Stütze der Front, nicht nur gegen die englischen Truppen, sondern auch gegen stärkste Partisaneneinheiten geworden. Anschließend erfolgte seine Ernennung zum Kommandierenden General des 13. SS Armeekorps, welches der General an der Westfront und in den Schlußphasen der Kämpfe im Reich befehligte. Am 1.2.1961 ist Max Simon in Dortmund/Nordrhein-Westfalen verstorben.

639. Eichenlaub am 28.10.1944 als SS Gruppenführer, für die Leistungen als Kommandeur der 16. SS Panzergrenadierdivision „Reichsführer SS".

Generaloberst

Johannes Blaskowitz

Geboren am 10.7.1883
in Peterswalde/Ostpreußen.

Im Ersten Weltkrieg als Truppen- und Generalstabsoffizier sehr verdient, führte Blaskowitz zu Beginn des Zweiten Weltkrieges als Oberbefehlshaber die 8. Armee im Polenfeldzug. Für besonders verdiente Führung seiner Armee am 30.9.1939 mit dem Ritterkreuz ausgezeichnet, führte der General auch die Übergabeverhandlungen in Polen, war danach Oberbefehlshaber Ost, ehe er im Westen die 9. Armee als Oberbefehlshaber befehligte. Anschließend mit der 1. Armee als Besatzungstruppe in Frankreich, stand er bei Beginn der Invasion im Juni 1944 als Oberbefehlshaber an der Spitze der Armeegruppe G, später Heeresgruppe G, wo ihm durch tatkräftige Führung die Rückführung der Heeresgruppe aus Südfrankreich gelang, welche noch Anfang 1945 im Saargebiet die Südflanke des deutschen Westheeres bildete. Betonte Ritterlichkeit und ausgeprägter Gerechtigkeitssinn zeichneten des Generals Persönlichkeit und bewegtes Soldatenleben. Ende Januar 1945 zum Oberbefehlshaber der Heeresgruppe H in Holland ernannt, bewies Johannes Blaskowitz erneut auch hier die Vorzüge eines verständnisvollen Heerführers. Nach der Kapitulation begab sich der General mit seinen Soldaten in Kriegsgefangenschaft. Sein Tod am 5.2.1948 durch einen Sturz im Treppenhaus des Nürnberger Gefängnisses, wo man ihn unter Anklage stellte, bereichert die Tragik der nach dem Krieg umgekommenen Eichenlaubträger um ein weiteres trauriges Kapitel.

640. Eichenlaub	am 28.10.1944 als	Generaloberst und Oberbefehlshaber der Heeresgruppe G.
146. Schwerter	am 25. 4.1945 als	Generaloberst und Oberbefehlshaber Niederlande.

Major

Klaus Hilgemann

Geboren am 21.2.1918
in Stettin.

✝

1936 ins Heer eingetreten, nahm er 1940 am Westfeldzug mit dem Infanterieregiment 464 teil, kam danach im Oktober als Zugführer zur 13. Kompanie des Infanterieregiments 426, mit der er in den Ostfeldzug rückte. Ab August 1941 wurde Hilgemann Chef der 13. Kompanie im Infanterieregiment 422, führte ab Dezember 1942 als Kommandeur das 2. Bataillon dieses Regiments, ab März 1943 das 2. Bataillon des Grenadierregiments 426 und zeitweise sogar das Grenadierregiment 422. Er war einer jener Offiziere der 126. Infanteriedivision, deren hohe Intelligenz, Tapfer- und Zuverlässigkeit zu entscheidenden Waffentaten führten und die in den bedeutenden Kampferfolgen der Division von Leningrad bis Kurland verankert liegen. Bedeutungsvoll auch sein hoher Kameradschaftssinn gegenüber seinen Soldaten und die Betonung, daß er die hohen Auszeichnungen nur aufgrund der Anstrengungen und Opferbereitschaft dieser Männer verliehen bekam. Ende 1944 bis März 1945 als Lehrgruppenkommandeur an verschiedenen Kriegsschulen tätig, übertrug man dem bewährten Offizier im April noch die Führung einer Division, gebildet aus jungen Angehörigen des Reichsarbeitsdienstes, mit der er auf sächsischem Gebiet gegen die Russen kämpfte und sich am 8.5.1945 mit dieser jenseits der Elbe den Amerikanern ergab. Nach Rückkehr aus der Kriegsgefangenschaft lebte Klaus Hilgemann in Oberösterreich, wo er am 6.7.1973 auf Gut Gernreit bei Michelsdorf verstorben ist.

641. Eichenlaub am 28.10.1944 als Major und
Kommandeur des
2. Bataillons des
Grenadierregiments 426, in der
126. Infanteriedivision.

Oberst

Gerhard Friedrich

Geboren am 15.10.1909
in Breslau.

Friedrich, 1939 ins Infanterieregiment 13 der 25. Infanteriedivision gekommen, war an allen Fronteinsätzen dieses Regiments überaus beteiligt und erwarb sich, als man die Division zur Infanteriedivision (mot.) bzw. Panzergrenadierdivision umrüstete, als Kommandeur des Regiments einmalige Verdienste. Nach Teilnahme am Westfeldzug waren es besonders die schweren Kämpfe im Mittelabschnitt der Ostfront, wo sich seine Panzergrenadiere im Raume Orel, an der Rollbahn Minsk-Smolensk und bei Orscha hervorragend schlugen. Friedrich – überlegt, fürsorglich und tapfer war das Vorbild des aufrechten Frontkämpfers, und nicht umsonst erfolgte seine Auszeichnung mit der Ehrenblattspange des Deutschen Heeres. Auch anschließend 1944 an der Westfront höchst bewährt, focht die Division noch ab Feber 1945 an der Ostfront, wo sie bei den schweren Kämpfen in Berlin im Mai 1945 ihren Untergang fand. Spricht man von den unvergänglichen Leistungen dieser Division in fast sechs furchtbaren Kriegsjahren, soll man auch in Achtung der geleisteten Waffentaten Gerhard Friedrichs und des Panzergrenadierregiments 13 gedenken.

642. Eichenlaub am 3.11.1944 als Oberstleutnant und Kommandeur des Panzergrenadierregiments 13, in der 25. Panzergrenadierdivision.

General der Artillerie

Maximilian Felzmann

Geboren am 22.4.1894
in Zwittau/Sudetenland.

†

Schon Offizier im Ersten Weltkrieg, stehen seine überragenden Leistungen im Zweiten Weltkrieg an den Fronten in Ost und West eindrucksvoll in vorderster Reihe der besten deutschen Truppenführer. Seit 1.9.1939 Kommandeur des Artillerieregiments 251 und bewährt im Westfeldzug, waren seine Verdienste auch im Ostfeldzug bei Kalinin und Rshew bedeutungsvoll, und man ernannte Felzmann ab 1.11.1942 zum Artilleriekommandeur 130 des 28. Armeekorps. Ab 10.3.1943 übertrug man ihm die Führung der 251. Infanteriedivision, ab 15.11. jene der Korpsabteilung E und ab 29.8.1944 jene des 46. Panzerkorps, ehe ab 26.10.1944 seine Ernennung zum Kommandierenden General des 27. Armeekorps erfolgte. Einsätze am Dnjepr, in Brest-Litowsk, der Tucheler Heide und im Raume Danzig sahen den General mit seinen Truppen stets erfolgreich, und betonte Herzlichkeit als Mensch und Vorgesetzter trug neben hohem Können, überlegter Führungskunst und Tapferkeit viel zu seiner Beliebtheit bei der Truppe bei. Ab 15.4.1945 Befehlshaber im Wehrkreis Stuttgart, war der General nach Kriegsende bis Juni 1947 in amerikanischer Kriegsgefangenschaft und ist am 8.6.1962 in Zürich in der Schweiz verstorben.

643. Eichenlaub am 3.11.1944 als Generalleutnant, für die Leistungen als Führer der Korpsabteilung E.

Generalleutnant

Johann Heinrich Eckhardt

Geboren am 3.11.1896
in Böddiger/Hessen.

Kriegsfreiwilliger und Offizier im Ersten Weltkrieg, war Eckhardt ab 1.10.1937 Kommandeur des 2. Bataillons des Infanterieregiments 38, kämpfte im Polen- und Westfeldzug, wurde ab 1.4.1941 Kommandeur des Regiments, welches später Jägerregiment 38 hieß und hohe Kampfleistungen an der Ostfront zeigte. Die 8. Jägerdivision trug wesentlich zur Öffnung des Kessels Demjansk im Nordabschnitt der Ostfront bei, und die Auszeichnung des Kommandeurs des Jägerregiments 38 mit dem Ritterkreuz am 20.5.1942 würdigte diese Verdienste eindrucksvoll. Ab 1.7.1943 betraute man den erfahrenen Offizier mit der Führung der 211. Infanteriedivision, die er ab 1.10.1943 als Kommandeur bis zum Kriegsende erfolgreich führte. Im Mittel- wie im Südabschnitt der Ostfront war diese eine kampferprobte und bewährte Truppe und gewährte durch die umsichtige und anpassungsfähige Führung des tapferen Divisionskommandeurs oft den Zusammenhang der Front. Nach Kriegsende verwundet in sowjetische Gefangenschaft geraten, verstarb der General 1945 dort an seinen Verletzungen.

644. Eichenlaub am 3.11.1944 als Generalleutnant und
Kommandeur der
211. Infanteriedivision.

Kapitän zur See

Werner Hartmann

Geboren am 11.12.1902
in Silstedt/Harz.

✝

Hartmann kam 1921 in die Marine und war ab Oktober 1939 Kommandant von U-37, für dessen Führung und Erfolge gegen die britische Schiffahrt ihm am 9.5.1940 das Ritterkreuz verliehen wurde. Ab Mai 1940 im Stab des Führers der U-Boote, ab November Chef der 2. U-Boot-Lehrdivision in Gotenhafen, ab November 1942 bis Dezember 1943 Kommandant von U-198 und ab Jänner 1944 bis Oktober 1944 Führer der U-Boote Mittelmeer. Bezeichnend seine Erfolge auf 4 Feindfahrten in der Nordsee, im Kanal, im Atlantik und vor Gibraltar und seine ausgeprägten Führereigenschaften in allen verantwortungsvollen Kommandos. Ab Oktober 1944 führte er sogar die Volkssturmeinheiten von Danzig und Westpreußen, war von Februar 1945 bis zum Kriegsende Kommandeur des Marine-Grenadierregiments 6 der 2. Marine-Infanteriedivision und zeigte auch im Einsatz zu Lande die Werte eines vorbildlichen Offiziers. Vom 6.5.1945 – 1.12.1946 in britischer Kriegsgefangenschaft, verstarb Werner Hartmann am 26.4.1963 in Ussel/Hessen.

645. Eichenlaub am 5.11.1944 als Kapitän zur See, für die Leistungen als Führer der U Boote Mittelmeer.

Generaloberst

Walter Weiß

Geboren am 5.9.1890
in Tilsit/Ostpreußen.

✝

Offizier im Ersten Weltkrieg und bei Kriegsbeginn 1939 Chef des Generalstabes des 1. Armeekorps. Nach dem Polen- und Westfeldzug war der General jeweils ab: 15.12.1940 Kommandeur der 97. Leichten Division, 15.1.1941 Kommandeur der 26. Infanteriedivision, 11.4.1942 stellvertretender Führer des 6. Armeekorps, 11.7.1942 Kommandierender General des 17. Armeekorps, 3.2.1943 Oberbefehlshaber der 2. Armee und 12.3. – 29.3.1945 Führer der Heeresgruppe Nord. Seine Führungsleistungen an der Ostfront verdienen höchste Beachtung und beleuchten nicht nur das Bild eines ausgezeichneten und tapferen Truppen- und Armeeführers, sondern gleichermaßen das eines bezeichnenden Menschen. Strategischer Blick, Verantwortungsbewußtsein und große Bescheidenheit kennzeichneten seine Persönlichkeit und verhalfen ihm zu großer Beliebtheit auch beim einfachsten Soldaten. Am 29.3.1945 in die Führerreserve des Oberkommandos des Heeres versetzt, war der General nach Kriegsende bis März 1948 in Kriegsgefangenschaft im Westen und verstarb am 21.12.1967 in Aschaffenburg/Bayern.

646. Eichenlaub am 5.11.1944 als Generaloberst und
Oberbefehlshaber der
2. Armee.

General der Infanterie

Gustav von Zangen

Geboren am 7.11.1892
in Darmstadt/Hessen.

✝

Auch Offizier im Ersten Weltkrieg, ab 10.11.1938 Kommandeur des Infanterieregiments 88 und Teilnahme am West- und Ostfeldzug, wo dem schneidigen Regimentskommandeur für entscheidende Erfolge im Bereich der Heeresgruppe Mitte am 15.1.1942 die hohe Auszeichnung mit dem Ritterkreuz zuteil wurde. Danach Führer und Kommandeur der 17. Infanteriedivision und ab 1.4.1943 Führer des 84. Armeekorps in Frankreich. Ab 1.8.1943 führte Gustav von Zangen als Kommandierender General das 87. Armeekorps in Italien, wo seine gekonnte Führungsart erneut großen Eindruck machte und den General in die Reihe der erfolgreichsten deutschen Truppenführer erhob. Sachlich und mit Weitblick löste er schwierigste Lagen in staunenswerter Art. Ebenso ab 25.8.1944, wo der General an der schwer ringenden Westfront die Führung der 15. Armee übernahm und durch außergewöhnliches Führungsgeschick mit seiner Armee bis in die Endkämpfe im Reich zu einem wichtigen Bestandteil der Front im Westen zählte. Nach Kapitulation im April 1945 war der General bis 1948 in britischer Kriegsgefangenschaft und ist am 1.5.1964 in Hanau am Main in Hessen verstorben.

647. Eichenlaub am 5.11.1944 als General der Infanterie und
Führer der
15. Armee.

Oberst

Gerd Ruge

Geboren am 17.8.1913
in Breege auf Rügen/Pommern.

1936 in die Wehrmacht eingetreten, seit 1938 Zugführer in der 8. Kompanie des Infanterieregiments 53 der 14. Infanteriedivision und später Bataillons- und Regimentsadjutant, kam Ruge nach Teilnahme am Polenfeldzug 1941 in die 23. Panzerdivision, wo er als Kompaniechef, Bataillonskommandeur, Regimentsführer und schließlich sogar als Führer der Division an der Ostfront im Südabschnitt zu den überragenden Offizieren der Panzergrenadiere zählte. Schon als Kommandeur des 1. Bataillons des Panzergrenadierregiments 128 bei den Schlachten am Mius und Donez mit seinen Männern höchst bewährt, erhielt er für schlachtentscheidenden Einsatz bei Isjum am 7.9.1943 das Ritterkreuz und zeigte anschließend bei den folgenden Abwehr- und Rückzugskämpfen alle Vorzüge eines Frontoffiziers ohne Furcht und Tadel. Beliebt bei seinen Soldaten und in härtesten Einsätzen immer mit ihnen kämpfend, unterstrich er durch seine überzeugende Art, daß echtes Soldatentum zur höchsten aller Tugenden im Herzen des aufrichtigen deutschen Offiziers gehörte.

648. Eichenlaub am 16.11.1944 als Major und
Führer des
Panzergrenadierregiments 128, in der
23. Panzerdivision.

Major

Wilhelm Weidenbrück

Geboren am 5.2.1915
in Neuenkirchen/Hessen.

Am 1.4.1936 ins Panzerregiment 1 eingetreten, kam Wilhelm Weidenbrück 1938 ins Panzerregiment 3, wurde im Mai 1940 Zugführer in der 3., ab April 1941 Zugführer in der 2. und ab Mai 1942 Chef der 5. Kompanie. Alle Einsatzwege der 2. Panzerdivision über Polen, Frankreich, am Balkan und im Osten zeugen von seinen Tapferkeitstaten und erheben den durch seine Beliebtheit sehr geschätzten Offizier in der Division zu einem herausragenden Frontkämpfer. Beispielhaftes Können und gehobene Einsatzbereitschaft untermauerten seine Erfolge, auf die man in der Division mit besonderem Stolz blickte. Ab 1.5.1943 zum Kommandeur der Panzerabteilung 104 ernannt, war hier genauso seine besonnene und kameradschaftliche Art der Grundstein zu manchem Erfolg. Die Abteilung unter seiner bewährten Führung war bis zuletzt an der Ostfront Bollwerk an allen Schwerpunkten und bildete oft letzten Halt für die schwer ringenden Grenadiere. Spricht man von den hohen Leistungen der deutschen Panzerwaffe im Zweiten Weltkrieg, so verdient Weidenbrücks Name lobendste Erwähnung und Hochachtung.

649. Eichenlaub am 16.11.1944 als Major und
Kommandeur der
Panzerabteilung 104.

SS Oberführer

Helmut Dörner

Geboren am 26.6.1909
in München-Gladbach/Rheinland.

Seit 1927 in der Schutzpolizei, kam Helmut Dörner 1939 zur Polizeidivision und führte im Westfeldzug 1940 als Chef die 2. Kompanie der Panzerjägerabteilung, wo er sich für mutigen Einsatz bereits beide Klassen des Eisernen Kreuzes erwerben konnte. Ab Juni 1941 im Ostfeldzug war er Chef der 14. Kompanie und ab Jänner 1942 Kommandeur des 2. Bataillons des SS Polizei-Schützenregiments 2 und führte ab Feber 1943 im Rahmen der Division als Kommandeur die Kampfgruppe Dörner. Die schweren Kämpfe im Nordabschnitt der Ostfront erforderten von den Soldaten unvorstellbare Anstrengungen, und daß es gelang, diese zu meistern, war nicht zuletzt dem Können, Mut und Einsatz dieses tapferen Offiziers zu danken. Ab 23.5.1943 zum Kommandeur des SS Panzergrenadierregiments 8 ernannt, waren seine Kampfleistungen auch bei den Einsätzen in Rumänien und Ungarn überragend und einmalig. Oft retteten seine Entscheidungen im richtigen Augenblick die Front vor dem Schlimmsten und sorgten für den Zusammenhalt der Hauptkampflinie. Ebenso beim Kampf um Budapest, wo Helmut Dörner beispielgebend und mitreißend eine Kampfgruppe führte, war er das Vorbild des untadeligen deutschen Frontoffiziers, dessen Tod beim Ausbruchskampf aus der Stadt am 11.2.1945 in der Reihe der Tapfersten der Waffen SS eine große Lücke riß.

650. Eichenlaub	am 18.11.1944 als	SS Standartenführer und Kommandeur des SS Panzergrenadierregiments 8, in der 4. SS Polizei-Panzergrenadierdivision.
129. Schwerter	am 30. 1.1945 als	SS Oberführer und Kommandeur einer Kampfgruppe.

SS Obersturmbannführer

Albrecht Krügel

Geboren am 22.4.1913
in Nordhorn/Hannover.

Seit 1934 in der SS Verfügungstruppe, ab 1.4.1939 Lehrgangsleiter an der SS Junkerschule Braunschweig und ab 16.5.1940 im SS Regiment „Germania" und Teilnahme am Westfeldzug. Ab 21.6.1941 im SS Regiment „Deutschland" und ab 1.1.1942 im Stab der SS Division „Wiking", wo Albrecht Krügel dann anschließend in den SS Regimentern „Germania", „Westland" und „Nordland" an der Ostfront kämpfte und sich als Kompaniechef sehr bewährte. Mut, Kühnheit und unbändigen Einsatzwillen seinen Männern vorlebend, war er ein Offizier, der im Fronteinsatz einmalige Maßstäbe setzte und den Erfolg auf seine Seite zwang. Ab 20.4.1943 wurde er Kommandeur des 2. Bataillons des SS Panzergrenadierregiments 23 „Norge" und ab 4.4.1944 Kommandeur des SS Panzergrenadierregiments 24 „Danmark". Die Einsätze dieser SS Regimenter im Bereich des 3. germanischen SS Panzerkorps zeugen von härtesten Bewährungsproben der Freiwilligen aus den nordischen Ländern und ihrer deutschen Kameraden vom Nordabschnitt der Ostfront bis in die Endkämpfe des Reiches. Albrecht Krügel – einer der Tapfersten – starb hier getreu seinem Fahneneid bei einem Angriff am 16.3.1945 in Altdamm bei Stettin den Soldatentod.

651. Eichenlaub am 18.11.1944 als SS Obersturmbannführer und
Kommandeur des
SS Panzergrenadierregiments 24
„Danmark", in der
11. SS Freiwilligen-Panzergrenadierdivision
„Nordland".

Major

Emil Badorrek

Geboren am 6.5.1910
in Flammenberg/Ostpreußen.

Badorrek ist der zweite mit dem Eichenlaub ausgezeichnete Aufklärungsflieger und gehörte zur Sparte jener Flieger, deren entbehrende Einsätze und Aufklärungsergebnisse zur Entscheidung mancher siegreichen Schlacht den Grundstein legten. Als Staffelkapitän der 4. Staffel der Fernaufklärungsgruppe 11 wurden ihm für seine besonderen Leistungen die hohen Auszeichnungen mit dem Ritterkreuz und Eichenlaub zuteil und erhoben diesen beliebten und tapferen Fliegeroffizier, der in fast 600 Feindflügen an den Fronten über Polen im Westen und Osten unvergleichliche Einsatzergebnisse bot, zu den herausragenden Männern der deutschen Luftwaffe. Die Feindflüge der Fernaufklärer zogen sich oft über viele Stunden dahin, und die aufreibenden Kämpfe nicht nur gegen feindliche Abwehrkräfte, sondern auch gegen die Unbilden der Natur setzten hohes Können, Zähigkeit und große Ausdauer voraus, um überhaupt bestehen zu können. Emil Badorrek, mit diesen Fähigkeiten überdurchschnittlich begabt, fiel am 26.12.1944 als Kommandeur der Fernaufklärungsgruppe 3 nach einem Luftkampf über Krakau in Polen.

652. Eichenlaub am 18.11.1944 als Major und
Staffelkapitän der
4. Staffel der
Fernaufklärungsgruppe 11.

Major

Klaus Mietusch

Geboren am 5.8.1918
in Posen/Westpreußen.

Klaus Mietusch war einer der ganz hervorragenden Jagdflieger des bekannten Jagdgeschwaders 26 „Schlageter", dem er schon seit 1938 angehörte. Als ausgezeichneter Flieger und beherzter Draufgänger machte er sich nicht nur über Frankreich, am Kanal und über England sehr verdient, sondern flog auch mit der 7. Staffel viele Einsätze im Mittelmeerraum, über Malta, in Afrika und kurze Zeit in Rußland, wo er als Staffelkapitän besonders erfolgreich war. Von Rußland wieder an die Westfront zurückgekehrt, verzehrten die harten Luftkämpfe gegen die enorme feindliche Übermacht in den Jahren 1943/44 viel Substanz der deutschen Jagdflieger. Nur die Tüchtigsten konnten bestehen und waren auch noch erfolgreich. Klaus Mietusch, seit 5.7.1943 Kommandeur der 3. Gruppe, stets frohgelaunt, tapfer und kameradschaftlich, Sieger in vielen Luftkämpfen in West und Ost und Vorbild seiner Flieger in hunderten Feindflügen, ereilte am 17.9.1944 sein Soldatenschicksal bei einer Landung in Rath-Aldekerk/Rheinland, wo er von einem amerikanischen Jagdflieger tödlich abgeschossen wurde.

653. Eichenlaub am 18.11.1944 nach dem Tode, für die Leistungen als
Major und
Kommandeur der
3. Gruppe des
Jagdgeschwaders 26 „Schlageter".

Major

Heinz Meyer

Geboren am 9.4.1916
in Magdeburg.

Spricht man von den außergewöhnlichen Kampfleistungen des Fallschirmjägerregiments 3 im Zweiten Weltkrieg, dessen Einsatzwege über Kreta nach Rußland und Italien führen, soll man sich auch den Namen Heinz Meyers einprägen, dessen Kampfleistungen besonders am Bergmassiv des Monte Cassino, wo er als Chef die 8. Kompanie führte, von ausschlaggebender Bedeutung für den ganzen Frontverlauf waren. Für diese Erfolge am 8.4.1944 mit dem Ritterkreuz ausgezeichnet, übertrug man ihm dann die Führung des 3. Bataillons des Fallschirmjägerregiments 15 in Frankreich, wo der besonnene und tapfere Offizier mit seinen Fallschirmjägern gegen die gelandeten gegnerischen Invasionstruppen bezeichnende Waffentaten vollbrachte. Bei den Abwehrkämpfen um St. Lo und später bei Arnheim in Holland übertrafen sich die Männer im Einsatz in einer Art, der man Achtung und Anerkennung zollen muß, was nicht zuletzt im Vorbild Heinz Meyers seinen Ursprung hatte.

654. Eichenlaub am 18.11.1944 als Hauptmann und
Führer des
3. Bataillons des
Fallschirmjägerregiments 15, in der
5. Fallschirmjägerdivision.

Oberstleutnant

Willy Antrup

Geboren am 1.2.1910
in Leeden/Westfalen.

Schon seit 1934 in der Luftwaffe, tat Antrup schon Kurierdienst bei der „Legion Condor" in Spanien und war bei Kriegsausbruch 1939 Technischer Offizier im Kampfgeschwader 55, dem er bis Ende 1944 angehörte. Ab 27.10.1940 Staffelkapitän der 5. Staffel, ab 6.5.1943 Kommandeur der 3. Gruppe und vom 8.8.1943 – 21.11.1944 Kommodore des Geschwaders, beendete er den Krieg mit 612 Feindflügen, wo er über Polen, Frankreich, England und im Osten in aufreibenden Tag- und Nachteinsätzen höchste Tapferkeits- und Führungsleistungen bot und eine der hervorragenden Persönlichkeiten der Kampfflieger war. Nicht nur Kampfeinsätze waren es, in denen das Können dieses bewährten Fliegeroffiziers zum Ausdruck drängte, sondern auch unzählige Versorgungsflüge, in denen dem Heer wertvollste Unterstützung zuteil wurde. 600 Feindflüge wurden im Zweiten Weltkrieg nur von ganz wenigen Kampffliegern erreicht, und zu diesen gehört Willy Antrup. In bewundernswerter Art prägte er durch sein Vorbild Geschwader- und Kameradengeist zur Einheit der verschworenen Fliegergemeinschaft, deren Opferbereitschaft und Erfolge der deutschen Luftwaffe höchste Ehre erwiesen haben.

655. Eichenlaub am 18.11.1944 als Oberstleutnant und
Kommodore des
Kampfgeschwaders 55.

Major

Karl Heinrich Höfer

Geboren am 14.7.1911
in Bad Oeynhausen/Westfalen.

Auch einer der erfolgreichen Kampfflieger des Kampfgeschwaders 55, der sich in hunderten Feindflügen über Polen, Frankreich, England und Rußland durch Tapferkeit und Können im Geschwader einen bekannten Namen machte. Seit 1933 in der Luftwaffe, flog Höfer zuerst als Staffeloffizier, vom 1.2.1940 – 7.3.1943 als Chef der Stabsstaffel, war gleichzeitig von März 1942 bis November 1944 Ia des Geschwaders, von November 1942 bis Feber 1943 Ia des Versorgungsführers Stalingrad und ebenfalls gleichzeitig vom 27.11.1942 – 2.7.1944 Kommandeur der 2. Gruppe. Hohes Verantwortungsbewußtsein, unermüdliche Einsatzbereitschaft und stete Gewissenhaftigkeit prägten das Antlitz eines Offiziers, der in jeder Lage sein Bestes zu geben bereit war. Allein die Zeit beim Kampf und für die Versorgung von Stalingrad verlangte von den Fliegern des Kampfgeschwaders 55 höchste Anforderungen, und sie bewiesen in schwersten Einsätzen unerhörten Opfermut für die Kameraden im Kessel. Im Oktober 1944 kam der bewährte Offizier zur Generalstabsausbildung an die Luftkriegsakademie Berlin und war anschließend bis Kriegsende Quartiermeister der Luftwaffe in Italien.

656. Eichenlaub am 18.11.1944 als Major, für die Leistungen als
Kommandeur der
2. Gruppe des
Kampfgeschwaders 55.

Oberstleutnant

Gerhart Schirmer

Geboren am 9.1.1913
in Chemnitz/Sachsen.

Gerhart Schirmer kam 1935 zur Luftwaffe und am 15.5.1939 als Chef zur 6. Kompanie des Fallschirmjägerregiments 2. Nach dem Hollandeinsatz 1940 erfolgte im April 1941 der Einsatz am Kanal von Korinth in Griechenland, wobei sich Schirmer hervorragend bewährte und am 14.6.1941 für seine Leistungen mit dem Ritterkreuz ausgezeichnet wurde. Dann erfolgte der Kampf auf Kreta und an der Mius-Front in Rußland. Ab 1.11.1942 übernahm er als Kommandeur das 3. Bataillon des Fallschirmjägerregiments 5 und war mit diesem auf dem afrikanischen Kriegsschauplatz eingesetzt. Nach neuerlichem Rußlandeinsatz wurde er dann ab Februar 1944 Kommandeur des Fallschirmjägerregiments 16, mit dem Gerhart Schirmer an der Ostfront einmalige Erfolge zeitigte. Auf diesen überaus tapferen und befähigten Offizier blickte die deutsche Fallschirmtruppe mit besonderem Stolz, war er doch ein Soldat, der jeder Lage gerecht wurde und durch seine bereitwillige Art zum Vorbild seiner Fallschirmjäger in allen Belangen wurde. Im Februar 1945 wurde er Berater für Fragen der Luftlande-Abwehr im Stab des Generalfeldmarschalls Model, ab März Ia der Fallschirmjäger-Ausbildungsdivision und geriet bei den Endkämpfen im Reich in sowjetische Kriegsgefangenschaft, aus der am 12.1.1956 seine Entlassung erfolgte.

657. Eichenlaub am 18.11.1944 als Oberstleutnant und
Kommandeur des
Fallschirmjägerregiments 16.

General der Flieger

Hans Seidemann

Geboren am 18.1.1902
in Garlin/Brandenburg.

†

Schon vor dem Krieg als Einflieger und Rekordhalter in der deutschen Zivil-Luftfahrt ein weltbekannter Mann, 1938 Chef des Stabes der „Legion Condor" in Spanien und bei Kriegsausbruch 1939 im Stab des Nahkampfkorps der Luftwaffe, des späteren 8. Fliegerkorps. Nach dem Polen- und Westfeldzug wurde Hans Seidemann Chef des Stabes der Luftflotte 2. Den erfolgreichen Einsätzen der Luftflotte in Rußland und im Mittelmeerraum lagen auch die Führungsleistungen dieses tüchtigen Generalstabsoffiziers zugrunde, der hier eine wertvolle Stütze Feldmarschall Kesselrings war. Ab Oktober 1942 zum Fliegerführer Afrika ernannt, oblag ihm ein schweres Amt, welches er aber vorbildlich zu lösen vermochte. Am 18.5.1943 erfolgte seine Ernennung zum Kommandierenden General des 8. Fliegerkorps, wo sich der General an der Ostfront in bezeichnender Weise mit seinen Fliegern verdient gemacht hat. Vom 29.4.1945 bis zum Kriegsende führte Hans Seidemann als Kommandierender General noch das Luftwaffenkommando 8 in Böhmen-Mähren und verstarb am 21.12.1967 in Braunschweig/Niedersachsen.

658. Eichenlaub am 18.11.1944 als Generalleutnant und
Kommandierender General des
8. Fliegerkorps.

General der Pioniere

Otto Tiemann

Geboren am 12.2.1890
in Vilsen/Hannover.

†

Im Ersten Weltkrieg Offizier, war Tiemann zu Beginn des Zweiten Weltkrieges Kommandeur der 93. Infanteriedivision, die er zuerst im West- und dann im Ostfeldzug in hervorragender Weise zu führen verstand. Für besondere Leistungen an der Ostfront am 7.5.1943 hoch ausgezeichnet, erfolgte ab 2.2.1944 seine Ernennung zum Kommandierenden General des 23. Armeekorps. Hier bewies der General bei den Abwehrkämpfen im Pripjetgebiet im Bereich der Heeresgruppe Mitte erneut hohe Führungsfähigkeiten in einer Zeit, da die Ostfront Schweres durchzustehen hatte, und es bedurfte hier neben gehobenen soldatischen Eigenschaften auch betont menschlicher Größe, um allen Schwierigkeiten erfolgreich zu begegnen. Der General – Vorbild in jeder Art – zeigte auch ab 28.12.1944 als Kommandierender General des 17. Armeekorps, welches er bis Kriegsende bei den Rückzugskämpfen im Osten bis zurück in den tschechischen Raum befehligte, die Werte eines umsichtigen Truppenführers und kehrte nach der Kriegsgefangenschaft in die Heimat zurück, wo er am 20.4.1952 in seiner Geburtsstadt Vilsen/Niedersachsen verstorben ist.

659. Eichenlaub am 18.11.1944 als General der Pioniere und
Kommandierender General des
23. Armeekorps.

SS Obergruppenführer und General der Waffen SS

Artur Phleps

Geboren am 29.11.1881
in Birthälm/Siebenbürgen.

Schon hochausgezeichneter Generalstabsoffizier im Ersten Weltkrieg, kam Artur Phleps am 30.6.1941 in die Waffen SS und wurde ab 5.7.1941 Kommandeur des SS Regiments „Westland", mit dem er sich im Südabschnitt der Ostfront sehr bewährte. Im Frühjahr 1942 betraute man ihn mit der Aufstellung einer Freiwilligen Division aus Volksdeutschen des Südostraumes, einer Aufgabe, die der General vorbildlich zu lösen vermochte und deren Ergebnis die später in allen Einsätzen am Balkan so bekannte 7. SS Freiwilligen-Gebirgsdivision „Prinz Eugen" war. Mit Wirkung vom 1.7.1943 zum Kommandierenden General des 5. SS Gebirgskorps ernannt, zeigte der General auch in dieser Stellung hohes Führungskönnen und bewies an der schwierigen Front im Südosten jederzeit Tapferkeit, Verständnis und Einfühlungsvermögen. Beliebt bei der Truppe, prägten ebenso betont menschliche Züge seine aufrechte soldatische Persönlichkeit, und die Waffen SS blickte in Stolz auf diesen in zwei Weltkriegen so verdienten Soldaten. Ab September 1944 Kommandeur der „Korpsgruppe Siebenbürgen", fiel Artur Phleps auf einer Erkundungsfahrt am 21.9.1944 im Frontgebiet im rumänischen Banat.

Eichenlaub ohne Nr. am 24.11.1944 nach dem Tode, für die Leistungen als
SS Obergruppenführer und
Kommandierender General des
5. SS Gebirgskorps.

Major

Werner Dörnbrack

Geboren am 29.2.1916
in Dortmund/Westfalen.

1936 in die Luftwaffe gekommen, gehörte er zu den hervorragendsten Schlachtfliegern des Zweiten Weltkrieges. Im bekannten Lehrgeschwader 2 (Schlachtflieger) schon im Polen- und Westfeldzug bewährt und ab 1.8.1940 Staffelkapitän der 6. Staffel, flog er anschließend am Kanal, über England, am Balkan und in Rußland, wo er im Januar 1942 Staffelkapitän der 1. Staffel des Schlachtgeschwaders 1 wurde. Ab 20.12. dann Kommandeur der 2. Gruppe des Schlachtgeschwaders 2, welche ab 16.4.1944 in 1. Gruppe Schlachtgeschwader 4 umbenannt wurde. Einsätze in Afrika, Italien, an der West- und Ostfront geben Zeugnis für einen in über 1.000 Feindflügen aufs höchste bewährten Frontoffizier, dessen unerhörter Mut, stete Einsatzbereitschaft und hohes fliegerisches Können ihn in die Reihe der erfolgreichsten Schlachtflieger erheben. Auch viele erzielte Luftsiege unterstreichen seine Vielseitigkeit in kämpfer- und fliegerischen Belangen. Nach dem Tod von Alfred Druschel übernahm Werner Dörnbrack ab 4.1.1945 als Kommodore das Geschwader, zeitigte mit diesem noch große Erfolge und war nach Kriegsende bis 17.5.1945 in amerikanischer Kriegsgefangenschaft.

660. Eichenlaub am 25.11.1944 als Major und
Kommandeur der
1. Gruppe des
Schlachtgeschwaders 4.

Hauptmann

Hubert Pölz

Geboren am 24.1.1917
in Leonstein/Oberösterreich.

Mit 1.055 Feindflügen in der Reihe der deutschen Stuka- und Schlachtflieger einer der erfolgreichsten, beeindruckte Hubert Pölz in allen Einsätzen nicht nur durch unbeschreiblichen Mut und hohes fliegerisches Können, sondern ebenso durch die Art seiner bewundernswerten Zielstrebigkeit und Ausdauer. 1938 in die Luftwaffe eingetreten, kam er im Jänner 1941 als Flugzeugführer in die 6. Staffel des Stukageschwaders 2 „Immelmann", später umbenannt in 6. Staffel Stukageschwader 3 und wurde ab März 1942 deren Staffelkapitän. Härteste Einsätze im Mittelmeerraum, über Malta und in Afrika prägten diesen tapferen Fliegeroffizier zur Persönlichkeit und sahen ihn höchst bewährt bis in die Endkämpfe auf tunesischem Boden im Frühjahr 1943. Mehrmals verwundet, übernahm Pölz ab Juli 1943 als Staffelkapitän die 7. Staffel des Schlachtgeschwaders 3 an der Ostfront und wurde ab 25.11.1944 Kommandeur der 1. Gruppe des Schlachtgeschwaders 151. Seine Einsatzleistungen stuften überall auf höchster Ebene, und es ist bezeichnend, wie er den Erfolgen gegen die englische Flotte im Mittelmeergebiet ebensolche gegen die russische Flotte im Schwarzen Meer hinzufügte und gleichermaßen gegen Erdziele und im Luftkampf erfolgreich zu bestehen vermochte. Die höchstverdienten Auszeichnungen widerspiegeln in Anerkennung die Taten eines Frontoffiziers von einmaliger Prägung, der in steter Treue zum Vaterland Vorbildliches geleistet hat.

661. Eichenlaub am 25.11.1944 als Hauptmann, für die Leistungen als
Staffelkapitän der
7. Staffel des
Schlachtgeschwaders 3.

Major

Rudolf Witzig

Geboren am 14.8.1916
in Röhlinghausen/Westfalen.

Seit 1935 im Heer, 1938 zur Fallschirmtruppe gekommen und ab November 1939 Pionier-Zugführer in der 7. Fliegerdivision. Als Führer der Sturmgruppe „Granit" bei der Einnahme des belgischen Sperrforts Eben Emael schon einmalig bewährt und für seine Leistungen am 13.5.1940 mit dem Ritterkreuz ausgezeichnet, war Rudolf Witzig ab 20.5.1940 Adjutant beim Reichsmarschall Hermann Göring und übernahm ab August 1940 als Chef die 9. Kompanie des Fallschirmjäger-Sturmregiments. Beim Kampf auf Kreta schwer verwundet, und nach Ausheilung seiner Verwundung ab 10.5.1942 Kommandeur des Korps-Fallschirm-Pionierbataillons. Von Oktober 1942 bis Mai 1943 mit diesem im Einsatz in Tunesien, zählten Witzigs Männer hier zu den wertvollsten Stützen der Front. Ab Juni 1943 übernahm der tapfere Offizier als Kommandeur das 1. Bataillon des Fallschirm-Pionierregiments 21 und vollbrachte mit seinen Soldaten im Einsatz an der Ostfront im Jahre 1944 bei den schweren Abwehrkämpfen in Litauen unwahrscheinliche Kampfleistungen. Hohes Führungskönnen und ausgewogene Kühnheit dieses beliebten Frontoffiziers ermöglichten diese Taten. Ab November 1944 Kommandeur des Fallschirmjägerregiments 18, befand sich Rudolf Witzig nach Kriegsende bis September 1945 in Kriegsgefangenschaft im Westen.

662. Eichenlaub am 25.11.1944 als Major, für die Leistungen als Kommandeur des 1. Bataillons des Fallschirm-Pionierregiments 21.

Major

Georg Peter Eder

Geboren am 8.3.1921
in Oberdachstetten/Franken.

Ein ganz überragender Jagdflieger, dessen unbeugsamer Kampfwille, bestechender Mut und ritterliche Kampfweise ihn in die Reihe der besten Jagdflieger der Westfront erhoben. 1939 in die Luftwaffe gekommen und dann jeweils ab: 1.12.1940 Flugzeugführer in der 4. Staffel des Jagdgeschwaders 51, 1.11.1941 in der 2. Staffel der Jagdfliegerschule 2 in Zerbst/Magdeburg-Anhalt, 1.11.1942 Führer der 6., 21.2.1943 der 12. und 8.9.1943 Staffelkapitän der 5. Staffel des Jagdgeschwaders 2 „Richthofen". 14.3.1944 Staffelkapitän der 6. Staffel des Jagdgeschwaders 1, 15.4. Kommandeur der 2. Gruppe und 15.8. Kommandeur der 2. Gruppe des Jagdgeschwaders 26 „Schlageter". Am 18.9. erfolgte die Versetzung dieses tapferen Offiziers zur 2. Staffel des Erprobungskommandos Nowotny, der ersten Einheit der deutschen Luftwaffe zur Erprobung des Düsenjägers Me 262 für den Fronteinsatz, wo Georg Peter Eder in dem später daraus entstandenen Jagdgeschwader 7 ab 1.12.1944 als Kommandeur die 2. Gruppe führte. Hunderte Feindflüge und viele Luftsiege künden vom Weg eines oft verwundeten und immer wieder einsatzwilligen Fliegeroffiziers, dessen oberstes Gebot Pflichterfüllung und Vaterlandstreue hieß. Nach Kriegsende befand sich Georg Peter Eder bis 5.9.1945 in Internierung in England.

663. Eichenlaub am 25.11.1944 als Hauptmann, für die Leistungen als
Kommandeur der
2. Gruppe des
Jagdgeschwaders 1 „Oesau".

Oberst

Rudolf Rennecke

Geboren am 19.5.1915
in Leipzig/Sachsen.

Rennecke, 1937 in die Wehrmacht gekommen und 1938 zur Fallschirmtruppe übergetreten, kämpfte in den Fallschirmregimentern 1 und 3 an den Fronten im Norden, Westen, Osten und Süden und gehörte zu den bescheidenen und unauffälligen Offizieren der Fallschirmjäger, die in allen Einsätzen mehr als nur ihre Pflicht erfüllten. Herausragend seine und seiner Männer Kampfleistungen beim Kampf um die Stadt Cassino in Italien, wo Rudolf Rennecke in bezeichnender Weise als Führer des 2. Bataillons des Fallschirmjägerregiments 3 schwersten Feindangriffen erfolgreich widerstand und als Kampfkommandant der Stadt einmalige Standhaftigkeit bewies. Auch in den anschließenden Kämpfen auf italienischem Boden dem Fallschirmjägerregiment 1 ein besonnener Führer, trugen seine Waffentaten wesentlich zum unvergänglichen Ruhm der deutschen Fallschirmtruppe im Zweiten Weltkrieg bei und erheben ihn in die Reihe der Tapfersten in dieser in aller Welt geachteten Truppengattung der deutschen Wehrmacht.

664. Eichenlaub am 25.11.1944 als Major und
Führer des
Fallschirmjägerregiments 1, in der
1. Fallschirmjägerdivision.

Leutnant

Otto Dommeratzky

Geboren am 3.5.1916
in Löderburg/Sachsen.

Erfolgreicher Schlachtflieger und Sieger in vielen Luftkämpfen, flog er schon 1939 über Polen als Flugzeugführer im Lehrgeschwader 2 (Schlachtflieger), danach im Westen, am Balkan und in Rußland, wo die Gruppe den Stamm für das neuaufgestellte Schlachtgeschwader 1 bildete und Otto Dommeratzky als einem der tapfersten und tüchtigsten Schlachtflieger, der in pausenlosen Einsätzen den Heereseinheiten tatkräftigste Unterstützung leistete, am 5.1.1943 das Ritterkreuz verliehen wurde. Nicht nur die 8. Staffel, der er angehörte, sondern das ganze Geschwader blickte in Stolz auf diesen bescheidenen und opferbereiten Kameraden. Im Frühjahr 1944 zur 6. Staffel des Schlachtgeschwaders 2 „Immelmann" versetzt, bewies er in diesem ebenso hohe soldatische Werte und starb bei einem Überführungsflug am 13.10.1944 bei Mährisch-Weißkirchen in Böhmen-Mähren. In seinem einsitzigen Flugzeug, einer unbewaffneten FW 190, hatte er auch seinen treuen 1. Wart mitgenommen, wurde von amerikanischen Jägern abgeschossen, blieb, da dieser keinen Fallschirm besaß, in der Maschine und starb mit seinem Kameraden nach versuchter Notlandung. „Niemand hat mehr gegeben als der, der sein Leben für seine Freunde gibt". Otto Dommeratzkys Beispiel bekundet höchste Fliegerkameradschaft, menschliche Größe und einmaligen Soldatengeist – Ehre über den Tod hinaus gelte seinen Taten.

665. Eichenlaub am 25.11.1944 nach dem Tode, für die Leistungen als
Leutnant und
Staffelführer der
6. Staffel des
Schlachtgeschwaders 2 „Immelmann".

Major

Karl Kennel

Geboren am 17.1.1914
in Pirmasens/Pfalz.

Karl Kennel zählt auch zu den hervorragenden Zerstörer- und Schlachtfliegern, in deren Flugbuch fast 1.000 Feindflüge verzeichnet stehen. 1935 in die Luftwaffe gekommen, flog er ab Dezember 1938 als Flugzeugführer in der 1. Gruppe des Zerstörergeschwaders 26 „Horst Wessel" und ab Mai 1940 in der 2. Gruppe des Zerstörergeschwaders 2. Einsätze im Westen, über England, am Balkan und in Rußland, und hier besonders zur Entlastung des Heeres, zeichnen bis dahin seinen tapferen Soldatenweg. Von April bis September 1942 war Kennel Staffelkapitän in der Ergänzungs-Zerstörergruppe in Wiener Neustadt und kam anschließend als Staffelkapitän der 5. Staffel zum Schlachtgeschwader 1 an die Ostfront, übernahm ab Oktober 1943 als Kommandeur die 1. Gruppe des Schlachtgeschwaders 152, die im Raum Wien in der Reichsverteidigung kämpfte, und wurde ab 29.7.1944 Kommandeur der 2. Gruppe des Schlachtgeschwaders 2 „Immelmann". Diese stellte mustergültig den Jagdschutz für Rudels „Panzerknacker" und trug durch ihre Leistungen wesentlich zu deren Erfolgen bei. Kennel selbst erzielte viele Luftsiege und flog in unermüdlicher Einsatzbereitschaft am letzten Kriegstag seinen 957. Feindflug. Wahrhaft groß waren auch der Flieger Taten bis zum bitteren Kriegsende.

666. Eichenlaub am 25.11.1944 als Hauptmann und
Kommandeur der
2. Gruppe des
Schlachtgeschwaders 2 „Immelmann".

Oberstleutnant

Gerhard Michalski

Geboren am 25.6.1917
in Augsdorf/Harz.

†

Michalski kam 1936 in die Luftwaffe und flog seit 1940 als Flugzeugführer in der 2. Gruppe des Jagdgeschwaders 53, wo er vom Oktober 1940 bis Oktober 1941 Adjutant der Gruppe war. Ab November 1941 führte er als Staffelkapitän die 4. Staffel und ab Juni 1942 als Kommandeur die 2. Gruppe. Alle Einsatzwege des bekannten Pik-As Geschwaders sahen diesen schneidigen Fliegeroffizier in hunderten Feindflügen aufs höchste bewährt und als Sieger in vielen Luftkämpfen. Ob im Westen, Osten oder im Mittelmeerraum – überall dort bewiesen die Männer dieses Geschwaders in aufreibenden Kämpfen gegen stärkste feindliche Übermacht beispielhaften Soldatengeist. 1944 zum Kommodore des Jagdgeschwaders 4 ernannt, führte Gerhard Michalski dieses in härtesten Einsätzen im Westen und in der Reichsverteidigung. Tragisch sein Tod am 22.2.1946 nach einem Auto-Unfall bei Kaltenkirchen in Schleswig-Holstein.

667. Eichenlaub am 25.11.1944 als Major und
Kommodore des
Jagdgeschwaders 4.

SS Obersturmbannführer

Gerhard Bremer

Geboren am 25.7.1917
in Düsterntal/Braunschweig.

1936 in die SS Standarte „Germania" eingetreten und im Polen-, West- und Balkanfeldzug Ordonnanzoffizier in der Leibstandarte. Hervorragend bewährt in diesen Feldzügen, führte Gerd Bremer im Ostfeldzug als Chef die 1. Kradschützenkompanie der SS Aufklärungsabteilung der Leibstandarte SS „Adolf Hitler" und erwarb sich besondere Verdienste bei der Einnahme von Mariupol im Süden der Ostfront. Dafür hoch ausgezeichnet, bewies er auch bei weiteren Einsätzen immer wieder Schneid und persönliche Tapferkeit. Ab Juni 1943 dann Kommandeur des 3. Bataillons des SS Panzergrenadierregiments 26 im Westen, wo er ab April 1944 als Kommandeur die SS Panzeraufklärungsabteilung 12 der 12. SS Panzerdivision „Hitlerjugend" übernommen hatte. Die schweren Belastungsproben der Division an der Invasionsfront wurden Kriegsgeschichte, und Gerd Bremers Können und Draufgängertum waren in diesen Schlachten bezeichnend. Im Dezember 1944 bei der Ardennenoffensive und ab Ende Jänner 1945 an der Front in Ungarn, war er hier ebenso mit seinen Männern oft Um und Auf in härtesten Kämpfen und befand sich nach dem Kriegsende bis Juli 1948 in französischer Kriegsgefangenschaft.

668. Eichenlaub am 25.11.1944 als SS Sturmbannführer und
Kommandeur der
SS Panzeraufklärungsabteilung 12, in der
12. SS Panzerdivision „Hitlerjugend".

Oberstleutnant der Reserve

Klaus von Bismarck

Geboren am 6.3.1912
in Jarchlin/Pommern.

Im Infanterieregiment 4, dem er schon 1934 angehörte, liegen seine Tapferkeitsleistungen während des Krieges verankert. Im Polenfeldzug zuerst Adjutant des 2. Bataillons und anschließend des Regiments, bewährte er sich schon im Westfeldzug hervorragend und übernahm ab Juni 1941 als Chef die 7. Kompanie. Ab Herbst mit der Führung des 2. Bataillons betraut, erwarb sich Klaus von Bismarck mit diesem bei der Einnahme von Demjansk große Verdienste und bewies in weiterer Zeit im Nordabschnitt der Ostfront erneut persönliche Tapferkeit und umsichtige Führung. Nach Verwundung im Dezember 1943 bis Herbst 1944 in der Heimat und anschließend wieder an der Ostfront, wo sich der tapfere Offizier als Führer und später als Kommandeur des Regiments bei den Kurlandschlachten hohe soldatische Lorbeeren erwarb. Bezeichnend seine Selbstlosigkeit als Offizier, sprach er doch immer nur von den Verdiensten seines Bataillons oder Regiments und nie von seinen eigenen Leistungen, die dem traditionsreichen Namensgeschlecht der Bismarcks sich in jeder Weise würdig erwiesen haben. Nach Verwundung im Frühjahr 1945 in die Heimat verschifft, endete seine soldatische Laufbahn mit der englischen Kriegsgefangenschaft in Schleswig-Holstein.

669. Eichenlaub am 26.11.1944 als Major der Reserve und Kommandeur des Grenadierregiments 4, in der 32. Infanteriedivision.

Korvettenkapitän (Marine-Artillerie)

Hans Hossfeld

Geboren am 23.3.1912
in Nierstein/Rheinland.

1934 ins Infanterieregiment 26 eingetreten, kam Hans Hossfeld nach den Feldzügen gegen Polen und Frankreich im März 1941 zur Kriegsmarine. In der Marine-Artillerie-Abteilung 531 erwarb er sich unvergänglichen Soldatenruhm und führte diese schließlich ab August 1944 als Kommandeur. Bezeichnende Kampfleistungen an der Ostfront stehen mit Namen wie Sewastopol, dem Küstengebiet nördlich von Narwa und den baltischen Inseln im Einklang, wo der tapfere Offizier in allen Einsätzen zum beispielhaften Vorbild seiner Soldaten wurde. In vielen Sturmangriffen und Nahkämpfen immer wieder enormen Mut und äußersten Einsatz zeigend, war er unzweifelhaft der außergewöhnlichste Frontoffizier der deutschen Kriegsmarine, dessen soldatischer Werdegang als einmalig zu bezeichnen ist. Am 19.11.1944 auf der baltischen Halbinsel Sworbe gefallen, bedeutete sein Tod für die Kriegsmarine einen Verlust, der unersetzlich war.

670. Eichenlaub am 26.11.1944 nach dem Tode, für die Leistungen als
Korvettenkapitän (Marine-Artillerie) und
Kommandeur der
Marine-Artillerie-Abteilung 531.

General der Infanterie

Otto Wöhler

Geboren am 12.7.1894
in Groß-Burgwedel/Hannover.

Offizier im Ersten Weltkrieg, war Wöhler im Zweiten Weltkrieg einer der besonders befähigten Stabsoffiziere des Heeres, die wertvolle Beiträge zu verschiedenen wichtigen Operationen leisteten und dann zu tüchtigen Truppenführern wurden. Nachstehend angeführt seine innegehabten Kommandos – jeweils ab: 1.9.1939 Ia der 14. Armee, 18.12.1939 Chef des Stabes des 17. Armeekorps, 1.10.1940 der 11. Armee und 1.4.1942 der Heeresgruppe Mitte, 1.4.1943 Führer, 1.6.1943 Kommandierender General des 1. Armeekorps, 15.8.1943 Oberbefehlshaber der 8. Armee, 5.11.1943 der 11. Armee und 28.12.1944 bis 25.3.1945 der Heeresgruppe Süd. Die Erfolge der von ihm geführten Truppen in den harten Abwehrschlachten an der Ostfront trugen jeweils den Stempel seiner zielstrebigen Führungsleistungen und waren Ausdruck der Entschlußkraft, des hohen Könnens und eisernen Willens dieses vorbildlichen und tapferen Truppenführers. Auch seitens der rumänischen Verbündeten wurde dem General Ehrerbietung zuteil, was seine Fähigkeiten als Soldat und Mensch deutlich und eindrucksvoll unterstreicht. Bei seinen Soldaten beliebt und geachtet, verkörperte General Wöhler das Vorbild der tatkräftigen soldatischen Persönlichkeit höchsten Grades und bewies in all seinem Handeln Umsicht und bewegte Menschlichkeit.

671. Eichenlaub am 28.11.1944 als General der Infanterie und
Oberbefehlshaber der
11. Armee.

Generalleutnant

Hellmuth Reymann

Geboren am 24.11.1892
in Neustadt/Oberschlesien.

Auch Offizier im Ersten Weltkrieg, ab 1.10.1938 Kommandeur des Grenzschutz-Infanteriebataillons 126, ab 9.9.1939 Kommandeur des Infanterieregiments 205 und Teilnahme am Westfeldzug, sowie anschließend mit diesem als Besatzungstruppe in Frankreich. Im Ostfeldzug dann im Mittelabschnitt kämpfend, stehen Namen wie Brest-Litowsk, Kaluga, Smolensk usw. mit den Einsätzen des Regiments in stetem Einklang. Ab 1.10.1942 übernahm der General als Kommandeur die 212. Infanteriedivision, mit der er schwere Abwehrkämpfe vor Leningrad und am Ladogasee durchzustehen hatte, ehe er ab 1.4.1943 Kommandeur der 13. Luftwaffen-Felddivision wurde und sich mit dieser in schwersten Kämpfen bei Luga höchst bewähren konnte. Von April bis November 1944 war Reymann der 11. Infanteriedivision im Kurlandkessel ein umsichtiger Kommandeur, wurde ab 6.3.1945 Kampfkommandant von Berlin und ab 23.4.1945 Führer der Armeegruppe Spree. Bis in die letzten Kriegstage mit seinen Truppen kämpfend, war er ein energievoller, tapferer Frontgeneral, dem die Truppe hohe Achtung zollte, und befand sich vom 7.5. – 19.9.1945 in amerikanischer bzw. britischer Kriegsgefangenschaft.

672. Eichenlaub am 28.11.1944 als Generalleutnant, für die Leistungen als Kommandeur der 11. Infanteriedivision.

Oberstleutnant der Reserve

Curt Ehle

Geboren am 21.10.1899
in Salzwedel/Provinz Sachsen.

Fahnenjunker und Offizier im Ersten Weltkrieg, war Curt Ehle 1939 im Polenfeldzug Nachrichtenoffizier im Infanterieregiment 93 (mot.) und im Frankreichfeldzug Chef der 9. Kompanie im gleichen Regiment. Im August 1940 erfolgte die Abstellung des 3. Bataillons, welches als Kradschützenbataillon 15 aufgebaut zur 15. Panzerdivision überstellt wurde. Ehle, zuerst Chef der 1. Kompanie, bewährte sich mit seinen Männern in eindrucksvoller Art bei den Kämpfen in Nordafrika, wo er ab 3.12.1941 Kommandeur des Bataillons wurde und mit diesem zur wertvollen Stütze General Rommels im Deutschen Afrika Korps zählte. Nach Verwundung und Erkrankung ab November 1942 im Lazarett, nach Genesung ab April 1943 Kommandeur des Ersatz-Bataillons 104 und nach Regimentsführerlehrgang ab April 1944 Kommandeur der „Kampfgruppe Ehle" im Verband der 13. Panzerdivision an der Ostfront. Ab August 1944 Führer der Panzerbrigade 102 und ab Dezember Kommandeur des Panzergrenadierregiments 7, zeigte der vorbildliche Offizier erneut bei schwersten Einsätzen im Osten Werte höchsten Soldatentums und treuester Pflichterfüllung, bis der Krieg sein Ende fand.

673. Eichenlaub am 29.11.1944 als Major der Reserve und
Führer der
Panzerbrigade 102.

Major

Kurt Maier

Geboren am 21.1.1911
in Mannheim/Baden.

†

In hunderten Feindflügen höchst bewährt, zählt Kurt Maier zu den hervorragenden Kampffliegern der deutschen Luftwaffe, die an allen Fronten in Ost und West durch einmalige Einsatzleistungen den Ruf dieser Waffe begründeten. Seit 1940 ständig im Fronteinsatz, wurde Maier am 1.4.1942 Adjutant der 1. Gruppe des Kampfgeschwaders 4 „General Wever" und ab 20.5.1942 Staffelkapitän der 3. Staffel dieses Geschwaders. Am 16.11.1942 erfolgte für bewiesene Tapferkeit und wichtige Erfolge seine Auszeichnung mit dem Ritterkreuz. Ab 21.10.1943 führte der verdiente Offizier dann die 1. Gruppe des Kampfgeschwaders 100 und übernahm ab 1.8.1944 als Staffelkapitän die 9. Staffel des Kampfgeschwaders 1 „Hindenburg". Nach erneuter Bewährung erfolgte auf Grund seiner bedeutenden Fähigkeiten als Offizier und Führer ab September 1944 seine Versetzung an verschiedene Stabs- und Erprobungsstellen der Luftwaffe, wo sein gekonntes Wirken bis Kriegsende hohe Beachtung und Anerkennung fand. Bedauerlich sein früher Tod im Jahre 1947 durch einen Unfall.

674. Eichenlaub am 6.12.1944 als Hauptmann, für die Leistungen als
Staffelkapitän der
9. Staffel des
Kampfgeschwaders 1 „Hindenburg".

Oberleutnant

Georg Sattler

Geboren am 14.4.1917
in München.

1935 in die Luftwaffe eingetreten, war Georg Sattler einer jener hervorragenden Flugzeugführer, dessen Einsatzleistungen im Zweiten Weltkrieg im berühmten Lehrgeschwader 1 in vortrefflicher Art begründet liegen. Über Polen, im Westen, der Luftschlacht um England, am Balkan, im Mittelmeerraum und in Afrika bewies er in hunderten Feindflügen bei Tag und Nacht seine hohen Vorzüge als Flieger und Soldat. Ruhe und Besonnenheit trugen neben Tapferkeit und Können maßgeblich zu seinen Erfolgen bei. Nicht nur gegen Rüstungsanlagen und Truppenansammlungen, sondern ebenso sehr erfolgreich beim Kampf gegen Schiffseinheiten, blickte das Geschwader in Stolz auf diesen erfahrenen Piloten, der sich auch im Kameradenkreis steter Beliebtheit erfreute. Zum Staffelkapitän der 1. Staffel ernannt, kehrte Georg Sattler am 30.8.1944 von einem Feindflug über dem Mittelmeer nicht mehr zurück. Die deutsche Luftwaffe verlor wieder einen tüchtigen Kampfflieger und außerordentlich begabten Offizier, dessen Tod in allen Kreisen aufrichtig betrauert wurde.

675. Eichenlaub am 6.12.1944 nach dem Tode, für die Leistungen als
Oberleutnant und
Staffelkapitän der
1. Staffel des
Lehrgeschwaders 1.

General der Infanterie

Walter Hahm

Geboren am 21.12.1894
in Neudorf-Sulau/Schlesien.

†

Kriegsfreiwilliger und Offizier im Ersten Weltkrieg und ab 1.11.1935 Lehrer an der Kriegsschule München. Vom 7.2. – 20.9.1940 Kommandeur des 2. Bataillons des Infanterieregiments 81 und Teilnahme am Westfeldzug. Ab 5.12.1940 – 2.11.1941 Kommandeur des Infanterieregiments 480, für dessen verdiente Führung an der Ostfront Walter Hahm am 15.11.1941 die Auszeichnung mit dem Ritterkreuz zuteil wurde. Ab 31.12.1941 Führer und ab 1.4.1942 Kommandeur der 260. Infanteriedivision und bis 27.8.1942 wieder im Einsatz an der Ostfront, mußte der General dann erkrankt in die Heimat zurück. Die hohen Anforderungen der Front forderten ihren Preis. Ab 1.4.1944 führte er dann besonders erfolgreich als Kommandeur die 389. Infanteriedivision, ab 30.1.1945 als Kommandierender General das 72. und ab 15.4.1945 das 13. Armeekorps. Schlicht, unauffällig und tapfer trotzte er in Pflichterfüllung nicht nur dem Feind, sondern auch der angegriffenen Gesundheit und verstarb 1951 in Heide in Schleswig-Holstein.

676. Eichenlaub am 9.12.1944 als Generalleutnant und
Kommandeur der
389. Infanteriedivision.

Leutnant der Reserve

Christian Braun

Geboren am 8.11.1920
in Pfronsdorf/Württemberg.

Die Einsatzwege der 198. Infanteriedivision im West-, Balkan- und Ostfeldzug und ab Sommer 1944 wieder im Westen waren auch mit den Tapferkeitstaten ihres wohl tüchtigsten Gruppen-, Zug- und Kompanieführers Christian Braun aufs engste verbunden. Seit Kriegsausbruch in der Division, verdienen neben allen Einsätzen jene an der Ostfront, wo er bei den schweren Abwehrkämpfen im Kampfgebiet zwischen Uman und Tscherkassy durch Schneid und Standhaftigkeit mit seinen Grenadieren Wertvollstes für den Gesamtfrontabschnitt leistete, besondere Erwähnung. Oftmalige Verwundungen hinderten diesen aufrechten Soldaten und tapferen Kämpfer kaum im Fronteinsatz, und seine außergewöhnlichen Erfolge in der Panzernahbekämpfung erregten Aufsehen und Bewunderung. Auch im Ehrenblatt des Deutschen Heeres genannt, gaben seine soldatischen Leistungen der 198. Infanteriedivision das Gepräge. Bei den Kämpfen im Rhonetal in Frankreich im Sommer 1944 fiel Braun wieder durch geschickte Kampfführung und Einsatzleistungen auf und erhielt in Anbetracht dessen das Eichenlaub verliehen.

677. Eichenlaub am 9.12.1944 als Oberfeldwebel und
Zugführer in der
8. Kompanie des
Grenadierregiments 308, in der
198. Infanteriedivision.

Oberfeldwebel

Fritz Arndt

Geboren am 1.6.1910
in Zehdenick/Brandenburg.

Fritz Arndt, unermüdlicher und tapferer Frontkämpfer und in der 12. Panzerdivision im alles entbehrenden Ostkrieg zum Begriff geworden, erhielt schon als Obergefreiter am 8.3.1944 für außergewöhnliche Einsatzleistungen im Kampfraum Orel das Ritterkreuz. Im ununterbrochenen Frontkämpferleben dieses Soldaten bekundet seine Art erneut die hohen Verdienste des deutschen Unteroffizierskorps im Zweiten Weltkrieg, ohne dessen Beständigkeit und Können dem deutschen Heer mancher Erfolg versagt geblieben wäre. In der jungen Truppengattung der Panzerpioniere war Fritz Arndts Beispiel als Soldat, Mensch und Kamerad von unauslöschlichem Eindruck und gipfelte stets in den Tugenden der Pflichterfüllung und des Gehorsams. 1944 bei den schweren Abwehrkämpfen im Raum Schaulen in Litauen vereitelte er mit wenigen Kameraden erneut stark angesetzte feindliche Durchbruchsversuche und rettete dadurch die Front vor dem Zusammenbruch. Im letzten Kriegsjahr auf Grund seiner Erfahrungen als Ausbilder nach Würzburg in Franken versetzt, wo er mit seiner Einheit kurz vor Kriegsende in heldenhafter Weise gegen die angreifenden Amerikaner kämpfte und hierbei durch Verwundung noch den rechten Arm einbüßte, ehe für ihn der Krieg zu Ende war.

678. Eichenlaub am 9.12.1944 als Feldwebel und
Zugführer in der
1. Kompanie des
Panzerpionierbataillons 32 (mot.), in der
12. Panzerdivision.

Generalleutnant

Gerhard Engel

Geboren am 13.4.1906
in Guben/Brandenburg.

†

1925 ins Heer eingetreten, war Engel einer jener befähigten Offiziere, denen Führungstalent und Einfühlungsvermögen genauso eigen waren wie Mut und Tapferkeit. Seit 10.3.1938 Adjutant des Heeres und Verbindungsoffizier zum Führer Adolf Hitler, übte er diese Tätigkeit bis 30.9.1943 aus und übernahm dann ab 1.10. als Kommandeur das Füsilierregiment 27 an der Ostfront, wo er sich mit seinen Soldaten im Bereich der Heeresgruppe Mitte sehr bewährt hat. Ab 28.6.1944 wurde Gerhard Engel Führer der 12. Infanteriedivision, die in opfervollen Kämpfen sehr gelitten hatte und später als 12. Volksgrenadierdivision neu aufgestellt wurde, und führte diese ab 9.11.1944 als Kommandeur an der Westfront. Bezeichnend die Leistungen der Division bei der Ardennenoffensive und beim Kampf um Aachen. Des Generals hoher Einsatz und gekonnte Führungsweise stellten manchen Erfolg sicher, und ebenso war er der Division „Ulrich von Hutten" ab 12.4.1945 bei den Endkämpfen im Reich ein vorbildlicher Kommandeur, befand sich nach dem Kriegsende bis November 1947 in amerikanischer Kriegsgefangenschaft und verstarb am 9.12.1976 in Düsseldorf.

679. Eichenlaub am 11.12.1944 als Generalmajor und
Kommandeur der
12. Volksgrenadierdivision.

SS Brigadeführer und Generalmajor der Waffen SS

Jürgen Wagner

Geboren am 9.9.1901
in Straßburg/Elsaß.

†

1933 in die SS gekommen, gehörte er zu den Männern der Leibstandarte der „ersten Zeit", war ab Mai 1940 Kommandeur des 2. Bataillons des SS Regiments „Deutschland" und kämpfte im Westfeldzug. Ab 20.11.1940 war Wagner Kommandeur des SS Infanterieregiments 11 und ab 14.11.1941 Kommandeur des SS Regiments „Deutschland". Am 22.11.1941 an der Ostfront schwer verwundet, führte er 1942/43 wieder im Osten als Kommandeur das SS Regiment „Germania". Die Taten der SS Division „Wiking" im Südabschnitt fanden schon oft Erwähnung, und auch Jürgen Wagners und seiner Grenadiere Beitrag dazu verdienen höchste Bewunderung. Ab Oktober 1943 übernahm er als Kommandeur die in Kroatien in Aufstellung befindliche SS Freiwilligen-Panzergrenadierbrigade „Nederland", mit der er dann im Bereich der Heeresgruppe Nord an der Leningrad- und Narwafront in härtesten Abwehrkämpfen stand. Im Januar 1945 wurde die Brigade zur Division erweitert und gelangte im Rahmen des 3. germanischen SS Panzerkorps zu höchsten Ehren. Auch in den Endkämpfen im Reich leisteten die restlichen Teile der Division noch Beispielhaftes. Jürgen Wagner, nach der Gefangennahme durch die Amerikaner an Jugoslawien ausgeliefert, wurde dort zum Tode verurteilt und am 5.4.1947 in Belgrad hingerichtet.

680. Eichenlaub am 11.12.1944 als SS Brigadeführer und
Kommandeur der
4. SS Freiwilligen-Panzergrenadierbrigade
„Nederland".

Oberstleutnant

Friedrich Jakob

Geboren am 18.3.1910
in Ehringhausen/Hessen.

Schon 1928 im Heer, wurde er im Kriege in der 72. Infanteriedivision zu einem vorbildlichen Offizier, dessen persönliche Tapferkeit und bereitwillige Art ihn zum Vorbild seiner Soldaten machten. Ab 1.11.1939 Chef der 3. Kompanie im Infanterieregiment 105 und nach Teilnahme am West- und Balkanfeldzug dann an der Ostfront, wo Jakob ab Juli 1941 Führer und ab März 1942 Kommandeur des 2. Bataillons wurde. Seine Verdienste bei den Einsätzen im Süden der Ostfront stehen mit den Kampfleistungen in der Ukraine, auf der Krim und auf Kertsch usw. im Einklang und führten am 4.3.1942 zur Verleihung des Ritterkreuzes. Nach Erkrankung und Lazarettaufenthalt ab 1.9. wieder an der Ostfront als Offizier zur besonderen Verwendung im Divisionsstab und bereits am 9.9. als Führer der Aufklärungsabteilung schwer verwundet. Nach Genesung ab 1.4.1943 als Taktiklehrer an der Infanterieschule Döberitz, ab 1.8.1944 mit der Aufstellung des Grenadierregiments 1149 betraut und ab 1.11. mit diesem als Führer an der Kurlandfront eingesetzt, wo der befähigte Offizier mit seinen Grenadieren Höchstleistungen an Zähigkeit und Ausdauer bot und dadurch der schwer ringenden Front eine wertvolle Stütze war. Nach dem Kriegsende befand sich Friedrich Jakob bis 8.1.1950 in russischer Kriegsgefangenschaft.

681. Eichenlaub am 18.12.1944 als Major und
Führer des
Grenadierregiments 1149, in der
563. Volksgrenadierdivision.

Generalleutnant

Harry Hoppe

Geboren am 11.2.1894
in Braunschweig.

†

Im Ersten Weltkrieg Kriegsfreiwilliger und Offizier, war Hoppe ab 1.10.1935 Kommandeur des MG Bataillons 2, mit dem er sich am Westwall schon ausgezeichnet hat. Ab 1.10.1939 I a im Erkundungsstab Ost und ab 1.10.1940 Kommandeur des Infanterieregiments 424, mit dem er dann in den Ostfeldzug rückte. Seine und des Regiments Leistungen an der Nordfront sind untrennbar mit den Namen Nowgorod, Leningrad und Demjansk verbunden. Beim Einsatz immer in vorderster Front bei seinen Grenadieren und trotz Verwundungen bei der Truppe verweilend, gab er Beispiele außerordentlicher Tapferkeit, Kameradschaft und Führungskunst. Seit 12.10.1942 Führer und ab 1.12. Kommandeur der 126. Infanteriedivision, führte er diese umsichtig und mit großem Können. Ab 23.11.1943 wurde der General Kommandeur der 278. Infanteriedivision, die unter seiner bewährten Führung an der Front in Italien hervorstechende Waffentaten vollbrachte. Die Anconaschlachten, die Schlacht von Rimini und die Kämpfe im Senio-Brückenkopf stehen im Einklang mit den Kampferfolgen dieser ausgezeichneten Division. Am 2.5.1945 in britische Kriegsgefangenschaft geraten, kehrte der General am 17.5.1948 aus dieser in die Heimat zurück und verstarb am 23.8.1969 in Wetzlar an der Lahn/Hessen.

682. Eichenlaub am 18.12.1944 als Generalleutnant und
Kommandeur der
278. Infanteriedivision.

General der Artillerie

Eduard Crasemann

Geboren am 5.3.1891
in Hamburg.

Schon bewährter Artillerieoffizier im Ersten Weltkrieg, waren Crasemanns Leistungen auch in den ersten Kriegsjahren des Zweiten Weltkrieges in dieser Waffengattung beeindruckend. Im Polenfeldzug 1939 Chef der 5. Batterie des Artillerieregiments 73, im Westfeldzug 1940 Kommandeur der 2. Abteilung des Panzerartillerieregiments 78 und ab 10.5.1941 Kommandeur des Panzerartillerieregiments 33, wo Crasemann bereits am 26.12.1941 für besondere Verdienste auf afrikanischem Boden das Ritterkreuz verliehen wurde. Juli/August führte der tapfere Offizier sogar die 15. Panzerdivision, war ab 1.9.1943 Artilleriekommandeur 143 beim 24. bzw. 44. Armeekorps, übernahm ab 6.7.1944 die Führung der 26. Panzerdivision und war ab 1.10. deren Kommandeur. Gekonnte Führungsart verband der General mit seiner Tapferkeit geschickt zu durchschlagenden Erfolgen der Division bei allen Einsätzen in Italien und wurde auf Grund seines außerordentlichen Könnens ab 29.1.1945 Kommandierender General des 12. SS Armeekorps an der Westfront, wo er am 16.4.1945 in britische Kriegsgefangenschaft geriet und im Gefängnis Werl in Westfalen am 29.4.1950 verstorben ist.

683. Eichenlaub am 18.12.1944 als Generalleutnant und
Kommandeur der
26. Panzerdivision.

Hauptmann

Andreas Kuffner

Geboren am 30.5.1918
in Deisenhofen/Oberbayern.

✠

Kuffner, seit 1937 in der Flakartillerie, kam nach Teilnahme am Westfeldzug im August 1940 zur Fliegertruppe, wo er seit Januar 1942 als Flugzeugführer in der 1. Gruppe des Stukageschwaders 2 „Immelmann" an der Ostfront kämpfte. Ab Dezember bereits Führer der 4. Staffel, erfolgte ab Mai 1943 seine Versetzung zur 3. Gruppe des Schlachtgeschwaders 151 nach dem Balkan. Ab Februar 1944 war er dann Staffelkapitän der 10. Staffel des Schlachtgeschwaders 3 und ab Januar 1945 Kommandeur der 1. Gruppe des Schlachtgeschwaders 9. In unzähligen Einsätzen an allen Abschnitten der Ostfront überaus bewährt, war er der Typ des unermüdlichen Frontfliegers, dessen Bescheidenheit und Können stets angenehm auffielen. Besonders in der Panzerbekämpfung mit seinen Fliegern sehr erfolgreich, wurde der verdiente Offizier im Laufe des Krieges immer mehr zum Kampfgefährten der Soldaten des Heeres, bis am 30.4.1945 über dem Flugplatz Sülte bei Schwerin sein tapferes Soldatenleben endete. Britische Jäger waren es, die Andreas Kuffner tödlich abschossen, und die Luftwaffe traf damit ein sehr schwerer Verlust.

684. Eichenlaub am 20.12.1944 als Hauptmann und
Staffelkapitän der
10. Staffel des
Schlachtgeschwaders 3.

SS Sturmbannführer

Fritz Biermeier

Geboren am 19.5.1913
in Augsburg/Schwaben.

Fritz Biermeiers Name und die SS Division „Totenkopf" standen bis zu seinem Tode in jähem Einklang, gehen zurück bis zur Gründungszeit und enden auf dem Höhepunkt dieser bewährten Truppe. 1934 in die SS Totenkopfverbände eingetreten, kam er über die SS Junkerschule Braunschweig zur SS Totenkopfstandarte „Oberbayern" und anschließend als Zugführer zur SS Totenkopfdivision, wo er sich schon 1940 im Westfeldzug bewährt hat. An der Ostfront dann Ordonnanzoffizier und Adjutant des 2. Bataillons des SS Infanterieregiments 3, kam Biermeier nach Verwundung ab März 1942 in die neuaufgestellte SS Panzerabteilung „Totenkopf", wurde im Frühjahr 1943 Chef der 5. Kompanie und ab Sommer Kommandeur der 2. Abteilung, jetzt SS Panzerregiment 3. Hier erwarb er sich unvergänglichen Soldatenruhm bei allen Einsätzen im Osten, wo die Kampfleistungen seiner Panzer bei Kriwoj Rog, Luganka und im Raume Warschau über allen anderen geleisteten Waffentaten schlachtentscheidende Bedeutung erlangten. Trotz seiner Härte beliebt im Kameradenkreis, tapfer und umsichtig im Kampf, fiel Fritz Biermeier am 11.10.1944 in treuester Pflichterfüllung in der Abwehrschlacht bei Warschau in Polen.

685. Eichenlaub am 27.12.1944 nach dem Tode, für die Leistungen als
SS Sturmbannführer und
Kommandeur der
2. Abteilung des
SS Panzerregiments 3, in der
3. SS Panzerdivision „Totenkopf".

Generalleutnant

Paul Klatt

Geboren am 6.12.1896
in Kroppen/Niederschlesien.

†

Kriegsfreiwilliger und Offizier im Ersten Weltkrieg, war Paul Klatt 1938 Kommandeur des Gebirgs-Pionierbataillons 83, mit dem er in Polen und Norwegen kämpfte und dann mit diesem an die Front im Hohen Norden verlegte, wo er ab August 1941 Kommandeur des Gebirgsjägerregiments 138 wurde. Die zermürbenden Kämpfe in den Weiten der Tundra und an der Liza-Bucht, vereint im Kampfe mit den finnischen Verbündeten, stellten unter dem Himmel des Nordlichtes an die Gebirgsjäger Anforderungen höchsten Ausmaßes. Daß es gelang, unter schwierigsten Bedingungen hier auszuhalten, war auch ein Mitverdienst der beispielgebenden Generale und Offiziere an dieser „einsamen Front". Ab 3.7.1944 Kommandeur der 3. Gebirgsdivision, bewies der General immerzu hohes Führungskönnen, Verständnis und Kameradschaft, und seine vielen Verwundungen, in vorderster Linie erlitten, bezeugen seinen tapferen Fronteinsatz und unterstreichen des Kommandeurs verschworene Kampfgemeinschaft mit seinen Jägern bis in die letzten Kriegstage im Bereich der Heeresgruppe Süd an der Ostfront. Von Mai 1945 bis Oktober 1955 teilte der General mit seinen Männern das Los der sowjetischen Kriegsgefangenschaft und verstarb am 6.7.1973 in Olching/Oberbayern.

686. Eichenlaub am 26.12.1944 als Generalleutnant und
Kommandeur der
3. Gebirgsdivision.

SS Obersturmbannführer

Günther Eberhardt Wisliceny

Geboren am 5.9.1912
in Regulowken/Ostpreußen.

Seit 1933 in der Leibstandarte, ab 1.5.1938 als Zugführer und später als Adjutant des 2. Bataillons im SS Regiment „Der Führer" und ab 22.10.1939 Chef der 8. Kompanie im SS Infanterieregiment 11. Nach dem Balkanfeldzug kämpfte er mit dieser Kompanie bis zu seiner schweren Verwundung am 6.12.1941 an der Ostfront. Ab 1.4.1942 wieder an der Front, waren seine Einsatzleistungen mitbestimmend für die Erfolge der SS Division „Das Reich", wo Wisliceny zuerst als Kommandeur das 3. Bataillon des SS Panzergrenadierregiments „Deutschland" führte und ab 9.3.1944 Kommandeur des Regiments wurde. In den Schlachten des Ostens und an der Invasionsfront im Westen war die mutige und draufgängerische Führungsart dieses vorbildlichen Offiziers ein immer mitreißendes Beispiel für seine Grenadiere und führte dadurch oftmals zu schlachtentscheidenden Erfolgen. Die Auszeichnung mit der goldenen Nahkampfspange und dem goldenen Verwundetenabzeichen sprechen wohl deutlichst für den restlosen Einsatz dieses tapferen Frontoffiziers. Nach dem Kriegsende geriet Günther Eberhardt Wisliceny in amerikanische Gefangenschaft, wurde 1947 an die Franzosen überstellt und von diesen am 12.7.1951 aus der Kriegsgefangenschaft entlassen.

687. Eichenlaub am 26.12.1944 als SS Obersturmbannführer und Kommandeur des SS Panzergrenadierregiments 3 „Deutschland", in der 2. SS Panzerdivision „Das Reich".

151. Schwerter am 6. 5.1945 als SS Obersturmbannführer und Kommandeur des SS Panzergrenadierregiments 3 „Deutschland", in der 2. SS Panzerdivision „Das Reich".

SS Obersturmbannführer

Otto Weidinger

Geboren am 27.5.1914
in Würzburg/Unterfranken.

Sein Name und die SS Division „Das Reich" stehen in engster Verbindung. 1934 in die SS Verfügungstruppe eingetreten, 1936 Zugführer im SS Regiment „Deutschland", 1939 Adjutant und 1940 Chef der Spähkompanie der SS Aufklärungsabteilung der SS Verfügungsdivision (mot.), später SS Division „Das Reich". Nach Einsatz im Polen-, West-, Balkan- und Ostfeldzug wirkte der bewährte Offizier ab 1.11.1941 als Taktiklehrer und Lehrgruppenkommandeur an der SS Kriegsschule Braunschweig, ehe er ab Juni 1943 an der Ostfront als Kommandeur das 1. Bataillon des SS Panzergrenadierregiments 3 „Deutschland" übernahm und ab August Kommandeur der SS Panzeraufklärungsabteilung 2 wurde. In härtesten Einsätzen bewies er Werte höchsten Soldatentums und war seinen Soldaten ein aufrechter Führer. Nach Verlegung der Division an die Westfront übertrug man Otto Weidinger dort im Juni 1944 die Führung des SS Panzergrenadierregiments 4 „Der Führer", welches er in den schweren Schlachten in Frankreich, am Westwall und in der Ardennenoffensive erfolgreich zu führen verstand. Ab November 1944 Kommandeur des Regiments, erfolgte 1945 dessen Verlegung nach Ungarn, wo Otto Weidinger mit seinen Männern noch schwere Abwehrkämpfe zu bestehen hatte. Unerschütterlich seine Ruhe, hervorstechend seine Tapferkeit und beispielhaft seine Kameradschaft, war er ein Kommandeur von Ehre und Gewissen und verbrachte nach Kriegsende sechs Jahre in französischer Kriegsgefangenschaft.

688. Eichenlaub am 26.12.1944 als SS Obersturmbannführer und
Kommandeur des
SS Panzergrenadierregiments 4
„Der Führer", in der
2. SS Panzerdivision „Das Reich".

150. Schwerter am 6. 5.1945 als SS Obersturmbannführer und
Kommandeur des
SS Panzergrenadierregiments 4
„Der Führer", in der
2. SS Panzerdivision „Das Reich".

Generalmajor

Baron Heinrich von Behr

Geboren am 26.6.1902
in Roennen/Kurland.

Ein beispielhafter soldatischer Werdegang eines Offiziers, dessen Kampf- und Führungsleistungen, verbunden mit hohem Können und persönlicher Tapferkeit, an allen Fronten zu größter Bewunderung Anlaß geben. Zuerst in der Nachrichtentruppe, war er jeweils Kommandeur ab: 1.9.1939 Panzernachrichtenabteilung 81, 25.9.1939 Nachrichtenabteilung 198 und 15.4.1940 Panzernachrichtenabteilung 39. Den Einsätzen in Polen, im Westen und an der Ostfront schloß sich dann der Einsatz in Afrika an, wo der befähigte Offizier ab 20.10.1941 Kommandeur der Panzerkorps-Nachrichtenabteilung 424 wurde und sich im Rahmen der Panzerarmee Afrika sehr verdient gemacht hat. Ab 25.10.1942 in der Führerreserve des Oberkommandos des Heeres, danach an der Panzertruppenschule Wünsdorf und ab 17.5.1943 bei der 26. Panzerdivision in Italien, wo Heinrich von Behr ab 1.7. als Kommandeur das Panzergrenadierregiment 200 übernahm, mit dem er sich in den Kämpfen um Cassino höchsten Soldatenruhm erwarb. Ab 27.12.1944 Führer der 90. Panzergrenadierdivision, konnte er sich hier bei den Abwehrkämpfen in Norditalien entscheidend auszeichnen und war dieser ein jederzeit vorbildlicher Kommandeur und General.

689. Eichenlaub am 9.1.1945 als Oberst, für die Leistungen als Kommandeur des Panzergrenadierregiments 200, in der 90. Panzergrenadierdivision.

Generalleutnant

Kurt Hermann Freiherr von Mühlen

Geboren am 22.1.1905
in Ulm/Württemberg.

†

1923 als Fahnenjunker ins Heer eingetreten, seit 1.10.1936 Chef der 14. Kompanie im Infanterieregiment 75 der 5. Infanterie-, später 5. Jägerdivision, ab 1.5.1940 Führer des 1. Bataillons und ab 15.6. Adjutant im Divisionsstab. Nach Teilnahme am Westfeldzug kam die Zeit seiner ganz hervorragenden Bewährung an der Ostfront, wo der verdiente Offizier ab 6.8.1942 Führer und ab 1.3.1943 Kommandeur des Jägerregiments 75 war. Die Waffentaten des Regiments im Bereich der Heeresgruppe Nord unter seiner erfolgreichen Führung stehen in engster Verbindung mit den Kämpfen um Staraja Russa und Demjansk. Des Kommandeurs soldatische Fähigkeiten in Führung und Kampf waren mitreißendes Beispiel für seine Jäger in allen schweren Einsätzen. Aufgrund seiner Erfahrungen erfolgte ab 10.5.1944 seine Versetzung an die Schießschule Dresden, wo er bis Juli im Lehrstab 1 wirkte, ehe er ab 8.7. Führer und ab 9.11. Kommandeur der 559. Volksgrenadierdivision wurde und sich mit dieser an der Westfront höchste Verdienste erwerben konnte. Von Mai 1945 bis Juni 1947 befand sich der General in französischer bzw. amerikanischer Kriegsgefangenschaft und verstarb am 14.1.1972 in Kreßborn/Baden-Württemberg.

690. Eichenlaub am 9.1.1945 als Generalmajor und
Kommandeur der
559. Volksgrenadierdivision.

General der Artillerie

Walter Lucht

Geboren am 26.2.1882
in Berlin.

†

Im Ersten Weltkrieg Offizier, ab 1.10.1937 Kommandeur des Artillerieregiments 215, ab 6.2.1940 Artilleriekommandeur 44 und Einsatz im West- und Ostfeldzug, wo Walter Lucht ab 17.2.1942 die Führung der 87. Infanteriedivision übernahm und ab 1.3.1942 Kommandeur der 336. Infanteriedivision wurde. Die Erfolge der Division im Südabschnitt der Ostfront, insbesonders beim Kampf auf der Krim, sind hinreichend bekannt und wesentlich dem Können und der Tapferkeit dieses beliebten Frontgenerals gutzuschreiben. Für diese Waffentaten am 31.1.1943 mit dem Ritterkreuz ausgezeichnet und ab 1.11.1943 zum Kommandierenden General des 66. Armeekorps ernannt, bestach er auch hier durch außergewöhnliche Führungsleistungen, ehe man ihn ab 16.3.1945 mit der Führung der 11. Armee im Westen betraute, wo der General einen Monat später noch Kommandierender General des 82. und anschließend des 13. Armeekorps wurde und in einer schweren Zeit mit rasch wechselnden Ereignissen jederzeit seine hohe Klasse als Armeeführer und Frontbefehlshaber unter Beweis stellte. Walter Lucht verstarb 1949 in Heilbronn am Neckar/Baden-Württemberg.

691. Eichenlaub am 9.1.1945 als General der Artillerie und Kommandierender General des 66. Armeekorps.

Oberst

Sigmund Ulrich Freiherr von Gravenreuth

Geboren am 21.10.1909
in München.

1934 ins Heer gekommen und 1936 zur Luftwaffe übergetreten, war Gravenreuth schon einer der erfolgreichsten Kampfflieger bei der „Legion Condor" in Spanien, wo er dreizehn Monate im Einsatz war. Danach als Flugzeugführer im Kampfgeschwader 30, begann hier für ihn der Weg eines Kampffliegers von einmaliger Prägung. Schon am 24.11.1940 mit dem Ritterkreuz ausgezeichnet, waren es besonders die großen Erfolge gegen britische Schiffseinheiten, die durch diese Auszeichnung ihre Belobigung fanden. 1942 Kommandeur der 2. Gruppe im Osten und schwer verwundet (Verlust des Unterschenkels), flog dieser mutige Flieger auch weiterhin trotz Prothese seine Einsätze. Hohe Erfahrung, Mut und Scharfsinn zeichneten seine Persönlichkeit in jeder Hinsicht und erheben diesen Offizier, der am Himmel über den Fronten in Nord, Süd, Ost und West sein Können in den Kriegsjahren 1939 bis 1944 deutlichst bewies, zu den Tüchtigsten in der Kampffliegerwaffe. Dem Geschwader ab September 1943 noch als vorbildlicher Kommodore geltend, ist sein Tod am 16.10.1944 im Raume Breslau, als er bei einem Übungsflug mit einem Jagdflugzeug Me 109 tödlich abstürzte, als eine besondere Tragik zu werten.

692. Eichenlaub am 9.1.1945 nach dem Tode, für die Leistungen als
Oberstleutnant und
Kommodore des
Kampfgeschwaders 30.

Oberst

Kurt Gröschke

Geboren am 17.7.1907
in Berlin-Charlottenburg.

Seit 1935 im Regiment „General Göring", zählt Kurt Gröschke zu den Fallschirmjägern der ersten Stunde, wo er alle Einsatzwege des Fallschirmjägerregiments 1 im Zweiten Weltkrieg mitmachte und in überzeugender Weise an den Fronten im Westen, auf Kreta, im Osten und in Italien höchste Kampf- und Führungsleistungen zeigte. Ab Mai 1940 als Chef die 2. Kompanie und ab April 1942 als Kommandeur das 2. Bataillon führend, waren es vor allem die schweren Schlachten am Monte Cassino, wo er mit seinen Männern beispielgebend schwerste Angriffe des Feindes abwehrte und viel zu den Ruhmestaten der Fallschirmtruppe beitrug. Nach den Kämpfen in Italien ernannte man den bewährten Offizier zum Kommandeur des Fallschirmjägerregiments 15, wo er auch an der Westfront durch ruhige, bedachte Führungsart und persönliche Tapferkeit mit seinen Soldaten gegen die Übermacht der feindlichen Invasionstruppen erfolgreich bestehen konnte und bis zu den Endkämpfen im Reich der deutschen Fallschirmtruppe durch seine Leistungen hohe Ehre erwies.

693. Eichenlaub am 9.1.1945 als Oberstleutnant und
Kommandeur des
Fallschirmjägerregiments 15, in der
5. Fallschirmjägerdivision.

General der Artillerie

Kurt Herzog

Geboren am 27.3.1889
in Quedlinburg/Harz.

Offizier im Ersten Weltkrieg, war er zu Kriegsbeginn 1939 Kommandeur der Ergänzungstruppe 1 und ab 30.9.1939 Artilleriekommandeur 108. Nach dem Polen- und Westfeldzug führte der General als Kommandeur im Ostfeldzug die 291. Infanteriedivision, mit der er in wechselvollen Kämpfen im Bereich der Heeresgruppe Nord bis vor Leningrad vorstieß und durch außergewöhnliche Waffentaten aufhorchen ließ. In Übersicht und Führungskönnen einmalig begabt, erfolgte ab 10.6.1942 seine Ernennung zum Kommandierenden General des 38. Armeekorps, mit dem er ebenfalls an der Nordfront durch Beständigkeit und Ausdauer zu einer wertvollen Stütze der Front wurde. Auch die Schlachten in Kurland sahen sein Korps in entscheidender Weise beteiligt, wo es bis Kriegsende starken Feindkräften erfolgreich widerstand. Der General, bei der Truppe wegen seiner Verständlichkeit und Tapferkeit sehr geachtet, kam im Mai 1945 in sowjetische Kriegsgefangenschaft, wo er 1948 oder 1949 (leider nicht genau bekannt) in einem Kriegsgefangenenlager in Rußland verstorben ist.

694. Eichenlaub am 12.1.1945 als General der Artillerie und
Kommandierender General des
38. Armeekorps.

Major

Alois Eisele

Geboren am 22.2.1914
in Salach/Württemberg.

1934 ins Infanterieregiment 13 eingetreten, wurde Alois Eisele im Laufe des Krieges in der Waffengattung der Infanterie, der Königin der Waffen, ein hervorragend tapferer und in jeder Weise beispielgebender Offizier, und die Feldzüge in Frankreich, Jugoslawien und im Osten prägten eindrucksvoll seinen soldatischen Werdegang in den Jahren 1940 bis 1945. Besonders an der Ostfront vollbrachte er bei den Einsätzen im Verband der 7. Infanteriedivision Höchstleistungen an persönlicher Tapferkeit. Ob im harten Rußlandwinter im Mittelabschnitt der Ostfront, im Kursker Frontbogen oder bei den schweren Rückzugskämpfen der Jahre 1944/45 – überall dort war sein Einsatz überzeugend und mitreißend. Als Träger der goldenen Nahkampfspange und des goldenen Verwundetenabzeichens gehörte Alois Eisele zu den Frontoffizieren, die in Pflichterfüllung und Vaterlandsliebe die Ehre der deutschen Wehrmacht bezeugten. Nach kurzer Kriegsgefangenschaft wurde er von den Amerikanern nach dem Krieg in die Heimat entlassen.

695. Eichenlaub am 12.1.1945 als Major und
Kommandeur des
3. Bataillons des
Grenadierregiments 61, in der
7. Infanteriedivision.

Oberst

Volprecht Freiherr von Riedesel zu Eisenbach

Geboren am 10.12.1912
in Hofgeismar/Hessen.

In ihm begegnen wir dem Bild eines Offiziers, dessen Mut, Können und hohe Führereigenschaften in der Tiefe eines Herzens wurzelten, dessen ganzer Glaube dem Vaterland gehörte. In der jungen deutschen Luftwaffe erzielte dieser einmalig begabte Kampfflieger an allen Fronten in Ost, West und Süd entscheidende Erfolge und war einer der ganz hervorragenden Offiziere im Kampfgeschwader 76, wo er als Kommandeur die 2. Gruppe führte und für seine großen Verdienste bereits am 7.10.1942 mit dem Ritterkreuz ausgezeichnet wurde. In hunderten Feindflügen leuchtendes Vorbild seiner Flieger, gefiel außerdem seine Art als Verbandsführer und Kamerad. Als man in der Endphase des Krieges daranging, die Kampfflieger als Jagdflieger umzuschulen, um dem übermächtigen Druck der feindlichen Bomberflotten auf das Reich Einhalt zu gebieten, fand man auch diesen tapferen Piloten als Kommodore des nun mit Düsenjägern ausgestatteten Kampfgeschwaders 54 in der Reichsverteidigung, wo er am 9.2.1945 über Idstein/Hessen sein Leben für das Vaterland gab. Die Luftwaffe trauerte um einen vorbildlichen Offizier und Menschen.

696. Eichenlaub am 14.1.1945 als Oberstleutnant und
Kommodore des
Kampfgeschwaders 54.

Hauptmann

Joachim Brendel

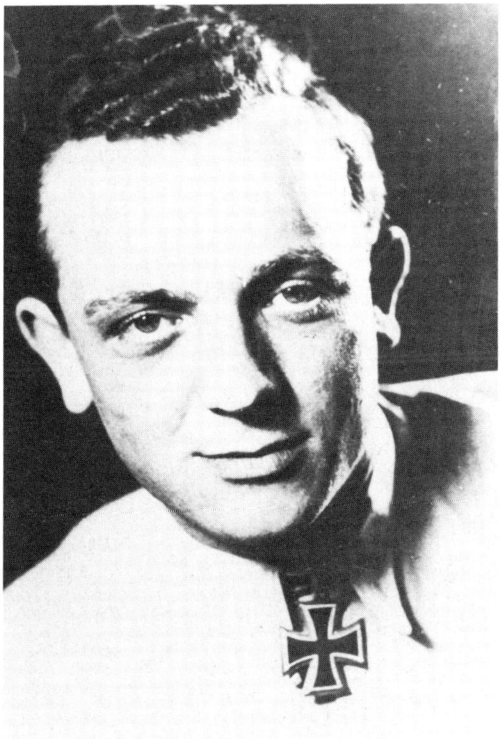

Geboren am 27.4.1921
in Ulrichshalben/Thüringen.

†

Joachim Brendel, mit seinen vielen erzielten Luftsiegen einer der Jagdflieger im Spitzenfeld der Besten der deutschen Luftwaffe, zählte zu den tapferen Männern im Möldersgeschwader. Im Juni 1941 als Flugzeugführer in die 1. Gruppe des Geschwaders an die Ostfront gekommen, flog er schon viele Jagdbombereinsätze und Tiefangriffe, ehe ihm im Jahre 1943 der Aufstieg zum erfolgreichen Jagdflieger gelang. Hoher Einsatzwille und brennender Ehrgeiz untermauerten seine Kampfwege und gipfelten in herausragenden Leistungen. Oft verwundet, stürzte er sich immer wieder ins Kampfgetümmel, war ab Mai 1943 der 1. Staffel ein strenger Staffelkapitän und ab 2.7.1944 der 3. Gruppe ein beispielgebender Kommandeur. Bis in die letzten Kriegstage im Einsatz, bezeugen 950 Feindflüge und 189 bestätigte Luftsiege, darunter fast 100 schwer gepanzerte russische Schlachtflugzeuge, seinen Weg als unbändigen Frontkämpfer und untadeligen Offizier. Am 7.7.1974 ist Joachim Brendel in Köln verstorben.

697. Eichenlaub am 14.1.1945 als Hauptmann und
Kommandeur der
3. Gruppe des
Jagdgeschwaders 51 „Mölders".

General der Infanterie

Wilhelm Hasse

Geboren am 24.11.1894
in Neiße/Oberschlesien.

Offizier im Ersten Weltkrieg, gehörte Wilhelm Hasse in den ersten Jahren des Zweiten Weltkrieges zu den überaus befähigten deutschen Generalstabsoffizieren. Im Polen- und Westfeldzug I a der Heeresgruppe Nord bzw. B, erfolgte ab 1.12.1940 seine Ernennung zum Chef des Generalstabes der 18. Armee und ab 25.6.1942 jene zum Chef des Generalstabes der Heeresgruppe Nord. Seit 23.1.1943 dann in der Führerreserve des Oberkommandos des Heeres, übernahm der General ab 5.11.1943 als Kommandeur die 30. Infanteriedivision, für deren beispielhafte Führung im Nordabschnitt der Ostfront Wilhelm Hasse am 12.8.1944 das Ritterkreuz verliehen bekam. Bereits ab Juli 1944 führte er als Kommandierender General das 2. Armeekorps in Kurland und ab 30.3.1945 bis zum Kriegsende als Führer die 17. Armee im Mittelabschnitt der Ostfront. Richtig getroffene Entscheidungen waren der Grundstein der Erfolge der von ihm geführten Truppen und erhoben den General in den letzten schweren Kriegsjahren oft zur bedeutenden Schlüsselfigur an manchem Frontabschnitt. In sowjetische Gefangenschaft geraten, verstarb er dort am 9.5.1945.

698. Eichenlaub am 14.1.1945 als General der Infanterie und
Kommandierender General des
2. Armeekorps.

Rittmeister der Reserve

Hans-Detlef Gollert-Hansen

Geboren am 3.11.1913
in Breslau.

Seit 1934 im Reiterregiment 2, kam er bei Kriegsausbruch 1939 in die 73. Infanteriedivision, mit der sein Einsatzweg über die Feldzüge in Polen und im Westen an die Ostfront führte, wo Gollert-Hansen 1942 Chef der Radfahrschwadron 173 wurde und in Anlehnung für beispiellose Tapferkeits- und Führungsleistungen bei den schweren Kämpfen im Kubanbrückenkopf am 31.7.1943 das Ritterkreuz erhielt. Im Juni 1944 kam der befähigte Offizier ins Kavallerieregiment Mitte, der späteren 3. Kavalleriebrigade, wo er sich als Kommandeur der 2. Schwadron des Reiterregiments 31 erneut höchsten Soldatenruhm erwerben konnte. Die aufreibenden und opfervollen Kämpfe bis in den ungarischen Raum sahen diesen einsatzbereiten und durch acht in diesem Krieg erlittene Verwundungen gezeichneten Frontoffizier unermüdlich im Einsatz, bis er am 6.3.1945 bei einem sowjetischen Werferüberfall den Soldatentod starb und das deutsche Heer somit ein besonders schwerer Verlust traf.

699. Eichenlaub am 14.1.1945 als Rittmeister des Reserve und Kommandeur der 2. Schwadron des Reiterregiments 31, in der 3. Kavalleriebrigade.

Hauptmann

Claus Breger

Geboren am 25.12.1910
in Pinnow/Pommern.

Die Einsatzerfolge der 12. Infanteriedivision, spätere 12. Volksgrenadierdivision, beginnend im Polen- und Westfeldzug, an der Ostfront und wieder im Westen sind hinreichend bekannt, und daß sie so bezeichnend ausfielen, war nicht zuletzt dem hohen Einsatz, der Tapferkeit und dem Können jener Männer vom Schlage Claus Bregers zu verdanken. Als langjähriger Berufssoldat paarte er seine Erfahrungen mit ungemeinem Kampfwillen im Fronteinsatz zu Ergebnissen des Erfolges auf allen Linien. Als Zugführer im 1. Bataillon des Infanterieregiments 27 für besondere Leistungen bei Kämpfen im Kessel von Demjansk bereits am 8.9.1942 mit dem Ritterkreuz ausgezeichnet, stehen auch die Schlachten bei Witebsk und Mogilew mit seinen geleisteten Waffentaten im Einklang. Nach weiteren schweren Abwehrkämpfen im Osten verlegte die Division, jetzt 12. Volksgrenadierdivision, dann an die Westfront, wo Claus Breger bei den Kämpfen im Raume Aachen schwer verwundet wurde und an dieser Verwundung am 17.12.1944 verstorben ist. Ein vorbildlicher Offizier und liebenswerter Mensch, vom ersten Tag des Krieges Frontsoldat in der Division, gab für das Vaterland das Höchste.

700. Eichenlaub am 14.1.1945 nach dem Tode, für die Leistungen als
Hauptmann und
Führer des
1. Bataillons des
Füsilierregiments 27, in der
12. Volksgrenadierdivision.

SS Gruppenführer und Generalleutnant der Waffen SS

Bruno Streckenbach

Geboren am 7.2.1902
in Hamburg.

†

Seit 1933 im Polizeidienst, kam Bruno Streckenbach 1942 als Sturmbannführer zur Waffen SS, wo er im Mittelabschnitt der Ostfront als Kommandeur zuerst die SS Panzerjägerabteilung 8, dann die SS Aufklärungsabteilung 8 und schließlich das Reiterregiment 1, das spätere SS Kavallerieregiment 15, führte und sich nicht nur im Fronteinsatz, sondern auch bei Sicherungsaufgaben im rückwärtigen Gebiet sehr bewährt hat. Ab 15.4.1944 erfolgte seine Ernennung zum Kommandeur der 19. Waffen-Grenadierdivision der SS lettische Nr. 2, die er bis Kriegsende in den harten Schlachten in Kurland erfolgreich zu führen verstand. Einfühlungsvermögen und kameradschaftliche Art des Generals wurden neben seiner Tapferkeit zu Bindegliedern mit den lettischen Freiwilligen, die ihren Kommandeur sehr verehrten und dadurch die geleisteten Waffentaten der Division begründeten. Der General, im Mai 1945 in sowjetische Kriegsgefangenschaft geraten, kehrte am 10.10.1955 in die Heimat zurück und verstarb am 28.10.1977 in seiner Geburtsstadt Hamburg.

701. Eichenlaub am 16.1.1945 als SS Gruppenführer und
Kommandeur der
19. Waffen-Grenadierdivision der SS
lettische Nr. 2.

Generalmajor der Reserve

Max Reinwald

Geboren am 1.9.1903
in Hagelstadt/Oberpfalz.

†

Sein Name steht in enger Verbundenheit mit dem Infanterieregiment 19 der 7. Infanteriedivision. Bei Kriegsbeginn 1939 Zugführer in der 3. Kompanie und noch im Polenfeldzug ab 10.9.1939 Chef der 1. Kompanie. Mit dieser kämpfte Reinwald auch im West- und anschließend im Ostfeldzug, wo er ab 1.10.1942 Kommandeur des 1. Bataillons und ab 1.10.1943 Kommandeur des Regiments wurde. Ein beachtenswerter soldatischer Werdegang eines tapferen und unerschrockenen Offiziers, dessen beständige Kampf- und Führungsleistungen besonders an der Front im Osten zu eindrucksvollen Erfolgen wurden, als die Front dort in ständigen Abwehrkämpfen gehalten werden mußte und die Heeresgruppe Mitte in dieser Zeit einem brodelnden Hexenkessel glich. Ab 1.11.1944 auf Divisionsführerlehrgang in Hirschberg in Schlesien, ab 1.1.1945 Führer und ab 1.4. Kommandeur der 362. Infanteriedivision in Italien, wo diese bewährte Division in der Person Max Reinwalds bis zur Kapitulation im Mai 1945 einen ausgezeichneten Führer und Kommandeur besaß. Am 8.6.1969 verstarb Max Reinwald in Regensburg/Bayern.

702. Eichenlaub am 18.1.1945 als Oberst der Reserve, für die Leistungen als Kommandeur des Grenadierregiments 19, in der 7. Infanteriedivision.

Oberst der Reserve

Richard Henze

Geboren am 3.9.1895
in Herzog Julius Hütte bei Goslar/Harz.

Schon im Ersten Weltkrieg bewährter Frontkämpfer und schwer verwundet, war auch im Zweiten Weltkrieg sein Einsatz durch Mut, Können und Ausdauer gezeichnet. Nach dem Westfeldzug waren seine Tapferkeits- und Führungsbeispiele an der Ostfront einmalig und überzeugend, und fiel irgendwo der Name dieses bescheidenen Offiziers, sprach man stets in Anerkennung und Achtung ob seiner geleisteten Waffentaten. Schon als Kommandeur des 2. Bataillons des Infanterieregiments 518 für entscheidende Kampftaten am 7.10.1942 mit dem Ritterkreuz ausgezeichnet, war er ebenso in schwerster Zeit dem Grenadierregiment 489 ein überaus vorbildlicher Kommandeur, der es verstand, auch gegen stärkste feindliche Übermacht mit seinen Grenadieren zu bestehen und in einer Zeit Erfolge zu erringen, wo dies schon unmöglich schien. Offiziere und Soldaten blickten in Stolz auf ihren Führer und gaben, durch sein aufstrebendes Vorbild angespornt, bis in die letzten Kriegstage höchste Einsatzleistungen an der Front der schwer ringenden Heeresgruppe Mitte.

703. Eichenlaub am 18.1.1945 als Oberstleutnant der Reserve und Kommandeur des Grenadierregiments 489, in der 269. Infanteriedivision.

Generalleutnant

Walter Risse

Geboren am 13.12.1892
in Geithain/Sachsen.

†

Im Ersten Weltkrieg bewährter Seeoffizier, kam Walter Risse 1935 in die Wehrmacht und führte bei Kriegsbeginn 1939 als Kommandeur das Infanterieregiment 474, mit dem er im West- und Ostfeldzug eingesetzt war und für hervorragende Leistungen im Bereich der Heeresgruppe Nord bereits am 22.9.1941 das Ritterkreuz verliehen bekam. Ab 25.9.1942 als Kommandeur mit der Führung der 225. Infanteriedivision betraut, war sein Einsatzweg mit dieser stets bezeichnend, und es waren besonders die Schlachten in Kurland, wo der General in den Jahren 1944/45 durch Standhaftigkeit, umsichtige Führung und persönliche Tapferkeit immer wieder für Erfolge sorgte. Seine Division, zum wertvollen Bestandteil der „Vergessenen Heeresgruppe" geworden, kämpfte bis zum Kriegsende in vorbildlicher Art und blickte in allen Lagen vertrauensvoll auf ihren Divisionskommandeur, der mit seinen Soldaten nach dem Kriegsende bis 10.10.1955 das Los der sowjetischen Kriegsgefangenschaft teilte und am 21.6.1965 in Hamburg verstorben ist.

704. Eichenlaub am 18.1.1945 als Generalleutnant und
Kommandeur der
225. Infanteriedivision.

Generaloberst

Alexander Löhr

Geboren am 20.3.1885
in Turn-Severin/Rumänien.

†

Offizier im Ersten Weltkrieg und dreimal verwundet und bei Kriegsbeginn 1939 Oberbefehlshaber der Luftflotte 4, für deren erfolgreiche Führung im Polenfeldzug der General am 30.9.1939 mit dem Ritterkreuz ausgezeichnet wurde. Beim Balkanfeldzug, der Einnahme von Kreta und im Südabschnitt der Ostfront trug er ebenso mit seinen Führungsleistungen wesentlich zum Gelingen dieser Unternehmungen bei. Sein Weitblick, Einfühlungsvermögen und richtiges Einschätzen jeglicher Lage erhoben Alexander Löhr in die Reihe der erfolgreichsten deutschen Luftwaffengeneräle. Am 24.6.1942 in die Führerreserve des Oberkommandos der Luftwaffe versetzt, übernahm der General ab 15.8.1942 als Oberbefehlshaber die 12. Armee, spätere Heeresgruppe E, in Griechenland und wurde im März 1945 Oberbefehlshaber Südost. Hier bewies Löhr auch seine großartigen Fähigkeiten als Truppenführer, und es gelang ihm trotz schwerer Abwehrkämpfe am Balkan die Rückführung des Großteils seiner Soldaten ins Reich. Resteinheiten, denen es bis Kriegsende nicht mehr gelang, deutschen Boden zu erreichen, folgte der General freiwillig in die Kriegsgefangenschaft nach Jugoslawien, wurde dort zum Tode verurteilt und am 26.2.1947 in Belgrad hingerichtet.

705. Eichenlaub am 20.1.1945 als Generaloberst und
Oberbefehlshaber der
Heeresgruppe E.

Generalmajor

Gerhard Schmidhuber

Geboren am 9.4.1894
in Dresden.

Kriegsfreiwilliger und Offizier im Ersten Weltkrieg und seit 1934 im Infanterieregiment 10, gehört er zu den verdienten Offizieren der 4. Infanteriedivision, der späteren 14. Panzerdivision, welche sich schon im Polen-, West- und Balkanfeldzug sehr bewährt hat. Ab 1.9.1939 Kommandeur des 2. Bataillons des Infanterieregiments 103, später Schützenregiment 103, führte er dieses dann an der Ostfront, ehe ab 1.6.1942 seine Versetzung an die Panzertruppenschule erfolgte und Schmidhuber ab 11.7.1943 Kommandeur des Panzergrenadierregiments 304 in der 2. Panzerdivision wurde. Besondere Erfolge des Regiments bei Kursk, Orel und im Raume Jelna in den schweren Schlachten des Jahres 1943 waren der umsichtigen und tatkräftigen Führung ihres tapferen Kommandeurs zu verdanken. Hoch ausgezeichnet für diese Leistungen, übernahm der verdiente Offizier dann nach Divisionsführerlehrgang im Feber/März 1944 ab 2.5. stellvertretend die Führung der 7. Panzerdivision, wurde ab 9.9. Führer und ab 1.10. Kommandeur der 13. Panzerdivision. Hier zeigte der General nicht nur vortreffliches Führungskönnen, sondern auch unermüdlichen Einsatz und fiel am 11.2.1945 beim Ausbruchskampf in Budapest.

706. Eichenlaub am 21.1.1945 als Generalmajor und
Kommandeur der
13. Panzerdivision.

Oberstleutnant der Reserve

Georg Wilhelm Schöning

Geboren am 8.6.1908
in Gumbinnen/Ostpreußen.

Im August 1939 ins Infanterieregiment 23 einberufen, ab November im Infanterieregiment 244, dem späteren Infanterieregiment 120 (mot.), und dort als Chef die 10. Kompanie führend, waren seine bewiesenen Tapferkeitsleistungen im West-, Balkan- und Ostfeldzug stets beeindruckend. Der Einsatzweg der 60. Infanteriedivision (mot.), der im Süden der Ostfront bis nach Stalingrad führte, ist hinreichend bekannt, und Schönings Leistungen als Führer einer Kampfgruppe bei der Wiedereroberung von Kertsch im Mai 1942 und als Führer des 3. Bataillons des Infanterieregiments 120 (mot.) bis zu seiner Verwundung am 8.8.1942 bei Kalatsch am Don waren über jedes Lob erhaben. Ab März 1943 Führer und ab Dezember Kommandeur des 1. Bataillons des Füsilierregiments (mot.) „Feldherrnhalle", erwarb er sich durch hohen Einsatz an der Ostfront das Ritterkreuz und vollbrachte ab 26.7.1944 als Kommandeur der Panzerbrigade 110 und ab 7.10. als Führer des Panzergrenadierregiments 66 an der Front in Ungarn mit seinen Soldaten erneut herausragende Waffentaten, die durch die Verleihung des Eichenlaubes ihre verdiente Würdigung fanden. Seine außergewöhnlichen Tapferkeitstaten fanden auch seitens der Verbündeten ihre Anerkennung und bekräftigten deutlich die Waffenbrüderschaft im gemeinsamen Kampf an der opfervollsten Front des Zweiten Weltkrieges. Nach erneuter schwerer Verwundung am 14.2.1945 dann im Lazarett zu Bad Elster/Sachsen, befand sich Georg Wilhelm Schöning ab April in amerikanischer und ab Juni in russischer Kriegsgefangenschaft, aus der am 10.10.1945 seine Entlassung erfolgte.

707. Eichenlaub am 21.1.1945 als Major der Reserve und
Führer des
Panzergrenadierregiments 66, in der
13. Panzerdivision.

Bild konnte bedauerlicherweise nicht beigebracht werden.

Oberstleutnant

Herbert Kündiger

Geboren am 3.5.1910
in Leipzig/Sachsen.

In der deutschen Infanterie war Herbert Kündiger einer jener Offiziere, welche während des ganzen Krieges vorbildlichst ihre Pflicht erfüllten und an den Fronten in West und Ost dieser Waffengattung höchste Ehre erwiesen haben. Die jahrelangen Entbehrungen dieser Männer in den Schützengräben der Ostfront, den Unbilden der Natur ständig ausgesetzt und immer im Kampf gegen stärkste Feindkräfte ihr Leben einsetzend, verdienen Hochachtung und höchstes Lob. Auch die Einsätze der 271. Infanteriedivision, wo Kündiger als Kommandeur das 1. Bataillon des Grenadierregiments 978 befehligte, waren von ärgsten Strapazen gezeichnet, und die Kampferfolge der Grenadiere in Ungarn Ende 1944 zeugen noch vom ungebrochenen Soldatengeist an der Ostfront. Nach Zerschlagung der Division im Jahre 1945 führte der tapfere Offizier die kampffähigen Reste der Divisionsgruppe 271 und zählte mit dieser in der Festung Budapest zu den Stützen der Verteidigung, bis die Rote Armee am 12.2.1945 endgültig den Sieg an ihre Fahne heftete.

708. Eichenlaub am 21.1.1945 als Oberstleutnant und
Führer der
Divisionsgruppe 271.

Generalmajor

Albert Henze

Geboren am 7.8.1894
in Kirchhain/Hessen.

†

Kriegsfreiwilliger und Offizier im Ersten Weltkrieg, war Albert Henze im Polen- und 1940 im Westfeldzug Kommandeur des 2. Bataillons des Infanterieregiments 63. Am 6.6.1940 schwer verwundet, übernahm er nach Genesung ab Feber 1941 als Kommandeur das Kradschützenbataillon 2, war von März 1942 bis Jänner 1944 Kommandeur des Schützen- bzw. Panzergrenadierregiments 110 und führte von Feber 1944 bis Mai 1944 die Panzergrenadierdivision „Feldherrnhalle". Auffallende Führungsleistungen und unermüdlich tapferes Verhalten in schwierigsten Lagen stempelten ihn an der Ostfront zu einer Führerpersönlichkeit, der Achtung und Verehrung auch vom einfachsten Soldaten in hohem Maße zuteil wurde. Ab Juni 1944 führte Albert Henze die 19. Luftwaffen-Felddivision in Italien, wurde ab August Führer und ab November Kommandeur der 21. Luftwaffen-Felddivision in Kurland und erwarb sich hier größte Verdienste, ehe er ab 30.1.1945 bis zum Kriegsende noch der 30. Infanteriedivision ein vertrauensvoller und beispielgebender Kommandeur war. Vom 9.5.1945 – 5.10.1955 befand sich der General in sowjetischer Kriegsgefangenschaft und verstarb am 31.3.1979 in der Bundesrepublik.

709. Eichenlaub am 21.1.1945 als Generalmajor und
Kommandeur der
21. Luftwaffen-Felddivision.

Generalleutnant

Erich Reuter

Geboren am 30.3.1904
in Hückeswagen/Rheinland.

1922 ins Infanterieregiment 2 eingetreten und ab 25.7.1938 im Oberkommando des Heeres, befand sich Erich Reuter bei Kriegsausbruch 1939 gerade auf einer Kurierreise nach Japan. Ab 5.11.1939 wurde er Kommandeur des 1. Bataillons des Infanterieregiments 121, mit dem er am West-, Balkan- und Ostfeldzug teilnahm und an der Ostfront am 16.1.1942 Führer und ab 1.4. Kommandeur des Infanterieregiments 122 wurde. An allen Einsätzen der 50. Infanteriedivision hervorragend beteiligt, war er ein Offizier, der nicht nur Tapferkeit und Führungskönnen zutage legte, sondern sich auch durch seine Herzlichkeit und Kameradschaft bei seinen Soldaten großer Beliebtheit erfreute. Am 21.10.1942 ins Oberkommando des Heeres versetzt, ab April 1944 Adjutant der Heeresgruppe Nordukraine, ab 21.8. Führer und ab 9.11.1944 Kommandeur der 46. Infanteriedivision. Hier bewies der General bei den schweren Abwehrkämpfen in Rumänien und Ungarn wieder großes Führungsgeschick und zeitigte mit seiner Division noch ungeahnte Erfolge. Nach Kriegsende befand er sich bis 10.10.1955 in sowjetischer Kriegsgefangenschaft.

710. Eichenlaub am 21.1.1945 als Generalmajor und
Kommandeur der
46. Infanteriedivision.

Major

Kurt Dahlmann

Geboren am 4.3.1918
in Königsberg.

Dahlmann, zu Kriegsbeginn 1939 Zerstörer- und dann Schlacht- und Kampfflieger, war einer der ganz außergewöhnlichen Offiziere der Luftwaffe. An allen Fronten höchst bewährt, ist er der einzige Eichenlaubträger der Nachtschlachtflieger. Seit November 1944 führte er als Kommandeur die Nachtschlachtgruppe 20 und zeitigte mit dieser in schwierigsten Einsätzen an der Westfront bedeutende Erfolge. Man wußte während des Krieges nur sehr wenig über die Leistungen dieser Flieger, die in aufreibenden Einsätzen über England, der Normandie, über Holland, bei der Ardennenoffensive und schließlich bis zu den Endkämpfen im Reich gegen erdrückende Übermacht Höchstes geleistet hatten. Dem Heer wertvollste Unterstützung leistend, waren diese Taten nur der hohen Erfahrung, der großen Ausdauer und Einsatzwilligkeit des Kommandeurs zu danken, der in vorbildlicher Art durch sein Beispiel seine Flieger zu hohen Kampfleistungen anspornte und den Nachtschlachtfliegern zu ausgezeichnetem Ruf verhalf.

711. Eichenlaub am 24.1.1945 als Major und
Kommandeur der
Nachtschlachtgruppe 20.

Leutnant

Kurt Plenzat

Geboren am 17.1.1914
in Insterburg/Ostpreußen.

1933 ins Infanterieregiment 10 eingetreten, kam Kurt Plenzat 1938 zur Luftwaffe und im Oktober 1939 als Flugzeugführer ins Stukageschwader 2 „Immelmann", wo er schon Einsätze im Westen und am Balkan flog. Ebenso beim Kampf um Kreta hervorragend bewährt und erfolgreich gegen die britische Flotte im Mittelmeer, begann anschließend der Kampf im Osten, wo das Geschwader an allen Schwerpunkten der Fronten Höchstes geleistet hat. Als Flugzeugführer in der 2. Staffel trug dieser unermüdliche Frontflieger während des ganzen Krieges entscheidend zu den Gesamterfolgen des Geschwaders bei. Mut, Können und hohe Einsatzbereitschaft waren die bestimmenden Elemente für seine Erfolge in 1.234 geflogenen Feindflügen, die ihn ins Spitzenfeld der deutschen Stuka- und Schlachtflieger reihen. Zwischendurch auch noch als Lehrer an Ergänzungsgruppen tätig, verdient seine vielseitige und kameradschaftliche Art lobendste Erwähnung. Als Führer der 2. Staffel für seine Männer leuchtendes Vorbild, ehrten die hohen Auszeichnungen nicht nur einen verdienten Frontoffizier, sondern auch einen begnadeten und bereitwilligen Menschen.

712. Eichenlaub am 24.1.1945 als Leutnant und
Führer der
2. Staffel des
Schlachtgeschwaders 2 „Immelmann".

Oberleutnant

Herbert Rollwage

Geboren am 24.9.1916
in Gielde bei Goslar/Harz.

†

Seit 1936 in der Luftwaffe, gehörte er zu den Erfolgreichsten im bekannten Pik-As Geschwader. Schon als Flugzeugführer an der West- und Ostfront bewährt, dann besonders erfolgreich bei den Einsätzen im Mittelmeerraum und Sieger in vielen Luftkämpfen, waren seine Kampfbeispiele in der Reichsverteidigung in den Jahren 1944/45 besonders überzeugend und einmalig. Herbert Rollwage buchte hier 44 bestätigte Luftsiege gegen viermotorige Bomber der Amerikaner und war damit Erster in der Rangliste der deutschen Jagdflieger im Kampf gegen diese Bomberriesen. Entschlossene Härte zeichneten die mutigen Einsätze der deutschen Flieger beim Kampf in der Reichsverteidigung, denen auch dieser mutige Offizier durch seine enormen Tapferkeitsleistungen den Stempel aufdrückte. In Erfahrung, Können und Tapferkeit war er seiner 5. Staffel ein würdiger und beispielgebender Staffelkapitän und bekundete in 600 Feindflügen eindrucksvolle soldatische Höchstleistungen. Am 4.1.1980 ist Herbert Rollwage in seiner Geburtsstadt Gielde in Niedersachsen verstorben.

713. Eichenlaub am 24.1.1945 als Leutnant und
Staffelkapitän der
5. Staffel des
Jagdgeschwaders 53.

SS Standartenführer

Max Schäfer

Geboren am 17.1.1907
in Karlsruhe/Baden.

1934 in die SS Verfügungstruppe gekommen, war er einer der bewährten Männer der Waffengattung Pioniere. In den Feldzügen in Polen, im Westen und insbesondere im Osten gab er stets Beispiele von einmaliger Tapferkeit und Führungsgeschick. 1939 war Max Schäfer Zugführer im SS Pionierbataillon, ab September 1940 Chef der 2. Kompanie im SS Pionierbataillon 5 der SS Division „Wiking" und ab Oktober 1941 Kommandeur des Bataillons. Die Einsätze im Südabschnitt der Ostfront sahen ihn mit seinen Pionieren an den Erfolgen der Division stets beteiligt, und die geleisteten Tapferkeitstaten stuften nicht zuletzt auf seiner beispielgebenden Art an hohem Soldatentum. Ab Mai 1943 wurde Max Schäfer Korps-Pionierführer des 3. germanischen SS Panzerkorps und erwarb sich an der Leningradfront in den Kurlandschlachten und den Endkämpfen in Pommern, wo er auch gleichzeitig verschiedene Kampfgruppen führte, noch große soldatische Verdienste. Nach Kriegsende befand er sich vom 14.5.1945 – 8.11.1948 in englischer Kriegsgefangenschaft.

714. Eichenlaub am 25.1.1945 als SS Standartenführer und
Korps-Pionierführer des
3. germanischen SS Panzerkorps.

Oberstleutnant

Karl Pröll

Geboren am 16.9.1910
in Batzhausen/Oberpfalz.

†

Seit 1929 im Infanterieregiment 20, war Karl Pröll im Polen- und Westfeldzug aufgrund seiner bewiesenen hohen soldatischen Werte ein Vorgesetzter, auf den man vertrauensvoll und in Achtung blickte. Auch im Ostfeldzug beeindruckten seine Art von Tapferkeit und der ausgezeichnete Führungsstil, den er zutage legte, immer aufs neue und wurden zum Ursprung manchen Erfolges. In den Panzergrenadierregimentern 63 und 35 erreichte er seine ganz außergewöhnlichen Einsatzerfolge. An der Ostfront als Kommandeur des 2. Bataillons des Panzergrenadierregiments 63 am 30.1.1943 mit dem Ritterkreuz ausgezeichnet, übernahm Pröll nach Genesung von einer Verwundung dann als Kommandeur das Panzergrenadierregiment 35, mit dem er an der Westfront gegen stärkste Feindkräfte entscheidende Abwehrerfolge erringen konnte. Tatkraft und Kühnheit in allen Kämpfen an der Spitze seiner Männer beweisend, war er ein Frontoffizier, der hohe Menschlichkeit zeigte und auch für die Leiden des einfachsten Landsers großes Verständnis aufbrachte. Das deutsche Heer blickte in Stolz auf diesen vorbildlichen Offizier und Menschen, der am 7.2.1974 in Passau/Bayern verstorben ist.

715. Eichenlaub am 25.1.1945 als Oberstleutnant und
Kommandeur des
Panzergrenadierregiments 35, in der
25. Panzergrenadierdivision.

Generalleutnant

Hellmuth Böhlke

Geboren am 7.2.1892
in Luban/Westpreußen.

Kriegsfreiwilliger und Offizier im Ersten Weltkrieg, war Böhlke ab 1.9.1939 Kommandeur des 2. Bataillons des Infanterieregiments 21 und nach Teilnahme am Polenfeldzug ab 17.4.1940 Kommandeur des Infanterieregiments 46, mit dem er am Westfeldzug teilnahm. Ab 15.3.1941 Kommandeur des Infanterieregiments 430, zog er mit diesem in den Ostfeldzug, wofür ihm am 24.9.1942 für hervorragende Tapferkeits- und Führungsleistungen nach den Kämpfen bei Rshew das Ritterkreuz verliehen wurde. Ab 12.2.1943 wurde Hellmuth Böhlke Kommandeur des Grenadierregiments 134 der wieder neuaufgestellten 44. Infanteriedivision und nach Divisionsführerlehrgang ab 1.2.1944 Kommandeur der 334. Infanteriedivision in Italien, für deren beispielhaften Einsatz im Kampfraum Bologna ihm die hohe Auszeichnung mit dem Eichenlaub zuteil wurde. Beliebt bei seinen Soldaten, verkörperte er die Art des an der Front gereiften Truppenführers, der in jeder Lage bestens zurecht kam und den Beständigkeit und Aufgeschlossenheit im wesentlichen auszeichneten. Ab 16.4.1945 in der Führerreserve des Oberkommandos des Heeres, erlebte der General hier das Kriegsende.

716. Eichenlaub am 25.1.1945 als Generalleutnant und
Kommandeur der
334. Infanteriedivision.

Oberfeldwebel

Walter Süß

Geboren am 24.12.1916
in Lindenau bei Schwarzenberg/Sachsen.

Unter den bewährten Männern des deutschen Unteroffizierskorps gehörte Walter Süß mit zu den tapfersten. Vom ersten Tag des Krieges im Einsatz, zeugen seine Taten an den Fronten in Polen, Westen und Osten von einmaligem Soldatengeist. Herausragend hier seine entscheidenden Tapferkeitsleistungen als Zugführer in der Stabskompanie des Grenadierregiments 273 in der 93. Infanteriedivision im Nordabschnitt der Ostfront, wo er 1944/45 in den Kämpfen bei Cholm, Pleskau und anschließend bei den Kurlandschlachten beispielhaften Einsatz zeigte und mit oft nur wenigen Kameraden wichtige Erfolge für die Division erfocht. Unauffällig und bescheiden seine Soldatenpflicht erfüllend, erregte seine Art als Soldat stets anerkennende Bewunderung seitens der Vorgesetzten und Kameraden. In der Härte der Abwehrkämpfe in Kurland seit März 1945 vermißt, bleibt sein Name unter den Tapfersten der „Vergessenen Heeresgruppe" für alle Zeiten unauslöschlich verankert.

717. Eichenlaub am 25.1.1945 als Oberfeldwebel und Zugführer in der Stabskompanie des Grenadierregiments 273, in der 93. Infanteriedivision.

Oberstleutnant

Wilhelm Spindler

Geboren am 5.7.1914
in Stuttgart.

Die Einsatzwege der 1. Gebirgsdivision im Zweiten Weltkrieg, beginnend 1939 in Polen, dann im Westen, am Balkan, an der Ostfront, wieder am Balkan, erneut an der Ostfront und endend in den harten Kämpfen im Reich, bekunden in ihren Erfolgen den hohen Kampfwert der deutschen Gebirgsjäger. Ob die entscheidenden Taten 1940 im Westfeldzug,die entbehrenden Kämpfe im Süden der Ostfront bis in das Kaukasusgebiet, die harten Auseinandersetzungen mit Titos Partisanen oder die opfervollen Abwehrkämpfe der Jahre 1944/45 – überall stuften die Einsatzerfolge dieser Truppe auf höchster Ebene. Wilhelm Spindler, während des ganzen Krieges Angehöriger der Division, war einer der Tapfersten und Erfolgreichsten in ihren Reihen und zeigte in allen Belangen hohe soldatische Werte, was seine Auszeichnungen ja in gebührender Weise ausdrücken. Sein Aufstieg vom Zug- bis zum Regimentsführer spricht für das Können und den restlosen Einsatz eines Offiziers von besonderer Tatkraft und einmaliger Vaterlandsliebe.

718. Eichenlaub am 31.1.1945 als Major und
Führer des
Gebirgsjägerregiments 99, in der
1. Gebirgsdivision,
unter gleichzeitiger Beförderung zum
Oberstleutnant.

Generalleutnant

Karl Arndt

Geboren am 10.3.1892
in Groß-Kauer/Schlesien.

†

1914/18 Weltkriegsteilnehmer, viermal verwundet und wegen Tapferkeit vor dem Feinde 1918 zum Offizier befördert, verkörperte Karl Arndt auch im Zweiten Weltkrieg den jeder Lage gerecht werdenden Offizier und General. 1939 im Polenfeldzug führte er als Kommandeur das 2. Bataillon des Infanterieregiments 68, übernahm ab 6.2.1940 als Kommandeur das Infanterieregiment 511 und kämpfte mit diesem zuerst im West- und dann im Ostfeldzug, wo er für bewiesene Tapferkeit und große Einsatzerfolge seines Regiments am 23.1.1942 das Ritterkreuz erhielt. Ab 10.1.1943 zum Führer und ab 1.6. zum Kommandeur der 359. Infanteriedivision ernannt, war er mit seinen Soldaten bei vielen Kämpfen der Heeresgruppe Mitte Stütze und Rückhalt der Front. Des Generals Tüchtigkeit, Umsicht und Führungskönnen werden offenbar, wenn man bedenkt, daß er außer seiner Division noch gleichzeitig mehrere Korps an der schwer bedrängten Ostfront befehligte, ehe ihm am 25.4.1945 noch die Führung des 39. Panzerkorps an der Westfront übertragen wurde, der General dort in amerikanische Kriegsgefangenschaft geriet, aus dieser am 5.7.1947 entlassen wurde und am 30.12.1981 in Langenholthausen/Rheinland-Pfalz verstorben ist.

719. Eichenlaub am 1.2.1945 als Generalleutnant und Kommandeur der 359. Infanteriedivision.

SS Sturmbannführer

Kurt Wahl

Geboren am 20.8.1914
in Meiningen/Thüringen.

Seit 1934 in der SS Verfügungstruppe, wo er an der Junkerschule Braunschweig seine Ausbildung zum Offizier erfuhr, war Kurt Wahl nach den Feldzügen der ersten Kriegsjahre schon an der Ostfront ein ausgezeichneter und vorbildlicher Frontkämpfer, ehe die Zeit seiner ganz großen Erfolge an der Westfront kam. In der 17. SS Panzergrenadierdivision „Götz von Berlichingen" wurde er ab 1.2.1944 Adjutant des SS Panzergrenadierregiments 38 und war, als im Juni die Invasion an Frankreichs Küste losbrandete, als Kampfgruppenführer in unzähligen Einsätzen einer der verläßlichsten und tapfersten Offiziere der Front. Ab 26.9. führte er als Kommandeur die SS Aufklärungsabteilung 17 und zählte mit seinen Männern in den aufreibenden Kämpfen bis zurück ins Reich zu den wertvollsten Stützen der Division. Es zeigt vom hohen Können dieses Offiziers, daß er es vorzüglich verstand, seine Truppe trotz des großen Verschleißes der damaligen Westfront bis in die Monate Feber/März 1945 als eine schlagkräftige Einheit zu erhalten, um der Division dadurch noch manchen unerwarteten Erfolg zu ermöglichen.

720. Eichenlaub am 1.2.1945 als SS Sturmbannführer und Kommandeur der SS Panzeraufklärungsabteilung 17, in der 17. SS Panzergrenadierdivision „Götz von Berlichingen".

SS Brigadeführer und Generalmajor der Waffen SS

Joachim Rumohr

Geboren am 6.8.1910
in Hamburg.

Hochverdienter Offizier der Waffen SS, durchlebte er schon die Einsätze in Polen, im Westen und Osten an vorderster Front, kam dann zur 8. SS Kavalleriedivision, wo er sich als Kommandeur des SS Artillerieregiments der Division bei der Abwehrschlacht im Raume Krementschug-Kirowograd im Südabschnitt der Ostfront besonders auszeichnete, und übernahm ab 1.4.1944 als Kommandeur die Führung der 8. SS Kavalleriedivision „Florian Geyer". Die Einsätze der Division in Rumänien und Ungarn sahen den ruhigen und energiegeladenen Kommandeur stets in vorderster Front kämpfend, und er war seinen Männern in schwersten Stunden nicht nur Kommandeur und Vorgesetzter, sondern auch Freund und Kamerad. Dies zeigte sich im besonderen Maße bei den Kämpfen im eingeschlossenen Budapest, wo die Division nach heldenhaftem Ringen ihren Untergang fand und der beliebte und allseits geachtete General am 11.2.1945 sein Leben ließ.

721. Eichenlaub am 1.2.1945 als SS Brigadeführer und
Kommandeur der
8. SS Kavalleriedivision „Florian Geyer".

SS Brigadeführer und Generalmajor der Waffen SS

August Zehender

Geboren am 24.4.1903
in Aalen/Württemberg.

Seit 1935 in der SS Verfügungstruppe, kämpfte auch er im Rahmen der SS Verfügungsdivision schon in Polen und im Westen und kam dann zur SS Kavalleriebrigade, wo er im Mittelabschnitt der Ostfront an allen Einsätzen der Brigade teilnahm und durch beispielhaften Mut und persönliche Tapferkeit besonders auffiel. Als Kommandeur des SS Kavallerieregiments 2 der 8. SS Kavalleriedivision am 10.3.1943 mit dem Ritterkreuz ausgezeichnet, beauftragte man August Zehender ab 1.4.1944 mit der Aufstellung der SS Freiwilligen-Kavalleriedivision, der späteren 22. SS Freiwilligen-Kavalleriedivision „Maria Theresia", als deren Kommandeur er in den schweren Kämpfen in Budapest mit seinen Männern Unbeschreibliches durchzustehen hatte und nach verzweifeltem Bemühen, den Ausbruch aus der Stadt zu erzwingen, am 11.2.1945 den Tod fand. Mit der 8. SS Kavalleriedivision „Florian Geyer" und der 22. SS Freiwilligen-Kavalleriedivision „Maria Theresia" gingen zwei bewährte Divisionen der Waffen SS in dieser schicksalgeprüften Stadt zugrunde.

722. Eichenlaub am 1.2.1945 als SS Brigadeführer und
Kommandeur der
22. SS Freiwilligen-Kavalleriedivision
„Maria Theresia".

SS Obergruppenführer und General der Polizei

Karl von Pfeffer-Wildenbruch

Geboren am 12.6.1888
in Kalkberge-Rüdersdorf bei Berlin.

†

Im Ersten Weltkrieg Offizier, wurde Pfeffer-Wildenbruch ab 1.10.1939 Kommandeur der Polizeidivision, mit der er 1940 am Westfeldzug teilnahm. Ab 12.11.1940 im Reichsinnenministerium tätig, übernahm der General vom 27.9.1943 – 11.6.1944 als Kommandierender General das 6. Waffen-Armeekorps der SS, wo er den lettischen Freiwilligen ein verständnisvoller und mit hohem Einfühlungsvermögen ausgestatteter Vorgesetzter war. Ende 1944 zum Kommandierenden General des 9. Waffen-Gebirgskorps der SS ernannt, schlug hier seine große Stunde als Frontbefehlshaber, und mit seinen Führungs- und Tapferkeitsleistungen stehen die Verteidigung von Budapest und der damit verbundene heldenhafte Kampf seiner Soldaten in dieser Stadt in stetem Einklang. Am 12.2.1945 in sowjetische Kriegsgefangenschaft geraten, kehrte der General aus dieser am 10.10.1955 nach Deutschland zurück und verstarb am 29.1.1971 in Bielefeld/Nordrhein-Westfalen.

723. Eichenlaub am 1.2.1945 als SS Obergruppenführer und Kommandierender General des 9. Waffen-Gebirgskorps der SS.

Oberst

Walther Dahl

Geboren am 27.3.1916
in Lug/Rheinpfalz.

Seit 1938 in der Luftwaffe und nach Ausbildung zum Flugzeugführer ins Jagdgeschwader 3 gekommen, flog Walther Dahl 1941 an der Ostfront bereits als Adjutant der 2. Gruppe und wurde ab Juli 1943 Kommandeur der 3. Gruppe. Durch unermüdlichen Einsatz erreichte er viele Luftsiege und war mit seinen Fliegern auch beim Kampf um Stalingrad eine wertvolle Stütze. Ab Mai 1944 zum Kommodore des Jagdgeschwaders 300 ernannt, wurde er mit diesem Geschwader zum Begriff in der Reichsverteidigung. Seine Sturm- und Rammjäger bewiesen in todesmutigen Einsätzen gegen die Bomberflotten der Amerikaner außergewöhnliche Kampftaten, und ihre Leistungen zählen zu den ruhmvollsten der Kriegsgeschichte. Pausenlos in aufreibenden Luftschlachten zum Schutz der Heimat kämpfend, stehen hier Tapferkeit und Opfermut auf der Ebene bis zur Selbstaufopferung. Kommodore Dahl, an der Spitze seiner Männer zum Vorbild geworden, bewies in hunderten Feindflügen und als Sieger in vielen Luftkämpfen höchsten Soldatengeist und führte ein Geschwader von verwegenen Fliegern mit höchsten Idealen. Ab 26.1.1945 zum Inspekteur der Tagjäger ernannt, war Walther Dahl nach Kriegsende bis September 1945 in Kriegsgefangenschaft im Westen.

724. Eichenlaub am 1.2.1945 als Major und
Kommodore des
Jagdgeschwaders 300,
unter gleichzeitiger Beförderung zum
Oberstleutnant.

Oberstleutnant

Dr. Karl Roßmann

Geboren am 23.11.1916
in Kempten/Schwaben.

✝

Seine geleisteten Waffentaten im Zweiten Weltkrieg liegen in den Einsatzwegen des Regiments bzw. der Division „Hermann Göring" an den Fronten in Ost, West und Süd verankert, wo Dr. Roßmann immer wieder durch Schneid und hohes Können auffiel und entscheidende Kampfleistungen bot. Nach dem Balkanfeldzug, wo das Regiment „General Göring" als Sicherungstruppe in Rumänien lag, an der Ostfront schon am 12.11.1941 für hervorragenden Einsatz als Oberleutnant und Chef der 16. Batterie des Flakregiments mit dem Ritterkreuz ausgezeichnet, trat er ebenso als Kommandeur des Fallschirm-Panzerregiments 1 in den Jahren 1944/45 in Erscheinung, wo er besonders nach den Einsätzen in Italien bei den schweren Kämpfen in Ostpreußen einmalige Beweise von Tapferkeit und Führungskönnen an den Tag legte und in unnachahmlicher Art mit seinen Soldaten gegen stärkste Feindkräfte noch erfolgreich zu bestehen vermochte, ehe die Division in den ersten Maitagen 1945 im Raume Dresden die Waffen streckte. Am 28.12.1970 verstarb Dr. Karl Roßmann in Rosenheim in Bayern.

725. Eichenlaub am 1.2.1945 als Major und
Kommandeur des
Fallschirm-Panzerregiments 1, in der
Fallschirm-Panzerdivision „Hermann Göring".

Oberst

Ernst Jansa

Geboren am 18.10.1899
in Prag.

†

Schon Kriegsfreiwilliger im Ersten Weltkrieg, gehörte er im Zweiten Weltkrieg zu den tapfersten Männern der deutschen Flakartillerie. 1939 in die Luftwaffe gekommen und seit 1940 im Flakregiment 24 (mot.), begann hier sein Kriegseinsatz an der Kanalküste, am Balkan und in Rußland. Seit 1.4.1941 führte er als Kommandeur die 2. Abteilung und wurde ab 23.10.1943 Kommandeur des Flakregiments 12 (mot.). Die unermüdlichen Einsätze der Flakartilleristen im Südabschnitt der Ostfront, wo Ernst Jansa seinen Kanonieren ein vorbildlicher Vorgesetzter war, verdienen höchste Beachtung. Die Kämpfe bis nach Stalingrad, in den Kaukasus und wieder zurück forderten auch von dieser Waffengattung enorme Leistungen und stellten an ihre Führer große Anforderungen. 1944 in Rumänien führte der verdiente Offizier sogar zeitweise die 15. Flakdivision (mot.). Bei den schweren Abwehrkämpfen in Ungarn bewies sein Regiment äußerste Standhaftigkeit und war den Kameraden des Heeres wertvolle Hilfe in Not und Bedrängnis des Erdkampfes. Beim Ausbruchsversuch aus der Festung Budapest geriet Ernst Jansa im Februar 1945 in sowjetische Kriegsgefangenschaft und kehrte aus dieser nach Deutschland zurück, wo er am 25.9.1974 in Puchheim bei München verstorben ist.

726. Eichenlaub am 1.2.1945 als Oberst und
Kommandeur des
Flakregiments 12 (mot.), in der
15. Flakdivision (mot.).

Major

Jürgen Harder

Geboren am 13.6.1918
in Swinemünde/Pommern.

Seit 1939 in der Luftwaffe und nach Jagdfliegerausbildung ab 1941 als Flugzeugführer in der 3. Gruppe des Jagdgeschwaders 53 an der Ostfront. Anschließend 1942 bis 1944 im Einsatz im Mittelmeergebiet, wo Jürgen Harder der 1. Gruppe ein vorbildlicher Kommandeur war. Immer einsatzfreudig und tapfer, leistete er entscheidenden Beitrag zu den Gesamterfolgen des Pik-As Geschwaders und erfreute sich im Kameradenkreis großer Beliebtheit. Aufgrund seiner ausgezeichneten Führereigenschaften erfolgte ab Januar 1945 seine Ernennung zum Kommodore des Jagdgeschwaders 11, wo er noch manch erfolgreiche Luftschlacht im Westen und in der Reichsverteidigung bestand, ehe er am 17.2.1945 über Straußberg bei Berlin aus großer Höhe und unbekannter Ursache tödlich abstürzte. Die Familie Harder verlor somit alle drei Söhne als Jagdflieger im Zweiten Weltkrieg – eine umwobene Tragik in schicksalsschwerster Zeit der Jahre 1939 bis 1945.

727. Eichenlaub am 1.2.1945 als Major und
Kommodore des
Jagdgeschwaders 11.

Major der Reserve

Otto Vincon

Geboren am 23.1.1906
in Perouse/Württemberg.

Bei Kriegsausbruch 1939 Chef der 9. Kompanie im Infanterieregiment 470, Teilnahme am Westfeldzug und anschließend im Ostfeldzug, wo Otto Vincon anfangs 1942 Chef der 5. Kompanie wurde. Juli 1943 wurde er Führer und ab Januar 1944 Kommandeur des 1. Bataillons des Grenadierregiments 460, wo ihm nach höchster Bewährung für außergewöhnliche Waffentaten im Mittelabschnitt der Ostfront am 3.12.1943 das Ritterkreuz verliehen wurde. Vertrauensvoll die Ausstrahlungskraft seiner Führernatur auf seine Grenadiere, mit denen er auch in schwerster Zeit manche Tapferkeitstat vollbrachte. Nach Zerschlagung der 260. Infanteriedivision im Juli 1944 gelang es dem mutigen Offizier mit wenigen Soldaten den russischen Einschließungsring zu durchbrechen und die deutsche Hauptkampflinie zu erreichen, was seine Tüchtigkeit im Fronteinsatz erneut besonders deutlich machte. Als Kommandeur des Grenadierregiments 466 gilt Otto Vincon nach einer Erkundungsfahrt an der Westfront im Gebiet Wildbach-Kaltenbronn im Schwarzwald seit dem 13.4.1945 als vermißt.

728. Eichenlaub am 5.2.1945 als Major der Reserve, für die Leistungen als Kommandeur des 1. Bataillons des Grenadierregiments 460, in der 260. Infanteriedivision.

Oberst

Joachim Sander

Geboren am 7.8.1898
in Wernigerode/Harz.

Bei Kriegsbeginn 1939 Chef der 5. Kompanie des Kavallerie-Schützenregiments 9 in der 3. Leichten Division, der späteren 8. Panzerdivision, nahm er mit dieser am Polen- und Westfeldzug und anschließend am Ostfeldzug teil. Später Kommandeur der Panzerregimenter 23 und 31, war Sander einer jener Panzeroffiziere, die an allen Abschnitten der Ostfront Beweise höchster Tapferkeit und Führungskunst zeigten. Den Vormarschkämpfen des Nordabschnittes folgten die schweren Abwehrkämpfe am Dnjepr im Südabschnitt und schließlich die opfervollen Schlachten im Mittelabschnitt. Überall mit seinen Panzern an den Schwerpunkten ringend und tatkräftig den Infanteristen zur Seite stehend, war er ein Frontoffizier, dessen ruhige und unbekümmerte Art in schwersten Einsätzen begeisternd wirkte und den Erfolg dadurch oft und oft auf seine Seite zwang. Als die Russen 1944 in Ostpreußen eindrangen, starb Joachim Sander in den harten Abwehrkämpfen bei Goldap am 3.11.1944 den Soldatentod, und die deutsche Panzerwaffe verlor wieder einen ihrer tüchtigsten Kommandeure.

729. Eichenlaub am 5.2.1945 nach dem Tode, für die Leistungen als
Oberst und
Kommandeur des
Panzerregiments 31, in der
5. Panzerdivision.

Major

Georg Graf von Plettenberg

Geboren am 11.7.1918
in Haus Alst, Kreis Steinfurt/Westfalen.

Im Kavallerieregiment 15 begann 1937 seine Soldatenzeit, die ihn im Kriege in der 16. Infanteriedivision (mot.), der späteren 16. Panzerdivision, im West- und Ostfeldzug sowie an der Front in Italien sehr erfolgreich sah. Ab 1.9.1939 Zugführer in der Radfahrschwadron der Aufklärungsabteilung, befand er sich ab 15.11.1941 im Stab der 16. Panzerdivision, war 1942 Chef der 5. Kompanie des Kradschützenbataillons 16 und ab März 1943 Führer der Panzeraufklärungsabteilung 16. Bewährt in vielen Angriffs-, Abwehr- und Nahkämpfen, trugen seine Leistungen entscheidend zu den Erfolgen der Division bei, wo sich der befähigte und kampferprobte Offizier steter Achtung und Beliebtheit erfreuen konnte. Ab Februar 1944 als Kommandeur die schwere Kavallerie-Abteilung 4 (mot.) führend, waren auch hier sein Einsatz über alles Lob erhaben und die Verdienste der Abteilung an der Ostfront beachtenswert und einmalig. Oftmals verwundet, war Georg Graf von Plettenberg Träger des goldenen Verwundetenabzeichens, und sein Weg als Frontkämpfer wirkte in jeder Weise beeindruckend und vorbildlich.

730. Eichenlaub am 5.2.1945 als Major und
Kommandeur der
schweren Kavallerie-Abteilung 4 (mot.), in der
4. Kavalleriebrigade.

Generalfeldmarschall

Maximilian Reichsfreiherr von und zu Weichs an der Glon

Geboren am 12.11.1881
in Dessau/Provinz Sachsen.

†

1900 ins Heer eingetreten und schon erfolgreicher Stabsoffizier im Ersten Weltkrieg und 1939 im Polenfeldzug Kommandierender General des 13. Armeekorps. Ab 26.10.1939 übernahm der General als Oberbefehlshaber die 2. Armee, die er im West- und Balkanfeldzug erfolgreich befehligte. Auch im anschließenden Ostfeldzug gab er laufend Beispiele seiner hohen Führungsbegabung, und manche der Schlachten im Bereich der Heeresgruppe Mitte trugen den Stempel seiner Führungskunst. Ab 15.7.1942 erfolgte seine Ernennung zum Oberbefehlshaber der Heeresgruppe B, am 10.7.1943 seine Versetzung in die Führerreserve des Oberkommandos des Heeres, und ab 26.8. übertrug man ihm den Oberbefehl über die Heeresgruppe F. Kurz darauf zum Oberbefehlshaber Südost ernannt, verdient die überragende Zusammenarbeit mit Generaloberst Löhr bei der Rückführung der deutschen Truppen aus den Balkanstaaten höchste Beachtung. Am 25.3.1945 aus der Wehrmacht entlassen, befand sich der Feldmarschall von 2.5.1945 – 30.11.1948 in amerikanischer Kriegsgefangenschaft und verstarb am 27.9.1954 auf Burg Rößberg bei Bonn.

731. Eichenlaub am 5.2.1945 als Generalfeldmarschall und Oberbefehlshaber Südost.

Oberstleutnant

Wilhelm Osterhold

Geboren am 12.1.1914
in Bad Oldesloe/Schleswig-Holstein.

Osterhold, seit 1935 im Heer, wurde im Kriege zu einem unermüdlichen Frontkämpfer. Fünfmal verwundet, gab er an den Fronten in Polen, im Westen, an der Ostfront und wieder im Westen leuchtende Beispiele an Tapferkeit und Mut, die ihn in der 12. Infanterie-, später 12. Volksgrenadierdivision, zum Begriff werden ließen. 1939 in Polen Adjutant des Infanterieregiments 27, im Westen ab 10.5.1940 Adjutant des 2. Bataillons und ab 1.11. dann Chef der 8. Kompanie, mit der er auch in den Ostfeldzug rückte. Von Dezember 1941 bis Januar 1942 Führer des „Bataillons Osterhold" im Kessel von Demjansk, anschließend wieder Adjutant des Regiments und ab Januar 1943 Kommandeur des 3. Bataillons. Seine Kampftaten im Infanterie- bzw. Füsilierregiment 27 waren stets bezeichnend, und ab Oktober 1943 wurde Wilhelm Osterhold Führer des Grenadierregiments 48. Nach Zerschlagung der Division beim Untergang der Heeresgruppe Mitte erfolgten im Juli 1944 deren Neuaufstellung und der folgende Einsatz an der Westfront, wo sich der bewährte Offizier bei den Kämpfen im Raume Aachen-Stollberg und in der Ardennenoffensive erneut besonders auszeichnen konnte, im Januar 1945 seine fünfte schwere Verwundung erlitt und im Mai 1945 aus dem Lazarett in die Heimat entlassen wurde.

732. Eichenlaub am 10.2.1945 als Oberstleutnant, für die Leistungen als Kommandeur des Grenadierregiments 48, in der 12. Volksgrenadierdivision.

General der Panzertruppe

Georg Jauer

Geboren am 26.9.1896
in Lissen/Ostpreußen.

†

Kriegsfreiwilliger und Offizier im Ersten Weltkrieg, ab 1.10.1934 im Heeres-Personalamt und ab 5.3.1941 Kommandeur des Artillerieregiments 29, begann mit diesem sein Kriegseinsatz an der Ostfront mit der 29. Infanteriedivision (mot.). Ab 15.3.1942 übernahm Jauer dann als Kommandeur das Artillerieregiment der Division „Großdeutschland", wo er zu den Erfolgen dieser bekannten Division wesentlich beitrug. Ab 30.1.1943 zum Führer und ab 1.4. zum Kommandeur der 20. Panzergrenadierdivision ernannt, stuften hier sein Führungskönnen und verwegener Einsatz auf höchster Ebene, und besonders die Kampfleistungen im Rahmen des 24. Panzerkorps im Bereich der Heeresgruppe Weichsel waren Glanzpunkte in der Kriegsgeschichte dieser bewährten Division. Des Generals Aufgeschlossenheit gegenüber seinen Soldaten ermöglichte neben notwendiger Härte und tapferem persönlichem Einsatz den Abschluß manch erfolgreicher Schlacht. Ab 12.3.1945 als Kommandierender General noch mit der Führung des Panzerkorps „Großdeutschland" betraut, legte der General hier Können und Umsicht bis zum Kriegsende zutage und beeindruckte in allen seinen Handlungen als Vorgesetzter und Mensch. Am 5.8.1971 verstarb Georg Jauer in Greven/Nordrhein-Westfalen.

733. Eichenlaub am 10.2.1945 als Generalleutnant und
Kommandeur der
20. Panzergrenadierdivision.

Oberstleutnant

Karl Heinz Oesterwitz

Geboren am 15.3.1914
in Innsbruck.

Im August 1939 zum Infanterieregiment 50 einberufen, kam Oesterwitz nach dem Polen- und Westfeldzug im Oktober 1940 ins Lehr-Regiment zur besonderen Verwendung „Brandenburg", mit dem er am Balkanfeldzug teilnahm. Verläßlich und verwegen in den Einsätzen, führte er im Ostfeldzug als Chef die 7. Kompanie. Die Kämpfe bis zum Kaukasus im Südabschnitt der Ostfront, wo die „Brandenburger" manch gefährlichste Unternehmung durchführten, sahen diesen unerschrockenen Offizier jeweils die schwierigsten Aufträge meistern. 1943 wurde Karl Heinz Oesterwitz Bataillonsführer im Jägerregiment „Brandenburg" und stand im Einsatz am Balkan, ehe er ab Oktober 1944 Führer und ab Januar 1945 Kommandeur des Regiments wurde und bis zum Kriegsende wieder in härtesten Abwehrkämpfen an der Ostfront stand. Unbeschreiblich bleiben die Leistungen dieser Soldaten und ihrer tapferen Offiziere, zu deren besten auch Karl Heinz Oesterwitz gehörte.

734. Eichenlaub am 10.2.1945 als Oberstleutnant und
Kommandeur des
Jägerregiments 2, in der
Panzergrenadierdivision „Brandenburg".

Major

Herbert Wittmann

Geboren am 3.11.1914
in Döllnitz/Oberfranken.

1935 zur Luftwaffe gekommen, stand Herbert Wittmann schon 1938 in der „Legion Condor" in Spanien im Einsatz und wurde ab 1.4.1939 Chef der Stabsstaffel des Kampfgeschwaders 53 „Legion Condor". In diesem Geschwader zog er während des Krieges alle Register seines Könnens und paarte dies mit Mut und Einsatzfreude auf hunderten Feindflügen über Frankreich, England und Rußland zu Erfolgen von ausschlaggebender Bedeutung. Ab 1.11.1941 Inspektions-Chef an der Luftwaffenkriegsschule Fürstenfeldbruck in Bayern und anschließend wieder im Fronteinsatz im Osten, wo der tapfere Offizier von Mai 1943 bis April 1945 als Kommandeur die 2. Gruppe führte und mit seinen reichen Erfahrungen in allen Belangen zu den verdienten Stützen des Geschwaders zählte. Er war der letzte Kampfflieger des Zweiten Weltkrieges, dem die hohe Auszeichnung mit dem Eichenlaub zuteil wurde und einer der außergewöhnlichen Männer in dieser durch höchste Opfer während des ganzen Krieges gezeichneten Waffe.

735. Eichenlaub am 11.2.1945 als Major und
Kommandeur der
2. Gruppe des
Kampfgeschwaders 53 „Legion Condor".

Hauptmann

Herbert Schramm

Geboren am 13.10.1913
in Wetzlar/Hessen.

Schramm war vor dem Kriege Fluglehrer und Einflieger, war bei Kriegsbeginn 1939 Flugzeugführer im Jagdgeschwader 53 und bewährte sich schon in hervorragender Weise bei den Kämpfen im Westen, über England und in Rußland. Am 6.8.1941 erhielt er in Anerkennung seiner Tapferkeitsleistungen das Ritterkreuz verliehen, wirkte anschließend aufgrund einmaligen Könnens und hoher Erfahrungen als Fluglehrer an verschiedenen Jagdschulen im Reich und kam, als die Front der Reichsverteidigung um tüchtige Männer rief, am 13.8.1943 als Staffelkapitän zur 5. Staffel des Jagdgeschwaders 27. Die Einsätze gegen die vielfache Übermacht des Feindes forderten von den Jagdfliegern in dieser Zeit alles, und auch Herbert Schramm, dieser stets frohgelaunte, erfahrene und tapfere Jagdflieger, ließ am 1.12.1943 im Luftkampf über Eupen in Belgien sein Leben. In den Reihen der Luftwaffe trauerte man um einen tüchtigen Jagdflieger und Offizier.

736. Eichenlaub am 11.2.1945 nach dem Tode, für die Leistungen als
Oberleutnant und
Staffelkapitän der
5. Staffel des
Jagdgeschwaders 27.

Major

Anton-Otto Frank

Geboren am 18.3.1912
in Ingolstadt/Oberbayern.

Anton-Otto Frank, einer der tapfersten Offiziere in der Panzerabwehrtruppe und bewährt an den Fronten in West und Ost, leistete durch seinen Einsatz in den Panzerjägerabteilungen 15, 503 und 743, die er an der Ostfront als Kommandeur befehligte, schier Unvorstellbares. Im Bereich der Heeresgruppe Mitte war er mit seinen Soldaten oft letzte Hilfe der schwer bedrängten Front gegen die immer überlegenen russischen Panzerriesen. 1943 im Ehrenblatt des Deutschen Heeres genannt, 1944 mit dem Ritterkreuz und 1945 mit dem Eichenlaub ausgezeichnet, waren es besonders die heldenhaften Einsätze mit der Heeres-Panzerjägerabteilung 743, die er seit September 1944 führte, mit der er beim Kampf um Schlesien immer wieder gegen stärkste Feindkräfte erfolgreich zu bestehen vermochte, ehe ihn hier am 8.3.1945 der Soldatentod ereilte und die deutschen Panzerjäger den Verlust eines ihrer tüchtigsten und vorbildlichsten Offiziere beklagten.

737. Eichenlaub am 14.2.1945 als Hauptmann und
Kommandeur der
Heeres-Panzerjägerabteilung 743.

Major

Anton Müller

Geboren am 12.4.1914
in Niedersteinebach/Rheinland.

1936 ins Infanterieregiment 37 gekommen, wurde Anton Müller nach Aufstellung der 290. Infanteriedivision in deren Reihen zu einem unermüdlichen Frontkämpfer und ausgezeichneten Offizier. Nach Teilnahme am Westfeldzug erwarb er sich dann an der Ostfront für einmalige Leistungen höchste Auszeichnungen. In der Reihenfolge angeführt seine ausgeführten Kommandos in der Division – jeweils ab: 1.11.1941 Zugführer in der 8. Kompanie des Infanterieregiments 503, 8.7.1942 Führer des Reiter-Zuges, 1.9. Führer der 3. Kompanie, 1.5.1943 Chef der 3. Kompanie der jetzt schon in Grenadierregiment 503 unbenannten Einheit und zeitweise auch Führer des 2. Bataillons, 17.12. Führer der 1. Kompanie, 1.4.1944 Führer des 2. Bataillons und 1.2.1945 dessen Kommandeur. Alle schweren Kämpfe im Nordabschnitt der Ostfront sahen das Grenadierregiment 503 in ständigem Fronteinsatz, und Namen wie Dünaburg, Nowgorod, Preekuln usw. stehen im Einklang mit den Kampfleistungen der beherzten Grenadiere der 290. Infanteriedivision, zu deren außergewöhnlich tapferen Offizieren auch Toni Müller gehörte, der sich nach dem Kriegsende bis 1946 in Kriegsgefangenschaft im Westen befand.

738. Eichenlaub am 14.2.1945 als Major und
Kommandeur des
2. Bataillons des
Grenadierregiments 503, in der
290. Infanteriedivision.

Generalmajor

Eduard Zorn

Geboren am 8.8.1901
in München.

✠

1921 ins Infanterieregiment 19 eingetreten, wurde Eduard Zorn im Laufe des Krieges ein ausgezeichneter Generalstabsoffizier. Bei Kriegsausbruch 1939 Ia der 86. Infanteriedivision, ab 1.11.1939 Ia der 2. Gebirgsdivision, bewährt beim Norwegenunternehmen und anschließend im Hohen Norden der Ostfront. Ab 1.3.1943 zum Oberquartiermeister im Oberkommando des Heeres ernannt, erfolgte ab 29.1.1944 seine Ernennung zum Oberquartiermeister der 19. Armee. Gehobene Sachkenntnisse und planungstechnisch ausgezeichnetes Einfühlungsvermögen sicherten ihm in Fachkreisen Beachtung und Anerkennung. Ab 15.11.1944 übertrug man dem befähigten Offizier an der Westfront die Führung der 189. Infanteriedivision, wo er auch als Frontoffizier überdurchschnittliches Können und betonten Einsatzwillen zutage legte und für manch unerwarteten Erfolg der Division an dieser Front sorgte. Als er am 4.2.1945 bei Colmar im Elsaß den Soldatentod fand, starb er als aufrechter Offizier und glühender Verehrer seines geliebten Vaterlandes.

739. Eichenlaub am 16.2.1945 nach dem Tode, für die Leistungen als Oberst im Generalstab und Führer der 189. Infanteriedivision.

Hauptmann

Willi Schülke

Geboren am 14.3.1918
in Neiße/Schlesien.

Aus den Reihen der Infanterie hervorgegangen und bewährt an den Fronten in West und Ost, war Willi Schülke der einzige Eichenlaubträger aus der geringen Schar der Ski-Jäger, was wohl besondere Beachtung verdient. Diese Einheiten, erst 1942 aufgestellt, wurden zu wertvollen Kampfkräften und leisteten in den schneebedeckten Wäldern und Weiten des Ostens oft Übermenschliches. Härtesten Anforderungen seitens der Natur folgten noch schwerste Kämpfe gegen stärkste Feindkräfte, und um hier bestehen zu können, bedurfte es höchster sportlicher und soldatischer Eigenschaften. Schülke, als Führer und Kommandeur des 3. Bataillons des Ski-Jägerregiments 1, schien mit allen diesen Tugenden verwachsen, und sein Mut, Spürsinn und leuchtendes Vorbild im Kampf ermöglichten der Division manch entscheidenden Einsatzerfolg. Selbst als diese nur dem Namen nach mehr so benannt war und längst als motorisierte Infanteriedivision kämpfte, bestach der tapfere Offizier durch gewandte Kampfführung und zielstrebigen Einsatz. Als Willi Schülke beim Kampf um seine schlesische Heimat am 10.3.1945 bei Großneukirch fiel, ging ein deutscher Frontoffizier dahin, dem der Glaube an das Vaterland alles bedeutete.

740. Eichenlaub am 16.2.1945 als Hauptmann und
Kommandeur des
3. Bataillons des
Ski-Jägerregiments 1, in der
1. Ski-Jägerdivision.

General der Infanterie

Günther Blumentritt

Geboren am 10.2.1892
in München.

†

Im Ersten Weltkrieg Offizier, war Günther Blumentritt im Zweiten Weltkrieg einer der überragenden Generalstabsoffiziere der deutschen Wehrmacht. Hohes Können, bewiesene Ausdauer und Tapferkeit untermauerten seine Leistungen während des ganzen Krieges. 1939 bis 1942 bei den Feldzügen in Polen, Westen und Osten unermüdlich im Generalstabsdienst tätig, zeigte der General dann an der Westfront auch als Truppenführer bis in die letzten Tage des Krieges seine außergewöhnlichen soldatischen Fähigkeiten und Vorzüge. Nachstehend angeführt seine ausgeübten Kommandos – jeweils ab: 1.9.1939 Ia bei der Heeresgruppe Süd, 20.10.1939 Ia bei der Heeresgruppe A, 25.10.1940 Chef des Generalstabes der 4. Armee, 17.1.1942 Oberquartiermeister im Generalstab des Heeres, 24.9.1942 Chef des Generalstabes des Oberbefehlshabers West, 18.10.1944 Kommandierender General des 12. SS Armeekorps, 29.1.1945 Führer der 25. Armee, 28.3. der 1. Fallschirmarmee und 10.4. des Armeeoberkommandos Blumentritt. Ein wohl bezeichnender soldatischer Werdegang. Der General befand sich bis 1946 in amerikanischer Kriegsgefangenschaft und verstarb am 12.10.1967 in seiner Geburtsstadt München.

741. Eichenlaub am 17.2.1945 als General der Infanterie und
Führer der
25. Armee.

Major

Joseph Heichele

Geboren am 15.10.1914
in Lauingen/Schwaben.

1935 ins Heer gekommen, gehört Joseph Heichele zu den beherzten Frontkämpfern, die im Kriege durch äußersten Einsatz und außerordentlichen Mut Hervorragendes geleistet haben. Am 29.8.1939 kam er ins Infanterieregiment 459, nahm am Westfeldzug teil und kam danach im Oktober 1940 als Zugführer in die 12. Kompanie des Infanterieregiments 430 der 129. Infanteriedivision. In diesem Regiment waren seine gezeigten Kampfbeispiele an der Ostfront überragend und einmalig. Die entscheidenden Einsätze bei Rshew und Newel und die schweren Abwehrkämpfe am Narew sind in engster Verbindung mit Heicheles Namen und seinen Tapferkeitstaten zu nennen. Seine ausgeübten Kommandos in der Division unterstreichen auch deutlich seine Fähigkeiten als Führer und Offizier: 1.10.1941 Ordonnanzoffizier beim Stab des 1. Bataillons, 1.5.1942 Adjutant beim Stab des 2. Bataillons, 1.11.1942 Chef der 8. Kompanie, 1.10.1943 Führer und schließlich ab 1.10.1944 Kommandeur des Divisions-Füsilierbataillons 129. Die verliehenen Auszeichnungen an diesen bewährten Frontoffizier widerspiegeln deutlich dessen hohe Werte als Soldat und Mensch im härtesten Kriegseinsatz.

742. Eichenlaub am 19.2.1945 als Major und
Kommandeur des
Divisions-Füsilierbataillons 129, in der
129. Infanteriedivision.

Oberstleutnant der Reserve

Georg Gebhardt

Geboren am 29.4.1901
in Meckenbeuern/Württemberg.

†

Seit 1921 in der Reichswehr, kam Gebhardt am 26.8.1939 in die 1. Gebirgsdivision und nach dem Polen- und Westfeldzug in die 97. Leichte Division, spätere 97. Jägerdivision, wo dem tapferen Offizier an der Ostfront nach ständiger Bewährung in jahrelangen Kampfeinsätzen als Kommandeur des 3. Bataillons des Jägerregiments 204 am 15.5.1943 die hohe Auszeichnung mit dem Ritterkreuz zuteil wurde. 1944 kam der dynamische, kampferprobte Frontoffizier als Kommandeur des Grenadierregiments 195 zur 78. Sturmdivision, wo er bis zu seiner schweren Verwundung am 22.3.1945 bei Leobschütz-Jägerndorf in Schlesien dem Regiment ein jederzeit erfahrener und vorbildlicher Kommandeur und zugleich jedem seiner Soldaten bester Kamerad war. Vom 10.5.1945 – 23.8.1948 in amerikanischer Kriegsgefangenschaft, verstarb Georg Gebhardt am 10.7.1975 in Rippolingen/Baden-Württemberg.

743. Eichenlaub am 19.2.1945 als Oberstleutnant der Reserve und Kommandeur des Sturmregiments 195, in der 78. Sturmdivision.

Generalmajor

Ernst Knebel

Geboren am 2.6.1892
in Naundorf/Sachsen.

Fahnenjunker und Offizier im Ersten Weltkrieg, kam Knebel 1935 zur Wehrmacht, wo er als Lehrer an der Heeresfeuerwerkerschule in Berlin-Lichterfelde wirkte. Ab 13.11.1940 wurde er Kommandeur des Infanterieregiments 580 und ab 7.5.1942 Kommandeur des Infanterieregiments 589. Erst dann im Fronteinsatz, waren sein hoher Einsatz und seine außergewöhnliche Tapferkeit verblüffend, als die Russen ostpreußischen Boden betraten und Ernst Knebel Kommandeur der Armeewaffenschule des Panzerarmeeoberkommandos 3 war und sich mit seinen Soldaten oft aussichtslosen Situationen gegenüber sah. Unter rücksichtslosem Einsatz seiner Person und oft im Kampf verwundet, gelangen ihm immer wieder entscheidende Waffentaten. Er gehört zu jenen Offizieren des Heeres, die taktisches und technisches Wissen auch zu gegebener Zeit mit den Werten des Frontoffiziers vertauschten. Am 24.1.1945 im Kampf schwer verwundet, verstarb Ernst Knebel an diesen Verletzungen am 13.3.1945 in einem Lazarett in Ostpreußen.

744. Eichenlaub am 19.2.1945 als Oberst, für die Leistungen als Kommandeur der Armeewaffenschule des Panzerarmeeoberkommandos 3.

Oberst der Reserve

Fritz Klasing

Geboren am 23.12.1891
in Bielefeld/Westfalen.

†

Kriegsfreiwilliger und Offizier im Ersten Weltkrieg, zu Beginn des Zweiten Weltkrieges im Reiterregiment 10, nach dem Polen- und Westfeldzug im Ostfeldzug ab Juli 1942 Kommandeur der Aufklärungsabteilung der 134. Infanteriedivision, ab 27.10.1943 Führer und ab 1.1.1944 Kommandeur des Grenadierregiments 446. Die Einsatzwege der Division im Bereich der Heeresgruppe Mitte gehörten zu den opfervollsten des Ostkrieges, wo Klasing sich beim Zusammenbruch der Heeresgruppe Mitte durch besonderen Mut und bedachte Führung einmaliges Ansehen erwerben konnte – gelang ihm doch im Juli 1944 mit seiner Kampfgruppe als einer der wenigen deutschen Einheiten der Ausbruch aus dem Einschließungsring bei Bobruisk. Danach dem Grenadierregiment 232 ein bewährter Kommandeur, waren es die Kämpfe um Ostpreußen, in denen er mit seinen Grenadieren entscheidende Kampfleistungen vollbrachte. Auf dem gleichen Kriegsschauplatz war er ab 13.4.1945 auch der 58. Infanteriedivision noch ein beispielgebender Führer. Vom 14.4. – 17.7.1945 in britischer Kriegsgefangenschaft, verstarb Fritz Klasing am 29.4.1969 in Münster/Nordrhein-Westfalen.

745. Eichenlaub am 19.2.1945 als Oberst der Reserve und Kommandeur des Grenadierregiments 232, in der 102. Infanteriedivision.

Generalleutnant

Edmund Blaurock

Geboren am 12.10.1899
in Nürnberg/Mittelfranken.

✝

Fahnenjunker und Kriegsfreiwilliger im Ersten Weltkrieg, zählte Edmund Blaurock im Zweiten Weltkrieg zu den bewährten Generalstabsoffizieren des deutschen Heeres und bewies gleichermaßen auch als Truppenführer überragende Fähigkeiten im Fronteinsatz. In Anführung die Ausübung seiner Kommandos – jeweils ab: 9.6.1938 Ia der 8. Infanteriedivision, 6.3.1941 Ia des Armeeoberkommandos 9, 24.4.1942 Chef des Generalstabes des 43. Armeekorps, sowie gleichzeitig vom 15.7.1943 – 15.8.1943 Führer der 205. Infanteriedivision, 1.11.1943 Chef des Generalstabes des 27. Armeekorps, 10.2.1944 im Stab der „Armeegruppe Frießner", 1.3.1944 in der Führerreserve des Oberkommandos des Heeres, dann jeweils Kommandeur: 3.5.1944 des Grenadierregiments 320, 15.7.1944 der 56. Infanteriedivision, 1.4.1945 der Division „Ulrich von Hutten" und 19.4.1945 der 5. Jägerdivision. Ein bezeichnender soldatischer Werdegang eines in Polen, im Westen und besonders an der Ostfront bewährten Offiziers und Generals, dessen Energie und Entschlossenheit in allen Lagen Achtung und Eindruck erweckten. Edmund Blaurock ist am 25.1.1966 in seiner Geburtsstadt Nürnberg in Bayern verstorben.

746. Eichenlaub am 19.2.1945 als Generalmajor und
Kommandeur der
56. Infanteriedivision.

Generalmajor

Ludwig Schulz

Geboren am 4.8.1896
in Lissa/Westpreußen.

†

Ausgezeichneter Offizier im Ersten Weltkrieg, erwarb er sich im Zweiten Weltkrieg in der Luftwaffe schon in den ersten Kriegsjahren im bekannten Kampfgeschwader 76 hervorragende Verdienste. Besonders 1940 im Westfeldzug, wo Ludwig Schulz als Kommandeur die 1. Gruppe führte, waren seine Tapferkeitstaten bei Angriffen auf Flugplätze und die Hafenanlagen Dünkirchen bezeichnend und einmalig. Für seine Tapferkeit hoch ausgezeichnet, war er ebenso in der Folgezeit ein beispielgebender Offizier und trat erneut im Winter 1944/45 als Kommandeur der Luftkriegsschule 5 besonders in Erscheinung, wo er sich mit seinen Männern in unerschütterlicher Art dem Ansturm übermächtiger Feindkräfte entgegenstellte und entscheidende Taten für die schwer ringende und aus tausenden Wunden blutende Ostfront erkämpfte. Schulz gehörte zu jenen Generälen der Luftwaffe, die auch im Erdeinsatz ihre hohen soldatischen Werte unter Beweis stellten und in schwerster Zeit Einmaliges geleistet haben. Am 10.12.1966 ist Ludwig Schulz verstorben.

747. Eichenlaub am 19.2.1945 als Generalmajor und
Kommandeur der
Luftkriegsschule 5 und
Führer einer
Kampfgruppe.

Major

Rolf Hermichen

Geboren am 25.7.1918
in Wernigerode/Harz.

Zu Kriegsbeginn 1939 Flugzeugführer in der 2. Gruppe des Zerstörergeschwaders 1, späteres Schnelles Kampfgeschwader 210, und bewährt im Westen und Osten, kam Rolf Hermichen ab 1.5.1942 als Staffelkapitän der 3. Staffel zum Jagdgeschwader 26 „Schlageter" an den Kanal, wo er zeitweise auch die 3. Gruppe führte. In hunderten Feindflügen Mut und Können beweisend, erfolgte ab 16.10.1943 seine Ernennung zum Kommandeur der 1. Gruppe des Jagdgeschwaders 11, wo er bezeichnende Erfolge in der Reichsverteidigung erringen konnte und zu den Männern gehörte, die im Einsatz gegen die amerikanischen viermotorigen Bomber besonders erfolgreich waren. Die Schwere dieser Luftkämpfe der Jahre 1943/44 forderte von den deutschen Jagdfliegern höchsten Opfermut und eisernen Willen, und Hermichen, mit diesen Tugenden reich begabt, beendete diese oftmals als Sieger. Ab 7.4.1944 bis Kriegsende war er dann Kommandeur der 1. Gruppe des Jagdgeschwaders 104 und genoß auch in diesem Geschwader hohes Ansehen.

748. Eichenlaub am 19.2.1945 als Major, für die Leistungen als Kommandeur der 1. Gruppe des Jagdgeschwaders 11.

General der Infanterie

Hans Krebs

Geboren am 4.3.1898
in Helmstedt/Braunschweig.

Kriegsfreiwilliger und Offizier im Ersten Weltkrieg und zu Kriegsbeginn 1939 Chef der Heeres-Ausbildungsabteilung im Generalstab des Heeres. Ab 15.12.1939 Chef des Generalstabes des 7. Armeekorps und nach dem Westfeldzug ab 1.10.1940 Erster Gehilfe des Deutschen Militärattaches in Moskau. Hans Krebs war jener Mann in der deutschen Generalität, dessen Verläßlichkeit und Anpassungsfähigkeit ihn als Generalstabschef zur idealen Ergänzung im Verhältnis von der Front zum Obersten Befehlshaber werden ließen. In der Reihenfolge als Chef des Generalstabes jeweils ab: 1.1.1942 der 9. Armee und 1.3.1943 der Heeresgruppe Mitte im Osten, sowie 1.4.1944 der Heeresgruppe B an der Westfront. Ab 29.3.1945 noch mit der Wahrnehmung der Geschäfte des Chefs des Generalstabes des Heeres betraut und somit Nachfolger von Generaloberst Guderian, war General Krebs eine Persönlichkeit mit Würde und Gewissen. Sein Freitod am 1.5.1945 in der Reichskanzlei in Berlin beendete in Tragik eine vorbildliche Soldatenlaufbahn.

749. Eichenlaub am 19.2.1945 als General der Infanterie und
Chef des
Generalstabes der Heeresgruppe B.

Major

Heinz-Martin Ewert

Geboren am 12.2.1915
in Preußisch-Holland/Ostpreußen.

†

Heinz-Martin Ewert, seit 1933 im Heer, war einer der tüchtigen Offiziere der Infanterie, die sowohl als Lehr- wie auch als Frontoffiziere in jeder Weise überzeugten. Ab 1.10.1937 an der Infanterieschule Döberitz als Lehroffizier, nahm er als Chef der 8. Kompanie des Infanterieregiments 2, welche er seit 4.2.1940 führte, am Westfeldzug teil und führte vom 23.6.1941 – 19.11.1943 an der Ostfront auch zeitweise das 2. Bataillon. Nach besonderer Bewährung im Nordabschnitt am 23.11.1941 als erster Soldat der 11. Infanteriedivision mit dem Ritterkreuz ausgezeichnet, bestach er gleichermaßen in weiteren Einsätzen immer wieder durch persönliche Tapferkeit und hohen Einsatzwillen. Ab 20.11.1943 wieder als Lehroffizier – diesmal an der Fahnenjunkerschule 5 in Posen, wurde der verdiente Offizier im Jahre 1945, als die Stadt Posen zur Festung erklärt wurde, mit seinen Soldaten Fels in der Brandung gegen die übermächtig anstürmenden Russen, geriet am 23.2.1945 in sowjetische Kriegsgefangenschaft, aus der er am 28.11.1949 zurückkehrte, und verstarb am 15.11.1980 in Krefeld/Nordrhein-Westfalen.

750. Eichenlaub am 24.2.1945 als Major, für die Leistungen als Abschnittskommandant in der Festung Posen.

Generalleutnant

Fritz Georg von Rappard

Geboren am 15.8.1892
in Sögeln/Hannover.

†

Offizier im Ersten Weltkrieg und zu Kriegsbeginn 1939 Kommandeur des Infanterieregiments 277 der 83. Infanteriedivision, kämpfte er mit diesem im West- und anschließend im Ostfeldzug, wo Fritz Georg von Rappard ab 3.2.1942 sogar die Division führte. Härteste Kämpfe im Nordabschnitt der Ostfront, und hier besonders um die Stadt Welikije-Luki, zeugen vom Einsatzweg der Truppe und den entbehrenden Strapazen des harten Rußlandwinters 1941/42, der an die Soldaten höchste Anforderungen stellte. Ab 1.11.1942 wurde der General Kommandeur der 7. Infanteriedivision, der er in allen Einsätzen im Mittelabschnitt ein umsichtiger und tapferer Führer war. Herausragend die Leistungen der Division beim Kampf um Ostpreußen, wo unter unsagbar schwierigen Bedingungen eine einmalige Ausdauer und Standhaftigkeit bis in die letzten Kriegstage gezeigt wurden. Nach Kriegsende in sowjetische Gefangenschaft geraten, wurde der General am 31.1.1946 in Welikije-Luki hingerichtet.

751. Eichenlaub am 24.2.1945 als Generalleutnant und
Kommandeur der
7. Infanteriedivision.

Leutnant

Josef Jakwert

Geboren am 22.7.1914
in Krikau/Schlesien.

Am 27.8.1939 in die Panzerabwehrabteilung 176 einberufen, nahm Josef Jakwert mit dieser im Rahmen der 76. Infanteriedivision am Westfeldzug teil. Dann im Ostfeldzug, zählte er an dieser Front zu den hervorragenden Panzerjägern. Als Zugführer in der Divisions-Panzerjägerkompanie 361 erwarb er sich bei den schweren Abwehrkämpfen im Raum Brody/Polen für unerschütterliche Tapferkeit das Ritterkreuz, welches ihm am 14.5.1944 verliehen wurde, und erhielt für einmalige Waffentaten bei der Verteidigung des Flugplatzes Zinten/Ostpreußen als Zugführer in der Panzerjägerabteilung 1562 das Eichenlaub. 51 bestätigte Panzerabschüsse künden von seinem bedingungslosen Einsatz an der schwer ringenden Ostfront und widerspiegeln hundertfach Beispiele unerhörten Mutes und von Unerschrockenheit. Der stumme Dank der Infanteristen an die Panzerjäger bezeugten deren Taten in eindrucksvoller Art und ehrt in Anerkennung die Verdienste dieser Truppengattung, in der Josef Jakwert immerzu hohes Können und vorbildlichen Einsatz bewiesen hat.

752. Eichenlaub am 24.2.1945 als Leutnant und
Führer des
2. Zuges der
Panzerjägerabteilung 1562, in der
562. Volksgrenadierdivision.

Hauptmann der Reserve

Horst Warschnauer

Geboren am 28.12.1919
in Breslau.

Seit 1937 im Pionierbataillon 42 und seit 1940 im Infanterieregiment (mot.) „Großdeutschland", gehörte er zu den Offizieren, welche in der Waffengattung Pioniere während des ganzen Krieges an den Fronten in West und Ost in überzeugender Weise ihre Soldatenpflicht erfüllten. Hoher Einsatz, Schneid und Tapferkeit untermauerten in eindrucksvoller Art seine Kampfeinsätze, und es muß hier betont werden, daß viele Erfolge der Division „Großdeutschland" erst durch den unerhörten Kampfwillen ihrer tüchtigen Pioniere möglich waren. Warschnauers forsches und unbekümmertes Auftreten beflügelte seine Soldaten zu großen Taten, und sein Vorbild in Kampf und Führung bestach in allen Einsätzen. Wenn in diesem Buch das Wort Pflichterfüllung immer wieder Erwähnung findet, so muß betont werden, daß es oberstes Gebot aller Ausgezeichneten war, in steter Treue und äußerstem Einsatz dem Vaterland alles zu opfern, und auch der schneidige Pionieroffizier Horst Warschnauer bekundete in hohem Maße diese Tugenden.

753. Eichenlaub am 24.2.1945 als Hauptmann der Reserve und Kommandeur des Pionierbataillons „Großdeutschland", in der Panzergrenadierdivision „Großdeutschland".

Oberleutnant

Hans-Babo von Rohr

Geboren am 9.10.1922
in Wolletz/Brandenburg.

Der jüngste aller neunhundertzehn im Zweiten Weltkrieg mit dem Eichenlaub zum Ritterkreuz des Eisernen Kreuzes ausgezeichneten Soldaten war der Offizier in der Panzerwaffe Leutnant Hans-Babo von Rohr. In der 7. Panzerdivision liegen seine Tapferkeitstaten verankert und waren in ihrer Art beeindruckend und beispielhaft. Das Panzerregiment 25, immer an Schwerpunkten der Ostfront eingesetzt, blickte in Stolz auf diesen jungen einsatzfreudigen Offizier. Unbeschreiblicher Mut, eiskaltes Handeln und hohes Können paarten sich bei ihm im Kampf im richtigen Augenblick zur ausschlaggebenden Wirkkraft. Sieger in vielen Panzerduellen und erfolgreich auch in der Panzernahbekämpfung, hinderten ihn mehrmalige Verwundungen kaum im Fronteinsatz und sprechen für den hohen Kampfwert der jungen deutschen Frontoffiziere. Als sein Leben am 14.2.1945 bei Kämpfen im Raum Konitz/Westpreußen erlosch, beklagte die Panzerwaffe den Tod eines ihrer Besten, und das deutsche Heer trauerte um einen Offizier mit höchsten soldatischen Idealen.

754. Eichenlaub am 24.2.1945 nach dem Tode, für die Leistungen als
Leutnant und
Führer der
2. Kompanie des
Panzerregiments 25, in der
7. Panzerdivision.

SS Sturmbannführer

Ernst August Krag

Geboren am 20.1.1915
in Wiesbaden-Erbenheim/Hessen.

1935 in die SS Verfügungstruppe eingetreten, zählte er zu den Männern, die mit ihren Kampfleistungen im Kriege wesentlich zu den Erfolgen der SS Division „Das Reich" beigetragen haben. 1937 zum Fallschirmjäger ausgebildet, kam Ernst August Krag im Mai 1938 ins SS Regiment „Der Führer", ab Oktober an die SS Junkerschule Bad Tölz und ab Mai 1940 als Batterie-Offizier in die 1. Abteilung des SS Artillerieregiments „Das Reich", wo er im Westfeldzug im Einsatz stand. Ab Juni 1941 führte er die 5. Batterie, wurde ab Dezember Chef der 3. Kompanie der Aufklärungsabteilung, ab Oktober 1942 Chef der 2. Batterie der Sturmgeschützabteilung, ab Feber 1943 Chef der 1. Batterie und ab Juli 1944 schließlich Kommandeur der SS Panzeraufklärungsabteilung 2 „Das Reich". Die Einsätze am Balkan, an der Ostfront, im Westen bei der Invasion und Ardennenoffensive, sowie in Ungarn und im Reich bekunden die aufreibenden Kriegswege eines oft verwundeten Offiziers, dessen Tapferkeit und Einsatzfreude einem Herzen voll Treue und Vaterlandsliebe entsprangen. Nach Kriegsende befand sich Ernst August Krag bis Januar 1948 in Kriegsgefangenschaft und Internierung im Westen.

755. Eichenlaub am 28.2.1945 als SS Sturmbannführer und
Kommandeur der
SS Panzeraufklärungsabteilung 2, in der
2. SS Panzerdivision „Das Reich".

SS Hauptsturmführer

Heinrich Schmelzer

Geboren am 14.3.1914
in Nesselröden/Hessen.

Heinrich Schmelzer kam auch 1935 in die SS Verfügungstruppe und war einer der hervorragenden Männer der Waffengattung der Pioniere in der Waffen SS. Ebenfalls in der SS Verfügungsdivision (mot.), der späteren SS Division „Das Reich", zeigte er in den Feldzügen gegen Polen, im Westen, am Balkan, im Osten, wieder an der Westfront und erneut im Osten Beispiele hohen Soldatentums. Zuerst Zugführer und 1943 Führer der 3. Kompanie im SS Panzerpionierbataillon 2, übernahm er ab Dezember 1944 dann als Chef die 1. Kompanie. Als kraftvoller und dynamischer Führer seiner Pioniere war er an allen Brennpunkten, wo die SS Division „Das Reich" im Einsatz stand, durch seine Tapferkeit und ausgeprägte Willenskraft Vorbild und Ansporn in allen Kämpfen und leistete Wertvolles auf Divisionsebene. Ab 1.4.1945 führte Heinrich Schmelzer noch eine Kampfgruppe der Armee Schörner im Raume Görlitz-Dresden-Erzgebirge und befand sich vom 26.5.1945 – 27.2.1947 in amerikanischer Kriegsgefangenschaft.

756. Eichenlaub am 28.2.1945 als SS Hauptsturmführer und
Chef der
1. Kompanie des
SS Panzerpionierbataillons 2, in der
2. SS Panzerdivision „Das Reich".

Major

Traugott Kempas

Geboren am 27.8.1919
in Trappöhnen/Ostpreußen.

In ihm sehen wir das Bild des deutschen Infanterieoffiziers des Zweiten Weltkrieges in geprägter Vollendung. Bewährt an den Fronten in West und Ost, trug er nicht nur hohe soldatische Werte in sich vereint, sondern war seinen Soldaten in allen Belangen auch Freund und Kamerad. Bezeichnend seine Höchstleistungen an Mut und persönlicher Tapferkeit bei den Einsätzen der 61. Infanteriedivision im Nordabschnitt der Ostfront und beim Kampf um sein Heimatland Ostpreußen. Als Kommandeur des 1. Bataillons des Grenadierregiments 176 war Traugott Kempas in den aufreibenden Schlachten auf deutschem Boden ein Offizier und Führer, an dessen Beispiel man sich auch in den verzweifeltsten Situationen aufrichten konnte, um Taten zu vollbringen, die in jener Zeit fast unmöglich schienen. Als sein tapferes Soldatenleben am 13.3.1945 in den schweren Kämpfen in Ostpreußen erlosch, starb ein vorbildlicher deutscher Frontoffizier, dessen ganzer Glaube dem Vaterland gehörte.

757. Eichenlaub am 28.2.1945 als Hauptmann und Kommandeur des 1. Bataillons des Grenadierregiments 176, in der 61. Infanteriedivision.

General der Infanterie

Arthur Kullmer

Geboren am 27.8.1896
in Großbockenheim/Oberpfalz.

Kriegsfreiwilliger und Offizier im Ersten Weltkrieg, ab 10.11.1938 Adjutant des 7. und ab 1.8.1940 des 27. Armeekorps. Nach dem Polen- und Westfeldzug dann jeweils ab: 9.4.1941 Kommandeur des Infanterieregiments 331, 1.11.1942 Führer der 106. Infanteriedivision, 1.1.1943 Kommandeur der 296. Infanteriedivision und 1.8.1944 Kommandeur der 558. Volksgrenadierdivision. Kullmers Tapferkeit und Führungskönnen wurden an der Ostfront bei den opfervollen Kämpfen im Mittelabschnitt in vielen Fällen zum entscheidenden Faktor manches Erfolges. Die Namen Orel, Gomel und Bobruisk zeugen vom heldenhaften Kampf der 296. Infanteriedivision unter des Generals tüchtiger Führung. Auch als Kommandeur der 558. Volksgrenadierdivision überzeugte Arthur Kullmer in jeder Art, und die aufreibenden Kämpfe in Ostpreußen, besonders im Raum Heiligenbeil, sahen seine Division immer erfolgreich im Brennpunkt der schwerstbedrohten Front. Ab 20.4.1945 Kommandierender General des 43. Armeekorps, geriet der General nach Kriegsende in sowjetische Kriegsgefangenschaft, in der er am 28.3.1953 verstorben ist.

758. Eichenlaub am 28.2.1945 als Generalleutnant und
Kommandeur der
558. Volksgrenadierdivision.

Major

Michael Pössinger

Geboren am 18.1.1919
in Ettal/Oberbayern.

In der deutschen Gebirgstruppe einer der außergewöhnlich tapferen und beliebten Offiziere, die durch ihren unermüdlichen Einsatz im Zweiten Weltkrieg in entscheidender Weise den Ruf dieser Truppengattung eindrucksvoll begründeten. Seit 1937 im Gebirgsjägerregiment 98, wurde er in der 16. Kompanie als Zugführer des 2. Zuges zu einem herausragenden Frontkämpfer. Nach Teilnahme am Polenfeldzug erhielt Michael Pössinger für besondere Leistungen im Westfeldzug bereits am 16.7.1940 das Ritterkreuz, kämpfte dann am Balkan und an der Ostfront, wo er im Rahmen der 1. Gebirgsdivision bis zum Hochkaukasus vorstieß und selbstverständlich auch die schweren Rückzugskämpfe über Kuban, Krim und Kertsch bestritt. Ab 1.10.1943 wurde der bewährte Offizier Kommandeur des 1. Bataillons des Gebirgsjägerregiments 98 und übernahm ab 1.10.1944 als Kommandeur das 1. Bataillon des Grenadierregiments 1123. In harten Kämpfen bis zurück nach Ostpreußen widerstanden die Grenadiere unter der Führung dieses mutigen Frontoffiziers einer erdrückenden Feindmacht, ehe die siebente in diesem Krieg erlittene Verwundung im April 1945 Michael Pössingers Überführung in ein Lazarett notwendig machte, wo er bei Kriegsende in Garmisch-Partenkirchen/Bayern in amerikanische Kriegsgefangenschaft geriet.

759. Eichenlaub am 28.2.1945 als Major und
Kommandeur des
Grenadierregiments 1123, in der
558. Volksgrenadierdivision.

Major

Othmar Pollmann

Geboren am 25.9.1917
in Regensburg/Oberpfalz.

1936 ins Infanterieregiment 20 eingetreten, kam Othmar Pollmann am 1.9.1939 ins Infanterieregiment 481 der 256. Infanteriedivision. Zuerst Zugführer in der 3. Kompanie, wurde er ab 24.4.1940 Adjutant des 3. Bataillons und zeichnete sich schon im Westfeldzug besonders aus. Im Ostfeldzug dann jeweils ab: 2.7.1941 Chef der 11. Kompanie, 1.3.1942 Chef der 5. Kompanie, 16.9.1942 Führer des 1. Bataillons und 1.12.1942 Kommandeur des 2. Bataillons. Bedingungsloser Einsatz paarte sich bei diesem Offizier mit persönlicher Tapferkeit und bewußtem Führungskönnen zur soldatischen Persönlichkeit, und zehn erlittene Verwundungen künden von seinem kämpferischen Soldatenweg im furchtbaren Kriege 1939 bis 1945. Ab 26.10.1944 in der Führerreserve des Oberkommandos des Heeres, ab 20.12.1944 Führer des Grenadierregiments 279 und ab 4.1.1945 gleichzeitig Divisionsadjutant der 95. Infanteriedivision, waren hier seine Leistungen auch an der Westfront überzeugend und einmalig. Vom 16.4.1945 bis Kriegsende war der verdiente Offizier Adjutant beim General der Infanterie im Oberkommando des Heeres und befand sich bis 21.6.1945 in amerikanischer Kriegsgefangenschaft.

760. Eichenlaub am 28.2.1945 als Major und
Divisionsadjutant der
95. Infanteriedivision.

Oberst im Generalstab

Bern von Baer

Geboren am 20.3.1911
in Berlin-Wilmersdorf.

†

Seit 1930 im Heer und ab 1938 Regimentsadjutant im Infanterieregiment 43, kam er nach Teilnahme am Polen- und Westfeldzug in die Operationsabteilung des Oberkommandos des Heeres, im Jahre 1942 als Ib zur 16. Panzerdivision nach Rußland und wurde im Dezember Ia des 51. Armeekorps in Stalingrad. Aus dem Kessel ausgeflogen, wirkte er danach bis März 1943 als Ic bei der Heeresgruppe Don. Nach Neuaufstellung der 16. Panzerdivision in Frankreich wurde der überaus befähigte Offizier deren 1. Generalstabsoffizier und war maßgeblich an den Erfolgen der Division beim Einsatz in Italien beteiligt. Anschließend wieder an der Ostfront, bestachen hier erneut sein Führungskönnen und seine verwegene Tapferkeit. Ab Frühjahr 1944 Ia der Fallschirm-Panzerdivision „Hermann Göring" an der Italienfront und ab Juli erneut an der Ostfront, erfolgte dort im Herbst seine Ernennung zum Chef des Stabes des Fallschirm-Panzerkorps „Hermann Göring". Hier waren es besonders die Kämpfe in Ostpreußen und Mitteldeutschland, in denen seine enorme Entschlußkraft und umsichtige Kampfführung dem Korps manchen Erfolg ermöglichten. Überzeugende Leistungen in jeder Art erheben diesen Offizier in die Reihe der überragenden deutschen Generalstabsoffiziere, die auch in vorderster Front höchsten Einsatz bewiesen haben. Bern von Baer ist am 27.11.1981 verstorben.

761. Eichenlaub am 28.2.1945 als Oberstleutnant im Generalstab und
Chef des
Stabes des
Fallschirm-Panzerkorps „Hermann Göring".

Oberleutnant

Hans Waldmann

Geboren am 24.9.1922
in Braunschweig.

1940 in die Luftwaffe gekommen und ab August 1941 als Flugzeugführer in der 6. Staffel des Jagdgeschwaders 52 an der Ostfront, gehörte er dort nach kurzer Zeit zu den besten Jagdfliegern. Unermüdliche Einsatzfreude, Tapferkeit und betont fliegerisches Können zeichneten seinen Weg im Geschwader, und im September 1943 erfolgte seine Versetzung als Fluglehrer ins Reich. Ab Februar 1944 dann wieder in der 6. Staffel des Jagdgeschwaders 52 an der Ostfront und ab Mai 1944 in der 8. Staffel des Jagdgeschwaders 3 „Udet" und im Einsatz in der Reichsverteidigung. Ab Jänner 1945 Führer der 3. Staffel des Jagdgeschwaders 7 und auch hier im Düsenjägerjagdgeschwader erfolgreich im Kampf gegen die amerikanischen Geschwader bei den aufreibenden Luftschlachten über dem Reich. Hunderte Feindflüge und viele Luftsiege, in Ost und West errungen, reihen Hans Waldmann zu den besten deutschen Jagdfliegern des Zweiten Weltkrieges. Tragisch sein Tod am 18.3.1945 bei Kaltenkirchen in Holstein, wo der mutige Offizier mit einem Staffelkameraden bei einem Einsatzflug zusammenstieß und tödlich abstürzte. Die Luftwaffe verlor einen ihrer jungen und talentreichen Piloten, deren Bewährung im Fronteinsatz hohen Eindruck erweckte.

Eichenlaub ohne Nr. am 1.3.1945 als Oberleutnant und
Führer der
3. Staffel des
Jagdgeschwaders 7.

Oberst

Hans Reichardt

Geboren am 18.4.1904
in Kirchberg bei Zwickau/Sachsen.

1938 bereits Chef der 12. Kompanie im Infanterieregiment 10, wurde er anschließend in den Infanterieregimentern 108 und 192 als Bataillonskommandeur einer der ganz hervorragenden Offizierc. Die Feldzüge in Polen, Westen und Osten zeichneten seinen bewegten Soldatenweg, und die Auszeichnung mit dem Ritterkreuz am 24.7.1941 für besondere Leistungen als Kommandeur des 3. Bataillons des Infanterieregiments 192 bei den Kämpfen im Raume Gomel im Bereich der Heeresgruppe Süd sprechen eine wohl deutliche Sprache für das Können und die Tapferkeit dieses Offiziers. Die Ostfront war auch weiterhin bestimmend für seine Einsatzwege als Soldat und Offizier in diesem Krieg, und als Hans Reichardt im Januar 1945 bei den verzweifelten Abwehrkämpfen auf schlesischem Gebiet sich mit einer Kampfgruppe im Brückenkopf Steinau an der Oder erdrückender feindlicher Übermacht in den Weg stellte, mit seinen Soldaten schwersten Anstürmen trotzte und dort am 2.2.1945 sein Leben ließ, hatte er die unzähligen Tapferkeitstaten des deutschen Heeres im Zweiten Weltkrieg um eine weitere Folge bereichert.

762. Eichenlaub am 5.3.1945 nach dem Tode, für die Leistungen als
Oberst und
Kommandeur der
Kampfgruppe Steinau, in der
408. Infanteriedivision.

Oberst

Werner Ebeling

Geboren am 21.11.1913
in Stade/Hannover.

Sein Name steht in enger Verbindung mit der 58. Infanteriedivision und deren enormen Einsatzleistungen im West- und Ostfeldzug. Werner Ebeling war seit 1.9.1938 Ordonnanzoffizier im Infanterieregiment 220 und 1940 im Westfeldzug Adjutant des 3. Bataillons. An der Ostfront stehen die Einsätze der Division im Bereich der Heeresgruppe Nord mit dem Vormarsch auf Leningrad, den Kämpfen am Wolchow, bei Demjansk, am Ilmensee, der Narwa- und Kurlandfront, bei Memel und im Samland in Ostpreußen in stetem Einklang. In der Reihenfolge angeführt die weiteren Dienststellungen dieses bewährten Offiziers – jeweils ab: März 1941 Chef der 12. Kompanie, August 1942 Adjutant des Regiments, Januar 1943 Kommandeur des 2. Bataillons, 1.1.1944 Führer des Regiments und 1.9.1944 Kommandeur des Grenadierregiments 154, ebenfalls in der 58. Infanteriedivision. Beliebt bei seinen Grenadieren, waren die geleisteten Waffentaten dieses verdienten und tapferen Frontoffiziers besonders in den letzten schweren Kriegsjahren von überzeugender Einmaligkeit und erheben ihn in die Reihe der besten Offiziere der deutschen Infanterie. Nach Kriegsende war Ebeling bis 15.7.1945 in englischer Internierung.

763. Eichenlaub am 5.3.1945 als Oberstleutnant und
Kommandeur des
Grenadierregiments 154, in der
58. Infanteriedivision.

General der Infanterie

Hermann Niehoff

Geboren am 3.4.1897
in Papenburg-Ems/Hannover.

†

Fahnenjunker und Offizier im Ersten Weltkrieg und ab 6.9.1939 Kommandeur des Infanterie-Ersatzregiments 211. 1940 wurde er Kommandeur des Infanterieregiments 464, und nach dem Westfeldzug bewährte er sich mit diesem in bezeichnender Art im Ostfeldzug bei Welikije Luki im Nordabschnitt der Ostfront. Ab Dezember 1942 übernahm Hermann Niehoff die Führung der 256. Infanteriedivision im Mittelabschnitt. Ab 1.4.1943 als Kommandeur mit der Neuaufstellung der 371. Infanteriedivision in Frankreich beauftragt, von Oktober bis Dezember 1943 in Italien mit Sicherungsaufgaben betraut und anschließend im Einsatz gegen Titos Partisanen in Kroatien. Ab 1.1.1944 kämpfte die Division an der Ostfront, wo sie im Kampfraum Mogilew in harten Einsätzen stand. Bei den Abwehrkämpfen im Weichselbogen im Raume Krakau zeigte die Division unter ihrem immer bewährten und persönlich tapferen Kommandeur erneut beständige Leistungen. Als die Russen 1945 die Stadt Breslau eingeschlossen hatten, wurde der General ab 5.3.1945 dort zum Kampfkommandanten ernannt und trotzte einer erdrückenden feindlichen Übermacht unbesiegt bis zum Kriegsende. Die Tapferkeitsbeispiele des Festungskommandanten und jedes einzelnen Verteidigers dieser deutschen Stadt waren in ihrer Einmaligkeit Anlaß zu höchster Bewunderung. Der General befand sich nach Kriegsende bis 8.10.1955 in sowjetischer Kriegsgefangenschaft und verstarb am 5.11.1980 in Riegsee/Bayern.

764. Eichenlaub	am 5.3.1945	als	Generalleutnant, für die Leistungen als Kommandeur der 371. Infanteriedivision.
147. Schwerter	am 26.4.1945	als	General der Infanterie und Kommandant der Festung Breslau.

Generalleutnant

Heinrich Götz

Geboren am 1.1.1896
in Hannover.

✝

Kriegsfreiwilliger und Offizier im Ersten Weltkrieg und ab 1.3.1938 Adjutant der 3. Infanteriedivision. Nach dem Polen- und Westfeldzug wurde Heinrich Götz an der Ostfront Kommandeur des Infanterieregiments 466, wo er sich für persönliche Tapferkeit und besondere Leistungen seines Regiments im Südabschnitt der Ostfront am 3.5.1942 die hohe Auszeichnung mit dem Ritterkreuz erwarb. Seinen betont ausgezeichneten Führungsleistungen zufolge übertrug man ihm ab 28.6.1944 die Führung der 83. Infanteriedivision, und vom 22.8. – 25.9.1944, sowie vom 15.1. – 31.3.1945 war der General Kommandeur der 21. Infanteriedivision. Hier bedeutete das Ausharren der deutschen Soldaten an der Front in Ostpreußen oft letzte Rettung für die vielen Ostflüchtlinge, und des Generals geschickte Führung rechtfertigte stets der Erfolg. Hohes Können, eiserne Willenskraft und Standhaftigkeit waren die bestimmenden Tugenden seiner Persönlichkeit in schicksalsschwerster Zeit des Krieges. Ab 7.4.1945 war er der Division „Scharnhorst" in den Endkämpfen im Reich noch ein vorbildlicher Kommandeur und verstarb am 31.1.1960 in Oberaudorf am Inn/Bayern.

765. Eichenlaub am 5.3.1945 als Generalmajor und
Kommandeur der
21. Infanteriedivision.

General der Infanterie

Rudolf von Bünau

Geboren am 19.8.1890
in Stuttgart.

†

Ausgezeichneter Offizier im Ersten Weltkrieg und ab 1.11.1938 Kommandeur des Infanterieregiments 113. Hoch ausgezeichnet für seine Verdienste und Tapferkeit im Westfeldzug, wurde der General anschließend jeweils ab: 1.11.1940 Kommandeur der 177. Infanteriedivision, 1.6.1941 Leiter des Arbeitsstabes der Kriegsschule Bonn, 1.11.1941 Kommandeur der 73. Infanteriedivision, 1.11.1943 Führer des 47. Panzerkorps, 1.2.1944 Führer des 52. Armeekorps, 1.4. Führer und 1.5.1944 Kommandierender General des 11. Armeekorps. Seine Bewährungen an der Ostfront, wo Rudolf von Bünau in allen Lagen die Werte eines willensstarken Truppenführers zeigte, waren bezeichnend, und sein Platz unter den besten deutschen Frontgeneralen wurde zur Selbstverständlichkeit. Nach schweren Rückzugskämpfen erfolgte am 7.4.1945 seine Ernennung zum Kommandanten des Verteidigungsabschnittes Wien, wo der General wieder einen sehr schwierigen Auftrag geschickt zu lösen vermochte. Im Trubel der Ereignisse der letzten Kriegsmonate ab 16.4.1945 noch mit der Führung des „Korps Bünau" beauftragt, befand sich der General vom 8.5.1945 – 9.4.1947 in amerikanischer Kriegsgefangenschaft und starb am 14.1.1962 bei einem Verkehrsunfall bei Kirchheim an der Teck/Baden-Württemberg.

766. Eichenlaub am 5.3.1945 als General der Infanterie und Kommandierender General des 11. Armeekorps.

Oberstleutnant

Bruno Karczewski

Geboren am 18.3.1913
in Osterode/Ostpreußen.

†

Schon seit 1932 in der Reichswehr und zu Kriegsbeginn 1939 als Zugführer in der 13. Kompanie des Infanterieregiments 162. Nach Teilnahme am Polen- und Westfeldzug führte Karczewski im Ostfeldzug als Chef die Kompanie und war auch zeitweise Führer des 2. Bataillons, dessen Kommandeur er ab Januar 1943 wurde. Ab Juli führte er dann das 1. Bataillon, anschließend das Regiment, nach Genesung von einer Verwundung das Grenadierregiment 151 und ab Dezember 1944 als Kommandeur das Grenadierregiment 176. Bruno Karczewski führte somit alle drei Regimenter der 61. Infanteriedivision. Alle seine Einsatzleistungen im Bereich der Heeresgruppe Nord waren stets bezeichnend und einmalig, und die Kämpfe vor Leningrad, am Wolchow, im Baltikum und Ostpreußen stehen untrennbar mit seinem Namen verbunden. Vorbildlich, tapfer und entschlußkräftig in allen Situationen, verkörperte er das Idealbild des deutschen Frontoffiziers im Zweiten Weltkrieg und besaß immerzu das unbedingte Vertrauen seiner Grenadiere. Ende Januar 1945 beim Kampf in Ostpreußen schwer verwundet, bei Kriegsende im Reservelazarett Krempe in Holstein und am 9.1.1946 aus diesem entlassen, verstarb Bruno Karczewski am 1.7.1971 in Holzminden/Niedersachsen.

767. Eichenlaub am 5.3.1945 als Major, für die Leistungen als Kommandeur des Grenadierregiments 176, in der 61. Infanteriedivision, unter gleichzeitiger Beförderung zum Oberstleutnant.

Generalleutnant

Dipl.-Ing. Erich Schneider

Geboren am 12.8.1894
in Biedenkopf/Hessen.

†

Fahnenjunker und Offizier im Ersten Weltkrieg, war Erich Schneider einer jener tüchtigen Heeresoffiziere, die sowohl in technischen Belangen, wie auch als Frontkommandeure Außergewöhnliches geleistet haben. Ab 1.9.1939 Referent für Ballistik und Raketen im Heereswaffenamt und ab 20.6.1940 Kommandeur des Panzerartillerieregiments 103. Nach Einsatz im West- und Ostfeldzug ab 12.3.1942 Ia beim Chef des Prüfungswesens des Heeres. Ab 24.11.1942 Führer und ab 1.1.1943 Kommandeur der 4. Panzerdivision, für deren gekonnte Führung an der Ostfront sich der verdiente General am 7.5.1943 die hohe Auszeichnung mit dem Ritterkreuz erwarb. Ab 1.6.1943 dann Chef der Abteilung für Ballistik und Munition, sowie Chef der Artillerie-Abteilung im Heereswaffenamt und anschließend Chef der Amtsgruppe des Entwicklungs- und Prüfwesens des Heeres. Vom 28.12.1944 – 20.3.1945 berief man diesen großartig technisch begabten General abermals an die Ostfront, wo er als Kommandeur der 14. Infanteriedivision erneut Höchstleistungen an Führungskönnen in schwierigster Frontlage zeigte und seinen Soldaten ein Vorgesetzter war, auf den sie in allen Lagen vertrauensvoll blicken konnten. Dipl.-Ing. Erich Schneider verstarb am 3.10.1980 in Wiesbaden.

768. Eichenlaub am 5.3.1945 als Generalleutnant und Kommandeur der 14. Infanteriedivision.

Oberleutnant

Kurt Welter

Geboren am 25.2.1916
in Köln-Lindenthal.

†

Kurt Welters Weg in der Luftwaffe ist als einmalig zu bezeichnen. Seit 1934 in der Luftwaffe, wurde er aufgrund seines hervorragenden fliegerischen Könnens zu einem ausgezeichneten Fluglehrer, dem es trotz unermüdlichen Bemühens nicht gelang, als Jagdflieger in einen Frontverband zu kommen. Erst ab Oktober 1943 flog er als Flugzeugführer in der 2. Gruppe des Jagdgeschwaders 301 in der Reichsverteidigung, und im Jahre 1944 gelang ihm seine faszinierende Idee, den Düsenjäger Me 262 für die Nachtjagd umzurüsten und einsatzfähig zu machen. Welter flog ab 7.7.1944 als Flugzeugführer in der 2. Staffel des Nachtjagdgeschwaders 11 und wurde ab 1.12. Staffelkapitän der 10. Staffel des Nachtjagdgeschwaders 11 „Kommando Welter". Seine bahnbrechenden Neuerungen auf dem Gebiet der Nachtjagd waren überzeugend, und er war bei Kriegsende mit 35 bestätigten Nacht- und 15 Tagabschüssen bei nur 78 geflogenen Feindflügen aus dieser Sicht gesehen ein ungewöhnlich erfolgreicher Jagdflieger. Ausdauer, Können und Mut begründeten seine Erfolge, und er ist wohl die „Ausnahmeerscheinung" der Eichenlaubträger des Zweiten Weltkrieges. Am 7.3.1949 verstarb Kurt Welter infolge eines Unfalles in der Bundesrepublik.

769. Eichenlaub am 11.3.1945 als Oberleutnant und
Staffelkapitän der
10. Staffel des
Nachtjagdgeschwaders 11
„Kommando Welter".

Hauptmann der Reserve

Helmut Renschler

Geboren am 18.4.1920
in Bitterfeld/Sachsen.

Renschler ist einer der wenigen Eichenlaubträger der Waffengattung der Artillerie, was seine Tapferkeitsleistungen umso mehr unterstreicht. In der bekannten 5. Infanterie-, der späteren 5. Jägerdivision, bewies er nach dem Westfeldzug an allen Brennpunkten der Ostfront, wo die „Fünfte" im Einsatz stand, als Angehöriger des Artillerieregiments 5 beispielhaften Soldatengeist. Besonders hervorzuheben sind die Kampfleistungen des Jahres 1944, wo Helmut Renschler als Chef der 1. Batterie im Mittelabschnitt der Ostfront mit seinen Artilleristen oft letzte Stütze der Front war. Entsatzangriffe auf Kowel und Abwehrkämpfe im Pripjet-Quellgebiet stehen ebenso unauslöschlich mit seinem Namen in Verbindung, wie 1945 die Rückzugskämpfe zur Weichsel und die Endkämpfe im Reich. Auch in Nahkämpfen höchst bewährt, gehört er in die Reihe der tapfersten deutschen Frontoffiziere, die in schwerster Zeit weit mehr als nur ihre Pflicht getan haben.

770. Eichenlaub am 11.3.1945 als Hauptmann der Reserve und
Chef der
1. Batterie des Artillerieregiments 5, in der
5. Jägerdivision.

Major

Dr. Wolfgang Rust

Geboren am 15.9.1919
in Greifswald/Pommern.

Dr. Rusts Name und das Infanterieregiment 11 der 14. Infanteriedivision stehen in engstem Einklang mit außergewöhnlichen Tapferkeitsleistungen eines Offiziers von besonderer Prägung. Seit 1937 im Regiment und im Polenfeldzug Richtkreisunteroffizier in der 13. Kompanie, kämpfte er im Westfeldzug als Leutnant und Zugführer in der 10. und später in der 4. Kompanie. Im Ostfeldzug 1941 als Zugführer und ab März 1942 bis Mai 1943 als Führer und Chef der 13. Kompanie (mot.). Von Mai bis Juli 1943 dann Chef der 10. Kompanie, von Juli bis Oktober 1943 Führer des 3. Bataillons, von November 1943 bis Oktober 1944 Adjutant des Regiments und von November 1944 bis März 1945 Kommandeur des 2. Bataillons. Die Einsätze der 14. Infanteriedivision, beginnend 1941 im Mittelabschnitt der Ostfront und endend 1945 bei den schweren Kämpfen in Ostpreußen, wurden Geschichte und zum Hohelied der deutschen Infanterie im Zweiten Weltkrieg und Dr. Rust, am 2.12.1943 im Ehrenblatt des Deutschen Heeres genannt, einer ihrer besten Offiziere. Im April/Mai 1945 führte er das Panzergrenadierregiment 98 bei den Endkämpfen in Böhmen und war von Mai bis August 1945 in sowjetischer Kriegsgefangenschaft.

771. Eichenlaub am 11.3.1945 als Hauptmann und
Kommandeur des
2. Bataillons des
Grenadierregiments 11, in der
14. Infanteriedivision.

Generalleutnant

Friedrich Sixt

Geboren am 28.10.1895
in München.

†

Fahnenjunker und Offizier im Ersten Weltkrieg und ab 1937 im Generalstab des Heeres. Ab 20.4.1940 Chef des Stabes des 44. Armeekorps und ab 9.7.1942 der 7. Armee. Nach dem Westfeldzug an der Ostfront, wurde Friedrich Sixt hier zu einem tapferen und entschlossenen General, der bei allen Kämpfen Führungsleistungen besonderer Art zeigte und eisernen Durchhaltewillen bewies. Ab 3.7.1943 Kommandeur der 50. Infanteriedivision und höchst bewährt in den Schlachten am Kuban und bei Sewastopol, wo der General am 1.5.1944 verwundet wurde. Nach Genesung wieder an der Ostfront, wo er ab 17.8.1944 als Kommandeur die 5. Jägerdivision übernahm. Erneut durch tatkräftige Führung schwierigste Lagen überzeugend meisternd, verschuf er sich durch seine gezeigten Beispiele in allen Kreisen hohes Ansehen und erfreute sich allgemein großer Beliebtheit. Ab 18.4.1945 führte der verdiente General noch das 101. Armeekorps, war bis 1947 in britischer Kriegsgefangenschaft und verstarb am 4.8.1976 in seiner Geburtsstadt München.

772. Eichenlaub am 11.3.1945 als Generalleutnant und
Kommandeur der
5. Jägerdivision.

Oberleutnant

Kurt Witschel

Geboren am 26.3.1915
in Brieg/Niederschlesien.

1934 ins Infanterieregiment 28 eingetreten, zählte Kurt Witschel im Laufe des Krieges zu den unermüdlichen und tapferen Kämpfern der 8. Infanteriedivision, der späteren 8. Jägerdivision, wo er sich als Zug-, Kompanie- und Bataillonsführer höchste Ehren erwerben konnte. Die Einsätze der Division im Polen-, West- und Ostfeldzug waren stets vorbildlich und reich an Waffentaten, denke man nur an die Öffnung des Kessels von Demjansk, wo sich die schlesischen Jäger besonders bewährten. Auch die weiteren beständigen Leistungen, welche die Division an der Ostfront immer wieder unter Beweis stellte, verdienen höchste Anerkennung. Kurt Witschels Einsatz und Tapferkeit als Führer der 2. Kompanie fanden am 4.1.1943 durch die Verleihung des Ritterkreuzes ihre gebührende Würdigung, und seine mehrmaligen Verwundungen im Fronteinsatz zeugen von größtem Einsatzwillen und gehorsamster Pflichterfüllung, bis der Krieg sein Ende fand.

773. Eichenlaub am 11.3.1945 als Oberleutnant und
Führer der
9. Kompanie des
Jägerregiments 28, in der
8. Jägerdivision.

Generalleutnant

Clemens Betzel

Geboren am 9.6.1895
in Ulm/Württemberg.

Fahnenjunker und Offizier im Ersten Weltkrieg, gehörte Clemens Betzel im Zweiten Weltkrieg zu den tüchtigen Offizieren der 4. Panzerdivision. Ab 26.8.1939 führte er als Kommandeur die 2. Abteilung des Artillerieregiments 93, welches später das Panzerartillerieregiment 103 (mot.) wird und dessen Kommandeur Betzel ab 5.12.1941 wurde. In den Feldzügen in Polen, im Westen und im Osten zeigte dieser Offizier neben Tapferkeit und Einsatzwillen auch überzeugendes Führungskönnen. Die Leistungen seiner Panzerartilleristen gaben der Division oft großen Rückhalt und waren mitentscheidend für dieErfolge bei den aufreibenden Kämpfen im Mittelabschnitt der Ostfront. Betzel, am 1.7.1944 zum Generalmajor befördert, übernahm ab 28.5.1944 als Kommandeur sogar die Division. Die schweren Abwehrschlachten in Polen, Ost- und Westpreußen sahen seine Soldaten immer an den Brennpunkten kämpfen, wo der General durch hohen Einsatz und Mut immer wieder leuchtendes Beispiel war, ehe ihn am 27.3.1945 im sowjetischen Artilleriefeuer in Danzig der Soldatentod ereilte. Das deutsche Heer verlor einen Frontgeneral, geprägt von einmaliger Vaterlandsliebe und Pflichterfüllung.

774. Eichenlaub am 11.3.1945 als Generalleutnant und
Kommandeur der
4. Panzerdivision.

Oberleutnant der Reserve

Hans Rogalski

Bild konnte bedauerlicherweise nicht beigebracht werden.

Geboren am 15.7.1913
in Kalkhöfen/Ostpreußen.

Von den Tapferkeitstaten Hans Rogalskis an den Fronten in West und Ost wurden jene an der Ostfront zum bestimmenden Element seiner hohen Auszeichnungen. An verschiedenen Abschnitten seine soldatischen Fähigkeiten beweisend, entsprangen einem wackeren Kämpferherzen in unzähligen Einsätzen hohe Ideale, die stets in Treue zum Vaterland gipfelten. Als Oberfeldwebel für entscheidenden Kampfeinsatz am 17.3.1944 mit dem Ritterkreuz ausgezeichnet, bewies er auch in folgender Zeit bei den verzweifelten Abwehrkämpfen an der Ostfront als Offizier Schneid und Draufgängertum. Was er in allen Lagen seinen Männern als Vorbild bewies, fand im Gesamterfolg der Einheit seinen Ausdruck und verhalf der deutschen Infanterie noch in schwerster Zeit bei den Kämpfen in Ostpreußen zu Achtung und Ansehen. Die 21. Infanteriedivision blickte in Stolz auf diesen kampferprobten Offizier, dessen unermüdlicher Einsatz sich in der Tugend des Gehorsams eindrucksvoll bestätigte.

775. Eichenlaub am 11.3.1945 als Leutnant und
Adjutant des
2. Bataillons des
Grenadierregiments 45, in der
21. Infanteriedivision.

Major der Reserve

Johannes Grimminger

Geboren am 6.6.1914
in Schwäbisch Gmünd/Württemberg.

Seit 24.8.1939 im Infanterieregiment 119, ab 1.2.1940 Ordonnanzoffizier des 2. Bataillons und nach Teilnahme am Westfeldzug im Ostfeldzug als Zugführer, Führer und Chef der 6. Kompanie kämpfte Grimminger im Mittelabschnitt der Ostfront, und seine Kampfeinsätze führten 1941 über den Bug bis nach Tula vor die Tore Moskaus und zeichneten auch den Weg bis zurück in den Raum Kiew, wo der bewährte Offizier nach Verwundung und Genesung ab Jänner 1944 zum Leiter der Grenadierkampfschule Dubrowno ernannt wurde und im Juli 1944 als Kommandeur des Panzergrenadier-Feldersatzbataillons 25 sich in einmaliger Weise bei den Kämpfen westlich Minsk auszeichnen konnte. Nach neuerlicher Verwundung und deren Ausheilung dann ab 10.10.1944 als Kommandeur des 2. Bataillons des Panzergrenadierregiments 192 im Einsatz an der Westfront. Abermals im Kampf verwundet und nach Entlassung aus dem Lazarett ab 9.2.1945 wieder an der Ostfront, wo Johannes Grimminger als Führer des Regiments bei den Kämpfen in Schlesien in unerschütterlicher Tapferkeit und vorbildlicher Haltung seine Grenadiere zu großen Taten bewegte. Am 16.4.1945 bei Forst in der Lausitz/Sachsen traf ihn die tödliche Kugel und beendete ein opferbereites Soldatenleben von beispielhafter Vaterlandsliebe.

776. Eichenlaub am 11.3.1945 als Hauptmann der Reserve,
für die Leistungen als
Kommandeur des
2. Bataillons des
Panzergrenadierregiments 192, in der
21. Panzerdivision.

Oberfeldwebel

Ernst Kutschkau

Geboren am 23.11.1910
in Saalfeld/Ostpreußen.

1940 in die 2. Kompanie des Infanterieregiments 3 einberufen, war er einer der tapferen Frontkämpfer, die durch ihre beständigen Leistungen an der Ostfront den Ruhm der 21. Infanteriedivision begründen halfen. Schon in den Kämpfen am Wolchow, am Ladogasee und 1944 im Raume Pleskau bewies Ernst Kutschkau durch vorbildliches Verhalten in schwersten Abwehrkämpfen äußerste Standhaftigkeit und Mut. Auch als die russischen Truppen 1944 ostpreußischen Boden betraten und bei Goldap und Gumbinnen härteste Kämpfe entbrannten, behielt dieser bescheidene Oberfeldwebel unerschütterliche Ruhe, hielt mit geringen Kräften die Front und vereitelte mit seinen Männern feindliche Erfolge in bezeichnender Weise. Kampferprobt meisterte er schwierigste Lagen und erzwang oft den Sieg zu seinen Gunsten. In vielen Nahkämpfen bewährt, war Ernst Kutschkau einer jener Soldaten, denen die goldene Nahkampfspange verliehen wurde. Nach der Eichenlaubverleihung ins Heimatkriegsgebiet versetzt, bestritt er seine letzten Kämpfe in diesem Krieg im Westen und geriet dort 1945 in belgische Kriegsgefangenschaft, wo er am 4.2.1946 verstorben ist.

777. Eichenlaub am 11.3.1945 als Oberfeldwebel und
Führer der
6. Kompanie des
Grenadierregiments 3, in der
21. Infanteriedivision.

Hauptmann (Waffenoffizier)

Egon Aghta

Geboren am 20.1.1918
in Berlin.

Unter den Eichenlaubträgern des Zweiten Weltkrieges ist dieser begnadete Offizier wohl der außergewöhnlichste, liegen doch seine ungewöhnlichen Leistungen auf einer ganz anderen Ebene als die aller anderen Ausgezeichneten. Als Frontsoldat im Osten mit beiden Klassen des Eisernen Kreuzes ausgezeichnet, übernahm Egon Aghta 1945, als die Amerikaner und Engländer das Reich zerbombten, die Führung eines Sprengkommandos in der Reichshauptstadt Berlin und kämpfte hier gegen die Tücken der nicht explodierten Bomben und Sprengkörper, die als Blindgänger oder Zeitzünder für die Bevölkerung eine unheimliche Gefahr bedeuteten. Hohes waffentechnisches Fachwissen, einmaliges Gefühl, unbeschreiblicher Mut und Selbstüberwindung prägten die Persönlichkeit dieses tapferen Offiziers und wurden zu Fundamenten, um diesen Anstrengungen der Gefahren des Bombenkrieges erfolgreich die Stirn zu bieten. Am 16.4.1945 in Berlin vom Tod ereilt, gilt das ehrende Angedenken einem Offizier und Soldaten, der durch seinen gefahrvollen Einsatz hunderte Menschen vor dem sicheren Tod bewahrte.

778. Eichenlaub am 12.3.1945 als Hauptmann (Waffenoffizier) und Führer eines Sprengkommandos im Raum Berlin (Luftgaukommando 3).

Oberst

Wilhelm Schröder

Geboren am 7.7.1896
in Sommerszell/Westfalen.

†

Schon Offizier im Ersten Weltkrieg, waren Schröders Leistungen im Zweiten Weltkrieg die des Heeresoffiziers der Front. Nach dem Polen- und Westfeldzug war es die Ostfront, wo er, je höher die Anforderungen gestellt wurden, in Unermüdlichkeit, Standhaftigkeit und Ausdauer mit seinen Grenadieren so manche Schlacht schlug und auch erfolgreich bestand. Besonders herausragend seine Waffentaten als Kommandeur des Grenadierregiments 580 der 306. Infanteriedivision, wo er im Südabschnitt bei schweren Kämpfen um Nikopol und Nikolajew für tapfere Führung seines Regiments am 26.3.1944 das Ritterkreuz verliehen bekam. Ebenso später bei den Abwehrkämpfen im Mittelabschnitt sehr bewährt, war Wilhelm Schröder, als der Feind an der Oder in Schlesien stand, einer der Männer, die härteste Belastungsproben in schwerster Zeit kaum aus der Fassung brachten, und es war immer wieder seine Kampfgruppe, die bis in die letzten Kriegstage auch übermächtigstem Feinddruck erfolgreich begegnen konnte. Nach dem Krieg in die Heimat zurückgekehrt, ist Wilhelm Schröder am 17.7.1979 in Witten an der Ruhr/Nordrhein-Westfalen verstorben.

779. Eichenlaub am 12.3.1945 als Oberst und Kommandeur der „Kampfgruppe Schröder", in der 408. Infanteriedivision.

Oberst

Karl-Heinz Becker

Geboren am 2.1.1914
in Schwedt/Brandenburg.

Wagemut und Kühnheit der deutschen Fallschirmtruppe begründeten im Zweiten Weltkrieg den Ruhm aller ihrer Einsätze, zu denen auch Karl-Heinz Becker einen wesentlichen Beitrag geleistet hat. Seit 1935 im Regiment „General Göring", zählte er zu den Fallschirmjägern der ersten Stunde und in Tapferkeit und Können zu den auffallenden Männern. Im Norwegenunternehmen, im Westen, auf Kreta, in Rußland, in Italien und wieder an der Westfront waren seine Kampf- und Führungsleistungen gekonnt und überzeugend. Schon nach dem Kreta-Einsatz als Kompaniechef im Fallschirmjägerregiment 1 für besondere Verdienste am 9.7.1941 mit dem Ritterkreuz ausgezeichnet, zeigte er ebenso als Kommandeur des 3. Bataillons, welches Becker ab 1942 führte, hohen Einsatz und gehörte zu den „Grünen Teufeln", die 1944 beim Kampf um Cassino durch ihren unvergleichlichen Einsatz in aller Welt Aufsehen erregten. Auch anschließend als Kommandeur des Fallschirmjägerregiments 5 an der Westfront zeigte der schneidige und allseits beliebte Offizier hohe soldatische Werte und zählte mit seinen Fallschirmjägern bis in die schweren Endkämpfe im Reich zu den wertvollsten Stützen der Front im Westen, wo Karl-Heinz Becker noch ab 1.3.1945 bis zum Kriegsende der 3. Fallschirmjägerdivision ein ausgezeichneter Führer war und in bezeichnender Art dem deutschen Soldatenruhm höchste Ehre erwiesen hat.

780. Eichenlaub am 15.3.1945 als Oberstleutnant, für die Leistungen als Kommandeur des Fallschirmjägerregiments 5, in der 3. Fallschirmjägerdivision, unter gleichzeitiger Beförderung zum Oberst.

Hauptmann

Heinz Rökker

Geboren am 20.10.1920
in Oldenburg.

1939 in die Luftwaffe gekommen und nach Ausbildungszeit ab 15.9.1941 als Flugzeugführer in der 4. Staffel des Nachtjagdgeschwaders 1. Ab 6.5.1942 dann in der 1. Gruppe des Nachtjagdgeschwaders 2 und im Einsatz im Mittelmeerraum und in Nordafrika. Ab August 1942 im Westen, ab Feber 1943 wieder in aufreibenden Nachteinsätzen im Mittelmeergebiet und über Tunesien, ab Juli in der nächtlichen Reichsverteidigung und ab 6.6.1944 im Nachtjagdeinsatz über dem Invasionsraum in Frankreich. Rökkers Können als Flieger, gepaart mit persönlicher Tapferkeit und hohem Einsatzwillen, ließen ihn zu einem der besten und erfolgreichsten deutschen Nachtjäger werden. Ab 1.9.1944 Staffelkapitän der 2. Staffel des Nachtjagdgeschwaders 2 und von diesem Zeitpunkt an wieder bis April 1945 im Einsatz in der Reichsverteidigung, erzielte Heinz Rökker hier erneut viele Luftsiege und lag bei Kriegsende im Spitzenfeld der Nachtjäger mit den meisten Nachtluftsiegen. Ende April 1945 in britische Gefangenschaft geraten, erfolgte bereits nach dem Kriegsende seine Entlassung in die Heimat.

781. Eichenlaub am 15.3.1945 als Hauptmann und
Staffelkapitän der
2. Staffel des
Nachtjagdgeschwaders 2.

Hauptmann

Robert Weiß

Geboren am 21.4.1920
in Baden bei Wien/Niederösterreich.

1939 ins Flakregiment 22 eingetreten, kam er 1940 zur Fliegertruppe und nach Ausbildung zum Flugzeugführer am 1.1.1941 zur 6. Staffel des Jagdgeschwaders 26 „Schlagcter" an den Kanal, wo er schon die Werte eines ausgezeichneten Jagdfliegers zeigte. Ab September 1943 erfolgte seine Versetzung zur 3. Staffel des Jagdgeschwaders 54 an die Ostfront. Bald zu den Besten im Geschwader zählend, waren Können, Tapferkeit und ungestümer Angriffsgeist die Beweggründe seiner Ernennung ab 7.6.1944 zum Kommandeur der 3. Gruppe. Hier bewies Robert Weiß in den schweren Einsätzen an der Westfront und in der Reichsverteidigung gegen die übermächtigen Luftflotten des Feindes erneut erstaunliche Kampfbereitschaft. Seine sonnige Art und große Begeisterung zum Fliegen übertrugen sich auch auf seine Kameraden, denen er ein immerzu vorbildlicher Kommandeur war. Viele Luftsiege in Ost und West errungen und in hunderten Feindflügen höchst bewährt, reihen diesen Offizier zu den besten deutschen Jagdfliegern, und sein Tod am 29.12.1944 nach einem Luftkampf im Raume Osnabrück/Hannover bedeutete für die Luftwaffe beim Kampf am Himmel über Deutschland einen schweren Verlust, der allgemein große Trauer auslöste.

782. Eichenlaub am 15.3.1945 nach dem Tode, für die Leistungen als
Hauptmann und
Kommandeur der
3. Gruppe des
Jagdgeschwaders 54.

SS Sturmbannführer

Werner Pötschke

Geboren am 6.3.1914
in Brüssel.

Seit 1935 in der SS Verfügungstruppe, war er auch einer der tapferen Männer der SS Verfügungsdivision, der späteren SS Division „Das Reich", welche schon in den Feldzügen in Polen, im Westen, am Balkan und besonders im Osten beständige Kampfleistungen brachten. Zu Beginn des Ostfeldzuges Zugführer in der SS Aufklärungsabteilung „Das „Reich", bewährte sich Werner Pötschke weiterhin in den schweren Winterkämpfen 1941/42 als Führer einer Kampfgruppe bei Rshew und im Frühjahr 1942 bei den Abwehrkämpfen im Wolgabogen. Ab April 1942 Führer der SS Aufklärungsabteilung „Das Reich", kam der mutige Offizier dann im Jahre 1943 in die Leibstandarte, wo er im Panzerregiment durch Tapferkeit und einmaligen Angriffsgeist bald zu einem herausragenden Frontkämpfer wurde. Am 12.6.1944 für die Abwehrerfolge seiner Panzer im Kessel von Kamenez-Podolsk mit dem Ritterkreuz ausgezeichnet, bewies er ebenso seine Vorzüge als Frontoffizier bei den schweren Kämpfen im Gran-Brückenkopf in Ungarn, wo am 24.3.1945 bei Veszprem sein tapferes Soldatenleben erlosch.

783. Eichenlaub am 15.3.1945 als SS Sturmbannführer und
Kommandeur der
1. Abteilung des
SS Panzerregiments 1, in der
1. SS Panzerdivision Leibstandarte SS
„Adolf Hitler".

Oberfeldwebel

Alfred Matern

Geboren am 15.12.1910
in Königsberg.

Noch selten war für einen der Eichenlaubträger im Krieg sein Heimatland so bestimmend wie bei Alfred Matern. Geboren in Ostpreußen, begann hier als Soldat für ihn der Krieg, wurden seine überragenden Kampfleistungen in der 1. ostpreußischen Infanteriedivision zum Begriff und endete schließlich auch im März 1945 im Raume Königsberg sein tapferes und bewegtes Soldatenleben. Nach dem Polen- und Westfeldzug gehörte die 1. Infanteriedivision im Ostfeldzug zu den bewährten Divisionen im Bereich der Heeresgruppe Nord und in dieser Alfred Matern zu den Tapfersten. Schon im März 1942 für seine beständigen Leistungen mit dem Deutschen Kreuz in Gold ausgezeichnet, erfolgte nach erneuter Bewährung während der 3. Ladogaschlacht am 4.9.1943 seine Auszeichnung mit dem Ritterkreuz. Hohe Kampferfahrung, Verläßlichkeit und unerhörter Mut prägten das Antlitz dieses gehorsamen Feldwebels, der in unzähligen Nah- und Angriffskämpfen zum stolzen Vorbild seiner Kameraden wurde, bis in den aufreibenden Kämpfen um seine ostpreußische Heimat im März 1945 der Schlachtentod auch ihn ereilte und dem deutschen Heer eine weitere schwere Lücke riß.

784. Eichenlaub am 16.3.1945 als Oberfeldwebel und
Zugführer in der
5. Kompanie des
Füsilierregiments 22, in der
1. Infanteriedivision.

SS Sturmbannführer

Fritz Vogt

Geboren am 17.3.1918
in München.

1935 in die SS Standarte „Deutschland" gekommen, bewährte sich Fritz Vogt schon im Polen- und Westfeldzug in hervorragender Weise als Zugführer in der Aufklärungsabteilung der SS Verfügungsdivision (mot.) und erhielt bereits am 4.9.1940 für außerordentliche Tapferkeit das Ritterkreuz. Ab Jänner 1941 Chef der 2. Kompanie in der SS Aufklärungsabteilung der SS Division „Das Reich" und mit dieser dann im Balkan- und Ostfeldzug, erfolgte ab Oktober 1941 seine Versetzung als Lehrer und Ausbilder an verschiedene SS Schulen, ehe Vogt ab April 1944 als Kommandeur die SS Panzeraufklärungsabteilung 5 „Wiking" an der Ostfront übernahm. Ab August 1944 führte er als Kommandeur das 1. Bataillon des SS Panzergrenadierregiments 23 „Norge" und bot mit seinen Männern besonders 1945 bei den schweren Abwehrkämpfen an der Front in Ungarn überragende Kampfleistungen. Im März 1945 wieder Kommandeur der SS Panzeraufklärungsabteilung 5 „Wiking", bewies dieser tapfere und unerschrockene Offizier erneut vorbildlichen Kampfgeist und starb nach einer erlittenen Verwundung am 3.4.1945 in Graz.

785. Eichenlaub am 16.3.1945 als SS Sturmbannführer und
Kommandeur des
1. Bataillons des
SS Panzergrenadierregiments 23
„Norge" der
11. SS Freiwilligen-Panzergrenadierdivision
„Nordland",
in der
5. SS Panzerdivision „Wiking".

Major der Reserve

Ing. Karl-Heinz Jaeger

Geboren am 25.6.1914
in Dortmund/Westfalen.

Am 26.8.1939 zum Infanterieregiment 193 einberufen, gehörte er zu jenen tapferen Soldaten, die ab 9.4.1940 im Lufteinsatz und Kampf in Norwegen zur großen Entlastung der Gebirgsjäger beigetragen haben. 1941 dann im Einsatz an der Murmanfront, von Juli 1942 bis Oktober 1942 auf Offizierslehrgang im Reich und ab 13.12. als Zugführer in der 1. Kompanie des Grenadierregiments 167 wieder an der Ostfront. Ab 12.1.1943 Führer und ab 1.11. Chef der 1. Kompanie, wurde Karl-Heinz Jaeger im Juli 1944 Begleitoffizier des Kommandierenden Generals des 20. Armeekorps Rudolf Freiherr von Roman und führte anschließend die Regimentsgruppe 167, ehe er Kommandeur des 2. Bataillons des Grenadierregiments 184 wurde und zeitweise im Herbst 1944 auch das Regiment führte. Ab 13.2.1945 führte der verdiente Offizier das Grenadierregiment 448 und ab 26.2. das Grenadierregiment 184. Seine lange Reihe der Erfolge in ununterbrochenen Fronteinsätzen an der Ostfront waren in jeder Art bezeichnend und die bewiesenen Führungsleistungen gekonnt und überzeugend. Ab 1.4. noch Kommandeur des Divisions-Füsilierbataillons der Division „Friedrich Ludwig Jahn", war hier seine gezeigte Kampfweise in den Endkämpfen im Reich jene des aufrechten Frontoffiziers und überlegten Vorgesetzten. Zehn erlittene Verwundungen bekunden wohl deutlichst seinen unermüdlichen Einsatz an allen Fronten.

786. Eichenlaub am 16.3.1945 als Hauptmann der Reserve,
für die Leistungen als
Führer des
Grenadierregiments 448, in der
251. Infanteriedivision.

Major der Reserve

Max Wandrey

Geboren am 8.4.1910
in Hamburg.

Max Wandrey war einer der tapfersten Offiziere in der bekannten Sondertruppe der deutschen Abwehr – den Brandenburgern. In vielen Einsätzen während des ganzen Krieges unerhörten Mut und großen Einsatzwillen bekundend, waren die Erfolge dieser Truppe, beginnend in Polen, Westen, Südosten, Osten und sogar in Afrika, von aufsehenerregender Einmaligkeit. Oft geheimgehalten, lag dem Gelingen ihrer Aktionen der erfolgreiche Ausgang mancher Schlacht zugrunde und rechtfertigte so ihren unentbehrlichen Einsatz an allen Fronten. In den letzten Kriegsjahren zur Panzergrenadierdivision erweitert, war ihr Einsatz jederzeit bedeutend und einmalig. Wandreys Tapferkeitstaten an den Fronten im Westen, am Balkan und an der Ostfront erheben ihn in die Reihe der erfolgreichsten deutschen Frontoffiziere und sehen seine hohen Auszeichnungen in eindrucksvoller Weise begründet. Im Jägerregiment 1 als Chef die 11. Kompanie führend, erfolgte am 9.1.1944 für seinen verdienten Kampfeinsatz in Griechenland die Auszeichnung mit dem Ritterkreuz. Auch anschließend als Kommandeur des 2. Bataillons waren seine Leistungen an der Ostfront ebenso beeindruckend, ehe er am 21.2.1945 nach einer schweren Verwundung in einem Lazarett in Kruschwitz/Sachsen für immer die Augen schloß. Das deutsche Heer verlor einen seiner Besten.

787. Eichenlaub am 16.3.1945 nach dem Tode, für die Leistungen als
Major der Reserve und
Kommandeur des
2. Bataillons des
Jägerregiments 1, in der
Panzergrenadierdivision „Brandenburg".

Oberstleutnant

Hans Engelien

Geboren am 30.5.1913
in Berlin-Lichterfelde.

1935 in die Wehrmacht eingetreten, nahm er am Polenfeldzug als Adjutant des 1. Bataillons des Schützenregiments 3 teil, führte im Westfeldzug als Chef die 6. Kompanie dieses Regiments und rückte mit dieser auch in den Ostfeldzug, wo er ab 3.7.1941 die Führung des 2. Bataillons übernahm. Im August 1941 zur Generalstabsausbildung kommandiert, 1942 in der 12. Panzerdivision an der Ostfront und ab Juni 1944 Adjutant im Stab des 31. Armeekorps. Für seine hervorragenden den Tapferkeitstaten als Führer der Panzeraufklärungsabteilung 12 am 12.8.1944 mit dem Ritterkreuz ausgezeichnet, erfolgte ab September 1944 seine Ernennung zum Kommandeur des Panzergrenadierregiments 25. Hier war der tapfere Offizier mit seinen Panzergrenadieren Um und Auf der 12. Panzerdivision in den aufreibenden Kurlandschlachten und einer der bedeutenden Frontoffiziere, wie sie der Zweite Weltkrieg prägte. Mehrmals verwundet und im Ehrenblatt des Deutschen Heeres genannt, verkörperte er das Idealbild des deutschen Offiziers und Kameraden im harten Ringen der Jahre 1939 bis 1945. Hans Engelien gilt seit dem 9.5.1945 im Kessel von Kurland als vermißt und gehört zu jenen Eichenlaubträgern, die im Kriege das Höchste – ihr Leben gaben.

788. Eichenlaub am 16.3.1945 als Oberstleutnant und Kommandeur des Panzergrenadierregiments 25, in der 12. Panzerdivision.

Major

Heinrich Ruhl

Geboren am 31.8.1915
in Frankfurt am Main/Hessen.

Wieder ein Bild eines ausgezeichneten Frontoffiziers der Infanterie, der an allen Fronten Beweise beeindruckender Tapferkeit und forscher Handlungsweise zeigte. Nach den Feldzügen der ersten Kriegsjahre sind seine Kampfleistungen an der Ostfront besonders herausragend, wo er im Rahmen der 122. Infanteriedivision im Nordabschnitt der Front in bezeichnender Art als Kommandeur des Divisions-Füsilierbataillons 122 bei den Kämpfen im Raume Wiburg-Reval in Estland und besonders bei den schweren Kurlandschlachten als kühner und entschlossener Offizier in Erscheinung trat und mit seinen Füsilieren in härtesten Einsätzen jederzeit auch in schwierigsten Lagen an Verläßlichkeit und Einsatzwillen unübertreffliche Leistungen bot. Mutig im Kampf, überlegt in der Führung und kameradschaftlich zu seinen Soldaten, gehört Heinrich Ruhl in die Reihe der vorbildlichsten deutschen Frontoffiziere im Zweiten Weltkrieg.

789. Eichenlaub am 16.3.1945 als Major und
Kommandeur des
Divisions-Füsilierbataillons 122, in der
122. Infanteriedivision.

Generalleutnant

Bruno Frankewitz

Geboren am 8.12.1897
in Tiefensee/Ostpreußen.

†

Kriegsfreiwilliger und Offizier im Ersten Weltkrieg und zu Beginn des Zweiten Weltkrieges Kommandeur des Artillerieregiments 161. Nach dem Polen- und Westfeldzug dann an der Ostfront, wo Bruno Frankewitz im Herbst 1942 die Führung der 215. Infanteriedivision übernahm und ab 1.1.1943 deren Kommandeur wurde. Im Nordabschnitt der Ostfront bei den Kämpfen am Ladogasee, um Puschkin, bei Pleskau und in den Kurlandschlachten bewies die Division äußerste Standhaftigkeit und leistete unter der Führung ihres umsichtigen und tapferen Kommandeurs Hervorragendes. Des Generals Verdienste waren sprichwörtlich und sein Einsatz trotz mehrmaliger Verwundung stets überzeugend und unermüdlich. Ab 7.4.1945 erfolgte noch seine Ernennung zum Kommandeur der Division „Theodor Körner", die er in schwerster Zeit des Krieges bis zum Kriegsende im Raum Berlin befehligte und wo er mit seinen jungen Soldaten noch einmalige Kampfleistungen geboten hat. Bruno von Frankewitz ist am 11.8.1982 verstorben.

790. Eichenlaub am 16.3.1945 als Generalleutnant und
Kommandeur der
215. Infanteriedivision.

Generalleutnant

Paul Scheuerpflug

Geboren am 3.7.1896
in Nephen/Westfalen.

Fahnenjunker und Offizier im Ersten Weltkrieg, wurden im Zweiten Weltkrieg die Fronten im Westen und Osten zum bestimmenden Element seines Soldatenweges. Seit 1925 in der Reichswehr, ab 1.1.1936 Adjutant der 35. Infanteriedivision, ab 1.1.1940 Adjutant der Heeresgruppe F, ab 1.4.1941 Kommandeur des Infanterieregiments 116 und ab 25.10.1943 Kommandeur der 68. Infanteriedivision. Überlegtes Führungskönnen seinerseits krönte schon die Erfolge des Infanterieregiments 116 bei den stets schweren Einsätzen im Kaukasus im Südabschnitt der Ostfront, und auch bei den Absetzkämpfen des Jahres 1943 bewies der befähigte Offizier unerhört viel Schneid und kluge Führung. Ebenso als Kommandeur der 68. Infanteriedivision, welche unter seiner beispielhaften Führung hervorstechende Kampfleistungen im Bereich der Heeresgruppe Mitte bot, wo von allen Waffentaten jene auf schlesischem Gebiet im Jahre 1945 alles bisher Geleistete übertrafen. Der General, in sowjetische Gefangenschaft geraten, verstarb in dieser bereits am 8.8.1945.

791. Eichenlaub am 16.3.1945 als Generalleutnant und
Kommandeur der
68. Infanteriedivision.

Hauptmann

Martin Becker

Geboren am 12.4.1916
in Wiesbaden.

Becker, zu Anfang des Krieges Aufklärer und schon hohes fliegerisches Können beweisend, gehörte bei Kriegsende mit seinen vielen erzielten Nachtluftsiegen zu den erfolgreichsten deutschen Nachtjägern. 1943 als Flugzeugführer in der 1. Gruppe des Nachtjagdgeschwaders 4 beginnend, verzeichnete er in dieser Waffe einen aufsehenerregenden Aufstieg. Beherzter Einsatzwille, gestützt auf Erfahrung und Mut, ermöglichten diesem beliebten Offizier einmalige Erfolge. Ab September 1944 Kommandeur der 4. Gruppe des Nachtjagdgeschwaders 6, war seine Art auch als Verbandsführer vorbildlichst und jederzeit beispielhaft. Bezeichnend seine Serienabschüsse in jeweils einer Nacht, wo ihm mit 9 Luftsiegen gegen viermotorige englische Bomber in der Nacht vom 14.3.1945 eine Rekordleistung gelang. Spricht man in Ehre vom Kampf der deutschen Nachtjäger im Zweiten Weltkrieg, so verdient auch Martin Beckers Name rühmliche Erwähnung.

792. Eichenlaub am 20.3.1945 als Hauptmann und
Kommandeur der
4. Gruppe des
Nachtjagdgeschwaders 6.

Major

Gerhard Werner

Geboren am 25.5.1916
in Baden-Baden.

Gerhard Werner, schon in den Feldzügen der ersten Kriegsjahre einer der tapferen Männer in der Gebirgstruppe, fiel durch seine außergewöhnlichen Leistungen an der Ostfront besonders auf, wo er als Chef der 5. Kompanie des Jagdkommandos 8 zu den ausdauernden Verteidigern des Kessels von Cholm im Nordabschnitt der Ostfront zählte und mit seinen Soldaten wertvolle Stütze in schweren Kämpfen war. Für diese Verdienste am 23.2.1942 mit dem Ritterkreuz ausgezeichnet, prägte auch anschließend schwerster Fronteinsatz sein weiteres Soldatenleben. Durch viele Verwundungen gezeichnet, war er Träger des goldenen Verwundetenabzeichens und ein Offizier, der durch seine Vielseitigkeit und Tapferkeit immer wieder schwierigsten Anforderungen gerecht wurde. So auch als Kommandeur des 1. Bataillons des Jägerregiments 734, wo er erneut durch herausragende Führungs- und Kampfbeispiele in opfervollen Einsätzen gegen die immer stärker und offensiver kämpfenden Partisanenverbände im Südostraum Höchstes geleistet hat und am 8.9.1944 im Banat/Rumänien den Soldatentod starb. Das deutsche Heer trauerte um einen hervorragenden Offizier und Kameraden.

793. Eichenlaub am 23.3.1945 nach dem Tode, für die Leistungen als
Major und
Kommandeur des
1. Bataillons des
Jägerregiments 734, in der
104. Jägerdivision.

Major

Ernst-Georg Kedzia

Geboren am 15.11.1914
in Berlin-Tegel.

Auch auf ihn und seine Leistungen blickte das deutsche Heer in Stolz und Anerkennung, war er doch einer jener Frontoffiziere, deren kämpferische und kameradschaftliche Art in jeder Weise besondere Achtung verdiente. Nach den Feldzügen der ersten Kriegsjahre waren seine geleisteten Taten an der Ostfront, wo Ernst-Georg Kedzia im Nordabschnitt als Führer des 2. Bataillons des Grenadierregiments 272 der 93. Infanteriedivision am 26.11.1944 das Ritterkreuz verliehen wurde, entscheidend für den Gesamtfrontverlauf. Ebenso von größter Wichtigkeit seine übersichtliche und ausdauernde Kampfführung bei der Verteidigung der Stadt Fürstenberg an der Oder/Mark Brandenburg im Jahre 1945. Nicht nur mit der Führung des Panzergrenadierregiments 98 betraut, lastete auf ihm auch noch zusätzlich die Verantwortung des Kampfkommandanten der Stadt. Hier trotzte er mit seinen Soldaten ausdauernd und eindrucksvoll den Anstürmen der Roten Armee und war ein Offizier, der in härtester Zeit seinem Vaterland ehrenvoll diente, und nicht umsonst fand sein Name im Ehrenblatt des Deutschen Heeres seine verdiente Würdigung. Das Hohelied des deutschen Soldaten umringte ein Frontkämpferleben besonderer Prägung.

794. Eichenlaub am 23.3.1945 als Major und
Kampfkommandant von
Fürstenberg an der Oder.

Oberst

Kuno von Meyer

Geboren am 27.12.1913
in Arnswalde/Brandenburg.

Seit 1934 im Heer und bei Kriegsbeginn 1939 Adjutant der Aufklärungsabteilung 34, ab 1940 Adjutant des Kavallerieregiments 21 und von 1942 bis Kriegsende: zuerst im Panzerregiment 24: Chef der 9. Kompanie, Kommandeur der 1. Abteilung und Kommandeur des Regiments, sowie Kampfgruppenführer in der 24. Panzerdivision und dann Kommandeur des Panzerregiments „Coburg" in der Panzerbrigade 103. An den Fronten in Westen und Osten ein in überzeugter Tapferkeit in Einsatz und Führung beispielhafter Offizier. Kraftvoll und dynamisch meisterte er alle Höhen und Tiefen in der 24. Panzerdivision vom Beginn des Ostfeldzuges bis zu deren Untergang in Stalingrad und war nach deren Neuaufstellung wieder an der Ostfront einer jener Offiziere, deren Ruhe und Ausstrahlungskraft das Vertrauen der Soldaten eroberten. Die Waffentaten der Division wurden ja Geschichte – daß dies möglich wurde, war ein Mitverdienst Kuno von Meyers und seiner tapferen Panzermänner. Auch die entscheidenden Einsätze des Panzerregiments „Coburg" lagen den tatkräftigen soldatischen Fähigkeiten dieses mutigen Offiziers zugrunde, dessen Name in der deutschen Panzerwaffe für immer verankert bleiben wird.

795. Eichenlaub am 23.3.1945 als Oberstleutnant und
Kommandeur des
Panzerregiments „Coburg", in der
Panzerbrigade 103.

Hauptmann

Walter Prüß

Geboren am 4.12.1911
in Harmsdorf/Holstein.

Walter Prüß kam 1935 in die Wehrmacht und gehörte zu den tapferen Frontkämpfern, die der 20. Infanteriedivision (mot.), der späteren 20. Panzergrenadierdivision, das Gepräge gaben. In den Feldzügen gegen Polen, Frankreich und Rußland waren seine Tapferkeitsleistungen stets bezeichnend, und obwohl oft verwundet, bewies er erneut immer wieder Einsatzwillen und Kampfbereitschaft. Seit 1937 im Infanterieregiment 76 und im Laufe der Zeit in verschiedenen Kompanien in Verwendung, begann die Zeit seiner großen soldatischen Erfolge im Jahre 1944 zuerst in der 6. und dann in der 8. Kompanie des Panzergrenadierregiments 76. Ab Juli war der bewährte Offizier Zug-, später Kompanieführer, ab September Chef der 6., ab November Chef der 8. Kompanie und ab April 1945 schließlich Führer des 2. Bataillons. Die Waffentaten der Division an allen Brennpunkten der Ostfront bis zurück ins Reich waren nur deshalb möglich, weil Männer wie Walter Prüß immerzu ihr Bestes gaben und durch ihren Einsatz die Truppe beseelten.

796. Eichenlaub am 23.3.1945 als Oberleutnant und Chef der 8. Kompanie des Panzergrenadierregiments 76, in der 20. Panzergrenadierdivision.

Rittmeister

Günther Konopacki

Geboren am 10.10.1919
in Groß-Bösitz/Brandenburg.

Günther Konopacki gehörte in die Reihe jener ausgezeichneten deutschen Frontoffiziere, welche nach dem Polen- und Westfeldzug in den harten Anforderungen des Ostkrieges zu immer größeren Leistungen fanden. Ungewöhnliche Tatkraft und bezeichnender Mut gipfelten in unzähligen Kampfeinsätzen stets im Erfolg, und die 68. Infanteriedivision, wo der schneidige Offizier 1943 die Aufklärungsabteilung 168 führte, blickte in Stolz auf ihn und seine Soldaten. Am 17.9.1943 im Ehrenblatt des Deutschen Heeres genannt, erfolgte bereits am 19.12.1943 seine Auszeichnung mit dem Ritterkreuz, wo die Verdienste in den Kämpfen bei Kiew und Shitomir den Ausschlag gaben. Vom Südabschnitt der Ostfront nach schweren Absetzkämpfen 1944 zum Kommandeur der 1. Schwadron der Radfahr-Jägerbrigade 10 ernannt, bestach er mit dieser Einheit im Einsatz in Ostpreußen, wo er mit seinen Männern in schier aussichtslosen Lagen noch manchen unerwarteten Erfolg buchen konnte. Somit war sein Frontkämpferleben, geprägt von Tat und Pflichterfüllung, mit zum großen Vorbild höchster Vaterlandsliebe geworden.

797. Eichenlaub am 23.3.1945 als Rittmeister und
Kommandeur der
1. Schwadron der
Radfahr-Jägerbrigade 10.

Oberstleutnant der Reserve

Hans-Georg Herzog

Geboren am 10.9.1912
in Grottkau/Schlesien.

Spricht man vom unvergänglichen Frontkämpfertum des deutschen Soldaten im Polen-, West- und Ostfeldzug, so verdient auch der Name Hans-Georg Herzog besondere Erwähnung. Bewährt in vielen Einsätzen, verkörperte er den Typ des deutschen Frontoffiziers in eindrucksvoller Art. Im Panzergrenadierregiment 14 der 5. Panzerdivision bestachen sein Können und seine Tapferkeit immer wieder aufs neue, und er trug oft in entscheidender Weise mit seinen Panzergrenadieren zu den Erfolgen der Division im Mittelabschnitt der Ostfront bei. 1943 im Ehrenblatt des Deutschen Heeres genannt und 1944 als Kommandeur des 2. Bataillons mit dem Ritterkreuz ausgezeichnet, trug er mit seinen Soldaten in der Folgezeit die Hauptlast schwerster Abwehr- und Angriffskämpfe und gewann durch sonniges Wesen und ausgeprägten Kameradschaftssinn immerzu ihre Herzen. So auch 1945 als Regimentskommandeur, wo seine Leistungen bei den Kämpfen in der Festung Königsberg in Ostpreußen stets beeindruckend und über alles Lob erhaben waren. Von Mai 1945 bis Oktober 1955 befand sich Hans-Georg Herzog in sowjetischer Kriegsgefangenschaft.

798. Eichenlaub am 23.3.1945 als Oberstleutnant der Reserve und Kommandeur des Panzergrenadierregiments 14, in der 5. Panzerdivision.

Oberstleutnant

Rudolf Trittel

Geboren am 18.6.1913
in Magdeburg.

Seit 1934 in der Wehrmacht und bei Kriegsbeginn 1939 Adjutant des Infanterieregiments 479, wurde in allen Kriegseinsätzen der 258. Infanteriedivision hier sein Soldatenweg zur Bestimmung. Die Feldzüge in Polen, Westen und Osten sahen diesen schneidigen Offizier stets erfolgreich, und besonders die Ostfront kündet von außergewöhnlichen Taten seinerseits. Im Bereich der Heeresgruppe Mitte stieß die Division bis vor Moskau und stand danach in den aufreibenden Rückzugskämpfen ebenso an wichtigen Brennpunkten. Als Kommandeur des 3. Bataillons für besondere Leistungen bei Orel am 14.8.1943 hoch ausgezeichnet, kam Rudolf Trittel nach Verwundung im Juli 1944 und nach seiner Wiederherstellung im Oktober 1944 als Kommandeur zum Grenadierregiment 9 der 23. Infanteriedivision, wo er in den Kämpfen im ostpreußischen Raum erneut hohen persönlichen Einsatz und bewundernswerte Tapferkeit zeigte, schwer verwundet wurde und am 1.4.1945 in einem Lazarett bei Danzig verstorben ist. Sein Leben als Offizier und Soldat kündet mit vom hohen Opfergang des deutschen Infanteristen im Zweiten Weltkrieg.

799. Eichenlaub am 23.3.1945 als Oberstleutnant und
Kommandeur des
Grenadierregiments 9, in der
23. Infanteriedivision.

Major der Reserve

Karl Wanka

Geboren am 1.6.1914
in Marienbad/Sudetenland.

†

Am 10.1.1939 ins Infanterieregiment 55 gekommen, ab 21.9.1939 im Infanterieregiment 289, ab Mai 1940 an der Waffenschule in Erlangen/Franken und ab Oktober 1940 im Infanterieregiment 446. Hier erlebte der tapfere und verläßliche Offizier alle Höhen und Tiefen des Einsatzweges der 134. Infanteriedivision, welche im Mittelabschnitt der Ostfront in aufreibenden Kämpfen hohes Soldatentum bewies. Karl Wanka, ab Dezember 1943 Führer des 1. Bataillons des Grenadierregiments 446, war mit seinen Grenadieren eine verschworene Kampfgemeinschaft und überzeugte als Offizier und Frontkämpfer gleichermaßen. Als die Division beim Vernichtungsschlag der Russen gegen die Heeresgruppe Mitte im Juni 1944 ihr Ende fand, kam der verdiente Offizier im Juli 1944 als Kommandeur des 1. Bataillons zum Grenadierregiment 53 der 14. Infanteriedivision, wo er erneut in allen schweren Kämpfen im Osten höchste soldatische Pflichterfüllung bekundete. Nach Kriegsende von den Amerikanern gefangen, an die Tschechen ausgeliefert und bis 13.4.1956 als Zwangsarbeiter in einem Uranbergwerk in der CSSR, verstarb Karl Wanka am 3.5.1980 in Bad Kissingen/Bayern.

800. Eichenlaub am 23.3.1945 als Major der Reserve und
Kommandeur des
1. Bataillons des
Grenadierregiments 53, in der
14. Infanteriedivision.

Generalleutnant

Harald Freiherr von Elverfeldt

Geboren am 6.2.1900
in Hildesheim/Hannover.

1918 als junger Fähnrich im Ersten Weltkrieg, war er im Zweiten Weltkrieg einer der tüchtigen Generalstabsoffiziere des deutschen Heeres, die an den Kriegsschauplätzen in Polen, im Westen und an der Ostfront das in vielen Operationen bewiesen haben. In Anführung die Ausübung seiner Kommandostellen – jeweils ab: 30.11.1938 Ia der 32. Infanteriedivision, 15.2.1940 Ia des 15. Panzerkorps, 15.3.1941 Chef des Generalstabes des 56. Panzerkorps, 30.1.1943 Chef des Stabes der 9. und 1.9.1943 der 17. Armee. Ab 15.2.1944 Ia beim Lehrgang für Höhere Truppenführer und ab 16.9.1944 Führer und später Kommandeur der 9. Panzerdivision, wo der General auch als Frontkommandeur den Grad seines hohen Führungskönnens unterstreichen konnte und die 9. Panzerdivision in den harten Schlachten an der Westfront bedeutungsvoll zu führen verstand. Glaubensbewußt und tapfer endete hier sein Soldatenleben in Köln-Nippes am 6.3.1945.

801. Eichenlaub am 23.3.1945 nach dem Tode, für die Leistungen als
Generalmajor und
Kommandeur der
9. Panzerdivision.

SS Obergruppenführer und General der Polizei

Friedrich Jeckeln

Geboren am 2.2.1895
in Hornberg/Baden.

†

Schon Teilnehmer am Ersten Weltkrieg, trat Jeckeln 1920 in den Polizeidienst und später zur Allgemeinen SS über. Ab Juni 1941 wurde er Höherer Polizeiführer mit Sitz Riga in Lettland und hatte in seiner Dienststellung für Ordnung und Disziplin in rückwärtigen Gebieten zu sorgen. Als im August 1944 weit überlegene sowjetische Streitkräfte südlich des Pleskauer Sees einen tiefen Einbruch in der deutschen Front erzielten, gelang es dem General durch sofortigen Einsatz mit seinen schlechtausgerüsteten Polizeieinheiten den Durchbruch der Russen auf lettisches Gebiet zu verhindern. Dafür hoch ausgezeichnet, übernahm er ab Dezember 1944 als Kommandierender General das 5. SS Gebirgskorps, mit dem er im Verband der Heeresgruppe Weichsel weitere entscheidende Erfolge verbuchen konnte. Dynamisch in der Führung, waren seine Beispiele an Standhaftigkeit und Ausdauer sprichwörtlich und für die damaligen Frontverhältnisse außerordentlich wertvoll. Nach seiner Gefangennahme nach Kriegsende verurteilte man Friedrich Jeckeln zum Tode, und die Hinrichtung erfolgte am 3.2.1946 in Riga.

802. Eichenlaub am 23.3.1945 als SS Obergruppenführer und
Kommandierender General des
5. SS Gebirgskorps.

Generalmajor

Fritz Fullriede

Geboren am 4.1.1895
in Bremen.

†

Schon Kriegsfreiwilliger im Ersten Weltkrieg, ab Dezember 1939 Ia der 191. Infanteriedivision und ab Feber 1940 Kommandeur des 1. Bataillons des Infanterieregiments 642. Nach Teilnahme am Westfeldzug wurde Fullriede im Juli 1941 an der Ostfront verwundet, kam nach Lazarettaufenthalt und Ausübung verschiedener Kommandostellen im Feber 1943 nach Tunesien, wo er sich als Kampfgruppenführer unvergänglichen Ruhm erwarb. Bewährte sich ebenso ab Mai als Führer einer Kampfgruppe bei den Kämpfen auf Sizilien, wie überhaupt die Front in Italien mitbestimmend für seine weiteren soldatischen Leistungen wurde. Als Kommandeur des Panzergrenadierregiments 200, Führer des Panzergrenadierregiments 67 und Kommandeur des Fallschirm-Panzergrenadierregiments 1 in der Fallschirm-Panzerdivision „Hermann Göring" bestach er von März bis August 1944 durch einmalige Führungsleistungen. Auch im Raume Warschau in Polen im Einsatz, vom 14.2. bis 23.3.1945 Kampfkommandant von Kolberg in Pommern, ab 3.4. Kommandeur der 3. Marine-Infanteriedivision und ab 28.4. bis Kriegsende Führer der Kampfgruppe Fullriede in Norddeutschland. Ein wohl als außergewöhnlich zu bezeichnender soldatischer Werdegang eines Offiziers von besonderer Prägung und Führungsgabe. Bis Feber 1949 in holländischer Kriegsgefangenschaft, verstarb Fritz Fullriede am 13.11.1969 in Borstel/Schleswig-Holstein.

803. Eichenlaub am 23.3.1945 als Oberst und
Kampfkommandant von
Kolberg.

Hauptmann

Franz Hrdlicka

Geboren am 15.10.1920
in Maxdorf/Böhmen.

Franz Hrdlicka kam 1939 in die Luftwaffe und nach erfolgter Jagdfliegerausbildung 1941 als Flugzeugführer zur 5. Staffel des Jagdgeschwaders 77 an die Ostfront. Mit dieser kämpfte er auch später an der Front in Afrika, ehe er ab April 1943 Staffelkapitän der 1. Staffel des Jagdgeschwaders 2 „Richthofen" wurde. Ab Mai 1944 dann Staffelkapitän der 5. Staffel und ab Jänner 1945 Kommandeur der 1. Gruppe, gehörte er zu den tapferen Jagdfliegern des Richthofengeschwaders, die in unermüdlichen Einsätzen am Kanal gegen weit übermächtige Verbände des Gegners immerwährend ihr Können und ihre Tapferkeit in hunderten Feindflügen unter Beweis stellten. In bezeichnender Art führte der mutige Offizier seine Gruppe auch in der Reichsverteidigung und ließ dort in einem Luftkampf über Betzenrod in Hessen am 25.3.1945 in treuer Pflichterfüllung sein Leben.

Eichenlaub ohne Nr. am 23.3.1945 als Hauptmann und
Kommandeur der
1. Gruppe des
Jagdgeschwaders 2 „Richthofen".

Major

Johann Spielmann

Geboren am 29.12.1916
in Laufenburg/Baden.

Seit 1937 im Artillerieregiment 5 und anschließend im Artillerieregiment 206, vollbrachte Hans Spielmann nach Teilnahme am West- und Balkanfeldzug als Sturmartillerist an der Ostfront außergewöhnliche Einsatzleistungen. Als Zugführer in der 1. Batterie der Sturmgeschützabteilung 197 buchte er auf der Halbinsel Kertsch einmalige Abschußerfolge gegen feindliche Panzer und erhielt für schlachtentscheidenden Einsatz am 27.3.1942 das Ritterkreuz verliehen. Vorbildlich als Offizier und durchdrungen von zähem Kampfwillen, zählten seine geleisteten Waffentaten zu den großen der Sturmgeschützwaffe. Nennungen im Wehrmachtsbericht, Anerkennungsschreiben des Obersten Befehlshabers der Wehrmacht und die Verleihung des goldenen Verwundetenabzeichens bekunden seinen Weg als beispielgebender Frontoffizier. Am 5.7.1943 zwang Spielmann eine schwere Verwundung, erlitten beim Kampf um Orel im Mittelabschnitt der Ostfront, zu einem elfmonatigen Lazarettaufenthalt, und im September 1944 ging es wieder an die Ostfront, diesmal nach Kurland, wo der verdiente Offizier erneut ein Übermaß an Tapferkeit auch an dieser Front zutage legte und der Sturmgeschützbrigade 202 ein hervorragender Kommandeur war.

804. Eichenlaub am 28.3.1945 als Major und
Kommandeur der
Sturmgeschützbrigade 202.

Major der Reserve

Heinrich Keese

Geboren am 18.4.1918
in Unsen/Hannover.

Einige der tapferen Männer der 20. Infanteriedivision (mot.), der späteren 20. Panzergrenadierdivision, sind uns schon bekannt, und auch Heinrich Keese ist einer jener Offiziere, deren Leistungen diese Division zum Begriff machten. Seit 1.11.1938 im Pionierbataillon 20 (mot.) wurde er dort ab 1.10.1942 Zugführer, ab Mitte 1943 Bataillonsadjutant, ab 1.1.1944 Chef der 2. Kompanie und schließlich ab 16.12.1944 Kommandeur des Bataillons. Vom ersten Tag des Krieges im Fronteinsatz, nahm er an den Feldzügen in Polen, im Westen und in Rußland teil und gehörte zu den wackeren Pionieren. In unzähligen Kämpfen zum Vorbild seiner Pioniere geworden, künden sieben zum Teil schwere Verwundungen vom äußersten Einsatz dieses begnadeten Soldaten und Offiziers, der nicht nur Träger des goldenen Verwundetenabzeichens war, sondern auch im Ehrenblatt des Deutschen Heeres genannt wurde. Bezeichnend die Waffentaten der Pioniere an allen Abschnitten der Ostfront, die höchste Beachtung verdienen, lagen doch ihren Kampfleistungen manche Gesamterfolge der Panzergrenadiere zugrunde. Keese – tapfer, beliebt und erfahren, begründete den Ruf der Pioniere bis in die harten Endkämpfe dieses erbarmungslosen Krieges. Nach schwerer Verwundung am 22.4.1945 befand er sich in verschiedenen Lazaretten und war bis 20.12.1945 in britischer Gefangenschaft.

805. Eichenlaub am 28.3.1945 als Major der Reserve und
Kommandeur des
Pionierbataillons 20 (mot.), in der
20. Panzergrenadierdivision.

Generalmajor

Lothar Berger

Geboren am 31.12.1900
in Halberstadt/Harz.

✝

Schon als Fähnrich im Ersten Weltkrieg, führte Berger als Kommandeur das 3. Bataillon des Infanterieregiments 84 im Polen- und Westfeldzug, wo ihm für beispielhafte Tapferkeit bereits am 5.8.1940 die hohe Auszeichnung mit dem Ritterkreuz zuteil wurde. Ab 21.10.1940 Kommandeur der Lehrabteilung 1 an der Infanterieschule, fand man diesen befähigten Offizier 1943 wieder im Fronteinsatz, wo er als Kommandeur das Grenadierregiment 336 bis 4.9. führte und ab 7.10. Kommandeur des Jägerregiments 721 wurde. Herausragend dann seine Leistungen als Kommandant der Festung Oppeln/Schlesien ab 23.1.1945, wo er in harter Zeit ein schweres Kommando bekleidete und übermächtigen Feindkräften widerstand, und seine Waffentaten als Kommandeur der Führer-Brigade zur besonderen Verwendung 800 ab 1.2.1945. Die überall aufgerüttelte Front verlangte in dieser Zeit Männer mit hohem Verantwortungsbewußtsein und soldatischem Können, was dieser vorbildliche Offizier auch als Führer der 208. Infanteriedivision ab 30.3.1945 und als Führer der 75. Infanteriedivision ab 6.4. noch in höchstem Maße bewies. Lothar Berger verstarb am 5.11.1971 in Bad Schwarten bei Lübeck/Schleswig-Holstein.

806. Eichenlaub am 28.3.1945 als Oberst und
Kommandeur der
Führer-Brigade
zur besonderen Verwendung 800.

Generalmajor

Helmuth Hufenbach

Geboren am 27.2.1908
in Rüstersiel/Oldenburg.

In Helmuth Hufenbach begegen wir einem ganz ausgezeichneten Offizier des Heeres, der in den Feldzügen gegen Polen, im Westen und Osten durch außergewöhnliche Kampf- und Führungsleistungen während des ganzen Krieges von sich reden machte. Beispielhaft auch sein Werdegang 1925 vom einfachen Soldaten bis zum Oberst im Jahre 1943. 1939/40 in Polen und Westen als Chef die 10. Kompanie des Infanterieregiments 24 führend, war er zu Beginn des Ostfeldzuges Kommandeur des 3. Bataillons des Infanterieregiments 45, ab 5.11.1941 in der Führerreserve des Oberkommandos des Heeres, ab 26.4.1942 Kommandeur des Infanterieregiments 668 an der Ostfront und ab 14.12.1942 schließlich Kommandeur des Grenadierregiments 667. Für seine und des Regiments Erfolge bei den Kämpfen im Kubanbrückenkopf am 30.11.1943 hoch ausgezeichnet, trug er auch mit seinen Soldaten in weiterer Zeit die Lasten schwerster Abwehrkämpfe im Süden der Ostfront. Ab 22.1.1945 zum Führer der 562. Volksgrenadierdivision ernannt, waren es hier die schweren Kämpfe in Ostpreußen, in denen der erfahrene und kampferprobte Offizier mit seiner Division gegen stärkste Feindkräfte erfolgreich zu bestehen vermochte. Auf Balga am Frischen Haff endete am 27.3.1945 sein vorbildliches Soldatenleben, auf welches die Wehrmacht in sechs Kriegsjahren voll Stolz und Achtung geblickt hatte.

807. Eichenlaub am 28.3.1945 nach dem Tode, für die Leistungen als
Oberst und
Führer der
562. Volksgrenadierdivision.

Major

Erich Schroedter

Geboren am 1.5.1919
in München.

1937 ins Kradschützenbataillon 3 eingetreten, 1938 an der Kriegsschule Hannover und in den Jahren 1939/41 Zugführer, Ordonnanzoffizier und Adjutant im Kradschützenbataillon 8. Nach den Feldzügen in Polen, im Westen und am Balkan anschließend an der Ostfront. 1942/43 Aufsichts- und Ordonnanzoffizier an der Panzertruppenschule in Krampnitz und 1943/44 in gleicher Stellung beim Chef des Generalstabes der 4. Panzerarmee. Ein überaus herzlicher und beliebter Offizier, Vorgesetzter und Kamerad, sowie persönlich tapfer und gewandt im Einsatz. Ab September 1944 zum Kommandeur der Panzeraufklärungsabteilung „Großdeutschland" ernannt, kam hier die Zeit seiner ganz großen Bewährung. Die Erfolge der Division „Großdeutschland" beim harten Ringen im Osten stehen im Buch der Kriegsgeschichte an ruhmvoller Stelle. Oft verwundet und nie erlahmend im Einsatzwillen, trug Erich Schroedter wesentlich zu den geleisteten Waffentaten dieser Elite-Einheit der deutschen Wehrmacht bei und gehörte zu jenen Kommandeuren, denen man Achtung und Bewunderung nie versagen konnte.

808. Eichenlaub am 28.3.1945 als Rittmeister und
Kommandeur der
Panzeraufklärungsabteilung
„Großdeutschland",
in der
Panzergrenadierdivision „Großdeutschland".

Generalmajor

Horst von Usedom

Geboren am 9.3.1906
in Celle/Hannover.

✝

Der Name dieses hervorragenden Offiziers und Soldaten hatte in der deutschen Panzerwaffe einen besonderen Klang. Seine Tapferkeits- und Führungsleistungen während des ganzen Krieges waren beispielhaft und überragend. 1925 ins Heer gekommen, kämpfte er 1939 in Polen als Chef der 9. Kompanie des Schützenregiments 1, führte im Westfeldzug das Schützenregiment 110, wurde im August 1940 Kommandeur des Kradschützenbataillons 61 und zog mit diesem in den Balkan- und anschließend in den Ostfeldzug. Die Schlachten bei Kiew, Uman, Smolensk, Brjansk und Wjasma sahen seine Männer entscheidend beteiligt, und die vortreffliche Haltung des Kommandeurs bestimmte manchen Erfolg im Bereich der Heeresgruppen Süd und Mitte. Ab Oktober 1942 zum Kommandeur des Panzergrenadierregiments 67 ernannt, zeigte Horst von Usedom auch an der italienischen Front großen Einsatz. Ab April 1944 führte er dann als Kommandeur die Panzeraufklärungsabteilung „Großdeutschland", ab Oktober als Kommandeur die Panzerbrigade „Kurland" und war ab Feber 1945 Führer der 12. Panzerdivision bei den schweren Kämpfen in Ostpreußen. Schwungvoll und tapfer führte er seine Einheiten bis zum Kriegsende. Am 8.5.1945 in russische Kriegsgefangenschaft geraten, kehrte der General aus dieser im Oktober 1955 zurück und verstarb am 14.10.1970 in Gauting bei München.

809. Eichenlaub am 28.3.1945 als Oberst, für die Leistungen als Kommandeur der Panzerbrigade „Kurland".

Hauptmann

Günther Josten

Geboren am 7.11.1921
in Rhynern/Westfalen.

Josten war der Jagdflieger im Möldersgeschwader, der in schwerster Zeit des Krieges hohen Anforderungen gegenüber im Geschwader unbeirrbar seinen Weg ging. Über die Jagdgruppe Drontheim im September 1942 als Flugzeugführer in die 1. Gruppe des Jagdgeschwaders 51 „Mölders" an die Ostfront gekommen, erklomm er den Aufstieg zum Staffelkapitän der 3. Staffel ab Juli 1944 und schließlich ab 12.4.1945 zum Kommandeur der 4. Gruppe – eine Leistung, die ihn neben seinen vielen erzielten Luftsiegen und hunderten Feindflügen in die Reihe der besten deutschen Jagdflieger stellten. Das Beispiel dieses tapferen und tüchtigen Jagdfliegers beweist in aller Deutlichkeit den hohen Ausbildungsstand jener Männer, deren Geist, von den Vorbildern eines Mölders, Wick oder Oesau beseelt, der deutschen Luftwaffe weiterhin zu hohem Ansehen auch in schicksalsschweren Jahren verhalfen und die zu Fliegern, Kämpfern und Offizieren ersten Ranges wurden.

810. Eichenlaub am 28.3.1945 als Oberleutnant und
Staffelkapitän der
3. Staffel des
Jagdgeschwaders 51 „Mölders".

Hauptmann

Alexander Gläser

Geboren am 4.1.1914
in Büdingen/Hessen.

1932 ins Heer und 1935 zur Luftwaffe gekommen, wurde er dort einer der Offiziere, die im Kriege durch hohe Kampfleistungen dem Stukageschwader 77 das Gepräge gaben. In der 1. und 2. Staffel des Geschwaders flog er unzählige Einsätze über Polen, Frankreich, am Kanal, über England, am Balkan und an der Ostfront. Dort übernahm Alexander Gläser im September 1941 als Führer die 4. Staffel, wurde im Sommer 1942 deren Staffelkapitän und ab April 1943 Kommandeur der 2. Gruppe. Vorbildlich als Flieger, tapfer und unermüdlich im Einsatz, gehörte er zu jenen Stuka- und Schlachtfliegern, die in über 1.100 Feindflügen während des Krieges laufend einmalige Leistungen boten und der Front dadurch entscheidende Entlastungen schufen. Erfolgreich zeichnete sich sein Weg an der Ostfront, besonders im Südabschnitt über Charkow, Stalingrad bis zurück nach Breslau und dem Oderbrückenkopf Steinau, wo der beherzte Offizier noch in den Endkämpfen zu den unermüdlichen Schlachtfliegern zählte, die Seite an Seite mit den Kameraden des Heeres bis zuletzt treu ihre Pflicht erfüllten.

811. Eichenlaub am 28.3.1945 als Hauptmann und
Kommandeur der
2. Gruppe des
Schlachtgeschwaders 77.

Oberleutnant

Wilhelm Stähler

Geboren am 23.9.1922
in Köln-Nippes.

In der Reihe der tüchtigsten Piloten des Immelmanngeschwaders gehört Wilhelm Stähler zur absoluten Spitze. Der junge Offizier, im Dezember 1942 in die Ergänzungsstaffel des Stukageschwaders 2 „Immelmann" gekommen, erreichte durch enormen Mut und vorbildliche Einsatzfreude bis zum Kriegsende über 1.000 Feindflüge. Seit Feber 1943 Flugzeugführer in der 7. Staffel, ab Dezember 1943 deren Führer und ab Juni 1944 deren Staffelkapitän, verdienen seine Einsatzerfolge höchste Beachtung und Bewunderung, und die hohe Auszeichnung mit dem Ritterkreuz am 20.7.1944 würdigte eindrucksvoll seine bewiesene Tapferkeit. Als die Front im Osten unter immer stärkerem Druck des Feindes höchsten Belastungen ausgesetzt war, sind die opfervollen Einsätze der Schlachtflieger zum oft alles entscheidenden Element geworden, wo in Rudels Geschwader Wilhelm Stähler einer der Erfolgreichsten und Tapfersten gewesen ist.

812. Eichenlaub am 28.3.1945 als Oberleutnant und
Staffelkapitän der
7. Staffel des
Schlachtgeschwaders 2 „Immelmann".

Hauptmann

Gerhard Stüdemann

Geboren am 19.6.1920
in Rom bei Parchim/Mecklenburg.

Ebenfalls einer der erfolgreichsten Stuka- und Schlachtflieger des Stukageschwaders 77. 1939 in die Luftwaffe gekommen, flog Stüdemann ab Februar 1941 als Flugzeugführer in der 2. Staffel am Kanal, am Balkan und in Rußland, wo er ab 17.8.1941 Adjutant der 1. Gruppe, ab 15.4.1943 Führer der 7. Staffel, ab 15.7.1943 Staffelkapitän der 9. Staffel und ab 20.2.1945 Führer der 3. Gruppe wurde. Auch seine Reihe der Erfolge in fast 1.000 Feindflügen bedeutete für das schwer ringende Heer an der Ostfront wertvollste Unterstützung und erforderte große Tapferkeit und enormen Einsatzwillen. Gerhard Stüdemann besaß diese Tugenden in hohem Maße, und Namen wie Charkow, Sewastopol, Tscherkassy usw. stehen untrüglich mit seinen Einsatzerfolgen auf einer Ebene, wie jene 1944/45 in Polen und an der Oderfront. Seine geleisteten Waffentaten sprechen für den hohen Kampfgeist der jungen deutschen Fliegeroffiziere, die in jeder Weise das Beste gaben, was die hohen Auszeichnungen ja gebührend beweisen.

813. Eichenlaub am 28.3.1945 als Hauptmann und
Führer der
3. Gruppe des
Schlachtgeschwaders 77.

SS Hauptsturmführer

Walter Girg

Geboren am 13.8.1919
in Hartberg/Steiermark.

Walter Girgs Kampfleistungen liegen bis zum Jahre 1943 in der SS Division „Das Reich" verankert, ehe er im Sommer 1944 zur SS Jägerabteilung 502 des SS Jagdverbandes Mitte kam und hier einer der hervorragendsten Offiziere dieser von Otto Skorzeny geführten Einheit wurde. Unerschrockenheit, Kaltblütigkeit und außerordentliche Tapferkeit prägten ein Kämpferherz großen Ausmaßes zur soldatischen Persönlichkeit. Unvorstellbare Strapazen und Gefahren begleiteten diese Männer, die im Hinterland des Feindes in oft monatelangen Einsätzen mehr als nur ihre Pflicht erfüllten. Nur auf sich selbst gestellt, vollbrachten sie Taten, denen man größte Achtung entgegenbringen muß. Kühnheit und Schneid dieser Soldaten lagen auf einer Ebene, die hoch über allen soldatischen Eigenschaften lag und deren Mut oft in Selbstaufopferung endete. Somit ist Walter Girg einer der ganz außergewöhnlichen Offiziere der Waffen SS, die unstreitbar in ihrer Art höchstes Soldatentum verkörpern.

814. Eichenlaub am 1.4.1945 als SS Hauptsturmführer und Sonderkommandoführer im SS Jagdverband Mitte.

General der Artillerie

Horst von Mellenthin

Geboren am 31.7.1898
in Hannover.

†

Als Fähnrich und Offizier im Ersten Weltkrieg, war Horst von Mellenthin ab 1.7.1937 Leiter der Attachégruppe im Generalstab des Heeres und gleichzeitig im Oktober/November 1940 Kommandeur des Artillerie-Regimentsstabes an der französischen Nordküste, ehe ab 1.5.1943 seine Ernennung zum Kommandeur des Grenadierregiments 67 erfolgte und er im Herbst 1943 gleichzeitig auch zeitweise die Führung der 23. und 93. Infanteriedivision übernahm. Vom 1.12.1943 – 9.10.1944 war der General Kommandeur der 205. Infanteriedivision und führte vom 20.10. – 20.11.1944 stellvertretend das 16. Armeekorps. Mit diesen Truppen zeitigte er im Nordabschnitt der Ostfront wichtige Erfolge und war besonders der 205. Infanteriedivision bei den Kämpfen in Kurland ein umsichtiger und vertrauensvoller Kommandeur. Vom 9.1. – 15.3.1945 führte der General das 38. Panzerkorps, vom 16.3. – 16.4.1945 als Kommandierender General das 11. und ab 17.4.1945 das 8. Armeekorps, wo er sich mit seinen Soldaten bei den Kämpfen in Schlesien noch hervorragend bewährte und in schwerster Zeit des Krieges tapfere und beispielhafte Haltung zeigte. In Wiesbaden ist Horst von Mellenthin am 8.1.1977 verstorben.

815. Eichenlaub am 3.4.1945 als General der Artillerie und Kommandierender General des 11. Armeekorps.

Oberstleutnant

Martin Steglich

Geboren am 16.7.1915
in Breslau.

1936 schon ins Infanterieregiment 27, später Füsilierregiment 27, eingetreten, wurde Martin Steglich im Laufe des Krieges zu einem der tüchtigsten Offiziere dieses Regiments. Im Polenfeldzug 1939 in der 6. Kompanie zuerst Zugführer, ab 4.9.1939 deren Chef und ab Oktober Chef der 5. Kompanie, mit der er sich im Westfeldzug und später an der Ostfront im Bereich der Heeresgruppe Nord große Verdienste erwerben konnte. So wurde Steglich zum überragenden Frontkämpfer im Kessel von Demjansk, wo er sich in schwierigsten Lagen aufs höchste bewähren konnte und mit seinen Soldaten schwerste Feindangriffe in gekonnter Art zunichte machte. Übersicht und Tapferkeit bekräftigten seine Führernatur, und so war der verdiente Offizier jeweils ab: 1.10.1942 Führer und 1.1.1943 Kommandeur des 2. Bataillons, März 1943 Lehrer an der Bataillonsführerschule Antwerpen, Feber 1944 im Generalstab des Heeres und August auf Regimentsführerlehrgang. Ab 20.11.1944 als Kommandeur des Grenadierregiments 1221 an der Westfront, war er in schweren Kämpfen mit seinen Grenadieren zur wertvollen Stütze der Front geworden, ehe ihn am 23.3.1945 eine schwere Verwundung ereilte und die amerikanische Kriegsgefangenschaft bis August 1945 seiner Soldatenlaufbahn in der deutschen Wehrmacht ein Ende setzte.

816. Eichenlaub am 5.4.1945 als Oberstleutnant, für die Leistungen als Kommandeur des Grenadierregiments 1221, in der 180. Infanteriedivision.

Oberstleutnant

Rudolf Neubert

Geboren am 8.9.1914
in Böhlen/Thüringen.

Auch einer der hochverdienten Männer der Infanterie, die ihre militärische Laufbahn im bekannten Infanterieregiment 10 in Dresden begonnen haben. Am 7.4.1934 ins Regiment gekommen, stehen nach den Einsätzen in Polen, im Westen, am Balkan und im Osten schon viele Tapferkeitstaten mit diesem mutigen Offizier im Einklang, ehe 1942 seine Versetzung zum Grenadierregiment 32 erfolgte. Die Kämpfe um Sewastopol zeichneten den Weg dieses Regiments im besonderen, und seine geleisteten Waffentaten auf der Krim waren mitbegründend zum ausgezeichneten Ruf der 24. Infanteriedivision. Im August 1942 verlegte die Division zur Heeresgruppe Nord, kämpfte am Ladogasee, am Wolchow, bei Newel und Nowgorod, sowie am Pleskauer See und an der Düna. Hier schlossen sich dann die Kurlandschlachten an, in denen Neubert mit seinen Grenadieren in aufreibenden Nah- und Nachhutkämpfen oftmals zum günstigen Ausgang dieser Kämpfe entscheidenden Beitrag geleistet hatte. 1945 Kommandeur des Grenadierregiments 31, bestachen auch hier sein verwegener Einsatz und die Art seines Führungsstils. Schwungvoll im Angriff und standhaft in der Verteidigung, gehörte er zu jenen Offizieren, denen Achtung und Anerkennung nie versagt geblieben sind. In Kurland am 8.5.1945 in sowjetische Kriegsgefangenschaft geraten, kehrte Rudolf Neubert aus dieser am 13.10.1955 nach Deutschland zurück.

817. Eichenlaub am 5.4.1945 als Oberstleutnant und Kommandeur des Grenadierregiments 31, in der 24. Infanteriedivision.

Oberst

Friedrich Richter

Geboren am 17.3.1915
in Mannheim/Baden.

Friedrich Richter verkörperte den Frontoffizier der Infanterie in eindrucksvoller Form, und seine unermüdlichen Kampfeinsätze an allen Fronten im Osten und Westen sprechen für seine außergewöhnliche Stärke in allen Belangen soldatischer Pflichterfüllung. Seinen harten Fronteinsatz krönten die vorbildlichen Tapferkeitsleistungen in der Schlacht um Isjum im Südabschnitt der Ostfront, wo der tapfere Offizier als Kommandeur des 3. Bataillons des Grenadierregiments 42 mit seinen Grenadieren entscheidende Siege erfocht und in Anerkennung dieser Verdienste am 17.8.1943 das Ritterkreuz verliehen bekam. Neuerliche heldenhafte Bewährung an der Westfront als Kommandeur des Grenadierregiments 1222 verband Friedrich Richter neben persönlichem, rücksichtslosem Einsatz seiner Person und hervorragenden Führungsleistungen zur Grundlage einmaliger Erfolge bei den schweren Abwehrkämpfen um Xanten und Kleve im Rheinland. Bis in die letzten Kriegswochen bestach sein Können als erfahrener Frontoffizier, der sich jederzeit großer Beliebtheit und Anerkennung seitens der Truppe erfreuen konnte.

818. Eichenlaub am 5.4.1945 als Oberstleutnant und Kommandeur des Grenadierregiments 1222, in der 180. Infanteriedivision.

Hauptmann

Ernst Kuppinger

Geboren am 8.7.1914
in Neulußheim/Baden.

1936 ins Infanterieregiment 110 eingetreten, von September 1939 bis Juni 1940 Zugführer in der 14., bzw. 2. Kompanie und Teilnahme am Westfeldzug. Ab 1.4.1941 Chef der 7. Kompanie des Infantcricregiments 258, mit der er auch in den Ostfeldzug rückte und dort vom 15.11.1942 – 15.8.1943 als Chef die 1. Kompanie und vom 16.8. – 23.8.1943 sogar das Regiment führte. Durch oftmalige Verwundungen im Fronteinsatz gezeichnet, bewies er nach Genesung immer wieder hohe Einsatzbereitschaft und führte ab 1.9.1944 das 1. Bataillon der „Kampfgruppe Wegelein". Ab 21.10.1944 übernahm Ernst Kuppinger als Kommandeur das 1. Bataillon des Grenadierregiments 352, für dessen beispielhafte Führung dem tapferen, in unzähligen Kämpfen bewährten Offizier am 24.12.1944 das Ritterkreuz verliehen wurde. Mit 6.1.1945 erfolgte seine Ernennung zum Kommandeur des Füsilierbataillons 246, wo er durch Mut und hohen Einsatzwillen zum Vorbild seiner Füsiliere wurde und dadurch mit diesen an der schwer bedrängten Westfront noch entscheidende Waffentaten vollbringen konnte, dort am 1.4.1945 in französische Kriegsgefangenschaft geriet und aus dieser am 30.4.1946 entlassen wurde.

819. Eichenlaub am 5.4.1945	als Hauptmann, für die Leistungen als Kommandeur des Füsilierbataillons 246, in der 246. Infanteriedivision.

SS Standartenführer

Otto Paetsch

Geboren am 3.8.1909
in Rheinhausen.

Otto Paetsch war einer der unauffälligen Offiziere der Waffen SS, deren Pflichterfüllung im Dienste des Vaterlandes in einem bereitwilligen Herzen ruhte. Bei Kriegsbeginn in der SS Verfügungsdivision (mot.), der späteren SS Division „Das Reich", und 1940 im Westfeldzug Chef der Kradschützenkompanie. Als man nach dem Westfeldzug daranging, aus europäischen Freiwilligen eine SS Division aufzustellen, die dann zur SS Division „Wiking" wurde, war Otto Paetsch hier ab Oktober 1940 Ic und ab Dezember 1941 Kommandeur der Aufklärungsabteilung. Nach erfolgreichen Einsätzen im Südabschnitt der Ostfront wurde der tapfere und beliebte Offizier zu einem jener Männer, die zum Stamm der 1943 neuaufgestellten 10. SS Panzergrenadierdivision „Frundsberg" zählten und dieser in allen Fronteinsätzen zu Achtung und Bewunderung verhalfen. Ob an der Ost- oder Westfront, überall waren die Waffentaten des Panzerregiments der Division kampfentscheidend und ausschlaggebend auf Frontebene. Der Kommandeur, immer im Schwerpunkt der Kämpfe durch Tapferkeit und Einsatzwille Mittelpunkt des Geschehens, ließ bei einem Einsatz am 16.3.1945 im Brückenkopf Altdamm bei Stettin sein Leben.

820. Eichenlaub am 5.4.1945 nach dem Tode, für die Leistungen als
SS Obersturmbannführer und
Kommandeur des
SS Panzerregiments 10, in der
10. SS Panzerdivision „Frundsberg".

General der Infanterie

Hans von Tettau

Geboren am 30.11.1888
in Bautzen/Sachsen.

†

Offizier im Ersten Weltkrieg, führte Hans von Tettau 1939 im Polenfeldzug als Kommandeur das Infanterieregiment 101 und im West- und Ostfeldzug als Kommandeur die 24. Infanteriedivision, deren Waffentaten im Bereich der Heeresgruppe Süd besonders bei den Kämpfen auf der Krim entscheidend für den Armeebereich waren. Für persönliche Tapferkeit und beispielhafte Führung hoch ausgezeichnet, erfolgte ab 24.2.1943 des Generals Versetzung in die Führerreserve des Oberkommandos des Heeres, und vom 1.9.1943 – 17.3.1944 wirkte er als Ausbildungsleiter und Führer des Ausbildungsstabes zur besonderen Verwendung in den Niederlanden, wo man allseits seine Sachlichkeit und gute Zusammenarbeit lobend erwähnte. Vom 17.3.1944 – 11.1.1945 erneut in die Führerreserve versetzt, übertrug man dem General ab 12.1.1945 in schwerster Stunde die Führung der „Korpsgruppe von Tettau". Hier bewies er wieder all sein Können als Frontbefehlshaber und war mit seiner Korpsgruppe eines der Bollwerke der Front im Osten in härtester Zeit. Ab 16.3.1945 bis zum Kriegsende war der General wieder in der Führerreserve des Oberkommandos des Heeres und verstarb am 30.1.1956 in Mönchen-Gladbach/Nordrhein-Westfalen.

821. Eichenlaub am 5.4.1945 als General der Infanterie,
für die Leistungen als
Generalleutnant und
Führer der
„Korpsgruppe von Tettau".

Oberleutnant

Gerhard Thyben

Geboren am 24.2.1922
in Kiel.

Am 3.7.1940 als Kriegsfreiwilliger in die Luftwaffe eingetreten, kam er nach seiner Ausbildung zum Jagdflieger am 9.11.1942 als Flugzeugführer in die 6. Staffel des Jagdgeschwaders 3 „Udet" an die Ostfront (Ukraine), wurde ab 26.4.1944 Technischer Offizier der 5. Staffel des Jagdgeschwaders 54 im Nordabschnitt, ab 1.7.1944 Führer der 4. und später der 7. Staffel und ab 1.1.1945 deren Staffelkapitän. Ab 3.8.1943 kämpfte Gerhard Thyben in der Reichsverteidigung, ab 16.4.1944 wieder an der Ostfront, wo er im Nordabschnitt große Erfolge verzeichnen konnte und dort bis zuletzt der Kurlandarmee wertvolle Hilfe beim Kampf am Himmel über dem Baltikum war. Thyben, ein Offizier und Jagdflieger hohen Könnens, tapfer und überlegt im Luftkampf, zählte durch seine vielen Feindflüge und erzielten Luftsiege in Ost und West zu den besten deutschen Jagdfliegern und setzte in seiner Art richtungsweisende Maßstäbe in Betracht der jüngsten Piloten in der Luftwaffe. Seinen letzten Luftsieg, den 157., erkämpfte er am letzten Kriegstag, am 8.5.1945, und befand sich nach Kriegsende bis 10.7.1945 in britischer Kriegsgefangenschaft.

822. Eichenlaub am 8.4.1945 als Oberleutnant und
Staffelkapitän der
7. Staffel des
Jagdgeschwaders 54.

Admiral

Theodor Burchardi

Geboren am 14.5.1892
in Homberg/Hessen.

Schon Seeoffizier im Ersten Weltkrieg, war Theodor Burchardi ab Oktober 1937 Kommandant des leichten Kreuzers „Köln", ab März 1940 Chef der Kriegsmarinewerft Kiel, ab Mai 1941 Marinebefehlshaber Ostland und ab November 1944 Kommandierender Admiral Ostsee bzw. östliche Ostsee. Hier erwarb er sich 1945 besondere Verdienste bei der Rückführung von Millionen Soldaten, Flüchtlingen und Verwundeten aus den Ostgebieten und bewahrte diese dadurch vor dem Zugriff der Sowjets. Was Kriegs- und Handelsmarine in diesen letzten Monaten des Krieges geleistet haben, steht im Ruhmesblatt der Marine an vorderster Stelle und ist im besonderen dem unermüdlichen Einsatz dieses ausdauernden und überaus fähigen Admirals zu danken. Diese Leistungen, erst nach dem Kriege in ihrem Ausmaß richtig bekannt geworden, erheben die gesamte Marine vom Großadmiral bis zum letzten unbekannten Matrosen in die Wertschätzung des gesamten Volkes. Durch die große Belastung erlitt Admiral Burchardi am 21.4.1945 einen Herzinfarkt und befand sich dennoch bis 24.2.1946 in britischer Kriegsgefangenschaft.

823. Eichenlaub am 8.4.1945 als Admiral und
Kommandierender Admiral
östliche Ostsee.

Vizeadmiral

August Thiele

Geboren am 26.8.1893
in Berlin-Charlottenburg.

Im Ersten Weltkrieg Fähnrich und Seeoffizier in der Kaiserlichen Marine, war August Thiele ab März 1939 Festungskommandant Pommern und übernahm ab November 1939 als Kommandant den schweren Kreuzer „Lützow", den er in erfolgreichen Einsätzen auf den Meeren, unter anderem auch im Norwegenunternehmen, befehligte. Ab Mai 1940 wurde der bewährte Kapitän Seekommandant Drontheim und Admiral Norwegische Nordküste, war ab Juni 1941 Chef des Stabes im Flottenkommando, ab August 1942 in Vertretung Admiral Nordmeer und ab März 1943 Befehlshaber „Ausbildungsverband Flotte". Ab Juli 1944 zum Befehlshaber der „Kampfgruppe Thiele" ernannt, unterstützte er in meisterlicher Art mit seinen Kreuzern und Zerstörern das schwer ringende Heer an der Ostfront, wo er von See aus in die Kämpfe in Kurland, bei Memel, im Samland und sogar in der Danziger Bucht entscheidend eingriff. Ab 22.4.1945 Kommandierender Admiral östliche Ostsee, trug der Admiral hier durch Umsicht und Können wesentlich zu den gigantischen Rettungsaktionen für Flüchtlinge und Soldaten aus dem Osten bei und befand sich nach Kriegsende bis 2.12.1946 in britischer Kriegsgefangenschaft.

824. Eichenlaub am 8.4.1945 als Vizeadmiral und
Befehlshaber der
„Kampfgruppe Thiele".

Rittmeister

Bruno Richter

Geboren am 23.11.1914
in Bechtcice/Westpreußen.

Tapferkeit und Einsatzwille zeichneten ein Soldatenleben eines während des ganzen Krieges unermüdlichen Frontkämpfers. Schon in Polen, Westen und in den ersten Jahren des Ostfeldzuges sehr bewährt, stuften die herausragenden Waffentaten dieses mutigen Offiziers in den schweren Kurlandschlachten auf höchster Ebene. Die 24. Infanteriedivision, eine der bewährten Truppenverbände im Nordabschnitt, blickte in Stolz auf die Leistungen seines Füsilierbataillons und ihres tapferen Führers, der in jeder Lage richtige Weisungen traf und durch jahrelange Fronterfahrung das Idealbild des deutschen Frontoffiziers verkörperte. Es war zum großen Teil der Verdienst dieser Männer, daß sich die Heeresgruppe Kurland auf derart lange Zeit und, von allen Verbindungen abgeschnitten, so lange behaupten konnte, war sie doch die einzige deutsche Heeresgruppe, die vom Feinde unbesiegt erst am 8.5.1945 kapitulierte.

825. Eichenlaub am 8.4.1945 als Rittmeister und
Führer des
Füsilierbataillons 24, in der
24. Infanteriedivision.

SS Standartenführer der Reserve

Otto Skorzeny

Geboren am 12.6.1908
in Wien.

✝

Skorzeny war die legendäre Gestalt unter den Offizieren der Waffen SS und war durch seine Sonderunternehmungen weltweit bekannt. Im September 1939 kam er zur Waffen SS. Nach Ausbildung in der Leibstandarte als Technischer Offizier in der SS Verfügungsdivision (mot.), der späteren SS Division „Das Reich", wo er am West-, Balkan- und bis 1942 am Ostfeldzug teilnahm. Ab April 1943 begann Skorzeny dann mit der Aufstellung seiner Sondertruppe, und Namen wie „Sonderverband Friedenthal", Jägerbataillon 502 und Panzerbrigade 150 sind hinreichend bekannt und stehen engstens mit seiner Person im Einklang. Sensationell die Befreiung des Duce Benito Mussolini, der nach dem Abfall Italiens vom Dreimächtepakt von bündnisuntreuen Truppen am Gran Sasso gefangengehalten wurde. Am 12.9.1943 gelang Skorzeny dieses Unternehmen mit siebzehn SS Männern und dem Fallschirmjäger-Lehrbataillon. Ebenso bezeichnend sein Einschreiten am 16.10.1944 auf dem Burgberg zu Budapest, als auch Ungarn „abtrünnig" zu werden schien und er auch diese Lage zufriedenstellend meistern konnte. Alle Taten dieses schneidigen, tapferen und zähen Offiziers zu erwähnen, wäre in diesem Rahmen unmöglich, doch seine und seiner Männer Leistungen 1945 im Brückenkopf Schwedt an der Oder/Brandenburg, als die Ostfront so blutete, verdienen höchste Beachtung. Von Mai 1945 bis Juli 1948 in Haft und Internierung und nach endlosen Prozessen endlich freigelassen, verstarb Otto Skorzeny am 5.7.1975 in Madrid.

826. Eichenlaub am 9.4.1945 als Obersturmbannführer der Reserve und
Kampfkommandant von
Schwedt an der Oder.

General der Infanterie

Ernst Anton von Krosigk

Geboren am 5.3.1898
in Potsdam/Brandenburg.

Kriegsfreiwilliger und Offizier im Ersten Weltkrieg und ab 1.9.1939 Ia des 22. Armeekorps, tat er nach dem Polen- und Westfeldzug ab März 1941 Dienst als Stabsoffizier im rückwärtigen Gebiet. Ab 26.12.1941 berief man den befähigten Offizier als Chef des Stabes zum 1. Armeekorps und übertrug ihm ab 1.7.1943 als Kommandeur die Führung der 1. Infanteriedivision. Im Nord- und Südabschnitt der Ostfront eingesetzt, war er seinen Soldaten ein vertrauensvoller Vorgesetzter und in schwersten Kämpfen stets in ihrer Mitte zu finden. Am 12.2.1944 für seine Verdienste mit dem Ritterkreuz ausgezeichnet, wurde der General ab 17.12.1944 Führer und später Kommandierender General des 16. Armeekorps in Kurland, wo er erneut betonte Menschlichkeit und ritterliche Kampfweise als oberstes Gebot seines Wirkens an den Tag legte. Ab 15.3.1945 zum Oberbefehlshaber der 16. Armee ernannt, fiel Ernst Anton von Krosigk bereits einen Tag später, am 16.3.1945, im feindlichen Feuer bei Kanden, und die Heeresgruppe Kurland verlor einen ihrer tapfersten und tüchtigsten Armeeführer.

827. Eichenlaub am 12.4.1945 nach dem Tode, für die Leistungen als General der Infanterie und Kommandierender General des 16. Armeekorps..

Hauptmann der Reserve

Walter Stracke

Geboren am 19.5.1914
in Schwelm/Westfalen.

Stracke, schon 1939 im Polenfeldzug als Gruppen- und Zugführer in der 6. Kompanie des Infanterieregiments 123 und im Westfeldzug 1940 im 2. Bataillon des Infanterieregiments 50, kämpfte vom ersten Tag des Ostfeldzuges als Zug- und später Kompanieführer in der 1. Kompanie des Kradschützenbataillons 53 bis zu seiner Verwundung am 12.10.1941 zuerst im Nord- und dann im Mittelabschnitt. Ab Mitte 1942 führte er die 2. Kompanie des Bataillons bis zu seiner neuerlichen Verwundung Ende September bis vor Stalingrad und erhielt für außergewöhnliche Tapferkeit am 21.11.1942 das Ritterkreuz verliehen. Ab Jänner 1943 als Lehr- und Ausbildungsoffizier in verschiedenen Kommandos im Reich tätig, war er vom 3.1.1945 – 26.2.1945 auf Abteilungsführerlehrgang für Panzeraufklärer in Beckedorf bei Celle/Hannover und danach bei der 26. Panzerdivision in Italien, wo Walter Stracke die Führung der Panzeraufklärungsabteilung 26 übernahm und sich in den Kämpfen an der Südfront gegen erdrückende gegnerische Übermacht noch bedeutenden Soldatenruhm erwerben konnte. Mut und Schneid beflügelten alle seine Aktionen und erhoben ihn in die Reihe der Besten in der deutschen Panzerwaffe. Nach Kapitulation der deutschen Truppen in Italien war er bis 19.6.1945 in Internierung.

Eichenlaub ohne Nr. am 12.4.1945 als Hauptmann der Reserve und
Führer der
Panzeraufklärungsabteilung 26, in der
26. Panzerdivision.

Oberfeldwebel

Helmut Borchardt

Geboren am 1.8.1917
in Woedtke/Pommern.

Einer der außergewöhnlichen Männer des deutschen Unteroffizierskorps, dessen Tapferkeitsleistungen während des ganzen Krieges als beeindruckend und überzeugend zu werten sind. Ungestümer Angriffsgeist beflügelte seinen Einsatz schon als Gruppenführer im Grenadierregiment 409 der 122. Infanteriedivision, wo Helmut Borchardt bei den Kämpfen im Nordabschnitt der Ostfront, besonders im Raume des Ilmensees, für bewiesenen Mut und Kühnheit am 30.4.1943 mit dem Ritterkreuz ausgezeichnet wurde. Immer im Fronteinsatz, war er ein verläßlicher und erfahrener Führer, der in gegebener Lage jeweils durch richtiges Eingreifen und schnelles Handeln den Erfolg auf seiner Seite hatte. So auch bei den schweren Abwehrkämpfen 1945 in Pommern, wo er eine zusammengestellte Kompanie des Regiments „Kohlmann" in überzeugender Art zu hohen Taten bewegte und somit erneut einen Beweis erbrachte, wie wertvoll Können und Tapferkeit der deutschen Unteroffiziere in diesem Krieg in entscheidenden Augenblicken ihren Ausschlag gaben.

828. Eichenlaub am 14.4.1945 als Oberfeldwebel und
Führer der
Kompanie „Borchardt" im
Regiment „Kohlmann", in der
402. Infanteriedivision.

Generalleutnant

Carl Becker

Geboren am 16.1.1895
in Varel/Oldenburg.

†

Fahnenjunker und Offizier im Ersten Weltkrieg, ab 1.2.1937 Kommandeur des 3. Bataillons des Infanterieregiments 37, ab 10.5.1940 im Stab der 6. Infanteriedivision und ab 10.12.1940 Kommandeur des Infanterieregiments 18. Nach Teilnahme am Westfeldzug führte Carl Becker das Infanterieregiment 18 besonders erfolgreich an der Ostfront. Die Schlacht bei Wjasma und die Abwehrkämpfe bei Rshew sahen seine Soldaten erfolgreich beteiligt, und ihr Kommandeur bewies hier hohen Einsatzwillen und Mut. In Beachtung seiner ausdauernden überzeugenden Führungsleistungen erfolgte ab 18.1.1943 seine Ernennung zum Kommandeur der 253. Infanteriedivision. Auch hier bewies der General einmalige Tapferkeit, und seine Division war im Bereich der Heeresgruppe Mitte bis zum bitteren Kriegsende einer jener Truppenteile, die als Stütze der Front immer von sich reden machten. Im Mai 1945 in russische Kriegsgefangenschaft geraten, kehrte Carl Becker aus dieser im Oktober 1955 in die Heimat zurück und verstarb am 24.3.1966 in Heidelberg/Baden-Württemberg.

829. Eichenlaub am 14.4.1945 als Generalleutnant und
Kommandeur der
253. Infanteriedivision.

General der Infanterie

Kurt Röpke

Geboren am 29.11.1896
in Solingen/Westfalen.

†

Kriegsfreiwilliger und Offizier im Ersten Weltkrieg, war Kurt Röpke im Zweiten Weltkrieg jeweils ab: 1.9.1939 Kommandeur des 2. Bataillons des Infanterieregiments 203, 15.12.1939 Lehrer an der Heeres-Infanterieschule, August 1940 Kommandeur des Infanterieregiments 50, 1.9.1942 wieder Lehrer an der Heeres-Infanterieschule, 26.5.1943 Führer, 1.8.1943 Kommandeur der 320. Infanteriedivision, 20.8.1943 Kommandeur der 46. Infanteriedivision und 28.9.1944 Kommandierender General des 29. Armeekorps. Ein sehenswerter soldatischer Werdegang eines Offiziers von besonderer Prägung und Intelligenz. Aufgeschlossene Wesensart und hohe Sachkenntnisse bewies er nicht nur in seiner Eigenschaft als Lehrer an der Heeres-Infanterieschule, sondern auch als Frontgeneral an der Ostfront, wo Röpke für die verdiente Führung der 46. Infanteriedivision in Südrußland bereits 1943 hoch ausgezeichnet wurde. In ebenso bezeichnender Art gelangen ihm 1945 als Kommandierender General des 29. Armeekorps noch überzeugende Erfolge bei schweren Abwehrkämpfen in Mähren. Der General, von Mai 1945 bis Januar 1956 in sowjetischer Kriegsgefangenschaft, verstarb am 21.7.1966 in Göttingen/Niedersachsen.

830. Eichenlaub am 14.4.1945 als General der Infanterie und
Kommandierender General des
29. Armeekorps.

Oberst

Fritz Rögelein

Geboren am 26.6.1910
in Bietigheim/Württemberg.

1936 ins Infanterieregiment 109 eingetreten und ab 2.3.1944 dessen Kommandeur – dies beweist eindeutig, wie hoch ausgeprägt Einsatzwille, Tapferkeit und Können dieses Soldaten und Offiziers in jeder Weise zur Grundlage seiner Laufbahn wurden. Bei Kriegsbeginn Zugführer in der 8. und später in der 4. Kompanie und nach Teilnahme am Westfeldzug ab 1.3.1941 Chef der 4. Kompanie. Im Ostfeldzug trug die 35. Infanteriedivision schwere Lasten im Mittelabschnitt der Front und war entscheidend beim Vormarsch auf Moskau beteiligt. Nach Bataillonsführerlehrgang im November/Dezember 1941 wurde Rögelein ab 1.2.1942 Kommandeur des 1. Bataillons, wo er in ununterbrochenen Einsätzen bis zu seiner Verwundung am 24.1.1944 Beispiele höchsten Soldatentums zeigte und bald zur Reihe der bedeutendsten Ostfrontoffiziere zählte. Nach seiner Wiederherstellung übernahm der bewährte Offizier, wie schon eingangs erwähnt, ab 2.3.1944 das Regiment und führte dieses als Kommandeur bis zu seiner neuerlichen schweren Verwundung am 24.1.1945 in bestechender Art bei schweren Rückzugskämpfen bis in den preußischen Raum. Nach Lazarettaufenthalt erfolgte im September 1945 durch die Briten seine Entlassung.

831. Eichenlaub am 14.4.1945 als Oberst, für die Leistungen als Kommandeur des Grenadierregiments 109, in der 35. Infanteriedivision.

Major

Alfred Simm

Geboren am 12.7.1910
in Eppendorf/Sachsen.

Spricht man von den langen Einsatzwegen der 24. Infanteriedivision im Zweiten Weltkrieg, die über Polen und Einsatz im Westfeldzug dann an die Ostfront führen, so soll man auch den Namen Alfred Simm in ehrender Weise erwähnen, war er doch einer jener Männer, die mit ihren Leistungen wesentlich zu den Erfolgen des Grenadierregiments 31 der Division beigetragen haben. Schon 1941 Stabsfeldwebel und in zwölfjähriger Dienstzeit ein bewährter Soldat, war er bei den Kämpfen an der Ostfront an allen Brennpunkten die herausragende Erscheinung. Dynamisch und überwältigend löste er die schwierigsten Aufgaben, und seine Waffentaten bei Rawa-Ruska, Kiew und Sewastopol im Süden der Ostfront sind ebenso zu nennen, wie jene im Nordabschnitt vor Leningrad, bei Newel und in Kurland, wo Alfred Simm als Hauptmann dem 2. Bataillon ein in allen Belangen überzeugender und tapferer Führer bis zum Ende des Krieges war.

832. Eichenlaub am 14.4.1945 als Hauptmann und
Führer des
2. Bataillons des
Grenadierregiments 31, in der
24. Infanteriedivision.

Hauptmann

Gerhard Raht

Geboren am 6.6.1920
in Reinfeld/Holstein.

†

Raht war einer jener tüchtigen Nachtjäger, die still und bereitwillig ihre Pflicht erfüllten und es hierbei zu außergewöhnlichen Leistungen gebracht haben. Nach seiner Ausbildung zum Flugzeugführer kam er 1942 als junger Offizier in die 4. Staffel des Nachtjagdgeschwaders 3, wurde 1943 Staffelkapitän der 1. Staffel des Nachtjagdgeschwaders 2 und 1944 Kommandeur der 1. Gruppe dieses Geschwaders. Nacht für Nacht im Einsatz am Himmel über Deutschland und im Kampf gegen die britischen Bomberverbände, zeigte der verdiente Offizier neben hohem Einsatzwillen, Tapferkeit und fliegerischem Können auch ausgewogene Taktik und großartige Schießkunst. Durch seine vielen erzielten Nachtluftsiege lag er bei Kriegsende im Spitzenfeld der besten deutschen Nachtjäger und erfreute sich außerdem einer steten Beliebtheit im Kameradenkreis. Am 11.1.1977 ist Gerhard Raht in seiner Heimatstadt Reinfeld in Schleswig-Holstein verstorben.

833. Eichenlaub am 15.4.1945 als Hauptmann und
Kommandeur der
1. Gruppe des
Nachtjagdgeschwaders 2.

Oberstleutnant

Hans Arno Ostermeier

Geboren am 10.2.1903
in Budapest.

Auch die Truppengattung Panzergrenadiere heftete im Zweiten Weltkrieg unnachahmlichen Ruhm an ihre Fahne und brachte in unvergänglichem Opfermut über alles erhabene Leistungen. Zu einem der herausragenden Offiziere in dieser Truppe gehörte Hans Arno Ostermeier. Nach den Feldzügen der ersten Kriegsjahre erwarb er sich an der Ostfront als Kampfgruppenführer in der Panzergrenadierdivision „Feldherrnhalle" für hervorragende Kampf- und Führungsleistungen das Ritterkreuz, welches ihm am 23.8.1944 verliehen wurde, und war auch anschließend als Führer des Fallschirm-Panzergrenadierregiments 3 „Hermann Göring" bei den schweren Abwehrkämpfen in den Endphasen des Krieges im Reich ein Offizier, dessen Tapferkeit und Unerschrockenheit seinen Soldaten zum Leitbild auch in schwersten und unerträglich scheinenden Lagen wurden. Unauffällig seine Pflicht erfüllend, war er ein Frontoffizier, dessen Bescheidenheit in einem vorbildlichen Kameradenherz wurzelte und dessen Ideale dem Vaterland gehörten.

834. Eichenlaub am 15.4.1945 als Major der Reserve und Führer des Fallschirm-Panzergrenadierregiments 3, in der Fallschirm-Panzergrenadierdivision 2 „Hermann Göring".

SS Standartenführer

Max Hansen

Geboren am 31.7.1908
in Niebüll/Holstein.

Max Hansens Weg und der der Leibstandarte ist ein gemeinsamer. 1933 begonnen, führte er über die Kriegseinsätze in Polen, im Westen, am Balkan und im Osten, wovon die Leistungen seiner Person und die seiner Grenadiere beim Kampf um Charkow, in der Ardennenoffensive, sowie bei den schweren Abwehrkämpfen in Ungarn besonders hervorzuheben sind. Oftmalige Verwundungen künden vom außergewöhnlichen Einsatz dieses bedeutenden Frontoffiziers der Waffen SS. Bei Kriegsausbruch in der 12. Kompanie der Leibstandarte, 1941 Chef der 14. Kompanie, 1942 Kommandeur des 2. Bataillons des SS Panzergrenadierregiments 1 und ab 1943 bis zum Kriegsende Kommandeur des Regiments. Überall – bis in die letzten Kriegstage – war die bewiesene Art dieses aufgeschlossenen und beispielgebenden Offiziers die der treuesten Pflichterfüllung, des Gehorsams und der Kameradschaft. Seine hohen Ideale beflügelten seine Männer zu großen Taten und verhalfen der Leibstandarte zu legendärem Ruhm an allen Fronten im schicksalhaften Kriege 1939 bis 1945.

835. Eichenlaub am 17.4.1945 als SS Obersturmbannführer und
Kommandeur des
SS Panzergrenadierregiments 1, in der
1. SS Panzerdivision Leibstandarte SS
„Adolf Hitler".

Oberstleutnant

Herbert Lütje

Geboren am 30.1.1918
in Abbesbüttel/Hannover.

†

1937 in die Luftwaffe eingetreten, gehörte Herbert Lütje zu den besonders erfolgreichen Nachtjägern des Zweiten Weltkrieges. Seit Juni 1940 als Flugzeugführer in der 3. Gruppe des Nachtjagdgeschwaders 1 und ab März 1942 Staffelkapitän der 8. Staffel. Ab Juni 1943 führte der begabte, beliebte und besonders einsatzfreudige Offizier als Kommandeur die 4. Gruppe des Nachtjagdgeschwaders 6 und war ab September 1944 Kommodore des Nachtjagdgeschwaders 6. Nicht nur am Himmel über dem Reich, sondern auch über Rumänien im Einsatz, waren seine Kampfleistungen in jeder Weise bezeichnend und einmalig. Seine erzielten Luftsiege, vereint mit seinen überragenden Führungsleistungen, stellen seine Persönlichkeit in die Reihe der besten deutschen Nachtjäger, deren Einsatz während des ganzen Krieges gebührendste Erwähnung verdient und diese Flieger für alle Zeit in der Geschichte der deutschen Luftwaffe ehrenvoll bestehen läßt. Nach Kriegsende bis Juni 1945 in Kriegsgefangenschaft im Westen, verstarb Herbert Lütje am 18.1.1967 in Köln-Wahn.

836. Eichenlaub am 17.4.1945 als Oberstleutnant und
Kommodore des
Nachtjagdgeschwaders 6.

Hauptmann der Reserve

Helmut Lipfert

Geboren am 6.8.1916
in Lippelsdorf/Thüringen.

Lipfert kam 1937 ins Heer zur Nachrichtenabteilung 37 der 1. Panzerdivision, nahm am Polen- und Westfeldzug teil, bevor er 1941 zur Luftwaffe übertrat und nach Ausbildung zum Jagdflieger am 16.12.1942 als Flugzeugführer zur 6. Staffel des Jagdgeschwaders 52 an die Ostfront kam. Hier zählte der durch Angriffsgeist und Draufgängertum auffallende Offizier bald zu den bekanntesten Piloten. 1943 führte er bereits die 6. Staffel, wurde 1944 deren Staffelkapitän und führte zeitweise auch die 2. Gruppe. In unermüdlichen Einsätzen buchte Lipfert Luftsieg um Luftsieg und zählte, als der Krieg zu Ende war, mit 203 bestätigten Abschüssen zu den fünfzehn deutschen Jagdfliegern, die im Zweiten Weltkrieg mehr als zweihundert Luftsiege erringen konnten. Eine respektvolle Leistung eines Fliegeroffiziers von besonderer Prägung. Ab 1.1.1945 führte er noch als Kommandeur die 1. Gruppe des Jagdgeschwaders 53, mit der er bis zum Kriegsende noch manchen Erfolg verbuchen konnte. Helmut Lipfert war der letzte mit dem Eichenlaub ausgezeichnete Jagdflieger.

837. Eichenlaub am 17.4.1945 als Hauptmann der Reserve und
Kommandeur der
1. Gruppe des
Jagdgeschwaders 53.

Hauptmann

Josef Kraft

Geboren am 8.2.1921
in Wien.

1940 in die Luftwaffe eingetreten, kam Josef Kraft nach Ausbildung zum Nachtjäger im Oktober 1942 als Flugzeugführer in die 2. Gruppe des Nachtjagdgeschwaders 4 und im Jänner 1943 zur 2. Gruppe des Nachtjagdgeschwaders 5. Schon bald stellten sich Erfolge ein, die aufhorchen ließen und diesen Offizier in der Luftwaffe bekannt machten. Ab Juni 1944 flog er in der 2. Gruppe des Nachtjagdgeschwaders 6, die in Steinamanger in Ungarn lag, und erreichte hier viele Abschüsse, insbesondere gegen Fliegerverbände, die beim Aufstand in Warschau zur Versorgung der Aufständischen eingesetzt waren. Unermüdlich am nächtlichen Himmel fliegend, paarte er Einsatzfreude, Tapferkeit und Können zu Grundlagen seiner Erfolge. Heiteres Wesen und bewußter Soldatengeist ließen ihn überall als beliebten Offizier und Kameraden gelten. Ab Jänner 1945 wurde er Staffelkapitän der 12. Staffel des Nachtjagdgeschwaders 1, kämpfte wieder in der Reichsverteidigung und gehörte bei Kriegsende mit seinen vielen erzielten Nachtluftsiegen zu den besten Männern der deutschen Nachtjagd. Nach Kriegsende war Josef Kraft bis August 1945 in britischer Kriegsgefangenschaft.

838. Eichenlaub am 17.4.1945 als Hauptmann und
Staffelkapitän der
12. Staffel des
Nachtjagdgeschwaders 1.

Major

Martin Drewes

Geboren am 20.10.1918
in Lobmachtersen/Braunschweig.

Martin Drewes kam 1937 ins Heer, 1938 zur Luftwaffe und nach Ausbildungszeit am 1.3.1941 als Flugzeugführer in die 4. Staffel des Zerstörergeschwaders 76, wo er über der Deutschen Bucht und der Nordsee schon viele Einsätze flog. Im April 1941 verlegte die Staffel nach Griechenland und stand Mai/Juni 1941 im Einsatz im Irak und in Syrien, wo sie Unterstützung für die Aufständischen gegen die Engländer flog. Anschließend ab Juli wieder im Reich, erfolgte die Umschulung zur Nachtjagd. Jänner 1942 wird die 2. Gruppe Zerstörergeschwader 76 zur 3. Gruppe Nachtjagdgeschwader 3 und Drewes ab Oktober Staffelkapitän der 7. Staffel, kommt im Juni 1943 ins Nachtjagdgeschwader 1, übernimmt ab August als Staffelkapitän die 11. Staffel und wird ab 10.2.1944 Kommandeur der 3. Gruppe. Viele Feindflüge und Tag- und Nachtluftsiege kennzeichnen den Weg des Erfolges eines tapferen Fliegeroffiziers. Bereitwilligkeit, reiches Können und bezeichnender Mut machten ihn bei Vorgesetzten und Untergebenen gleichermaßen beliebt. Bei Kriegsende gehörte auch er zu den erfolgreichsten Nachtjägern der Luftwaffe und war von Mai 1945 bis Februar 1947 in kanadischer bzw. britischer Kriegsgefangenschaft und Internierung.

839. Eichenlaub am 17.4.1945 als Major und
Kommandeur der
3. Gruppe des
Nachtjagdgeschwaders 1.

Hauptmann

Hermann Greiner

Geboren am 2.1.1920
in Heidenheim/Franken.

Auch einer der erfolgreichsten deutschen Nachtjäger, die Nacht für Nacht am Himmel für die Verteidigung des Reiches ihr Bestes gaben. 1938 in die Luftwaffe gekommen, kam Greiner nach Nachtjagdausbildung als Flugzeugführer am 1.10.1941 in die 2. Gruppe des Nachtjagdgeschwaders 1, flog von April bis September 1942 in der 2. Gruppe des Nachtjagdgeschwaders 2 und ab Oktober 1942 in der 4. Gruppe des Nachtjagdgeschwaders 1, wo er ab 15.4.1944 als Staffelkapitän die 11. Staffel und ab 1.11.1944 als Kommandeur die 4. Gruppe übernahm. Er war der Mann in der deutschen Nachtjagd, dessen 51 bestätigte Luftsiege lauter schwere viermotorige Bomber waren, die er in härtesten Luftkämpfen bezwang. Durch seine herzliche Art war er im Kameradenkreis sehr beliebt und durch Können, Schneid und Einsatzfreude im Geschwader stets geachtet. Ebenso ausgeprägt waren seine Fähigkeiten als Verbandsführer, die Hermann Greiner zu den hoffnungsvollsten Offizieren der deutschen Nachtjagd reihten.

840. Eichenlaub am 17.4.1945 als Hauptmann und
Kommandeur der
4. Gruppe des
Nachtjagdgeschwaders 1.

Major

Paul Semrau

Geboren am 12.11.1915
in Deutsch-Eylau/Ostpreußen.

Semrau kam auch von den Zerstörerfliegern, wo er sich schon in Polen, im Westen und im Norwegenunternehmen sehr bewährt hatte, im Jahre 1940 zur Nachtjagd. Hier wurde er im Nachtjagdgeschwader 2 zum bedeutenden Offizier, und sein Aufstieg bis zum Kommodore gehört wohl zu den Einmaligkeiten in der deutschen Nachtjagd. Ab Dezember 1940 Staffelkapitän der 3. Staffel, ab Juni 1943 Kommandeur der 3., ab Januar 1944 der 2. Gruppe und ab November 1944 schließlich Kommodore des Geschwaders, beinhaltet sein Einsatzweg nicht nur den Kampf der Reichsverteidigung, sondern auch aufreibende Einsätze der Fernnachtjagd über England, Afrika und dem Mittelmeerraum. Viele Nachtluftsiege bekunden den Weg eines in hunderten Feindflügen aufs höchste bewährten Offiziers, dessen Tapferkeit und Können in Einmaligkeit gipfelten. Am 8.2.1945 fiel dieser begnadete Nachtjäger bei Twente in Holland. Paul Semrau war der letzte Eichenlaubträger der Nachtjagd, jener Waffe, die nicht nur gegen übermächtigsten Feind, sondern auch gegen die Tücken der Nacht und der Technik einen überaus schweren Kampf zu führen hatte.

841. Eichenlaub am 17.4.1945 nach dem Tode, für die Leistungen als
Major und
Kommodore des
Nachtjagdgeschwaders 2.

Generalleutnant

Adolf Raegener

Geboren am 17.2.1895
in Klein-Leinungen/Provinz Sachsen.

Kriegsfreiwilliger und Offizier im Ersten Weltkrieg und zu Beginn des Zweiten Weltkrieges Kommandeur des 1. Bataillons des Infanterieregiments 67. Nach Einsatz in Polen ab 1.3.1940 Kommandeur des Infanterieregiments 309 und Teilnahme am Westfeldzug, wo Raegener für hervorragende Verdienste und Tapferkeit am 25.6.1940 das Ritterkreuz verliehen wurde. Mit 15.2.1941 zum Kommandeur des Infanterieregiments 9 ernannt, zog er mit diesem in den Ostfeldzug und im Verband der Heeresgruppe Mitte in schwersten Kämpfen bis vor Moskau. Dort am 18.12.1942 schwer verwundet und nach Amputation und vielen Operationen der Gehfähigkeit beraubt, übertrug man ihm verschiedene Kommandos im Reich, ehe ab 14.1.1945 seine erneute Frontverwendung erfolgte und der General in Deutschlands schwerster Zeit beispiellose Führungsleistungen vollbrachte. Als Kampfkommandant an der Warthe, Festungskommandant von Küstrin an der Oder, Kommandeur der „Division Raegener", Kommandant des Verteidigungsbereiches Magdeburg und schließlich Führer der „Korpsgruppe Raegener" wurde er im drohenden Untergang des Reiches mit seinen Truppen noch zum Bollwerk an der Ostfront bis zum bitteren Kriegsende und befand sich bis 1.7.1945 in amerikanischer Kriegsgefangenschaft.

842. Eichenlaub am 17.4.1945 als Generalleutnant, für die Leistungen als Kommandant des Verteidigungsbereiches Magdeburg.

Oberst

Hans Peter Knaust

Geboren am 7.8.1906
in Kiel.

Knaust kam 1924 ins Heer und war zu Kriegsbeginn 1939 Chef der 4. Kompanie im Infanterieregiment 79. Nach Teilnahme am Westfeldzug wurde er ab August 1940 Kommandeur des Kradschützenbataillons 6 und rückte mit diesem 1941 in den Ostfeldzug. Ab 19.10. führte er als Kommandeur das 2. Bataillon des Schützenregiments 4 und wurde am 31.12.1941 vor Moskau schwer verwundet. Diese Verwundung kostete dem kühnen Offizier den rechten Fuß, erforderte einen längeren Lazarettaufenthalt und sah ihn danach ab Januar 1943 als Kommandeur des Ergänzungs- und Ausbildungsbataillons in Bocholt/Westfalen. Als die Not der Front um tüchtige Offiziere rief, ließ auch Hans Peter Knaust trotz seiner schweren Kriegsverletzung diesen Ruf nicht verhallen und führte als Kommandeur eine Kampfgruppe im Rahmen des 2. SS Panzerkorps beim Kampf um Arnheim in Holland. Hoch ausgezeichnet für seine Verdienste verblieb er weiter im Fronteinsatz, war zuerst ab 1.11.1944 Kommandeur des Panzerregiments 16 und ab 1.2.1945 Kommandeur des „Regiments Knaust" in der 490. Infanteriedivision, ebenfalls an der Westfront. Erneut hervorragend bewährt, gab er durch seine Art Beispiele besten Soldatentums, die an Tapferkeit und Können höchster deutscher Soldatenehre gereichten. Am 5.5.1946 entließ man diesen opferbereiten Offizier aus der Kriegsgefangenschaft.

843. Eichenlaub am 17.4.1945 als Oberstleutnant und
Kommandeur des
„Regiments Knaust", in der
490. Infanteriedivision.

SS Obersturmbannführer

Franz Hack

Geboren am 3.2.1915
in Mannheim/Baden.

1934 in die SS Verfügungstruppe eingetreten, kam Hack nach seiner Ausbildung zum Offizier an der SS Junkerschule Bad Tölz 1936 in die SS Standarte „Germania" und war bei Kriegsbeginn Chef der 4. Kompanie. Nach den Feldzügen gegen Polen und im Westen erwarb er sich an der Ostfront hohe soldatische Verdienste. Ab November 1941 übernahm er als Kommandeur das 3. Bataillon, ab Mitte 1944 die SS Panzeraufklärungsabteilung 5 und ab September 1944 das SS Panzergrenadierregiment 10 „Westland". Die Einsätze der SS Division „Wiking" in allen schweren Schlachten des Ostens fanden schon oft Erwähnung, und Franz Hack gehörte zu jenen Männern, die an all diesen Kämpfen stets entscheidend beteiligt waren. Seine gewinnende Art und persönliche Ausstrahlungskraft spornten die Grenadiere immer wieder zu außergewöhnlichen Taten an, zu deren Gelingen seine eigene Tapferkeit und unerschrockener Einsatz maßgeblich beitrugen. Oft verwundet, war er trotzdem Frontoffizier bis zum letzten Kriegstag und sehr beliebt als Kamerad und Vorgesetzter. Drei Jahre, bis Mai 1948, verbrachte er in amerikanischer Kriegsgefangenschaft.

844. Eichenlaub am 18.4.1945 als SS Obersturmbannführer und Kommandeur des SS Panzergrenadierregiments 10 „Westland", in der 5. SS Panzerdivision „Wiking".

SS Obersturmbannführer

Vinzenz Kaiser

Geboren am 28.2.1904
in Waltersdorf/Steiermark.

Seit 1934 in der SS Verfügungstruppe, kam er 1939 in die Leibstandarte und später in die SS Division „Das Reich". Die Feldzüge der ersten Kriegsjahre und der Einsatz an der Ostfront sahen Vinzenz Kaiser als tapferen Soldaten und Offizier, und besonders seine Waffentaten im Osten, wo er erfolgreich als Kommandeur das 3. Bataillon des SS Panzergrenadierregiments „Der Führer" führte, waren in ihrer Form Beweise höchsten Soldatentums. Den Leistungen der SS Division „Das Reich" im Mittelabschnitt der Ostfront und beim Kampf um Charkow drückte dieser bescheidene Offizier jederzeit seinen Stempel auf und erhielt in Anbetracht schlachtentscheidender Erfolge am 10.4.1943 das Ritterkreuz verliehen. Erfolgreich in der Panzernahbekämpfung und mehrmals im Einsatz verwundet, war er auch im Jahre 1944 dem SS Panzergrenadierregiment 38 an der Westfront ein ausgezeichneter Kommandeur und gehörte mit diesem im April 1945 zu den unerschrockenen Verteidigern der Stadt Nürnberg, wo sein treues Soldatenleben bei einem Ausbruchsversuch aus der Stadt am 20.4.1945 für immer erlosch.

Eichenlaub ohne Nr. am 19.4.1945 als SS Obersturmbannführer und
Kommandeur des
SS Panzergrenadierregiments 38, in der
17. SS Panzergrenadierdivision
„Götz von Berlichingen".

Oberst

Richard Wolf

Geboren am 18.4.1894
in Simmern im Hunsrück/Hessen.

†

Kriegsfreiwilliger und Offizier im Ersten Weltkrieg und zu Beginn des Zweiten Weltkrieges im Infanterieregiment 208 der 79. Infanteriedivision. Nach Einsatz im West- und Balkanfeldzug gehörte die Division im Ostfeldzug zu jenen Truppen, die in schweren Kämpfen über Kiew, Bjelgorod und Charkow bis nach Stalingrad vorstießen, und es war das 2. Bataillon des Infanterieregiments 208, welches als erste deutsche Einheit die Wolga erreichte. Daß diese Anstrengungen unter äußersten Bedingungen gelangen, war nicht zuletzt auch Verdienst des Regimentskommandeurs. Nach der Einschließung in Stalingrad wurde Wolf Kampfkommandant Werk „Roter Oktober", und mit geballter Energie und höchstem Opfermut trotzte er mit seinen Soldaten bis 23.12.1942 übermächtigen Feindkräften. 1943 aus dem Kessel ausgeflogen, kam er dann einige Zeit in die Führerreserve des Oberkommandos des Heeres und bewährte sich anschließend wieder höchst im Fronteinsatz. Als das Reich aus vielen Wunden blutete, übernahm er im März 1945 als Kampfkommandant die Verteidigung von Würzburg und im April die der Stadt Nürnberg, wo er sich mit seinen Einheiten noch unvergänglichen Ruhm erwerben konnte. In Nürnberg/Bayern verstarb Richard Wolf auch am 9.5.1972.

Eichenlaub ohne Nr. am 19.4.1945 als Oberst und
Kampfkommandant von
Nürnberg.

Oberstleutnant

Johannes Austermann

Geboren am 24.6.1906
in Recklinghausen/Westfalen.

†

Unweigerlich einer der bescheidenen Frontkämpfer der Infanterie und an den Fronten in West und Ost durch ständige Bewährung aufgefallen, bestimmte seinen Hauptweg der Tapferkeitsleistungen die Ostfront, wo er tapfer und beispielgebend besonders in den schweren Kämpfen in Ostpreußen in der 562. Volksgrenadierdivision immer mehr zur tragenden Gestalt wurde. Zuerst als Kommandeur das 2. Bataillon des Grenadierregiments 1144 führend und dann als Kommandeur das Grenadierregiment 1146, stehen seine und seiner Grenadiere Taten in der wohl schwersten Zeit des Zweiten Weltkrieges auf deutschem Heimatboden im Buch der deutschen Infanterie für alle Zeiten eindrucksvoll verankert. In Waltrop in Westfalen ist Johannes Austermann am 12.8.1973 verstorben.

Eichenlaub ohne Nr. am 20.4.1945 als Oberstleutnant und Kommandeur des Grenadierregiments 1146, in der 562. Volksgrenadierdivision.

Oberfeldwebel

Albert Kerscher

Geboren am 29.3.1916
in Woppmannsdorf/Oberpfalz.

Kerscher zählte unbestritten zu den besten Panzerkommandanten der deutschen Wehrmacht, und besonders seine Kampfleistungen in den letzten Kriegsmonaten waren beeindruckend und einmalig. Oft und oft deckte er allein mit seiner Besatzung die Absetzbewegungen der Truppen und Flüchtlinge im leidgeprüften Ostpreußen und war durch mutige und entschlossene Kampfbereitschaft letztes Bollwerk in schwersten Stunden. Im Polen-, West- und anfangs des Ostfeldzuges in der Nachschubkolonne der 2., bzw. 13. Panzerdivision, kam er 1942 als Panzerfahrer ins Panzerregiment 4 und 1943 zur schweren Panzerabteilung 502, wo er bereits im November als Panzerkommandant von sich reden machte. Ein Jahr später nach härtesten Einsätzen im Bereich der Heeresgruppe Nord mit dem Ritterkreuz ausgezeichnet, bestachen seine Tapferkeitstaten immer aufs neue. Über 100 Panzerabschüsse bezeugen Kerschers äußersten Fronteinsatz, und oftmals verwundet, trug er nicht nur das goldene Verwundetenabzeichen, sondern auch das Panzerkampfabzeichen der höchsten Stufe und war ein Soldat, der sich in jeder Weise höchste Achtung verdiente.

Eichenlaub ohne Nr. am 20.4.1945 als Oberfeldwebel und
Zugführer in der
2. Kompanie der
schweren Panzerabteilung 502.

Major der Reserve

Albert Müller

Geboren am 25.12.1911
in Neudorf/Oberfranken.

†

Bei Kriegsausbruch 1939 ins Infanterieregiment 42 gekommen, nahm er an den Feldzügen gegen Polen und im Westen teil. 1941 kam Müller ins Infanterieregiment 446, wo er an der Ostfront als Zugführer, Kompaniechef und Bataillonskommandeur zu den verläßlichen Offizieren der 134. Infanteriedivision gehörte und bei allen Einsätzen der Division stets in vorderster Front durch Tapferkeit und entschlossenes Handeln entscheidende Waffentaten vollbrachte. Als Chef der 1. Kompanie am 23.2.1944 mit dem Ritterkreuz ausgezeichnet, waren seine Leistungen als Kommandeur des 3. Bataillons ab 1.6.1944 ebenso bezeichnend, und er gehörte zu jenen Offizieren, die in schwerster Zeit an der Front im Osten unbeirrbar in Standhaftigkeit und Ausdauer Höchstleistungen an soldatischer Pflichterfüllung bewiesen haben. Von Mai 1945 bis Jänner 1950 in sowjetischer Kriegsgefangenschaft, verstarb Albert Müller am 16.10.1973 in Wunsiedel im Fichtelgebirge in Bayern.

Eichenlaub ohne Nr.	am 20.4.1945	als Hauptmann der Reserve und Kommandeur des 3. Bataillons des Grenadierregiments 446, in der 31. Volksgrenadierdivision.

General der Flakartillerie

Richard Reimann

Geboren am 2.11.1892
in Minden/Westfalen.

†

Im Ersten Weltkrieg schon Artillerieoffizier, gehört er zu den Männern, welche sich am Aufbau und Einsatz der Flakartillerie seit 1936 höchst verdient gemacht haben. Bei Kriegsausbruch 1939 Kommandeur des Flakregiments 8 im Polenfeldzug, danach im Luftgau 11 und anschließend in Holland. Seine großen Einsatzerfolge erreichte der General dann mit der 18. Flakdivision, die er im Einsatz an der Ostfront im Bereich der Heeresgruppe Mitte vom 10.4.1942 – 9.4.1943 als Kommandeur beispielhaft geführt hat. Dem Heer wertvollste Unterstützung leistend, waren seine Kanoniere oft letztes Bollwerk im Erdkampf, und der Ruf„ Flak nach vor" gellte nicht selten durch die bedrohten Frontabschnitte. Ab 1.10.1943 zum Kommandierenden General des 1. Flakkorps ernannt, zeigte Richard Reimann hier erneut betont hohe Führungsleistungen und bewies bis in die letzten Kriegstage unbeugsame Energie und Durchhaltewillen an der Front im Osten. Nach Kriegsende von den Amerikanern gefangengenommen und dann an die Russen ausgeliefert, war der General bis 1955 in Kriegsgefangenschaft in der Sowjetunion und verstarb am 28.12.1970 in Rottach-Egern in Bayern.

Eichenlaub ohne Nr. am 20.4.1945 als General der Flakartillerie und Kommandierender General des 1. Flakkorps.

SS Hauptsturmführer

Jakob Lobmeyer

Geboren am 12.10.1918
in Lachen/Rheinland.

Unauffällig und tapfer als Soldat seine Pflicht erfüllend, gehört Lobmeyer in die Reihe jener Offiziere der Waffen SS, die stets überzeugend im Fronteinsatz auf Vorgesetzte und Kameraden wirkten. An den Fronten in Ost und West im Einsatz, waren es besonders die Leistungen als Kommandeur der SS Panzerjagdabteilung 561, in denen er bei den Endkämpfen im Reich im Raum Berlin in einmaliger Weise in Erscheinung trat. Unermüdlich mit seinen Männern gegen stärkste feindliche Übermacht kämpfend, verdienen seine Erfolge in dieser wohl schwersten Zeit vor dem Kriegsende höchste Beachtung und Würdigung. Die Auszeichnung mit dem Ritterkreuz und Eichenlaub innerhalb eines Monats spricht eindeutig für die hohen Verdienste dieses beherzten Frontkämpfers in den härtesten Schicksalsstunden Deutschlands.

Eichenlaub ohne Nr. am 21.4.1945 als SS Hauptsturmführer und
Kommandeur der
SS Panzerjagdabteilung 561.

Hauptmann

Rudolf Krüger

Geboren am 4.11.1911
in Leipzig/Sachsen.

Unermüdlicher Frontkämpfer der 24. Infanteriedivision und an den Fronten in Polen, im Westen und Osten ein an Tapferkeit und Verläßlichkeit auffallender Soldat. Bezeichnend seine außergewöhnlichen Kampfleistungen in der Schlacht um Kiew, wo ihm durch rücksichtslosen Einsatz seiner Person und schnelles entschlossenes Handeln schlachtentscheidende Erfolge gelangen. Am 5.10.1941 für diese Verdienste als Oberfeldwebel und Zugführer in der 6. Kompanie im Infanterieregiment 32 mit dem Ritterkreuz ausgezeichnet, ist auch der folgende Einsatzweg des Regiments mit seinen herausragenden Leistungen umrahmt, und die Kämpfe bei Sewastopol, vor Leningrad, Newel und an der Kurlandfront sind mit Rudolf Krügers Name eng verbunden, wo er auch als Offizier und Chef der 5. Kompanie bis in die letzten Kriegstage in opfervollen Einsätzen ein beispielgebender Führer war.

Eichenlaub ohne Nr. am 22.4.1945 als Hauptmann und
Chef der
5. Kompanie des
Grenadierregiments 32, in der
24. Infanteriedivision.

Leutnant

Rolf Tittel

Geboren am 26.9.1920
in Frankenberg/Schlesien.

Seit Oktober 1938 im Infanterieregiment 31, dem er bis Kriegsende angehörte, zählte Rolf Tittel zu den tapferen Frontkämpfern der 24. Infanteriedivision, die durch ihre überdurchschnittlichen Leistungen der Division das Gepräge gaben. Im Polenfeldzug MG-Schütze in der 3. Kompanie, im Westfeldzug stellvertretender Gruppenführer in der 10. Kompanie und im Ostfeldzug als Gruppenführer in der 11., ab 1.12.1942 Zugführer in der 11., ab 1.7.1944 in der 3. und ab 1.8.1944 in der 6. Kompanie. Ob die Kämpfe bei Kiew, Sewastopol, vor Leningrad, Newel und die anschließenden Kurlandschlachten – überall dort stuften die Kampfleistungen dieses mutigen Zugführers auf höchster Ebene. Schneid und Entschlossenheit waren die Grundlagen seiner überzeugenden Waffentaten und Ansporn für seine Kameraden in jeder Lage. Als Träger des goldenen Verwundetenabzeichens und der goldenen Nahkampfspange gehört Rolf Tittel in die Reihe der hervorragend bewährten Infanterieoffiziere, die durch hohen Einsatz und beispielhafte Haltung der deutschen Wehrmacht höchste Ehre erwiesen haben und die bezeichnenden soldatischen Fähigkeiten der jungen Frontoffiziere deutlich machten.

Eichenlaub ohne Nr. am 22.4.1945 als Leutnant und
Zugführer in der
6. Kompanie des
Grenadierregiments 31, in der
24. Infanteriedivision.

SS Standartenführer

Paul Albert Kausch

Geboren am 3.3.1911
in Jädersdorf/Pommern.

Schon seit 1933 in der Leibstandarte und nach verschiedenen Dienststellungen ab November 1939 Chef der 5. Batterie des SS Artillerieregiments der SS Totenkopfdivision. Im Westfeldzug mit beiden Eisernen Kreuzen ausgezeichnet, kam er im November 1940 als Divisionsadjutant in die SS Division (mot.) „Germania", spätere SS Division „Wiking". Mit dieser in den Ostfeldzug gezogen, wurde Kausch dort ab August 1941 Kommandeur der 1. Abteilung des SS Artillerieregiments 5 und kam nach erneuter Bewährung ab Dezember 1942 zu einem Abteilungsführerlehrgang an die Panzertruppenschule nach Paris. Ab 1.3.1943 dann Kommandeur der SS Panzerabteilung 11, verlegte er mit dieser anschließend an die Nordfront, wo er sich mit seinen Männern bei den Kämpfen im Brückenkopf Narwa besonders auszeichnen konnte. Ab Dezember 1944 wurde seine Abteilung zum SS Panzerregiment 11 „Hermann von Salza" erweitert und kämpfte unermüdlich und tapfer gegen übermächtigste Feindkräfte. Die letzten Kriegseinsätze sahen den ausgezeichneten Frontoffizier im Einsatz mit der schweren Panzerabteilung 503, wo er beim Kampf um Berlin Hervorragendes geleistet hat. Sechs zum Teil schwere Verwundungen künden von seinem bedingungslosen Frontkämpferleben, dem vom 2.5.1945 – 16.2.1956 eine fast elfjährige Kriegsgefangenschaft in der Sowjetunion folgte.

845. Eichenlaub am 23.4.1945 als SS Obersturmbannführer,
für die Leistungen als
Kommandeur des
SS Panzerregiments 11
„Hermann von Salza", in der
11. SS Freiwilligen-Panzergrenadierdivision
„Nordland".

Oberstleutnant

Siegfried Meissner

Geboren am 6.10.1914
in Neu-Priebkow/Pommern.

Meissners Wesenszüge waren die eines Offiziers, der die Eigenschaften von Mut, Können und Gehorsam in einmaliger Weise in sich vereinigte, die ihm an den Fronten in Polen, Westen und Osten bedeutungsvoll zu Grundlagen besonderer soldatischer Leistungen wurden. Zu Beginn des Ostfeldzuges als Chef die 3. Kompanie des Infanterieregiments 408 führend, stieß die 121. Infanteriedivision im Bereich der Heeresgruppe Nord bis vor Leningrad, wo der strebsame Offizier laufend seine Tapferkeit bewies. Ab Juli 1942 zum Führer des 3. Bataillons ernannt und für seine Taten am 25.9.1942 mit dem Ritterkreuz ausgezeichnet, kam Meissner nach einer schweren Verwundung im April 1943 und nach deren Genesung im August 1943 in die 336. Infanteriedivision, wo er im Südabschnitt der Ostfront erneut hohe Bewährungsproben zeigte und Kommandeur des Grenadierregiments 685 wurde. Am 23.4.1945 fiel er als Führer einer Kampfgruppe im Brückenkopf Nieheim/Höxter in Westfalen. Siegfried Meissner war einer jener Frontkämpfer, die nach jahrelangem Einsatz an der Ostfront so kurz vor dem Kriegsende im Reichsgebiet ihr Leben lassen mußten.

Eichenlaub ohne Nr. am 25.4.1945 nach dem Tode, für die Leistungen als
Oberstleutnant und
Führer einer Kampfgruppe.

Major

Josef Brandner

Geboren am 1.9.1915
in Hohenberg/Niederösterreich.

Sepp Brandners Weg in der Sturmartillerie ist bezeichnend, und seine kameradschaftliche Art und verwegene Tapferkeit kennzeichneten Verbindlichkeit bis zum General und einfachsten Soldaten. Am Polenfeldzug nahm er in der 5. Batterie des Artillerieregiments 102 teil, wurde 1940 Offizier und kam im Januar 1941 zur Sturmartillerie. Zuerst als Technischer Offizier in der Sturmgeschützabteilung 202 und ab 1.7.1942 als Chef der 2. Batterie, waren seine Einsätze an der Ostfront von unbeugsamem Kampfwillen und treuester Pflichterfüllung beseelt. Die Reihe der Namen – Tula, Wolchow, Wjasma, Charkow, Kursk, Tscherkassy usw., wo Brandner sogar die Brigade führte, könnte man unendlich fortsetzen und mit den Leistungen dieses mutigen Offiziers in Einklang bringen. Ab November 1944 wurde Sepp Brandner Kommandeur der Sturmgeschützbrigade 912, und jetzt folgten erst seine ganz großen Waffentaten an der Front in Kurland, wo er mit seinen Geschützen in allen Schlachten bis zum Kriegsende zur unweigerlich wertvollsten Einheit in diesem Kampfgebiet wurde. Mehrmals verwundet und immer wieder im Einsatz, wurde er zum Vorbild seiner Männer in jeder Lage und teilte mit ihnen bis 1948 auch das Los der russischen Kriegsgefangenschaft.

846. Eichenlaub am 26.4.1945 als Major und
Kommandeur der
Sturmgeschützbrigade 912.

Generalleutnant

Eberhard Rodt

Geboren am 4.12.1895
in München.

✝

Kriegsfreiwilliger und Offizier im Ersten Weltkrieg, zu Beginn des Zweiten Weltkrieges Kommandeur der Aufklärungsabteilung 25 und zu Beginn des Westfeldzuges gleichzeitig auch Kommandeur der Aufklärungsabteilung 156. Für entscheidende Erfolge und persönliche Tapferkeit am 26.6.1940 hoch ausgezeichnet, kam Eberhard Rodt ab 5.9. zum Stab der 2. Panzerdivision, wurde ab 16.10. Kommandeur des Schützenregiments 66 und zog mit dieser Einheit in den Ostfeldzug, wo er ab 1.10.1941 Kommandeur der 2. Panzerbrigade wurde. Im Bereich der Heeresgruppe Mitte führte sein Weg bis vor die Tore Moskaus, und es war ein Stoßtrupp des Panzerpionierbataillons 38, also Männer seiner Brigade, die in einer Entfernung von siebzehn Kilometern vor der sowjetischen Hauptstadt standen. Ab 1.2.1942 übernahm Rodt als Kommandeur die 22. Panzerbrigade und ab 1.11. die Führung der 22. Panzerdivision, mit der er sich beim Kampf um Rostow auszeichnen konnte. Aufgrund großer Erfahrungen und beredten Könnens erfolgte ab 1.6.1943 seine Ernennung zum Kommandeur der 15. Panzerdivision, später 15. Panzergrenadierdivision, mit welcher er an der Ostfront, auf Sizilien und hauptsächlich an der Westfront noch manche Erfolge zeitigen konnte. Nach Kriegsende befand sich der General bis 15.6.1946 in britischer Kriegsgefangenschaft und ist am 14.12.1979 in München verstorben.

847. Eichenlaub am 28.4.1945 als Generalleutnant und
Kommandeur der
15. Panzergrenadierdivision.

SS Brigadeführer und Generalmajor der Waffen SS

Joachim Ziegler

Geboren am 18.10.1904
in Hanau am Main/Hessen.

1925 ins 15. preußische Reiterregiment eingetreten, kam Ziegler am 1.9.1936 zur Dienststelle „Führer Heer" der „Legion Condor" nach Spanien, wo er als Ausbildungsleiter für die nationalspanischen Streitkräfte des Generals Franco wirkte. Im Polenfeldzug dann Adjutant der 3. Panzerbrigade, ab 1.3.1940 als Hauptmann in den Generalstab des Heeres versetzt und Teilnahme am Westfeldzug. Am 1.8.1941 erfolgte sein Übertritt zur Waffen SS, wo er an der Ostfront nach hoher Bewährung ab 13.4.1943 Chef des Stabes des 3. germanischen SS Panzerkorps wurde. Vom 26.7.1944 – 26.4.1945 führte Joachim Ziegler als Kommandeur in hervorragender Art die 11. SS Freiwilligen-Panzergrenadierdivision „Nordland" und war mit seinen Soldaten Bollwerk der Front im Baltikum ebenso wie im Reich. Sympathisches Wesen paarte sich mit den Tugenden von Tapferkeit und Können zu einer außergewöhnlichen soldatischen Persönlichkeit, und es waren besonders die Endkämpfe im Reich, in denen seine Leistungen und die der Division besonders herausragten. Am 26.4.1945 in die Führerreserve versetzt, erfüllte sich sein Soldatenleben am 2.5.1945 bei einem Ausbruchsversuch aus Berlin.

848. Eichenlaub am 28.4.1945 als SS Brigadeführer, für die Leistungen als Kommandeur der 11. SS Freiwilligen-Panzergrenadierdivision „Nordland".

Hauptmann

Hans Joachim Kappis

Geboren am 9.12.1908
in Elbing/Ostpreußen.

†

Kappis gehörte zu den unauffälligen Männern in der deutschen Wehrmacht, denen treueste Pflichterfüllung und bedingungslose Liebe zum Vaterland zu hohen Leistungen Anlaß gaben. In der bekannten 21. Infanteriedivision setzte er nach den Einsätzen in Polen, im Westen und an der Ostfront bei der Verteidigung von Ostpreußen Marksteine höchsten Soldatentums. In überzeugender Art verteidigte Kappis mit seinen Soldaten den Burgberg von Balga am Frischen Haff, wodurch er tausenden Soldaten und Flüchtlingen den Fluchtweg in die Freiheit offenhielt und erst am 1.4.1945 mit der Räumung des Brückenkopfes Balga-Kahlholz auch den Burgberg verließ. Mit herzlicher Art und bewiesener Tapferkeit verband dieser in vielen Schlachten verdiente Offizier Soldatengeist und Kameradschaft zur Gemeinschaft der Notwendigkeit, um auch in schwerster Zeit des Krieges dem Vaterland seinen Dienst zu erweisen. Am 31.12.1970 verstarb Hans Joachim Kappis in Oberkalbach/Hessen.

849. Eichenlaub am 28.4.1945 als Hauptmann, für die Leistungen als Oberleutnant und Führer des 2. Bataillons des Grenadierregiments 45, in der 21. Infanteriedivision.

Major

Karl Schrepfer

Geboren am 10.2.1917
in Augsburg/Schwaben.

†

Schrepfer kam 1936 in die Luftwaffe, war zu Kriegsbeginn 1939 Technischer Offizier in der 3. Gruppe des Stukageschwaders 165, spätere 2. Gruppe Stukageschwader 1, ab 1.8.1941 Führer und ab 30.11. Staffelkapitän der 6. Staffel, ehe er ab 16.5.1943 als Staffelkapitän die Ergänzungsstaffel des Stukageschwaders 1 übernahm. Seit 1.10.1943 dann Kommandeur der 1. Gruppe des Schlachtgeschwaders 151, erfolgte ab 16.4.1944 seine Ernennung zum Führer und ab 15.10.1944 jene zum Kommandeur der 3. Gruppe des Schlachtgeschwaders 1. Hunderte Feindflüge begründeten seine Führungs- und Einsatzerfolge an den Fronten im Westen, über England, Kreta, Malta, Afrika und Rußland und erheben diesen mutigen Offizier in die Reihe der erfolgreichsten Stuka- und Schlachtflieger. Vorzügliches Können als Flieger und Vorgesetzter verband er mit hohem Einfühlungsvermögen zum Fundament der Leistungen seiner Flieger an allen Fronten und besaß in der Luftwaffe Ansehen und Wertschätzung in jeglicher Art. Tragisch sein früher Tod am 6.9.1946, wo er einem Unfall bei Wertheim am Main in Hessen zum Opfer fiel.

850. Eichenlaub am 28.4.1945 als Major und
Kommandeur der
3. Gruppe des
Schlachtgeschwaders 1.

Major

Josef Prentl

Geboren am 14.10.1916
in Fürstätt bei Rosenheim/Bayern.

Prentl kam 1936 in die Luftwaffe, war ab 1.9.1938 Zugführer in der 5. Batterie des Flakregiments 29 (mot.) und ab 14.3.1940 Abteilungsadjutant im Stab der 2. Abteilung. Dann ab 5.11.1940 Taktik- und Waffenlehrer an der Luftkriegsschule Göppingen/Württemberg, ab 9.6.1941 Chef der 3. Batterie der Flakabteilung 391 in Brest/Frankreich und ab 15.5.1942 Chef der 2. Batterie im Flakregiment 231 (mot.) an der Ostfront, mit der er im Kampfraum Woronesch große Erfolge zeitigen konnte. Ab 1.8.1942 war Prentl stellvertretender Ia im Stab der 10. Flakdivision und führte vom 14.1. – 15.2.1943 die „Flakkampfgruppe Prentl", die er in einem aufreibenden Rückmarsch 300 km von Starobelsk bis Charkow zurückführte. Am 20.3.1943 wurde er Ia im Generalkommando des 1. Flakkorps, stellte im Spätsommer 1943 in Italien eine Flakerdkampfschule auf, wurde im Herbst 1944 Kommandeur der 2. Abteilung des Flakregiments 37 (mot.) und ab 14.2.1945 Kommandeur des Flakregiments 116 (mot.), mit dem er sich noch in den Endkämpfen in Ostpreußen außergewöhnlich verdient gemacht hat. Sepp Prentl erwies sich in allen Kampfeinsätzen im Westen, Süden und Osten als besonders tapferer und umsichtiger Offizier, zeigte hohes Führungskönnen, begründete durch seine Leistungen den Ruf der deutschen Flakartillerie eindrucksvoll bis zum Kriegsende und befand sich vom 13.5. – 23.7.1945 in britischer Kriegsgefangenschaft.

851. Eichenlaub am 28.4.1945 als Major und
Kommandeur des
Flakregiments 116 (mot.), in der
18. Flakdivision (mot.).

Hauptmann der Reserve

Wilhelm Denk

Geboren am 1.5.1921
in Würzburg/Unterfranken.

Bild konnte bedauerlicherweise
nicht beigebracht werden.

Wilhelm Denk war Reserveoffiziersbewerber, Angehöriger der 19. Panzerdivision und in vielen Schlachten des Ostens einer der bewährten Männer der Panzergrenadiere. Für hervorragende Tapferkeit bei den Einsätzen im Südabschnitt der Ostfront am 14.5.1944 als Leutnant der Reserve und Führer der 1. Kompanie des Panzergrenadierregiments 74 mit dem Ritterkreuz ausgezeichnet, war er ein Offizier, der allen Lagen gerecht wurde und den Entbehrungen und Verwundungen in keiner Weise aus der Fassung brachten. Bezeichnend auch seine Leistungen als Kampfkommandant der steirischen Stadt Fürstenfeld im Jahre 1945, wo er in Gewißheit des drohenden Schattens des Untergangs des Reiches mit seinen Soldaten noch aufopfernd gekämpft hat. Seine bewiesene Art unterstreicht in Deutlichkeit den hohen Stand der jungen deutschen Frontoffiziere bis zum bitteren Kriegsende, denen die Treue zum Vaterland als höchste Erfüllung in der Tiefe ihrer Herzen wurzelte.

Eichenlaub ohne Nr. am 28.4.1945 als Hauptmann der Reserve und
Kampfkommandant von
Fürstenfeld in der Steiermark.

Kapitänleutnant

Rolf Thomsen

Geboren am 6.5.1915
in Berlin.

Thomsen kam 1936 in die Marine, war zu Kriegsbeginn 1939 bis 30.3.1943 Seeflieger-beobachter in der Küstenfliegerstaffel 108, wo er in aufreibenden Einsätzen über den Meeren gegen England, beim Norwegen-unternehmen, über dem Baltikum und im Schwarzen Meer ansprechende Leistungen geboten hat und auch als Referent im Reichs-luftfahrtministerium tätig war. Ab 1.4.1943 in der U-Bootsausbildung und ab Jänner 1944 Kommandant von U-1202. Auf 2 Feindfahrten im Nordatlantik, im Kanalausgang und in der Irischen See erreichte der tapfere und besonnene Seeoffizier in schwerster Zeit gegen stark gesicherte Geleite noch manchen Erfolg und gehörte zu jenen U-Bootfahrern, die bis zuletzt ihre schwere Pflicht auf See in diesem Kriege erfüllt haben. Von April bis Juni 1945 war Rolf Thomsen U-Bootstützpunktleiter der 11. U-Boot-flottille zu Bergen in Norwegen und befand sich von Juni 1945 bis Feber 1946 in britischer Kriegsgefangenschaft.

852. Eichenlaub am 29.4.1945 als Kapitänleutnant, für die Leistungen als Kommandant von U-1202, in der 11. U-Bootflottille.

Kapitänleutnant

Hans-Günther Lange

Geboren am 28.9.1916
in Hannover.

Seit 1937 in der Marine, tat er im September 1939 Dienst in der 5. Räumbootflottille und fuhr anschließend bis Ende 1941 als 1. Wachoffizier auf dem Torpedoboot „Jaguar". Ab Dezember 1941 in der U-Bootsausbildung, ab Februar 1942 als Wachoffizier auf U-437, ab Juli 1942 auf Kommandantenlehrgang und ab August 1942 Kommandant von U-711. Lange fuhr 13 Feindfahrten im Nordmeer, in der Karasee und auf dem sibirischen Seeweg und war jener U-Bootkommandant, der erfolgreich gegen die russische Seemacht war. Mut, Kühnheit und Ausdauer vereinigte er mit hohem seemännischem Können zu Grundlagen seiner Erfolge. Am 4.4.1945 ging sein Boot nach Angriff englischer Trägerflugzeuge vor Norwegen verloren, und nur elf Besatzungsmitglieder, darunter der Kommandant, konnten gerettet werden. Hans-Günther Lange war der letzte mit dem Eichenlaub ausgezeichnete U-Bootkommandant des Zweiten Weltkrieges – jener Waffe, die im Kriege 1939 bis 1945 die höchsten Opfer gebracht hatte und deren Ruhm im Buch der Kriegsgeschichte für alle Zeiten einen Ehrenplatz verdient.

853. Eichenlaub am 29.4.1945 als Kapitänleutnant, für die Leistungen als Kommandant von U-711, in der 11. U-Bootflottille.

Oberst

Heinz Oskar Laebe

Geboren am 5.2.1913
in Peine/Hannover.

Heinz Oskar Laebe ist jener Offizier, der mit beständigen Leistungen während des ganzen Krieges dem Infanterie- bzw. Grenadierregiment 44 seinen Stempel aufdrückte und höchst verdient neben vielen hohen Auszeichnungen auch die Ehrenblattspange des Deutschen Heeres verliehen bekam. 1935 kam er in die 12. Kompanie, war ab 1.10.1937 Chef der 5., ab 1.1.1940 Chef der 8. Kompanie, wurde ab 1.1.1943 Kommandeur des 1. Bataillons, ab 1.8.1944 Führer und schließlich ab 1.11.1944 Kommandeur des Regiments. Ein wohl bezeichnender Weg eines beliebten und tapferen Offiziers, der an allen Kriegseinsätzen der 11. Infanteriedivision entscheidend beteiligt war und in den Feldzügen in Polen, im Westen und Osten stets Proben der Einsatzfreude, des Mutes und der Führungskunst zeigte. Besonders die Kämpfe im Nordabschnitt der Ostfront, wo die Namen Nowgorod, Ilmensee, Wolchow, Narwa usw. stellvertretend für viele andere genannt sind, erforderten ebenso wie die Kurlandschlachten äußersten Einsatz der Grenadiere und ihrer befähigten Offiziere, zu deren besten auch Regimentskommandeur Laebe gehörte.

854. Eichenlaub am 29.4.1945 als Oberst und
Kommandeur des
Grenadierregiments 44, in der
11. Infanteriedivision.

Generalmajor

Heinrich Hax

Geboren am 24.1.1900
in Berlin.

†

Im Ersten Weltkrieg als junger Fahnenjunker, war er zu Beginn des Zweiten Weltkrieges Ia der Heeresgruppe Süd, wo Hax im Polen- und Westfeldzug und anschließend an der Ostfront vorzügliche Arbeit als Generalstabsoffizier geleistet hatte. Ab 1.10.1942 in der Führerreserve des Oberkommandos des Heeres, ab 30.1.1943 Chef des Generalstabes des 56. Armeekorps und ab 4.5.1944 Kommandeur des Panzergrenadierregiments 111. Mit diesem im Einsatz im Weichselbogen und bei den schweren Abwehrkämpfen im polnischen Raum sehr bewährt, betraute man den verdienten Offizier ab Jänner 1945 mit der Führung der 8. Panzerdivision. Hier zeigte er bei den Kämpfen auf schlesischem und tschechischem Gebiet vorzügliche Truppenführung und war der Division bis zum Kriegsende ein ausgezeichneter Kommandeur. Betont menschliche Züge trugen neben hohem Können und jederzeit tapferem Verhalten wesentlich zur Beliebtheit dieses bei der Truppe stets geschätzten Generals bei. Nach Kriegsende bis 1955 in sowjetischer Kriegsgefangenschaft, verstarb Heinrich Hax am 1.9.1969 in Koblenz/Rheinland-Pfalz.

855. Eichenlaub am 30.4.1945 als Generalmajor und
Kommandeur der
8. Panzerdivision.

Generalmajor

Hanns Laengenfelder

Geboren am 8.2.1903
in Nürnberg/Mittelfranken.

†

1923 ins Infanterieregiment 21 eingetreten, war Laengenfelder ab 1.10.1937 Chef der 12. Kompanie im Infanterieregiment 86. Nach Einsatz im Polen- und Westfeldzug war er ab 1.8.1940 Ia bei der Wehrmachtsverkehrsdirektion in Paris, wurde ab 1.1.1941 Ib der 31. Infanteriedivision und rückte mit dieser in den Ostfeldzug. Brest-Litowsk, Rosslawl, Smolensk und Kaluga sind Namen, die mit den Kampftaten der Division enge Verbindung hatten. Ab 1.12.1941 zur 15. Infanteriedivision versetzt und dort Kommandeur des 1. Bataillons des Infanterieregiments 106, war der beispielgebende und allseits beliebte Offizier ein Jahr später Kommandeur des Regiments. Hier stehen die Kämpfe am Donez und Dnjepr im Vordergrund, in denen Kommandeur und Soldaten Höchstes geleistet haben. Juli/August 1944 in der Führerreserve des Oberkommandos des Heeres, September/Oktober auf Divisionsführerlehrgang und ab 1.12.1944 Kommandeur der 15. Infanteriedivision, und mit dieser in den Kämpfen in Ungarn oftmals bewährt, zeichneten Tapferkeit, Schlichtheit und Standhaftigkeit die Wesenszüge dieses verdienten Generals, der vom 10.5.1945 – 10.10.1955 mit seinen Soldaten das Los der sowjetischen Kriegsgefangenschaft teilte und am 18.7.1982 in Nürnberg/Bayern verstorben ist.

856. Eichenlaub am 30.4.1945 als Generalmajor und
Kommandeur der
15. Infanteriedivision.

Generalmajor

Richard Daniel

Geboren am 24.12.1900
in Anspach im Taunus/Hessen.

Im Ersten Weltkrieg schon Unteroffiziersschüler und zu Kriegsbeginn 1939 Kommandeur des Ersatzbataillons im Infanterieregiment 46. Nach dem Polenfeldzug ab 1.10.1939 Kommandeur des 1. Bataillons im Infanterieregiment 401 und Teilnahme am Westfeldzug und auch anschließend an der Ostfront, wo Daniel ab Oktober 1941 die Führung des Infanterieregiments 399 übernahm und ab 15.1.1942 Kommandeur des Infanterieregiments 391 wurde. Unbeugsamer Kampfwille und geschicktes Führungsvermögen, übertragen auf seine Soldaten, waren die Grundlagen für die Erfolge des Regiments beim Kampf um Sewastopol. Dafür mit dem Ritterkreuz ausgezeichnet, erfolgte ab 7.11.1944 seine Versetzung als Kommandeur des Lehrstabes 2 an die Infanterieschule Döberitz und ab 15.7.1944 die Ernennung zum Kommandeur der 45. Volksgrenadierdivision, mit der sich der bewährte Offizier beim Kampf in Schlesien erneut höchsten Soldatenruhm erwerben konnte. Die Kämpfe bei Breslau, Oppeln und Frankfurt/Oder sahen seine Grenadiere in opferbereiten Einsätzen und ihren General unter ihnen in vorderster Front. Am 10.2.1945 im Ehrenblatt des Deutschen Heeres genannt und am 18.3.1945 im Raum Neisse verwundet, war der General anschließend in verschiedenen Lazaretten und bis 24.6.1945 in britischer Kriegsgefangenschaft.

857. Eichenlaub am 30.4.1945 als Generalmajor, für die Leistungen als Kommandeur der 45. Volksgrenadierdivision.

Major

Wolfgang von Obstfelder

Geboren am 10.9.1918
in Stadthagen/Schaumberg-Lippe.

†

Kühner und besonnener Offizier der Panzerjäger und erfolgreich auf allen Kriegsschauplätzen, wurde er – je länger im Kriegseinsatz – zu einem herausragenden Offizier in dieser Truppengattung. Seit 1936 in der Panzerabwehrabteilung 12, kämpfte er im Polenfeldzug als Zugführer in der 2. Kompanie, im Westfeldzug als Abteilungsadjutant und im Ostfeldzug als Chef der 2. Kompanie. Seine ganz große Zeit der Erfolge kam dann an der Westfront, wo Obstfelder ab 3.1.1944 als Kommandeur die Panzerjägerabteilung 346 führte und sich bei den Kämpfen im Raume Caen in höchstem Maße bewährt hat. 1945 bis Kriegsende lag er mit seiner Abteilung in Holland und war zeitweise auch Adjutant der 346. Infanteriedivision und des 88. Armeekorps. Hier gelang ihm durch schnelles Handeln die Verhinderung der Einschließung der Masse der 361. Volksgrenadierdivision und der 6. Fallschirmjägerdivision. So bewies ein an Tapferkeit und Kühnheit reich begabter Offizier bis in die letzten Tage des Krieges Werte höchsten Soldatentums. Nach Kriegsende befand sich Wolfgang von Obstfelder bis 17.12.1945 in Kriegsgefangenschaft im Westen und verstarb am 11.7.1981 in Sundern-Langscheid/Nordrhein-Westfalen.

858. Eichenlaub am 30.4.1945 als Major und
Kommandeur der
Panzerjägerabteilung 346, in der
346. Infanteriedivision.

Oberleutnant

Wolfgang von Bostell

Geboren am 25.2.1917
in Heiningen/Harz.

Seit 1935 im Heer, gehört auch er zu den unerschrockenen Männern der Panzerjäger, die im Laufe des Krieges Höchstleistungen an persönlicher Tapferkeit vollbrachten. Im Polen- und Westfeldzug und zu Beginn des Ostfeldzuges Zugführer in der Panzerabwehrabteilung 12. im Juli 1941 schwer verwundet, kämpfte Wolfgang von Bostell nach Genesung ab Jänner 1942 im Kessel von Demjansk. Im Oktober kam der vorbildliche Soldat zur Panzerjägerabteilung 23 und stand im Winter 1942/43 am Wolchow im Einsatz. Hierbei wieder verwundet, erfolgte ab Juli 1943 seine Kommandierung zur Fahnenjunker-, Kriegs- und Sturmgeschützschule ins Reich. Ab Mai 1944 wieder im Fronteinsatz, zeigte der mutige Offizier bei den Kämpfen in Lettland einmalige Kampfleistungen, wo er bei Modohn mit seinem Geschütz allein einen feindlichen Durchbruch verhinderte. Neuerlich verwundet, stand er ab Jänner 1945 wieder an der Front, diesmal als Zugführer in der Panzerjägerabteilung 205, deren Führer er ab April 1945 bis zum Kriegsende war. Höchst bewährt bei den Schlachten in Kurland, bekunden große Waffentaten und sieben zum Teil schwere Verwundungen den hohen Einsatz dieses Offiziers, der sich bis 9.10.1953 in sowjetischer Kriegsgefangenschaft befand.

859. Eichenlaub am 30.4.1945 als Leutnant, für die Leistungen als Zugführer in der 2. Kompanie der Panzerjägerabteilung 205, in der 205. Infanteriedivision.

Oberleutnant

Hellmuth Görtz

Geboren am 10.6.1920
in Wuppertal/Westfalen.

Görtz gehört zu den Fallschirmjägern, die an allen Fronten heldenhaften Ruhm und legendären Ruf an die Fahne dieser Waffe hefteten. Schon 1940 in Holland als Feldwebel und Zugführer in der 1. Kompanie des Fallschirmjägerregiments 1 nach verwegenem Einsatz bei Dortrecht am 24.5.1940 mit dem Ritterkreuz ausgezeichnet, trug er während des ganzen Krieges durch persönliche Tapferkeit entscheidend zu den Gesamterfolgen des Fallschirmjägerregiments 1 bei. Den Einsätzen auf Kreta, an der Ostfront und schließlich in Italien drückten diese Männer in bewundernswerter Art ihren Stempel auf und bewiesen durch Opfermut und Standhaftigkeit in schwersten Schlachten beispielhaftes Soldatentum. Daß schier unmöglich scheinende Leistungen und Erfolge immer wieder möglich waren und gelangen, war jenen Führern zu danken, die bereitwilligst in härtesten Kämpfen alles zu geben wagten und zu denen auch Hellmuth Görtz gehörte.

Eichenlaub ohne Nr. am 30.4.1945 als Oberleutnant und Kompanieführer im Fallschirmjägerregiment 1, in der 1. Fallschirmjägerdivision.

Major

Erhard Jähnert

Geboren am 17.8.1917
in Panitzsch/Sachsen.

Jähnert, seit 1936 in der Luftwaffe, flog 1939 schon viele Feindflüge über Polen und 1940 im Westen, ehe seine Gruppe im Feber 1941 ins Einsatzgebiet Mittelmeerraum verlegte, Einsätze gegen Malta flog und anschließend nach Nordafrika kam, wo sie in allen Kämpfen dem Deutschen Afrika Korps wertvollste Unterstützung leistete. Im Mai 1943 erfolgte dann die Verlegung an die Ostfront, wo sich härteste Bewährungsproben im Mittel- und Südabschnitt anschlossen. Jähnerts hohe Leistungen, zuerst als Flugzeugführer, dann als Technischer Offizier der 3. Gruppe und schließlich ab 1.8.1943 als Staffelkapitän der 9. Staffel, sind unauslöschlich im Stukageschwader 3 verankert, wo er jederzeit als tapferer und vorbildlicher Offizier galt, der auch sehr erfolgreich im Einsatz gegen die russische Flotte war. Sonnige und herzliche Art verhalf ihm im Geschwader zu großer Beliebtheit und übertrug sich in härtester Kampfzeit wohlwollend auf seine Kameraden. Ab Januar 1944 an der Stukaschule Deutsch-Brod in Böhmen und ab Juni als Führer der 3. Gruppe des Schlachtgeschwaders 3 wieder an der Ostfront, wo er mit seinen Fliegern an der Kurlandfront im schweren Ringen bis zum letzten Kriegstag dem Heer eine große Stütze war. Nach hunderten Feindflügen war Erhard Jähnert nach Überführung seiner Gruppe am 8.5.1945 ins Reich bis Juli 1945 in britischer Kriegsgefangenschaft.

Eichenlaub ohne Nr. am 30.4.1945 als Hauptmann und
Führer der
3. Gruppe des
Schlachtgeschwaders 3.

Generalleutnant

Dr. Fritz Polack

Geboren am 22.10.1892
in Gera/Thüringen.

†

Offizier im Ersten Weltkrieg, war er im Zweiten Weltkrieg einer der verdienten Offiziere der Waffengattung der Artillerie. Im Polenfeldzug Kommandeur der 3. Abteilung des Artillerieregiments der 29. Infanteriedivision (mot.), führte er anschließend ab 1.2.1940 als Kommandeur die 5. Abteilung des Artillerielehrregiments, ab Mitte 1941 das Artillerieregiment 2, ab 25.10.1942 das Panzerartillerieregiment 140 der 22. Panzerdivision an der Ostfront und schließlich ab 1.3.1943 das Artillerieregiment 29 der nach der Niederlage in Stalingrad neu aufgestellten 29. Infanteriedivision (mot.), der späteren 29. Panzergrenadierdivision. Auf dem italienischen Kriegsschauplatz im Einsatz, verdienen die Kämpfe auf Sizilien besondere Erwähnung, wo Dr. Polack für seine und des Regiments Leistungen am 27.8.1943 die hohe Auszeichnung mit dem Ritterkreuz zuteil wurde. Ab 24.8.1944 übernahm der General als Kommandeur die Führung der Division, mit der er bis zum Kriegsende in Italien noch manche Schlacht entscheidend beeinflussen konnte. Aufgeschlossenheit und bedachte Führung sicherten ihm seitens der Truppe unbedingtes Vertrauen, und der Erfolg rechtfertigte stets des Generals betontes Können. Nach der Kriegsgefangenschaft nach Deutschland zurückgekehrt, verstarb Dr. Polack am 6.4.1956 in England.

Eichenlaub ohne Nr. am 30.4.1945 als Generalleutnant und
Kommandeur der
29. Panzergrenadierdivision.

Major

Kurt Veth

Geboren am 1.6.1907
in Delmenhorst/Oldenburg.

Bei Kriegsausbruch 1939 als Leutnant der Reserve im Infanterieregiment 90 (mot.), kam Veth nach dem Polenfeldzug im April 1940 zur Fallschirmtruppe, wo er im Fallschirmjägerregiment 3 zu den beständigen Offizieren zählte, denen vorbildlicher Soldatengeist und treue Pflichterfüllung alles bedeuteten. Die Einsätze der Fallschirmjäger, ob auf Kreta, an der Ostfront oder in Italien, waren immer von hohem Opfermut getragen, und es war besonders immer wieder die 1. Fallschirmjägerdivision, die an allen Kriegsschauplätzen an vielen Brennpunkten ungeahnte Entscheidungen erfocht. Besonders in den Schlachten um Cassino leisteten diese Männer Unvorstellbares an Heldenmut und Opferbereitschaft. Kurt Veth – Kommandeur des 2. Bataillons, bewies bis in die letzten Tage des Krieges an der Italienfront stets große Tapferkeit, überlegtes Handeln und einmaliges Führungskönnen und erfreute sich in seiner Bescheidenheit und unauffälligen Art bei seinen Soldaten allgemeiner Beliebtheit. Er war einer der Offiziere der Fallschirmtruppe, die in beispielhafter Treue zur Fahne standen und ihre Pflicht bis zuletzt überzeugend erfüllt haben.

Eichenlaub ohne Nr. am 30.4.1945 als Major und
Bataillonskommandeur im
Fallschirmjägerregiment 3, in der
1. Fallschirmjägerdivision.

Oberst

Helmut Huppert

Geboren am 25.7.1916
in Frankfurt am Main/Hessen.

✝

Hervorragend beteiligt an den Erfolgen der 1. Panzerdivision auf allen Kriegsschauplätzen, wo sich diese im Einsatz befand, war er jener Offizier der Division, auf den Vorgesetzte und Untergebene gleichermaßen in Ehrfurcht und Stolz geblickt hatten. 1935 ins Reiterregiment 16 eingetreten, ab 1.1.1938 Zugführer in der 2. Kompanie des Kradschützenbataillons 1 und nach dem Polen- und Westfeldzug ab 1.9.1940 Chef der 2. Kompanie, die er dann im Ostfeldzug bezeichnend geführt hat. Im August 1943 übernahm Huppert als Kommandeur die Panzeraufklärungsabteilung 1, und ab August 1944 erfolgte seine Ernennung zum Kommandeur des Panzergrenadierregiments 1. Hier standen die Kampfleistungen seiner Soldaten im Bereich der Heeresgruppe Süd über Rumänien, Ungarn und im Reich im Blickpunkt, und Namen wie Tscherkassy, Budapest und die Endkämpfe in der Steiermark sind unauslöschlich mit der 1. Panzerdivision, zu deren tapfersten und tüchtigsten Offizieren Helmut Huppert gehörte, verbunden. Von Mai bis Juli 1945 in amerikanischer Kriegsgefangenschaft, verstarb dieser aufrechte Mensch am 1.5.1965 in seiner Geburtsstadt Frankfurt am Main.

Eichenlaub ohne Nr. am 1.5.1945 als Oberst und
Kommandeur des
Panzergrenadierregiments 1, in der
1. Panzerdivision.

Oberst

Gerhard Mokros

Geboren am 18.3.1909
in Dresden.

1926 ins Infanterieregiment 10 eingetreten, kam er nach dem Polenfeldzug am 1.11.1939 als Zugführer zum Infanterieregiment 331, führte dort nach dem Westfeldzug ab 1.9.1940 die 11., später die 7. Kompanie und übernahm an der Ostfront ab 1.6.1942 als Kommandeur das 2. Bataillon. Als Leutnant und Führer der 7. Kompanie im Mittelabschnitt der Ostfront, als die 167. Infanteriedivision in opfervollen Kämpfen bei Potschep stand, bewies Gerhard Mokros unerhörten Einsatz und mitreißenden Schwung und wurde für seine Verdienste am 18.11.1941 mit dem Ritterkreuz ausgezeichnet. Ab 1.5.1944 kam der tapfere Offizier als Kommandeur zum Grenadierregiment 423, wo er bei vielen Einsätzen im Bereich der Heeresgruppe Nord mit seinem Regiment oftmals durch entscheidendes Eingreifen zum bestimmenden Element wurde. Auch anschließend an der Westfront war er mit seinen Grenadieren Bollwerk der Front und trotzte übermächtigen Feindkräften tapfer und erfolgreich. Acht Verwundungen bekunden den unermüdlichen, selbstlosen Fronteinsatz dieses unerschrockenen Offiziers, dem sich noch bis Dezember 1945 die Kriegsgefangenschaft im Westen anschloß.

860. Eichenlaub am 5.5.1945 als Oberst und
Kommandeur des
Grenadierregiments 423, in der
212. Infanteriedivision.

SS Gruppenführer und Generalleutnant der Waffen SS

Werner Ostendorff

Geboren am 15.8.1903
in Königsberg.

Werner Ostendorff kam 1935 in die SS Verfügungstruppe, war deren Ia im Polen- und Westfeldzug und auch nach Umbenennung zur SS Division „Das Reich" im Balkanfeldzug, sowie bis 1942 an der Ostfront. Bei den Kämpfen im Jelna-Bogen im Bereich der Heeresgruppe Mitte in vorderster Linie höchst bewährt und dafür hoch ausgezeichnet, erfolgte ab 1.6.1942 seine Ernennung zum Chef des Stabes des Generalkommandos des SS Panzerkorps. Die Verdienste des Korps 1943 bei der Schlacht um Charkow wurden Geschichte und stuften nicht zuletzt auf dem Können und Verantwortungsbewußtsein des Kommandierenden Generals Paul Haussner und seines unermüdlichen Chefs des Stabes Werner Ostendorff. Ab 26.11.1943 wurde Ostendorff Kommandeur der 17. SS Panzergrenadierdivision „Götz von Berlichingen" und erreichte mit dieser an der Westfront im Jahre 1944 noch manch bezeichnende Erfolge. Mehrmals verwundet, zeigte er immer wieder höchsten Einsatz und Tapferkeit und ging ab 4.2.1945 als Kommandeur der 2. SS Panzerdivision „Das Reich" an die Front nach Ungarn, erlitt dort am 9.3. eine schwere Verwundung und erlag dieser am 4.5.1945 in einem Lazarett in Bad Aussee in der Steiermark.

861. Eichenlaub am 6.5.1945 nach dem Tode, für die Leistungen als
SS Gruppenführer und
Kommandeur der
2. SS Panzerdivision „Das Reich".

SS Standartenführer

Rudolf Lehmann

Geboren am 30.1.1914
in Heidelberg/Baden.

Seit 1933 in der Leibstandarte, bei Kriegsbeginn 1939 Zugführer im SS Regiment „Germania" und Teilnahme am Polenfeldzug. Im Westfeldzug dann Chef der 14. Kompanie und ab 1.10.1940 Ordonnanzoffizier im Stab SS Division Leibstandarte SS „Adolf Hitler" und stellvertretender Ia. Nach Verwundung an der Ostfront am 20.8.1941 bis Februar 1942 im Lazarett und nach erfolgter Generalstabsausbildung ab 1.7.1942 Ia der SS Panzergrenadierdivision Leibstandarte SS „Adolf Hitler". Nach neuerlicher Verwundung vom 29.4. – 2.10.1944 wieder im Lazarett und ab 3.10. Chef des Generalstabes des 1. SS Panzerkorps „Leibstandarte". Lehmanns außergewöhnlichen Fähigkeiten als Generalstabsoffizier lagen nicht zuletzt an allen Fronten die bezeichnenden Waffentaten der Leibstandarte zugrunde, wo er außerdem noch gleichzeitig höchste Werte als Frontoffizier zutage legte. Ab 10.3.1945 übertrug man dem verdienten Offizier die Führung der 2. SS Panzerdivision „Das Reich", wo Rudolf Lehmann bei den Endkämpfen im Reich im Raum Wien April 1945 verwundet wurde und sich bis 10.5.1945 in Kriegsgefangenschaft befand.

862. Eichenlaub am 6.5.1945 als SS Standartenführer, für die Leistungen als Führer der 2. SS Panzerdivision „Das Reich".

SS Standartenführer

Karl Kreutz

Geboren am 20.9.1909
in Bromberg/Westpreußen.

1933 in die Leibstandarte eingetreten und im Polen- und Westfeldzug Batteriechef im SS Artillerieregiment der SS Verfügungstruppe. Am 27.5.1940 in Frankreich schwer verwundet, kämpfte er im Balkanfeldzug bereits wieder als Kommandeur der 5. Abteilung im SS Artillerieregiment der SS Division „Das Reich". Auch an der Ostfront trug er mit seinen Artilleristen wesentlich zu den Erfolgen der Division bei und übernahm dort ab Februar 1943 als Kommandeur das Regiment. Den Einsätzen im Osten folgten jene an der Invasionsfront, in Nordfrankreich und am Westwall, ehe die Division ab Februar 1945 in Ungarn an Brennpunkten der Schlachten stand. Karl Kreutz, dessen Tapferkeit und Führungsvermögen an allen Fronten bewundernswert waren, führte auch gleichzeitig vom 20.2. – 10.3. und vom 13.4. – 8.5.1945 die 2. SS Panzerdivision „Das Reich" und war somit der letzte Führer dieser wohl bekanntesten und erfolgreichsten Division der Waffen SS im Kriege 1939 bis 1945. Kreutz wurde nach seiner Gefangennahme bereits im Mai 1945 aus der Kriegsgefangenschaft entlassen.

863. Eichenlaub am 6.5.1945 als SS Standartenführer, für die Leistungen als Kommandeur des SS Panzerartillerieregiments 2, in der 2. SS Panzerdivision „Das Reich".

SS Sturmbannführer

Heinz Werner

Geboren am 2.12.1917
in Berlin.

†

Heinz Werner kam 1937 zur SS Standarte „Germania", 1938 an die SS Junkerschule Bad Tölz und war ab November 1939 Zugführer in der 6. Kompanie im SS Infanterieregiment „Der Führer". Nach dem West- und Balkanfeldzug wurde er an der Ostfront ab Juli 1941 Führer der 13. Kompanie, ab August Chef der 10. Kompanie und ab November Regimentsadjutant. Ab Juli 1944 wurde der tapfere Offizier Führer und ab November Kommandeur des 3. (gepanzerten) Bataillons des SS Panzergrenadierregiments 4 „Der Führer". Seine Bewährungen an allen Fronten in Ost und West waren Ansporn für seine Männer in jeder Lage, und das Bataillon übertraf in seinen Leistungen bis in die letzten Kriegstage alles an Mut, Einsatzwillen und Standhaftigkeit. Heinz Werner war der Inbegriff des modernen Frontkämpfers des Zweiten Weltkrieges und leuchtendes Vorbild als Offizier und Kamerad. Oftmals verwundet, war er Träger des goldenen Verwundetenabzeichens und der goldenen Nahkampfspange und immerzu ein vorbildlicher und opferbereiter Soldat. Am 8.5.1945 in amerikanische Gefangenschaft geraten, im Oktober 1947 an die Franzosen überstellt und 1951 aus der Kriegsgefangenschaft entlassen, verstarb er am 8.8.1978 in Essen/Nordrhein-Westfalen.

864. Eichenlaub am 6.5.1945 als SS Sturmbannführer und
Kommandeur des
3. (gep.) Bataillons des
SS Panzergrenadierregiments 4
„Der Führer", in der
2. SS Panzerdivision „Das Reich".

Generaloberst

Alfred Jodl

Geboren am 10.5.1890
in Würzburg/Unterfranken.

†

Schon Artillerieoffizier im Ersten Weltkrieg und ab 1.4.1938 Artilleriekommandeur zu Wien und Brünn, wurde der General ab 28.8.1939 Chef des Wehrmachtsführungsstabes im Oberkommando der Wehrmacht. Somit lastete auf seinen Schultern eine schwere und verantwortungsvolle Last während des ganzen Krieges, welche Alfred Jodl aber mit den ihm eigenen hohen Fähigkeiten vorbildlich zu lösen vermochte. Mit Verbindlichkeit und Ausdauer ging er an die Klärung mancher Probleme, bewies in gegebenen Fällen stillste Zurückhaltung und höchsten soldatischen Gehorsam und war eine in allen Kreisen geschätzte Persönlichkeit mit hoher Menschlichkeit und Würde. In schwerster Zeit ab 1.5.1945 wurde er gleichzeitig stellvertretender Chef des Oberkommandos der Wehrmacht, und am 7.5.1945 unterzeichnete Generaloberst Jodl in Reims/Frankreich die Gesamtkapitulation der deutschen Wehrmacht. Durch seine Verurteilung im Nürnberger Prozeß zum Tode durch den Strang gehört sein Soldatenleben zu den besonders tragisch endenden in der deutschen Generalität des Zweiten Weltkrieges. Am 16.10.1946 wurde in Nürnberg das Urteil vollstreckt.

865. Eichenlaub am 7.5.1945 als Generaloberst und
Chef des
Wehrmachtsführungsstabes
im Oberkommando der Wehrmacht und
stellvertretender Chef des
Oberkommandos der Wehrmacht.

Fregattenkapitän

Adalbert von Blanc

Geboren am 11.7.1907
in Wilhelmshaven/Oldenburg.

†

Schon seit 1926 in der Marine und ab 1.9.1939 1. Offizier auf dem Hilfskreuzer „Orion", zeigte er hier bei den Unternehmungen dieses Schiffes gegen die feindliche Schiffahrt bezeichnende Leistungen als Seeoffizier, kam ab Dezember 1942 als 1. Admiralstabsoffizier zur 2. Marine-Sicherungsdivision und wurde ab September 1943 Chef der 2. Minensuchflottille. In all diesen Kommandos durch Können und Umsicht wohlwollend aufgefallen, übertrug man Blanc vom März bis September 1944 die Führung der 2. und ab Oktober bis zum Kriegsende die der 9. Marine-Sicherungsdivision. Hier bewies er besonders bei den Einsätzen seiner Boote in der Ostsee überragende Organisation und trug dadurch wesentlich zu den großen Rettungsaktionen der deutschen Marine bei, die Millionen Menschen vor einem schrecklichen Schicksal bewahrte. Unermüdlichkeit und Tapferkeit bis zum Äußersten trieb seine Matrosen zu Leistungen, denen für alle Zeiten höchste Achtung gebührt. Vom 1.6.1945 – 15.8.1948 in britischer Kriegsgefangenschaft, verstarb Adalbert von Blanc am 7.11.1976 in Kiel.

866. Eichenlaub am 7.5.1945 als Fregattenkapitän und
Führer der
9. Marine-Sicherungsdivision.

Generalleutnant

Hermann Plocher

Geboren am 5.1.1901
in Stuttgart.

†

Plocher, begeisterter Flieger der Vorkriegszeit, war ab 1.7.1935 Hauptmann im Generalstab der Luftwaffe und ab 1.10.1937 Chef im Generalstab der „Legion Condor" in Spanien. Im Zweiten Weltkrieg war er an der West- und Ostfront Chef im Generalstab des 5. Fliegerkorps, der Luftflotten 6 und 3, war Kommandeur der 4. Fliegerdivision, der 19. Luftwaffen-Felddivision und schließlich der 6. Fallschirmjägerdivision. Der General war eine Führerpersönlichkeit, die in allen Kommandos Weitblick und militärisches Können bewies und in Vorbildlichkeit die ihm gestellten Aufgaben zu lösen verstand. Besondere Erwähnung verdienen seine Leistungen als Kommandeur der 6. Fallschirmjägerdivision bei den Kämpfen um Arnheim in Holland, wo er mit seiner Division großen Anteil an der Zerschlagung der gegnerischen Luftlande-Unternehmung hatte, sowie bei den folgenden schweren Abwehrkämpfen an der Westfront bis zurück ins Reichsgebiet. 1945 in kanadische Kriegsgefangenschaft geraten, kehrte der General aus dieser in die Heimat zurück, wo er am 8.12.1980 in Calw/Baden-Württemberg verstorben ist.

867. Eichenlaub am 8.5.1945 als Generalleutnant, für die Leistungen als Kommandeur der 6. Fallschirmjägerdivision.

Oberstleutnant der Reserve

Franz Graßmel

Geboren am 8.1.1906
in Machow/Brandenburg.

Franz Graßmel kam 1935 in die Wehrmacht und 1938 zur 2. Panzerdivision. Nach dem Polenfeldzug erfolgte im Mai 1940 sein Übertritt zur Fallschirmtruppe, wo er ab Juli Kompaniechef im Fallschirmjägerregiment 1 wurde. 1941 nach dem Kreta-Einsatz wurde er Kommandeur des 3. Bataillons im Fallschirmjägerregiment 4, ab Juli 1944 Führer und ab August Kommandeur des Fallschirmjägerregiments 20. Auch Franz Graßmel gehörte zu den Unermüdlichen in der Fallschirmtruppe, wo er unauffällig und tapfer in allen Einsätzen seine Pflicht erfüllte. Besonders hervorzuheben sind seine und seiner Männer Kampfleistungen auf dem italienischen Kriegsschauplatz, wo die Fallschirmjäger auf Sizilien und am Monte Cassino in aufopfernder Weise den Ruhm dieser Truppengattung weiter begründeten. Auch die Kämpfe in Frankreich, von der Normandie bis zurück ins Reich, verdienen besondere Erwähnung, denn es waren immer wieder die Fallschirmjäger, die dem Gegner in hinhaltenden Kämpfen lange den Erfolg verwehrten. Graßmels fünf Verwundungen unterstreichen seinen beredten Fronteinsatz, und bis 1946 war der bewährte Offizier in Kriegsgefangenschaft im Westen.

868. Eichenlaub am 8.5.1945 als Oberstleutnant der Reserve,
für die Leistungen als
Kommandeur des
Fallschirmjägerregiments 20, in der
7. Fallschirmjägerdivision.

Oberstleutnant

Friedrich Lier

Geboren am 22.5.1910
in Mannheim/Baden.

†

Friedrich Lier gab während des ganzen Krieges hohe Beispiele an stiller Tapferkeit und war ein sportgestählter Offizier, der nach den Feldzügen der ersten Kriegsjahre zu den bedeutenden Offizieren des Heeres an der Front im Osten zählte. Seine großen Kampfleistungen, für die ihm am 3.11.1944 das Ritterkreuz verliehen wurde, brachte er an der Front in Ungarn, wo er als Kommandeur des Sturmbataillons des Armeeoberkommandos 6 in entscheidenden Einsätzen wichtigste Erfolge für den weiteren Frontverlauf erreichte. Anschließend zur 490. Infanteriedivision an die Westfront versetzt, führte er hier eine Kampfgruppe, mit der er sich bis in die letzten Kriegstage in den Kämpfen in Nordwestdeutschland an der Weser noch hohen Soldatenruhm erwerben konnte. Beliebt als Offizier und verständnisvoll zu seinen Soldaten, erreichte er in schwerster Zeit des Krieges noch Erfolge, die man kaum für möglich hielt, und die hohen Auszeichnungen an ihn unterstreichen das deutlichst. Friedrich Lier ist am 15.6.1974 in Frankfurt am Main/Hessen verstorben.

869. Eichenlaub am 8.5.1945	als Oberstleutnant, für die Leistungen als Führer einer Kampfgruppe in der 490. Infanteriedivision.

Major

Oskar Hubert Dennhardt

Geboren am 30.6.1915
in Markranstädt/Sachsen.

1934 ins Heer eingetreten und bei Kriegsbeginn 1939 Chef der 9. Kompanie im Infanterieregiment 53, wurde Dennhardt im Laufe des Krieges in der 14. Infanteriedivision zu einem herausragenden Offizier, von dessen beispiellosem Kriegseinsatz zwölf Verwundungen wohl eindeutig den unermüdlichen Frontsoldaten bekunden. Nach dem Polenfeldzug ab 3.5.1940 Adjutant des Regiments und Teilnahme am Westfeldzug. Anschließend jeweils ab: 1.12.1940 Chef der 14. Kompanie, 25.3.1942 Führer und 1.9.1942 Kommandeur des 2. Bataillons, 1.3.1943 Kommandeur des 2. Bataillons des Grenadierregiments 11 und 20.1.1944 Führer des Regiments. Die Einsatzwege der Division im Mittelabschnitt der Ostfront sahen diesen beliebten Offizier an allen Brennpunkten der Front, wo er besonders in den schweren Rückzugskämpfen durch Tapferkeit und Ausdauer Vorbild seiner Grenadiere war. Ab 1.5.1944 in der Führerreserve des Oberkommandos des Heeres, ab 6.6. auf Lehrgang für Höhere Adjutanten, ab 22.7. als Adjutant der 561. Volksgrenadierdivision wieder an der Ostfront und dort ab 5.2.1945 Führer des Grenadierregiments 1143 und noch hervorragend bewährt bei den Kämpfen in Ostpreußen. Das Hohelied der deutschen Infanterie sah durch diese Waffentaten seinen Ruf auf das höchste begründet. Nach Verwundung vom 1.5. – Juni 1945 in einem Lazarett in Dänemark, wurde Oskar Hubert Dennhardt von dort nach Deutschland entlassen.

870. Eichenlaub am 9.5.1945 als Major, für die Leistungen als Führer des Grenadierregiments 1143, in der 561. Volksgrenadierdivision.

SS Obergruppenführer und General der Waffen SS

Matthias Kleinheisterkamp

Geboren am 22.6.1893
in Elberfeld/Westfalen.

Kriegsfreiwilliger im Ersten Weltkrieg, ab Oktober 1938 Kommandeur des 3. Bataillons des SS Regiments „Deutschland" und sehr bewährt im Polen- und Westfeldzug, wo er ab 27.5.1940 als Kommandeur das SS Infanterieregiment 3 der SS Totenkopfdivision übernahm, mit dem er anschließend in den Ostfeldzug zog. Hier führte Kleinheisterkamp nach Verwundung von Theodor Eicke vom 7.7. – 15.7.1941 auch die Division und wurde ab 8.1.1942 Kommandeur der SS Division „Das Reich". Bei den schweren Winterkämpfen um den Eckpfeiler Rshew leistete er mit seinen Männern beispiellose Taten und verhinderte so den Zusammenbruch der Front. Hoch ausgezeichnet für diese Verdienste, ging der bewährte General vom 20.4.1942 – 15.12.1943 an die Front im Hohen Norden, wo er der SS Division „Nord" ein umsichtiger und väterlicher Kommandeur war. Ab 1.5.1944 erfolgte seine Ernennung zum Kommandierenden General des 7. SS Panzerkorps und ab 22.6. jene zum Kommandierenden General des 11. SS Armeekorps, wo er in aufreibenden Kämpfen bis in den Kessel Halbe bei Berlin seine Soldaten zu immer neuen Taten bewegte und dort beim Ausbruchskampf am 2.5.1945 gefallen ist.

871. Eichenlaub am 9.5.1945 nach dem Tode, für die Leistungen als SS Obergruppenführer und Kommandierender General des 11. SS Armeekorps.

SS Obersturmbannführer

Hanns-Heinrich Lohmann

Geboren am 24.4.1911
in Gütersloh/Westfalen.

Lohmann kam 1935 zur SS Verfügungstruppe, war ab 1.2.1937 Adjutant der SS Junkerschule Bad Tölz, vom 1.11.1939 – 30.1.1940 Ausbildungsoffizier an der Heeres-Infanterieschule Döberitz und ab März 1940 Inspcktions-Chef an der SS Kriegsschule Bad Tölz. Ab 15.6.1940 übernahm er als Chef die 2. Kompanie des SS Regiments „Westland" und bewährte sich mit dieser an der Ostfront beim Vormarsch im Südabschnitt. Nach Erkrankung und Lazarettaufenthalt kam Hanns-Heinrich Lohmann im Oktober 1942 als Kommandeur des 1. Bataillons zum SS Regiment „Nordland" und war ab Mai 1943 Kommandeur des 3. Bataillons des SS Panzergrenadierregiments „Norge". Die Erfolge der SS Soldaten im Rahmen des 3. germanischen SS Panzerkorps wurden Geschichte und zählten im Nordabschnitt der Ostfront zu den großen Taten im Zweiten Weltkrieg. Nach Verwundung im Feber 1944 an der Narwafront und Regimentsführerlehrgang im Juli/August, erfolgte im September Lohmanns Ernennung zum Kommandeur des SS Freiwilligen-Panzergrenadierregiments 49 „De Ruyter", wo er als Frontoffizier in Führung und Kampf bis zu seiner Gefangennahme durch die Amerikaner sein Bestes gab. 1946 erfolgte seine Entlassung aus der Kriegsgefangenschaft.

872. Eichenlaub am 9.5.1945 als SS Obersturmbannführer,
für die Leistungen als
Kommandeur des
SS Freiwilligen-Panzergrenadierregiments 49
„De Ruyter", in der
11. SS Freiwilligen-Panzergrenadierdivision
„Nordland".

Hauptmann der Reserve

Alfred Montag

Geboren am 15.6.1918
in Reitendorf/Sudetenland.

Einer der besonders verdienten Männer der Sturmgeschützwaffe, die durch ihre außerordentlichen Leistungen den Ruf dieser Waffe bis in die letzten Kriegstage begründeten. Zu Kriegsbeginn schon in der Artillerie, waren es nach den Feldzügen der ersten Kriegsjahre die Kampfleistungen mit der Sturmgeschützabteilung 909, später Sturmgeschützbrigade 909, an der Ostfront, denen dieser mutige Offizier seinen Stempel aufdrückte. Nicht nur die Kämpfe bei Kursk und am Dnjepr künden von einmaligen Waffentaten, sondern auch die schlachtentscheidenden Einsätze bei Paritschi im Jahre 1944 waren von höchster Bedeutung, und seine Auszeichnung mit dem Ritterkreuz am 21.4.1944 der Lohn für bewiesene Tapferkeit und unerschrockenen Einsatz. Dreizehn Verwundungen zeichneten ein Frontkämpferleben eines opferbereiten Offiziers, der in Bescheidenheit und Mut zum Vorbild seiner Sturmartilleristen wurde. Ab 27.1.1945 mit der Führung der Sturmgeschützbrigade 341 betraut, waren hier seine Leistungen an der Westfront bis in die letzten Kriegstage überzeugend und einmalig und stellen Alfred Montag in die Reihe der Frontoffiziere, denen in diesem Krieg Pflichterfüllung und Einsatz bis zum letzten oberstes Gebot war.

873. Eichenlaub am 9.5.1945 als Hauptmann der Reserve,
für die Leistungen als
Führer der
Sturmgeschützbrigade 341.

Hauptmann

Hans Maier

Geboren am 23.2.1918
in Holzminden/Braunschweig.

Der hohe Blutzoll, den die Truppengattung der Panzergrenadiere im Zweiten Weltkrieg zu leisten hatte, soll uns in besonderer Weise und Achtung deren Tapferkeitstaten in Erinnerung rufen und den opfervollen Einsatz dieser Männer während des Krieges niemals vergessen lassen. Auch Hans Maier war einer jener Offiziere, die dieser Truppe das Gepräge gaben und der in unzähligen Kämpfen Höchstes geleistet hat. Nach dem Polen- und Westfeldzug war es besonders der aufreibende Einsatz an der Ostfront und hier wieder die unbeschreiblich harten Rückzugskämpfe der Jahre 1944/45, in denen dieser schneidige Offizier als Kommandeur des 1. Bataillons des Panzergrenadierregiments 74 mit seinen Grenadieren in entscheidender Art an den Gesamterfolgen der 19. Panzerdivision beteiligt war. Nicht nur die Kämpfe im Raume Warschau, sondern ebenso die schwierigen Einsätze im tschechischen Gebiet bis zum Kriegsende sahen diesen tapferen und vorbildlichen Frontoffizier der Panzergrenadiere sich verzehren in der Aufgabe von Pflichterfüllung und Kameradschaft.

874. Eichenlaub am 9.5.1945 als Hauptmann, für die Leistungen als Kommandeur des 1. Bataillons des Panzergrenadierregiments 74, in der 19. Panzerdivision.

Waffen-Standartenführer

Alfons Rebane

Geboren am 24.6.1908
in Walk/Estland.

†

Alfons Rebane war die überzeugende soldatische Erscheinung unter den estnischen Freiwilligen und ein Offizier, dessen Können und Tapferkeit in jeder Lage zu Bewunderung Anlaß gaben. Seit 1926 in der estnischen Armee und ab 1.9.1941 in der deutschen Wehrmacht, führte er zuerst eine Skikompanie in der Sicherungsgruppe 184, ehe er ab 18.9.1942 als Kommandeur das Ostbataillon 658 übernahm. Mit diesem höchst bewährt und für seine Verdienste am 23.2.1944 mit dem Ritterkreuz ausgezeichnet, wurde Rebane im August 1944 mit seinen Männern zur Waffen SS überstellt und Kommandeur des Waffen-Grenadierregiments 46, mit dem er sich im Verbande des 3. germanischen SS Panzerkorps an der Narwafront großen Soldatenruhm erwerben konnte. Im Oktober 1944 verlegte die 20. Waffen-Grenadierdivision der SS estnische Nr.1, zu der sein Regiment gehörte, zur Auffrischung nach Schlesien, wo sie ab Jänner 1945 in schwersten Abwehrkämpfen in den Räumen Breslau, Oppeln und Hirschberg Höchstes geleistet hat. Ab März 1945 übernahm der befähigte Offizier die Führung der Division, wo er seinen Soldaten in schwerster Zeit ein umsichtiger und vorbildlicher Vorgesetzter war. Am 8.3.1976 ist Alfons Rebane in München verstorben.

875. Eichenlaub am 9.5.1945 als Waffen-Standartenführer,
für die Leistungen als
Waffen-Obersturmbannführer und
Kommandeur des
Waffen-Grenadierregiments 46, in der
20. Waffen-Grenadierdivision der SS
estnische Nr. 1.

Oberstleutnant

Walter Schlags-Koch

Geboren am 7.9.1898
in Köln.

Auch einer der beherzten Offiziere des Heeres, denen die Last der Front in den letzten Kriegsjahren hohe Bürden auferlegte, die dieser Offizier aber in eindrucksvoller Art zu meistern verstand. Waren auch die Kämpfe im Osten aufreibender als jene der Jahre 1939/40 – daß es immer wieder gelang, auch hier die Front zu halten und vor dem Zusammenbruch zu bewahren, war dem Können dieser Frontoffiziere gutzuschreiben. Kühle Überlegung, Sachlichkeit und zur erforderlichen Zeit Härte und Tapferkeit waren die bestimmenden Fakten des Erfolges. Walter Schlags-Koch als Kommandeur des Grenadierregiments 365 schon 1944 bei den Kämpfen im polnischen Raum sehr bewährt und für seine Leistungen hoch ausgezeichnet, bewies gleichermaßen beim Endkampf in Ost- und Westpreußen als Regimentsführer untadeliges Verhalten in Kampf und Führung und zählte mit seinen Soldaten bis zum Kriegsende zu den wertvollsten Stützen des Armeeoberkommandos 2. Im Ehrenblatt des Deutschen Heeres genannt, gehört er zu jenen Offizieren, die dem Vaterland im drohenden Untergang noch unabänderlich die Treue hielten.

876. Eichenlaub am 9.5.1945 als Oberstleutnant, für die Leistungen als Kommandeur des Sturmregiments des Armeeoberkommandos 2.

Oberstleutnant

Erich Schmidt

Geboren am 10.2.1911
in Gießen/Hessen.

†

Erich Schmidt verkörpert den Panzeroffizier in vollendeter Form. Seit 1934 im Heer, gehörte er zu den ersten Männern des Panzerregiments 4, wo er als Adjutant der 2. Abteilung am Polen- und Westfeldzug teilnahm. Im Ostfeldzug im Südabschnitt eingesetzt, wurde Schmidt dort ab Oktober 1941 Chef der 3. Kompanie, war vom 15.3. – 6.10.1943 Kommandeur der 1. Abteilung, ehe er im Oktober 1943 Kommandeur der schweren Panzerabteilung 507 wurde. Hervorstechend seine Leistungen mit dieser in den Kämpfen bei Tarnopol, Lemberg und Brody, wo er mit seinen Panzern Halt und Stütze der Front war. Hoch ausgezeichnet für entscheidende Waffentaten, erfolgte ab Oktober 1944 seine Ernennung zum Kommandeur des Panzerregiments in der Führer-Grenadierbrigade „Großdeutschland", wo sich Einsätze in den Ardennen, bei Lauben in Schlesien und die Endkämpfe dieses Krieges im Raume Wien anschlossen. Schmidt – in Ruhe, Überlegung und Entschlossenheit ein bezeichnender Offizier in der Panzerwaffe, zählte an allen Fronten zu den Tapfersten. Vom 8.5.1945 – 1.1.1950 in sowjetischer Kriegsgefangenschaft, verstarb er am 13.11.1977 in Bensheim/Hessen.

877. Eichenlaub am 9.5.1945 als Oberstleutnant, für die Leistungen als Kommandeur des Panzerregiments der Führer-Grenadierbrigade „Großdeutschland".

Generalmajor

Joachim von Siegroth

Geboren am 25.12.1896
in Oberlobendau/Thüringen.

Fahnenjunker und Offizier im Ersten Weltkrieg, führte er ab 1.9.1939 als Kommandeur das 3. Bataillon des Infanterieregiments 122 und nach dem Polenfeldzug ab 19.1.1940 das 1. Bataillon. Nach Teilnahme am Westfeldzug übertrug man Joachim von Siegroth ab 10.12.1940 als Kommandeur die Führung des Infanterieregiments 225, mit dem er in den Ostfeldzug rückte. Nach Bewährung an der Ostfront erfolgte ab 1.7.1944 seine Ernennung zum Kommandeur der Fahnenjunkerschule Metz, wo er in beispielgebender Art dem Ansturm der Amerikaner energisch trotzte und mit seinen Soldaten einmalige Abwehrerfolge verbuchen konnte. Der Stiftung des Ärmelbandes „Metz 1944" lagen diese Kampfleistungen zugrunde und stellen diesen tapferen Offizier in die Reihe der bewährtesten Heeresoffiziere. Auch als Kommandeur der Unteroffiziersschule Ost ab 1.11.1944 und jener der 712. Infanteriedivision ab 1.2.1945 waren seine soldatischen Verdienste ohne Zweifel über jedes Lob erhaben. Sein Tod am 2.4.1945 im Kessel von Halbe bei Berlin in den Endkämpfen im Reich widerspiegelt in Achtung die Leistungen eines deutschen Frontgenerals ohne Furcht und Tadel.

878. Eichenlaub am 9.5.1945 nach dem Tode, für die Leistungen als
Generalmajor und
Kommandeur der
712. Infanteriedivision.

Oberst der Reserve

Dr. Paul Stahl

Geboren am 21.5.1906
in Hagen/Westfalen.

1937 in die 1. Leichte Division, spätere 6. Panzerdivision, eingetreten, blieb sein Name mit dieser während des ganzen Krieges in engster Verbindung. 1938 als Zugführer im Schützenregiment 4, 1941 im Stab der Division, 1942/43 Kommandeur der Panzerjägerabteilung 41 und 1944/45 Führer bzw. Kommandeur des Panzergrenadierregiments 114, beinhaltet dieser soldatische Werdegang auch alle Einsätze der Division in Polen, im Westen und an der Ostfront. Dr. Stahl verstand in all den Kriegsjahren durch überzeugende Tapferkeit und forsches Führungskönnen seine Männer zu begeistern, und der Weg der 6. Panzerdivision wäre wohl weit weniger an Erfolgen reich gewesen, hätten nicht die Leistungen dieses Offiziers oft und oft dazu ihren Ausschlag gegeben. Die Waffentaten seines Regiments an der schwer ringenden Ostfront bis zum letzten Kriegstag geben Zeugnis vom höchsten Einsatz der Truppengattung Panzergrenadiere und erheben Dr. Stahl in dieser zu einem der standhaftesten und erfolgreichsten Offiziere. Nach Kriegsende am 8.5.1945 in sowjetische Kriegsgefangenschaft geraten, kehrte er aus dieser am 15.10.1955 in die Heimat zurück.

879. Eichenlaub am 9.5.1945 als Oberst der Reserve, für die Leistungen als Kommandeur des Panzergrenadierregiments 114, in der 6. Panzerdivision.

Hauptmann

Georg Störck

Geboren am 1.4.1917
in Misdroy/Pommern.

Hervorragender und selbstloser Pionieroffizier und bewährt in den Feldzügen gegen Polen, im Westen und Osten, trug er wesentlich zu den Waffentaten der 3. Panzerdivision in diesem schicksalhaften Kriege bei. Es ist kaum zu ermessen, mit welchen Tücken und Gefahren gerade diese Waffengattung zu kämpfen hatte, und der Ruf „Pioniere vor" entschied nicht selten über den erfolgreichen Ausgang einer Schlacht. So auch beim Dessna-Übergang, als Störck mit wenigen seiner Männer in bewundernswerter Tapferkeit die Inbesitznahme einer wichtigen Brücke bei Juchnowa gelang und er damit der Division wichtige Voraussetzungen für weitere Erfolge schuf. In allen weiteren Einsätzen galt sein Bestreben stets dem Gesamterfolg, und dies bewies Georg Störck auch später als Kommandeur des 1. Bataillons des Panzergrenadierregiments der Führer-Begleitdivision, wo ihm für besondere Einsatzleistungen im Bereich der Heeresgruppe Weichsel doch noch die höchstverdiente Auszeichnung mit dem Eichenlaub zuteil wurde.

880. Eichenlaub am 9.5.1945 als Hauptmann, für die Leistungen als Kommandeur des 1. Bataillons des Panzergrenadierregiments der Führer-Begleitdivision.

Generalleutnant

Franz Sensfuß

Geboren am 21.6.1891
in Trunz/Westpreußen.

†

Im Ersten Weltkrieg schon Pionieroffizier, zu Kriegsbeginn 1939 Kommandeur Oberbaustab 3, ab 1.4.1941 Pionierführer der 11. Armee, ab 1.12.1941 Festungs-Pionierkommandeur 16 und ab 1.12.1943 auf Divisionsführerlehrgang. Ab 1.3.1944 wurde der General Kommandeur der 21. Infanteriedivision und führte diese im Baltikum, wo er durch gekonntes Führungsgeschick bereits auffiel und man ihn ab 1.5.1944 zum Kommandeur der 212. Infanteriedivision ernannte. Bei den Abwehrkämpfen in Litauen zeigte der General neben seinem Führungskönnen auch hohe persönliche Tapferkeit und bewies seine Soldatentugenden weiterhin in den Einsätzen der Division an der Westfront, wo diese an der Mosel, bei Trier und am Rhein gegen erdrückende feindliche Übermacht bis zum Kriegsende in opfervollen Kämpfen stand. Somit endete der Weg der 212. Infanteriedivision an der Front im Westen, wo 1939 ihr Kriegseinsatz begann. Franz Sensfuß als ihr letzter Kommandeur erwies sich als ein jederzeit würdiger und beliebter Frontgeneral. Am 11.3.1976 ist Franz Sensfuß in Heppenheim/Hessen verstorben.

881. Eichenlaub am 9.5.1945 als Generalleutnant, für die Leistungen als Kommandeur der 212. Infanteriedivision.

Generalleutnant

Josef von Radowitz

Geboren am 29.7.1899
in Frankfurt am Main/Hessen.

Kriegsfreiwilliger und Offizier im Ersten Weltkrieg und ab 10.11.1938 Adjutant zur besonderen Verwendung im 3. Armeekorps. Nach den Feldzügen gegen Polen und im Westen kam Josef von Radowitz an der Ostfront ab 1.2.1942 zum Stab der 2. Panzerarmee und übernahm ab Juni 1943 als Kommandeur das Panzergrenadierregiment 28. Mit 1.6.1944 zum Führer und 1.9.1944 zum Kommandeur der 23. Panzerdivision ernannt, zeitigte er mit dieser noch bedeutende Erfolge, als die Ostfront von Rumänien über Ungarn bis ins Reich in schwerstem Ringen stärksten Feindkräften trotzte. Bedeutungsvoll des Generals Vorzüge in soldatischer und menschlicher Hinsicht. Als letzter Eichenlaubträger schließt er die Reihe jener tapferen Soldaten des Zweiten Weltkrieges, deren Namen unvergessen bleiben und die stellvertretend auch für die hohen Verdienste und Opfer tausender unbekannter Frontkämpfer stehen. Ehrfurcht gelte allen diesen Männern, flochten sie doch durch ihre Taten dem deutschen Soldatenruhm 1939 – 1945 Kränze der Unvergänglichkeit.

882. Eichenlaub am 9.5.1945 als Generalleutnant, für die Leistungen als Kommandeur der 23. Panzerdivision.

TROTZ SCHMACH
UND VERRAT
STEHT BLEIBEND
DIE TAT

TREUE FÜR DAS VATERLAND
GALT ALS IHRE PFLICHT
HATTEN SIE AUCH KEINEN DANK
VERGISST MAN IHRER NICHT

VERGILBEN AUCH DIE NAMEN
IM HAST'GEN LAUF DER WELT
DIE GROSSEN TATEN MAHNEN
DASS MAN ZU IHNEN HÄLT

DIE ZEIT WIRD WEITERRÜCKEN
DER LETZTE VON EUCH GEH'N
MÖG' EURE GRÄBER SCHMÜCKEN
DIE WORTE DIE HIER STEH'N

DIE NACHWELT DENKT IN EHRE
OB EURER GROSSEN TAT
UND EUER RUHM UNS LEHRE
DIE PFLICHTEN VOM SOLDAT

UND WIRD IN VIELEN JAHREN
VON EUCH DIE REDE SEIN
WIRD MANCHER NOCH ERFAHREN
VON EUREM TAPF'REN SEIN

WIR WOLLEN UNS VERNEIGEN
IM STILLEN DANKGEBET
UND STETS VOR GOTT BEZEUGEN
DASS EHRE NIE VERGEHT.

Erwin Lenfeld

NACHWORT

Aufrichtigster Dank gilt all' denen, ohne deren Hilfe es undenklich gewesen wäre, dieses Werk nach jahrelanger Arbeit zu schaffen. Es würde diesen Rahmen wohl sprengen, würden alle die freiwilligen Mitarbeiter namentlich genannt. Mein innigster Dank gilt aber meinem langjährigen Freund Herrn Erwin Lenfeld, der, nie rastend sowie seine ganze Kraft gebend, diesem Werk seinen Stempel aufdrückte und somit wesentlichsten Anteil am Gelingen hatte. Für Bildvorlagen und wertvollste Mithilfe sei herzlichst gedankt: der Bibliothek für Zeitgeschichte/Stuttgart, dem Bundesarchiv/Freiburg im Breisgau und dem Munin Verlag/Osnabrück, sowie den Herren: Peter vom Brocke/Hagen, Robert Farnleitner/Wiener Neustadt, Rudolf Fetzer/Neustadt an der Aisch, Franz Gamper/Wöllersdorf, Helmut Hackl/Regensburg, Wilhelm Jantsch/Wiener Neustadt, Dr. Heinz Lange/Bergisch-Gladbach, Harro Lucht/St. Margarethen an der Wilster, Rudolf Marwan-Schlosser/Wiener Neustadt, Ernst Obermaier/München, Theodor Rehm/Augsburg, Jost W. Schneider/Wuppertal, Heinrich Stotz/Wien, Harold Unger/Würselen bei Aachen, Ferdinand Wegerer/Pernitz, Peter Weithofer/Wien, Willi Windbichler/Frohsdorf, Dr. Karl Wittasek/Wien, Raimund Zemsky/Wien und den Herren: Hermann Heinrich Behrend/Bad Tölz, Sepp Brandner/Wien, Heinz von Brese/Freiburg im Breisgau, Otto Carius/Herschweiler-Pettersheim, Anton Hackl/Regensburg, Heinrich Keese/Hameln, Otto Kretschmer/Hinte, Otto Kumm/Offenburg, Michael Pössinger/Garmisch-Partenkirchen, Sepp Prentl/Mittenwald, Horst Niemack/Celle, Gerhart Schirmer/Rastatt und Dr. Eberhard Zahn/St. Wolfgang, welche für entsprechende Vorwörter gesorgt haben.

Straubing, am 14.8.1982

Franz Thomas

Der ergebendste Dank des Autors gilt für
bewiesene Aufgeschlossenheit und gezeigtes Entgegenkommen
dem Stadtoberhaupt Wiener Neustadts,

Herrn Bürgermeister Hans Barwitzius,

der dieser Historikerarbeit seitens der

„Allzeit Getreuen"

großes Verständnis als Kenner jener Zeitepoche entgegenbrachte,
und durch gehobene Menschlichkeit, Vertrauen und Gerechtigkeitssinn
die Größe seiner Persönlichkeit offenbarte.

Erwin Lenfeld

NAMENVERZEICHNIS

Seite

A

B

G

H

L

M

S

T

QUELLENNACHWEIS AUS BÜCHERN

v. Ahlfen Hans	Der Kampf um Schlesien 1944/1945	Stuttgart 1977
v. Ahlfen/Niehoff	So kämpfte Breslau	Stuttgart 1976
Alman Karl	Angriff, ran, versenken	Rastatt 1975
Alman Karl	Fregattenkapitän Klaus Scholtz	Rastatt 1963
Alman Karl	Kapitänleutnant Hans-Günther Lange	Rastatt 1963
Alman Karl	Kapitänleutnant Joachim Schepke	Rastatt 1963
Alman Karl	Korvettenkapitän Georg Lassen	Rastatt 1963
Alman Karl	Korvettenkapitän Johann Mohr	Rastatt 1963
Alman Karl	Korvettenkapitän Erich Topp	Rastatt 1963
Alman Karl	Mit Eichenlaub und Schwertern	Rastatt 1971
Alman Karl	Panzer vor	Bochum 1974
Alman Karl	Ritter der sieben Meere	Rastatt 1963
Alman Karl	Sprung in die Hölle	Rastatt 1963
Arbeitsgemeinschaft „Das Kleeblatt"	Die 71. Infanteriedivision 1939/45	Darmstadt/ Hildesheim 1973
Austermann Heinz	Von Eben Emael bis Edewechter Damm	Holzminden 1971
Balke Ulf	Kampfgeschwader 100 „Wiking"	Stuttgart 1981
Baumbach Werner	Zu spät	Stuttgart 1977
Bekker Cajus	Angriffshöhe 4000	Oldenburg/ Hamburg 1964
Bekker Cajus	Verdammte See	Oldenburg/ Hamburg 1971
Bender Roger J.	The Luftwaffe	California 1972
Berdach/Dethleffsen	General d. Art. Robert Martinek	Neckargemünd 1975
Bergner Romuald	Schlesische Infanterie – Infanterieregiment 7	Braunschweig o.J.
Biedermann G. H.	132. Infanteriedivision/Krim-Kurland	Hannover/ Stuttgart 1964
Boldt Gerhard	Hitler – Die letzten zehn Tage	Frankfurt a. Main/ Berlin o.J.
Bollmann/Flörke	Das Infanterieregiment 12	Göttingen o.J.
Bork Bruno	Geschichte der Sturmgeschützbrigade 191	Iserlohn/Jever 1977
Böhmler/Haupt	Fallschirmjäger	Dorheim 1971
Breithaupt Hans	Die Geschichte der 30. Infanteriedivision 1939/45	Bad Nauheim 1955
Brütting Georg	Das waren die deutschen Kampfflieger-Asse 1939/1945	Stuttgart 1974
Brütting Georg	Das waren die deutschen Stuka-Asse 1939/1945	Stuttgart 1976
Bund deutscher Fallschirmjäger	General Meindl und seine Fallschirmjäger	Braunschweig o.J.
Bundesverband der Soldaten der ehemaligen Waffen SS	Befehl des Gewissens	Osnabrück 1976
Buxa Werner	Weg und Schicksal der 11. Infanteriedivision	Bad Nauheim 1963

Carell Paul	Der Rußlandkrieg – Fotografiert von Soldaten	Stuttgart/ Hamburg 1967
Carell Paul	Unternehmen Barbarossa	Stuttgart/ Hamburg 1963
Carell Paul	Verbrannte Erde	Stuttgart/ Hamburg 1966
Carius Otto	Tiger im Schlamm	Neckargemünd 1967
Cartier Raymond	Der Zweite Weltkrieg	München 1967
Davis Brian L.	Flags and Standards of the Third Reich	London 1975
Davis Brian L.	Uniformen und Abzeichen des deutschen Heeres	Stuttgart 1973
Degrelle Léon	Die verlorene Legion	Preuß. Oldendorf 1972
Dettmar/Jaus/Tolkmitt	Die 44. Infanteriedivision – Reichs-Gren. Div. „Hoch und Deutschmeister"	Friedberg 1980
Dieckert/Großmann	Der Kampf um Ostpreußen	Stuttgart 1976
Dieckhoff/Holzmann	3. Infanteriedivision	Friedberg 1978
Dierich Wolfgang	Kampfgeschwader 51 „Edelweiß"	Stuttgart 1973
Dierich Wolfgang	Kampfgeschwader 55 „Greif"	Stuttgart 1975
Damerau	Deutscher Soldatenkalender bzw. Soldatenjahrbuch 1953 – 1982	München 1953 – 1982
Elfrath Ulrich	Das waren die deutschen Kriegsflugzeuge 1939/45	Dorheim o.J.
Elstob Peter	Legion Condor	München 1981
Esteban-Infantes E.	Die blaue Division – Spanische Freiwillige an der Ostfront	Leoni 1977
v. Forell Fritz	Werner Mölders	Leoni 1976
Fraschka Günther	Mit Schwertern und Brillanten	Wiesbaden/München 1977
Girbig Werner	Jagdgeschwader 5 „Eismeer"	Stuttgart 1975
Girbig Werner	Start im Morgengrauen	Stuttgart 1973
Gohlke Helmut	Geschichte der 363. Infanteriedivision	Lübeck 1977
Gosztony Peter	Hitlers fremde Heere	Stuttgart 1980
v. Gottberg Hans	Das große Buch der Bundeswehr	Reutlingen 1970
Görlitz Walter	Model	Wiesbaden/München 1975
Grampe Alfred	15. preuß. Reiter-Regiment/ Kavallerieregiment 15 und seine Kriegseinheiten	Bochum 1972
Grams Rolf	Die 14. Panzerdivision 1940/45	Bad Nauheim 1957
Großmann Horst	Geschichte der rheinisch-westfälischen 6. Infanteriedivision 1939/45	Bad Nauheim 1958
Gundelach Karl	Kampfgeschwader 4 „General Wever"	Stuttgart 1978
Hartmann/Jäger	Der Jagdflieger Hartmann	Stuttgart 1978
Hauck Friedrich W.	Eine deutsche Division in Rußland und Italien – Die 305. Infanteriedivision 1941/45	München/Wels 1975
Hausser Paul	Soldaten wie andere auch	Osnabrück 1966
Hausser Paul	Waffen-SS im Einsatz	Preuß. Oldendorf 1953

Haupt/Scheibert	Die große Offensive 1942	Dorheim o.J.
Haupt Werner	Die 260. Infanteriedivision 1939/44	Bad Nauheim/ Dorheim 1970
Haupt Werner	Endkampf im Westen	Dorheim 1979
Haupt/Goll	Geschichte der 134. Infanteriedivision	Tuttlingen 1970
Haupt Werner	Königsberg-Breslau-Wien-Berlin	Dorheim 1978
Haupt Werner	Kriegsschauplatz Italien 1943 – 1945	Stuttgart 1977
Haupt Werner	Krim-Stalingrad-Kaukasus	Dorheim 1977
Haupt Werner	Kurland	Dorheim 1970
Haupt Werner	Leningrad-Wolchow-Kurland	Dorheim 1976
Haupt Werner	Moskau-Rshew-Orel-Minsk	Dorheim 1978
Haupt Werner	Rückzug im Westen	Stuttgart 1978
Heike Wolf Dietrich	Sie wollten die Freiheit – Die Geschichte der ukrainischen Divisionen 1943/45	Dorheim o.J.
Herzog/Schomaekers	Ritter der Tiefe – Graue Wölfe	München/Wels 1976
Hoffmann Karl Otto	Geschichte der Luftnachrichtentruppe Band 1 – 3	Neckargemünd 1965/68/73
Horne Alistair	Der Frankreichfeldzug 1940	München 1981
Husemann Friedrich	Die guten Glaubens waren Band 1 und 2	Osnabrück 1971/1973
Irving David	Die Geheimwaffen des Dritten Reiches	Hamburg 1968
Irving David	Die Tragödie der deutschen Luftwaffe	Frankfurt a. Main/ Berlin/Wien 1970
Irving David	Rommel	Hamburg 1978
Jacobsen/Dollinger	Der Zweite Weltkrieg in Bildern und Dokumenten	München/Wien/Basel 1968
Jenner Martin	Die 216./272. Infanteriedivision	Bad Nauheim 1964
Jochim Berthold K.	Oberst Hermann Graf	Rastatt 1970
Jodl Luise	Jenseits des Endes	Wien/München/Zürich 1976
Just Günther	Stuka-Oberst Hans Ulrich Rudel	Stuttgart 1975
Kadiegen Horst	Das 1. preuß. Artillerieregiment – Seine Vorgänger und Nachfolger in Ostpreußen	Ansbach 1970
Kaltenegger Roland	Die Geschichte der deutschen Gebirgstruppe 1915 bis heute	Stuttgart 1980
Kameradenhilfswerk 290. Infanteriedivision e. V.	290. Infanteriedivision – Chronik in Bildern	Delmenhorst 1970
Kameradenkreis 35 e. V.	Die 35. Infanteriedivision im Zweiten Weltkrieg	Karlsruhe 1964

Kameradenkreis 258 I.D.	Geschichte der 258. Infanteriedivision Band 1 – 3	Kammenau/Hamburg 1976/78/79
Kameradschaft ehemaliger 8. Reiter	Geschichte des Kavallerieregiments 8	ohne Jahr und Ort
Keilig Wolf	Das deutsche Heer 1939/45	Bad Nauheim o.J.
Kilgast Emil	Geschichte der 302. Infanteriedivision	Hamburg 1976
Kleine/Kühn	Tiger	Stuttgart 1976
Dr. Klietmann K. G.	Die Waffen-SS	Osnabrück 1965
Koch H. K.	Flak	Bad Nauheim 1965
Kranz Bernhard	Gedenkbuch der Hirschberger Jäger	Bad Salzuflen 1970
Krätschmer Ernst G.	Die Ritterkreuzträger der Waffen-SS	Göttingen 1955
Kräutler/ Springenschmid	Es war ein Edelweiß	Graz/Stuttgart 1962
Krull Albert	Das Hannoversche Regiment 73	Reg. Kameradschaft 73 o.J. u. O.
Krüger Heinz	Bildband der rhein.-pfälz. 263. Infanteriedivision	Limburg-Lahn o.J.
Kumm Otto	Vorwärts Prinz Eugen	Osnabrück 1980
Kühn Volkmar	Deutsche Fallschirmjäger im Zweiten Weltkrieg	Stuttgart 1975
Kühn Volkmar	Mit Rommel in der Wüste	Stuttgart 1975
Kühn Volkmar	Schnellboote	Stuttgart 1976
Kurowski Franz	Fränkische Infanterie	Bochum 1970
Kurowski Franz	Grenadiere, Generale, Kameraden	Rastatt 1968
Kurwoski Tornau/	Sturmartillerie	Stuttgart 1977
Lehmann Rudolf	Die Leibstandarte Band 1 und 2	Osnabrück 1977/1980
Lewin Roland	Rommel – Eine Biographie	Stuttgart 1969
Lohmann Hildebrand	Die deutsche Kriegsmarine 1939/45	Bad Nauheim o.J.
Lohse Gerhart	Geschichte der rhein.-westfäl. 126. Infanteriedivision	Bad Nauheim/ Aachen 1957
Lipfert/Girbig	Das Tagebuch des Hptm. Lipfert	Stuttgart 1973
Macksey Kenneth	Guderian – Der Panzergeneral	Düsseldorf/Wien 1976
Melzer Walther	Geschichte der 252. Infanteriedivision 1939/45	Bad Nauheim 1960
Merker Ludwig	Das Buch der 78. Sturmdivision	Tübingen 1965
Mohlenbeck/Leihse	Ferne Nachtjagd	Stuttgart 1975
Moll Jakob	Geschichte des Infanterie-Füsilier-regiments 39, 1936/45	Düsseldorf o.J.
Moll Otto E.	Die deutschen Generalfeldmarschalle	Rastatt 1961
Möller-Witten Hanns	Mit dem Eichenlaub zum Ritterkreuz	Rastatt 1962
Möller-Witten/ Foltmann	Opfergang der Generale	Berlin 1955
Munin-Verlag	Der Kessel von Tscherkassy	Osnabrück 1969
Munzel Oskar	Die deutschen gepanzerten Truppen bis 1945	Herford 1965
Munzel Oskar	Panzertaktik	Neckargemünd 1959
Nowotny Rudolf	Nowotny Walter	Leoni 1975

Obermaier Ernst	Die Ritterkreuzträger der Luftwaffe 1939/45 Band 1 und 2	Mainz 1966 und 1976
Oehmichen/Mann	Der Weg der 87. Infanteriedivision	Eschwege 1969
OKW	Jahrbuch des deutschen Heeres	Leipzig 1942
Ott Ernst	Jäger am Feind – Opfergang der 97. Jägerdivision 1940/45	München 1966
Paul Wolfgang	Geschichte der 6. Panzerdivision	Krefeld 1977
Paul Wolfgang	Geschichte der 18. Panzerdivision	Rintelen 1975
Picker/Hoffmann	Hitlers Tischgespräche im Bild	Stuttgart 1969
Piekalkiewicz J.	Spione, Agenten, Soldaten	München 1969
Prentl Sepp	Flakkampfgruppe Prentl	München 1978
Priller Josef	Geschichte eines Jagdgeschwaders	Heidelberg 1964
Prochnow Günter	Deutsche Kriegsschiffe in zwei Jahrhunderten, Band 1 – 4	Preetz-Holstein 1964/65/67/79
Range Clemens	Die Ritterkreuzträger der Kriegsmarine	Stuttgart 1974
Richter Klaus Chr.	Die Geschichte der deutschen Kavallerie 1919 – 1945	Stuttgart 1978
Richter Werner	Die 1. ostpr. Infanteriedivision	München 1975
Ring/Girbig	Jagdgeschwader 27	Stuttgart 1971
Ring/Shores	Luftkampf zwischen Sand und Sonne	Stuttgart 1970
Ringel Julius	Hurra, die Gams	Graz/Stuttgart o.J.
Robertson Terence	Der Wolf im Atlantik	Wels/München o.J.
Römhild Helmut	Geschichte der 269. Infanteriedivision	Bad Nauheim/Dorheim 1967
Rudel Hans-Ulrich	Trotzdem	Preuß. Oldendorf 1976
Ruef Karl	Die 3. Gebirgsdivision im Einsatz	Graz/Stuttgart o.J.
Ruef Karl	Die 6. Gebirgsdivision im Einsatz	Graz/Stuttgart o.J.
Ryan Cornelius	Der letzte Kampf	Stuttgart/Hamburg o.J.
Schäufler Hans	Der Weg war weit . . .	Neckargemünd 1973
Scheibert Horst	Deutsche Panzergrenadiere 1939 – 1945	Dorheim 1968
Scheibert Horst	Panzergrenadierdivision „Großdeutschland"	Dorheim 1970
Scheibert/Elfrath	Panzer in Rußland	Dorheim 1971
Schmidt August	Geschichte der 10. Infanteriedivision	Bad Nauheim 1963
Schneider Jost W.	Verleihung genehmigt	California 1977
Schreiber Franz	Kampf unter dem Nordlicht	Osnabrück 1969
Schraml Franz	Die deutsch-kroatischen Legionsdivisionen 369., 373., 392. Infanteriedivisionen (kroat.)	Neckargemünd 1962
Schrodek G. W.	Geschichte des Panzerregiments 15 (11. Panzerdivision)	München 1976
Schröter Heinz	Stalingrad	Ed. Kaiser Verlag o.J.
v. Seemen Gerhard	Die Ritterkreuzträger 1939 – 1945	Friedberg 1976
v. Seydlitz Walter	Stalingrad – Konflikt und Konsequenz	Oldenburg/Hamburg 1977
Skawran P. R.	Ikaros	Steinebach 1969
Spaethe Karlheinz	Der rote Baron	ohne Ort 1972
Spiwoks/Stöber	Endkampf zwischen Mosel und Inn	Osnabrück 1976

Stellv. Gen. Kdo. 17	Ritterkreuzträger im stellv. Gen. Kdo. 17. Armeekorps Wien	Wien 1944
Stadler Sylvester	Die Offensive gegen Kursk 1943	Osnabrück 1980
Stahl P. W.	Geheimgeschwader 200	Stuttgart 1977
Stöber Hans	Die eiserne Faust	Neckargemünd 1966
Stöber Hans	Die Sturmflut und das Ende	Osnabrück 1976
Strassner Peter	Europäische Freiwillige	Osnabrück 1968
Strauss Franz Josef	Geschichte der 2. Wiener Panzerdivision	Neckargemünd 1977
Tieke Wilhelm	Der Kaukasus und das Oel	Osnabrück 1970
Tieke Wilhelm	Im Feuersturm der letzten Kriegsjahre	Osnabrück 1975
Tieke Wilhelm	Im Lufttransport an Brennpunkte der Ostfront	Osnabrück 1971
Tieke Wilhelm	Tragödie um die Treue	Osnabrück 1971
Toland John	Das Finale – Die letzten hundert Tage	Berlin/Darmstadt/Wien 1969
Toliver/Constable	Das waren die deutschen Jagdfliegerasse 1939 – 1945	Stuttgart 1972
Toliver/Constable	Holt Hartmann vom Himmel	Stuttgart 1972
Traditionsverband 3. Panzerdivision	Geschichte der 3. Panzerdivision	Berlin 1967
Traditionsverband 13. Panzerdivision	Geschichte der 13. Panzerdivision	München 1971
Traditionsverband Infanterieregiment 30	Aus der Geschichte eines schlesischen Regiments 1934/1945 – Infanterie/Grenadierregiment 30	Hamburg 1979
Traditionsverband 79. Infanteriedivision	Weg der 79. Infanteriedivision	Dorheim 1971
Traditionsverband 121. Infanteriedivision	Geschichte der 121. ostpr. Infanteriedivision	Münster/Frankfurt a. Main/Berlin 1970
Traditionsverband 215. Infanteriedivision	215. württemberg-badische Infanteriedivision	Stuttgart o.J.
Weidinger Otto	Division „Das Reich", Band 1 – 4	Osnabrück 1967/69/73/79
Weidinger Otto	Kameraden bis zum Ende	Göttingen 1962
Weinmann Willi	101. Jägerdivision	Marbach/Offenburg 1965
Werthen Wolfgang	Geschichte der 16. Panzerdivision	Bad Nauheim 1958
Zeller/Mehrle/Glauner	Weg und Schicksal der 215. württemberg-badischen Infanteriedivision 1936/45	Friedberg o.J.
Zschocher Erich	. . . und so wuchsen ihm Flügel	Berlin-Schöneberg 1943

QUELLENNACHWEIS AUS ZEITSCHRIFTEN UND ZEITUNGEN

„Alte Kameraden"	Karlsruhe 1960/80
„Bild"	Hamburg/München/Berlin 1965/81
„Bild am Sonntag"	München 1970/81
„Das Reich"	Berlin 1940/45
„Das Ritterkreuz" – Mitteilungsblatt der O.d.R.	Freiburg/Br.
„Der Adler"	Berlin 1940/44
„Der Freiwillige"	Osnabrück 1960/81
„Der Spiegel"	Hamburg 1950/81
„Die Kriegsmarine"	Berlin 1940/44
„Die Wehrmacht"	Berlin 1940/44
„Deutschland im Kampf"	Berlin 1939/44
„Frankfurter Zeitung"	Frankfurt/Main 1939/43
„Hohe Eule"	Warrendorf 1953/81
„Koralle"	Berlin 1940/44
„Münchner Merkur"	München 1960/81
„Münchner Neueste Nachrichten"	München 1939/44
„Reichenbacher Tagblatt"	Reichenbach 1940/44
„Straubinger Tagblatt"	Straubing 1939/45
„Völkischer Beobachter"	München 1939/45

sowie:

Diverse Frontzeitungen von Heer, Kriegsmarine, Luftwaffe und Waffen-SS

Diverse Truppenzeitschriften der Bundeswehr:

„Heer", „Luftwaffe" und „ Marine" 1970/81

Diverse Zeitungen und Zeitschriften der Vertriebenenverbände